Northwest Territories

Reisevorbereitung und -planung

Vancouver & Umgebung

Trans Canada Highway
von Toronto nach Calgary

Unterwegs in Kanada

Routen durch British Columbia und Alberta:
Von Vancouver Island durch die
Rocky Mountains nach Calgary & Edmonton
Nord-BC & Cassiar Highway

Zusätzliche Routenvorschläge

Durch Kanadas hohen Norden:
Alaska Highway in Kanada & Yukon Territory

Anhang:
Kanadas Provinzen & Territorien
US-Staat Alaska

Alaska mit Inside Passage
& Fährverbindungen

Anhang:
Adressen & Verzeichnisse
(Index/Karten)

In der Klappe links:
Übersicht über die in diesem
Buch beschriebenen Routen

Kanadas großer Westen

Alberta, British Columbia, Yukon und Northwest Territories,

Trans Canada Highway durch Ontario, Manitoba und Saskatchewan

mit Alaska

Heike & Bernd Wagner
Hans-R. Grundmann

Canada oder Kanada?

Die kanadische Schreibweise ist »Canada«, die deutsche »Kanada«. In diesem Buch wird durchgehend »Canada« als Eigenname des Landes verwendet, im Text als Adjektiv gemäß deutscher Rechtschreibung jedoch »kanadisch«.

Der Titel dieses Buches, früher konsequenterweise auch mit »C« geschrieben, wurde auf die deutsche Schreibweise umgestellt, weil in den deutschsprachigen Verzeichnissen, Katalogen und Internet-Bibliotheken »Kanada« üblich ist und das früher unter »C« eingeordnete Buch daher oft nicht gefunden wurde.

Heike & Bernd Wagner, Hans-R. Grundmann

Kanadas großer Westen mit Alaska

10. aktualisierte überarbeitete Auflage 7/2005

mit separater **Straßenkarte** und
Unterkunfts- und Campingführer Westalberta/British Columbia

ist erschienen im

Reise Know-How Verlag

ISBN 3-89662-219-6

Gestaltung

Umschlag:
M. Schömann/Köln, Peter Rump/Bielefeld + Carsten C. Blind/Asperg
Satz & Layout: Hans-R. Grundmann, Carsten C. Blind / Asperg
Fotos: siehe Nachweis auf Seite 560
Karten: map solutions, Karlsruhe

Druck

Druckerei W. Zertani KG
28199 Bremen

Dieses Buch ist in jeder Buchhandlung
in Deutschland, Österreich und der Schweiz erhältlich.
Die Bezugsadressen für den Buchhandel sind

- Prolit Gmbh, 35463 Fernwald
- AVA Buch 2000, CH-8910 Affoltern
- Mohr Morawa GmbH A-1230 Wien
- Barsortimenter

Wer im lokalen Buchhandel Reise Know-How-Bücher nicht findet,
kann diesen und andere Titel der Reihe auch im Buchshop des
Verlages im Internet bestellen: **www.reisebuch.de**

Zur Konzeption dieses Reiseführers

Dieses Buch wendet sich in erster Linie an Leser, die den **Westen Canadas auf eigene Faust** entdecken und erleben möchten. Es entstand aus langjähriger Reisepraxis der Autoren und stellt konkrete Fragen, wie sie sich während der Reisevorbereitung und unterwegs ergeben, konsequent in den Vordergrund.

Das einführende Kapitel liefert spezifische, vor allem unter touristischem Blickwinkel wichtige **Informationen zu den Reisezielen Canada und Alaska**. Es erläutert alle wesentlichen Möglichkeiten der Urlaubsgestaltung und hilft bei der Vorklärung der Frage nach den besten Reiseterminen und -regionen.

Zu **Flügen** nach und in Canada und Alaska sowie zur Entscheidung über die **Art des Reisens** (mit Campmobil, Pkw und Motel/Zelt, Bus und/oder Eisenbahn) sind in den folgenden Kapiteln alle Informationen und Aspekte zusammengetragen. Sowohl das **Flugkapitel mit Exkurs zur Internetbuchung** als auch die Abschnitte über **Pkw- und Campermiete** gehen in ihrer Ausführlichkeit weit über das sonst gewohnte Maß hinaus. Viele Tipps und Hinweise helfen, **unterwegs in Canada** problemlos zurechtzukommen und unnötige Ausgaben, Zeitverlust und Ärger zu vermeiden.

Im **Reiseteil** findet sich ein **dichtes Routennetz für Canadas gesamten Westen und Alaska**, außerdem eine **Ost-West-Route** von Toronto nach Calgary auf ***Trans Canada Highway*** und Nebenstrecken, ➪ Umschlagklappe. Für **British Columbia** mit seinem vergleichsweise verzweigten Straßennetz wurden die Teilstrecken so gewählt, daß sie auch anders als beschrieben kombiniert werden können. Zusätzlich zu den im Text verfolgten Routen ergänzen gebietsübergreifende **Tourenvorschläge** die Reisekapitel. Weitere Details zum Reiseteil und dessen Aufbau stehen auf Seite 170.

Wert gelegt wurde auf **Wanderempfehlungen**. Hinweise auf die jeweils schönsten Wege gibt es in allen Kapiteln, ➪ auch Seite 31.

Alles Wissenswerte zu Canada, den Provinzen und Territorien ist in einem ausführlichen **Anhang** behandelt; darüber hinaus stehen **Themenkästen** an geeigneter Stelle im laufenden Text.

Diese Auflage wurde Anfang 2005 gründlich überarbeitet und aktualisiert. Zahlreiche **Internet-Adressen ergänzen die Informationen** und ermöglichen dem Leser, Preise und Daten weiterhin *up-to-date* zu halten.

Eine gute Reise wünschen Ihnen

Heike & Bernd Wagner, Hans-R. Grundmann

Teil 1 PLANUNG, VORBEREITUNG UND DURCHFÜHRUNG einer Reise durch Canadas Westen und Alaska

TEIL 3 ANHANG

*) Die allgemeinen Informationen zu den Provinzen sind identisch aufgebaut, die Gliederung ist hier nur einmal exemplarisch aufgeführt.

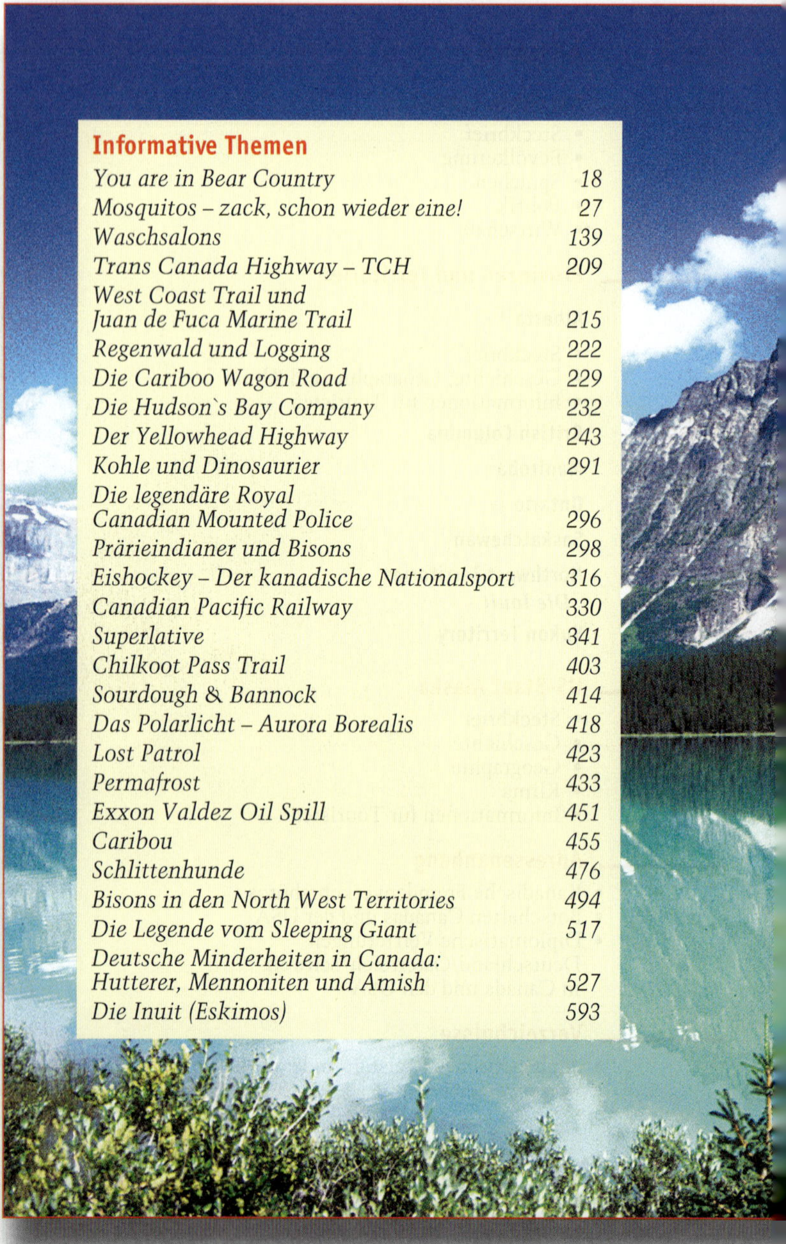

Informative Themen

Planung,
Vorbereitung und
Durchführung
einer Reise durch
Canadas Westen
und Alaska

1. WAS BIETET CANADAS WESTEN?

1.1 Reiseziel Canada

Naturerlebnis und Abenteuer

Canada gilt als Inbegriff unberührter Natur, Einsamkeit und Wildnisabenteuer. Weite Gebiete im Westen und Norden des riesigen Landes und nicht zuletzt in Alaska entsprechen auch tatsächlich diesem Bild: Unendliche Wälder, glasklare Bäche und Seen, reißende Flüsse, schneebedeckte Berge und mächtige Gletscher warten auf den Reisenden. Begegnungen mit Bären und Elchen sind keine Seltenheit, Gewässer voller Forellen und Lachse der Traum eines jeden Anglers. Ob per Wohnmobil, mit dem Zelt, zwischendurch vielleicht auch mal auf Schusters Rappen, auf dem Pferderücken oder im Kanu, in Canada gehören Naturerlebnis und Lagerfeuerromantik zu den selbstverständlichen »Zutaten« jeder Reise, ja machen ihren besonderen Reiz aus. In den Nationalparks der Rocky Mountains, am *Trans Canada Highway* in British Columbia, am Lake Superior in Ontario und auf dem *Alaska Highway* mit seinen Nebenstrecken – um nur die touristisch populärsten Bereiche zu nennen – wird jeder Reisende sein »typisches« Canada finden.

Großstädte

Aber durchaus nicht überall stehen zivilisationsferne Attraktionen im Vordergrund. Ebenfalls Besuchermagneten sind Canadas Großstädte. Die Lage **Vancouvers** zwischen Meer und Küstengebirge mit Badestränden in Zentrumsnähe, Resten von Regenwald in seinen Parks und Skipisten unweit der nördlichen Vororte wird von keiner anderen Großstadt Nordamerikas übertroffen. Die Präriezentren **Edmonton**, als Sitz der Provinzregierung und Tor zum Norden, und **Calgary** als Ölhauptstadt Albertas und Heimat der *Calgary Stampede*, der größten *Rodeo Show* Amerikas, besitzen beide den Vorzug einer kurzen Distanz zu den Rocky Mountains.

Klimatische »Überraschungen«

Kaum bekannt ist, daß die südlichsten Zipfel Canadas auf derselben Breite wie Nordkalifornien oder Rom liegen. Während in der subarktischen Tundra die Vegetation gegen Dauerfrost kämpft, gedeihen im südeuropäisch anmutenden Sommerklima Ontarios Weintrauben und Pfirsiche. Im südlichen Alberta und Saskatchewan, wo im Juli und August Tagestemperaturen von 25°-30°C überwiegen, ist es sogar noch wärmer.

Landschaftliche Vielfalt

Ausgedörrte ***Badlands*** erinnern dort an Landschaften im Südwesten der USA. Eine Art kanadisches Oberitalien und warme Badeseen, Weinterrassen, Obst in Hülle und Fülle und sogar Kakteenbestände findet man im ***Okanagan Valley*** in British Columbia. Nur wenige hundert Kilometer westlich davon stehen auf **Vancouver Island** dichte Regenwälder entlang einer niederschlagsreichen, eher unwirtlichen, aber nichtsdestoweniger reizvollen Küste.

Im Südosten der Insel ziehen dagegen flache Sandstrände und eine warme Meeresströmung Badegäste an. Weiter im Norden an der noch kaum erschlossenen **Pazifikküste** passieren die Alaskafähren durch die *Inside Passage* rauhe Gebirgszüge und kalbende Gletscherfelder.

»Lebende Museen«

Fast wie ein Teil der Landschaft wirken die originalgetreuen Rekonstruktionen historischer Dörfer und Befestigungsanlagen (*Barkerville* und *Fort Steele* in BC, *Fort Walsh* in den Cypress Hills/Saskatchewan oder *Old Fort William* bei Thunder Bay/Ontario), die als »lebende« Museen zu den besonderen Sehenswürdigkeiten Canadas zählen. Ein Höhepunkt jeder Fahrt in den Norden ist das heute zum historischen nationalen Denkmal erklärte **Dawson City**, Kapitale des Klondike-Goldrausches im ausgehenden 19. Jahrhundert.

Pioniergeist

Wer auf eigene Faust durch Canada reist und sich vielleicht vom ***Frontier Spirit***, dem alten Pioniergeist, anstecken läßt, wird noch manches Unerwartete mehr entdecken.

Sprache und Reisekosten

Dazu benötigt man weder perfekte Englischkenntnisse noch eine extrem dicke Brieftasche. Sprachlich kommt man leichter »durch« als beim Nachbarn USA; und wegen des – im Vergleich zum US-Dollar – günstigeren Wechselkurses für den kanadischen Dollar entspricht das Preisniveau heute für viele Produkte und (touristische) Dienstleistungen eher deutschen als US-amerikanischen Verhältnissen. Reisen in Canada sind daher insgesamt erschwinglicher als in den USA. Sie sind auch bei knappem Budget realisierbar, sofern man campt oder in den zahlreichen preiswerten *Hostels* unterkommt.

Herbst in den Alberta Rocky Mountains

1.2 Landesüberblick

Fläche und Bevölkerung

Canada umfaßt eine Fläche von fast **10 Millionen km^2** und ist damit nach Rußland und (knapp) vor den USA das zweitgrößte Land der Erde, besitzt aber nur **32,1 Mio. Einwohner**. Zum Vergleich: in Deutschland leben auf 3,6% der Fläche Canadas (357.000 km^2) 82,5 Mio. Menschen. Canada erstreckt sich in Ost-West-Richtung von Cape Spear bei St. John's auf Neufundland bis zur Alaska/Yukon-Grenze über eine Luftlinie von rund 5.514 km. Die maximale Nord-Süd-Distanz von *Middle Island*, einer winzigen Insel vor *Point Pelee* im Lake Erie bis zum *Cape Columbia* auf Ellesmere Island (nur 765 km vom Nordpol entfernt) beträgt ca. 4.634 km. Die Grenze mit den USA ist im Westen mit dem Verlauf des 49. (Karlsruhe) und im Osten zu einem Teil mit dem des 45. Breitengrades (Turin) identisch. Die Bevölkerung lebt zu über 90% auf nur einem Fünftel des Gesamtterritoriums, innerhalb eines etwa 500 km breiten Gürtels entlang der Grenze zu den USA in einer Mitteleuropa entsprechenden geographischen Zone.

Kanadischer »Schild«

Mit Abstand am dichtesten besiedelt sind die nördlichen Uferregionen des St. Lorenz Stroms und das Gebiet zwischen den Seen Huron, Erie und Ontario. Inmitten dieser fruchtbaren landwirtschaftlich intensiv genutzten Ebenen liegen die wichtigsten Industriezentren. Unmittelbar nördlich der Großen Seen erstreckt sich in einem weiten Bogen rund um die Hudson Bay der sogenannte *Kanadische Schild*, eine in der Eiszeit geformte felsige **Hügellandschaft**, die sich von Ontario über den Norden Manitobas, Saskatchewans und Albertas bis in die Northwest Territories hinein fortsetzt. **Zahllose Seen** füllen Senken und Vertiefungen. Das größte Gewässer, der ***Lake Winnipeg***, ist mit einer Fläche von 24.400 km^2 (Bodensee: 540 km^2) größer als Hessen. Der südliche ***Canadian Shield*** ist dicht bewaldet, eignet sich aber nur begrenzt für Agrarwirtschaft und Viehzucht und blieb daher vielerorts unbesiedelt. Erst in den 70er-Jahren wurden die ausgedehnten, oft durch Flüsse und Wildwasser miteinander verbundenen Seenplatten als touristisch »verwertbare« Freizeit- und Abenteuerreviere erkannt.

Prärien

Die flachen bis leicht hügeligen, scheinbar endlosen **Getreidefelder** im Süden Manitobas, Saskatchewans und Albertas sind eine Fortsetzung der US-amerikanischen ***Great Plains***. Die ins Land strömenden Siedler haben in wenigen Jahrzehnten daraus die Kornkammer Canadas gemacht. Von den ***Grasslands***, Weideflächen einst riesiger Bisonherden, blieben nur kleine Areale erhalten.

Die nördlichen Grenzen der Provinzen British Columbia, Alberta, Saskatchewan und Manitoba verlaufen entlang des 60. Breitengrades, auf dem auch Oslo liegt. Die durch die

Der »hohe« Norden

Mackenzie Mountains getrennten Northwest und Yukon Territories stehen in Canadas Westen für den »hohen« Norden. Nadelwälder und unzählige Seen und Flüsse kennzeichnen vor allem die südlichen **Northwest Territories**. Dort findet man die beiden größten ganz in Canada gelegenen Seen, den **Great Slave Lake** und den **Great Bear Lake** (28.600 km^2 bzw. 31.300 km^2). Der mächtige ***Mackenzie River*** fließt vom Großen Sklavensee ins Nordpolarmeer. In weiten Teilen der Territorien herrscht **Permafrost** (der Boden ist bis auf wenige Zentimeter dauerhaft gefroren), der im Bereich des Polarkreises und weiter nördlich nur Tundravegetation in Form von Moos- und Heidebewuchs zuläßt.

Rocky Mountains in Canada

Das **Landschaftsbild** im kanadischen Westen wird geprägt durch die mächtigen Rocky Mountains und die Coast Mountains. Die beiden parallel von Nordwesten nach Südosten verlaufenden **Gebirgszüge** gehören zu den **Kordilleren,** die von den Anden Südamerikas bis nach Alaska reichen. In der Prärie kann man schon aus großer Entfernung die schneebedeckten Gipfel der **Rocky Mountains** erkennen, wobei im *Waterton Lakes National Park* der Übergang zwischen *Great Plains* und Hochgebirge dann vollkommen abrupt erfolgt. Die *Rockies* im Grenzbereich zwischen den Provinzen Alberta und British Columbia sind erklärte Lieblingsziele europäischer Touristen, denn in ihnen befinden sich mit ***Banff*** und ***Jasper*** zwei der populärsten Nationalparks Nordamerikas. Die Rocky Mountains setzen sich weiter nördlich bis zum *Muncho Lake Provincial Park* am *Alaska Highway* in British Columbia nahe der Grenze zum Yukon Territory fort.

Küstengebirge

An der Westküste bilden die ***Coast Mountains*** die Fortsetzung der US-amerikanischen **Kaskaden.** Ihre steilen Hänge über dem Pazifik lösen sich in zahlreiche fjordartige Buchten und gebirgige Inseln auf. In der südwestlichsten Ecke des Yukon Territoriums (***St. Elias Range/Kluane National Park***) steht der ***Mount Logan***, mit 5.959 m höchster Berg Canadas. Dort befindet sich im angrenzenden Wrangell-St.Elias National Park (bereits in Alaska) mit dem ***Bagley Icefield/Bering Glacier*** der größte Gletscher Nordamerikas.

Gebirge in British Columbia

Im südöstlichen und nordwestlichen British Columbia liegen zwischen beiden Hauptformationen weitere dazu parallel verlaufende Gebirgszüge. Sie umrahmen das im zentralen Bereich der Provinz gelegene ***Fraser Plateau***, eine bewaldete Hügel- und Seenlandschaft mit einer Basishöhe um 600 m.

Inseln

Der Westküste vorgelagert sind zahlreiche Inseln, davon als bedeutendste **Vancouver Island**, die mit einer Fläche von **31.200 km^2** die Ausmaße eines kleinen europäischen Landes besitzt und mit ihren unterschiedlichen Landschaftsformen und Klimazonen ein Reiseziel für sich darstellt.

1.3 Vegetation und Tierwelt

Indian Summer/ Wälder

Vor allem die Laubwälder Ontarios liefern im Herbst ein außerordentliches Farbenspiel. Die leuchtenden Rottöne der **Ahornbäume,** die im Frühjahr den beim kanadischen Frühstück unverzichtbaren ***Maple Syrup*** liefern, und das strahlende Gelb der Eichen, Birken und Espen finden in Europa kaum ihresgleichen. Die intensive Blätterfärbung entsteht durch den früh im Jahr einsetzenden Nachtfrost.

Nach **Norden** hin nimmt der Anteil der Nadelbäume zu, bis in subarktischen Gefilden schließlich der boreale **Nadelwald** dominiert. Die unendlichen Wälder Canadas bieten **Hirschen, Elchen, Schwarzbären, Bibern, Waschbären, Füchsen, Bisamratten** und vielen Kleintierarten einen immer noch verhältnismäßig ungestörten Lebensraum.

Tundra

Jenseits der Baumgrenze breitet sich bis ans Nordpolarmeer die Welt der **Tundra** aus. In dem rauhen Klima vermag nur eine Vegetation zu überdauern, die den langen, dunklen Wintern mit ihren eisigen Schneestürmen trotzen kann und sich mit einer ausgesprochen kurzen Wachstumsperiode zufriedengibt. Die extrem an die Witterung angepaßten, meist kleinen und gedrungenen Pflanzen wachsen in Spalten und Senken oder hinter Felsen und Hügeln, die Schutz vor den Unbilden der Witterung gewähren. Da **im Norden** in der Regel **nur wenig Niederschläge** fallen, haben die meisten Pflanzen wirkungsvolle Mechanismen der Wasserspeicherung entwickelt. Trotz der ungünstigen Bedingungen konnte sich daher eine bemerkenswert vielfältige Vegetation durchsetzen.

Fauna im Norden

Die Fauna ist in dieser unwirtlichen Gegend nicht übermäßig artenreich, die Tundra in erster Linie das Land der ***Caribous*** (⇨ Seite 455). Die kalten Gewässer des Nordpolarmeeres und der Hudson Bay sind Lebensraum für **Großwale, Belugas, Walrösser, Seehunde, Eisbären**, zahlreiche Fischarten sowie Kleinstlebewesen. Das sensible Biosystem reagiert auf Störungen sehr empfindlich. Schon im 18. Jahrhundert verschwanden aus unbekannten Gründen viele Walarten aus diesen Gewässern, was die ***Inuit*** zwang, zur **Robbenjagd** überzugehen.

Prärie-provinzen

Wie oben angedeutet, mußten die einstigen **Kurzgrasprärien** der Provinzen Manitoba, Saskatchewan und Alberta weitgehend dem **Weizenanbau** weichen. Dies führte zu Flächen riesigen Ausmaßes, heute zum Teil **Brachland,** fast ohne natürliche Vegetation. Als Folge kam es zu starker Winderosion. Eisige Winterstürme und heiße, trockene Sommer machen es der Pflanzenwelt zusätzlich schwer, wieder Fuß zu fassen.

Der dort arg dezimierte **Tierbestand** findet in vereinzelten kleinen Waldinseln und Prärieresten einen kaum noch nennenswerten Lebensraum.

Bisons

Auf die aus freier Wildbahn praktisch verschwundenen **Bisons** trifft man nur noch bei privaten Züchtern und in geschützen Bisongehegen wie z.B. in den ***Riding Mountain, Elk Island*** und ***Wood Buffalo National Parks***. Immerhin ist es gelungen, den **Biber**, Wappentier Canadas, vor der Ausrottung zu retten. Es gibt ihn wieder in großer Zahl in den Wald- und Seengebieten nördlich der Landwirtschaftszone.

Biber

Bären

Die dicht bewaldeten, einsamen Regionen der Rocky Mountains und die Küstengebirge sind ***Bear Country***. Das Reich der ***Grizzlies*** liegt in den schwer zugänglichen Hochregionen, die **Schwarzbären** haben ihr Revier in tiefergelegenen Gebieten. Beide Bärenarten kommen sich aufgrund dieser unterschiedlichen Lebensgewohnheiten selten in die Quere. Typisch für die Bergwelt sind außerdem **Dickhornschafe, Bergziegen** und **Adler.** Aus den stärker besiedelten Gebieten des ***Fraser Plateau*** – wiewohl ebenfalls überwiegend Waldland – haben sich die Bären etwas zurückgezogen. Dort sieht man neben dem Hochwild gelegentlich noch **Elche.** Ansonsten leben in den Wäldern kleine **Pelztiere** wie Marder, Füchse und Dachse; an Seen und Bächen auch dort zahlreiche Biber. Die Gewässer sind reich an **Forellen** und **Lachsen**.

Bären in Alaska beim Lachsfischen

Regenwald

Bereits erwähnt wurden die imposanten Regen(ur)wälder entlang der **Pazifikküste** und auf **Vancouver Island**. Obwohl ihnen die Ausbeutung durch die Holzwirtschaft zusetzt, existieren immer noch große Bestände gewaltiger, moosüberzogener Douglasfichten.

Wüstenvegetation

Bis in den Süden British Columbias reicht ein Ausläufer der ***Great American Desert***. Neben anderen typischen Gewächsen arider Zonen gedeihen in Grenznähe sogar **Kakteen** und **Palmen**. Im ***Okanagan Valley*** bis nach Kamloops und westlich davon sorgen Trockenheit und hohe Sonneneinstrahlung für nur karge Wachstumsbedingungen.

You are in Bear Country!

In Canada sind drei Bärenarten heimisch. **Schwarzbären** (*Black Bears*) sind – mit Ausnahme des südlichen Teils der Prärien sowie der arktischen Tundra – in ganz Canada verbreitet. Zu den **Braunbären** gehören als Unterarten **Grizzly**- und **Kodiakbären**.

Grizzlies sind in den einsamen Gebirgsregionen West-Canadas und Alaskas anzutreffen. Der Lebensraum der *Kodiak Bears* beschränkt sich auf die Insel gleichen Namens und die Westküste Alaskas. Die **Eisbären** (*Polar Bears*), die dritte bedeutende Bärenart Nordamerikas, leben ausschließlich in arktischen Gefilden.

Die Schwarzbären sind kleiner, schlanker und anpassungsfähiger als die scheueren *Grizzlies* und die Kodiakbären, die als größte Vertreter der Braunbären bis zu 800 kg schwer werden und aufgerichtet eine Länge von bis zu 3 m erreichen. Die Färbung des Pelzes reicht bei den Braunbären von blond über zimtfarben bis zum dunklen Braun, wobei die Grizzlies dem längeren, angegrauten (*grizzled*) Deckhaar ihren Namen verdanken. Am leichtesten zu identifizieren sind sie durch den ausgeprägten Schulterbuckel (*Hump*). Ihr Gesicht ist zwischen Nase und Ohren deutlich gewölbt, während das Profil der *Black Bears* eine nahezu gerade Linie bildet. Die wesentlich längeren Klauen der *Grizzlies* hinterlassen außerdem unverwechselbare Fußspuren.

Natürliche Feinde besitzen Bären nicht; Gefahr droht ihnen hauptsächlich durch den Menschen. Die fälschlicherweise oft als Raubtiere angesehenen Allesfresser bevorzugen pflanzliche Nahrung wie Beeren und Gras. Ihre Fleischkost besteht zu einem großen Teil aus Aas und Kleingetier; für die flinken *Grizzlies* stellen Lachse und Forellen eine willkommene Bereicherung ihres Speiseplans dar.

Das Vorrücken der menschlichen Zivilisation hat sich allerdings auch auf das Ernährungsverhalten der Bären ausgewirkt. Sie werden zunehmend von leicht erreichbaren Essensresten auf städtischen Müllplätzen angelockt, und selbst Abfalltonnen vor Wohnhäusern sind mittlerweile vor ihnen nicht mehr sicher. Durch zu häufige Besuche dieser Futterstellen – wobei sie zuweilen ihr Einzelgängerdasein aufgeben und in größerer Zahl auftreten – verlieren sie schnell die natürliche Scheu vor Menschen und reagieren aggressiv auf Abwehrversuche. Besonders aufdringliche Exemplare werden betäubt, markiert und in die Einsamkeit zurückgeflogen.

Früher wurden in manchen Nationalparks Bären durch regelmäßige Fütterungen an Menschen gewöhnt und dadurch zur Parkattraktion. Um Nahrung bettelnde Tiere begannen, eine Gefahr zu werden. Um die »kulinarischen« Verlockungen für die Tiere zu minimieren, stehen heute auf allen »bärennahen« Campingplätzen verriegelte Abfallcontainer. Allerdings bekunden Bären, die generell über einen sehr guten Geruchssinn verfügen, nicht nur für Nahrungsmittel ein ausgeprägtes Interesse.

Im Zelt befindliche Kosmetika und Zahnpasta oder angebrannte *Marshmellows* in der Asche des Lagerfeuers sind gleichfalls Objekte ihrer Begierden! Wildniscamper hängen ihre Lebensmittel über Nacht für Bären unerreichbar an ein Seil zwischen zwei Bäumen. Beim Kochen halten sie Abstand zum Zelt und achten darauf, daß der Wind die Essensdüfte nicht in Richtung Schlafplatz weht. Und vor dem Schlafengehen ist Wäschewechsel eine gute Idee.

Wildniswanderungen führen oft durch Bärengebiet. Ein bimmelndes Glöckchen oder eine mit Kieselsteinen gefüllte Coladose am Rucksack, eine Trillerpfeife oder laute Rufe und Singen sollen die Bären rechtzeitig auf Gefahr aufmerksam mache, der sie lieber aus dem Weg gehen. Dabei muß der Geräuschpegel natürlich Wind und rauschendes Wasser übertönen. Tatsächlich bietet das einigen Schutz, auch wenn der Lärm mitunter lästig wird.

Begegnet man trotz aller Vorsichtsmaßnahmen einem Bären, hilft nur besonnenes Verhalten. Panisches Wegrennen lädt Meister Petz zur Verfolgung ein. Die tapsig wirkenden Bären erreichen Sprintgeschwindigkeiten bis zu 50 km/h. Zufluchtsuche auf dem nächsten Baum empfiehlt sich nur bei *Grizzlies* im Erwachsenenalter (indessen, woher weiß man, wie erwachsen der plötzlich aufgetauchte *Grizzly* ist?), die nicht mehr gerne klettern, vorausgesetzt man kommt hoch genug. Ihre jüngeren Artgenossen und insbesondere *Black Bears* erklimmen Bäume zur Futtersuche und zum eigenen Schutz gern und erstaunlich elegant.

Die *Ranger* der Nationalparks raten, bei einem plötzlichen Zusammentreffen mit einem Bären langsam den Rückzug anzutreten. Sollte der Bär dennoch bedrohlich näherkommen, kann man ihm zur Ablenkung im letzten Moment den Rucksack als »Köder« zuwerfen. In den meisten Fällen wird er sich darüber hermachen und dem Wanderer Zeit geben, das Weite zu suchen. Als neue Wunderwaffe und letzte Notbremse gilt ein ***Anti-Bear Spray***, dessen Geruch Bären angeblich nicht ertragen können. Bei kranken, verletzten oder hungrigen Tieren, deren Verhalten nicht berechenbar ist, sind – wenn man Pech hat – alle genannten Strategien wirkungslos. Gleiches gilt für Bärinnen mit Jungen, wenn man zwischen Mutter und Nachwuchs gerät.

Attacken von Schwarz- oder Braunbären soll man unterschiedlich begegnen. Bei Schwarzbären kann man sich (insbesondere in einer Gruppe) angeblich gut wehren. Die *Ranger* sagen: *Fight back*! Damit darf man indessen erst beginnen, wenn klar wird, daß der Bär keinen Scheinangriff inszeniert, bei dem er in letzter Sekunde abdreht. Bei den starken Grizzlies hilft absolut keine Gegenwehr. Greift ein Grizzly an, kann man sich nur noch mit dem Bauch auf dem Boden einkugeln, den Kopf mit den Armen schützen und den Angriff über sich ergehen lassen. Zumindest hat man so eine gute Chance, mit dem Leben davonzukommen, wenngleich schwere Verletzungen wahrscheinlich sind.

1.4 Klima und Reisezeit

Kennzeichnung

Westwinde am Pazifik, stabile Hochs im Zentrum und Tiefdruckgebiete am Atlantik charakterisieren im großen Maßstab das kanadische Klima. Die regionalen Unterschiede sind, wie bei einem so riesigen Land nicht anders zu erwarten, extrem. Im Süden der Prärieprovinzen etwa überschreiten die Temperaturen im Juli/August fast täglich 30°C, während in Inuvik in den Northwest Territories die Sommerwärme gerade ausreicht, den gefrorenen Boden einen Meter tief aufzutauen.

1.4.1 Temperaturen

Pazifikregion

Das Klima in der Pazifikregion wird von relativ milden Luftmassen geprägt. An der Küste sorgt die **Nordamerikaströmung** nicht nur im Süden von Britisch Columbia, sondern auch in der *Inside Passage* Alaskas für **moderate Wintertemperaturen** oberhalb der Frostgrenze. So hat Anchorage ungeachtet seiner nördlichen Position ähnliche Wintertemperaturen wie Ottawa. Das angenehmste Klima besitzt Victoria auf Vancouver Island: es erfreut sich milder Winter und durchweg warmer und sonniger Sommer mit zahlreichen Tagen im Juli und August, an denen 25°C und mehr gemessen wird.

British-Columbia

Während Wolkenfelder an den windzugewandten Seiten der Gebirge auch im Sommer häufig **kühle Witterung** und Regen mit sich bringen, ist es in geschützten, windabgewandten Regionen wie dem ***Okanagan*** oder dem unteren ***Fraser Valley*** von Mai bis September **sehr warm**, im Sommer mit Temperaturen von oft über 30°C sogar **heiß**. Im Mai/Juni muß man im Küstenbereich und in Höhenlagen mit Temperaturen von im allgemeinen unter 20°C rechnen. Im Sommer ist es auch an der Küste und in den Bergen warm, vorausgesetzt, die Sonne scheint. Im Herbst wird es bei tagsüber oft angenehmen Temperaturen nach Sonnenuntergang rasch kühl.

Prärien

Östlich der Rocky Mountains, der Klimascheide des westlichen Canada, prägen kalte Winter und warme Sommer mit Temperaturen über 30°C das Bild. Verantwortlich für das Wettergeschehen im Zentrum des Landes ist das **»Kanadische Hoch«**, das kontinental-arktischen Luftmassen aus dem Norden den ungehinderten Zugang nach Süden bis tief in die USA hinein verschafft. Da es keine von Ost nach West verlaufenden Gebirgszüge gibt, die sie aufhalten, bestimmt das ***Canadian High*** bis tief in die USA hinein die **trockene Witterung**. Die Folge davon sind um ca. 20°C tiefere Wintertemperaturen als in Europa auf demselben Breitengrad.

Im Sommer verzeichnen die Prärien oft wochenlang **stabile Hochdruckwetterlagen**, die bisweilen von Gewittern unter-

Sandburg im Sonnenuntergang am Strand des Lesser Slave Lake (Alberta)

brochen werden. Sonnigster Punkt Canadas ist Estevan im Südosten von Saskatchewan mit jährlich 2.537 Std. Sonnenschein. Verantwortlich dafür ist ebenfalls das *Canadian High*. Es bewirkt selbst im Norden der Provinzen im Juli und August Tagestemperaturen von meist deutlich über 20°C und läßt das Thermometer nahe der Grenze zu den USA auf Höhen ansteigen, die in Canada sonst nur das *Okanagan Valley* registriert.

Hoher Norden

Die **sommerlichen Temperaturen** im hohen Norden sind wegen der langen Dauer des Sonnenscheins (nördlich des Polarkreises zum Sommeranfang rund um die Uhr) erstaunlich hoch. Bei klarem Wetter erreichen sie im Juli/August meist über 20°C, bisweilen auch 30°C und mehr.

Allerdings gilt dies nicht für den Einflußbereich der **Hudson Bay**. Neun Monate des Jahres schiebt sich vom **Eispanzer** der Bucht ein **Kältekeil** über das kanadische Festland, der auch im Sommer seine Wirkung nicht ganz verliert. Da die kalte Luft wenig Feuchtigkeit aufnimmt, fallen im Norden erheblich geringere Regen- und Schneemengen als in allen anderen Regionen Canadas.

Ontario

Im zentralen Ontario und weiter östlich besitzt das *Canadian High* nur begrenzten Einfluß. **Feuchtwarme tropische Luft** aus der Karibik und dem Golf von Mexiko dringt von Mai bis Oktober oft bis ins südliche Canada vor. **Schwülwarmes Wetter** ist die Folge. Die durchschnittlichen Höchsttemperaturen von bis zu 27°C im Juli/August etwa in Südontario liegen weit über den Mittelwerten in Deutschland. Die Winter sind dort andererseits kalt und schneereich.

Die folgende Übersicht zeigt durchschnittliche Temperaturen an ausgewählten Orten während der Hauptreisemonate:

Durchschnittliche Tageshöchst-/tiefsttemperaturen

Angaben in °C	Juni	Juli	August	September
Alaska				
Anchorage	17/6	18/10	17/9	13/4
Fairbanks	22/8	22/9	18/6	12/1
Juneau	16/7	17/9	17/8	13/6
Alberta				
Banff	18/5	23/7	22/6	16/4
Calgary	20/7	24/10	23/8	18/4
Edmonton	21/8	22/10	22/8	17/4
Jasper	20/5	23/7	22/6	17/3
Lethbridge	22/9	26/11	25/10	20/6
British Columbia				
Fort St. John	20/8	22/11	20/10	16/5
Kamloops	26/11	29/13	28/12	22/8
Penticton	25/10	29/12	27/12	22/8
Prince George	20/6	22/8	21/7	17/3
Prince Rupert	15/8	17/10	17/10	15/8
Vancouver	19/11	22/13	22/13	18/10
Victoria	16/9	18/10	19/10	17/9
Manitoba				
Churchill	11/2	17/7	15/7	8/2
The Pas	21/8	25/12	23/10	16/4
Winnipeg	23/11	27/14	26/12	19/7
Northwest Territories				
Inuvik	16/4	19/8	16/5	7/-1
Yellowknife	17/7	21/11	18/10	11/4
Ontario				
Niagara Falls	25/14	27/17	26/16	22/13
Sault Ste. Marie	21/8	24/11	23/11	18/8
Sudbury	23/12	25/14	24/13	19/9
Thunder Bay	20/8	24/11	22/11	17/6
Toronto	24/13	27/16	26/16	22/12
Saskatchewan				
Prince Albert	22/8	25/12	24/10	17/4
Regina	23/8	27/11	26/10	20/4
Saskatoon	22/9	25/12	24/10	18/5
Yukon Territory				
Watson Lake	17/3	21/8	20/6	13/2
Whitehorse	20/6	20/7	18/6	13/3

1.4.2 Niederschläge

Pazifik-region

Mit **Regen** rechnen müssen Canada-Reisende vor allem im Einzugsbereich des Pazifik, in erster Linie aber auf Vancouver Island. ***Estevan Point*** an der Westküste der Insel bringt es auf den Rekordwert von 3 m Niederschlag pro Jahr. Im Windschatten der insularen Gebirgszüge erhält Vancouver nur noch ein Drittel dieser Regenmenge, wobei ein Großteil davon auf die Wintermonate entfällt. Im Sommer regnet es in Vancouver vergleichsweise wenig. Etwa 100 km östlich der Stadt gibt es in Hope und Umgebung an den windzugewandten Westhängen der ***Cascade Mountains*** aber wieder erhöhte Niederschlagswerte. Im dahinter gelegenen ***Okanagan Valley*** fällt kaum noch Regen.

Zentrales BC

Rocky Montains

An den Gebirgszügen der Rocky Mountains regnen sich die feuchten Westwinde endgültig ab. In den **Prärien** bleibt es daher relativ trocken. Die durchschnittlichen **Niederschläge** liegen dort bei ganzen **40 cm pro Jahr**. Im Sommer prallen Ausläufer feuchtwarmer Strömungen aus dem Süden auf die trockenen kontinental-arktischen Luftmassen. Dann bilden sich **Sturmwetterlagen** mit Gewittern, die aber mit den vorherrschenden Westwinden meist rasch nach Osten ziehen.

Prärien

Ontario

Weiter östlich spielen diese Faktoren eine stärkere werdende Rolle, so daß etwa das östliche **Manitoba** mehr sommerliche Regentage zählt als **Saskatchewan** und **Alberta.** Ontario kommt – im wesentlichen wegen starker Schneefälle – oberhalb der Großen Seen und im Osten auf höhere Niederschläge als die Westprovinzen abseits der Gebirgsregionen. **Toronto** zum Beispiel hat weit größere Schneemassen zu verkraften als Ontarios kalter Norden. Im Sommer dürfen Reisende dort mit gutem Wetter rechnen, wenn auch Regenfronten die Großen Seen deutlich öfter heimsuchen als die Prärie.

Die Zahlen auf der folgenden Seite verdeutlichen noch einmal anschaulich die erläuterten Zusammenhänge. Alle Orte liegen hintereinander in West-Ost-Richtung auf ungefähr derselben Breite unweit der US-Grenze:

Baden im warmen Regen auf Vancouver Island (Englishman River Falls Provincial Park)

Jährliche Niederschlagsmenge

3.177 mm	Estevan Point/Vancouver Island (Westseite)
1.163 mm	Nanaimo/Vancouver Island (Ostseite)
1.199 mm	Vancouver Airport
2.008 mm	Hope/BC
333 mm	Penticton/BC
334 mm	Medicine Hat/Alberta
400 mm	Regina/Saskatchewan
540 mm	Winnipeg/Manitoba
740 mm	Thunder Bay/Ontario
790 mm	Toronto

Die Tabelle zeigt die Verteilung der Regenmenge in ausgewählten Orten der Westprovinzen auf die Hauptreisemonate:

Niederschläge in Millimetern

	Juni	Juli	August	Sept.	Jahr
Alberta					
Calgary	88	58	60	37	437
Edmonton	75	83	72	36	450
Medicine Hat	64	39	39	33	334
British Columbia					
Penticton	36	25	22	18	333
Prince George	58	58	73	56	620
Prince Rupert	107	122	147	243	2.552
Vancouver	45	30	37	61	1.199
Manitoba					
Churchill	40	49	58	52	400
Winnipeg	80	80	74	53	540
Ontario					
Toronto	63	81	67	61	790
Northwest Territories					
Inuvik	18	35	36	20	236
Yellowknife	17	33	36	28	250
Saskatchewan					
Regina	83	58	50	36	400
Yukon Territory					
Whitehorse	29	33	37	29	263
Alaska					
Anchorage	28	51	54	64	387
Fairbanks	34	46	49	28	265
Juneau	77	105	128	163	2.337

1.4.3 Optimale Reisezeiten

Saisonabgrenzungen

Ob man in der **Hauptsaison** (*tourist season*) oder in der Vor- bzw. **Nebensaison** (*off-season*) nach Canada fliegen sollte, hängt nicht nur von terminlichen Vorgaben und Geldbeutel, sondern auch von den Aktivitäten ab, die man während der Reise plant. Grundsätzlich eignen sich die Monate Juni bis September am besten für einen Urlaub im Westen des Landes, bei dem das **Naturerlebnis Canada** im Vordergrund steht. Bis in den Mai hinein und ab Oktober muß man – je nach Region – mit witterungsmäßigen Unbilden und begrenzten touristischen Möglichkeiten rechnen. Regenperioden und sehr kühle Tage, in den Höhenlagen Schnee und Kälte, sind dann wahrscheinlicher. Noch oder schon **geschlossene touristische Einrichtungen** (z.B. Seilbahnen, Berghütten, Schwimmbäder, Campingplätze, sogar Motels) und stark eingeschränkte bzw. eingestellte Angebote (Boots-, Fahrrad- und Pferdeverleih, Veranstaltungen in Nationalparks, Wildwasserfahrten) beeinträchtigen dann die Urlaubsfreude. Gleichzeitig bricht die Dunkelheit früher ein. Einige Straßen schneien bei **Schlechtwettereinbrüchen** selbst im Juni schon mal wieder zu, etwa der *Icefields Parkway* in den *National Parks Jasper* und *Banff*. **Schnee** bleibt häufig bis in den Frühsommer hinein liegen. Im Winter entstandene Straßenschäden sind daher oft im Mai, gelegentlich auch erheblich später noch nicht beseitigt. *Gravel* und speziell *Dirt Roads* (zu den Straßenkategorien ⇨ Seite 126ff) können bis zum Frühsommer nicht befahrbar sein.

Hauptsaison

Die **Touristensaison** beginnt nach offiziellem Verständnis Mitte Juni und dauert bis zum ersten Montag im September (*Labour Day*). In diese Zeit fallen auch die kanadischen und US-amerikanischen Schulferien. Sieht man ab von den absoluten Brennpunkten des Tourismus wie den bekanntesten Nationalparks und bestimmten Provinzparks ab, kann aber von einer echten **Hauptsaison** im Sinne voll ausgelasteter touristischer Kapazitäten nur an Wochenenden (in Canada lediglich Samstagmittag bis Sonntagabend) und in der Ferienkernzeit von **Anfang Juli bis Mitte August** die Rede sein. Außerhalb dieser sechs Wochen, den Wochenenden und generell abseits der touristischen Hauptpfade wird man im Westen Canadas selten einen – nach unseren Begriffen – großen Andrang erleben.

Vor- und Nachsaison

Bei zeitlicher Flexibilität und Reisen in die Rocky Mountains und nach Vancouver Island, aber auch bei Reiseplänen, die Fahrten mit den Alaskafähren einschließen, sollte man einen **Start ab Mitte August bevorzugen**. Auch in den ersten Septemberwochen wird das Wetter tagsüber im allgemeinen noch recht angenehm sein, während die Nächte schon spürbar kühler sind als im Sommer.

Eine **Campingreise per Zelt** im Juni oder September ist daher in Höhenlagen nur etwas für abgehärtetere Naturen. Der **Spätsommer/ Frühherbst** besitzt jedoch generell den Vorzug geringer frequentierter Ziele. Auf den dann ruhigen Campingplätzen trifft man überwiegend europäische Urlauber oder amerikanische Rentnerehepaare mit ihren Wohnmobilen. Gelegentlich findet sich ein ganzes Seeufer ohne Nachbarcamper.

Sonderfall Dalton und Dempster Highways

Reisen nördlich des Polarkreises sollte man besser **nicht vor Mitte Juni** antreten. Denn Straßenschäden sind dann noch ausgebessert, und Schnee- und Eisreste können die Fahrt über Paßhöhen erschweren. Obwohl im Hochsommer Gutwetterperioden eher die Regel sind (siehe oben), kann das **Wetter** auch schon mal **recht wechselhaft** ausfallen. Bereits Ende August wird es nachts in aller Regel empfindlich kühl. Spätestens Mitte September sinken auch die Tagestemperaturen auf ein ungemütliches Niveau, und der erste **Schnee** läßt oft nicht mehr lange auf sich warten.

Mückenplage

Nebenbei sei angemerkt, daß rechtzeitig zur Touristensaison ab Juni fast überall eine mehr oder minder lästige Mückenplage auftritt. Sie nimmt erst im Laufe des August langsam ab. Spätestens im September setzen ihr Nachtfröste ein Ende.

Saisonale Charakteristika

Als zusätzliche Hilfestellung zur Entscheidung für die persönlich optimale Reisezeit sind im folgenden bereits genannte und zusätzliche bedeutsame Charakteristika der Reisebedingungen für Früh-, Hoch und Spätsommer zusammengefaßt:

Frühsommer

(Anfang Juni bis Mitte Juli)

- Die Tage sind besonders lang
- Lange Dämmerlichtzeiten bieten gute Möglichkeiten zur Tierbeobachtung
- Wanderwege verlaufen durch schöne *Bogs* (Sümpfe) mit reicher Vegetation
- Blütezeit der alpinen Blumen
- Flüsse und Fälle führen viel Wasser
- Bergspitzen sind noch fotogen verschneit, aber ebenso die Wanderwege in größeren Höhen
- Das Wetter neigt zu höherer Schauer- und Gewitterbildung
- Zahllose *Black Flies* und *Mosquitos* vergällen bisweilen die Ferienfreude. Die Mücken stechen morgens und abends, Schwarze Fliegen beißen tagsüber
- Vor allem viele Schotterstraßen zeigen noch nicht reparierte Winterschäden, aber auch asphaltierte Nebenstrecken im Gebirge

Mosquitos – zack, schon wieder eine!

In Canada sind von Anfang Juni bis Mitte September Stechmücken, auf amerikanisch *Mosquitos,* allgegenwärtig. Sie bevorzugen zwar Feuchtregionen und schattige Waldgebiete, aber vor allem im Juni/Juli entgeht man den Stechmücken fast nirgendwo. Selbst in Gebirgslagen und am offenen Wasser, bei Wind und Kälte suchen sie nach Opfern.

Dabei greifen Stechmücken tagsüber meist nur verhalten an. Ihre Zeiten sind vorzugsweise das Morgengrauen und natürlich die Dämmerung, wenn der Canada-Urlauber – gemütlich vor Wohnmobil oder Zelt sitzend – die Abendstimmung in Ruhe genießen möchte. Ein Lagerfeuer bringt nur Entlastung, wenn es ordentlich qualmt. Aber dann vertreibt es meist nicht nur die Insekten. Mit regionalen Unterschieden läßt die Plage ab August spürbar nach und verschwindet mit den ersten Nachtfrösten ganz. Nur im Hochgebirge bleibt man von der Plage generell verschont.

Sprays und Lotionen aus europäischer Produktion richten gegen kanadische Mosquitodamen (nur sie stechen) wenig aus. Am besten hält man sich die Mücken mit einheimischen *Insect Repellents* wie dem bewährten *Johnson`s Off*, *Muskol* oder *Cutters Deep Woods* vom Leibe. Die gibt es allerorten in *Drugstores*, Supermärkten und Tankstellen. Leider steigen die ohnehin schon hohen Preise für den *Mosquito*-Schutz mit der Schwere des Problems. D.h., am höchsten sind sie weitab städtischer Zivilisation. Man sollte sich deshalb vorsorglich in urbanen Gebieten eindecken, wo die Pr eise im allgemeinen unter dem Niveau des einzigen Shops im Nationalpark liegen. Hilfreich für Camper sind *Mosquito Coils*, Mücken-Spiralen, die im Freien vor sich hinkokeln. Summgeräte und andere Neuerungen zur Insektenbekämpfung scheinen kanadische Mücken nicht sonderlich zu beeindrucken.

Auch Kleidung bietet nur begrenzten Schutz. Was ein richtiger *Mosquito* ist, der sticht sogar durch relativ dicke Stoffe wie Zeltwände und Jeans. Empfehlenswert sind weite Textilien, die indessen an Hals, Handgelenken und Knöcheln dicht anliegen sollten.

Trotz gewissenhaften Einreibens, Sprayens und anderer Maßnahmen wird ein Urlaub in Canada kaum ganz ohne Mückenstiche ablaufen. Kratzen gegen den Juckreiz hilft bekanntlich nicht, sondern verschlimmert ihn nur. Doch auch dagegen gibt es geeignete Präparate. Beruhigend ist immerhin, daß kanadische *Mosquitos* im Gegensatz zu ihren tropischen Verwandten im allgemeinen keine Krankheiten übertragen, wiewohl in den letzten Jahren das sog. ***West-Nile Virus*** eingeschleppt wurde. Infizierte Mücken geben diesen Erreger weiter an Menschen. Die dadurch ausgelösten Symptome reichen von Fieber bis Meningitis. Eine Impfung oder Medikation dagegen ist nicht bekannt. Immerhin gibt es Bekämpfungsprogramme, die die Ausbreitung bislang unter Kontolle hielten.

Hochsommer (Mitte Juli bis Mitte August)

- Wanderwege sind auch in größeren Höhen schneefrei
- Höchste Temperaturen
- In Südontario ist es schwül, im *Okanagan Valley* (BC) und in den südlichen Prärieprovinzen sehr heiß
- Alle Attraktionen haben bis in den Abend hinein geöffnet
- An beliebten Ausflugszielen herrscht großer Andrang
- Hochsaisonpreise
- Motels und Campingplätze sind in populären Urlaubsgebieten (Nationalparks) oft ausgebucht

Spätsommer/Frühherbst (Mitte August bis Mitte September)

- Im Laubwald tritt die *Fall Foliage*, die Blätterfärbung ein; insbesondere in Ontario und den östlicheren Provinzen bilden sich nach erstem Frost prachtvoll bunte Wälder.
- *Black Flies* verschwinden mehr oder weniger; *Mosquitos* erlahmen in ihrer Angriffslust.
- Im allgemeinen kann man mit einer relativ stabilen Gutwetterlage rechnen. Die Nächte sind kühl; über 1000 m liegen die Nachttemperaturen unter dem Gefrierpunkt.
- Wasserfälle und Wildbäche führen nur noch wenig Wasser; Stauseen stehen oft halbleer. Feuchtgebiete liegen trocken, ganze Landstriche wirken ausgedörrt.

1.5 National- und Provinzparks

Konzeption und System

Das Nationalparkkonzept Canadas verfolgt wie das der USA zwei **Ziele**: zum einen geht es um den Schutz der Natur und historisch bedeutsamer Stätten vor kommerzieller Ausbeutung, zum anderen dienen die Parks als Erholungs- und Freizeitlandschaft. ***Parks Canada*** verwaltet **43 *National Parks*** und über **100 *National Historic Parks*** und ***Sites***. Der älteste ist der 1885 gegründete *Banff National Park*, der zusammen mit dem *Jasper National Park* in der Beliebtheitsskala ganz oben rangiert.

Bei den ***National Parks*** handelt es sich meist um größere Gebiete, die geographische, biologische und/oder geologische Besonderheiten aufweisen. Wird eine Lokalität wegen ihrer historischen Bauwerke oder wichtiger Ereignisse für schützenswert erklärt, nennt man sie ***National Historic Site*** oder ***Park.***

Lage der Parks/ Verkehrsanbindung

Die meisten Nationalparks liegen **abseits der großen urbanen Zentren** und lassen sich in der Regel **nur mit dem Auto** problemlos erreichen. Busverbindungen existieren nur zwischen besonders populären Parks und den jeweils nächstgelegenen Ortschaften. **Schienenanschlüsse** gibt es mit Ausnahme des *Jasper National Park* so gut wie gar nicht. Trampen ist möglich, aber nicht jedermanns Sache, ➪ Seite 113.

Auch innerhalb der Parks ist man auf ein **Fahrzeug** angewiesen. Die in vielen Parks von Konzessionären angebotenen Rundfahrten mit Ausflugsbussen sind meist sehr teuer und bieten nicht dasselbe, was man individuell – auf die eigenen Interessen zugeschnitten – unternehmen und erleben könnte.

Eintritt

Der Besuch von Nationalparks kostet Eintritt. Ein **Tagespass** (gültig bis 16 Uhr des Folgetages) kostet $**4,50 bis $7**, für Kinder **$2,25 bis $3,50** und Senioren $4-$6. Ein Ticket für Gruppen bis zu 7 Personen kostet pauschal $14 bzw. $12 für Senioren. Die zusammenhängenden **Parks *Jasper/Banff/Yoho/ Kootenay*** in den BC- und Alberta-Rocky Mountains werden wie ein Park behandelt.

Ein **Jahrespass** (für 12 Monate ab Kaufdatum) für alle Nationalparks in Canada, der ***National Pass***, kostet $**45/Person**, für Senioren/Kinder $38/$22. Mehrere Personen im Auto fahren ggf. preiswerter mit dem **Familien-/Gruppenticket für** $89; dabei ist Kreditkartenzahlung möglich.

Jahrespässe

Inwieweit sich die Anschaffung eines Jahrespasses lohnt, ist ein Rechenexempel. Ab 7-9 Tagen Aufenthalt in Nationalparks macht der Kauf bereits Sinn.

Information vor Ort

An der Einfahrt oder im immer vorhandenen **Besucherzentrum** erhält man gratis ein ***Parkfaltblatt*** mit einer Karte und wichtigen Hinweisen. In allen ***Visitor Centres*** gibt es in der Regel Ausstellungen, Diashows und Filme zu Geschichte, Geologie, Flora, Fauna und Höhepunkten des jeweiligen Parks. ***Park Ranger***, Aufsichtsbeamte und Besucherbetreuer zugleich, sind Ansprechpartner für sämtliche "ihren" Park betreffende Fragen, Wanderführer und Vortragsredner.

Internet

Informationen zu allen kanadischen Nationalparks findet man im ***Internet*** unter **www.pc.gc.ca**.

Zu *Rocky Mountain Parks* interessant sind auch die Seiten: **www.canadianrockies. net** oder **www.discovertherockies.com**.

Camping

In den Nationalparks ist das **Campen** ausgesprochen **populär**. Die meisten Campingplätze sind erfreulich in Bezug auf Lage und Anlage, aber selten superkomfortabel, ➪ Seite 142.

Zu in Nationalparks möglichen Aktivitäten gibt das folgende Kapitel ausführlich Antwort.

Provincial Parks

Was generell zu den Nationalparks angemerkt wurde, gilt im wesentlichen auch für die Provinzparks. **Naturschutz** und **Erholung** stehen dort ebenso im Vordergrund wie die Bewahrung und Pflege historischer Stätten. Wie die Bezeichnung sagt, obliegt die Verwaltung nicht einer nationalen Behörde, sondern der jeweiligen Provinz.

Hinsichtlich landschaftlicher Attraktivität und Infrastruktur stehen viele ***Provincial Parks*** den *National Parks* nicht nach. Herausragende Beispiele sind u.a. ***Wells Gray, Mt. Robson, Manning*** und ***Barkerville*** in British Columbia, ***Peter Lougheed*** und ***Dinosaur*** in Alberta, ***Cypress Hills*** mit ***Fort Walsh*** in Saskatchewan, ***Whiteshell*** und ***Spruce Woods*** in Manitoba sowie ***Quetico*** und ***Lake Superior*** in Ontario.

Fast alle Provinzparks verfügen über Campingplätze. Eine Besonderheit von **British Columbia** sind die reinen ***Campgrounds*** unter Provinzverwaltung. Sie tragen allesamt, ob groß oder klein, besonders reizvoll oder durchschnittlich gelegen, ebenfalls die Bezeichnung ***Provincial Park***.

1.6 Naturerlebnis und Abenteuer

Aktivitäten

Die Möglichkeiten für aktive Ferien sind in Canada überaus vielfältig. Das gilt besonders für die ***Outdoor Activities***, also sportliche Betätigungen an frischer Luft wie Wandern, Bergsteigen, Reiten, Schwimmen, Angeln, Kanupaddeln etc.

Wandern

Dem Wanderfreund stehen in Canada buchstäblich alle Wege offen. Insbesondere in den National- und Provinzparks findet man hervorragende ***Hiking Trails***, Wanderwege aller Schwierigkeitsgrade und unterschiedlichster Länge (viele Hinweise dazu ➪ Reiseteil). Kürzere ***Nature Trails*** führen durch Bereiche im erschlossenen Teil eines Parks, deren geologische Beschaffenheit und/oder Flora Aufmerksamkeit verdient.

Für intensives Wandern in den Rocky Mountains empfiehlt sich das ausgezeichnete Buch ***The Canadian Rockies Trail Guide*** (*Patton/Robinson, Summerthought Press*, $20): **www.banffbooks.com**. Das Buch ist zum aktuellen Dollarkurs bei **www.amazon.de** erhältlich.

Wegesystem

Mit guter Kondition und geeigneter Ausrüstung sind mehrtägige und sogar mehrwöchige Touren ins Hinterland eines Parks auf eigene Faust kein Problem (z.B. ***West Coast Trail***, ➪ Seite 215; ***Chilkoot Pass Trail***, ➪ Seite 403). Wer sich zum ***Backpacking***, dem Rucksackwandern, entschließt, muß wissen, daß in der Wildnis des ***Backcountry*** Pfade oft nur schlecht markiert und überwuchert, Wildbäche zu überqueren und die wenigen Schutzhütten im Hinterland unbewirtschaftet sind. Daher ist für fast alle Übernachtungstrips ein Zelt unerläßlich.

Permits

Fürs *Backpacking* in Parks sind ***Permits*** (Genehmigungen) erforderlich. Man erhält sie nach Erläuterung seiner Pläne und der unvermeidlichen Belehrung durch einen *Park Ranger* in den Besucherzentren. Diese Kontrollmaßnahme dient einerseits dazu, die Anzahl der Wanderer zu begrenzen und die Natur nicht übermäßig zu belasten. Andererseits möchte man Wanderer von zu ehrgeizigen Plänen abhalten und ggf. Anhaltspunkte über ihren möglichen Verbleib haben. Oft sind ***Permits*** kostenlos, nicht aber in den ***Rocky Mountain Parks***, dort kostet ein **Übernacht-*Permit* $8**, der **Jahrespass $56**.

Bergsteigen

Wer höher hinaus will, findet fabelhafte Möglichkeiten zum Bergsteigen vor allem in den Nationalparks ***Banff, Jasper, Kootenay*** und ***Yoho***, aber auch in einigen ***Provincial Parks***.

Reiten

Das Reiten, ***Horseback Riding*** genannt und im Western-Stil betrieben, ist in Canada, speziell im Westen des Landes, äußerst populär. In vielen touristisch erschlossenen Regionen gibt es herrliche Reitgelände. Ab den ***Riding Stables*** kosten geführte Ausritte $15-$20 die Stunde und $70-$100 pro Tag. Aber auch sonst – zumal in den westlichen Provinzen – ist es nicht schwer, unterwegs einen Reitstall für einen Ausritt »zwischendurch« zu finden. Komplette Reiterferien auf ***Guest Ranches*** und geführte Mehrtagestouren in die Wildnis können großartige Erlebnisse sein, haben aber ihren Preis.

Schwimmen

Canadas Westen hat auch hervorragende Wassersportreviere. Im Süden gibt es an vielen Seen schöne Sandstrände. Urlaubsstimmung à la Gardasee versprechen bei Sommertemperaturen um die 30° C die Badeseen im Okanagan Valley. So wetteifert etwa der ***Osoyoos*** mit dem ***Christina Lake*** am *Crowsnest Highway* um die Ehre des wärmsten kanadischen Sees. Vielbesucht sind auch ***Kitsilano Beach*** und ***Wreck Beach*** in Vancouver, der **Seton Lake** bei Lillooet, die Seen der ***Cypress Hills*** und der Strand des Milk River im ***Writing-on-Stone Provincial Park*** in Alberta, die Stauseen in Saskatchewan, der ***Lake Winnipeg*** in Manitoba sowie die ***Wasaga Beach*** an der südlichen Georgian Bay in Ontario.

Der **Pazifik** hingegen zeigt uns die kalte Schulter. Nur an den populären Stränden zwischen Nanaimo und Qualicum Beach an der **Südostküste von Vancouver Island** erwärmt sich das flache Wasser im Sommer bis auf angenehme 21°C.

Heiße Quellen

An vielen Orten im westlichen Canada existieren aber wohltemperierte Alternativen. Es gibt zahlreiche heiße **Thermalquellen**, von denen viele an oder in der Nähe touristisch interessanter Strecken liegen. Die besten ***Hot Springs*** befinden sich bei Jasper (*Miette*), in Banff (beide Alberta) und vor allem in British Columbia (*Ainsworth, Canyon, Fairmont, Harrison, Liard, Mount Layton, Nakusp, Radium*). Gelegentlich sprudelt das Wasser in natürlichen Felsbecken, meist aber in angelegten ***Pools*** mit unterschiedlichen Temperaturbereichen.

Überdachtes Superwellenbad »World Water Park« mit Riesenrutschen als Teilbereich der West Edmonton Shopping Mall

1

Öffentliche Bäder

Water Parks

Die meisten öffentlichen **Freibäder** sind nur von Mitte Juni bis Anfang September geöffnet. Ganzjährig zu besuchen sind **Hallenbäder**, die oft zusammen mit Sauna, Whirlpool, Fitneßcenter etc. in attraktive ***Leisure Centres*** oder ***Recreation Centres*** integriert sind. Attraktiv sind die kombinierten **Wasser- und Spiellandschaften** vor den Toren einiger Großstädte (z.B. in **Edmonton** der *World Water Park*, ➪ Seite 317). Die Besucher können sich dort auf Rutschen aller Art und in Wellenschwimmbecken austoben.

Kanusport

Canada ist das Mutterland des Kanusports. Traditionell knien Indianer in offenen, aus ausgehöhlten Baumstämmen oder Baumrinden (vor allem der Birke) konstruierten Booten und bewegen es per Stechpaddel.

Für die immer populärer werdenden Kanutrips eignet sich Canada wie kein anderes Land. Zahllose Seen und Flüsse bieten exzellente Bedingungen für Anfänger, Fortgeschrittene und Wildnisenthusiasten. Die herausragenden Kanureviere liegen im ***Bowron Lake Provincial Park*** in BC und im ***Quetico PP*** in Ontario. Speziell im ***Wells Gray PP*** in BC gibt es längere Kanurouten. Auch der mächtige **Yukon River** (➪ Seite 398) ist beliebt für Langstreckenstreckentouren.

Kanuverleih

Wer mit dem Gedanken spielt, Canada (auch) per Kanu kennenzulernen, kann sich an eine der zahlreichen Verleihfirmen wenden. Die **Miettarife** betragen ab $30 pro Tag. Ausrüstungsgegenstände (z.B. Zelte, Regenponchos, Kocher etc.) lassen sich normalerweise gleich mitmieten. Für längere Touren in der Hochsaison (Juli bis Mitte August) empfiehlt es sich, Kanu und Zubehör zeitig im voraus zu reservieren.

An den meisten touristisch frequentierten Seen gibt es Kanuvermietungen

Hausboote

Eine schöne, wenn auch relativ teure Variante eines Canadaurlaubs auf dem Wasser sind **Hausbootferien.** Beste Voraussetzungen dafür besitzen die Seengebiete ***Lake of the Woods*** in Ontario und ***Shuswap Lake*** in British Columbia. Dort im Hochsommer auf eigene Faust ein Boot der gewünschten Größe und Ausstattung zu finden, ist schwierig. Für die Hochsaison (Juli-Mitte August) sollte man auf jeden Fall langfristig vorbuchen. In der Nebensaison (im Juni und ab Mitte August, mehr noch im September nach *Labour Day*) sind dagegen Boote immer verfügbar, und die **Miettarife** liegen deutlich niedriger als in der Hochsaison. Es ist dann auch kein Problem, Hausboote direkt vor Ort zu mieten. Vorteilhafterweise kann man dabei die schwimmende Ferienwohnungen vor der Anmietung in Augenschein nehmen. Gerade **Spätsommer und Frühherbst** auf relativ einsamen Gewässern bieten ein besonders intensives Canada-Erlebnis. Tagsüber ist es noch angenehm warm, und die kühleren Nächte stören im komfortablen Hausboot ohnehin nicht.

Reviere

Auf die hübschen kleinen Seeuferdörfer und urigen Kneipen, wie sie für europäische Hausbootreviere typisch sind, muß man freilich verzichten. Dafür darf man sich sowohl in Ontario als auch in British Columbia auf schöne Anlegestellen an stillen Buchten und romantische Abende am Lagerfeuer freuen, wo dann der selbstgefangene Fisch in der Pfanne brutzelt.

Hausbootvermieter

Adressen von Vermietern findet man in den Broschüren der

- ***Tourism Kenora/Lake of the Woods***

1500 Hwy #17E,
Kenora, Ontario P9N 1M3
© 1-800-535-4549, © (807) 467-4637, Fax (807) 467-4644
Internet: www.lakeofthewoods.com

• ***Shuswap Tourism***
P.O.Box 618, Sicamous, BC VOE 2VO
✆ 1-800-661-4800, weiteres ✆ und Fax (250) 832-5200
Internet: www.shuswap.bc.ca

Wildwasserfahrten

Wer **Wildwasserabenteuer** sucht, kommt im westlichen Canada voll auf seine Kosten. ***Whitewater*** wird mit den Schwierigkeitsgraden I (kleine Stromschnellen) bis VI (nur bei geeigneten Wasserständen eventuell fahrbar) bewertet. Kommerzielle Veranstalter bieten in der Regel Touren von Grad II (mittlere, kindergeeignete Stromschnellen) über III (lange, hohe Stromschnellen) bis IV (anspruchsvolles Wildwasser) an.

Es gibt heute kaum noch einen für **Schlauchboottrips** geeigneten Fluß, der nicht von kommerziell operierenden Veranstaltern fürs touristische ***Whitewater River Rafting*** genutzt würde. Die lassen sich das gut abgesicherte Abenteuer mit Nervenkitzel und Restrisiko zwar nicht schlecht bezahlen, aber im »Gummifloß« durch Stromschnellen zu schießen, ist ein Hauptspaß. Vor allem kürzere ***Raft Trips*** kann man ohne weiteres vor Ort einen Tag im voraus buchen. Wer aber einen festen Reiseplan besitzt und *Rafting* mit Zwischenübernachtung plant, ist gut beraten zu reservieren. Die meisten Veranstalter operieren in British Columbia. Ihre Anschriften findet man in der Broschüre ***Outdoor and Adventure Vacations*** des *BC Tourism Office*, ➪ Seite 578.

Reviere

Fraser River und **Thompson River** sind die populärsten Flüsse mit dem Ort Lytton an deren Zusammenfluß als bestem Ausgangspunkt für ein *Rafting*-Abenteuer in British Columbia. Beliebteste Trips sind die Routen auf dem Thompson River von Spences Bridge nach Lytton oder auf dem Fraser River durch das *Hell's Gate*. Ebenfalls zahlreiche *Whitewater Rafting* Anbieter lockt der Kicking Horse River bei Golden am

Rafting am Gletscher

Westausgang des *Yoho National Park* und der Fraser River am *Mount Robson Prov. Park* an. In den Rocky Mountains von Alberta gibt es im *Jasper National Park* ruhige Touren auf dem Athabasca River oder etwas wildere auf dem Sunwapta River. Die **Preise** sind in Abhängigkeit von Schwierigkeitsgrad der Flüsse und Region recht unterschiedlich. In touristisch stark frequentierten Gebieten werden für Kurztrips ab **$40** (ca.1,5 Std. auf dem Wasser; mit Vorbereitung Hin- und Rücktransport 3-4 Std.) verlangt. Ganztagestrips (ca. 3-4 Std. auf dem Wasser) gibt es ab $100.

Radfahren

Radfahren – ***Bicycling, Cycling*** oder ***Biking*** genannt – ist als sportliche Freizeitaktivität ausgesprochen populär; speziell, seit es die ***Mountain Bikes*** gibt. Fahrräder lassen sich in jeder größeren Stadt, aber auch in vielen National- und Provinzparks **mieten**. Etwa Vancouver auf der Rundtour durch den Stanley Park per Zweirad zu erkunden, kann gar nicht genug empfohlen werden. Kanadische Autofahrer sind auf Leute, die das Fahrrad als Fortbewegungsmittel benutzen, indessen oft nicht eingestellt. Da die meisten Städte keine Radwege besitzen, ist ein wenig mehr Vorsicht als hierzulande daher angebracht. Die **schönste Radroute** mit zahlreichen sehenswerten Brücken und Tunneln verläuft über die stillgelegte Trasse der 481 km langen ***Kettle Valley Railway*** von Hope nach Midway durch den zentralen Süden von British Columbia. Obwohl mit nur 2,2% Maximalsteigung prinzipiell gut befahrbar ist die Strecke wegen Trassenschäden sowie steiler Umleitungen wegen zerstörter Brücken/Tunnel stellenweise nur Mountainbikern vorbehalten. Mehr Information im Buch ***Cycling the Kettle Valley Railway***, *Dan & Sandra Langford, Rocky Mountain Books*, **www.heritagehouse.ca** (can$22), zum aktuellen Dollarkurs im Internet bei www.amazon.de.

Gute **Mountain-Bike-Reviere** mit Seilbahntransport sind der *Calgary Olympic Park, Mount Washington* bei Courtenay, *Red Resort* bei Rossland, *Silver Star Mountain* bei Vernon und der *Whistler Mountain.* Wer mehr über Radfahren und *Mountain Biking* auch in Canada wissen möchte, sollte zum Reise Know-How-Titel **»USA/Canada Bikebuch«** von Helmut Hermann greifen.

Angeln

Die liebste **Freizeitbeschäftigung** eines rechten Kanadiers ist ohne Zweifel das Angeln. Im Sommer sitzen Männer, Frauen und Kinder jeden Alters geduldig an den See- und Flußufern oder werfen unermüdlich Blinker und künstliche Fliegen aus. **Angelgerät** kann man zwar problemlos im Flugzeug mitnehmen, aber drüben wartet eine derartige auf die kanadischen Verhältnisse zugeschnittene Auswahl, daß viel dafür spricht, sich erst vor Ort einzudecken. Zumal auch die **Preise** fürs Angelgerät relativ günstig sind.

Angel-erlaubnis

Neben der geeigneten Ausrüstung benötigt jeder Angler unbedingt eine ***Fishing Licence*** bzw. ein ***Fishing Permit*** der jeweiligen Provinz oder des Nationalparks. Angelscheine sind noch in kleinsten Ortschaften erhältlich – im Lebensmittelladen, an der Tankstelle oder sonstwo. Jedermann kennt die Ausgabestellen. Die **Gebühren** für Angler, die nicht in Canada leben, sind deutlich höher als für Provinzbewohner. Bei längerem Aufenthalt lohnt sich der Kauf eines Mehrtages-/Jahrestickets. Ausländer zahlen z. B. in BC $20/1Tag, $50/8Tage, $80/Jahr für ***Non-Tidal Angling Licences*** (Süßwasserreviere) bzw. $7/1Tag, $34/5Tage, $108/Jahr für ***Tidal Water Fishing Licences*** (Salzwasserreviere).

Regeln

Die Bestimmungen (die jeder Angler zur Kenntnis zu nehmen verpflichtet ist) zur Regulierung der allgemeinen Angelleidenschaft sind von Provinz zu Provinz unterschiedlich. Sie sind sorgsam zu beachten. **Streng kontrollierte Beschränkungen** beziehen sich auf tägliche Fangmenge, Art der Köder und der zum Fang freigegebenen Fischarten. Eine überall geltende Vorschrift besagt, daß ein Angler nicht mehr als **eine Angel** gleichzeitig benutzen darf. Wer ohne gültige Genehmigung erwischt wird, darf sich auf eine saftige **Geldstrafe** gefaßt machen. Üblich ist zudem die Konfiszierung des Angelgeräts, aber auch des Bootes oder Campmobils, wenn darin illegal gefangene Fische gefunden werden. Bei Begrenzungen der **Tagesmenge** zählen auch Fische, die vom Vortag stammen, aber noch nicht verzehrt wurden! In den **Nationalparks** benötigt man – unabhängig von der jeweiligen Provinz – eine **Sondergenehmigung**. Das ***Fishing Permit*** (für Banff, Jasper z. B. $7/Tag, $20/Jahr) gibt es in den Besucherzentren.

Zum Schutz der Fischbestände hat man das ***Catch & Release Fishing*** eingeführt. Dabei geht es nicht mehr um den Fisch als eßbare Beute, sondern ausschließlich um die Aktivität Angeln

Per Tankwagen werden in »Hatcheries« gezüchtete Jungfische ausgesetzt, um die starke Befischung der Gewässer auszugleichen (hier Forellen)

als solche. Der Angler nimmt den gefangenen Fisch wieder vom Haken und setzt ihn zurück ins Wasser – eine fragwürdige Methode, bei der viele Fische verletzt werden und qualvoll zugrundegehen.

Fish Hatcheries

Die starke Befischung vieler Seen und Flüsse würde etliche Arten in ihrer Existenz bedrohen, wenn die Bestände nicht immer wieder künstlich aufgestockt würden. Mit der Aufzucht und dem Aussetzen von Jungfischen sind *Fish Hatcheries* betraut, allerorten zu findende staatliche Fischzuchtstätten und künstliche ***Spawning Channels*** (Laichkanäle, z.B. an Duncan Lake, Galena Bay). Sie können häufig besichtigt werden. Obwohl der Staat über die *Fishing Permits* erhebliche Einnahmen realisiert, reichen sie kaum zur Aufstockung aller leergefischten Reviere. Dem Wahlvolk über das bereits vorhandene Reglement hinaus aus ökologischen Gründen weitere Zurückhaltung aufzuerlegen, mag offenbar keine Regierung riskieren.

Jagen

Im Gegensatz zum Angeln ist das Jagen für Ausländer eine aufwendige und kostspielige Angelegenheit. Sie dürfen ausschließlich unter der Obhut von staatlich geprüften Jagdbegleitern ***(Outfitters)*** jagen, die ihren gut zahlenden Gästen alle Jagdvorbereitungen abnehmen und für den Transport zu den besten Plätzen sorgen. Außerdem kümmern sie sich um die Unterkunft in der Wildnis. Wer bestimmte Felle oder Geweihe mit nach Europa nehmen möchte, benötigt dazu eine besondere Genehmigung.

Lizenzen

In ***National Parks*** ist **Jagen grundsätzlich verboten**, ebenso das bloße Mitführen von Waffen, sofern sie nicht gebrauchsunfähig verpackt sind.

Goldwaschen

Ein besonderes **Abenteuer** ist für Canada-Touristen das Goldwaschen. An zahlreichen Flüssen und Bächen in British Columbia, in Alaska und im Yukon Territory trifft man noch heute auf Relikte der **Goldrauschepoche ab 1858**: zerwühltes Erdreich, verlassene Minen und verrostendes Gerät. An solchen Originalplätzen wie Barkerville, Dawson City, Fairbanks oder Anchorage kann heute jedermann Waschpfannen leihen oder kaufen und sein Glück versuchen.

Situation heute

Grundsätzlich befindet sich Gold zunächst in felsigen Lagerstätten. Bergwerke gewinnen das goldhaltige Erz im ***Hardrock Mining***-Verfahren, indem sie tiefe Stollen in den Fels treiben. Durch Erosion freigesetzte Goldpartikel werden aber auch vom Wasser aus dem Erz geschwemmt und setzen sich am Grund und an den Uferböschungen von Wasserläufen als Waschgold (*placer gold*) ab. Auf diese ***Gold Flakes***, darunter dann und wann auch größere ***Nuggets***, hatten es einst die ***Gold Prospectors*** oder ***Diggers*** abgesehen. Maschinell wurde Waschgold im *Placer Mining*-Verfahren mit gigantischen Eimerkettenschwimmbaggern ***(gold dredges,*** z.B. in Dawson

City, Fairbanks) aus Bachböden herausgespült. Mit Waschpfanne, aber auch mit mancherlei ausgetüftelten Gerätschaften sind Prospektoren nach wie vor an der Arbeit. Außer in Gebieten mit früher noch nicht ausgeschöpften Goldreserven suchen sie nach Goldpartikeln, die erst nach der Goldrauschperiode aus den Lagerstätten herausgewaschen wurden.

Touristen Claims

Wer sich selbst als Goldgräber betätigen möchte, muß sich im ***Tourist Claim*** z.B. in Dawson City entweder nach alter Art stundenlang in einen eiskalten Bach stellen und mit schmerzendem Rücken ***Pay Dirt*** (goldhaltigen Sand) durchspülen oder am kommerziell betriebenen Trog für ein paar Dollar etwas bequemer eine im voraus mit winzigen ***Flakes*** präparierte Pfanne auswaschen.

Literatur

Vor dem Einstieg in die Praxis sind theoretische Kenntnisse nützlich: In kanadischen *Book Shops* stößt man auf eine beachtliche Auswahl an Werken über Methoden des Goldschürfens, geeignete Ausrüstung und gesetzliche Vorschriften. Das Buch ***Methods of Placer Mining*** (can$ 10, *Heritage House Publishing Company,* **www.heritagehouse.ca**), von *Garnet Basque,* ist preiswert, anschaulich und vor allem für Anfänger gut geeignet (in großen Läden meist vorrätig). In ihm findet man Adressen von Firmen, die den modernen Prospektor mit allem Erforderlichen ausstatten. Den Titel erhält man zum aktuellen Dollarkurs auch bei www.amazon.de.

Allgemeine Auskünfte über Goldsuche in Canada und Alaska erhalten Interessenten auch bei den *Tourist InfoCentres.*

Wasch-pfanne

Eine stilecht zerbeulte Goldwaschpfanne ist im übrigen ein originelles Mitbringsel aus dem hohen Norden und ggf. ein schönes Erinnerungsstück an die »eigene Goldgräberzeit« oder die ***Yukon Gold Panning Championship***, die jedes Jahr am 1.Juli in Dawson City stattfindet. Leider sind die meisten der zum Kauf angebotenen Pfannen aus Plastik.

Gebührenfreies Goldwaschen am Touristenclaim des Bonanza Creek bei Dawson City

2. REISEVORBEREITUNG UND -PLANUNG

2.1 Formalitäten, Finanzen und Versicherungen

2.1.1 Einreise nach Canada

Reisepass und Aufenthaltsdauer

Zur Einreise benötigt man nur den für die Reisezeit, besser aber noch mindestens sechs Monate gültigen Pass. Direkt aus Übersee einfliegende Touristen mit **Rückflugticket** und genügend Bargeld bzw. Reiseschecks und/oder Kreditkarten erhalten im Normalfall den erforderlichen Sichtvermerk für eine **Aufenthaltsdauer bis zu maximal 6 Monaten**. Meist stellen die Einwanderungsbeamten keine detaillierten Fragen und geben sich mit einer kurzen Auskunft zu Zweck und Dauer der Reise zufrieden. Dabei findet im Regelfall keine Überprüfung der Angaben des Reisenden statt. Falls die Canada-Reise in den USA (Alaska eingeschlossen) beendet werden soll, ist es – vorsichtshalber – sinnvoll, erst das Rückflugdatum nach Europa als Ausreisetermin aus Canada zu nennen.

Einreise nach Canada über die USA

Bei Anreise über die USA und einem bereits von den US-Behörden in den Pass gehefteten ***Departure Record*** (siehe nächsten Abschnitt), erhält man ebenfalls einen Einreisestempel für maximal 6 Monate in Canada. Aber andere Eintragungen kommen vor, etwa bei Auskünften des Touristen, die den *Immigration Officer* nicht befriedigen. Die einmal erteilte Aufenthaltsdauer für die USA bleibt auch für die Wiedereinreise (nach einem Canada-Abstecher) weiter gültig. Wenn diese Absicht besteht, muß man ggf. den kanadischen Grenzbeamten darauf hinweisen, damit er den *Departure Record* nicht aus dem Pass entnimmt.

Ausreise in die USA und Wiedereinreise

Dagegen verliert bei einer Ausreise von Canada in die USA die einmal erteilte kanadische Genehmigung im Prinzip ihre Gültigkeit. Wer erneut nach Canada einreist, muß sich bei der *Immigration* eigentlich einen neuen Sichtvermerk holen. Bisweilen verzichten die Grenzbeamten aber – nach einem Blick in den Pass, in dem noch die alte Eintragung steht – auf diese Prozedur und winken den Touristen einfach durch.

Mit Auto von den USA nach Canada

Wegen der etwas günstigeren Mietwagentarife (➪ Seite 68) und der (insbesondere nach Umsatzsteuern) niedrigeren Autopreise sind grenznahe Städte in den USA ggf. bedenkenswerte Ausgangspunkte auch für eine Reise durch Canada sowohl für Automieter als auch Langzeitreisende, die sich ein Auto kaufen (➪ Seite 99). Der Grenzübertritt ins Nachbarland ist auch mit einem Fahrzeug problemlos. **Wagenpapiere** oder **Führerschein** werden normalerweise nicht einmal kontrolliert.

Einen Nachweis über die in Canada vorgeschriebene **Haftpflichtversicherung** muß man erst bei Unfällen und gelegentlich bei Verkehrskontrollen erbringen. Einige (wenige) *Rental*

Car Companies untersagen den Grenzübertritt. Wer in einem Mietwagen von den USA aus nach Canada fahren möchte, sollte daher die Absicht vor Vertragsabschluß ankündigen bzw. bereits vor der Buchung sicherstellen, daß Canada auch mit dem in den USA gemieteten Fahrzeug ohne Einschränkungen befahren werden darf.

Eigenes Fahrzeug

Für ein eigenes Auto benötigt man von seiner (US-amerikanischen) Versicherung eine für Canada gültige ***Non-Resident Inter-Province Motor Vehicle Liability Insurance Card*** (entspricht unserer grünen Versicherungskarte). Sie wird meist nicht automatisch, sondern nur auf ausdrückliches Verlangen (im allgemeinen ohne Zusatzkosten) ausgestellt.

Bei Verkehrskontrollen fragt die kanadische Polizei bisweilen nach einem **Besitznachweis** für den Wagen. Als Beleg dient die ***Registration***, ein dem deutschen Kraftfahrzeugschein entsprechendes Papier, bzw. der Mietvertrag.

Privat geliehenes Fahrzeug

Falls das Auto von Bekannten geliehen ist, sollte man sich eine **notariell beglaubigte Erlaubnis des Eigentümers** für die Benutzung und Einreise nach Canada geben lassen. Die Beglaubigung erledigt gegen geringe Gebühr ein ***Notary Public***, den man in den USA »an jeder Ecke«, u.a. in Banken, findet.

2.1.2 Einreise in die USA

Ohne Visum

Zur Einreise in die USA, also auch nach **Alaska**, benötigt man – auch für jedes Kind einzeln! – einen maschinenlesbaren bordeauxroten **Reisepass**, der für die Reisezeit, besser aber mindestens drei Monate über den Einreisetermin hinaus gültig sein muß. Bürger der meisten westeuropäischen Staaten benötigen kein Visum, wenn sie

- lediglich einen Aufenthalt von **bis zu 90 Tagen** planen und
- ein **Ticket** für die Rück- oder Weiterreise besitzen.

Als Folge der Terroranschläge haben die USA weitgehende Kontrollmaßnahmen eingeführt. Von jedem Besucher werden bei Einreise in die USA die Abdrücke beider Zeigefinger digital gescannt und ein digitales Porträtphoto erstellt. Die Airlines müssen vor Abflug die Flug- und Reservierungsangaben

Hinweis zur Gepäckkontrolle bei USA-Flügen

Gepäckstücke werden im Transatlantikverkehr in großen Stichproben geöffnet und durchsucht. Verschlossenes Gepäck »knackt« man einfach. Also entweder alles von vornherein unverschlossen lassen oder – besser – die neuen ***Travel Safe Locks*** verwenden, kleine Zahlenschlösser, die von der amerikanischen Checkinstanz TSA (und angeblich nur von dieser) geöffnet werden können. Erhältlich ist das Spezialschloß in vielen Ausrüstungs-, Sport- und Reisegepäckshops für ca. €9/Stück (USA ca. $8). Mehr Information über das Produkt findet man auf der Website des Herstellers *Eagle Creek*: **www.eaglecrek.com/41018.html**. Dort gibt es auch eine Liste aller Läden in Europa, die *Eagle Creek*-Produkte vertreiben.

von Passagieren an die US-Grenzbehörden weiterleiten. Alle Gepäckstücke werden durchleuchtet. Für manuelle Nachkontrollen darf die TSA (Transportation Security Administration, **www.tsa.gov**) verschlossene Gepäckstücke gewaltsam öffnen. Deshalb sollte man aufgegebenes Gepäck nicht mehr abschließen bzw. TSA-zugelassene Schlösser verwenden.

Visum/ Voraussetzung

Ein **Visum** wird nur erteilt bei (schriftlich und nach Einladung – ggf. auch mündlich plausibel erläuterten) Reiseplänen für Zeiträume von über 90 Tagen und für Bürger von Staaten, die nicht vom Visumerfordernis ausgenommen sind.

Erteilung des USA-Visums

Das Visum wird gegen eine **Gebühr** (€80 für D und A und SF120 für CH) erteilt. **Antragsformulare** gibt's

- als **Faxabruf** unter Nummer **0190/85 005 802** (€1,86/min)
- im **Internet** zum Herunterladen: **www.usembassy.de**.

Neben dem Visa-Antragsformular DS 156 müssen heute alle **Männer im Alter 16-45 Jahre** zusätzlich das **Formular DS 157** ausfüllen und den Unterlagen beifügen.

Verschärfte Regelungen nach »9/11«

Nach den Ereignissen des 11. September erteilen die Amerikaner keine Visa nur nach Sichtung der Unterlagen, sondern laden alle Antragsteller zum persönlichen Interview ein.

Visum USA

Telefonauskunft dazu, d.h. Bandansagen in erschöpfender Breite für alle Reisezwecke, unter © **0190/85 00 58 00. Persönliche Telefonate für Fragen sowie Terminabsprache für persönliches Interview unter © 0190 /85 00 55** (jeweils €1,86/min).

Ausgefüllter Antrag, Passfoto vor weißem Hintergrund, Männer ggf. Formular DS 157, Reisepass, Einzahlquittung und alle weiteren Unterlagen/Belege sind – unter Beifügung eines frankierten größeren Rückumschlags (€1,44) – an das zuständige Konsulat zu senden (trotz des Inhalts **nicht als Einschreiben**):

Konsularabteilung der US-Botschaft in Berlin
(zuständig für norddeutsche und neue Bundesländer)
Clayallee 170, 14195 Berlin

Generalkonsulat Frankfurt
(zuständig für Hessen, NRW und süddeutsche Bundesländer)
Siesmayerstr. 21, 60323 Frankfurt

Botschaft der Vereinigten Staaten in der Schweiz
Visa-Abteilung, Jubiläumsstraße 95, 3005 Bern,

© **031/357-7011**; Termine: © **0900 878472** (2,50 SFr/min)
Internet: **http://bern.usembassy.gov.**

Botschaft der Vereinigten Staaten in Österreich:
Parkring 12, 1010 Wien, © **01/31339 7592**,
Terminabsprache: © **0900-510300** (2,16 €/min)
Internet: **http://vienna.www.usembassy.at**

Das in den Pass gestempelte Visum berechtigt zu beliebig vielen Einreisen (*multiple entries*) in die USA innerhalb des gewährten Zeitrahmens (maximal 10 Jahre). Die letzte Instanz bei der Einreise ist nichtsdestoweniger der ***US Immigration Officer*** auf amerikanischem Boden.

Einreiseformalitäten

Die Einreiseformalitäten sind mit und ohne Visum in den USA etwas aufwendiger als in Canada. Jeder Besucher muß zwei **Formulare** ausfüllen: Einreisepapier (***Arrival/Departure Record***) und die Zollerklärung (***Customs Declaration***):

Formulare

- Das **Einreiseformular**, das mit dem **Zollformular** bei **Flügen in die USA** bereits beim Einchecken oder spätestens im Flugzeug verteilt wird, ist in Blockbuchstaben auszufüllen*) Es besteht aus zwei Abschnitten. Der untere, der ***Departure Record***, wird in den Pass geheftet.

Gebühr

- Bei erster **Einreise auf dem Landweg**, z.B. auch von Canada nach Alaska, fällt eine **Gebühr von US$6** in bar/$-Reisescheck an – keine Kreditkarte, keine kanadische Währung!

Überprüfung

- Bei normalen Urlaubsplänen prüft der *Immigration Officer* die Angaben des Reisenden meist nicht weiter und erteilt die Höchstaufenthaltsdauer von 90 bzw. 180 Tagen (mit Visum). Er fragt aber schon mal nach **Rückflugticket, Barmitteln** und **Kreditkarte** und verkürzt u.U. die maximal mögliche Aufenthaltsdauer nach Ermessen.

Departure Record

- Mit dem ***US Departure Record*** im Reisepaß kann man innerhalb der zugestandenen Aufenthaltsdauer beliebig oft nach Canada oder Mexico reisen und wieder in die USA zurückkehren, ohne erneut die Einreise zu beantragen. **Verläßt man die USA**, wird der *Departure Record* beim Einchecken im Airport von den Angestellten der Fluggesellschaft wieder aus dem Paß entfernt bzw. – bei Ausreise nach Canada – von kanadischen Grenzbeamten.

Zoll/ Customs

- Die **Zollerklärung** ähnelt im Aufbau dem Immigrations-Papier. Bei der Aussage »Ich habe noch Früchte, Gemüse, Fleischwaren u. a. m. dabei und war kürzlich auf einem Bauernhof« heißt die kategorische Antwort ***no***! Wer noch wursthaltige Marschverpflegung oder Obst von daheim in der Tasche hat, muß alles spätestens im Ankunftsflughafen entweder essen oder vernichten (kein Scherz, sondern Erfordernis der Seuchengesetzgebung).

  Die Zollbeamten machen unter dem Schild *Nothing to declare* nur **Stichproben**. Aber sie müssen in jedem Fall das **Zollpapier stempeln**, das am Ausgang abzugeben ist. Ohne **Zollstempel** bleibt die Tür zum gelobten Land verschlossen.

---

*) Unter der Rubrik »Anschrift in den USA« ist unbedingt eine Adresse anzugeben. Wer nicht die Anschrift von Freunden oder Verwandten zur Hand hat, setzt z.B. die des ersten Hotels oder der Autovermietung ein.

2.1.3 Zollbestimmungen

Zollfreie Einfuhr Canada

Folgende Waren dürfen zollfrei nach Canada eingeführt werden:
1,14 l Spirituosen oder 1,5 Liter Wein oder
4 *Sixpacks* Bier zu je 12 *Ounces*
(= 24 Drittelliter-Flaschen bzw. Dosen bzw. 8,5 l)
und **200 Zigaretten und 50 Zigarren**.
sowie **Geschenke** im maximalen Gegenwert von **$60**

Obst, Gemüse

Beschränkungen gibt es in einigen Gebieten bei der Einfuhr von Obst- und Gemüsesorten, die auch in Canada angebaut werden. Je nach Herkunft der Nahrungsmittel und Zielort des Reisenden werden sie einbehalten und vernichtet, soweit man sie nicht stante pede verzehren mag. Das gilt z.B. für Äpfel bei der Einreise vom US-Staat Washington über Vancouver Island oder das *Okanagan Valley*.

Preisgefälle USA/Canada

Einige Produkte sind in den USA preiswerter als in Canada, in erster Linie Tabakwaren und Alkoholika. Viele Kanadier zieht es daher zu **Einkaufstrips** in die USA, wobei sie es mit den zollfreien Mengenbegrenzungen häufig nicht so genau nehmen. Vom ***Shopping* jenseits der Grenze** zurückkehrende Kanadier geben auf die Frage ihrer Zollbeamten nach den mitgeführten Waren die unverfängliche Antwort: ***Gas and Groceries*** – Benzin und Lebensmittel. Denn **eine Tankfüllung ist zollfrei** ebenso wie die meisten Lebensmittel, soweit nicht ein Einfuhrwert von $60 überschritten wird.

Das Interesse der kanadischen Grenzer gilt aber in erster Linie Tabak und und Alkohol. Außerdem wird oft nach **Schußwaffen** gefragt, da die Waffengesetze in Canada wesentlich strenger sind als in den USA.

Zollfreie Waren USA

Die Einhaltung der amerikanischen Einfuhrbeschränkungen für **Zigaretten (200 Stück)**, **alkoholische Getränke (1 Liter)** und Geschenke (im **Wert bis zu US$100**) wird von den US-Zollbeamten nur lax kontrolliert. Sie interessieren sich vor allem für eventuell mitgeführte Fleischwaren, Obst und Gemüse, deren Einfuhr streng untersagt ist. Die **schriftliche Zollerklärung** wird im übrigen nur bei der Einreise in die USA per Flugzeug verlangt. Bei Überquerung der kanadisch-amerikanischen Grenze beschränken sich die Beamten durchweg auf eine kurze mündliche Befragung.

2.1.4 Reiseversicherungen

Krankenversicherung

Eine Reise nach Nordamerika sollte nie ohne umfassenden Krankenversicherungsschutz angetreten werden. Den besitzen automatisch nur unbegrenzt Privatversicherte, deren Kassen weltweite Kostendeckung gewähren. **Die gesetzlichen Krankenkassen übernehmen in Canada oder den USA anfallende Behandlungskosten nicht einmal teilweise**. Aber selbst, wer privat krankenversichert ist und glaubt, keine Auslandszusatzversicherung zu benötigen, sollte den **Geltungsbereich** seines Vertrages prüfen. Manche Versicherungen beschränken die Leistungspflicht auf Krankheitskosten, die in Europa und in Ländern rund ums Mittelmeer anfallen.

Kurzfristige Auslandskrankenversicherungen werden von sehr vielen Gesellschaften angeboten. Die meisten Veranstalter legen ihren Buchungsunterlagen Überweisungsformulare für den unkomplizierten Abschluß aller denkbaren Reiseversicherungen bei. Es gibt sie aber auch separat, d.h., unabhängig von einer Buchung, in jedem Reisebüro. Kreditkartenunternehmen (➪ Seite 53) und **Automobilclubs** bieten ihren Mitgliedern Vorzugstarife beim Auslandsversicherungsschutz. Im Jahresbeitrag für einige **Kreditkarten**-Edelversionen ist der Versicherungsschutz für Auslandsreisen begrenzter Dauer enthalten.

Tarifvergleich

Grundsätzlich lohnt sich vor Abschluß ein Vergleich nicht nur der Tarife, sondern auch der mit dem Vertrag verbundenen Leistungen. Einige Versicherungen verzichten z.B. auf eine Eigenbeteiligung des Versicherten, bei anderen müssen die Ausgaben für kleinere Verschreibungen und Behandlungen selbst getragen werden. Zu beachten ist auch, daß ab einem bestimmten Alter (meist 65) die Versicherungstarife deutlich steigen.

Versicherter Zeitraum

Ein wichtiger Punkt bei Auslands-Krankenversicherungsverträgen ist der **maximal versicherte Zeitraum** bei ununterbrochener Abwesenheit. Insbesondere über bestimmte Mitgliedschaften »automatisch« Versicherte (Abbuchung des Beitrages jährlich ohne Notwendigkeit eines erneuten Abschlusses) sind **oft nur bis zu sechs Wochen** geschützt. Bei längeren Reisen muß auch in solchen Fällen ein gesonderter Vertrag über den gesamten Zeitraum abgeschlossen werden.

Preisgünstig sind **Verträge bis zu 2 Monaten Gültigkeit**. Für kurze Fristen ist auch die Auswahl groß. Das Spektrum der Angebote beginnt bei ganzen €9 für 8 Wochen (Erwachsene bis 59 Jahre bei der Halleschen Nationalen – Internet: **www.alteleipziger.de**; Kinder zahlen dort nur €6 für denselben Zeitraum). Jahresbeiträge gelten auch bei Mehrfachfahrten.

Familien mit Kindern bis 21 Jahren zahlen €14,50, Einzeltarif €6, Personen über 70 Jahre jeweils einzeln €11 (HUK-Coburg: **www.huk24.de**; 6 Wochen Gültigkeit).

Für längere Auslandsreisen vermindert sich die Zahl der Anbieter; und auch die Kosten steigen bei einigen Gesellschaften überproportional. Umso wichtiger ist der **Kostenvergleich**.

Langfristige Absicherung

Leider kann man teurere Tarife langfristiger Verträge nicht durch mehrere aufeinanderfolgende Kurzfristverträge zum Niedrigtarif umgehen. Man verliert dann nach der ersten Vertragsperiode seinen Versicherungsschutz. Das passiert auch dann, wenn unterschiedliche Gesellschaften gewählt werden!

Die Versicherer lassen sich bei kostspieligen Versicherungsfällen Flugscheine oder den Paß mit Einreisestempel vorlegen. Falschangaben des Versicherten kommen dann heraus.

Brille

Brillenträgern sollten neben einer Reservebrille den **Brillenpass** mitnehmen. Damit kann man bei Verlust oder defekt ohne Umweg über einen Augenarzt einen Optiker aufsuchen.

Behandlung und Zahlung

Im Krankheitsfall wird in Nordamerika häufig **vor** der Behandlung ein **Nachweis der Zahlungsfähigkeit** verlangt. Eine Kreditkarte ist dabei hilfreich. Ohne ausreichende Mittel und/oder Kreditkarte muß man sich bei teuren Behandlungen ggf. per Fax oder Telefon an seine Auslandskrankenversicherung wenden und um Vorschuß bzw. Kostenübernahme bitten. Die **Kopie des Vertrags** und die Rufnummern der Versicherung sollte man daher vorsorglich mitführen.

Erstattung

Falls man Arzt- oder Rezeptgebühren vorstreckt, sind für die spätere Erstattung in der Heimat **detaillierte Aufstellungen** mit Datum, Namen des behandelnden Arztes, einem Behandlungsbericht etc. notwendig. Je vollständiger die Unterlagen, um so reibungsloser erfolgt daheim die Überweisung des ausgelegten Betrages. Da die meisten Versicherungen **Dollarausgaben** mit dem Tageskurs umrechnen, an welchem der Erstattungsantrag bei ihnen eingeht, können Währungsschwankungen zu kleinen Verlusten führen. Einige Gesellschaften erlauben deshalb ihren Versicherten, den am Tag der Zahlung der Behandlungskosten geltenden Dollarkurs zugrundezulegen.

Behandlungskosten, die aufgrund chronischer Leiden oder infolge von Erkrankungen vor Reisebeginn anfallen, sind durch Reiseversicherungen nicht gedeckt. Zweifelsfälle sollten vor der Reise mit der Krankenversicherung erörtert werden.

Weitere Reiseversicherungen

Inwieweit man über die Krankenversicherung hinaus weiteren Versicherungsschutz benötigt, hängt von den bereits bestehenden Versicherungen in der Heimat und dem individuellen Risikoempfinden ab. Vor dem Abschluß etwa einer **Reisehaftpflicht-** oder **Reiseunfallversicherung** sollte man prüfen, ob vorhandenen Versicherungsverträge nicht auch außerhalb Europas Deckung gewähren.

Gepäckversicherung

Über den Nutzen der vergleichsweise teuren **Reisegepäckversicherung** sind die Meinungen geteilt. Bei sorgfältiger Lektüre des »Kleingedruckten« entsteht mitunter der Eindruck, daß die Möglichkeiten des Haftungsausschlusses zahlreicher sind als Fälle, in denen der Versicherer zahlt. Das **Camping** etwa gilt versicherungstechnisch als besonders riskantes Unternehmen, auf das sich allerhand Ausschlußklauseln beziehen.

Wertsachen sind im allgemeinen nur bis zur Hälfte der Gesamtversicherungssumme gedeckt. Tatsächlich ist das Diebstahlrisiko in Canada, aber auch in den USA bei umsichtigem Verhalten eher nicht hoch.

Versicherungspakete Bei den von Reisebüros gerne verteilten Versicherungspaketen sollte man prüfen, welche Einzelleistungen wirklich benötigt werden. Eine Haftpflicht- und Unfallversicherung besteht vielleicht schon, und die absolut notwendige Krankenversicherung gibt es manchmal anderswo günstiger.

Reise-Rücktrittskostenversicherung Eine Reise-Rücktrittskosten-Versicherung ist bisweilen im Reisepreis schon enthalten. Sie kann, sollte das nicht der Fall sein, aber auch gesondert abgeschlossen werden. Die Prämien sind relativ niedrig (Elvia, Europäische u.a.). Man sollte darauf speziell bei langfristiger Vorbuchung nicht verzichten.

2.1.5 Bargeld, Reiseschecks und Kreditkarten

Cash

Bargeldlos Bargeld spielt im Zahlungsverkehr Canadas und der USA insgesamt eine deutlich geringere Rolle als in Europa. Kanadier und Amerikaner begleichen oft auch niedrige Beträge per Kreditkarte oder mit Scheck. Auch Touristen brauchen **keine größeren Dollarbeträge in bar** mitzunehmen. Es macht Sinn, Bargeld zunächst nur für die ersten Ausgaben bereitzuhalten. Denn der Wechselkurs für Bargeld aus Automaten oder für Reiseschecks (Einlösung meist kostenfrei) ist günstiger als der **Sortenkurs** der Banken beim Kauf von Bardollars.

Umtausch in Canada/USA Euros und Franken lassen sich ausschließlich in Großstädten und auch dort nur in wenigen Banken und an internationalen Flughäfen umtauschen, und zwar zu ungünstigen Kursen.

EC-Karten Indessen können **EC-Geldkarten** (mit Maestro-Logo) auch an Geldautomaten in Nordamerika eingesetzt werden, ➪ Seite 53.

Münzen Kleine Münzen sind in **Canada und den USA** nicht nur vom Aussehen her ähnlich und in der Größe so gut wie identisch:

1 Cent: ***Penny***	5 Cents: ***Nickel***
10 Cents: ***Dime***	25 Cents: ***Quarter***

In **Canada** sind darüberhinaus **$1- und $2-Münzen** im Umlauf. Auch für sie gibt es umgangssprachliche Bezeichnungen:

1 can$: ***Loonie***	2 Can$: ***Twonie***

Die in den **USA** kursierenden 50-Cent- und Ein-Dollar-Münzen bekommt man nur sehr selten zu Gesicht.

Vor allem ***Quarters*** benötigt man häufig: in der **Telefonzelle,** am **Cola-Automaten** und im **Waschsalon**. Ein Vorrat davon ist praktisch. Bei Banken gibt es **Rollen** zu je 40 Quarters ($10). Die Dollarmünze findet in Automaten kaum Verwendung.

Münzen benötigt man auch in den öffentlichen Verkehrsmitteln der meisten Großstädte. Die Fahrgäste werfen den abgezählten Fahrpreis in einen gut gesicherten Behälter. Die Fahrer verfügen als Vorsichtsmaßnahme gegen Überfälle grundsätzlich nicht über Wechselgeld.

Nach wie vor ist die Queen of England kanadisches Staatsoberhaupt. Ihr Konterfei ziert daher auch Banknoten

Banknoten

Da **US-Dollarscheine** unabhängig von ihrem Wert dieselbe Größe und Farbgebung aufweisen (Zahlseite grau-schwarz, Rückseite blaßgrün), kommt es leicht zu Verwechslungen und auch mutwilligen Täuschungen. Beim Herausgeben ist deshalb etwas mehr Aufmerksamkeit als bei uns angebracht. Verwechslungs- und fälschungssicherer mit Wasserzeichen, Farbwechsel an der Wertzahl und Sicherheitsfaden sind die neuen, farbigen $10, $20- und $50-Scheine.

Kanadische Geldscheine unterscheiden sich zwar auch nicht in der Größe, lassen sich aber dank unterschiedlicher Farbgebung besser auseinanderhalten.

US-Dollars in Canada

US-Dollars werden in Canada weitgehend akzeptiert, meist allerdings zu einem Kurs, der ungünstiger ist als der Wechselkurs in der Bank. In grenznahen Gebieten gibt es gelegentlich Werbeaktionen für US-amerikanische Kunden (Tankstellen, Einzelhandel), während der US-Dollars höher bewertet werden als in der Bank.

Wechseln großer Scheine

Aus Sicherheitsgründen behalten manche abends und nachts geöffnete Shops und Tankstellen nicht mehr als **$20 Wechselgeld** in der Kasse. Überschießende Einnahmen verschwinden per Rohrpost unwiederbringlich im Tresor. So können größere als $20-Noten bei kleinen Kaufsummen nicht gewechselt werden; mitunter verweigert man sogar die Annahme. Auch bei Barzahlungen am Tage kommt man mit **Geldscheinen bis maximal $50** am besten zurecht. $100-Scheine werden oft ungern oder mitunter gar nicht angenommen.

Cash only!

Trotz der großen Bedeutung der Kreditkarten, gibt es Situationen, wo sie nicht weiterhelfen, wo unbedingt mit ***Cash*** zu zahlen ist: Für Touristen sind in erster Linie die **Campingplätze** in National- und Provinzparks und besonders in den Nationalforsten zu nennen, wo die Übernachtungsgebühren bar und abgezählt ohne Wechselmöglichkeit in einem Umschlag deponiert werden müssen, ➪ Seite 142. Auch manche (Billig-) Tankstellen und Supermärkte (nicht in Canada, bisweilen in den USA) akzeptieren Kreditkarten nicht.

Travelers Cheques

Anwendung

Reiseschecks tauscht man in Nordamerika nicht unbedingt bei Banken in Bargeld um, wie in Europa üblich. Denn sie werden in allen Geschäften und Dienstleistungsunternehmen durchweg ohne Abzug von Gebühren wie Banknoten akzeptiert. Die Auszahlung der Differenz zwischen dem Wert eines Reiseschecks und dem jeweiligen Rechnungsbetrag erfolgt anstandslos in *Cash*.

Kanadische Dollars (can$)

Wer ausschließlich nach Canada reist, sollte sich auf **kanadische Dollar lautende *Travelers Cheques*** beschaffen. US$-Reiseschecks müssen in Canada bei Banken mit Kursverlust in can$ gewechselt werden. Zwar nehmen viele Unternehmen US$-Reiseschecks an, berechnen aber ungünstige Kurse. In Alaska bzw. im Kernland der USA sind **US$-*Travelers Cheques*** naturgemäß vorteilhafter. Reiseschecks, die auf europäische Währungen bzw. Euro lauten, lassen sich in beiden Ländern nur unter Schwierigkeiten einlösen.

Kosten der Reiseschecks

Beim Kauf von Dollar-Reiseschecks in Europa erfolgt die Währungsumrechnung zum Devisenbriefkurs (⇨ Tageszeitung) oder wenig darüber. Trotz der Provision von 1% des Wertes sind sie dadurch etwas günstiger als Bargeld zum Sortenkurs.

Beim Kauf unterschreibt man in der Bank die *Travelers Cheques* ein erstes Mal, bei der Einlösung müssen sie in Anwesenheit des Kassierers gegengezeichnet werden. Gelegentlich wird die Vorlage von Pass oder Führerschein verlangt.

Ersatz für abhanden gekommene Reiseschecks

Der **Vorteil der Reiseschecks** gegenüber dem Bargeld besteht darin, daß bei Verlust oder Diebstahl rasch Ersatz erlangt werden kann, ohne daß dafür Kosten entstehen. Man muß zu diesem Zweck den Kaufnachweis vorweisen und – etwa durch die notierten Einlösedaten bereits verbrauchter Schecks – glaubhaft belegen, welche Schecks (Nummernfolge) verloren gegangen sind. Die verschiedenen Ausgabeorganisationen von Reiseschecks geben ihren Kunden gebührenfreie Telefonnummern mit, die im Verlustfall angerufen werden können, z.B.

American Express: ✆ 1-800-221-7282

Die Zentrale nennt dem Anrufer die **nächstliegende Bank**, welche den Verlust dokumentieren und die Ersatz-Schecks ausstellen kann. Nicht gebrauchte Reiseschecks lassen sich zu Hause (zu ungünstigen Konditionen) zurücktauschen. Dabei erheben Banken Einlösegebühren und berechnen teilweise statt des Devisenkurses den Sortenkurs..

Optimale Stückelung

Bei Reiseschecks sind **$50-Stückelungen** höheren Nennwerten vorzuziehen, sofern man sie auch als Zahlungsmittel und nicht nur zum Umtausch in Bargeld nutzen möchte.Wer viele Schecks kauft, könnte auch $100-Stückelungen wählen. Höhere Nennwerte eignen sich nur zur Einlösung in Banken.

Tausch Bargeld in Reiseschecks

Wer in Nordamerika größere Beträge in **Bardollars** einnimmt kann als Mitglied eines europäischen Automobilclubs beim kanadischen oder US-amerikanischen Club (CAA bzw. AAA) ***American Express Travelers Cheques*** gebührenfrei kaufen und damit sein Geld ohne Risiko mit sich führen.

Credit Cards

Verbreitung der unterschiedlichen Kreditkarten

In Nordamerika gehört die Zahlung per *Credit Card* seit Jahrzehnten zum täglichen Leben. Die meisten Kanadier und US-Amerikaner besitzen mehrere Kreditkarten. ***Visa*** und ***Mastercard*** werden fast überall akzeptiert. Relativ weit verbreitet ist auch die ***American Express Card***, jedoch eher bei Unternehmen für Waren und Dienstleistungen des sogenannten »gehobenen« Bedarfs. Ebenso die ***Discover Card***, eine in Europa bislang leider noch nicht erhältliche »Bonuskarte«, die dem Besitzer für jede Zahlung einen kleinen Prozentsatz der jeweiligen Ausgabe gutschreibt. Wesentlich seltener lassen sich *Diners Club Card* und *Carte Blanche* verwenden.

Vorteile

Kreditkarten machen das Reisen in Canada und in den USA erheblich leichter: Nicht nur kann ein Großteil der Ausgaben per Karte getätigt werden, sondern es wird in manchen Fällen auch mehr oder weniger erwartet. Im Hotel etwa oder bei der **Autovermietung** ersetzt die Kreditkarte eine Überprüfung der Bonität des Kunden. Leute ohne »Plastik« gelten als weniger vertrauenswürdig. Ohne Vorlage einer Kreditkarte wird man keinen Leihwagen bekommen oder zumindest eine extrem hohe Kaution hinterlegen müssen. Hotelzimmer, Mietautos, Fährpassagen, Theaterkarten, Campingplätze etc. lassen sich verbindlich meist nur unter Angabe einer Kreditkartennummer telefonisch oder schriftlich **reservieren**.

Behandlungen durch Ärzte und Zahnärzte oder in Krankenhäusern erfolgen erst, wenn die Zahlungsfähigkeit des Patienten geklärt ist. Das Vorhandensein einer Kreditkarte räumt in solchen Fällen etwaige Zweifel aus.

Die **Anschaffung einer Kreditkarte**, sollte man noch keine besitzen, ist daher vor einer Reise nach Canada und in die USA **mit Nachdruck zu empfehlen**.

Wer seine Kreditkarte konsequent einsetzt, braucht nur noch für *Fast Food Restaurants,* auf öffentlichen *Campgrounds* und für kleine Nebenkosten Bargeld bzw. Reiseschecks.

Kosten

Die Kreditkartengesellschaften haben in den letzten Jahren die **Voraussetzungen** (etwa in Bezug auf das Monatseinkommen) für den Erhalt einer Karte erheblich erleichtert. Auch die Gebühren sind heute viel niedriger als noch vor kurzer Zeit. Mitglieder des **ADAC** zahlen z.B. als Jahresgebühr für die Visacard €24, zusammen mit Mastercard €36. **Banken und Sparkassen** stellen die Mastercard für €20 bis €30 aus, einige sogar kostenlos. Etliche Karten können gebührenfrei zur Probe benutzt werden. Bei der **HUK-Coburg** kostet eine Visacard einschließlich Auslandskrankenversicherung nur €19,42pro Jahr, für Familien mit Kindern bis zu 21 Jahren €35,79.

Vergleich

Zur Frage, welche Karte den persönlichen Bedürfnissen am besten entspricht, sei verwiesen auf die regelmäßigen veröffentlichten **Kreditkartenvergleiche der Stiftung Warentest** (Zeitschriften »test«/»Finanztest«). Reports dazu gibt's auch in Wirtschaftsmagazinen (Capital, Impulse u.a.). Die individuell optimale Karte ermittelt man unter **www.cardscout.de**.

Ausgabengrenzen

Mit einer Kreditkarte lassen sich beliebig hohe Beträge begleichen, sofern die im Abrechnungszeitraum aufgelaufene Summe aller Rechnungen im Rahmen des festgesetzten persönlichen **Kreditlimits** (speziell Visa) bzw. der von der Hausbank zugestandenen Girokonto-Überziehungslinie (Mastercard) liegen. Bei der Zahlung überprüft meistens ein elektronisches Lesegerät gleichzeitig mit der Belegerstellung die Karte, d.h., ihre **Gültigkeit** und ggf. **Summenbegrenzung**. Wird noch ein mechanischer Schieber benutzt, der die Daten der Karte auf die Zahlungsvordrucke überträgt, ruft das die

Karte entgegennehmende Unternehmen meist die Kreditkartenzentrale an. Erfolgt das »o.k.«, erhält der Beleg eine **Codenummer**, unter der die Freigabe gespeichert wurde. Der Karteninhaber unterschreibt dann (vorher die exakte Endsumme kontrollieren!) und erhält eine Kopie.

Effektive Zahlung

Für die **Umrechnung** von Dollarausgaben in die heimische Währung ihrer Kunden legen die Kreditkartenorganisationen mehrheitlich den **Devisenbriefkurs** (Wirtschaftsteil der Tageszeitung) **plus 1%-1,5%** zugrunde. Dies Vorgehen führt normalerweise zu einem Wechselkurs unter dem für Bardollar.

Vorteilhaft bei der Zahlung mit Karte kann auch der zeitliche Abstand zwischen dem eigentlichen Geschäft und der Abbuchung sein. Meistens wird einmal monatlich abgerechnet, wobei nicht immer schon alle Belege des vergangenen Monats vorliegen. In Einzelfällen erfolgt die **Belastung** erst zwei oder mehr Monate nach der Zahlung. Der Kunde genießt in der Zwischenzeit kostenlos Kredit.

Bei später Belastung, bedingt etwa durch ein verzögertes Einreichen des Belegs durch die entgegennehmende Firma, sind bei steigendem Dollar die Kosten in heimischer Währung allerdings höher als ursprünglich geplant. Sinkt der Wert des Dollar, umso besser.

Bargeld per Kreditkarte

Kreditkarten lassen sich auch zur Bargeldbeschaffung einsetzen: *Master-* und *Visacard*-Inhaber erhalten Bargeld (unter Vorlage von Pass und Karte) in fast jeder Bank; *American Express* Kunden wenden sich an AE-Vertretungen, die man allerdings nur in größeren Städten findet. Ist die Geheimzahl (*Pin Code*) bekannt, können sich auch Ausländer mit ihren Karten an kanadischen und amerikanischen **Geldautomaten** bedienen.

Bei der Barentnahme entstehen relativ hohe Kosten, in aller Regel mindestens 3% der ausgezahlten Summe oder – bei Entnahmen, die eine bestimmte Summe unterschreiten – eine fixe Minimumgebühr. Reduzierte Gebühren gelten, wenn die Auszahlung aus einem bei der Kartenorganisation gehaltenen (verzinslichen) Guthaben erfolgt. Barentnahmen werden im Gegensatz zu laufenden Ausgaben umgehend dem heimischen Konto belastet.

Die **Modalitäten der Bargeldbeschaffung** sind in Abhängigkeit von Kartenart und Kreditkartengesellschaft sehr unterschiedlich. Bei einigen Gesellschaften gelten ohne Guthaben ziemlich restriktive Entnahmeregelungen. Ein aufmerksames Studium der Bedingungen ist ratsam, möchte man unterwegs unliebsame Überraschungen vermeiden.

Preise und Zahlungsart

Barzahlung (*Cash*) und Kreditkartenzahlung (*Credit*) sind bisweilen mit unterschiedlichen Preisen verbunden – selbst im Fall scheinbar eindeutig ausgezeichneter Artikel. Insbesondere bei höheren Beträgen lohnt sich deshalb die Frage nach

EC-Geldkarte

An zur Zeit rund 21.000 kanadischen Geldautomaten mit dem Maestro-Logo (**www.maestrocard.com**) bereitet die Bargeldbeschaffung für EC-Karten-Inhaber keine Probleme. Aber man sollte für mögliche Rückfragen wegen der für Ausländer teilweise unklaren Abfragepunkte an vielen ATMs (*Automated Teller Machines*) die Banköffnungszeiten nutzen.

Für eine **Direktzahlung** in Läden etc. sind EC-Karten **nicht** zu gebrauchen.

Preisdifferenzen zwischen den Zahlungsarten: »***Same price cash or credit?***« Wegen der Provision der Kartenunternehmen sind viele Geschäftsleute bereit, bei Barzahlung (auch *Traveler Cheques*) Preisnachlaß zu gewähren – ***Rebate for Cash***. **Tankstellen** in den USA etwa werben auch schon mal explizit mit *Cash* Preisen, d.h., Kreditkartenzahlung kostet mehr.

»Edelkarten« Neben den »einfachen« Kreditkarten gibt es bei den meisten Kartenorganisationen zu höheren Jahresgebühren **Gold-, Platin-** und andere »Edelkarten«. Deren Inhaber dürfen in vorgegebenen Zeiträumen **höhere Bargeldabhebungen** vornehmen und genießen automatisch bei Zahlung mit Karte weitreichenden **Versicherungsschutz.** Allerdings sind nicht alle Versicherungen im Einzelfall von Bedeutung, da viele Kunden bereits anderweitig gleichartige Versicherungen besitzen.

Interessant ist insbesondere die automatische Aufstockung einer eventuell unzureichenden Haftpflicht-Versicherungssumme bei Wagenmiete im Ausland bei Buchung vor Ort (➪ Seite 73; speziell bei einer Miete in den USA, wo viele Mietwagen nur mit der jeweils zulässigen Minimalsumme versichert sind), wie sie etwa die ADAC-Visa-Goldkarte bietet (€70/Jahr, mit Mastercard €85), sofern der Mietpreis per Karte beglichen und dies von vornherein auch im Vertrag festgehalten wird.

Mißbrauch Leider ist das Kreditkartensystem schwer gegen **unerlaubte Nutzung** zu schützen. Wer an Nummern fremder Karten herankommt (also z.B. jeder, der Zahlungen per Kreditkarte entgegennimmt), ist in der Lage, damit telefonische Bestellungen und Reservierungen auf fremde Rechnung vorzunehmen. Verliert man die Kreditkarte oder erhält Kenntnis von einem Mißbrauch, kann man sie durch einen Anruf bei der Gesellschaft mit sofortiger Wirkung **sperren lassen**. Die gebührenfreien Rufnummern der großen Kartengesellschaften sind für Canada und die USA gleich:

American Express:	1-800-554-AMEX
Mastercard:	1-800-MC-ASSIS (USA)
VISA:	1-800-847-2911

Für bis zu einer Sperrung eventuell eingetretene Schäden haftet der Kunde in der Regel mit höchstens €50.

Maschine der kanadischen Chartergesellschaft Air Transat auf dem Airport von Vancouver

2.2 Die Flugbuchung

2.2.1 Der Flug nach Canada

Situation heute

Der Flugmarkt hat sich im letzten Jahrzehnt stark verändert. Während früher die dem internationalen Verband der Luftfahrtgesellschaften (IATA) angeschlossenen Fluglinien mit weitgehend einheitlichen, behördlich genehmigten Transatlantiktarifen den Markt beherrschten, bestimmt heute harte Konkurrenz Flugpreise und -konditionen.

Nichtsdestoweniger gibt es im Flugverkehr nach Canada keine extrem billigen Tickets, wie sie vielfach für Ziele in den USA angeboten werden. Die Economy-Tarife von **Air Canada** zu allen wichtigen Städten des Landes sind aber recht günstig. Für die einzig bedeutende überregionale kanadische Fluggesellschaft findet man in den Katalogen von Reiseveranstaltern und insbesondere bei überregionalen Flugagenturen Ticketpreise, die noch unter den offiziellen Tarifen liegen. Es gelten dann aber andere ungünstigere Bedingungen, etwa bei der Geltungsdauer, dem Prozentsatz der Kinderermäßigung oder den Umbuchungsregelungen.

Flüge über Amsterdam, London etc.

Eine ganze Reihe ausländischer Airlines befördert Passagiere aus Deutschland, Österreich oder der Schweiz mit Zubringerflügen zu ihren Knotenpunkten (insbesondere **KLM**/Amsterdam, **British Airways**/London, **Air France**/Paris) und von dort zum Zielflughafen in Canada oder den USA. Derartige Umsteigverbindungen sind häufig preiswerter als die günstigsten Direktflüge.

Stopover

Es sei in diesem Zusammenhang angemerkt, daß der Begriff »**Direktflug**« nicht gleichbedeutend ist mit »**Nonstop-Flug**«. »Direkt« bedeutet, daß Ziele ohne Umsteigen, aber unter Umständen mit zeitraubenden Zwischenlandungen angeflogen werden. Nur Nonstop-Flüge garantieren den Transport ohne Flugunterbrechung.

Von Europa kann man **nonstop** zu folgenden Zielen in Canadas Westen fliegen: **Calgary**, **Edmonton**, (**Toronto/Ontario**), **Vancouver** und **Whitehorse**.

Ein Zwischenstop im Osten Canadas oder in den USA auf Direktflügen oder auch die Notwendigkeit, umsteigen zu müssen, ist nicht unbedingt ein Nachteil. Denn ***Stopover*** erlauben dem Passagier in vielen Fällen Unterbrechungen und den Besuch weiterer Ziele in Nordamerika ohne Mehrkosten oder zu einem relativ geringen Aufpreis. In den USA kommen für *Stopover* viele Städte in Frage, in Canada zur Zeit nur Toronto und Calgary.

Charterflüge

Die Möglichkeiten, per Charterflug nach Canada zu fliegen, haben sich in den letzten Jahren erheblich verbessert. Von Amsterdam, Frankfurt, Hamburg und München aus geht es mit dem kanadischen Ferienflieger ***Air Transat*** u.a. zu den vier Hauptzielen Calgary, Edmonton, Toronto und Vancouver. Auch die beiden großen deutschen Chartergesellschaften haben Canada im Programm. Ab Frankfurt fliegt **Condor** nach Calgary, Toronto, Vancouver und Whitehorse, ***LTU*** steuert Calgary, Toronto und Vancouver ab Düsseldorf an. Die KLM-Tochter ***Martinair*** fliegt ab Amsterdam nach Calgary, Edmonton, Toronto und Vancouver, ***Belair*** von Zürich nach Calgary und Vancouver.

Gepäcklimits;
➪ Seite 41

Ein **Nachteil einiger Charterer** sind die Gepäcklimits zwischen 20 kg und 32 kg pro Person. Auf **Linienflügen** nach Nordamerika liegt das Limit dagegen bei **64 kg pro Person**, wobei höchstens zwei Gepäckstücke bis zu je 32 kg zugelassen sind.

Vorteil Linienflüge

Außerdem gilt, daß **Charterflieger** im allgemeinen nur an bestimmten, zudem saisonal wechselnden Wochentagen starten. Eventuell notwendige Umbuchungen lassen sich daher nur unter großen Schwierigkeiten oder gar nicht bewerkstelligen, etwa wenn die Flüge auf Wochen im voraus ausgebucht sind. Die meisten **Liniengesellschaften** bieten von vornherein einen größeren terminlichen Spielraum (täglicher Abflug ist die Regel) und auch mehr Flexibilität hinsichtlich Datenänderungen nach bereits erfolgter Buchung.

Gabelflüge

Selbst wenn Chartergesellschaften Gabelflüge zulassen, die durch **unterschiedliche Ziel- und Rückflug-Airports** gekennzeichnet sind, bleiben die Kombinationsmöglichkeiten wegen der weitaus geringeren Flugfrequenz und den wenigen Zielen begrenzt.

Tarife

Wer zur Buchung eines Fluges ins Reisebüro geht, sollte sich vorab bereits ausreichend informiert haben, um die ihm unterbreiteten Angebote beurteilen zu können. Man muß wissen, daß kaum jemand den offiziellen Linientarif zahlt. Und auch die in Veranstalterkatalogen veröffentlichten »Sondertarife« sind durchaus nicht das Maß aller Dinge.

2

Flugübersicht

Die nachfolgende Liste liefert einen umfassenden Überblick über alle ab Deutschland, Österreich, Schweiz und Nachbarländern verfügbaren Flüge zu Zielen in Canada westlich von Toronto. Bei Linienflügen ist ein Abflug von allen größeren Airports möglich, bei Charterflügen Abflug nur von ausgewählten Airports.

Nonstop-Flüge mit Air Canada:
Toronto, Calgary.
Air Canada hat ein *Code-Share*-Abkommen mit seinen *Star Alliance* Partnern Austrian Airlines, Lot, Lufthansa, SAS, Swiss United und US Airways. Deshalb sind auf vielen Routen kanadische Flugzeuge im Einsatz, auch wenn das Flugticket eine der kooperierenden Airlines verzeichnet.
Nonstop-Flüge mit Lufthansa: Toronto, Vancouver.

Linienflüge mit US-Airlines:
Alle Flüge **nonstop** von Deutschland **in die USA**, nach Gepäckannahme, Zoll- und Paßkontrolle Weiterflug mit Umsteigen nach Canada (dort erneute Zoll- und Passkontrolle). Auf der direkten Flugstrecke ist ein kostenloser *Stopover* erlaubt.

American: Calgary, Toronto, Vancouver

Continental: Calgary, Edmonton, Toronto, Vancouver

Delta: Calgary, Toronto, Vancouver

Northwest/KLM (via Amsterdam): Calgary, Edmonton, Kitchener, London, Regina, Saskatoon, Thunder Bay, Toronto, Vancouver, Winnipeg

United: Calgary, Edmonton, Toronto, Vancouver, Winnipeg

US Airways: Toronto

Linienflüge mit europäischen Airlines:
Air France (via Paris): Toronto
Alitalia (via Mailand): Toronto
Austrian Airlines (via Wien): Toronto
British Airways (via London): Toronto, Vancouver
Czech Airlines (via Prag): Toronto
Lot (via Warschau): Toronto

Charterflüge:
Air Transat (Hochsaisonpreis inkl. aller Gebühren ab Deutschland): Toronto €730,Calgary, Edmonton, Vancouver je €842
Belair (via Zürich): Calgary, Vancouver
Condor: Calgary, Toronto, Vancouver, Whitehorse
LTU: Calgary, Toronto, Vancouver
Martinair (via Amsterdam): Calgary, Edmonton, Toronto, Vancouver

Billigflüge

Überregional operierende **Billigfluganbieter**, die in Zeitungen und Reisezeitschriften inserieren, reagieren mit aktuellen Sonderangeboten auf geänderte Marktlagen. Ihre Preise findet man nicht in langfristig gültigen Katalogen. Überaus nützliche Informationen bieten vierteljährlich erscheinende **Magazine** wie **»Reise & Preise« und »Clever reisen«**. Daneben ist vor allem das **Internet** eine ergiebige Quelle, ⇨ Kasten.

Für günstigste Preise muß man Abflug in der Wochenmitte, Zubringer ins Ausland, Zwischenstopps, weitere Umsteiger u.a.m. akzeptieren.

Gebühren

Zu den reinen Flugtarifen addieren sich pro Ticket €70-€100 für Flughafensteuern und Sicherheitsabgaben. Bei Starts am Wochenende werden oft €25 Zuschlag je Flugstrecke berechnet.

Buchung

In der Hoch(preis-)saison zwischen Mitte Juni und Mitte /Ende August sind die Plätze zu Billigtarifen in der Regel langfristig ausgebucht, denn nur ein Teil der jeweiligen Kapazität wird »superbillig« verkauft. Ein bestimmter Termin läßt sich zu einem günstigen Tarif daher nur bei frühzeitiger Buchung sicherstellen. Außerhalb der Hochsaison gibt es aber selbst zu Sondertarifen oft noch kurzfristig freie Plätze. Flexible Kunden machen deshalb in vielen Fällen ein Schnäppchen, wenn sie erst 4-6 Wochen oder noch knapper vor dem gewünschten Flugtermin buchen.

Anfahrt zum Flughafen

Ein kleines Problem für alle, die nicht in der Nähe des (Ab-) Flughafens wohnen, ist die Anfahrt dorthin. Wenn kein guter Freund den Transport übernimmt, bleiben zwei Alternativen:

- Der eigene Wagen wird auf dem Langzeitparkplatz des Flughafens (teilweise sehr teuer) abgestellt oder auf dem **Parkplatz eines Hotels** preiswert bis kostenlos, sofern man dort vor oder im Anschluß an den Flug übernachtet. Entsprechende Angebote findet man in Veranstalterprospekten.
- Man fährt per ***Rail & Fly Ticket*** der Deutschen Bahn. In bestimmten Ticketpreisen ist *Rail & Fly* bereits enthalten, es kann nicht separat gekauft werden.

Flugbuchung im Internet

Die ***Websites*** bieten von den Flugplänen der Airlines bis zum Tarifüberblick und der konkreten Vakanzanfrage ein überwältigendes Informationsangebot. Dabei entwickelt sich aber die Suche nach freien Plätzen zu Niedrigpreisen leicht zum zeitaufwendigen Dauersurfen, weil jede Airline ein breitgefächertes Tarifsystem besitzt. Auch wer nicht online bucht, verschafft sich auf jeden Fall per Internet eine Marktübersicht und kann im Reisebüros konkrete Preisvorstellungen äußern.

weiter nächste Seite

Generell sollten Online-Bucher folgende drei Punkte beachten:

- Nur bei deutschen Internetagenturen kann man sich in Streitfällen auf deutsches Recht berufen,
- nur bei Zahlungen gegen schriftliche Rechnung besitzen Kunden einen detaillierten, überprüfbaren Buchungsnachweis
- und nur, wenn die Internetagentur Anschrift und Telefonnummer angibt, erreicht man bei Problemen bzw. Rückfragen einen konkreten Ansprechpartner.

Weitere Hinweise:

- Wer Flugdaten jeweils um einige Tage verschiebt, kann Sonderpreise finden, die zu anderen Terminen womöglich schon ausgebucht sind bzw. nicht existieren. Dieselbe Flexibilität lohnt sich auch beim Abflugairport. Beispielsweise verschafft man sich zunächst einen Überblick beim Transatlantikflug; erst anschließend überprüft man die Tarife mit Zubringerflügen.
- Nicht jede Datenbank der Internet-Reisebüros erfaßt ein Komplettangebot aller Linien zu sämtlichen kanadischen Airports bzw. alle innerdeutschen Zubringerflüge und/oder die preiswertesten Charterflüge. Da Ziele wie Anchorage, Calgary, Toronto oder Vancouver von allen größeren europäischen, kanadischen und US-Airlines unmittelbar oder im *Code-Sharing* angeboten werden, findet man den passenden Flug oft nur nach einem Surfen durch die *Websites* mehrerer Anbieter.
- Nach der Tariferkundung muß man feststellen, ob zum gewünschten Preis noch freie Plätze existieren, weil Fluggesellschaften immer nur ein bestimmtes Kontingent zu Sonderkonditionen vergeben. Zudem haben einige Tickets oft nur eine begrenzte Gültigkeit, etwa 1 Monat; bei längerfristigen Aufenthalten gelten andere Tarife. **Bei negativer Vakanzanfrage** überprüft man anschließend erst nur den Transatlantikflug ohne Zubringerstrecken. Finden sich dort noch freie Plätze, wählt man bei den Anschlußflügen in Deutschland/USA/Canada andere Zeiten oder Flughäfen.

Beste Informationsquellen für Buchungen über Internet mit zahlreichen Links zu Airlines, Reisebüros usw. sind die beiden vierteljährlich erscheinenden Reisemagazine, die sich auch Online erreichen lassen:

Reise & Preise: **www.reise-preise.de**

Clever reisen: www.fliegen-sparen.de

www.billiger-reisen.de: Preissuche bei mehreren Internetagenturen

Internetagenturen für Flugtickets:

www.airline-direct.de	**www.ebookers.de**
www.expedia.de	**www.flug.de**
www.flugticket.de	**www.mcflight.de**
www.skyways.de	**www.ticketman.de**
www.travel-overland.de	**www.travelocity.de**
www.usareisen.com	**www.wtt-reisen.de**

Canada über die USA

Da Flüge in die USA/nach Canada in etwa gleich teuer, aber Leihwagen in den USA in der Hochsaison bis zu €30 billiger als in Canada sind, lohnen sich für scharfe Rechner die USA ggf. auch als Ausgangspunkt für den reinen Canada-Urlaub, ⇨ dazu Seite 68. Der ***Seattle-Tacoma International Airport*** etwa liegt nur 200 km von Vancouver entfernt und wird von allen großen US-amerikanischen und verschiedenen europäischen Fluglinien zu ähnlichen Tarifen wie Vancouver bedient. Auch **Detroit** zwischen Huron und Erie See an der Grenze zu Ontario eignet sich als Ausgangspunkt für Fahrten nach Canada hinein. Ferner käme noch das knapp 500 km von der kanadischen Grenze entfernte **Minneapolis** in Frage.

Vielflieger-Programme

Alle großen Fluglinien bieten heute ihren Kunden Vielflieger-Programme, die unter unterschiedlichsten Bezeichnungen laufen (***Frequent Flyer, Miles & More***/Lufthansa etc.) und allerhand Vergünstigungen in Aussicht stellen. In diese Programme kann sich jedermann bereits vor dem ersten Flug bei »seiner« Airline eintragen lassen. Anruf genügt, die Unterlagen kommen ins Haus. Im Gegenzug für das ausgefüllte Formular wird ein kreditkartenähnlicher Ausweis ausgestellt und ein **Bonuskonto** für den Kunden eingerichtet. Vom Datum des Antrags an können auf diesem Konto Meilen gesammelt werden. Beim Einchecken weist der Kunde einfach seine Karte vor, der Rest läuft von alleine. Wer seine Karte (noch) nicht zur Hand hat, kann mit dem verbliebenen Abschnitt seines ***Boarding Pass*** Meilen auch noch nachmelden. Oft werden als Anreiz bei Ausstellung des Passes 5.000 Meilen gutgeschrieben, bei **Transatlantikflügen** gibt's zusätzlich zu den Entfernungsmeilen noch **Meilenprämien**. Weitere Meilen werden dem Konto gutgebracht, übernachtet man im Anschluß an einen Flug in den »richtigen«, zumeist teuren Hotels oder mietet einen Wagen bei der jeweils kooperierenden Leihwagenfirma.

Internationale Airlines mit Destinationen in Canada und/oder Alaska

	Toll-free © USA/Canada	© Deutschland
Air Canada	1-888-247-2262	01805/0247226
Air France	1-800-667-2747	01805/830830
Air Transat	1-877-872-6728	069/6976570
Alaska/Horizon Air	1-800-252-7522	06031/737620
Alitalia	1-800-223-5730	01805/074747
America West	1-800-235-9292	0700/87887887
American Airlines	1-800-433-7300	01803/242324
Austrian Airlines	1-800-843-0002	01803/000520

Fortsetzung umseitig

Internationale Airlines mit Destinationen in Canada und/oder Alaska

	Toll-free ✆ USA/Canada	✆ Deutschland
British Airways	1-800-247-9297	01805/266522
Continental	1-800-523-3273	01803/212610
Czech Airlines	1-800-223-2365	01805/006737
Delta Airlines	1-800-221-1212	01803/337880
Icelandair	1-800-223-5500	069/299978
KLM/Northwest	1-800-225-2525	01805/214201
Lot	1-800-223-0593	01803/000336
LTU	1-866-266-5588	0211/9418888
Lufthansa	1-800-563-5954	01805/8384267
Martinair Holland	1-800-627-8462	01805/100211
SAS	1-800-221-2350	01803/234023
SWISS	1-877-359-7947	01803/000337
Condor	1-800-524-6975	01805/767757
United Airlines	1-800-864-8331	069/50070387
US Airways	1-800-428-4322	01803/000609

Websites (http://www)

Air Canada aircanada.com
Air France airfrance.de
Air Transat airtransat.de
Alaska Airlines alaskaair.com
America West americawest.de
Alitalia alitalia.de
American Airlines aa.com
Austrian Airlines aua.com
British Airways ba.com
Belair belair-airlines.ch
Condor condor.com
Continental continental.com
Czechair czechairlines.de
Delta Airlines delta.com
KLM/Northwest klm.de
Iceland Air icelandair.de
LTU ltu.de
Lufthansa lufthansa.com
Lot lot.com
Martinair martinair.de
SAS scandinavian.net
SWISS swiss.com
US Air **usair.com**
United Airlines ual.de

Star Alliance staralliance.com
(AC, Austrian Airlines, United, Lot, Lufthansa, SAS, Swiss US)

One World (BA, AA) oneworldalliance.com

Skyteam (Alitalia, Air France, Continental, Czech, Delta, KLM, Northwest) skyteam.com

2.2.2 Fliegen in Canada und von den USA nach Canada*)

Situation vor Ort

Wegen der enormen Entfernungen und der Mobilität der Bevölkerung besitzt der Luftverkehr in Nordamerika eine erheblich größere Bedeutung als in Europa. Eine Reise per Flugzeug ist in Canada für die meisten Menschen viel alltäglicher als bei uns. Die Kosten sind außerdem – bezogen auf die zurückgelegten Kilometer – relativ niedrig.

Kanadische Airlines

Seit dem Jahr 2000 gibt es mit ***Air Canada***, der größten nationalen Fluggesellschaft, nur noch eine einzige international bedeutende kanadische Airline, die in der ***Star Alliance*** mit Kooperationspartnern wie *Lufthansa, United Airlines, Scandinavian Airlines und Swiss* weltweit bestens etabliert ist. Ein Konsortium mit *Air Canada*-Beteiligung hat die Aktienmehrheit an *Canadian Airlines*, der von Milliardenverlusten geplagten früheren kanadischen Airline #2, übernommen.

Flugnetz

Air Canada verfügt bis auf den Norden über ein landesweit dichtes Routennetz und bedient alle wichtigen Strecken wie **Vancouver-Calgary** 15x täglich und die Transkontinentalroute Vancouver-Toronto 20x täglich jeweils nonstop. Ihre Tochtergesellschaft, die Regionalfluglinie ***Air Canada Jazz*** (**www.flyjazz.ca**), bedient mit Kurz- und Langstreckenflugzeugen rund 50% aller kanadische Destinationen.

Unterbrechung

Wer mehrere weit auseinanderliegende Ziele in Canada und/oder Alaska besuchen möchte, sollte bei der Buchung nach einem **Direktflug** mit Unterbrechungsmöglichkeit(en) fragen. Auf dem Weg nach Vancouver kostet ein Zwischenstop in Calgary oder Toronto bei *Air Canada* €60 Aufpreis.

Air Canada Jumbo in Calgary

*) Die zahlreichen in diesem Kapitel genannten Preise unterliegen erfahrungsgemäß raschen Veränderungen, illustrieren aber im Vergleich die getroffenen Feststellungen und informieren über Größenordnungen.

Bei Flügen mit US-Airlines nach Vancouver oder Seattle ist stets ein kostenloser *Stopover* in den USA möglich, z.B. bei *Northwest Airlines* in Minneapolis/St. Paul und Detroit, bei *United/American Airlines* in Chicago.

Weitere Airlines

In den letzten Jahren konnten sich einige kleinere Airlines neben *Air Canada* auf dem Markt etablieren:

Air Transat bedient nicht nur per Charter außerkanadische Ziele, sondern auch viele innerkanadische Destinationen mit Linienflug.

Discounttickets bieten die beiden noch jungen *Airlines* ***CanJet*** (www.canjet.com, ✆ 1-800-809-7777, vornehmlich im östlichen Canada) und ***WestJet*** (www.westjet.com, ✆ 1-888-937-8538, vornehmlich im westlichen Canada) auf ihren zur Zeit stetig wachsenden Netzen an.

Air Canada, die nördlich des 60. Breitengrades nur Whitehorse und – in Manitoba – nur Winnipeg ansteuert, kooperiert u.a. mit den *Code-Share*-Partnern ***First Air*** (✆ 1-800-267-1247, www.firstair.ca, im Besitz von *Inuit* aus der Region Nunavik) und ***Calm Air*** (www.calmair.com, ✆ 1-800-839-2256), den jeweils größten Fluglinien im Norden Canadas bzw. Manitobas. ***Air North*** (✆ 1-800-661-0407, www.flyairnorth.com) ist im Yukon Territory stark vertreten.

Coupon-Tickets/ Air Canada

Insbesondere bei mehreren Langstreckenflügen lohnen sich die ***Visit North America*** **Coupon-Tickets** (ident. *United Skypass* und *US Air VUSA*). Folgende sind erhältlich (außerhalb der Saison 01.06.-31.08. sind die Tickets rund 15% billiger):

Anzahl der Coupons	Global Airpass	Star Alliance Airpass
3	€679	€549
4	€789	€659
5	€899	€769
6	€1049	€919

- Es darf das ganze Streckennetz von **Air Canada, United Airlines** und **US Airways** in den USA und Canada genutzt werden (Aufpreis Alaska und Hawaii Can$230/Strecke).
- Der **Transatlantikflug** muß beim *Star Alliance Airpass* mit *Air Canada, Lufthansa, United Airlines, Swiss, US Air* oder anderen Airlines der *Star Alliance erfolgen.* Beim *Global Airpass* darf er mit einer beliebigen Gesellschaft erfolgen.
- Pro Stadt sind 2 **Stopps** erlaubt. Die maximale Gültigkeit der Coupons beträgt 60 Tage. Nur maximal zwei Transkontinental-Direktflüge zwischen Ost-Westküste sind erlaubt.

Für jede Flugnummer wird ein Coupon benötigt; der erste Flug muß in Europa reserviert und spätestens 21 Tage nach Ankunft in Nordamerika angetreten werden.

Für alle *Coupon Tickets* gelten hier nicht ausgeführte weitere Regelungen und Restriktionen, die aus den Tarifunterlagen von Air Canada hervorgehen.

Northwest Airlines bedient via Minneapolis und Detroit die großen Städte des kanadischen Nachbarn

US-Airlines

Coupon-Tickets

Ähnlich wie *Air Canada* bieten alle bedeutenden US Airlines ***Coupon-Tickets*** an. Sie sind ggf. auch für »reine« Canada-Urlauber bedenkenswert, weil damit die wichtigsten kanadischen Cities (Calgary, Edmonton, Toronto, Vancouver, Winnipeg) und grenznahe US-Flughäfen (etwa Detroit, Minneapolis, Seattle) erreicht werden können:

US Air VUSA und United Skypass (➪ Seite 62)

Der ***Northwest VUSA-Pass*** kostet in den Sommermonaten 2005 mit 3 Coupons $489, mit 4 Coupons $609 und 5 Coupons $719, Aufpreis Alaska $289 (jeweils US$).

Der Transatlantikflug muß mit der *KLM/Northwest* oder den Skyteam Code-Share-Partnern *Air France, Alitalia, Continental, Czech Airlines* erfolgen, in Nordamerika sind auch Flüge mit den *Continental Airlines, Alaska Airlines, Horizon Air, America West* eingeschlossen.

Bedenkenswertes

Wegen der unterschiedlichen Flug- und Streckenpläne der einzelnen Airlines läßt sich das für den individuellen Reiseplan günstigste Angebot nur mit erheblichem Arbeitsaufwand herausfinden. Die Coupontickets bestimmter Gesellschaften können im Einzelfall ausgesprochen ungeeignet und trotz scheinbarer Preiswürdigkeit im Endeffekt teuer sein, wenn das Streckennetz im ausgesuchten Zielgebiet dünn ist, lange Wartezeiten für Anschlußflüge existieren und zu viele Coupons beim Umsteigen verbraucht werden.

Geeignete US-Airlines für Flüge nach Canada

Grundsätzlich liegt es beim Hauptreiseziel Canada nahe, neben kanadischen Gesellschaften ***Northwest Airlines*** in Betracht zu ziehen, da diese Linie ihre Knotenpunkte im Norden der USA unterhält (Seattle/Tacoma, Minneapolis/St. Paul, Detroit und Boston), von wo aus sie die großen kanadischen Airports bedient. Sie verfügt über ein relativ dichtes Netz mit hoher Flugfrequenz in den nördlichen US-Staaten und fliegt in ***Code Sharing*** mit ***Alaska Airlines*** 20x täglich non-stop die Route Seattle-Anchorage.

Eine Übersicht der Hauptziele amerikanischer Fluglinien in West-Canada kann man der Flugpreistabelle auf Seite 56 entnehmen, ➪ rechts Destinationen in Alaska.

Kooperation zwischen den Airlines

Zwar bedienen, wie man sieht, die amerikanischen Airlines von den USA aus alle wichtigen Ziele in Canada, sie fliegen aber nicht auf innerkanadischen Strecken. Allerdings kooperiert *United Airlines* mit *Air Canada* im Sinne eines ***Code Sharing***, so daß sich das jeweils eigene Streckennetz um das Netz (oder Teile davon) des Partners erweitert.

Buchung ab Europa

Im Regelfalle ist es preislich günstiger und vor allem deutlich sicherer für Folgeplanungen (Leihwagen- oder Wohnmobilübernahme), alle Flüge in Europa zu reservieren und von den oben erwähnten Möglichkeiten wie Stopovertarifen, Coupon-Tickets und Gabelflügen Gebrauch zu machen.

Buchung in Nordamerika

Wer erst in Nordamerika einen Flug buchen muß/möchte, sollte nicht nur bei einer Airline anrufen, wenn die gewünschte Strecke von mehreren Gesellschaften bedient wird. Jede besitzt ihr eigenes Tarifsystem mit zusätzlichen, nur temporär gültigen Sondertarifen. Bei Zahlung in Canada muß man GST und PST entrichten (➪ Seite 165).

Tarife

Reduzierte Tarife gibt es

- bei vielen Fluggesellschaften für **Studenten** bis zu einem Alter von etwa 25 Jahren, sofern sie einen gültigen Studentenausweis vorweisen können.
- für Flüge zu Tageszeiten mit geringem Verkehrsaufkommen. Frühmorgens gelten etwa ***Early Bird***-Angebote, abends ***Night Coach***-Tarife (Abflug ab 21 Uhr).
- unter bestimmten Auflagen, etwa **Vorausbuchung** und mindestens ein Wochenende am Zielort.

Buchungsstellen

Statt bei den Airlines direkt anzufragen und sich der Mühe des Preis- und Konditionenvergleichs zu unterziehen, ist der Weg zum **Reisebüro** (*Travel Agency*) bequemer. Die Reiseabteilungen der Automobilclub-Dependancen (AAA bzw. CAA, ➪ Seite 131, in allen Großstädten) bieten in dieser Beziehung einen guten Service. Als Mitglied eines europäischen Partnerclubs darf man die Einrichtungen von CAA und AAA nutzen wie jedes einheimische Mitglied.

2.2.3 Fliegen nach und in Alaska

Linienflüge mit Stopover

Vom südlichen Festland der USA bedienen die fünf unten genannten *Airlines* den nördlichsten Bundesstaat. Trotz der relativ geringen Entfernung von **Frankfurt nach Anchorage** (nur 500 Flugkilometer mehr als nach Chicago) besitzen die Umwege mit ***US-Airlines*** von Deutschland über US-Flughäfen (z.B. über Seattle knapp 3.000 km mehr) ihre Vorzüge. Dabei muß der Passagier zwar deutlich längere Flugzeiten in Kauf nehmen, hat dafür aber bei täglichem Abflug von vielen deutschen Airports auch noch durchweg die Möglichkeit zur kostenfreien Unterbrechung (➪ Seite 54f). Flüge mit *American, Continental, Delta, Northwest* oder *United* nach Anchorage kosten wie der *Condor*-Flug ab Frankfurt.

Coupon-tickets

Mit diesen *Airlines* gibt es eine weitere Flugoption nach Alaska, nämlich die Kombination aus Transatlantikflug und mindestens 3 Flugcoupons. Dies ist aber teurer als der Direktflug Europa–Anchorage. Der mit Coupons verbundene **Vorteil einer variablen Routenführung** mit kostenlosen Flugunterbrechungen läßt sich nur dann preiswert realisieren, wenn man die Strecken mit wenigen Umsteigeverbindungen (d.h. mit wenigen Coupons) zurücklegen kann.

Charter nach Alaska

Das Angebot an Charterflügen nach Alaska hat in letzter Zeit zugenommen; im Sommer fliegt *Condor*

- nach Anchorage ab Frankfurt jeweils dienstags mit Stopp in Whitehorse, samstags und sonntags non-stop,
- donnerstags nach Fairbanks mit Stopp in Whitehorse.

Air Pass

Ein eventuell passendes Angebot für Leute, die den Flug nach Amerika separat vom Weiterflug nach Alaska buchen, ist der ***Best of the West-Air Pass*** von ***Alaska*** und ***Horizon Airlines***:

Einfachflug von den US-Weststaaten nach Alaska US$189; Einfachflug innerhalb Alaskas $119; Minimum 2 Coupons, Coupons müssen in Europa gekauft werden, ein Coupon pro Flugnummer (Direktflug ohne Flugzeugwechsel), Routing ist im voraus festzulegen, Transatlantikflug beliebig.

Alaska Airlines

Über das beste Flugangebot nach/innerhalb Alaskas verfügt ***Alaska Airlines***. Ab **Seattle** werden in der Hauptsaison folgende Ziele nonstop angeflogen (tägliche Flüge in Klammern):

Anchorage (20), Fairbanks (4), Ketchikan (5), Juneau (6), Sitka (2). Von **Portland/Oregon** geht es 3x, von **Los Angeles** 2x, von Chicago und Vancouver 1x täglich nach Anchorage. Innerhalb Alaskas gibt es 20 Ziel-Airports von Alaska Airlines.

Die Mehrheit der Siedlungen im Norden und Westen Alaskas ist nur über **Regionalflieger** mit der Außenwelt verbunden. Zu den größeren Airlines gehören ***Era Aviation*** (www.eraaviation.com, © 1-800-866-8394) und ***Frontier Flying Service*** (www.frontierflying.com, © 1-800-478-6779).

2.3 Individuell Reisen mit dem Auto

Beurteilung

Für Rundreisen in Canada und Alaska gibt es **zum Auto keine echte Alternative**. Das Streckennetz der öffentlichen Verkehrsmittel ist bei weitem nicht so dicht geknüpft, wie man es in Europa kennt; d.h. **mit Bus oder Bahn** lassen sich hauptsächlich Ziele entlang der Hauptstraßen bzw. weniger Schienenstränge erreichen. Wegen der durchweg niedrigen Verkehrsfrequenz (eine Abfahrt pro Tag, mitunter weniger) **ist ein flexibles Reisen** selbst in erschlossenen Bereichen **nicht möglich**. Vielmehr sind genaue Zeitplanung und -einhaltung erforderlich, sollen lange Wartezeiten vermieden werden. Viele Regionen, National- und Provinzparks sind ohnehin nur mit dem Auto zu erreichen, sieht man ab von Mini-Airlines, die in Canada für teures Geld auch noch die entlegenste Ortschaft anfliegen.

2.3.1. Mietwagen

Voraussetzungen der Automiete

Voraussetzung jeder Wagenmiete ist in ganz Nordamerika fast ausnahmslos, daß der/die Fahrer das **21. Lebensjahr** vollendet hat/haben*). Für jeden **Fahrer unter 25 Jahren** wird in aller Regel ein **Zuschlag** von $10-$25/Tag (plus Steuern) berechnet, während ***Hertz*** Fahrer unter 25 Jahren gar nicht erst akzeptiert. Junge Leute **von 19/20 Jahren** erhalten zur Zeit bei ***Alamo*** Autos mit einem Aufpreis von ca. US$21 (pro Tag!) plus Steuern. 21-24jährige Mieter können bei Alamo/USA und Canada auch pauschal ein **»Under 25-Paket«** buchen, das – je nach Wagentyp – bis zu €30 proWoche teurer ist als das Standardpaket für Mieter ab 25.

Alter

Gebrauchtfahrzeuge ab 18 bzw. 19 Jahren vermietet die Firma ***Transatlantic*** (New York/Vancouver, ➪ Seite 103). Bei den **Campfahrzeugen** ist bei den meisten Firmen die Miete ab 21 Jahren ohne Zusatzkosten möglich.

Kreditkarte

Eine weitere Voraussetzung, ohne die es bei der Miete vor Ort nicht geht, ist eine **Kreditkarte**. Auch im Fall der Buchung und Zahlung bereits in der Heimat wird bei der Übernahme die Vorlage einer Kreditkarte zur Abdeckung der Kaution und erst vor Ort fälliger Zahlungen erwartet (Steuern, Zusatzversicherungen, Einwegzuschlag etc.). Man akzeptiert in diesem Fall aber oft die Hinterlegung der Kaution und die Zahlung sonstiger Kosten in bar oder Reiseschecks. Ohne Kreditkarte muß sich vor der Buchung vergewissern, ob dies bei der gewählten Firma möglich ist. Zu beachten ist darüberhinaus, daß Mieter und Kreditkarteninhaber identisch sein müssen.

*) Nationaler **Führerschein** genügt. Wer keinen Führerschein im neuen Euroformat besitzt, sondern noch den alten »Lappen«, tut gut daran, zusätzlich einen Internationalen Führerschein mitzuführen. Der ist ggf. nützlich bei Verkehrskontrollen. Dank der vielen deutschen Touristen sind den meisten Verleihfirmen die grauen Uraltformate aber bekannt.

Welches Fahrzeug? Wer sich für eine Reise im Auto entscheidet, hat die Wahl zwischen einem **Pkw** bzw. einem Fahrzeug, in dem nicht übernachtet werden kann, und einem **Wohnmobil,** dessen Miete gleichzeitig die **Übernachtungsfrage** löst. Pkw-, Mini-Van- oder Jeep-Fahrer müssen wählen zwischen festen Nachtquartieren wie Hotel, Motel oder *Hostel* und der preiswertesten Lösung, dem Zelt. Zunächst zum Thema PKW-Miete und allen damit zusammenhängenden Fragen:

Die PKW-Miete – Vorbuchung

Vorteile **Schon seit Jahren empfiehlt sich die Buchung bereits in Europa**. Die Angebote der Reisebüros sind (bei Mietzeiten ab einer Woche!) günstiger als vor Ort kurzfristig realisierbar. Von Vorteil ist auch, daß das reservierte Fahrzeug mit Sicherheit zum gewünschten Termin bereitsteht und nach kurzen Formalitäten übernommen werden kann. Bei Reklamationen hat man den Vertragspartner im Heimatland.

Ein Vergleich der Kataloge großer Reiseveranstalter *TUI* (v.a.*l'tur), Thomas Cook (*u.a. *Neckermann Reisen*), *REWE Touristik* (u.a. *DERTour, LTU, Meier's, ADAC-Reisen)* und *Frosch Touristik (FTI)* für die **Reisesaison 2005** zeigt, daß substanzielle Unterschiede bei den Tarifen kaum existieren. Das gilt auch für **Saisonzuschläge** (Woche) **bei Anmietung im Juli und August**. Die Buchung in Europa kann außer bei Reiseveranstaltern und dem – speziell für Nordamerika – günstigen Vermittler ***holiday autos*** (ebenfalls in Reisebüros) auch direkt bei den Leihwagenfirmen erfolgen, soweit sie hier vertreten sind. Detailinformationen unter den folgenden Telefonnummern oder auch im **Internet**. In Deutschland unterhalten folgende internationale Vermieter, die auch in Canada operieren, eigene Büros:

	Telefon	Website
ADAC	01805/318181	**www.adac.de**
Alamo	01805/462526	**www.alamo.de**
Avis	01805/217702	**www.avis.de**
Budget	01805/244388	**www.budget.de**
Hertz	01805/938814	**www.hertz.de**
Holiday	01805/179191	**www.holidayautos.de**
National	0800/464-7336	**www.national.de**
Sixt/Payless	01805/252525	**www.sixt.de**
(Kooperationspartner)		**www.paylesscar.com**
Thrifty	0203/3485555	**www.thrifty.com**

Fahrzeugtypen Die Auswahl bei den Fahrzeugtypen ist groß und umfaßt das gesamte Spektrum der in Nordamerika gängigen Marken und

Kategorien vom Kleinwagen (***Ford Festiva/Geo Metro***) bis zu Luxuslimousinen (***Cadillac/Ford Lincoln***), ***Mini Van***, **Cabriolet** und **Jeep**. Auch in Canada überwiegen in den Fuhrparks der Vermieter Fahrzeuge der drei amerikanischen Hersteller *General Motors*, *Ford* und *Daimler Chrysler*. Einige Vermieter sind Tochterunternehmen der Autohersteller.

> **Tipp**
>
> **Ideal für Zelturlauber sind die SUVs** (*Sport Utility Vehicle*: Bezeichnung für Großraumjeeps mit 4WD). Sie bieten viel Platz, hohe Sitzposition und ideale Be- und Entladung hinten. Zur Not kann man in ihnen (unbequem) schlafen. Die Kosten liegen €80-€100/Woche über denen kleiner Pkws.

Kennzeichnung Amerikanische Kraftfahrzeuge sind nach wie vor komfortabler als europäische Wagen vergleichbarer Größe. Leihwagen besitzen fast immer ein Automatikgetriebe und Klimaanlage (*Air Condition*). Nichtsdestoweniger hält sich ihr **Treibstoffverbrauch** heute wegen moderner Motoren und Tempolimits (⇨ Seite 125) in Grenzen. Dies und die niedrigen Benzinpreise sorgen dafür, daß man in Canada und in den USA selbst in einem Oberklasse-Pkw immer noch **geringere Spritkosten** hat als in Europa mit Kleinwagen.

Tarifelemente Bei den großen Veranstaltern sind bei **Vorausbuchung** mit der Zahlung normalerweise die **Basiskosten** des Mietwagens (einschließlich Steuern und Flughafengebühren) und die **Haftpflicht- und Vollkaskoversicherung** abgedeckt (dazu noch mehr weiter unten). Vor Ort fallen dann keine Kosten mehr an. Lediglich **Aufschläge** für junge/zusätzliche Fahrer, **Überführungsgebühren** bei Einwegmieten und eventuelle **Zusatzversicherungen** müssen direkt beim Vermieter in Dollar beglichen werden. Die Zahlung erfolgt dann bei Fahrzeugrückgabe.

Hinweise Für beide Länder sind heute **unlimitierte Meilen bzw. Kilometer Standard**. In Canada gibt es (bei Vorausbuchung) **keine regionalen Unterschiede** bei den Miettarifen.

Tarifvergleich Canada/USA Eine **Pkw-Miete ist heute in Canada nur unwesentlich teurer als in den USA**. Es kommt aber auf Jahreszeit und Wagentyp an. Teurer ist Canada insbesondere während der Hochsaison (Mitte Juli bis Ende August), da dann ein (gegenüber den USA) höherer Saisonzuschlag gefordert wird. Bei einer maximalen Ersparnis von bis zu €30 pro Woche (Hauptsaison 2005) lohnt sich eine Automiete in grenznahen Städten der USA – etwa in Detroit oder Seattle – also nur für ganz scharfe Rechner. (Die Ticketpreise für Transatlantikflüge etwa nach Seattle und Vancouver oder nach Detroit und Toronto sind ungefähr gleich.)

Fazit Der für die eigenen Pläne günstigste Tarif läßt sich letztlich nur durch intensiven **Katalog-/Internetvergleich** und Rechnen mit dem spitzen Bleistift finden.

Einwegmiete

Alle Tarife gelten grundsätzlich unter der Voraussetzung, daß das Fahrzeug am Ausgangsort zurückgegeben wird. Sonst handelt es sich um eine Einwegmiete, oft sogar innerhalb ein- und derselben Stadt; d.h. am Flughafen übernommene Autos können nicht ohne Zusatzkosten in einer City-Filiale wieder abgegeben werden und umgekehrt. Nur in den USA gibt es bei vielen Firmen eine Reihe **Ausnahmen** von dieser Regel.

Konditionen Einwegmiete

Eine Einwegmiete, soweit erlaubt (in Canada und von Canada in die USA bzw. umgekehrt nur zwischen bestimmten Städten, z.B. Calgary/Vancouver–Seattle oder Toronto–Detroit, unterliegt bei allen Firmen unterschiedlichen **Restriktionen**. In keinem Fall sind alle Fahrzeugkategorien dafür zugelassen, Minivans oder Cabrios davon meistens ausgenommen. ***One-way*** muß immer ausdrücklich bestätigt werden; d.h., trotz prinzipiell möglicher Einwegmiete Winnipeg-Calgary kann ein Vermieter einzelne Anfragen für diese Strecke ggf. negativ bescheiden. Generell werden entfernungsabhänge Pauschalbeträge (**Rückführungsgebühr/*One-way Service Fee***) berechnet, die je nach Vermieter recht unterschiedlich ausfallen.

Steuern

Bei allen in Dollar ausgewiesenen Rechnungsbeträgen (das gilt immer bei Buchung drüben und bei den Nebenkosten für zusätzliche/junge Fahrer, *one-way* etc.), sind Steuern fällig:

Canada

In Canada wird im ganzen Land einheitlich die ***Goods & Services Tax* (GST) von 7%** berechnet und zusätzlich **7%-10% *Provincial Sales Tax* (PST)** der jeweiligen Provinz – mit der Ausnahme Albertas und der nördlichen Territorien (je 0%).

USA

In den USA beträgt die ***Sales Tax*** zwischen 3% und 7%. In Oregon, Montana und Alaska existiert keine *Sales Tax*.

Bei der Wagenrückgabe direkt an den Flughäfen (nicht in den Innenstädten) fallen in beiden Ländern zusätzlich zu den Steuern in der Regel erhebliche Zuschläge (*Concession Fee*) an, z.B. in Anchorage 12%, in Calgary 12%, in Vancouver 15%.

In den USA mieten (z.B. in Seattle, ➪ Nummernschild: Washington State) und dann nach/in Canada reisen, ist kein Problem

Zwei weitere Aspekte verdienen bei der Fahrzeugmiete besondere Beachtung: die Höhe der **Haftpflichtversicherungsleistung** und eventuelle **Gebietsausschlüsse**:

Haftpflichtdeckung

Manche Verleihfirmen gönnen ihren Kunden lediglich eine Haftpflichtversicherung, die gerade dem jeweils gesetzlich vorgeschriebenen **Minimalschutz** entspricht. Dieser beträgt in den westkanadischen Provinzen nur can$300.000 und in einigen Bundesstaaten der USA ganze US$20.000. Es bedarf keiner großen Phantasie, sich Unfälle vorzustellen, bei denen derartige Beträge nicht ausreichen.

Leistungspakete der Reiseveranstalter

Die großen **deutschen Reiseveranstalter** haben deshalb **Gruppenversicherungen** abgeschlossen, die jeden Kunden, der über sie ein Fahrzeug mietet, automatisch bis zu einer Summe von €1 Mio., teils auch can$1 Mio., absichert, sollte die vorhandene Deckungssumme im Haftpflichtschadensfall nicht ausreichen. In den Tarifen 2005 solcher Veranstalter ist diese Zusatzversicherung ebenso wie die Vollkaskoversicherung in **Leistungspakete** integriert. Bereits die preiswertere **Fassung A** bzw. **Super-Spar** sorgt dafür, daß vor Ort keine Steuern und Sonderzuschläge mehr anfallen.

Das teurere Leistungspaket **B/Super-Inklusiv** enthält weitere Versicherungen (➪ Seite 72) eine Tankfüllung und Gebührenentfall für einen zweiten Fahrer. Man sollte ggf. genau nachrechnen, ob sich die Mehrkosten dafür lohnen bzw. ob der Versicherungsumfang des preiswerteren Pakets nicht bereits ausreicht.

Aufschluß über die Versicherungssummen und Details der Leistungspakete gibt nur ein aufmerksames Lesen und Vergleichen der Veranstalterkataloge.

Zusatzdeckung/ Sonderversicherung

Rental Car Companies mit niedrigeren Deckungssummen kennen natürlich die Problematik der Unterversicherung und bieten ihren Kunden vor Ort eine Höherversicherung (ALI= ***Additional Liability Insurance***) gegen Zusatzkosten von $10-$12/Tag oder mehr. Sinnvoll ist dies natürlich nur, wenn aus individuellen Gründen auf eine Vorausbuchung bei uns verzichtet wurde und erst vor Ort gebucht werden kann/muß.

Zusatzdeckung über Kreditkartenzahlung

Wer mit der Kreditkarte zahlen möchte und Wert auf die Zusatzhaftpflicht legt, sollte **überprüfen**, inwieweit bei Automiete per Karte automatisch eine Haftpflichtaufstockung erfolgt. Dies ist der Fall bei einigen Edel- und Goldkarten in Abhängigkeit von der ausgebenden Institution (Aufstockung auf €1 Mio. z.B. bei ADAC-Goldkarten). Wichtig ist, alle damit verbundenen Bedingungen einzuhalten. Das »Kleingedruckte« will also gelesen sein, zumal immer Änderungen eintreten können.

Gebietsausschlüsse

Die großen überregionalen Vermieter gestatten in aller Regel den Grenzübertritt zwischen Canada und dem **Kernland der USA**; zu den Grenzbestimmungen ➪ Seite 40f.

Die Mehrheit der großen Verleiher erlaubt heute im Gegensatz zu früheren Jahren auch Fahrten nach Alaska.

»Gesperrte« Straßen

Auch innerhalb »erlaubter« Regionen aber dürfen Leihwagen nicht auf allen Strecken eingesetzt werden. Erst vor Ort, bei der Aushändigung des Mietvertrages, erfährt man die Einzelheiten im Kleingedruckten auf der Rückseite unter dem Punkt ***Prohibited Use of the Vehicle***. Die größeren Autovermieter untersagen ausdrücklich das Befahren unbefestigter Straßen, und zwar auch für 4WD-Fahrzeuge wie *Chevrolet Blazer* und *Ford Explorer*. Je nach Fahrzeugvermieter und Reiseveranstalter lauten die Einschränkungen:

- ausgeschlossen sind unbefestigte oder geschotterte oder nicht öffentliche Straßen
- ausgeschlossene Straßen werden einzeln aufgezählt,
- bei Fahrten auf unbefestigten Straßen erlischt der Versicherungsschutz.

Problematik

Strenggenommen liegt manche Zufahrt zu Sehenswürdigkeiten in Nationalparks schon außerhalb des zugestandenen Fahrgebietes. Ganz sicher auch die Mehrheit der Forststraßen, die als Zubringer zu manchen Campingplätzen dienen. Abseits der erlaubten Routen kommt die Vollkaskoversicherung ggf. nicht für Schäden auf. Bei ausgerechnet dort auftretenden Problemen hat der Mieter »schlechte Karten«.

Auch wenn im Vorwege alles bedacht wurde, ergeben sich bei der Wagenübernahme regelmäßig noch weitere Fragen bzw. werden von den Mitarbeitern der Verleihfirma gestellt:

Anderes Fahrzeug als gebucht

- Gelegentlich sind Fahrzeuge einer bestimmten Kategorie **überbucht,** dann wird Kunden »eigentlich« automatisch ein Wagen der nächsthöheren Klasse zugewiesen – ohne Aufpreis! Es kommt durchaus vor, daß diese Situation aber so nicht mitgeteilt wird, sondern man stattdessen das Angebot erhält, für eine gewisse Zuzahlung ein größeres Modell zu nehmen. Man muß sich darauf nicht einlassen. Die Chance ist groß, daß dann das ***Upgrading*** kostenlos erfolgt. Auf keinen Fall sollte man »blind« akzeptieren, sondern zunächst einmal den eigentlich gemieteten und dann den teureren Wagen in Augenschein nehmen. Wenn andererseits das gebuchte und zugewiesene Fahrzeug nicht gefällt, besteht immer noch die Möglichkeit, auf ein anderes Modell zu wechseln – dann jedoch nicht mehr zu europäischen Katalog-, sondern zu amerikanischen Tarifen.

CDW/LDW Bedeutung

- Die – nach unserem Verständnis – **Vollkaskoversicherung**, je nach Gesellschaft **CDW/*Collision Damage Waiver*, LDW/*Loss&Damage Waiver*** oder **PDW/*Physical Damage Waiver*** genannt, ist **bei Vorbuchung** immer in den Tarifen enthalten, wie erwähnt, bei Buchung vor Ort dagegen nie! Dort kostet sie bis zu $20/Tag.

Da es sich nicht um eine Versicherung im üblichen Sinn handelt, wird in den Katalogen von **Haftungsbefreiung** (von Schäden am eigenen Mietwagen) gesprochen. Überwiegend entfällt jede Selbstbeteiligung, in Einzelfällen beträgt sie $300. Die Haftungsbefreiung bezieht sich auch auf Schäden, an denen der Mieter schuldlos ist. In Amerika zahlt er nämlich ohne CDW etc. zunächst selbst für **alle** Schäden am Fahrzeug. Solange etwa der Unfallgegner sein Verschulden nicht anerkennt bzw. nicht rechtskräftig schuldig verurteilt ist und effektiv den Schaden trägt, bleibt der Mieter ohne CDW o.ä. auf dem fremdverursachten Schaden sitzen.

CDW/LDW auf dem Vertrag

Es kann geschehen, daß ein Mitarbeiter der Verleihfirma den Vermerk »***includes CDW*** o.ä.« auf dem vom Kunden eingereichten *Voucher* übersieht und auf dem Mietvertrag noch einmal als Extra einträgt. Man sollte sich die einzelnen **Punkte des Vertrages** genau ansehen und im Zweifel erläutern lassen, bevor man seine Unterschrift leistet bzw. per »Kürzel« (***Initials***) eingekringelte Passagen abzeichnet, die sich später als vielleicht gar nicht gewünschte (und kostspielige) Zusatzversicherungen herausstellen.

Zusatzversicherungen

- Die werden den Mietwagen-Kunden nämlich gerne angeboten: neben **ALI**, der Zusatzhaftpflicht, von der bereits die Rede war, noch **PAI/*Personal Accident Insurance*** oder **PPP/*Personal Passenger Protection***, beides eine Insassen-Unfallversicherung, und **PEP/*Personal Effects Protection*** oder **PEC/*Personl Effects Coverage***, Gepäckversicherungen. Sie kosten zusammen can$6-10 pro Tag, sind aber in »Super-Inklusiv-Paketen« (⇨ Seite 70) ganz enthalten. Sofern solche Versicherungen vorgedruckt im Mietvertrag stehen, sollte man ggf. darauf achten, daß ihre Ablehnung (***no!***) markiert ist und mit dem eigenen *Initial* »abgehakt« wird.

  Wer Risiken scheut, sollte solche Versicherungen stets zu Hause mit dem Super-Inklusiv-Paket abschließen.

Tankfüllung

- Ein hübscher **Trick** der Vermieter besteht darin, dem Kunden anzubieten, die Tankfüllung zu einem Fixpreis (oft dem von teuren Bedienungstankstellen) von vornherein zu übernehmen, statt den Wagen – wie an sich üblich – mit vollem Tank zurückzugeben. Akzeptiert der Kunde, spart er die Fahrt zur Tankstelle kurz vor Rückgabe, wird es aber nur selten schaffen, den Tank leerzufahren. Im Gegenteil, wer die Genauigkeit der Tankuhr nicht kennt, benötigt immer einige »Sicherheitsliter bzw. -gallonen«. Was am Ende im Tank steckt, wird dem Vermieter geschenkt, fast immer also ein schlechtes Geschäft für den Mieter.

PKW-Miete vor Ort

Am Flughafen

Auf größeren Flughäfen Nordamerikas sind regelmäßig **die international bekannten Leihwagenfirmen** im Ankunftsbereich der *Terminals* vertreten, außerdem noch der eine oder andere preiswertere Anbieter.

Auch ohne Vorausbuchung findet sich **dort immer ein Auto**, wiewohl nicht unbedingt in der gewünschten Kategorie und selten zu einem besonders günstigen Preis. Ein Mindestalter von 21 Jahren, Führerschein und Kreditkarte sind Voraussetzung der Miete direkt vor Ort, ➪ auch Seite 66.

Lokaler Tarifvergleich

Wer erst in Canada oder in den USA ein Auto mieten möchte, spart in der Regel Geld, wenn er **nicht** direkt den **Flughafen-** oder **Cityschalter** eines Vermieters ansteuert, sondern telefonisch erst den Tarif erfragt. Es darf ruhig kurzfristig sein, etwa wenige Stunden oder ein Tag vor der geplanten Übernahme. Dabei macht es Sinn, mehrere Vermieter anzurufen, um dieVerfügbarkeit des gewünschten Wagens und die jeweiligen Tarife zu erfragen, bevor man fest reserviert. Die **Unterschiede** sind nicht nur bei den **Basis-Mietkosten** groß, sondern auch bei der **CDW/LDW**, die bei Buchung in Canada oder in den USA mit Ausnahme weniger Staaten **immer extra zu zahlen** ist. **Der Anruf** für Auskünfte und Reservierungen **kostet nichts**; die gebührenfreien Nummern der wichtigsten überregional operierenden *Rental Car Companies* lauten (**Websites** ➪ Seite 67):

Alamo	1-800-GO-ALAMO (462-5266)
Avis	1-800-331-1212
Budget	1-800-527-0700
Discount	1-800-263-2355
Dollar	1-800-800-4000
Enterprise	1-800-RENT-222
Hertz	1-800-654-3131
National	1-800-CAR-RENT (227-7368)
Payless	1-800-PAYLESS (729-5377)
Rent a Wreck	1-800-327-0116
Thrifty	1-800-THRIFTY (847-4389)

Kurzmieten

Zwar sind die Tarife für Vorausbucher bei mindestens einwöchiger Mietzeit erheblich günstiger als direkt in Nordamerika. Da aber die Mindestmietzeit in den Katalogen der Reiseveranstalter vier Tage beträgt, ist das bei **Kurzmieten** nicht der Fall. Insbesondere nicht bei flexiblem Vorgehen unter Ausnutzung lokaler Sonderangebote:

Günstig kann man Pkw und Minivans an Wochenenden mieten. ***Weekend Special*-Tarife** gibt es bei mindestens 2 Tagen Mietzeit meist bereits ab Do-Mittag, spätestens ab Freitag, bis Mo-Mittag. Übernahme- und Rückgabezeiten sind verhandelbar. Sonderkonditionen werden oft auch in Bordzeitschriften der *Airlines* und in den Tageszeitungen veröffentlicht.

Sonder-discounts

Einige Leihwagenfirmen räumen den Passagieren bestimmter *Airlines* einen ***Discounts***ein; es kann nicht schaden, danach zu fragen. Vorlage des *Boarding Pass* genügt dann, um in den Genuß derartiger »Kooperations-Rabatte« zu kommen. Wer einen ***Frequent Flyer Pass*** besitzt (⇨ Seite 59), sollte nicht vergessen, daß Leihwagenbuchungen bei der »richtigen« Firma zusätzliche Meilen bringen.

Kleine Vermieter/ Problematik

Preisgünstiger als die bekannten überregionalen Vermieter können **lokale *Auto Rentals*** sein. Ihre Rufnummern lassen sich den *Yellow Pages*, den Gelben Seiten des Telefonbuches entnehmen. Diese Firmen bieten keinen Transfer vom/zum Flughafen, wenn sie nicht in dessen unmittelbarer Nähe residieren, gelegentlich aber einen **Abholservice für Hotelgäste** in der City. Buchungen vor Ort bei anderen als den bekannten überregionalen Verleihfirmen sind aber für Touristen eher problematisch, denn nur zu oft gelten Einschränkungen wie:

- Die im Basispreis enthaltenen **Kilometer sind limitiert** (selten mehr als 200 km), ein Überschreiten des Limits führt rasch zu hohen Kosten
- Der **Aktionsradius** ist auf einzelne Bundesstaaten bzw. Provinzen beschränkt, ein Grenzübertritt von den USA nach Canada und umgekehrt nicht gestattet
- Bei **Panne oder Unfall** außerhalb der Geschäftszeiten ist die Firma schwer zu erreichen, rascher Ersatz in solchen Fällen nur schwer und, wenn überhaupt, unter Zeitverlust möglich
- Die **Basismiete** enthält weder Steuern und Gebühren noch Vollkasko- und Zusatzhaftpflicht-Versicherungen, die zusammen leicht $30 und mehr pro Tag kosten.
- Übernahme und Rückgabe sind an die **Geschäftszeiten** gebunden, eventuell an Sonn- und Feiertagen nicht möglich.
- **Probleme** können **nur vor Ort** geregelt werden und nicht auch noch in nachhinein von der Heimat aus
- Das gilt im Prinzip auch für Autos der Billigfirma ***Wrent-a-Wreck***, die in Vancouver 2005 ab $30/Tag zu haben sind: **www.rentawreckvancouver.com**, ✆ (604)688-0001.

Im übrigen sind bei der Vor-Ort-Miete die im vorigen Abschnitt ausführlich erläuterten Punkte zu Steuern, Haftpflicht- und anderen Versicherungen, Gebietsausschlüssen etc. ebenso bedeutsam wie bei Vorausbuchungen.

Wer eine Vor-Ort-Buchung erwägt, sollte bezüglich seiner Kreditkarte unbedingt vorgesorgt haben, d.h., eine der Edelkarten besitzen, die automatisch eine Haftpflichtaufstockung beinhalten, ⇨ Seite 53. Andernfalls stellt sich bei Vorliegen geringer Deckungssummen die Frage nach einer Höherversicherung (⇨ Seite 70), die einen an sich preiswerten Basistarif rasch teuer werden läßt.

Die Miete eines Campmobils

Voraussetzung

Camper, welcher Größe auch immer, dürfen mit **Pkw-Führerschein** bewegt werden. Niemand fragt danach, ob der soeben eingetroffene Tourist jemals vorher hinter dem Steuer eines vergleichbaren 30-Fuß-Ungetüms saß. Er muß sehen, wie er – kaum die Einweisung hinter sich – mit dem großstädtischen Nachmittags-Verkehr auf dem vollbesetzten *Trans Canada Highway* klarkommt. Tatsächlich ist das Bewegen selbst eines großen *Motorhomes* aber einfacher, als es zunächst den Anschein haben mag. Man gewöhnt sich schnell an die Ausmaße des Fahrzeugs, an die für unsere Begriffe weiche Federung und die dadurch bedingte Schwammigkeit der Straßenlage sowie an die meist sehr leichtgängige Lenkung.

Welcher Camper?

Damit zu den konkreten Fragen der Campermiete in Canada. Zunächst ist es wichtig, die verschiedenen **Fahrzeugtypen** zu kennzeichnen. Im Gegensatz zu den Pkw-Kategorien, die sich im wesentlichen durch Größe, kaum aber durch abweichende Funktionalität unterscheiden, besitzen die diversen Campertypen **spezifische Vor- und Nachteile.** Die Entscheidung für oder gegen eine bestimmte Fahrzeugart ist nicht nur eine **Kostenfrage,** sondern auch abhängig von den **Ansprüchen des Mieters** an das Fahrzeug.

Campertypen

Recreational Vehicles/ Kennzeichnung

In Nordamerika gelten Camper vom kleinsten Modell bis zum Riesen-Motorhome als ***Recreational Vehicles*** (umgangssprachliches Kürzel **RV**, sprich »Arwí«). RVs verfügen in aller Regel über einen großvolumigen **6/8-Zylinder-Motor**, automatisches Getriebe, Servolenkung und -bremsen sowie Klimaanlage. Das alles und die kastenförmige Bauart kombiniert mit hohem Gesamtgewicht sorgen für einen ausgeprägten **Benzindurst** schon bei den kleineren Modellen. **Dieselfahrzeuge** sind auf dem Markt relativ selten und in Mietflotten bislang so gut wie nicht vorhanden.

Schaut man in die Nordamerika-Kataloge der Reiseveranstalter, findet man für Canada **fünf unterschiedliche Typen** von Campfahrzeugen im Angebot:

(1) **Van Conversion oder Van Camper**

(2) **Motorhome**

(3) **Pick-up- oder Truck-Camper**

(4) ***5th-Wheeler* Gespann (*Super Travel* Campmobil)**

Van Camper/ Conversion

zu (1): Der ***Van Conversion*** oder ***Van Camper*** entspricht von seinen Ausmaßen her in etwa einem Kastenwagen der Klasse VW-LT/Ford Transit und besitzt grundsätzlich **Stehhöhe.** Bei rund 2 m Breite gibt es ihn in unterschiedlichen Längen von 17–20 Fuß (4,90 m/6,10 m) und Ausstattungsvarianten auf Fahrgestellen der drei großen amerikanischen Hersteller (*Ford,*

GM, Chrysler). Aufbauten und Inneneinrichtung werden von Spezialfirmen ausgeführt – oft nach genauer Spezifikation der Vermieter. Mit Ausnahme der kleinsten Modelle besitzen sogar die Vans ein **Doppelbett im Hochdach** über der Fahrerkabine oder hinten. Der Abstand zwischen Matraze und Dach ist für erwachsene Schläfer jedoch oft zu gering. Die zweite (überwiegend schmalere) Schlafgelegenheit besteht entweder aus einem langen **Klappsofa** oder aus der abends umzubauenden **Sitzecke. Gasherd, Spüle** und **Kühlschrank** (ab 19 Fuß in Haushaltsgröße) fehlen nie. Eine tragbare Chemietoilette gehört zumindest optional zur Ausstattung auch des kleinsten Vans. Die größeren Typen verfügen heute meist über eine Spültoilette und oft sogar ein Mini-Duschbad. Ein 17-Fuß-Van mit 6 Zylindern begnügt sich schon mal mit **15 l/100 km**, längere und schwerere Versionen brauchen **leicht 20 l/100 km**.

immer noch zu haben: Equinox Van Camper, Baujahr 1989, bestens ausgerüstete & preiswerte Alternative zu Neuwagen, (für Mieter ab 19 Jahren, Vermietung bei Adventure Travel, ⇨ Anzeige Seite 86)

Motorhomes

zu (2): Die **technische Basis** eines *Motorhome* ab 19/21 Fuß (5,70 m/6,30 m) bis etwa 27/28 Fuß (8,10 m/8,40 m) entspricht weitgehend dem eines *Van Campers*; Fahrerkabine, Motoren und Fahrgestelltechnik sind im Prinzip identisch. Die **Hinterachse** ist allerdings **verstärkt** und **mit Zwillingsreifen** versehen, damit das breite, seitlich überstehende Campinggehäuse getragen werden kann. Über den Vordersitzen befindet sich ein **Dachüberhang**, der im Normalfall recht weit über die Windschutzscheibe hinausragt. Die Sicht zur Seite und nach oben ist durch diese Bauweise stark eingeschränkt.

Ausstattung

Der Überhang beherbergt ein (Alkoven-) Doppelbett, das meist mehr Höhe als im *Van Camper,* aber weniger als im Truck bietet. Umbauliege/Sitzecke, **Küchen-Einbaugeräte in Haushaltsgröße** inklusive Mikrowelle und Toilette/Duschbad gehören ebenso wie die gesonderte, elektrisch zu betreibende **Klimaanlage** bereits zum Standard kleinerer *Motorhomes*.

Ab 23 Fuß Länge gibt es durchgängig ein **gesondertes Doppelbett im hinteren Teil** des Wagens und ein Minibadezimmer mit Toilette. Sessel ergänzen dann den Wohnbereich.

Komfortmaximierung

Um auch ohne Steckdose in der Wildnis alle Geräte betreiben zu können, besitzen *Motorhomes* ab 23 Fuß, spätestens ab 25 Fuß einen **Generator.** Man erkennt nebenbei: viel Komfort bedeutet auch viel Technik, die als Kehrseite der Annehmlichkeiten nicht ganz von selbst funktioniert, sondern richtig behandelt und gut gewartet werden will.

Luxus-RVs

Dem Komfort sind nichtsdestoweniger kaum Grenzen gesetzt. Ab 29/30 Fuß wird aus dem *Motorhome* eine Art Reisebus. Die Überhänge verschwinden zugunsten eines integrierten Cockpits mit besserer Rundumsicht, über dem meistens ein Doppelbett abgesenkt werden kann. Derartige Fahrzeuge verfügen außerdem über ein abgeschlossenes Schlafzimmer und einen großzügigen Naßbereich.

Pick-up oder Truck-Camper

zu (3): *Pick-up* oder *Truck Camper*, **Kleinlastwagen,** auf deren Ladefläche ein »**Campingkasten**« montiert wurde, haben sich in den letzten Jahren bei fast allen Vermietern in den Vordergrund geschoben und in einigen Flotten die *Van Camper* ersetzt. Nicht etwa, weil sie als die besseren Fahrzeuge erkannt wurden, sondern weil Anschaffungspreis und Abschreibung geringer sind und damit wohl trotz günstigerer Miettarife unter dem Strich mehr übrig bleibt. Da sich *Trucks* im Gegensatz zu reinen Campfahrzeugen zu allen Jahreszeiten besser verkaufen lassen, fällt es leichter, eine *Truck-Camper* Flotte zu erneuern als einen Fahrzeugpark, der aus *Van Campern* besteht. Dabei ersetzen auch Firmen, die mit neuen Modellen werben, in der Regel wohl nur das Fahrzeug und nutzen den Campingaufsatz mehrere Jahre.

Motorhomes vor grandioser Kulisse auf der Duffy Lake Road (#99) von Vancouver/ Squamish nach Lillooet (➪ Seite 228)

2

Typen

Die zur Vermietung stehenden Fahrzeuge verfügen über **Aufsätze unterschiedlichster Größe** vom relativ einfach ausgestatteten 17-Fuß-Camper (wie *Van Camper* gleicher Länge, siehe oben) bis zum »**Luxuskasten**« (Klimaanlage, Mikrowelle, Backofen, Warmwasserversorgung, Duschbad etc.) mit enormen Überhängen, was die Gesamtlänge des Fahrzeugs auf bis zu 24/25 Fuß bringen kann. Über der Fahrerkabine befindet sich in allen Versionen ein **Alkovenbett**, das eine höhere Kopffreiheit bietet als die Hochbetten im *Van Camper*; die Sitzecke (*Dinette*) wird bei Bedarf in Liegen verwandelt.

Nachteile

Da zwischen *Truck* und Campingkasten **kein Durchgang** existiert (Eingang meistens vom Heck aus) und Ladefläche und Seitenwände die Raumverhältnisse nach unten bzw. seitlich begrenzen, geht es im *Truck-Camper* beengter zu als im *Van Camper* oder *Motorhome* gleicher Länge. Die **Sicht ist** bis auf die kleinsten Modelle nach allen Seiten und oben durchweg stark behindert, die **Straßenlage** eher schlechter als bei anderen *RVs*. Hinzu kommt eine erhöhte Windempfindlichkeit.

Vorteile

Jedoch besitzen ***Truck Camper*** dank hoher Bodenfreiheit und ihrer Grundkonzeption als »**Arbeitstier**« deutliche **Vorteile bei schlechten Straßenverhältnissen**. Sie dürfen deshalb bei einigen Vermietern (gegen Zuschlag) in die Yukon und Northwest Territories und nach Alaska gefahren werden. ***Truck Camper*** gibt es auch mit **Vierrad-Antrieb**. Das eigentliche Plus des *Truck* Campmobils gegenüber anderen Campfahrzeugen ist die mögliche **Trennung von Fahrzeug und Aufsatz**. Aber gerade die bleibt den meisten Mietern verwehrt, da die dazu nötige Vorrichtung nicht mitgeliefert wird. Die Vermieter befürchten Probleme bei unsachgemäßer Handhabung.

Typischer Pick-up Miet-Truck (19 Fuß) Eingang vom Heck mit ausklappbarer Treppe, ggf. Vierradantrieb

Gespanne

zu (4): Wer auf die Trennmöglichkeit entscheidenden Wert legt, findet die Lösung des Problems durch Miete eines Gespanns aus ***Pick-up Truck*** und einem sog. ***5th Wheeler,*** einem doppelachsigen Wohnwagen mit Auflieger auf der Ladefläche des Zugfahrzeugs. Von der **Wohnqualität** her sind diese Anhänger, die in unterschiedlicher Größe angeboten werden, ohne weiteres mit *Motorhomes* vergleichbar. Ist der ***Trailer*** auf dem *Campground* abgestellt und fixiert, kann man Ausflüge und Einkäufe per *Truck* erledigen, ohne in der Stadt oder auf engen, kurvigen Straßen durch den Anhänger behindert zu werden. Das **Fahren mit *Trailer*** ist nicht ganz so einfach wie mit einem *Motorhome*, und speziell das Rangieren auf Park- und Campplätzen für Ungeübte so eine Sache. Dafür liegen die **Mieten unter denen vergleichbarer *Motorhomes*** (z.B. bei *Canadream* mit Stationen in Vancouver, Calgary, Toronto, Kelowna, Edmonton, Victoria und Whitehorse) bei ähnlichem Benzindurst.

Van Camper 19/20-Fuß: Dieses Modell ist schon fast ein richtiges Motorhome

Die Wahl des »richtigen« Campmobils

Wie eingangs angesprochen, hängt die Entscheidung für ein bestimmtes Fahrzeug nicht nur von den Kosten ab, sondern auch von Reiseplänen und individueller »Reisephilosophie«.

Schlechte Straßen

Gerade unter Canada-Urlaubern gibt es viele, die weniger auf Komfort und Bewegungsfreiheit im Fahrzeug Wert legen, als auf Fahreigenschaften und Wendigkeit. Mit einem ***Truck*** lassen sich auch abseitig gelegene »Ecken« und Campingplätze ansteuern oder die *Forestry Trunk Road* (⇨ Seite 302) ohne Probleme abfahren, während große ***Van Camper*** oder ***Motorhomes*** sich auf schlechter Straße schwer tun: spätestens auf dem ersten Stück welligem Schotter wird man vom Gerüttel der Achsen und Geschepper der Aufbauten genervt. Normal instandgehaltene Schotterstraßen lassen sich mit kleineren *Vans* und *Motorhomes* jedoch passabel befahren. Zu beachten ist bei Mietfahrzeugen aber das Kleingedruckte zu den erlaubten Fahrgebieten, sonst gibt es bei Schäden Probleme.

Vorteile Van Camper

Wie aus den Erläuterungen oben hervorgeht, ist der ***Van Camper* das angenehmere Fahrzeug**, mit besserer Raumaufteilung wobei andererseits der *Truck Camper* das bequemere Alkovenbett besitzt.

Für Fahrten auf schlechten Straßen – und dazu gehört manche Zufahrt zu National- und Provinzparks nicht nur im hohen Norden – eignen sich indessen die *Trucks* besser, auch wenn`s im Campingaufsatz klappert.

Fazit

Bis zu einer Besetzung mit 4 Personen (d.h., 2 Erwachsene und 2 kleinere Kinder) stellen die etwas größeren, gut ausgestatteten ***Van Camper*** den **besten Kompromiß** zwischen Fahreigenschaften, Kosten und Verbrauch einerseits sowie Platz und Komfort andererseits dar. Ohne die Absicht, Strecken zu fahren, auf denen es auf die spezifischen Vorteile der *Truck Camper* ankommt, sollte bei mehr Platzbedarf eher an ein *Motorhome* als an größere *Truck Camper* gedacht werden.

Aber keine Frage: die kleinen ***Truck Camper* sind die preiswertesten Campingfahrzeuge** auf dem Markt, ihre größeren Versionen billiger als *Motorhomes* vergleichbarer Länge.

Welches Motorhome?

Wer ein ***Motorhome*** bevorzugt, steht immer vor der Entscheidung für die **»richtige« Version**. Man muß bedenken: je größer das *Motorhome*, umso weniger geeignet ist es für Abstecher zu Zielen, die sich nur auf engen und mitunter schlechten Straßen erreichen lassen z.B. die Takakkaw Falls, ➪ Seite 322. Die Anfahrt zu manch einem besonders reizvoll gelegenen Campingplatz wird bei Fahrzeugen über 21 Fuß schon mal kritisch. Nicht zu reden von der mit zunehmender Länge überproportional steigenden **Rangiermühe**. Sonderklauseln in den Mietverträgen, die bei selbst verursachten Heckschäden einen erhöhten Eigenanteil des Wohnmobilfahrers festlegen, sprechen für sich. Bei großem Radabstand sind auch **ebene Stellplätze** auf Campingplätzen schwerer aufzutreiben. Auf unebenen Straßen kann man Schlaglöchern schlechter ausweichen.

Empfehlung

Wenn der größte *Van Camper* platzmäßig nicht reicht, sollte **das kleinste noch passend erscheinende *Motorhome*** erste Wahl sein. »Vorsichtshalber« den Camper eine Nummer größer zu wählen als eigentlich benötigt, ist im allgemeinen keine gute Idee. Es sei denn, daß ruhiges Reisen mit längeren Verweilperioden und ein sehr hoher Komfortbedarf die Wahl stärker bestimmen als der Wunsch, in Canada viel zu sehen und deshalb auch viel zu fahren.

Gespann

Über die Miete eines ***5th Wheeler***s sollte nur nachdenken, wer bereits Erfahrung mit Gespannen hat und nicht plant, den Canada-Urlaub überwiegend »auf Achse« zu verbringen.

Royal Canadian Mounted Police vor Totem Poles in Vancouvers Stanley Park

Tarife, Gesamtkosten und Konditionen bei Vorbuchung

Kosten in der Hauptsaison

Campmobile aller Kategorien sind ein teures Vergnügen. Selbst der preiswerteste Truck Camper 19 Fuß kostet als Neufahrzeug (bis 2 Jahre alt) in der **Hauptsaison** (Mitte Juli bis Mitte August) **bei 250 Freikilometern** kaum unter **€125 pro Tag, €100 Zwischensaison**. Die Tagestarife für ***Motorhomes*** bis 22 Fuß Länge beginnen bei **€150, €115 Zwischensaison**. Beide Tarife liegen dem Kostenvergleich auf Seite 96 zugrunde (27 Tage à €125 bzw. €150) und enthalten der besseren Übersicht halber bereits Steuern, Übergabegebühren, Endreinigungskosten, Pauschalen für *Camping-Kit* – Geschirr, Decken, Axt etc. – und Haftungsbefreiung CDW/VIP. Während in der Hauptsaison die Tarife in Canada in etwa USA-Tarifen entsprechen, kann man zu anderen Zeiten Campmobile in Canada billiger mieten.

Zwischen-/ Nachsaison

Von Anfang Juni bis zum Beginn der Hauptsaison und danach bis Mitte/Ende September gelten bereits **erheblich niedrigere Tarife**, wobei die genauen saisonalen Abgrenzungen vom jeweiligen Vermieter abhängen. Für den Rest des »touristischen« Jahres (Oktober und April-Mai) sinken die Tagestarife auf 50% der Hochsaisonrate und darunter, bei allerdings identischen Kilometergebühren. Zur Eignung dieser Monate für Ferien in Canada ➪ Seiten 25/28.

Schema

Um dem Leser in Anbetracht des unübersichtlichen Tarifgefüges einen Preisvergleich zu erleichtern, findet sich auf den Folgeseiten ein **formalisiertes Berechnungsschema zur Ermittlung der Gesamtkosten einer Campermiete**. Auf Kopien davon lassen sich leicht die Daten konkreter Angebote eintragen und die effektiven Gesamtkosten ermitteln. Die erste Seite bezieht sich auf grundsätzliche Daten des Vorhabens und des zu prüfenden Angebots sowie auf die Eventualitäten, in denen der Mieter zur Kasse gebeten werden könnte. In vielen Fällen müssen die Eigenanteile ausdrücklich erfragt werden, da sie nicht komplett in den Katalogen abgedruckt sind.

Die Details der Bedingungen und des Berechnungsschemas bedürfen der Erläuterung. Dabei werden alle bei einer Campermiete wichtigen Einzelheiten mit angesprochen:

- Die meisten hiesigen Veranstalter arbeiten in Canada mit mehreren Vermietern zusammen, die unterschiedlichste Konditionen bieten. Die **Vertragspartner** sind in den Katalogen durchweg namentlich genannt, so daß sich gut ersehen läßt, welcher Veranstalter die günstigsten Preise hat.
- Wie bereits weiter oben erläutert, differieren die **Saisonabgrenzungen** von Vermieter zu Vermieter. Während z.B. bei Vermieter X Ende August bereits der günstigere Zwischensaison-Tarif gilt, berechnet Vermieter Y noch den teuren Tagesmietpreis der Hochsaison. Bei einer längeren Reise mit einem großen Motorhome können daraus leicht Unterschiede von €500 und mehr resultieren.

Konditionen und Gesamtkosten der Campermiete

Reisedaten: von ____________ bis __________ = _____ Tage

Campertyp: ______________________________

Prospekt Firma ______________ Vermieter __________

Saisonkategorie laut Prospekt: ______________

Übernahme in: ____________________ am __________

Rückgabe in: ______________________ am __________

Tage mit dem Camper unterwegs: ______________
(Übernahme- plus Rückgabetag = 1 Miettag)
Geplante Kilometer (Kartendistanz + 20%): ____________

Einzelheiten, die man ggf. erfragen sollte:

Mindestalter des Fahrers:
Fahrten in die USA/nach Alaska erlaubt: ja/nein
Fahrten ins Yukon/Northwest Territories erlaubt: ja/nein/Zuschlag?

Haftpflichtversicherungssumme: __________ can$/US$/€

Eigenbeteiligung bei Schäden am Fahrzeug:

	ohne VIP	mit VIP
Selbstverschuldeter Unfall (mit Vandalismus, Feuer und Diebstahl)	________	________
Windschutzscheibe/Glas	________	________
Schäden auf Campgrounds	________	________
Schäden durch Zurücksetzen	________	________
»Dachschäden« (Klimaanlage)	________	________
Unterbodenschäden (Tanks)	________	________
Inneneinrichtung	________	________
Kaution (can$/US$):	________	________

Mietkosten (in €/sFr)

(1) ...... Freikilometer/Tag x .... Miettage = ... Summe Freikilometer
Geplante Kilometer – Freikilometer = ... Mehrkilometer
daraus ggf. abgeleitet: ..... 800 km-Pakete plus ....Zusatzkilometer

(2) Tagessatz (..............) x Miettage: ....
oder (2a) Satz für 1 Woche ....
plus Wochensatz x Zusatzwochen ....
ggf plus (2) für »überhängige« Miettage ....
plus Kosten .... (Anzahl) Kilometerpakete ....
plus Mehrkilometer x Satz/km ($0,.......) x $-Kurs: ....
+ Steuern auf zus. km (.......% in can$ x Kurs) ___________

(3) Gesamte Mietkosten inkl. geschätzter Kilometer: ....
(4) Mietkosten bei unbegrenzten Kilometern
(Tagessatz x Miettage) ....
+ ggf. Fixpauschale ....
+ ggf. Steuern (.......% in can$ x Kurs) ___________

Niedrigerer Wert (3) oder (4), falls verfügbar ....
+ **VIP-Versicherung** (siehe Text, $/€/sFr)
Tagessatz x Tage = ...
(bei $ + ...% Steuern ....)
Insgesamt: .... (ggf. x Kurs) ....

+ **Nebenkosten** (siehe Text, $/€/sFr)
Erstausstattung
(*Preparation Fee*) ....
Kosten Convenience Kit
(Bettzeug, »Pött un` Pann«) ....
Sonstiges (Einwegzuschlag,
Kindersitze, Generator) ....
ggf. Yukon-/Alaskagebühr ....
(bei $ + ...% Steuern ....)

Summe Nebenkosten: .... (ggf. x Kurs) ___________

Gesamtkosten des Campers ___________

Zusätzlich Benzinkosten:
...... l Verbrauch x ca. €0,55 = Spritkosten gesamt: ___________

One-way

- **Einwegmieten** erlauben u.U. attraktivere Reiserouten als eine Rückkehr zum Ausgangspunkt. Der Aufpreis wird durch ersparte Kilometer und Reisetage für die Rückfahrt oft mehr als kompensiert. Insbesondere die Strecke Vancouver-Calgary ist beliebt und bei allen Vermietern zugelassen, die dort Stationen besitzen. Die **Zuschläge dafür** sind recht **unterschiedlich** und reichen von $300 bis $600. Interessant für manchen sind die Sonderpreise bestimmter Vermieter für Einwegfahrten von Calgary/ Vancouver nach Whitehorse im Frühsommer und umgekehrt im Herbst. Einwegmieten gibt es bei *Alaska Travel Adventures* ($795) und *Cruise America* auch zwischen Alaska und dem Kernland der USA (+$750).

Alter

- Das **Mindestalter** des/der Fahrer schwankt zwischen 19 Jahren (bei ***Equinox***/*Adventure Travel*) und 25 Jahren (z.B. ***Alaska Panorama***), liegt meist aber bei 21 Jahren.

Hoher Norden

- Die Regelungen für **Fahrten in den hohen Norden** sind sehr unterschiedlich. Einige Vermietern untersagen sie ganz für Fahrzeuge, die in Stationen im »Süden« übernommen werden. Möglich sind sie aber z.B. bei ***Cruise America/Canada*** aufpreisfrei und bei anderen unter Zusatzbedingungen mit bis zu $500 Aufschlag.

Haftpflicht

- Die **Haftpflichtversicherungssumme** kann ein problematischer Punkt sein, aber eher, was in den USA angemietete Fahrzeuge angeht. Wer dort mietet, sollte ggf. Vorsorge treffen oder bei einem der Veranstalter buchen, der seine Kunden zusätzlich absichert, ➪ Seite 70.

  Bei **Miete in Canada** stellt sich das Problem weniger. Abgesehen von den bei Vorbuchung über hiesige Veranstalter ohnehin vorhandenen Zusatzdeckungen, sind in Canada zugelassene Campmobile in der Regel von vornherein deutlich besser haftpflichtversichert als in den USA.

CDW

- Die **Abkürzung CDW** steht für *Collision Damage Waiver* (manchmal auch **LDW**, L für *Loss*) und suggeriert Freistellung von Kosten im Schadensfall. Faktisch ist sie fast in allen Fällen in den Camper-Miettarifen enthalten, beinhaltet aber eine Eigenbeteiligung bei Schäden am Fahrzeug (unabhängig davon, wer der schuldige Verursacher sein mag) von $3.000 bis $5.000. Bei bestimmten Schäden, die nicht auf Straßenunfall zurückgehen, haftet der Mieter auch mit CDW häufig unbegrenzt – ➪ Seite 84 (z.T. sind derartige Schäden gar nicht versicherbar).

VIP

- Die **Zusatzversicherung** mit der schönen Bezeichnung **VIP** (*Vacation Interruption Policy)* ergänzt CDW/LDW. Sie kostet can$5-$20/Tag (plus Steuern) oder – bei Buchung in den USA – US$14-18/Tag und ist bei längeren Mietzeiten

VIP

für maximal 30-40 Tage zu entrichten. Der Abschluß der **VIP-Versicherung reduziert die Selbstbeteiligung** bei Schäden am Fahrzeug vermieterabhängig auf $200-$500. Über CDW gar nicht abgedeckte Schäden (etwa eine Beschädigung der Dachklimaanlage) gehen bei Abschluß der VIP nur bis maximal $3.000 zu Lasten des Mieters. Im Fall »grober Fahrlässigkeit«, wie immer das definiert sein mag, haftet der Mieter auch mit VIP meist voll. Sollte unterwegs eine Fahrtunterbrechung wegen eines vom Mieter nicht zu verantwortenden Defekts unvermeidlich sein, erhalten Mieter mit VIP eine begrenzte finanzielle Kompensation.

- **VIP ist immer optional**. Es stellt sich daher oft die Frage: Lohnt sich der Abschluß dieser doch relativ teuren Zusatzversicherung eigentlich? Leider weiß man erst nach Ende der Reise, ob die Ausgabe für VIP sinnvoll war. Statistisch lohnt sich VIP nicht, weil die meisten Mieter schadenfrei bleiben. Im Einzelfall jedoch fährt man sicher entspannter mit der VIP. Und wie es so geht, passiert oft gerade dann etwas, wenn man unversichert ist.

Kautione

- Die **Höhe der Kaution** hängt ab von den jeweils abgeschlossenen Zusatzversicherungen. Sie kann bei Vorbuchung aus dem Ausland in bar oder Reiseschecks hinterlegt werden. Üblich ist eine **Blankounterschrift auf einem Kreditkartenbeleg**. Man sollte darauf bestehen, daß von vornherein die vorgesehene Kautionssumme eingetragen wird.

Kosten

Das **Kalkulationsschema** auf den Seiten 84/85 erklärt sich weitgehend selbst. Es berücksichtigt die heute gültigen unterschiedlichen Möglichkeiten der Tarifgestaltung, so daß einzelne Zeilen freibleiben müssen. Die in Europa vorausbezahlten Kosten verstehen sich inklusive lokaler Umsatzsteuern. Wenn **Nebenkosten** in Dollar anfallen, muß ggf. umgerechnet werden. Bei Ansatz in Dollar kommen immer die Steuern hinzu (*Sales Taxes*).

Benzin

Zu den Benzinpreisen in den USA und Canada ➪ Seiten 130 und 380. Wer mit einem Durchschnittswert von €0,55 kalkuliert, liegt alles in allem nicht verkehrt, zumal nicht bei steigendem Euro. Eine kleine Ungenauigkeit an dieser Stelle beeinflußt die Gesamtrechnung nur geringfügig.

Vorteil Vorbuchung

Nicht zuletzt die relativ komplizierten **Miet- und Haftungskonditionen sprechen für eine Buchung vor der Reise**. Denn zunächst einmal hat man Zeit zum Vergleich. Und außerdem ist Vertragspartner der heimische Veranstalter, mit dem man sich ggf. nach der Reise auseinandersetzen kann. Bei Buchung vor Ort kann es gelegentlich schwer sein, während der Reise aufgetretene Mängel mit Erfolg zu reklamieren oder gar Erstattungen durchzusetzen.

Van Camper von Wildwest in Vancouver (⇨ Seite 80): Bikes und Kanu+ Ausrüstung können gegen moderate Zusatzkosten mitgemietet werden.

Campermiete vor Ort

Prinzipielles

Wer einen Camper vor Ort mieten möchte, sei es in Canada oder auch jenseits der Grenze in den USA, hat bis Ende Mai und nach dem *Labour Day* im September relativ gute Aussichten, ein Fahrzeug des gewünschten Typs zu einem akzeptablen Preis zu finden. In der Hauptsaison ab Mitte Juni bis Ende August ist ein Camper allerdings nur schwer aufzutreiben. Bis April und ab Oktober freuen sich die Verleihfirmen speziell in Canada über jeden Kunden, soweit die Stationen dann überhaupt besetzt sind. Wer in der **Vor- und Nachsaison** in einer der Großstädte Canadas und auch der USA die Mühe auf sich nimmt, »seinen« Camper direkt zu suchen, wird aber keine prinzipiellen Schwierigkeiten haben.

Geeignetes Vorgehen

Die Voraussetzungen für eine Campermiete vor Ort sind identisch mit denen der Pkw-Miete, siehe oben. Telefonnummern der Verleihfirmen findet man in den Gelben Telefonbüchern (***Yellow Pages***) unter der Rubrik ***Automotive/ RV-Rental*** oder direkt unter ***Recreational Vehicles*** oder für preiswertere Gebrauchtfahrzeuge unter ***Used RVs***; außerdem in **Kleinanzeigen** (*Classified Ads*) in der Tageszeitung.

Kosten und Versicherung

Für die Ermittlung der Gesamtkosten und zum Preisvergleich eignet sich auch für Angebote vor Ort das Berechnungsschema auf den vorstehenden Seiten. Genau wie bei der Vorbuchung sollte man sich Klarheit verschaffen über **Haftung des Mieters** bei Eintritt der unterschiedlichen Schadensfälle. Eine **Aufstockung der Haftpflichtdeckungssumme** bereits im Vorwege durch eine Sonderversicherung (⇨ Seite 70) ist dann zu erwägen, wenn die Miete **in den USA** erfolgen soll.

Problematik

Die Gretchenfrage »**Lohnt es sich, erst drüben zu mieten?**« kann wegen der Komplexität der Angelegenheit selbst für die *Off-Season* und einen niedrigen Dollarkurs (wie im Frühsommer 2005) nicht eindeutig beantwortet werden.

Viel spricht für die Miete hier, denn erstens gibt es bei den heimischen Veranstaltern auch für die Nebensaison günstige Angebote, und zweitens spielen qualitative Aspekte eine Rolle. So kannen die Suche stressig und nicht gerade der ideale Einstieg in die Reise sein. Ein wenig ermunternder Gedanke ist auch, daß man bei Mängeln des Fahrzeugs und eventuellen Schäden eine Auseinandersetzung mit dem Vermieter im fremden Land führen müßte. Bei größeren Defekten hat man bei Campern, die über Veranstalter bei uns gebucht wurden, einen Anspuch auf Entschädigung für entgangene Urlaubszeit. So etwas gibt es bei Direktbuchung nicht.

Zu beachten ist, daß bei Buchung vor Ort Steuern, CDW/VIP und ggf. Deckungsaufstockung immer zum Basistarif hinzu kommen und damit selbst scheinbar günstige Tagesmieten zu erheblichen Gesamtkosten führen können.

Campermiete auf eigene Faust vor Ort mögen die Autoren auch außerhalb der Hochsaison letztlich nur Leuten raten, die über mindestens gute Englischkenntnisse und individuelle Reiseroutine im Ausland verfügen.

Im Übrigen gilt, was zur Pkw-Miete gesagt wurde, ➪ Seite 74.

Übernahme des vorgebuchten Mietfahrzeugs

PKW-Miete

Im Fall einer **Pkw-Miete** bei den großen internationalen Vermietern kann der Wagen direkt bei Ankunft am Airport übernommen werden.

Die **Übernahme eines Pkw** geht rasch über die Bühne: Voucher des Veranstalters, Pass, Führerschein vorlegen, ggf. noch Beschlußfassung über zu buchenden Zusatzversicherungen, Unterschrift und Hinterlassung der **Kaution** (durchweg Kreditkartenerfordernis, ➪ oben), Unterschrift unter die Formulare, Schlüssel steckt schon, Auto ist (meist) vollgetankt, fertig.

Kein Mensch wird auf die Idee kommen, irgendetwas zu erklären. Leuchtet die Bedienung der Automatik, der Klimaanlage, des Tempomats, der Zündschloß- oder Anlassersperre (!) etc. nicht ein, muß man schon ausdrücklich fragen. Alle **Warntöne** schalten sich aus, wenn die Türen geschlossen und die Gurte eingerastet sind.

Vor der Abfahrt sollte man eine **Inspektion rund ums Auto** nicht vergessen und bereits vorhandene Dellen oder Kratzer »protokollarisch« festhalten lassen, sofern die CDW bei Schäden eine Eigenbeteiligung vorsieht. Nicht schaden kann eine Kontrolle des ordnungsgemäßen Funktionierens der Beleuchtungsanlage, speziell der Bremsleuchten.

Rückgabe

Auch die **Rückgabe ist unkompliziert** und bis unmittelbar vor Abflug zu erledigen, wenn die Station im Airportbereich liegt.

Camper-miete/ Abholung

Beim **Camper** dauert die Übernahmeprozedur erheblich länger als beim Pkw. Das beginnt damit, daß am **Tag der Ankunft** nach einem Transatlantikflug die **Wagenübernahme** aus versicherungstechnischen Gründen **nicht** erfolgen kann*).

Die **Camper-Verleihfirmen** holen ihre Kunden in der Regel am Tag nach der Ankunft im Hotel ab.

Formales

Mehr oder weniger identisch ist bei allen Vermietern das Formale. Die Kaution bzw. Blanko-Kreditkartenunterschrift deckt hier nicht nur Risiken ab, sondern bezieht sich mitunter auf eine lange Liste von Extrakosten wie Übergabegebühren, Zusatzversicherungen, Zusatzmeilen, Leihgebühren für die Campingausrüstung, Geschirrset und Bettwäsche, Benutzung des Generators, Endreinigung, Gasfüllung, lokale Steuern und ggf. Schäden. Abrechnung nach Rückgabe.

Technik

Nach Klärung der Formalitäten erfolgt die Inspektion des Fahrzeugs verbunden mit einer mehr oder minder intensiven **Einweisung** (Firmen mit einem hohem Buchungsaufkommen deutschsprachiger Touristen verfügen meistens über Personal mit Deutschkenntnissen). Denn der Kunde muß wissen, was es mit Umbauliegen, Wassertanks, Schmutzwasserbehältern, Gasherd, Kühlschrank etc. auf sich hat. Bei Andrang sind die unter Zeitdruck gegebenen **Erläuterungen** indessen nicht immer optimal und vollständig. Glücklicherweise wurden die **Bedienungsanleitungen** in den letzten Jahren von den größeren Verleihern stark verbessert und zumeist ins Deutsche übersetzt. Fragen sollte man nach **Unterleghölzern** zum Niveauausgleich, der auf vielen Campingplätzen bitter nötig ist. Ein nicht waagerecht stehender Wagen bringt schlafstörende Schieflage der Betten mit sich.

Erster Tag

Am ersten Tag ist es ratsam, nicht viel weiter als bis zum nächsten Campingplatz zu fahren und sich nach den ersten Besorgungen Zeit für ein **gründliches Durchchecken des Fahrzeugs** und seiner Technik zu nehmen. Sollte sich nun herausstellen (auf dem Platz des Vermieters wird man das selten so schnell merken), daß etwa der Kühlschrank nicht richtig funktioniert, der Wasserschlauch zum Auffüllen fehlt oder Bedienungsdetails beim besten Willen nicht einleuchten, kann man zur Not noch einmal bei der Station vorbeifahren.

Checkliste

Vor jeder morgendlichen Abfahrt muß allerhand verstaut, verzurrt und festgemacht sein, auch außen 'rum darf nichts mehr hängen oder ungewollt offenstehen. Besonders **ohne bisherige Campererfahrung** des Reiseteams sollte man sich eine kleine

*) Wer dagegen direkt von Nordamerika aus in die Stadt der Fahrzeugübernahme einfliegt, z.B. von Toronto nach Vancouver, und rechtzeitig genug eintrifft, hat mit dieser Regelung keine Probleme und darf noch am selben Tag in »seinen« Camper steigen.

Checkliste machen, die man vor Aufbruch abspult. Sonst bleibt am Ende der Wasserschlauch draußen, oder die Klappstufen des Einstiegs reißen am nächsten Bordstein ab. Nach einiger Zeit hat man die Kontrollpunkte im allgemeinen auch ohne Liste im Griff; »gefährlich« sind vor allem die ersten Tage.

Der folgende ***Check*** vor der Abfahrt **nach jedem Stop** wird bald zur festen Gewohnheit:

- Ist im Innenraum alles wieder rutschfest verstaut?
- Ist der Kühlschrank ggf. auf Batteriebetrieb umgestellt, ist die Tür gesichert?
- Ist das Dachfenster geschlossen?
- Ist das Gas abgedreht?
- Ist der Tritt unter der hinteren Tür eingeklappt?

Wartung

Mieter aller Fahrzeuge sind **bei langfristiger Miete** verpflichtet, in vorgegebenen Abständen Wartungsarbeiten durchführen zu lassen. Die **Kosten** dafür müssen zur späteren Verrechnung ausgelegt werden. Da es in Nordamerika viele Stationen für den schnellen Ölwechsel einschließlich einer **Kontrolle anderer wichtiger Liquide** gibt (Automatikgetriebe, Bremsflüssigkeit, Servolenkung), macht das wenig Probleme, ➪ Seite 130f.

Reparaturen

Ärgerlich sind Reparaturen, die – sofern sie minimale Kosten (heute meist can$100/US$50) übersteigen – **immer erst nach Rücksprache mit der Verleihfirma** ausgeführt werden dürfen. Dazu gehört auch der Ersatz von unterwegs verschlissenen Reifen. Die größeren Vermieter haben Verträge mit landesweit operierenden Reifenfirmen w.z.B. ***Canadian Tire*** oder ***Goodyear***, die nicht nur aufs Reifengeschäft fixiert sind, sondern auch viele gängige Routinereparaturen durchführen. Für die jeweils kooperierenden Unternehmen erhält der Mieter eine Liste der Vertretungen, die er im Bedarfsfall von sich aus anlaufen kann. Das hat den u.a. Vorteil, daß die telefonische Kommunikation mit dem Vermieter entfällt. Das übernimmt dann die Werkstatt und entscheidet in Absprache mit dem Vermieter, welche Reparaturen ausgeführt werden sollen.

Pannen

Spätestens bei der ersten Panne wird man feststellen, daß es **kaum Bordwerkzeug** gibt, mitunter nicht mal einen Schraubenzieher. Dahinter steckt Methode: Der Kunde soll gar nicht erst auf die Idee kommen, selbst »herumzufummeln«. Das geht soweit, daß einige Vermieter sogar Wagenheber und Radschlüssel entfernen. Man soll bei einer Panne eben den **Straßendienst** anrufen – in mancher Situation leichter gesagt als getan. Aus der Sicht der Firma jedoch macht es Sinn:

Sollte nämlich der Reifen irgendwo auf einer Schotterstraße zum einsamen *Campground* oder in einer an sich »ausgeschlossenen« Region draufgehen, existiert gleich ein Protokoll über Ort und Uhrzeit, und man kann den Kunden ggf. zur

Kasse bitten. Das hört sich recht dramatisch an, aber ernsthafter Ärger bei den überwiegend relativ neuen Mietfahrzeugen tritt eher selten auf. Man tut dennoch gut daran, sich auf die Möglichkeit einzustellen und ggf. ein wenig vorzusorgen, ➪ Seite 122.

Rückgabe des Campers

Vor der Abreise steht die Rückgabe des Campers, bei den meisten Vermietern am Vormittag. Möchte man hohe **Endreinigungskosten vermeiden,** muß der Camper besenrein und mit entleerten Abwassertanks zurückgegeben werden, oft auch mit gefülltem Frischwasser- und Benzintank, falls man letzteren voll übernommen hat. Die Vermieter akzeptieren im allgemeinen äußerlich »normal« verschmutzte Fahrzeuge. Es wird aber erwartet, daß der Kunde groben Dreck (an einer der vielen Waschanlagen mit Druckreinigern) vor der Rückgabe selbst entfernt. Andernfalls bittet man (wieder) zur Kasse. Ist nichts beschädigt, gibt es bei der Rückgabe keine Probleme. Die **Formalitäten**, d.h. kurze Inspektion des Wagens, Abrechnung von Mehrmeilen, Steuern etc., sind rasch erledigt.

Flughafen-Transfer

Der Vermieter sorgt für den Transport zum Hotel bzw. zum Airport. Bei Planung von **Rückgabe und Abflug am selben Tag** sollte auf reichlich Zeit geachtet werden: besser nicht unter 5 Stunden zwischen frühestmöglicher Ankunft in der Station und Abflug bei einer angenommenen Transferzeit von etwa 1 Stunde. Denn gelegentlich entstehen **Wartezeiten**, etwa auf weitere Kunden, die im selben Bus ggf. zu anderen Zielen transportiert werden müssen. Entspannter verläuft auf jeden Fall die Rückgabe einen Tag vor Abflug.

Auf dem Meziadin Lake Campground im Norden von BC (Stewart/ Cassiar Highway)

Reiseformen im Vergleich:

Pkw mit Zelt oder Motel und Campmobil

Die Vor- und Nachteile des Reisens per Pkw/Zelt, Pkw/Motel und im Campmobil lassen sich nur begrenzt verallgemeinern. Denn zu unterschiedlich sind individuelle Vorstellungen und Ansprüche. Aber es gibt einige in Nordamerika, besonders im Westen Canadas wichtige, teilweise aber nicht offenkundige Aspekte, die vor der Entscheidung für die eine und gegen eine andere Reiseform bedacht werden sollten.

Doch dazu mehr am Ende dieses Abschnitts. Die recht unterschiedlichen **Kosten der drei Alternativen** klären vielleicht schon im Vorwege, welche Möglichkeit in Frage kommt – ganz unabhängig von weiteren Überlegungen:

Die Kosten

Annahmen

Ein Kostenvergleich zwischen Reiseformen muß generalisieren und Annahmen machen, die im Einzelfall so nicht immer zutreffen. Das folgende Schema kann aber leicht mit saisonal und/oder aktuell veränderten Zahlen modifiziert und so für die persönliche Reiseplanung und -dauer zugrundegelegt werden.

Für den Vergleichszweck sei ausgegangen von

- einem **4-Wochen-Urlaub** (28 Übernachtungen) für **2 Personen** in der **Hauptsaison**, die in Canada bezüglich der Hotel-/Motelkosten die vollen Monate Juli und August umfaßt. Für die Campmobilmiete ist dies nur teilweise der Fall; die hier unterstellten Preise gelten bei einigen Verleihern nur in einer 6-wöchigen »Kernzeit« von ca 10.07-20.08. (davor und danach liegen die Miettarife niedriger)
- **Pkw-Miete** (unlimitierte Kilometer, Zusatzgebühr für Zweitfahrer) und **Campermiete** zum Neufahrzeugtarif jeweils ab Calgary oder Vancouver. In der Praxis sind Pkw maximal 1 Jahr alt, Camper maximal 3 Jahre.
- saldierten **Mietkosten** mit Langzeitermäßigung, die bereits Erstausstattung mit Toilettenchemikalien und Propangas, Geschirr, Bettwäsche usw.,Transfer ab/bis Flughafenhotel, Steuern und VIP-Versicherung beinhalten, wichtige Kostengrößen, die in vielen Katalogen separat ausgewiesen werden.
- **Campertarifen mit 250 Freikilometern pro Tag**; das macht in 27 Tagen 6.750 km, die in den meisten Fällen ausreichen dürften, gleich ob im Pkw oder Camper, ➪ Seite 83 oben.
- einem Benzinpreis von ca. €0,55/l. Der **Benzinkostenansatz** basiert auf den angenommenen 6.750 km Fahrstrecke.
- einer vorhandenen und aus der Heimat mitgebrachten **Ausrüstung für den Fall des Zelturlaubs**.

- Übernachtung auf **gebührenpflichtigen Campingplätzen**, bei **Zeltcamping**: can$12/Nacht. Bei **Campercamping** wird in 50% der Nächte Nutzung eines *Full Hook-up* (Anschluß an Strom, Wasser, Abfluß) angenommen und damit im Schnitt Kosten von can$20/Nacht; ➪ Seiten 143ff.
- **Hotelübernachtung** für Camper- und PKW-Urlauber eine Nacht im Airport/City-Hotel ($120, Nebensaison $100). Zusätzlich **27 Nächte in Hotels/Motels** Mittelklasse ($80 im Schnitt inkl. Steuern, ➪ Seite 135, Nebensaison $60) bei **Pkw-Hotel-Urlaub**. Im Fall von **Pkw-Zelt-Camping** vier Nächte zu $50, in der Nebensaison $40 in preiswerteren Motels an Schlechtwettertagen oder in Städten.
- **Verpflegung bei Camping** nicht unter can$30 pro Tag (für 2 Personen) einschließlich gelegentlichem *Fast Food*, aber **ohne** Alkoholika, Restaurant- und Kneipenbesuche.
- Bei der **Variante Pkw/Hotel** sind die Möglichkeiten zur Selbstverpflegung begrenzter; relativ häufige **Cafeteria- und Restaurantbesuche** gehören dazu, d.h., ohne eisernen Willen zum Sparen sind can$60/Tag (für beide Reisepartner zusammen) kaum zu unterbieten. Leicht wird es mehr.
- **Eintrittsgelder,** die ja unabhängig von der jeweiligen Reiseform anfallen, persönliche **Nebenkosten, Einkäufe** günstiger Artikel (Jeans etc.), Kosten für **Souvenirs, Mitbringsel** etc. sind in den Zahlen der folgenden Tabelle nicht explizit berücksichtigt und noch individuell zu addieren.

Auf solch einem Platz macht Zeltcamping Spaß. Picknicktisch in der Sonne und daneben überdacht für Schlechtwettertage (mit Grill im Vordergrund). Im Hintergrund der Bowron Lake/BC mit Strand und im Sommer badewarmem Wasser

2

Zu den konkreten Zahlen (2005)

Die folgenden Zahlen für **Mietkosten** basieren auf typischen Katalogpreisen 2005, jeweils ab Calgary oder Vancouver. Als Leihwagenkosten wurden die Tarife international bekannter Vermieter zugrundegelegt (*Compact* für Zeltcamper, *Intermediate* 4-türig für Motelübernachter). Die Kosten für **Campfahrzeuge** beziehen sich auf ***Truck Camper*** **19 Fuß** und ***Motorhome*** **22 Fuß**. Gleichartige Fahrzeuge können je nach Veranstalter und Vermieter auch etwas preiswerter oder teurer sein. Alle anderen Werte errechnen sich aus den Einzelkosten wie auf den vorstehenden Seiten erläutert.

Kostenvergleich Canada-Urlaub für 2 Personen und 6.750 km in € *)
4 Wochen Hauptsaison Juli/August/Zwischensaisonpreise Juni oder September

Kostenart	Pkw[1]/Zelt	Pkw[2]/ Hotel	Truck Camper[3] 19 Fuß	Motorhome[4] 22 Fuß
Mietkosten (4 Wochen Pkw bzw. 27 Tage im Camper)				
Hauptsaison[5]	880	960	3.375	4.050
Zwischensaison	760	920	2.700	3.105
Benzinkosten	297	371	743	1.001
Übernachtung				
Hauptsaison	312	1.459	422	422
Zwischensaison	287	1.101	410	410
Verpflegung	538	1.075	538	538
Gesamtkosten				
Hauptsaison	**2.027**	**3.865**	**5.078**	**6.011**
Nebensaison	**1.882**	**3.387**	**4.391**	**5.054**

Anmerkungen:

Zugrundegelegter Kurs für den kanadischen Dollar: $1 = 0,64

1) Kompakte oder untere Mittelklasse (z.B. Ford Escort); der Verbrauch wurde hier mit in Canada/USA realistischen 8 l/100km angenommen .
2) Mittelklasse (wie Fort Mondeo o.ä.); Verbrauch etwa 10 l/100km.
3) bzw. etwas teurer *Van Camper*, ➪ S. 77; Verbrauchsannahme 20 l/100 km, Camper weniger.
4) Bietet bereits ab 21 Fuß bei einem guten Grundriß ausreichend Platz auch für 4 Personen. Modelle größer als 23 Fuß bringen nach Meinung der Autoren kaum Zusatznutzen, jedoch eingeschränkte Wendigkeit und nicht nur mehr Mietkosten, sondern auch (noch) höheren Verbrauch, Annahme hier: recht hohe 26 l/100 km. Besonders die neueren Modelle bis 23 Fuß brauchen weniger.
5) Basis für alle Zahlen sind bei Pkw Tarife inklusive CDW und Steuern (Paket A). Bei den Campern wurden Gesamtkosten inklusive Steuern, VIP-Versicherung, Transfer und aller Nebenkosten zugrundegelegt, ➪ Seite 94.

---

*) **ohne Flugkosten**, die in jedem Fall die Gesamtsumme um rund €1.700 (ggf. auch etwas weniger – Charter – oder mehr – spät gebuchter Linienflug – erhöhen, und Eintrittsgelder und sonstige Nebenkosten, ➪ vorhergehende Seite.

Kommentar

Interpretation der Tabellenwerte

Die **Kostenunterschiede** zwischen Urlaub im Pkw und den Campervarianten sind hier **enorm bis spürbar**. Wegen der von Haupt- und Nebensaison kaum beeinflußten Miettarife für Nicht-Campingfahrzeuge und saisonal ebenfalls kaum schwankender Campgebühren entsprechen die Kosten fürs Camping per Pkw/Zelt auch in der Vor- und Nachsaison der Realität.

Beim finanziell aufwendigeren **Hotelurlaub** dagegen ist die »Gefahr«, daß das oben errechnete Budget in der Hauptsaison nicht ausreicht, relativ hoch. Das gilt insbesondere dann, wenn viele Tage Aufenthalt in touristisch populären (und teuren) Gebieten wie etwa in Banff und Jasper oder im hohen Norden geplant sind. Die **Kostendifferenz zur Zeltalternative** kann dann noch höher ausfallen. Anders ist es vor Juli und ab September. Bei den Übernachtungen lassen sich insbesondere bis Mitte Juni bzw. ab Mitte September im Beispiel rund €350 sparen; mehr wird man aber nur mit Mühe und/oder erheblichen Komfortabstrichen erreichen können.

Die extrem hohen Kosten für die **Campermiete** in der Hauptsaison **verzerren** diesen Vergleich insgesamt sehr. In der Vorbzw. Nebensaison kosten *Truck Camper* bzw. *Motorhomes* beim selben Vermieter €675-€945 weniger. Dann sind für ***Truck Camper*** Kosten realisierbar, die um ca. €500 über der Hotel-/Motel-Alternative in der Hauptsaison liegen.

Das **Motorhome** ist per Saldo auch **im Juni** und **September** noch die teuerste Reiseform, obwohl dann bei sonst gleichen Annahmen die Gesamtkosten (ohne Flüge und Nebenkosten!) den Kosten einer Hauptsaisonreise mit ***Truck Camper*** relativ nahe kommen.

Fazit

Zu bedenken: Zeltcamping

Wie nicht anders zu erwarten, ergeben sich bei **Canada-Ferien im Zelt** die geringsten Kosten. Wer Spaß am Zeltcamping hat, noch dazu unter den in Nordamerika gegenüber Europa ungleich viel besseren Bedingungen (⇨ Seite 142ff), braucht nicht lange zu überlegen. Zelten wird auch vielen jungen Leuten und Junggebliebenen in Canada Spaß machen, die Campingurlaub hierzulande weniger abgewinnen können. Zu bedenken ist jedoch, daß **es trotz angenehmer Tagestemperaturen wegen der Höhenlage selbst im Hochsommer in manchen Regionen (z.B. *Icefields Parkway*!) nachts ziemlich kalt werden kann**. Und auch im Juli/August sind in Pazifiknähe mehrere aufeinanderfolgende **Schlechtwettertage** samt kräftigen Niederschlägen möglich, erst recht in Frühsommer und Herbst. Man sollte sich also über die voraussichtlichen **Witterungsbedingungen** der ins Auge gefaßten Ziele informieren, bevor die Entscheidung fürs Zelten fällt.

PKW/Motel Die erheblichen Mehrkosten für **Hotel-/Motelübernachter** sind gegenüber dem Campingurlauber nicht unbedingt mit höherer **Urlaubsfreude** verbunden. Im Sommer bedeutet die Suche nach einer geeigneten Unterkunft gelegentlich Streß und Frust. Zwar können auch Campingplätze bei später Ankunft voll besetzt sein, aber die Ausweichmöglichkeiten sind meist besser. Die Alternative, alle Quartiere im voraus zu buchen, besitzt den Nachteil, unterwegs völlig unflexibel zu sein und weder auf neue Eingebungen noch widriges Wetter angemessen reagieren zu können.

Bedacht werden sollte, daß mit Ausnahme der Großstädte und einer Handvoll touristischer Hochburgen (Banff, Jasper, Okanagan Valley, Whitehorse, Dawson City) der Urlaubstag mit dem Einchecken ins Hotelzimmer weitgehend »gelaufen« ist. Zum abendlichen Bummel etwa fehlen in kleinen Orten gemeinhin alle Voraussetzungen. Die Gelegenheiten zum Ausgehen sind dort dünn gesät, **gemütliche Kneipen Mangelware**. Nach dem Abendessen bleibt oft nur der Fernseher als einzige Zerstreuung, während der Campingreisende vielleicht gerade dann »sein« Canada am Lagerfeuer genießt.

Vorzüge Campmobil Genau das rechtfertigt letztlich die hohen Kosten des Campmobils. Es bietet mit **Unabhängigkeit, Mobilität** und **Bequemlichkeit** Vorzüge, die sich in Canada ideal kombinieren lassen mit Landschafts- und Naturerlebnis. Einen langweiligen Abend gibt's im Campmobil kaum. Die **Gestaltungsmöglichkeiten** sind schon tagsüber vielfältiger. Der Kontakt zu anderen Reisenden fällt leichter. **Geselligkeit**, so man sie sucht, ergibt sich zwanglos.

Und nichts hindert den Campmobilisten, seinen *Afternoon Tea* auf der Terrasse des *Banff Springs Hotel* genauso zu genießen, wie der Hotelgast. Ob man dabei mit *Van Camper* oder *Motorhome* vorfährt, spielt keine Rolle, ist vielmehr eine Frage persönlicher Präferenzen, ⇨ auch Seite 81.

Wer mit dem Gedanken spielt, ein Campmobil zu mieten, aber vor den hohen Kosten zurückschreckt, kann bei Ausweichen auf Zeiträume der **Nebensaison** und konsequenten **Preisvergleich** die umseitig beispielhaft errechneten Zahlen um einiges unterschreiten.

Fahrten in den hohen Norden Soll die Reise überwiegend **nach Norden** gehen, auf Routen jenseits des *Yellowhead Highway*, **gibt es zum Camping** – sei es im Zelt oder im Campmobil – **kaum noch eine Alternative**. Übernachtungen selbst in einfachsten Quartieren sind dort teuer und Motels gerade entlang der besten Strecken rar gesät – ganz im Gegensatz zu den vielen herrlich gelegenen Campingplätzen. **Mehrkosten** fallen allerdings auch im Camper über Sonderzuschläge für Fahrten in den Norden und höhere durchschnittliche Fahrtstrecken an.

2.3.2 Canada im eigenen Auto?

Langzeitreisen

Wer eine längere Reise durch Canada plant, fragt sich, ob nicht unter Umständen der Kauf eines Autos der Miete vorzuziehen ist. Denn während zwei oder mehr Monaten kommen selbst bei einem Fahrzeug der kleinsten Kategorie ansehnliche Mietkosten zusammen. Von größeren Fahrzeugen und Campern gar nicht zu reden.

Autokauf in Canada

Allerdings sind **in Canada Autos generell teurer als in den USA** und obendrein mit höheren Umsatzsteuern (bis auf Alberta) belegt, die der Käufer auf jeden Fall verliert und nicht an den nächsten Besitzer weiterreichen kann. Da die meisten Canada-Langzeitreisenden klimatisch bedingt im Frühsommer starten und im Herbst vor dem Verkaufsproblem stehen, erleiden sie beim Kauf in Canada auch noch eine **saisonal bedingte Zusatzabschreibung** unabhängig von Typ, Zustand und Tachostand des Wagens. Ein Kauf in Canada und Wiederverkauf in den USA (schwierig, aber möglich) macht ökonomisch keinen Sinn. **Die Zulassung und der Verkauf eines aus den USA »exportierten« Autos ist in Canada privat nicht möglich.**

Autokauf in den USA

Wer mit dem Gedanken spielt, ein Fahrzeug zu kaufen, sollte also von vornherein einen passenden Startpunkt in den USA ins Auge fassen und die Reise auch in den USA beenden. **Ausnahme**: dank der voraussichtlich vorhandenen Hilfestellung von Freunden oder Verwandten bei Kauf, Zulassung und späterem Verkauf erscheint eine kanadische Stadt geeigneter.

Info im Internet

Die Suche nach Gebrauchtfahrzeugen im **Internet** ist recht mühsam. Einen guten Überblick (auf Englisch) liefern:

www.recycler.com,

http://wwwheels.com,

www.us-used-cars.com

Minimale Reisezeit für Kauf

Vor der Entscheidung für die Beschaffung eines eigenen Fahrzeugs sollte insbesondere bei Reisezeiten bis zu 3 Monaten eine realistische **Kostenvergleichsrechnung zwischen den Alternativen Kauf und Miete** stehen. Bei Reisezeiten über 3 Monaten (nur mit US-Visum!) errechnen sich schon eher Vorteile für den Kauf, wenn der Wertverlust sich in Grenzen hält. Dafür muß man allerdings am Ende der Reise in angemessener Frist nicht nur einen Käufer zu finden, sondern auch noch einen akzeptablen Preis erzielen.

Folgende Gesichtspunkte – erläutert anhand eines »billigen« Beispiels: **Kauf eines 10 Jahre alten Pkw in den USA für US$ 3.500, 3 Monate Reisezeit und 20.000 km unterwegs** – müssen bei einem Vergleich bedacht werden:

Nebenkosten der Zulassung

- Zum Kaufpreis addieren sich die ***Sales Tax***, die Kosten für Zulassung (***Registration***) und Nummernschilder, ggf. für eine **Inspektion** mit Abgasuntersuchung und Formalitäten. Zusammen kommen leicht **US$ 300** oder mehr zusammen.

Versicherung

- Während bei Kauf und Anmeldung eventuell auftauchende **Probleme** (bedingt durch den Ausländerstatus des Käufers) sich in den meisten US-Staaten noch klären lassen, ist eine **Haftpflichtversicherung vor Ort** oft nur schwer und/oder mit hohen Kosten zu finden. Im Zweifel ist der Automobilclub **AAA** behilflich. Die über AAA angebotenen Prämien entsprechen in etwa denen, die über die **Versicherungsvermittlung Tour Insure** in Hamburg, © 040/ 25172150; Fax 040/25172121, **www.tourinsure.de**, erhältlich sind (ab US$ 800 für 6 Monate). Versicherungsverträge bietet auch **Seabridge** in Düsseldorf, **www.sea-bridge.de**, ⇨ Seite 99.

Zeitbedarf

- Für die Suche nach einem Gebrauchtwagen und Erledigung aller **Formalitäten** benötigt man kaum unter 1 Woche einen **Leihwagen**. Bucht man ihn schon hier, sind ab **€200** zu kalkulieren. Vor Ort ist es nicht billiger.

Wartung

- An **Unterhaltskosten** entstehen mindestens **US$300** für drei **Ölwechsel** plus ein bißchen Verschleißmaterial (Kerzen, Luftfilter etc) und **Reifenersatz**.

Reparaturen

- bei älteren Wagen treten immer – hoffentlich kleinere – Reparaturen auf, ob nun die Scheinwerfer ausfallen, der Vergaser streikt oder die Wasserpumpe ihren Geist aufgibt. Wer eine Werkstatt aufsucht, muß Stundensätze ab US$ 50 zahlen. Mit Glück bleiben die **Kosten** unter **US$300**.

Verkauf

- Da sich ein Auto meist nicht unmittelbar vor dem Rückflug eben »auf die Schnelle« verkaufen läßt, muß wenigstens eine Reservewoche für diese Aktivität eingeplant werden. Neben dem **Zeitaufwand** kostet das Geld für zusätzliche Lebenshaltung, für Telefonate und ggf. Anzeigen. **US$200** sind dabei die Untergrenze der zusätzlich entstehenden Kosten.

Internet-Service: Fahrzeugvermittlung von Leser zu Leser

Wer ein Fahrzeug in Amerika kauft, muß es am Ende der Reise wieder verkaufen. Das ist in vielen Fällen leichter gesagt als getan.

Vermutlich gibt es für gute Tourenfahrzeuge und deren spezifische Ausrüstung mehr interessierte Neu-Amerikafahrer als Amerikaner. Nur – wie kommt der Verkäufer an den potentiellen Touristen-Käufer?

Und woher weiß ein Fahrzeug-Interessierter vor seiner Reise, wer vielleicht demnächst einen geeigneten Wagen vor Ort verkaufen möchte?

Ganz einfach: Inserieren Sie – als Kauf- oder/und Verkaufsinteressent – gratis im **Fahrzeugmarkt USA/Canada** unserer Verlags-Homepage.

Da steht drin, wie`s geht: www.reisebuch.de

2

Abschreibung

- Ein besonders günstiger Verkaufspreis wird unter Zeitdruck selten zustandekommen. Wenn der Wagen kein Schnäppchen war, ist ein VK-Preis von US$2.500 (das entspricht **US$1.000 Abschreibung**) für drei Monate und 13.000 Meilen mehr auf dem Tacho sicher nicht zu niedrig, eher optimistisch angesetzt. Besser geht`s nur mit Zeit und Glück.

Gesamtkosten Kauf bei »Billigwagen«

Rechnet man alle vorstehend aufgeführten Positionen zusammen, ergibt sich (**bei komplikationsloser Fahrt ohne bedeutende Reparaturen!**) im günstigsten Fall ein Betrag von rund **US$2.000** für **Spesen, Fixkosten, Wartung und Reparaturen** plus **US$1.000 Wertverlust, umgerechnet (bei 1US$ = €0,80) ca. €2.400.** Das entspricht zusammen etwa den Kosten, die bei einem (neuen!) Leihwagen der *Economy Class* in 12 Wochen anfallen – einschließlich hier nicht enthaltener Vollkasko und ohne jegliches Reparaturkostenrisiko!

Mietkosten 3 Monate

Bei drei Monaten (=13 Wochen) Aufenthalt **kostet der Mietwagen bei dieser Kalkulation rechnerisch nur €200** mehr als ein eigenes (altes) Fahrzeug. Dafür genießen Mieter nicht nur den Vorteil, für Unfallschäden und Reparaturen nicht aufkommen zu müssen, sondern steigen in das bereitstehende Fahrzeug, wo es ihnen paßt, und geben es am Ende der Reise einfach wieder ab. Der ganze organisatorische Aufwand für den Kauf und der Streß des Verkaufs entfallen.

Kosten bei Kauf eines neueren Auto

Das Risiko größerer Reparaturen läßt sich mit dem Kauf eines neueren Autos zwar mindern, aber nie ganz ausschließen. Investiert man mehr für einen Gebrauchtwagen, werden auch höhere Umsatzsteuern fällig. Und die Abschreibung dürfte rasch auf über US$1.000 steigen.

Fazit

Ein eigener Pkw ist bei den zur Zeit geltenden Mietwagentarifen und Wechselkursen erst bei sehr langen Reisezeiten erwägenswert. Günstiger fällt die Kalkulation nur für den aus, der auf die Hilfe von Verwandten oder Freunden zählen kann.

Vorteile der Miete

Auch wenn der Vergleich etwa zwischen einem größeren Gebrauchtwagen und den Kosten für ein entsprechendes Mietfahrzeug zu einer kürzeren »kritischen« Reisezeit zugunsten des Kaufs führt, bleibt die Aussage gültig. Denn die allgemeinen, hier gar nicht in Dollar bewerteten **Vorteile der Miete** spielen eine nicht zu unterschätzende positive Rolle. Ärger mit dem (eigenen) Fahrzeug kann dagegen die Reisefreude erheblich beeinträchtigen.

Campmobil

Generell gilt: erst wenn alle Nebenkosten und Risiken berücksichtigt sind, lassen sich Autokauf und -miete einigermaßen miteinander vergleichen. Dabei kann je nach Reisesaison, -dauer und Wagentyp der Vergleich auch anders ausfallen als im Beispiel. Die **Miete** etwa **für Campmobile** ist **im Sommer für längere Zeiträume nahezu unbezahlbar**. Aber auch der Kauf eines Campmobils – begnügt man sich nicht mit einem reparaturanfälligen Uraltmodell – erfordert zunächst einen relativ hohen finanziellen Einsatz und verursacht eine nur schwer abschätzbare Abschreibung. Ein großer ***Station Wagon*** (Kombi) oder besser noch ***Van*** (Kastenwagen/Kleinbus) in Eigenbesitz läßt sich ohne viel Aufwand zum Schlafen herrichten, und **Platz für *Coolbox*, Kocher und Wassertank** ist auch genug. Die dafür anfallenden Kosten bewegen sich eher im Pkw-Rahmen.

Vorteil des eigenen Wagens

Wichtig für die Entscheidung »Kauf oder Miete?« kann auch sein, daß eine Fahrt im eigenen Wagen nicht durch **»lästige« Gebietsausschlüsse** reglementiert wird. In Canada betrifft dieser Aspekt teilweise reizvolle Schotterstrecken wie z.B. Abschnitte der ***Forestry Trunk Road*** (Alberta) oder des ***Cassiar Highway*** (British Columbia), den gesamten Norden und ggf. Grenzübertritte nach **Alaska**, in den USA Fahrten durchs ***Death Valley*** und nach **Mexico**.

Wer einen Autokauf erwägt, findet alle wichtigen Einzelheiten zum organisatorisch-technischen Vorgehen einschließlich der US-Regelungen für Zulassung und Versicherung, aber auch für den temporären Import eines bereits vorhandenen Wagens nach Nordamerika im **Reise Know-How Handbuch USA/CANADA**, ⇨ Werbeseiten des Verlages hinten.

Kauf mit Rücknahmezusage des Verkäufers

Was tun, wenn man zwar gerne per Auto oder Camper für mehr als 3-4 Monate Nordamerika entdecken möchte, aber die Mietkosten für den langen Zeitraum denn doch zu hoch erscheinen, andererseits der mit einem Kauf bei selbständigem Vorgehen verbundene Umstand und das spätere Verkaufsrisiko abschrecken? Die Lösung für diesen Fall bietet u.a. die Firma ***Adventures on Wheels*** (Middletown/New Jersey bei New York City und Flilialen im US-Westen und Florida, ✆ 001-732-495-0959, **Internet**: www.wheels9.com). Sie verkauft oder verleast Fahrzeuge (inklusive Zulassungs- und Versicherungsservice) an Langzeitreisende und nimmt sie nach Ende der Tour entsprechend den Konditionen wieder zurück.

Abwicklung Kauf mit Rückgabe

Der **Verkauf mit Rücknahmegarantie** des Wagens durch den Verkäufer funktioniert wie folgt:

- Der Kunde kontaktiert die deutsche bzw. Schweizer Vertretung und erläutert seine Reisepläne und Vorstellungen. Sind passende Fahrzeuge vorhanden, erhält er konkrete Angebote. Bei Einigung regelt ein Vertrag Zahlungsmodalitäten, Garantie, Abschreibung etc. im Detail.
- Bei Ankunft des Kunden steht der Wagen »abmarschfertig« bereit, vollgetankt, gewartet und gereinigt – wie bei einer Miete. Statt Mietvertrag gibt`s jedoch Eigentumspapiere.
- Nach Rückkehr nimmt der Verkäufer das Fahrzeug zurück, sofern der Käufer es nicht selbst verkaufen möchte (und dies vertraglich zulässig ist), und zahlt die von Meilenzahl und/oder Zeit abhängige Rückkaufsumme aus.

Die **Gesamtkosten** liegen bei Inanspruchnahme der Rücknahmegarantie irgendwo zwischen dem Mietaufwand für einen gleichartigen Wagen und der (vielleicht) erzielbaren geringeren) Abschreibung bei selbständigem Vorgehen. **Je länger der vereinbarte Zeitraum, umso günstiger ist das Geschäft im Vergleich zur Miete**. Auch die Vorteile gegenüber dem Kauf auf eigene Faust liegen auf der Hand: nicht nur **Kauf-, Zulassungs- und Versicherungsproblematik entfallen**, sondern vor allem das Verkaufsrisiko. Die Gesamtkosten sind (bis auf eventuelle Reparaturen) kalkulierbar. Gelingt am Ende u.U. sogar ein anderweitiger Verkauf für einen höheren Betrag als den vereinbarten Rücknahmepreis, umso besser.

North Saskatchewan River vor der Kulisse der Rocky Mountains östlich der Banff-Jasper National Parks. Im Hintergrund der Abraham Lake, *➪ Seite 305*

2

2.4 Canada per Bus oder Bahn

2.4.1 Greyhound-Busse

Nicht nur in den USA, sondern auch in Canada ist Busfahren eng mit dem Namen ***Greyhound*** verbunden. Die »Windhundlinie« verfügt einschließlich ihrer assoziierten Dienste als einzige Busgesellschaft über ein überregionales Streckennetz in ganz Canada.

Kennzeichnung

Bis Ende der 60er-Jahre galt *Greyhound* als Synonym für bequemes, preiswertes und schnelles Reisen. Seither hat *Greyhound* viele Passagiere verloren, denn die **Kosten** sind im Zeitalter der *Super-Saver*-Flugtickets nicht mehr so konkurrenzlos wie vor Jahren. Und Geschwindigkeit und Bequemlichkeit, Faktoren, die sich bei *Greyhound* kaum veränderten, beurteilt man heute anders als damals. Dennoch bieten die **Buspässe** von *Greyhound* zumindest **für Alleinreisende** nach wie vor **die billigste Möglichkeit, durch Nordamerika zu reisen**, und die Busse sind auf den Hauptrouten immer noch relativ schnell. Beispielsweise benötigt *Greyhound* für die 4.450 km lange Direktverbindung Toronto–Vancouver einschließlich Pausen $65^{1}/_{2}$ Stunden; das entspricht einer Durchschnittsgeschwindigkeit von 68 km/h.

Routennetz

Das ***Greyhound*-System** besteht in Canada und den USA aus separaten Streckennetzen. Während die USA nahezu flächendeckend mit Busverbindungen bedient werden, beschränkt sich das ***Greyhound*-Angebot in Canada** überwiegend auf **Routen über Hauptstraßen im Süden** des Landes. Interessante Ausnahmen sind die Strecken nach Prince Rupert, nach Whitehorse/Yukon Territory und nach Hay River/Northwest Territories (*Mackenzie Highway*). Eine ***Greyhound*-Verbindung von**

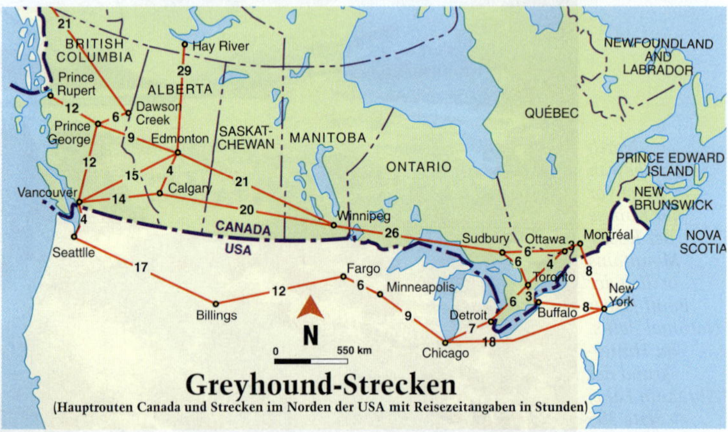

Greyhound-Strecken
(Hauptrouten Canada und Strecken im Norden der USA mit Reisezeitangaben in Stunden)

Canada nach Alaska gibt es nicht. Für grenzüberschreitende Anschlüsse müssen *Greyhound*-Passagiere in Whitehorse umsteigen und ein teures Extra-Ticket lösen, ➪ Seite 432.

Buspässe

Greyhound-Pässe können in Reisebüros gekauft werden. In Deutschland vertreibt sie *Alternativ Tours* in Berlin, ✆ 030/8812089, **www.greyhound-reisen.de**, in der Schweiz: Hotelplan, ✆ 043/211885, **www.hotelplan.ch**.

Die folgenden Preise gelten für die Hauptsaison (16.05.-30.09.). 15% Nachsaisonrabatt, 10% Rabatt für Schüler/Studenten/Senioren, €13 Kaufgebühr + €0,03 Aufschlag Bankwechselkurs, 20% Rücknahmegebühr für unbenutzte Pässe.

Canadapass 2005

7 Tage	Can$319
10 Tage	Can$399
15 Tage	Can$469
21 Tage	Can$509
30 Tage	Can$589
45 Tage	Can$649
60 Tage	Can$729

Der ***Canadapass*** erlaubt unbegrenzt viele Fahrten auf den *Greyhound*-Routen in Canada inkl. Fähre nach Vancouver Island sowie den Linienbussen von *Brewster* (Banff-Jasper), *Grey Goose* (in Manitoba) und *Saskatchewan Transportation*.

Der Canadapass gilt auch für die Strecken:

- New York–Toronto
- New York–Montreal
- Toronto–Detroit
- Vancouver–Seattle

***Greyhound* Ameripässe** (*Greyhound*-Routen und Partnerlinien in den USA) gelten auch auf den oben genannten grenzüberschreitenden Strecken.

Ameripass 2005

4 Tage	US$179
7 Tage	US$279
10 Tage	US$289
15 Tage	US$349
21 Tage	US$419
30 Tage	US$479
45 Tage	US$529
60 Tage	US$639

Der *Western CanAmPass* (BC/Alberta inkl. US-Weststaaten) kostet 10 Tage US$309, 21 Tage US$409.

Fahrplaninfo USA unter ✆ 1-800-229-9424

Fahrplaninfo Canada unter ✆ 1-800-661-TRIP (8747)

Internet: **www.greyhound.com** (USA); **greyhound.ca** (Canada)

Laufzeit der Pässe

Ein Datum für den ersten Geltungstag braucht man bei Kauf in Europa nicht anzugeben. Jeder Pass »läuft« ab dem Tag der ersten Fahrt. Der **4-Tage-Pass** kann nicht von Freitag bis Sonntag benutzt werden, erlaubt ist mit ihm aber eine nichtzusammenhängende Kombination von Tagen.

Beschaffung/ Rückgabe

Europäer erhalten den Canadapass über die heimische Ticketagentur oder direkt am kanadischen Busbahnhof. Dagegen muß der *Ameripass* **vor der Reise** gekauft werden. Zur Not läßt sich ein ***Ameripass*** auch in den USA (**nicht in Canada!**) im ***Greyhound International Office*** in New York City gegen Vorlage des Reisepasses erwerben. Nicht in Anspruch genommene Pässe können minus einer Bearbeitungsgebühr von 20% des Kaufpreises an die Verkaufsagentur zurückgegeben werden (außer 4-Tage-Pass).

Netzkarten für Amerikaner sind US$10-$50 teurer. Dafür gibt es sie auch für Besucher direkt vor Ort in den USA.

Kostenvergleich Buspass versus Automiete

Wer mit dem Gedanken spielt, per ***Greyhound*** **durch Canada** zu fahren, wird die dafür anfallenden Kosten mit denen einer **Automiete** vergleichen. Da sich der Bus in Canada weniger für eine reine Rundreise – etwa durch British Columbia und Alberta – als für eine **Transkontinentalfahrt** mit Abstechern eignet, werden im folgenden beispielhaft die Reisekosten für **2 Personen von Vancouver nach Toronto bei 6 Wochen Reisezeit** miteinander verglichen:

Fahrtkosten Pkw-Miete Kategorie Economy (in etwa deutscher Veranstalterkosten 2005; Kursannahme: 1 Can$ = €0,64)	
Mietkosten Super Inklusiv ab Vancouver (unbegrenzte Kilometer Hochsaison) inklusive Vollkasko, Haftpflicht €1 Mio. und Steuern	
Miete inkl. Zusatzgebühr 2 Fahrer in 6 Wochen	ca. €1.410
plus Einweggebühr ($199) + Steuern	ca. € 147
plus Benzin für rund 9000 km (Verbrauch ca. 8 l/100 km; Benzinpreis €0,55/l)	ca. € 396
Gesamte Fahrtkosten Mietwagen	**€1.953**

Fahrtkosten mit dem Greyhound	
45 Tage Canadapass für 2 Personen	€ 831
plus Zusatzfahrtkosten (Fußnote rechts*)	ca. € 307
Gesamtkosten Greyhound	**€1.138**

Kostenvorteil Greyhound?

Der scheinbar große **Preisvorteil** von über €800 zugunsten von *Greyhound* muß relativiert werden. Die **mit dem Mietwagen verbundenen** indirekten **Kostenvorteile** vermindern die rechnerische Differenz in der Regel erheblich. In erster Linie beziehen diese sich auf die Kosten für Übernachtung und Verpflegung:

Versorgungskosten im Auto

Autofahrer können sich durch **Einkauf im Supermarkt** leicht selbst versorgen; Greyhoundpassagiere sind dagegen überwiegend auf **Cafeterias, *Fast-Food*-Lokale und Restaurants** angewiesen, günstigstenfalls auf Läden in der Nähe von Bushaltestellen, die aber meistens nur ein begrenztes Sortiment mit relativ hohen Preisen führen. Mit einem Auto lassen sich jederzeit **Zeltplätze** ($10-$15 für 2 Personen) und preiswerte **Quartiere** an Ausfallstraßen oder in kleinen Orten erreichen, die weitab jeder Bushaltestelle liegen. Busreisende müssen in vielen Fällen (bei Ankunft spät am Abend und/oder großer Entfernung vom nächsten preiswerten Quartier) mit **Motels und Hotels im Umfeld der *Terminals*** vorlieb nehmen, wo miese Unterbringung auch noch mit happigen Kosten verbunden sein kann. Campingplätze, Hostels und *YMCAs* befinden sich zwar nicht immer außer Reichweite, aber im Durchschnitt dürften die **Übernachtungskosten der Busbenutzer deutlich über denen der Autofahrer** liegen. Wobei unterstellt ist, daß beide gleichermaßen bemüht sind, diesen Ausgabenposten niedrig zu halten.

---

*) Die Inhaber eines *Canadapass* bezahlen ihr erstes Zusatzticket beim Transfer vom Flughafen zum *Greyhound Terminal* und müssen in den Städten Bus- und U-Bahn-Tickets kaufen. Eine Taxifahrt wird gelegentlich nicht zu vermeiden sein (z.B. nächtliche Ankunft, Unterkunft weit entfernt vom Busbahnhof). Legt man eine eher knapp bemessene Summe von can$60 für innerörtlichen Transport und (nur!) 6 Abstecher zu jeweils can$30 abseits der Greyhoundrouten zugrunde, kommen **pro Person can$240**, also hier insgesamt $480 hinzu ca. €307). Mietwagenfahrer werden am Flughafen umsonst zur Vermietstation transferiert und erreichen später fast alle Zielpunkte per Auto. Es fallen allerdings dann und wann (hier vernachlässigte) Parkgebühren an.

Vorteil in can$/€

Ein **täglicher Vorteil** der Automieter von **can$15 pro Person** bei den Positionen Verpflegung und Übernachtung ist nicht nur möglich, sondern eher zu niedrig als zu hoch angesetzt. Dies allein macht bei 2 Personen in 6 Wochen bereits rund €800 aus und eliminiert den Kostenunterschied beider Alternativen, von den Zusatztransportkosten nicht zu reden.

Nur allein kann man per Bus deutlich billiger reisen. Ab zwei Personen liegen die Gesamtkosten des *Greyhound*, wie erläutert, wohl in den meisten Fällen über den Gesamtreisekosten per Auto, so daß die Busreise ökonomisch keinen Sinn macht.

Fazit

Der **größte Vorteil eines Mietwagens** ist dabei durch den Kostenvergleich gar nicht erfaßt! Nur mit dem Auto erreicht man in Canada a l l e touristisch erwähnenswerten Ziele – und das bei freier Zeiteinteilung in selbstgewählter Reihenfolge. **Busreisende** dagegen besitzen **kaum Flexibilität**; sie sind an Routen und Fahrpläne gebunden und müssen viele Ziele von vornherein ausklammern. Einmal am Ziel benötigen Busreisende überproportional viel Zeit für Unterkunftssuche, Einkauf und Wege, die Autofahrer rasch hinter sich bringen. Von der damit verbundenen **Unbequemlichkeit** nicht zu reden.

Eine Reise per ***Greyhound*** bietet aber **nicht nur Nachteile**. Im Bus lernt man leichter Mitreisende kennen; der **Kontakt zu Land und Leuten** ist anders und in mancher Beziehung intensiver. Wer mit dem Leihwagen unterwegs ist, bleibt eher für sich. Kontakte zu Kanadiern, die über den Austausch üblicher Floskeln in Hotels, auf Campingplätzen, in Läden und Restaurants hinausgehen, sind seltener.

2.4.2 VIA Rail

Situation der Schiene

Von 1886 bis zur Fertigstellung des *Trans Canada Highway* bildete die Schiene für fast 80 Jahre die einzige durchgehende transkontinentale Ost-West-Verbindung, ⇨ Seite 209. In den Folgejahren geriet die Eisenbahn gegen die Konkurrenz des Straßenverkehrs aber rasch ins Hintertreffen. Als sich in den Dekaden seit 1960 auch noch das Flugzeug zum Massentransportmittel entwickelte, verlor die Eisenbahn endgültig ihre früher dominierende Position beim Personentransport. Beim Güterverkehr spielt sie nach wie vor eine starke Rolle: Während die jährliche Transportleistung der kanadischen Bahnen die der Deutschen Bahn um 40% übertrifft, befördert die DB jeden Tag mehr Personen als **VIA Rail** im ganzen Jahr.

Netz

Das Streckennetz, auf dem kanadische Eisenbahnen unter der Verbundbezeichnung **VIA Rail** Personen befördern, beträgt heute nur noch **14.000 km** (hinzu kommen einige überwiegend touristisch genutzte *Sightseeing*-Routen, ⇨ unten).

Trans Canada

Bei den **VIA Rail Strecken** bezieht sich etwa die Häfte der Gesamtdistanz auf die Transkontinentalverbindung **Halifax–Montréal–Toronto–Vancouver**. Auf den rund 6.300 km braucht man nur zweimal umzusteigen!

Haupt-strecken

Ab Toronto fährt Canadas berühmtester Zug, der ***Canadian***, **dreimal wöchentlich** über Winnipeg, Saskatoon, Edmonton und Jasper nach Vancouver. Für die 4.451 km benötigt der ***Canadian*** genau 71 Stunden, länger als der *Greyhound*. Im Westen bieten einige Streckenabschnitte dafür viel fürs Auge, speziell gilt das auf der langen Fahrt durch die Rocky Mountains und weitere Bergketten in British Columbia. Wer die Zugreise allerdings für einen Zwischenstop unterbricht, wartet mindestens zwei Tage auf den nächsten Zug.

Neben-strecken

Neben der beschriebenen Hauptroute betreibt **VIA Rail** im Westen Canadas nur **vier weitere Strecken**:

- in Ontario von **Sudbury nach White River**; 3 x wöchentlich.
- in Manitoba von **Winnipeg nach Churchill** an der Hudson Bay mit Abstecher nach Pukatawagan im Nordwesten der Provinz; je 3 x pro Woche.
- in British Columbia von **Jasper nach Prince Rupert**; 3 x wöchentlich.
- auf Vancouver Island von **Victoria über Nanaimo nach Courtenay**; tägliche Fahrt.

Insgesamt erfordern Bahnreisen in Canada sehr viel Zeit und eine genaue Vorausplanung, wenn nichts schiefgehen soll.

VIA Rail Zug mit Aussichtswaggons im Jasper National Park zwischen Jasper und Edmonton

Weitere Eisenbahngesellschaften

Neben VIA Rail gibt es noch zwei weitere Eisenbahnen mit Personenbeförderung:

- ***Ontario Northland*** (**Internet**: www.northlander.ca, © 1-800-461-8558) fährt 6x wöchentlich von Toronto nach Cochrane mit Anschluß an den ***Polar Bear Express*** nach Moosonee (**www.polarbearexpress.ca**, © 1-800-268-9281).
- ***Algoma Central Railway*** (**Internet**: www.algomacentralrailway.com) verkehrt 4x die Woche von Sault Ste. Marie nach Hearst (➪ Seite 513), © 1-800-242-9287.

Eine Sonderstellung nimmt der ***Rocky Mountaineer*** ein, © 1-877-460-3200:

Der **Luxuszug** befördert Touristen für $880 pro Person von Vancouver über die Nationalparks *Glacier, Yoho* und *Banff* nach Calgary. Der Preis für diese 3x wöchentlich stattfindenden Tour schließt Verpflegung und Hotelübernachtung in Kamloops ein. Die Streckenführung mitten durch die ***Canadian Rockies*** ist noch attraktiver als die **VIA Rail** Route von Kamloops nach Edmonton über Jasper. Buchung in Deutschland über MSI, 63263 Neu-Isenburg, © 06102/207946.

Im Zug

Generell bieten Eisenbahnen in Canada wesentlich mehr Komfort als bei uns gewohnt. Die ***Skyline Dome Car*** etwa, ein verglaster Aussichtswagen in den Transkontinentalzügen, ist für jeden Fahrgast unabhängig von der Ticketklasse zugänglich. Einzel- und Doppelabteile mit Naßzelle, die nachts zu privaten Schlafzimmern umgebaut werden können, sind buchbar (***Bedroom***), ebenso Liegeabteile (*Berth*). Grundsätzlich muß auch die ***Coach*-Klasse** (abteillose Großraumwagen) reserviert werden, da Fahrgäste ohne Sitzplatz nicht zugelassen sind.

VIA Rail Auskünfte und Buchungen in Deutschland bei:

North America Travelhouse
Canada Reise Dienst International
Stadthausbrücke 1-3
20355 Hamburg
© (040) 30061670, Fax 30061655
Internet: www.crd.de, www.viarail.ca

Kosten

Wer per Eisenbahn vor allem die kanadischen Großstädte (außer Regina und Calgary) besuchen möchte, ist mit dem ***CANRAILPASS*** gut bedient. Für die einfache Fahrt Toronto-Vancouver und einen Abstecher nach Prince Rupert bezahlt man per **Einzelticket** schon fast genauso viel wie für den **30 Tage auf dem gesamten Streckennetz in der *Coach Class*** gültigen *CANRAILPASS*. Plätze in Liege- oder Schlafabteilen müssen in jedem Fall gesondert bezahlt werden.

Der ***CANRAILPASS*** kostet **2005** (zusätzlich: 7% GST):

	Erwachsene	**ermäßigter Tarif**
Hauptsaison (01.06.-15.10.)	can$763	can$687
Nebensaison	can$475	can$428

Konditionen

Trotz der 30-tägigen Gültigkeit **darf der Pass nur an 12 Tagen für Fahrten genutzt werden** (gegen Aufpreis von $65 bzw. $41/Tag in der Haupt-/Nebensaison an maximal 15 Tagen). Ein um rund 10% ermäßigter Tarif bezieht sich auf Jugendliche, Studenten und Senioren über 60 Jahren, die auch auf alle Einzeltarife bis zu 35% Rabatt erhalten. **Umbuchungen, Stornierungen** und Erstattungsanträge kosten $30.

Einzeltickets

Zum Vergleich auf der folgenden Seite oben einige **Beispiele** (Jahr 2005) für Einzeltickets (einfache Fahrt, Hauptsaison). Die Preise beziehen sich auf eine Person; Quotierung ohne Steuern (7% GST zusätzlich):

Einzeltickets

Tarife Tickets für einfache Fahrt (2005;Buchung mindestens 5 Tage im voraus, can$10 Umbuchungsgebühr):

	Advantage Fare	*Upper Berth*	*Bedroom (Single)*
Toronto–Vancouver	can$615	can$1.182	can$1.783
Toronto–Winnipeg	can$302	can$ 655	can$ 990
Jasper–Prince Rupert	can$105		
Vancouver–Jasper	can$186	can$ 529	can$ 797

Die Reservierung von Plätzen ist kostenlos. Sofern *CANRAILPASS*-Besitzer nicht bereits mit dem Ticketkauf in der Heimat reserviert haben, ist dafür vor Ort folgende Telefonnummer (auch für Umbuchungen) anzurufen:

✆ **1-888-VIA-RAIL**

Ganz Nordamerika

Mit dem kombinierten ***North America Rail Pass*** kann das gesamte Streckennetz von **VIA Rail** und **AMTRAK USA** genutzt werden. Der 30-Tage-Pass kostet can$899 in der Hauptsaison und can$637 in der Nebensaison.

Luxuszug Rocky Mountaineer auf der Fahrt durch die namensgebende Landschaft

2.5 Canada alternativ

2.5.1 Per Anhalter

Situation

Die große Zeit des Trampens (***Hitchhiking***) ist sowohl in Canada als auch in den USA vorbei. Gründe sind der heute selbst bei Jugendlichen vorhandene hohe Motorisierungsgrad und wohl auch – begründet oder nicht – die **Furcht vor Kriminalität**. Sie hält manchen potentiellen Tramper vom *Hitchhiking* ab und hindert viele Autofahrer, am Straßenrand Unbekannte »aufzulesen«. In den letzten Jahren wurden außerdem die Möglichkeiten zum Trampen durch strikte Verbote erheblich eingeschränkt. An vielen Straßen, speziell im Umfeld großer Städte, finden sich **Schilder** mit der Aufschrift ***No Hitchhiking***. An Autobahnen ist das Trampen ohnehin untersagt – genau wie bei uns. Ignorieren lassen sich diese Verbote kaum, denn der nächste Polizist ist mit Sicherheit nicht weit, und damit Ärger und möglicherweise auch ein ***Ticket*** (Strafmandat). Andererseits gilt, daß nach dem ersten »Abchecken«, wenn sich herausgestellt hat, daß die Papiere in Ordnung sind, anfänglich grimmige *Sheriffs* oft »auftauen« und freundlich und hilfsbereit sind. **Ausländische Tramper** werden im allgemeinen nachsichtiger behandelt als einheimische.

Sprachkenntnisse

Wer Canada als Anhalter bereisen möchte, sollte möglichst vorher einschlägige Erfahrungen gesammelt haben. Dabei geht es nicht ohne ausreichende **Englischkenntnisse.** Nach dem Weg fragen und die Antwort dazu verstehen können, ist die Mindestvoraussetzung. Denn anders als im kleinen Europa findet sich bei Verständigungsschwierigkeiten selten jemand, der in der Lage ist auszuhelfen.

Knappes Budget

Reisende mit knappem Budget haben gelegentlich schon bei der Einreise nach Canada bzw. in die USA die erste Hürde zu überwinden. Dem ***Immigration Officer*** muß nämlich ggf. plausibel gemacht werden, wie das »vorgezeigte« Kapital für die angestrebte Aufenthaltsdauer reichen soll. Ihm »auf die Nase zu binden«, daß man per Anhalter sein Glück versuchen möchte und daher voraussichtlich nicht viel Geld benötigt, ist wenig ratsam. Eine **Kreditkarte** und/oder ein kleiner Extravorrat an Reiseschecks, aus dem sich zur Not ein *Greyhound-Ticket* finanzieren ließe, sind da hilfreicher.

On the Road

An der Straße kann ein **Schild** nützen, auf dem das jeweilige Ziel und auch das Heimatland genannt werden – also »***from Germany, Austria, Switzerland*** etc. ***to Winnipeg, Calgary***« o.ä. Dadurch gibt sich der Tramper eine Art Identität. Einfach den Landeswimpel ans Gepäck zu hängen, bleibt nach aller Erfahrung ohne Wirkung. Kaum jemand kennt die Farben. Größte Erfolge wird dagegen haben, wer sich mit bayrischen **Lederhosen und Trachtenhut** an den Straßenrand stellt.

Im allgemeinen gilt: Gepflegtes Aussehen erhöht die Chancen auf einen *Lift*, denn Kanadier sind eher konservativ.

Trucks

Trucker, soweit sie Angestellte sind, dürfen in den meisten Fällen keine Tramper mitnehmen. Die es dennoch tun, scheren sich nicht um Verbote ihrer Firmen oder sind selbständige Fahrer und Lastwagenbesitzer in einem.

Holztruck auf der Fähre über den Mackenzie River in den Northwest Territories

Trampen zu zweit

Die Chancen auf einen *Lift* sind naturgemäß geringer für Männer, die zu zweit trampen. Sie werden von vielen als **potentiell bedrohlich** eingestuft. Pärchen dagegen haben bessere Chancen. (Noch) Stärker gefährdet als in Europa sind **Frauen**. Ihnen ist vom Trampen in Amerika auch zu zweit abzuraten.

Distanzen

Ein für viele unerwartetes Problem sind die immensen Entfernungen und lange einsame Straßenabschnitte, die das Durchhaltevermögen auf die Probe stellen. Von Toronto nach Vancouver etwa ist es genauso weit wie vom Nordnorwegen quer durch Europa bis in die Türkei; mehrere hundert Kilometer ohne nennenswerte Ortschaften gibt es oberhalb der Großen Seen sogar am *Trans Canada Highway*.

Klima

Das **Wetter** kann einem Anhalter gelegentlich arg zusetzen: An der Westküste und auf Vancouver Island regnet es schon mal – selbst im Sommer – tagelang hintereinander; im Süden der Prärien brennt im Juli/August die Sonne unbarmherzig. Dort geht es nicht ohne eine Extraflasche Wasser oder Saft. **Mücken** sind im Juli und August fast überall unangenehme Wegbegleiter. Ein **Moskitospray** gehört dann ins Gepäck jeden Trampers, ⇨ Seite 27.

Abends

Sobald unterwegs die **Dämmerung** hereinbricht, sucht man besser einen passenden Schlafplatz, selbst wenn das eigentlich angepeilte Ziel noch weit ist. Sollte beim besten Willen keine andere Lösung in Sicht sein, bieten *Rest Areas*, oft mit sanitären Anlagen ausgestattete Rastplätze, **zur Not** eine Ecke für Schlafsack oder kleines Zelt. Obwohl dort Campen meist offiziell untersagt ist, gibt es nur selten Probleme. Vom Versuch, bei Dunkelheit zu trampen, ist unbedingt abzuraten.

Risiken

Die mit dem Trampen verbundenen generellen Risiken sind bekannt. Sie gelten auch für Canada und die USA. Sieht man vom Umfeld großer Städte ab, wo man aufs Trampen besser verzichtet, birgt zumindest **Canada keine größeren Gefahren als Europa**. Canada unterscheidet sich darin von den USA, wo wegen des allgemein verbreiteten Waffenbesitzes leichter kritische Situationen entstehen können. Vorsichtshalber sollten auch in Canada wichtige Papiere wie Flugtickets, Pass und das Gros der Reiseschecks getrennt vom Bargeld am Körper in Hüft- oder Beingurt aufbewahrt werden. Zusätzlich können Kopien nicht schaden, die man im Reisegepäck beläßt.

2

Kleinere Summen in bar und Reiseschecks, (vielleicht noch ein alter, abgelaufener Ausweis) bleiben im auffälligen Brustbeutel. Den kann man bei **Bedrohung** zur Not herausrücken, ohne damit zwangsläufig das Ende der Reise herbeizuführen.

Kontakte unterwegs

Neben den eher problematischen Aspekten des Trampens gibt es außer den niedrigen Kosten einen weiteren positiven Punkt: mit keiner anderen Reiseform sind vergleichbare Kontakte verbunden. Tramper mit ausreichenden Englischkenntnissen können über **Land und Leute** in 4 Wochen mehr lernen als mancher Autotourist in einem halben Jahr. Gelegentliche **Einladungen** sind sehr wahrscheinlich. Man darf ihnen ohne weiteres Folge leisten, werden sie von Leuten ausgesprochen, die keinen Anlaß zu Mißtrauen bieten. Aber Vorsicht, die Floskel ***You're welcome*** stellt keine Einladung dar, sondern ist die übliche Antwort auf ein Dankeschön.

Ride Board

Wenn es mit dem Vorwärtskommen per Anhalter mal nicht so klappt, kommen als Alternative Mitfahrgelegenheiten in Frage. An ***Universities*** und ***Colleges*** werden sie am allgemeinen »Schwarzen Brett« oder sogar an einem speziellen ***Ride Board*** angeboten. Mit Glück findet sich ein ***Ride,*** der in den eigenen Zeitrahmen und Routenplan paßt. Die Benzinkosten werden dabei zwischen den Insassen des Autos geteilt. Eine andere Möglichkeit bieten Autoüberführungen (nächste Seite).

Wer für den Fall Vorsorge treffen möchte, daß die Tramperei sich als zu mühsam und/oder anderweitig problematisch erweist, könnte sich **vor der Reise einen *Greyhound Pass*** zulegen, der bei nicht erfolgter Nutzung gegen eine relativ geringe Gebühr zurückgegeben werden kann, ➪ Seite 104.

2.5.2 Auto-Drive-Away

Kennzeichnung

Hinter dem Begriff ***Auto-Drive-Away*** verbergen sich Überführungsfahrten, die von speziellen ***Drive-Away*** **Agenturen** vermittelt werden. Ihre Adressen stehen in den Telefonbüchern (*Yellow Pages*) aller größeren Städte unter *(Auto)* ***Drive-Away*** oder ***Auto Transport***. Per Anruf läßt sich klären, ob eine der Firmen gerade einen Fahrer braucht. Wer ein ganz bestimmtes Ziel im Auge hat, wird oft lange warten müssen. Mit größerer **Flexibilität** – also z.B. in Toronto nicht nur »Calgary«, sondern bereits »Winnipeg« akzeptieren – steigen die Chancen, angeheuert zu werden.

Die Fahrzeuge gehören meistens **Privatleuten**, die umziehen oder längerfristig Urlaub in einem anderen Landesteil machen und ihr Auto dabei haben möchten, aber selbst fliegen. Auch Firmen lassen Fahrzeuge in andere Städte überführen, u.a. die **Autoverleiher**. Das Vermittlungsbüro übernimmt gegen entsprechende Provision die Suche nach geeigneten Fahrern und kümmert sich um die Versicherung.

Voraussetzungen

Um für einen **Überführungs-Job** in Frage zu kommen, muß man kein Kanadier/Amerikaner sein. Auch eine **Arbeitserlaubnis** ist dazu **nicht notwendig**, denn es erfolgt keine Bezahlung. Voraussetzung sind ein Mindestalter von 21 Jahren und ein gültiger Führerschein (zur nationalen möglichst auch die internationale Version). Vorzulegen ist außerdem der **Reisepass**. Üblicherweise wird eine **Kaution** von mindestens $100 gefordert, die man nach Abschluß der Fahrt und ordnungsgemäßer Übergabe des Autos am Bestimmungsort vom Empfänger zurückerhält. Oft bestehen die Agenturen darauf, daß man eine feste Adresse im Land angibt oder Empfehlungsschreiben (***References***) vorweist. Es genügt in solchen Fällen die Anschrift von Bekannten und ein kurzer Brief, in dem ein beliebiger Kanadier/Amerikaner sich positiv zur Vertrauenswürdigkeit des Bewerbers äußert. Da mit Deutschen, Österreichern und Schweizern offenbar gute Erfahrungen gemacht wurden, hat ein **Tourist** aus diesen Ländern auch ohne die letztgenannten Punkte Chancen. Im übrigen ist wichtig, daß man sich gut »verkauft« und z.B. die eigene **Fahrpraxis** ins rechte Licht setzt. Erfahrungen etwa als Taxifahrer o.ä. können hilfreich sein, um etwaige Mitbewerber für eine attraktive Tour »aus dem Feld« zu schlagen.

Konditionen

Die Wagen werden im allgemeinen leer, aber vollgetankt bereitgestellt. Die weiteren **Benzinkosten** zahlt der Fahrer. Eine **Vollkaskoversicherung** sollte automatisch für die Überführung abgeschlossen und im Vertrag ausdrücklich erwähnt sein. Gelegentlich gehen die Kosten dafür zu Lasten des Fahrers. Meist hat er ausreichend **Zeit**, um zum verabredeten Zielort zu gelangen; zurückzulegen sind **500 km bis 800 km pro Tag**.

Je nach Entfernung erhält man einen Kilometer-Spielraum, der etwa 10% über der Distanz der direkten Route liegt.

Vor Fahrtantritt füllen Fahrer und Eigentümer bzw. die Agentur gemeinsam den ***Condition Report*** aus, in dem bereits vorhandene Beschädigungen am Wagen festgehalten werden. Versorgt mit den Telefonnummern aller Beteiligten kann es losgehen. Einen Tag vor Ankunft meldet man sich per ***Collect Call*** beim Empfänger und vereinbart den Übergabetermin.

Problematik

Tatsächlich kann man per *Drive-Away* **billiger als im eigenen Auto** fahren; nämlich zu Sprit- und vielleicht noch ein bißchen Versicherungskosten. Allerdings nicht nach Gutdünken, sondern im Rahmen von Verfügbarkeit, Ziel- und Zeitvorgaben. Der schwerwiegendste **Nachteil** ist, daß Autoüberführungen sich nicht planen lassen. Ob es gelingt, passende Überführungsjobs zu finden, unterliegt totaler Ungewißheit. Das *Drive-Away* macht daher im allgemeinen nur Sinn als **ergänzende Transportmöglichkeit**, wenn Termin, Start und Ziel zufällig »hinkommen«.

Kosten

Speziell **scharfe Rechner** kommen nicht immer auf ihre Kosten. Eine Fahrt im mittelgroßen Pkw etwa von Toronto nach Vancouver (ca. 4.400 km) kostet bei 10 l/100 km Benzinverbrauch und einem Benzinpreis von ca. can$0,85/l rund can$374. Das ist immerhin schon mehr als der Preis eines *Greyhound-Canadapass* für 7 Tage. **Erst bei zwei und mehr Personen wird's im Auto billiger** – allein von den Transportkosten her gesehen. Aber das nicht unbedingt immer, denn die effektiven Benzinkosten ergeben sich erst während der Fahrt. Wer Pech hat, erwischt auch schon mal einen ***Gas Guzzler***, einen Spritschlucker.

Überführt werden müssen ab und zu auch sogenannte Limousinen, Straßenkreuzer mit verlängertem Radstand, die gerne von Wirtschaftsbossen und Prominenz gefahren, aber auch für festliche Anlässe vermietet werden. Bei langen Strecken schlagen bei solchen Autos die Benzinkosten stark zu Buch.

2.6 Vorbuchung und Reservierung von Hotels

Mietwagen/ Hotel reserviert

In den Katalogen der großen Reiseveranstalter werden Mietwagenfahrern **ausgearbeitete Routen durch Canada** mit reservierten Hotels (überwiegend der gehobenen Mittelklasse) angeboten. Wenn die »Strecke« mit den eigenen Vorstellungen übereinstimmt, erspart man sich mit der Buchung derartiger Touren eigenen organisatorischen Aufwand und/oder die (tägliche) Suche nach einem passenden Quartier. Nachteilig ist dabei aber die Vorab-Festlegung der Tagesetappen, die einen Großteil der an sich mit dem Auto verbundenen Flexibilität wieder zunichte macht. Abgesehen davon, suggerieren derartige Angebote indirekt, es gäbe unterwegs Schwierigkeiten, ohne Reservierung unterzukommen.

Knappe Hotelbetten

Grundsätzlich ist aber gerade das in Canada (und auch in den USA) relativ selten der Fall, siehe die nachstehende Auflistung. Vielmehr kann man insbesondere in den Touristengebieten und in vielen Städten eher von **Überkapazitäten im Beherbergungsgewerbe** sprechen.

Vorbuchung

Nicht zuletzt dieser Umstand ermöglicht wohl die vergleichsweise **günstigen Übernachtungstarife** heimischer Veranstalter auch bei Einzelbuchung, also unabhängig von pauschalen Mietwagen+Hotel-Reisen. Die **Preise** für die überwiegend angebotenen Häuser der gehobenen Mittel- bis Luxusklasse lassen sich vor Ort nur selten realisieren. Wer also feste Daten (Ankunft/Abflug) kennt bzw. im Rahmen eines sonst flexiblen Reiseplans im voraus festlegt, kann in vielen Hotels und Motels **bei Vorbuchung oft billiger** übernachten als bei Reservierung und Zahlung in Canada oder in den USA. Wie gesagt, gilt dies erst ab einem relativ hohen Niveau, bezogen auf Canada etwa bei Quartieren ab can$100 für eine Nacht.

Buchungen sind vor allem in folgenden Fällen vor Reisebeginn zu empfehlen:

Erste Nächte nach Ankunft

- für die erste Nacht oder auch mehrere in der Ankunftscity. Mieter von Campmobilen müssen ohnehin in aller Regel (Ausnahme ➪ Seite 91 oben) mindestens eine Übernachtung zwischen der Ankunft nach dem Transatlantikflug und Übernahme des Fahrzeugs legen.

Nationalparks

- in den oder im unmittelbaren Umfeld der Nationalparks im Hochsommer, allen voran in den Orten Banff, Jasper und Lake Louise. Wer Wert auf Übernachtungen in besonders beliebten Hotels wie dem *Fairmont Banff Springs*, dem *Fairmont Chateau Lake Louise* oder dem *Prince of Wales* (Waterton Lakes NP) legt, sollte – nicht nur für die Hochsaison – bereits Monate im voraus reservieren.

Veranstaltungen

- bei speziellen Großveranstaltungen, in Canada in erster Linie also währende der *Stampede* in Calgary oder den *Klondike Days* in Edmonton.

Verlängerte Wochenenden

- an mit Feiertagen verbundenen Wochenenden (***Labor Day, Canada Day***, ➪ Seite 159) und **Juli-/August *Weekends*** im Einzugsbereich aller populären touristischen Ziele. Neben den National- und Provinzparks sind das ganz Vancouver Island, das **Okanagan Valley** und weitere Gebiete im Süden von British Columbia. In den großen Städten sind mit Ausnahme von Vancouver und Victoria die Hotels am Wochenende eher weniger belegt als an den Werktagen.

Spezielles

- für spezielle Vorhaben im Sommer wie Übernachtung auf einer Ranch oder Blockhauseinsamkeit mit *Fly-in-Fishing.*

Letzte Nacht in Canada

- für die letzte Nacht, denn es beruhigt, wenn von vornherein die **Nacht vor dem Abflug** gebucht ist. Selten geht es von Flughäfen im Westen Canadas bereits am Vormittag nach Europa. Man benötigt also kein Hotel in unmittelbarer Airportnähe. Sollte der Rückflugtermin auf Samstag oder Sonntag fallen, übernachtet man andererseits gerade dort – bei Buchung vor Ort – relativ preiswert.

Hotel-Coupons

Einige **Hotelketten** sind mit ihren Häusern auf dem gesamten nordamerikanischen Kontinent vertreten. Für sie bieten Reiseveranstalter Übernachtungsgutscheine an, deren Kosten zunächst günstig erscheinen. Derartige Coupons sind aber oft mit Restriktionen verbunden und selbst,wenn sie unter den effektiven Tarifen verkauft werden, nicht immer vorteilhaft, denn:

- in einigen Fällen akzeptieren nicht alle Hotels der Kette die Gutscheine oder berechnen zeitweise **Aufschläge**.
- in Canada ist die **Bindung von Hotels und Motels** an bestimmte Ketten nicht so ausgeprägt wie in den USA. Die **Anzahl** der in Frage kommenden Häuser kann relativ gering und die **Dichte** sehr unterschiedlich sein.
- gelegentlich wird man vor Ort auf ***Special Weekend Rates*** oder andere Reduzierungen stoßen, die günstiger als die Gutscheinpreise sind.

Nostalgiehotel »Prince of Wales« im Waterton National Park an der Grenze Alberta/USA

Hotel/ Motelketten

Wer sich über die Verteilung und Preise der **auch in Canada** vertretenen amerikanischen Hotel- bzw. Motelketten informieren möchte, kann folgende ab/in Deutschland verfügbare Telefonnummern (teilweise gebührenfrei) anrufen und sich Unterlagen schicken lassen:

	Telefon
Best Western	01802/212588
Choice Hotels (Clarion, Comfort, Quality, Econolodge, Sleep, Mainstay, Rodeway)	0800/1855522
Country Inn&Suites	0800/1825435
Fairmont	06172/171834
Hilton	0800/1818146
Holiday Inn/Crowne Plaza Intercontinental	0800/1815131
Hyatt	01805/231234
Marriott (mit Courtyard, Fairfield, Residence)	0800/1854422
Radisson	0800/1814442
Sheraton/Four Points	00800/32535353
Westin	00800/32595959

Alle weiteren Informationen zu Preisen, Buchung und Reservierung etc. von Hotels und Motels während der Reise liefert Kapitel 3.2 im Unterwegs-Teil, ➪ Seite 136ff, plus Websites.

2.7 Was sonst noch zu bedenken ist

Vor jeder Reise fragt sich, was unbedingt eingepackt werden muß, was ggf. noch zu Hause beschafft werden sollte und was günstiger im Urlaubslandland zu erstehen wäre. Zunächst zum wichtigen Thema

2.7.1 Foto und Video

Filme aus der Heimat

Zu den Vorbereitungen im Heimatland gehört für Canada-Urlauber der Einkauf von **Foto- und Filmmaterial** und von Reservebatterien für die Kamera. Ein paar Extrafilme können nicht schaden, denn drüben ist alles teurer und nicht immer in der benötigten oder gewünschten Spezifizierung vorhanden. **Dia-Filme** (*Film for Colour Slides*) findet man insbesondere in kleinen Orten, wenn überhaupt, nur in einer Standard-Empfindlichkeit und überwiegend von Kodak.

Filme in Canada wo? In Canada wie in den USA kauft man **Filme** üblicherweise in **Supermärkten** oder in Fotoabteilungen von Kaufhäusern oder ***Drugstores***. Wie bei uns verkaufen in touristischen Regionen auch **Souvenir-Shops** Filme, allerdings zu höheren Preisen als ohnehin schon. **Fotofachhändler** gibt es nur in großen Städten. **Kodak-Produkte** dominieren die Auswahl, in den letzten Jahren ergänzt durch **Fuji Filme**. Ab und zu findet man in Canada auch 3M oder *Scotch*, deutsche Fabrikate spielen keine Rolle

Entwicklung und Abzüge Supermärkte, *Drug Stores* und Fotoläden bieten gelegentlich **Entwicklung und Abzüge von Negativfilmen** einschließlich Ersatzfilm zu Pauschalpreisen an, die kaum höher liegen als bei uns. Die Größe der Bilder (*Prints*) ist bei Sonderangeboten manchmal kleiner als gewohnt. Das europäische **9x13 cm** Standardformat entspricht in Nordamerika etwa **3,5x5 Inches**.

Videokassetten Wer seine Videokamera nach Canada mitnimmt, sollte ebenfalls vorgesorgt haben. Videokassetten – **Video-8 und VHS-C** – sind zwar nicht teurer als bei uns (billiger in den USA), aber die Hi-8 Kassetten schwer aufzutreiben.

Digitale Kameras **Speicherchips** für Digitalkameras sind zu ähnlichen Preisen wie bei uns zu haben. Wer viel mit der neuen Technik fotografieren möchte, benötigt einen externen Speicher, um darauf das »Tagespensum« abzuladen und den Chip wieder frei zu machen.

Akkus **Akkus aufladen** kann man gut im Mietwagen, darf aber den Adapter dafür nicht vergessen haben.

2.7.2 Alles Weitere

Die folgende kurze Aufstellung soll Anregungen geben bzw. wichtige Posten in Erinnerung rufen:

- **Adapter**: Häufig gehören mehrere Elektrogeräte (Fön, Rasierer, Radio o.ä.) zum Urlaubsgepäck. Adapter für die nordamerikanische Steckdose kauft man am besten bei uns; es gibt sie in Kaufhäusern und Elektrogeschäften. In Canada muß man danach mühsam suchen.
- **Lampe** für den Zigarettenanzünder: Bei Fahrten während der Dunkelheit ist eine (Kabel- oder Gelenkarm-) Lampe hilfreich, die direkt auf den Sitz des Beifahrers strahlt und den Fahrer im Gegensatz zu den meisten Innenbeleuchtungen nicht blendet.
- **Erste-Hilfe-Kasten**: Einen Verbandskasten wird man in den Leihwagen oder Wohnmobilen vergeblich suchen. Erste-Hilfe-Päckchen, wie man sie im *Drugstore* für $10-$20 findet, sind im allgemeinen dürftig ausgestattet und mit unserer vorgeschriebenen Ausrüstung nicht vergleichbar. Wer einen Verbandskasten im Fluggepäck unterbringen kann, sollte darauf nicht verzichten.

In diesen Zusammenhang paßt auch der Hinweis auf die kleine **Reiseapotheke**: Rezeptpflichtige **Medikamente** sind in Canada im allgemeinen teurer als bei uns, abgesehen davon, daß man – außer in Notfällen – als durchreisender Tourist nur schwer kurzfristig einen Arzttermin zur Rezeptbeschaffung erhält. Große Supermärkte und *Drugstores* halten ein umfangreiches und preiswertes Sortiment an rezeptfreien Arzneimitteln, darunter auch manches Präparat, das es bei uns nur auf Rezept gibt. Brillenträger sollten **Reservebrille** und Brillenpass nicht vergessen.

- **Musikkassetten**: Fast alle Campmobile und Leihwagen verfügen über ein **Radio mit Kassettenteil**. Da in vielen Regionen der Radioempfang schlecht oder gar nicht vorhanden ist, sorgen Kassetten für Abwechslung. Wer keine mitgebracht hat, findet unterwegs preiswerte Kassetten.
- **Taschenlampe**: Ebenfalls mitgebracht oder drüben preiswert erstanden ist eine Taschenlampe für Autofahrer bei einer Panne oder sonstigem Notfall in Dunkelheit **unverzichtbar**. Ebenso beim **Camping**.
- **Werkzeug**: In der Regel findet sich in Mietfahrzeugen kein Werkzeug. Automieter, besonders wenn sie campen, sind daher gut beraten, ein wenig »Notwerkzeug« mitzubringen. **Vielzwecktaschenmesser** (mit Dosenöffner) erweisen sich in mancher Situation schon als außerordentlich hilfreich. Arbeitshandschuhe können auch nicht schaden.

  Ein aus der heimischen Werkzeugkiste zusammengestellter **Schraubenzieher- und Schlüsselset** plus einer **Zange** für eventuelle kleine Reparaturen ersparen vielleicht lange Stunden Wartezeit auf den Notdienst am Straßenrand.
- **Reserveschlüssel**: Viele Vermieter geben ihren Kunden nur einen Fahrzeugschlüssel. Besonders bei längeren Mietzeiten sollte man sich bei erster Gelegenheit **Ersatzschlüssel besorgen**. Sie sind billig und rasch hergestellt bei speziellen Schlüsseldiensten (oft in *Shopping Centres*), in Eisenwaren-Geschäften (*Hardware Stores*) oder bei *Canadian Tire*.
- **Sicherheitskopien**: Kopien der wichtigen Papiere (Führerschein, Reisepaß, Flugscheine, Kreditkarte) sind bei Verlust der Originale hilfreich.
- **Schlafsäcke**: Vor allem in der Vor- und Nachsaison ist mit kalten Nächten zu rechnen, in Höhenlagen mit Nachtfrösten. Je nach Region (*Rocky Mountains*) und Wetterlage auch im Sommer. Camper sollten das einkalkulieren und frostsichere Schlafsäcke mitbringen. Sie sind relativ preiswert auch noch in Canada zu beschaffen. Mieter von mit Decken ausgestatteten und heizbaren Campmobilen plagt dieses Problem weniger.

- In Nordamerika werden überwiegend **Campingkocher und -leuchten** auf Benzinbasis verwendet. Sie sind in Canada und mehr noch in den USA preiswerter als in Europa. Das dafür geeignete gereinigte Benzin erhält man überall. Besonders verbreitet sind Geräte der Marke *Coleman*.

  Besitzer von Gaskochern (Camping Gaz) finden originale oder baugleiche Kartuschen in Warenhäusern, bei der *Hardware*-Kette *Canadian Tire* und in anderen *Hardware Stores*, wenngleich die Verfügbarkeit sehr unterschiedlich ist.

- **Kurzwellenradio**: Wer unterwegs auf Nachrichten aus der Heimat nicht verzichten möchte, nimmt ein Kurzwellenradio mit. Die Frequenzen der Deutschen Welle für die USA und Canada wechseln in Abhängigkeit von der Tageszeit. Auskünfte über aktuelle Frequenzen und ein Programmfaltblatt für Nordamerika erhält man beim Sender:

  Deutsche Welle
  53110 Bonn
  ✆ (0228) 429-0; Fax (0228) 429-3000
  Internet: **www.dw-world.de**

≠3. UNTERWEGS IN CANADA

3.1 Autofahren

Europäer kommen im Straßenverkehr Nordamerikas gut zurecht. Man gewöhnt sich schnell an die ruhige und gelassene kanadische Fahrweise und die Tempolimits.

3.1.1 Verkehrsregeln und Polizei

Verkehrsregeln und -zeichen entsprechen weitgehend den europäischen. Folgende **Unterschiede** zu kennen, ist wichtig:

- Das kanadische **Stoppschild** hat zwar dieselbe Bedeutung wie in Europa. Aber es gibt viele Kreuzungen, an denen alle Straßen ein Stopschild aufweisen (*3-* oder *4-Way-Stop*); dort muß jeder Verkehrsteilnehmer anhalten. Die Kreuzung wird in Reihenfolge der Ankunft überquert.
- **Ampeln** befinden sich in Nordamerika meist **hinter** oder über der Kreuzung; natürlich muß an der (nicht immer klar erkennbaren) Stopplinie **vor** der Kreuzung gewartet werden. Bei Freigabe wechselt **Rot direkt auf Grün**; Gelb wird nur in der Übergangsphase von Grün nach Rot angezeigt.
- **Rechtsabbiegen** an Ampelkreuzungen ist – nach kurzem Stop – auch bei **Rot grundsätzlich erlaubt**. Ausnahmen werden durch ein Schild ***No Turn on Red*** angezeigt. Beim Wechsel von einer Einbahnstraße in eine andere ist auch das Linksabbiegen bei Rot gestattet.
- Eine der wichtigsten bei uns nicht bekannten Regelungen betrifft **die gelben Schulbusse**: Wenn Kinder ein- und aussteigen, dürfen Schulbusse weder überholt noch in Gegenrichtung passiert werden. Man darf – in beiden Richtungen! – erst weiterfahren, wenn das blinkende rote Stopplicht des Busses erloschen ist. Das Verbot besitzt die Schärfe der Stoppregel bei roten Ampeln. Die Nichtbeachtung ist ein schweres Verkehrsdelikt.

Für Begegnungen mit den knallgelben Schulbussen gelten Sonderregeln mit der Schärfe des Verhaltens bei Ampelrot und Stoppschild

- Die zulässige **Höchstgeschwindigkeit** liegt auf kanadischen Autobahnen meistens bei 100 km/h., in BC teilweise bei 110 km/h. Auf anderen Straßen sind 80 km/h, gelegentlich auch 90 km/h, und innerorts 50 km/h das Limit. Die Einhaltung des Tempos wird selten durch stationäre Radargeräte, sondern überwiegend durch in allen Polizeifahrzeugen befindliche Radar-Pistolen kontrolliert. Das Gegenmittel des kanadischen Autofahrers sind Radardetektoren. Ihre Benutzung ist in einigen Provinzen und in Alaska legal.
- Auf vierspurigen Straßen wird gerne **rechts überholt**. Theoretisch ist das nur erlaubt bei höherem Tempo des gesamten Verkehrs auf der rechten Spur, wird aber nicht so eng ausgelegt. Im Stadtbereich zweigen überdies Autobahnausfahrten manchmal von der linken Spur ab. **Die rechte Fahrbahn verdient daher generell mehr Beachtung als bei uns**.
- Innerstädtische **Parkverbote** sind durch farbig (meist gelb) markierte Bordsteine und/oder ein Schild *No parking any time* gekennzeichnet. Vor **Hydranten** darf niemals geparkt werden. Als ***Tow Away Zone*** (Abschleppzone) sind Straßenabschnitte markiert, auf denen abgestellte Fahrzeuge ohne »Vorwarnung« abgeschleppt werden.

Polizei

Polizeiliche Verfolgungen – z.B. wegen einer **Geschwindigkeitsübertretung** – laufen in Canada und in den USA so ab, wie wir es aus Fernsehserien und Filmen kennen. Der Streifenwagen schaltet seine ***Bubblegum Lights*** ein, rotierende rot-blaue Leuchten, und setzt sich hinter den Übeltäter. Ein kurzes Aufheulen der Sirene macht unmißverständlich klar, wer gemeint ist. Nach dem Anhalten bleibt die Polizei weiter hinter dem gestoppten Fahrzeug. Der Autofahrer steigt nicht aus, sondern wartet mit den **Händen am Steuer** (!), bis der ***Officer*** kommt. Auf keinen Fall darf man bereits vor dessen Eintreffen hektisch nach Papieren suchen; es könnte als Griff zur Schußwaffe mißdeutet werden!

Gewöhnlich ist die Polizei bei Kontrollen zuvorkommend und höflich. Von einem Strafmandat (***Ticket***) für geringfügige Verkehrsübertretungen wird bei ausländischen Touristen schon mal abgesehen. Aber zu arg darf man es nicht getrieben haben. Polizisten in Touristengebieten kennen die deutschen »Raser« und verpassen gelegentlich knallharte Denkzettel.

Führerschein

In diesem Zusammenhang gehört der Hinweise auf den alten deutschen Führerschein: der graue »Lappen« irritiert manchen ***Officer***, der an eine scheckkartengroße ***Driving License*** gewöhnt ist. Obwohl viele Polizisten ihn bereits kennen und die Rückfrage bei der Zentrale ergeben wird:»*It's o.k.*«, macht sich ein zusätzlicher **Internationaler Führerschein** mit aktuellem Foto besser. Mit der neuen mehrsprachigen Fahrerlaubnis gibt es keine Probleme.

3.1.2 Straßen in Canada und Alaska

Kennzeichnung

Eine Autostraße, welcher Qualität auch immer, ist in Canada wie auch in den USA grundsätzlich ein ***Highway***. Ein begrifflicher Unterschied zum Wort ***Road*** existiert nicht. Lediglich Autobahnen bezeichnet man nicht als *Road*. Für autobahnartig ausgebaute Straßen wird der englische Sammelbegriff *Motorway* verstanden, aber selten benutzt. **Autobahnen** oder Teilstücke davon besitzen in der Regel einen Namen, an den meistens die Bezeichnung ***Expressway*** oder ***Freeway*** (*Free* im Sinne von Freie Fahrt/keine Kreuzungen) angehängt wird.

Autobahnen

Im Westen Canadas existieren **nur wenige Autobahnen**; vor allem sind dies besonders stark befahrene Teilabschnitte des ***Trans Canada Highway***, die Verbindung zwischen Edmonton und Calgary sowie Umgehungsstraßen und Zubringer der großen Städte. Nur der ***Coquihalla Highway***, eine Autobahn zur Entlastung des *Trans Canada Highway* durchs *Fraser River Valley* in British Columbia, ist **gebührenpflichtig**.

Rest Areas

An allen wichtigen Verkehrsachsen, aber auch an anderen Straßen gibt es zahlreiche **Rastplätze** (***Picnic/Rest Areas***). Viele davon sind liebevoll angelegt und ähnlich wie Campingplätze mit **Picknicktischen** und **Grillrosten** ausgestattet. An Gelegenheit, unterwegs Mahlzeiten bequem im Freien zu bereiten, fehlt es damit nicht.

Straßenqualität

Das im Süden Canadas insgesamt dichte Netz asphaltierter Straßen (***Paved Roads***) befindet sich in guter Verfassung. Man kann davon ausgehen, daß auch kleinste, in den Karten als befestigt ausgewiesene Nebenstrecken ohne jeden Vorbehalt befahrbar sind.

Erstaunlich **weitmaschig** ist das **Straßennetz** in **British Columbia**. Bedingt durch Topographie und extrem dünne Besiedelung großer Gebiete selbst im Süden verfügt die Provinz über weit weniger befestigte Straßenkilometer als die östlichen Nachbarprovinzen.

Schotterstraßen

Der **Norden Canadas** ist dank der mittlerweile voll asphaltierten *Alaska* und *Klondike Highways* heute auch mit Wohnmobilen gut erreichbar. Zahlreiche für den öffentlichen Verkehr zugelassenen Straßen in den nördlichen Gebieten der Provinzen und in den Yukon und Northwest Territories sind allerdings nur geschottert. Aber selbst in den südlichen Landesteilen gibt es in verkehrsarmen Gebieten viele ***Gravel Roads.*** Von ihnen sind für Touristen vor allem Zufahrten zu Campingplätzen und sonstige Straßen in Provinz- und Nationalparks bedeutsam. Eine ganz besondere, überwiegend geschotterte Straße (teilweise Asphalt, teilweise *Dirt Road*, siehe unten) ist die ***Forestry Trunk Road*** durch die Ostausläufer der Rocky Mountains in Alberta, ⇨ Seite 302.

Schotter tritt auch schon mal ganz unerwartet auf, nämlich an **Baustellen**. Dort geht es mangels alternativer Strecken bisweilen kilometerlang auf notdürftig planierten Pisten durch Dreck und Staub. Das gilt insbesondere für die heute an sich ebenfalls durchgehend befestigten ***Alaska*** und ***Klondike Highways***, an denen immer irgendwo gearbeitet wird.

Stärker frequentierte Schotterstraßen werden nach und nach durch Asphaltstraßen ersetzt

Da wir das **Fahren auf Schotterstraßen** über längere Strecken nicht kennen, erscheinen **einige Hinweise** dazu angebracht:

Befahrbarkeit

Hinsichtlich ihrer Befahrbarkeit stellen ***Gravel Roads*** im Prinzip kein Problem dar. Frequentiertere Strecken werden in der Regel durch ***Grading*** »gepflegt«, d.h., von Zeit zu Zeit mit schneeschieberartigen Fahrzeugen geglättet, wenn Querrillen (Wellblech) und Schlaglöcher das Fahren allzusehr erschwert haben. *Gravel Roads* in gutem Zustand erlauben **Geschwindigkeiten von 80-90 km/h**. Sie sind sogar geringeren Tempi vorzuziehen, da das Fahrzeug dann über Unebenheiten sozusagen »hinwegfliegt«. **Am besten** lassen sich Schotterstraßen einige Tage **nach Regenfällen** befahren, wenn der Staub noch gebunden, aber Matsch schon abgetrocknet ist.

Probleme der Gravel Roads

Auf trockener *Gravel Road* entwickeln Fahrzeuge kolossale **Staubwolken**. Der Staub dringt durch alle Ritzen auch in den Innenraum. Unangenehm und gefährlich sind die dichten Staubschleier, die entgegenkommende *Trucks* hinter sich herziehen. Bisweilen versucht man, den Staub durch Versprühen von Calciumchlorid unter Kontrolle zu halten (***Dust Control***).

Bei starkem **Regen** sammelt sich Wasser in den Spurrillen, die Straße weicht auf und wird **extrem rutschig**. Die dann ohne Gefahr mögliche Geschwindigkeit ist sehr niedrig. Der Wagen »schlammt« in kurzer Zeit völlig zu.

Weitere Hinweise zu *Gravel Roads* auf Seiten 374 und 378f.

Gefährdung durch Schotter

Aufgewirbelter Schotter kann insbesondere für Scheinwerfer und Windschutzscheiben gefährlich sein. Denn bei schnell fahrendem Gegenverkehr vermindern seitlicher Abstand und geringeres eigenes Tempo das Risiko, ungünstig »getroffen« zu werden. Vorsicht ist bei voranfahrenden Wagen geboten, die gerade von einer *Gravel Road* auf eine asphaltierte Straße gewechselt sind und daher auf den ersten paar hundert Metern Steinchen aus ihren Reifenprofilen nach hinten herausschleudern. Treffer auf der Windschutzscheibe zerstören sie selten irreparabel. In Canada sind **Auto-Glaser** darauf spezialisiert, kleine Schäden so zu behandeln, daß sich die Reparaturstellen kaum erkennen lassen.

Dirt Roads

Der niedrigsten Stufe in der Straßenqualität entspricht die ***Dirt Road***, auch – etwas feiner – **Unimproved Road** genannt. Die »Dreckstraße« ist in der Regel ein besserer Feldweg, der sich bei Trockenheit häufig angenehmer befahren läßt als eine *Gravel Road*, jedoch bei längerem Regen ohne Vierradantrieb **unpassierbar** wird.

Typischer Zustand einer Dirt Road nach einem Tag »Landregen«.

Die Benutzung von *Dirt Roads* muß nicht sein, läßt sich aber mitunter nicht ganz vermeiden, etwa im Falle von **Zufahrten zu *Campgrounds* in National oder Provincial Parks oder zu *Trailheads***. Die bereits erwähnte *Forestry Trunk Road* ist streckenweise eine *Unimproved Road*. Darüberhinaus gibt es zahlreiche weitere Forststraßen (*Logging* oder *Forestry Roads*), die nur den Namen *Dirt Road* verdienen.

Logging Roads

Vom Befahren von *Logging Roads* ist eher abzuraten. Sie sind im Regelfalle Privatstraßen der Holzindustrie, man benutzt sie auf eigenes Risiko; d.h., der Betreiber ist nicht haftbar zu machen, wenn etwa am Hang die Straße abrutscht. ***Logging Trucks*** haben übrigens immer Vorfahrt.

Restriktionen

Das Befahren von *Gravel* und *Dirt Roads* wird von den meisten Verleihfirmen untersagt bzw. mit Zuschlägen belegt. Wer mit einem Mietfahrzeug trotz eventueller Restriktionen Schotterstraßen (außer unvermeidlichen Umleitungen) fährt, braucht ein bißchen Glück. Passiert ausgerechnet dort etwas (Unfall/technische Probleme), hat man »schlechte Karten«.

3.1.3 Orientierung

Staßen-nummern

In Nordamerika orientiert sich der Autofahrer in erster Linie an **Straßennummern** und **Himmelsrichtungen**. Bei einer Fahrt etwa auf dem *Trans Canada Highway* von Vancouver in Richtung Osten nach Calgary folgt man der Ausschilderung ***#1 East***, in diesem Fall noch mit einem **Ahornblatt** unterlegt, und braucht auf die Ortsnamen im Prinzip nicht mehr zu achten.

Im Fall des *Trans Canada*, wie auch des *Yellowhead* und *Crowsnest Highway* (➪ Reiseteil), läuft die Straße unter identischer Nummer durch mehrere Provinzen. An sich jedoch besitzt **jede Provinz ihr eigenes Straßennummer-System**. Grenzüberschreitende Straßen wechseln deshalb normalerweise von Provinz zu Provinz die Numerierung.

Straßen-system in Städten

Innerstädtisch erleichtert das meistens dem Straßenplan zugrundeliegende **Schachbrettmuster** die Orientierung. In **Calgary** etwa heißen die Straßen in Nord-Süd-Richtung ***Street***, in Ost-West-Richtung ***Avenue***. ***Centre Street*** und ***Memorial Drive*** als Längs- und Querachse durch die City unterteilen die Stadt in vier **Quadranten**. Alle Adressen, die z.B. südlich des *Memorial Drive* und östlich der *Centre Street* liegen, erhalten den Zusatz Südost bzw. *Southeast* (**SE**). Die Straßennumerierung beginnt an den beiden Achsen. Dabei ist die ***1st Street SE*** die erste Straße östlich der Centre Street, die ***1st Street SW*** die erste Straße westlich der Centre Street. Beide liegen südlich des Memorial Drive, der die Querachse darstellt. Die Numerierung aller weiteren *Streets* und *Avenues* erfolgt mit aufsteigenden Ziffern bis zu den Stadtgrenzen.

Dieses Grundschema wird in den meisten Städten angewandt, aber mitunter geringfügig variiert. In Edmonton z.B. läuft die Numerierung durchgehend von Stadtrand zu Stadtrand und fängt nicht – wie in Calgary – in der City an.

Adressen

Die **Hausnummern** sind analog zum Straßensystem aufgebaut. An erster Stelle steht die Nummer der vorangegangenen Querstraße, dann erst folgt die eigentliche zweistellige Hausnummer. Die Adresse **»2566, 7th Street SW«** kennzeichnet die Adresse das Haus mit der Nummer 66 auf der 7. Straße, südlich der 25. Avenue bzw. zwischen 25. und 26. Avenue. Man kann mit Hilfe dieser Logik ohne Stadtplan und ohne zu fragen jede Adresse finden.

Zum System

Vor allem wichtig ist dabei, dem **Buchstaben hinter den Straßennamen** Beachtung zu schenken. **N, S, E** und **W** kennzeichnen hierbei die Grobrichtungen, **NE, NW, SE** und **SW** sind genauere Unterteilungen nach der erläuterten **»Quadrantenmethode«**. Wer von West nach Ost etwa entlang der 9th Ave **SW** fährt, findet bis zur Längsachse kleiner werdende Hausnummern. Jenseits der Centre Street, dann also auf der 9th Ave **SE**, steigen die Nummern wieder an. Daher gibt es bei diesem System auf derselben Avenue bzw. Street zwei Gebäude mit der gleichen Hausnummer, die sich nur am Zusatz der Himmelsrichtung unterscheiden.

3.1.4 Tankstellen und Wartung

Benzinarten

Tankstellen führen nur noch ***Unleaded*** (unverbleites Benzin) meist in drei von der Oktanzahl abhängigen Qualitätsstufen: ***Regular***, ***Super*** und ***Premium Unleaded***. Leihwagen kommen meist mit *Regular* aus. **Diesel** (der auch in Nordamerika so heißt) gibt es – außer im hohen Norden – flächendeckend.

Benzinpreis

Benzin wird nach Litern berechnet, nicht in Gallonen, wie in den USA üblich. Der Benzinpreis ist in Canada unabhängig von der **Zahlungsweise**. In den USA samt **Alaska** hingegen unterscheiden Tankstellen ggf. zwischen *Cash* und *Credit*: Bezahlt man bar (auch Reiseschecks), ist das Benzin manchmal einige *Cents* billiger als bei Zahlung mit Kreditkarte.

Preise für *Regular Unleaded* im Süden Canadas

im April 2005 in Can$ und € pro Liter (Kurs ca. €0,64)

➪ auch Tabelle Seite 380:

Victoria/BC:	$0,95	entspricht €0,61/l
Vancouver/BC:	$0,90	entspricht €0,58/l
Calgary/AB:	$0,84	entspricht €0,54/l
Edmonton/AB:	$0,82	entspricht €0,53/l
Regina/SK:	$0,90	entspricht €0,58/l
Winnipeg/MB:	$0,85	entspricht €0,54/l
Toronto/ON:	$0,82	entspricht €0,52/l

Nachts tanken

Tankstellen nehmen nachts oft keine größeren Scheine an als $20 oder maximal $50, da – aus Furcht vor Überfällen – nur kleine Mengen Wechselgeld gehalten werden. Das kassierte Geld verschwindet sofort in einem unzugänglichenTresor.

Reifendruck

Wo ein **Druckluftservice** vorhanden ist, findet man entweder einen Schlauch, dessen Ventil unter Druckbelastung die Meßskala freigibt oder einen Münzkompressor, der für einen Quarter ein paar Minuten anspringt.

Messung Besonders zuverlässig sind beide Methoden nicht. Wer sichergehen möchte, kauft sich einen eigenen Miniprüfer im Kugelschreiberformat ($2-$5). Die Reifendruckempfehlung des Herstellers findet man bei amerikanischen Fahrzeugen meistens an Türrahmen oder Tür der Fahrerseite, gelegentlich auch im Deckel des Handschuhfachs.

Ölwechsel Mit einem langfristig gemieteten Pkw der großen Vermieter sind zu den **Wartungsintervallen** Filialen der Firmen anzulaufen. Die eigenständige Wartung (insbesondere Ölwechsel) wird vom Kunden nur von kleinen Vermietern und beim Camper verlangt. Ist die entsprechende Meilenzahl erreicht, kann eine beliebige **Tankstelle** in Anspruch genommen werden. Perfekter und schneller arbeiten darauf spezialisierte **Service-Stationen** mit eindeutigen Bezeichnungen wie ***Quick Lube*** o.ä. (*to lube* = abschmieren/ölen), die neben Öl- und Filterwechsel auch gleich alle anderen wichtigen Checkpunkte abprüfen und ggf. erledigen (Bremsflüssigkeit, Getriebeöl etc. auffüllen). Die dafür anfallenden Kosten werden von den Vermietern bei Rückgabe verrechnet.

Panne Alle Auto- und Campervermieter geben ihren Kunden eine Telefonnummer mit auf den Weg, die bei Pannen oder Unfall angerufen werden muß. Bei den großen Firmen ist das Telefon in der Regel Tag und Nacht besetzt, ⇨ Seite 92.

3.1.5 Die Automobilklubs

Status Die nordamerikanischen Automobilklubs **CAA** (***Canadian Automobile Association***) und **AAA** (***American Automobile Association***), kurz ***Triple A***, akzeptieren Mitgliedskarten europäischer Clubs auf Gegenrechtsbasis.

Broschüren Für alle Provinzen Canadas und die Bundesstaaten der USA gibt es in deren Geschäftsstellen gratis Straßenkarten (***Road Maps***), Campingplatzverzeichnisse (***Camp Books***) und Reisehandbücher (***Tour Books***). Der ADAC hat die beliebtesten *Tour-* und *Campbooks* ebenfalls auf Lager und versendet sie gegen Gebühr: ✆ **089/76764319** oder im Internet: **www.adac.de/ReiseService/Reise_Infos/ Tourbooks**.

Service **Bargeld** wird beim AAA und CAA ohne die übliche 1%ige Provision **in *American Express Travelers Cheques*** umgetauscht. In den klubeigenen Shops (Großstädte) ist **Reiseliteratur** preiswerter als in Buchläden. Geschäftsstellen von CAA bzw. AAA findet man in allen Orten ab mittlerer Größe.

Der Club unterhält außerdem einen **Notfall-Service**:

✆ **1-800-CAA-HELP** (= **222-4357**)

Dort kann man Tag und Nacht gebührenfrei die Telefonnummer des lokal zuständigen Straßendienstes erfahren.

Notfall-✆ des AAA/ADAC deutschsprachig 1-888-222-1373

3

Straßenatlanten

Der ***Rand McNally Road Atlas*** (2005, US$12, **www.randmcnally.com**, auch als USA/Kanada Straßenatlas 2003/04 mit deutschsprachigen Erläuterungen von Hallwag, **www.hallwag.ch**, €20) wie auch der ***AAA North American Road Atlas*** (2005, U$13, **www.aaa.com**) sind als Straßenatlanten für die **USA** unschlagbar. Beide gibt es zum aktuellen Dollarkurs im Internet bei www.amazon.de.

Beide enthalten – gegliedert nach Provinzen – auch das südliche kanadische Straßennetz, aber keine wirklich brauchbaren Karten für **Canada**. Für die **Grobplanung** der eigenen Reise genügen die Karten in diesem Buch.

Wer es ganz genau wissen will, besorgt sich den ausgezeichneten **Road Atlas** von *Map Art* (www.mapart.com) für ***British Columbia*** bzw.***Alberta*** mit Plänen für sämtliche halbwegs nennenswerte Orte und Downtown-Karten für die großen Städte (can$20).

Straßenkarten

Unterwegs sehr gut geeignet sind die in der Vergangenheit stets gratis verteilten Provinz- bzw. Territorial-Karten (***Official Highway Maps***) der jeweiligen Tourismusbehörde, die aber neuerdings z.B. für BC mit ca. $3 bezahlt werden muß. In ähnlicher Qualität gibt es ***Provincial Maps*** beim AAA/CAA (kostenlos für Automobilclub-Mitglieder) oder von *Rand McNally* für einige Dollar. Wer sich etwas abseits der touristischen Hauptpfade begibt, benötigt – etwa im Süden von British Columbia – genauere **Regionalkarten**; sie lassen sich preiswert dazukaufen. Sich bereits in der Heimat weitergehendes, in der Regel teures Kartenmaterial zu beschaffen, ist kaum nötig und lohnt sich eher nicht.

Ausgearbeitete Routen

Automobilklubs in Deutschland, der Schweiz und Österreich versenden an ihre Mitglieder auf Anfrage **Karten und Routenvorschläge** auch für Nordamerika. Sie können die kanadischen bzw. amerikanischen Originale aber nicht ersetzen.

Warten auf den Gegenverkehr, bevor es an der Baustelle weitergeht. Oft fährt ein »Pilot Car« der Schlange voran und bestimmt Tempo und Spur über den provisorischen Schotter

3.2 Hotels, Motels und andere Unterkünfte

3.2.1 Hotels und Motels

Situation

Canadas Touristen wird die Suche nach einer geeigneten Unterkunft leichtgemacht. Hotels und Motels konzentrieren sich unübersehbar an den Ausfallstraßen von Städten und Ortschaften, an typischen Ferienrouten, in der Nähe der Flughäfen und in bestimmten Bereichen der großen Cities. Vor allem die *Motels* und *Motor Inns* zeigen mit

Vacancy/No Vacancy oder

Welcome/Sorry oder ganz einfach **Yes/No**

meist unmißverständlich an, ob die Nachfrage nach einem freien Zimmer lohnt.

Suche

Während man in Europa im Sommer besser schon zur Mittagszeit mit der Quartiersuche beginnt, genügt es in Canada in der Regel, **ab dem späten Nachmittag** Ausschau zu halten (**Ausnahmen**: besonders populäre Regionen/Orte, Veranstaltungstage, typische Wochenendziele). Nur in bestimmten Fällen ist es nötig, Unterkünfte bereits vor der Reise zu buchen (➪ Seite 118f). Wer sichergehen möchte, ruft einige Tage vorher bis spätestens vormittags des Übernachtungstages das Motel/Hotel seiner Wahl an, ➪ weiter unten.

Abgrenzung der Begriffe

Die Begriffe **Hotel, Motel** und **Motor Inn** werden in Canada genau wie in den USA ohne klare Abgrenzung verwendet. Für die Qualitätseinstufung spielen sie eine nachrangige Rolle:

Motel

- Man darf davon ausgehen, daß im **Motel** der Wagen nahe am gemieteten Zimmer oder Appartement abgestellt werden kann, und damit die Be- und Entladung des Autos auf kürzestem Wege möglich ist. Ein Motel verfügt typischerweise über ebenerdige und bisweilen doppelstöckige Zimmertrakte (ohne weiteres von außen unkontrolliert zugänglich!) und eine Rezeption, **nicht aber über eine eigene Gastronomie**. Der Gästeservice beschränkt sich auf Cola- und Snacktütenautomaten sowie Eiswürfelmaschinen.

  Bei Ankunft erhält der Gast an der Rezeption gegen **Vorauszahlung** bzw. Kreditkartenunterschrift den Zimmerschlüssel. Den hinterläßt er ganz einfach im Zimmer. Bei allen Kreditkartenzahlungen sollte man morgens die Schlußabrechnung auf ggf. unkorrekt abgerechnete Nebenkosten (Telefon- und/oder Gebühren für *Pay-TV)* überprüfen.

Cabins

- Auf dem Lande besteht manches Motel aus einer Ansammlung sogenannter ***Cabins*** oder ***Cottages***, zimmergroßer Holzhäuschen, oft in Blockhausbauweise. *Cottages* können aber auch komplett ausgestattete Ferienhäuser sein. Man findet sie u.a. auf *Guest Ranches* oder *Lodges* in der Wildnis, wo die Gäste nicht nur wenige Tage, sondern mehrere Urlaubswochen verbringen.

Motor Inn

- ***Motor Inns*** unterscheiden sich in vielen Fällen durch nichts außer ihrer Bezeichnung vom Motel, sind aber vom **Standard** her im Schnitt **höher** angesiedelt. In etwas besseren *Inns* erfolgt der Zutritt zu den Zimmern wie im Hotel über die Rezeption oder Nicht-Gästen verschlossene Eingänge und Korridore, d.h., nicht über ungeschützt außenliegende Türen. Das ist zwar unpraktischer, kommt aber dem Sicherheitsbedürfnis der Gäste entgegen. Parkraum steht immer reichlich zur Verfügung. *Motor Inns* der gehobenen Klasse verfügen oft über Restaurant und Bar.

Hotel

- Eine allgemein zutreffende Kennzeichnung wie im Fall der *Inns* und Motels läßt sich für die **Hotels** nicht formulieren. Zwischen »Absteigen« in Randbezirken der Stadtzentren und den oft nur wenige Blocks entfernten Luxusherbergen aus Glas und Beton liegen Welten. **Gemeinsames Merkmal** fast aller Hotels ist die zum Haus gehörende **Gastronomie** und die Erhältlichkeit von **Alkoholika** (nie in Motels, bedingt in *Motor Inns*). Bei innerstädtischen Hotels fehlt oft Parkraum. Gehören bewachte Parkgaragen zum Haus (ab obere Mittelklasse), werden dafür meist auch den Gästen Gebühren abverlangt.

Lodge

- Vor allem in landschaftlich reizvollen Gebieten und Nationalparks nennen sich Hotels gerne ***Lodges*** und signalisieren damit, daß neben dem Hotelkomfort **Aktivitäten** wie Reiten, Fischen, Kanufahren, *Whitewater Rafting* etc. geboten werden oder im Umfeld möglich sind. *Lodges* gibt es in Preisklassen von $70-$150 und mehr pro Nacht und Zimmer.

Komfort und Ausstattung

Die **Innenausstattung** kanadischer wie amerikanischer Hotel- und Motelzimmer zeichnet sich durch **weitgehende Uniformität** aus: Je nach Größe des Raums ein großes Bett*) oder auch zwei davon, gegenüber ein Schränkchen mit Fernseheraufsatz, ggf. in der Verlängerung eine Schreibplatte, in einer Ecke Sessel/Stühle plus Tischchen. Man schläft zwischen zwei Laken unter einer Wolldecke, deren Zustand in billigen Unterkünften schon mal zu wünschen übrig läßt. Im Gegensatz zu Europa gehören **eigenes Bad** und **Farbfernseher** noch zum preiswertesten Raum, in sommerheißen Gebieten über-all und in besseren Hotels immer auch eine **Klimaanlage**. Unterschiede im Preis drücken sich weniger in Mobiliar und Zimmergröße als durch Qualität der Ausstattung und Grad der Abnutzung aus. Neuere Häuser der Mittelklasse bieten für $80-$130 einen Raumkomfort, der denen in viel teureren Hotels kaum nachsteht.

---

*) ***Double***: 1,35 x 1,90 m, ***Queen Size***: 1,50 x 2 m, ***King Size***: 1,95 x 2 m; Einzelbetten kleiner als *Double* gibt es so gut wie nicht.

Kosten Die Preise für die Übernachtung unterliegen erheblichen regionalen und saisonalen **Schwankungen.** Sieht man ab von den Zentren der großen Cities (vor allem Vancouver, Calgary und Victoria), bestimmten Brennpunkten des Tourismus zur jeweiligen Saison (Banff und Jasper Nationalparks, *Okanagan Valley*) und dem hohen Norden (Yukon/Northwest Territories und Alaska) kommt man **im allgemeinen preiswerter als bei uns** unter. Es gibt immer noch eine relativ große Zahl einfacher Motels, die bei Belegung mit zwei Personen auch in der Hochsaison nur bis zu $60 pro Nacht und Zimmer fordern – vor allem an Wochentagen auf dem Land und in kleinen Ortschaften. Die Mehrheit der Unterkünfte in der (durchaus akzeptablen) Mittelklasse liegt im Preisbereich um $60-90. Nur selten berechnen *Motels* und *Motor Inns* der Mittelklasse ohne Sonderfaktoren wie Airportnähe, Wochenende, Großveranstaltung etc. über $100 fürs Zimmer.

Belegung Die Übernachtungskosten sind meist nur geringfügig und mitunter gar nicht von der Anzahl der Gäste pro Raum abhängig. Bei Belegung mit nur einer Person spricht man von ***single occupancy***. Tatsächlich gibt es keine echten Einzelzimmer, mindestens steht ein kleines Doppelbett (➪ Fußnote links) im Raum, der auch für ***double occupancy*** genutzt wird. Der Preis fürs Einzel liegt deshalb nur um wenige Dollar unter dem Doppelzimmerpreis oder ist oft sogar identisch. In ***Twin Bedrooms*** (mit 2 Doppelbetten) können bis zu 4 Personen übernachten, ohne daß dafür immer ein Aufgeld verlangt wird. Insbesondere **Kinder** – oft bis zum Alter von 16/18 Jahren – sind in einem Zimmer mit ihren Eltern normalerweise »frei«.

Sales Tax **Alle Preisangaben sind netto**; hinzu kommt immer die *Provincial Tax* und die ***Goods&Services Tax*** (**GST**), die Ausländer sich aber erstatten lassen können, ➪ Seite 165. Ein **Frühstück** ist grundsätzlich **nicht im Zimmerpreis enthalten**, wird in Form eines ***Continental Breakfast*** aber in letzter Zeit mehr

Frühstück und mehr als kostenlose »Sonderleistung« gewährt. Sogar ein richtiges ***Canadian/American Breakfast*** gibt's neuerdings bei einigen Kettenhotels als Zugabe. Falls kein ***Coffeeshop*** zum Quartier gehört, geht der Motelgast zum Frühstück ins nächste ***Fast Food Restaurant***, ➪ Seite 152.

»Zugaben« Mit Extras wird kräftig geworben: Außer ***Free Coffee*** oder ***Free Breakfast*** vor allem mit ***Free Movies***. Gratisfilme am laufenden Band (fast) ohne werbliche Unterbrechung gibt es auf Spielfilmsendern wie HBO, die viele Motels zur Beglückung ihrer Gäste abonniert haben. Bessere Unterkünfte bieten eine Exklusivauswahl neuester Produktionen als ***Pay-TV***. Nach ein paar Freiminuten zum »Reinschauen« wird eine kräftige Gebühr fällig, die der Abrechnungscomputer automatisch dem Zimmer belastet.

Kaffee

Gratiskaffee bezieht sich meistens auf eine laufend in Gang gehaltene Haushaltskaffeemaschine in der Rezeption oder ein kleines Heißwassergerät im Zimmer plus einige Tütchen Pulverkaffee. Beim »kontinentalen« **Frühstück** handelt es sich überwiegend um Kaffee oder Tee aus dem Automaten, Toast und ein Tablett voll süßen Gebäcks zur Selbstbedienung. Bisweilen gibt's auch noch *Cereals* mit Milch, Obst und *Cheese*.

Hotelverzeichnisse

Wie gesagt, enthalten die **gratis** ausgegebenen ***Tourbooks*** des Automobilklubs CAA relativ vollständige Verzeichnisse mit aktuellen Preisen und Daten für Hotels und Motels ab unterer Mittelklasse. Sie nennen darüberhinaus **Sondertarife für Mitglieder**. Die Gewährung des Discounts hängt von seiner Erwähnung ab; man muß nach der ***Special CAA/AAA-Rate*** fragen. Discounts gibt's auch gegen Vorlage von **Werbecoupons**, auszuschneiden etwa aus den letzten Seiten im *Rand McNally Road Atlas* und Tourismusbroschüren oder einfach mitzunehmen aus einem der ***Visitor Information*** Büros.

Ebenfalls **gratis** erhält man in Canada für sämtliche Provinzen einen *up-to-date* ***Accommodation Guide***, der fast alle Hotels und Motels auflistet – gelegentlich inklusive Jugendherbergen und Campingplätzen. Darin findet man neben genauen Beschreibungen und Preisen auch die **Reservierungs-Telefonnummern**. Die Unterkunftsführer gibt es allerorten in den Informationsbüros; siehe dazu im Detail den Vorspann zu den einzelnen Provinzen im Reiseteil dieses Buches.

Reservierung

Um Zimmer telefonisch zu reservieren, bedarf es oft keiner Kreditkarte, solange man vor 18 Uhr ankommt (gelegentlich früher). Wenn ein Zimmer auch bei späterem Eintreffen festgehalten werden soll, muß man seine **Kreditkartennummer** samt Verfallsdatum (*Expiration Date*) angeben. Man erhält dann eine ***Confirmation Number*** (Buchungsbestätigung). Die Kreditkarte wird dann auf jeden Fall mit dem Übernachtungspreis belastet. Wer rechtzeitig weiß, daß er ein vorbestelltes Zimmer nicht benötigt, kann die Lastschrift nur vermeiden, wenn er vor der *Deadline* des Übernachtungstages storniert.

Reservieren kann man **auch im Internet** bei den Hotels selbst (nebenstehend) bzw. bei oft günstigeren Service-Agenturen:

www.all-hotels.com

www.travelnow.com/hotels

www.budgethotels.com

Telefonnummern

Bei Hotel-/Motelreservierungen entstehen dank der gebührenfreien (*toll-free*) **800-Nummern** oft keine Telefonkosten. Über diese Nummern verfügen nicht nur Hotelketten, sondern auch viele Einzelquartiere. Mit den folgenden Telefonnummern erreicht man die Reservierungszentralen der bekanntesten Ketten. (Reservierung Deutschland ⇨ Seite 120).

In Canadas Westen und in Alaska sind folgende Hotel-/Motelketten vertreten:

	Kettenbezeichnung	*toll-free Number*
Obere Preisklasse	**Crown Plaza**	1-800-2-CROWNE
	Delta	1-877-814-7706
	Fairmont	1-800-257-7544
	Hilton	1-800-HILTONS
	Hyatt	1-800-233-1234
	Marriott	1-888-236-2427
	Radisson	1-800-333-3333
	Sheraton/Four Points	1-800-325-3535
	Westin	1-800-WESTIN-1
	Westmark	1-800-544-0970
Mittlere Preisklasse	**Best Western**	1-800-WESTERN
	Clarion	1-800-4-CHOICE
	Coast Hotels	1-800-663-1144
	Comfort Inn	1-800-4-CHOICE
	Country Inns	1-888-201-1746
	Courtyard	1-888-236-2427
	Days Inn	1-800-DAYS-INN
	EconoLodge	1-800-4-CHOICE
	Fairfield Inn	1-888-236-2427
	Hampton	1-800-HAMPTON
	Holiday Inn/Express	1-800-HOLIDAY
	Howard Johnson	1-800-I-GO-HOJO
	Knights Inn	1-800-THE-KNIG
	Mainstay	1-800-4-CHOICE
	Quality Inn	1-800-4-CHOICE
	Ramada Inn	1-800-2RAMADA
	Rodeway Inn	1-800-4-CHOICE
	Sandman Inn	1-800-SANDMAN
	Sleep Inn	1-800-4-CHOICE
	Travelodge	1-800-578-7878
	Wyndham	1-800-WYNDHAM
Untere Preisklasse	**Budget Host**	1-800-BUD HOST
	Motel 6	1-800-4MOTEL6
	Super 8	1-800-800-8000

Neue 800-✆ Sollte eine Motelkette unter der aufgeführten Nummer nicht mehr erreichbar sein, ruft man – ebenfalls gebührenfrei – die ***Toll-free Information*** an: **1-800-555-1212**.

Internet **Im Internet findet man diese Ketten wie folgt:**

Best Western	www.bestwestern.com
Budget Host	www.budgethost.com
Choice Hotels	www.choicehotels.com
(siehe oben alle Häuser mit 1-800-4-CHOICE)	
Coast Hotels	www.coasthotels.com
Country Inns	www.countryinns.com
Crowne Plaza	www.crowneplaza.com

Internet (Fortsetzung)	**Days Inn**	www.daysinn.com
	Delta	www.deltahotels.com
	Fairmont Hotels	www.fairmont.com
	Hampton Inn	www.hamptoninn.com
	Hilton Hotels	www.hilton.com
	Holiday Inn	www.holiday-inn.com
	Howard Johnson	www.hojo.com
	Hyatt	www.hyatt.com
	Knights Inn	www.knightsinn.com
	Marriott	www.marriott.com
	(mit **Courtyard, Fairfield, Residence**)	
	Motel 6	www.motel6.com
	Radisson	www.radisson.com
	Ramada	www.ramada.com
	Sandman	www.sandman.ca
	Sheraton/Four Points	www.sheraton.com
	Super 8	www.super8.com
	TraveLodge	www.travelodge.com
	Westin	www.westin.com
	Westmark	www.westmarkhotels.com
	Wyndham	www.wyndham.com

Vorgehen Reservierung

Damit bei einer **Reservierung per Telefon** alles klappt, sollte man systematisch vorgehen:

- Bei einem **Direktanruf** im Hotel/Motel Art des Zimmers (*Single/Double Bedroom, Non-Smoker, 1 or 2 Beds etc.*) und die Daten nennen. Im Fall einer Kette nennt man natürlich auch noch Provinz und Stadt. Sind Zimmer frei, wird der Preis genannt, dem man zustimmen muß.
- Nächster Punkt ist die Frage der **Ankunft.** Wer nicht vor 18 Uhr (*6 pm*, oder auch früher), eintrifft, muß die Reservierung mit einer Kreditkarte »garantieren«, siehe oben.

Absage

Bei Absagen kann man es mit guten Chancen auf Buchung am Tag selber **kurz nach 12 Uhr** (!) noch einmal probieren. Spätestens bis *Noon* müssen abreisende Gäste ihre Zimmer geräumt haben. Oft werden dann unerwartet Zimmer frei, die ursprünglich länger gebucht waren.

Trinkgeld

Ein kleines Problem ist für europäische Touristen die Frage der »richtigen« **Trinkgeldbemessung**. Da nordamerikanische Hotel- und Restaurantangestellte in höherem Maße vom Trinkgeld (*tip*) abhängig sind als ihre europäischen Kollegen (➪ Seite 157), wird bei allen Dienstleistungen im Hotel ein Trinkgeld erwartet. Überläßt man es in großen Hotels einem ***Attendant***, den Wagen auf dem Hotelparkplatz abzustellen (***Valet Parking***, üblich in der »Oberklasse«), bekommt dieser dafür nicht unter $2. Der ***Bellhop*** (Hotelpage) erhält fürs Koffertragen $1 pro Gepäckstück, der ***Doorman*** (Türsteher) $0,50-$1 fürs Taxiholen und das ***Room Maid*** (Zimmermädchen) $1 oder $2 täglich, im Zimmer zu hinterlassen.

Waschsalons

Wer hat schon Lust, seine Kleidung unterwegs mit der Hand zu waschen? Münzwaschsalon heißen in Nordamerika ***Coin-Laundromats*** oder kurz ***Laundries***. Man findet sie noch in kleinsten Ortschaften und zwar meistens an der Hauptdurchgangsstraße. Münzwaschmaschinen gibt es außerdem auf kommerziell betriebenen Campingplätzen, in Nationalparks, in Hostels und auch in vielen Motels und Hotels.

Legt man die große Zahl öffentlicher Waschsalons und ihrer Benutzer zugrunde, muß es erstaunlich viele Kanadier und Amerikaner ohne eigene Waschmaschine geben. Aber vielleicht ist auch nur die häusliche Ausfallquote der – aus europäischer Sicht – ungewöhnlich schlechten amerikanischen Waschmaschinen hoch.

In der *Laundry* benötigt man außer Waschpulver (***Detergent***), das mitzubringen ist oder in kleinen Packungen aus einem Automaten gezogen werden kann, vor allem jede Menge ***Quarters***! Denn Waschmaschinen und Trockner verschlingen bereits bei mittleren Wäschemengen massenhaft Kleingeld. Pro Maschine sollte man 6-8 *Quarters*, also $1,50 bis $2, für mehrere Trockengänge noch einmal bis zu $1 pro Ladung kalkulieren. Zwar gibt es hier und dort Wechselautomaten, sie sind aber meist gerade dann außer Betrieb (*out-of-order)*, wenn das eigene Kleingeld knapp wird. Vor der großen Wäsche muß also ein ausreichender Münzvorrat gesammelt oder bei der Bank beschafft worden sein.

Obwohl es auch (meist teurere) Trommelwaschmaschinen gibt, überwiegt in Nordamerikas Waschsalons ein aufrecht stehender, einer Rührschüssel ähnlicher Waschbottich, in dem ein »Quirl« die Wäsche bewegt.

Die Wassertemperatur läßt sich auf *hot, warm* und *cold* einstellen. Die höchste Stufe steht nicht etwa für Kochwäsche, sondern entspricht der Einstellung des Wasserboilers, also etwa maximal 60°C. Ein Auf- oder Nachheizen in der Maschine erfolgt nicht. Je nach Betrieb fällt »heiß« gelegentlich auch nur lauwarm aus. Gleich, ob nun der Waschgang auf *normal, heavy duty* oder *permanent press* (bügelfrei) eingestellt wird, das meist schon nach 20 min. erreichte Ergebnis ist selten befriedigend. Bei »normaler« oder »starker« Einstellung liegt die Wäsche leicht geschleudert bereit, bei »bügelfrei« klitschenaß.

Den Inhalt der Trommel bugsiert man in einen **Trockner**, der ebenfalls *Quarters* schluckt. Mit einem Trockengang ist es oft nicht getan. Dadurch zieht sich jede Waschaktion meist länger hin als erwartet, zumal in vielen *Laundries* die Trockner einen Engpaß darstellen.

Auch wenn sich beim Warten Langeweile einstellt, eine *Laundry* sollte man nicht für längere Zeit verlassen. Sonst findet man unter Umständen fremde Wäsche in der Maschine und die eigene fertig gewaschen irgendwo in einer Ecke, womöglich vermischt mit gänzlich unbekannten Socken, Handtüchern und T-Shirts. Die Zeit vor der Waschmaschine eignet sich im übrigen gut dazu, Postkarten zu schreiben, Reiseführer zu lesen, Kaffee zu trinken und – bisweilen auch – Leute kennenzulernen.

3.2.2 Bed & Breakfast

Verbreitung

Eine Übernachtungsmöglichkeit, die sich in Canada schon in den 80er-Jahren, in Alaska erst neuerdings durchgesetzt hat, ist ***Bed & Breakfast*** in Pensionen und Privathäusern. In ländlichen Regionen wird man ***B&B*-Schilder** häufiger entdecken, obwohl bei weitem nicht alle *B&B*-Häuser ihre Funktion öffentlich machen – speziell nicht in größeren Städten. Daher sollte vor Ort einen ***Bed & Breakfast* Guide** kaufen, wer statt anonymer Motels und Hotels auch mal Zimmer mit Frühstück buchen möchte. In ***Bookstores*** gibt es regionale B&B-Führer und Bücher, die schön gelegene und/oder historische Anwesen beschreiben. Oft sind auch regionale **Listen mit allen *Bed & Breakfast Places*** einer Gegend oder Stadt in den Büros der ***Visitor*** bzw. ***Tourist Information*** erhältlich.

Kosten

Bed & Breakfast ist weder in Canada noch in den USA die billige Alternative zum Hotel, sondern liegt preislich eher im Bereich der Mittelklasse, wobei allerdings ein englisches bzw. kanadischer Frühstück mit dazugehört. Der Übergang zum Hotel ist fließend. Man findet auch preiswerte Privatquartiere. **Reizvoll** an *B & B* kann der »Familienanschluß« sein.

Internet

Informationen und Buchungsmöglichkeit zu *B&B* in Canada findet man u.a. auf den Internet-Seiten:

www.bbonline.com und
www.bbcanada.com (fast 9000 Adressen in Canada)

3.2.3 Nachtquartiere für junge Leute

Jugendherbergen/ Hostelling International (HI-Hostels)

Das Jugendherbergswesen ist in Nordamerika im Vergleich zu Europa zwar unterentwickelt, aber manche Herberge befindet sich in günstiger Lage im Brennpunkt der Cities und in oder in der Nähe von *National-* und *Provincial Parks*.

Die Kosten in Häusern von ***Hostelling International Canada*** (***HI-Hostels***) variieren zwischen $13 und $29 pro Nacht, in der Regel inkl. Küchenbenutzung. Das Heft ***Hostels in Canada*** enthält Infos zu den knapp 70 kanadischen HI-Herbergen; zwei HI-Hostels liegen in Alaska. Bereits ab 5-6 Übernachtungen lohnt sich eine Mitgliedschaft im DJH. Wer in *Hostels* übernachtet, kennt deren Vor- und Nachteile. DJH, Bismarckstr. 8, 32756 Detmold, © 05231/74010, www.djh.de.

Internet

Im ***World Wide Web*** findet man ebenfalls alle Informationen, zu *Canada:* **www.hostels.ca**, für die USA: **www.hiusa.org**.

YM/WCA

Der Christliche Verein Junger Männer/Frauen – in Amerika **YMCA** bzw. **YWCA** – bietet vor allem in Großstädten Übernachtungsmöglichkeiten. Während die **YMCA-Häuser** neben Mehrbett- auch über Einzel- und Doppelzimmer verfügen und Männer, Frauen und Paare aufnehmen, gilt für **YWCA-Heime** – mit Ausnahmen (z.B. in Vancouver) – ***Ladies only***.

Die **Übernachtungskosten** liegen im allgemeinen nur knapp unter denen der jeweils billigsten Hotels. Dafür können die Gemeinschaftsanlagen wie Trimmräume, Pools, Lesesäle etc. von den Gästen mitbenutzt werden.

CVJM-Gesamtverband, Im Druseltal 8, 34131 Kassel
✆ 0561/30870; **Internet**: www.cvjm.de

Kontakt in Canada:
YMCA, 42 Charles Street East,
Toronto/Ontario M4Y 1T4, Canada; ✆ (416) 967-9622
Internet: www.ymca.ca oder www.ywca.ca

Reservierung

Hostels wie ***Ys*** **müssen** insbesondere in den Cities und in der Nähe touristisch bedeutsamer Ziele (Nationalparks/Küstenorte) Wochen **im voraus reserviert werden**.

Alternative Hostels

Eine **Alternative zu HI-Hostels** und den ***Ys*** bieten zahlreiche **unabhängige Herbergen** unter freier Trägerschaft. Sie verfügen durchweg über Schlafsaalunterkünfte ab $12 bis $18 pro Bett und private Zimmer ab $25. Bei ihnen geht es legerer zu als in den *Hostels* der Herbergsorganisation, dafür hapert`s bisweilen mit Sauberkeit und Hygiene.

Internet-Info: www.backpackers.ca und **www.hostels.com**

Hostel Verzeichnis

Jährlich neu im Februar/März erscheint das außerordentlich hilfreiche ***Hostel Handbook*** für die USA und Canada mit den Adressen, Telefonnummern und Tarifen von über **600 *Hostels*** (***AYH-HI-*, unabhängige und andere**) und Billighotels ***for the International Traveler***. Dieses unverzichtbare Büchlein für Leute, die ihre Übernachtungskosten niedrig halten wollen, gibt es in Deutschland für Leser der RKH-Reiseführer direkt beim Verlag gegen **Voreinsendung von €5** in Briefmarken:

Reise-Know-How Verlag
Am Hamjebusch 29
26655 Westerstede

Info im Internet: **www.reisebuch.de**
www.hostelhandbook.com

Studentenwohnheime

Eine Übernachtungsalternative sind in den Sommermonaten (Mai bis einschließlich August) die dann teilweise leerstehenden Studentenwohnheime, die ***University Residences*** oder ***College Dormitories***. Fast jede Mittelstadt verfügt über mindestens ein *College*. Die Bedingungen variieren sehr. Während in manchen Fällen Einzelübernachtungen – sofern nicht ganz ausgeschlossen – kaum weniger oder sogar mehr als in billigen Motels kosten, liegen die Preise auch schon mal um $20 pro Nacht. Günstig sind *Dormitories* immer dann, wenn man sich eine Woche oder länger einmietet. Abgesehen vom preiswerten Unterkommen bieten sie **Kontakte und Mitbenutzung** von Einrichtungen wie Sportanlagen und Cafeterias.

3.3 Camping in Canada

In National- und Provinzparks und der unendlichen Weite ihres Landes genießen Kanadier »Natur pur«. Camping gehört schon deshalb dazu, weil oft gar keine andere Möglichkeit zur Übernachtung besteht. Selbst wenn, das Campen bildet auch ohne totale Einsamkeit eine der besten Erfahrungen jeder Canada-Reise und kann gar nicht genug empfohlen werden. Bei uns gibt es nichts Vergleichbares.

3.3.1 Übersicht

Kennzeichnung

Canada bietet dem Camper alles, was sein Herz begehrt, sei es komfortabel im Wohnmobil oder im Zelt weitab jeder Zivilisation. Platz ist genug, und dementsprechend sind auch die meisten Campingplätze angelegt. Ein **Stellplatz** für Campmobil oder Zelt beschränkt sich nicht auf einige Quadratmeter Wiese oder Heidelandschaft, sondern umfaßt durchweg ein eigenes **Areal mit Picknicktisch, Feuerstelle und separatem Grillrost**. Auf staatlichen ***Campgrounds*** ist so ein Platz bisweilen mehrere hundert Quadratmeter groß, und die Nachbarcamper geraten schon mal aus dem Blickfeld. Dann künden nur noch abendlicher Feuerschein und appetitanregende Grilldüfte von der Anwesenheit anderer. Zwar sind nicht alle Plätze derart großzügig angelegt, aber **Lagerfeuer und *Barbecue*** gehören zur kanadischen Campingtradition. Gelegentlich liegt sogar das **Feuerholz** geschlagen und gratis bereit, in Nationalparks ggf. gegen **$7 *Fire Permit*** Zusatzgebühr, in Banff, Jasper für <u>jeden</u> Camper verpflichtend.

Campingplatzverzeichnisse

Um in Canada auf Camping-Tour zu gehen, muß man sich nicht einmal einen **Campingführer** kaufen. Man erhält in den Besucherinformationen der Provinzen gratis nahezu lückenlose **Verzeichnisse** aller auf öffentlichen Straßen erreichbaren Campingplätze, sieht man ab von den *National Forest Campgrounds*, auf die noch zurückzukommen sein wird. Ebenfalls gratis, jedoch nicht komplett, sind die ***Campbooks*** des Automobilklubs CAA, ➪ Seite 131, die es für Canada West (mit Alaska) und Ost getrennt gibt. Einige Campervermieter stecken ihren Kunden den ***KOA-Atlas*** zu, der die Plätze dieser größten Campingkette Nordamerikas listet, ➪ weiter unten.

Gebühren

Auf staatlichen Plätzen gilt eine **pauschale Einheitsgebühr (*Fee*) pro Stellplatz** unabhängig von der Personenzahl (in der Regel bis zu 6 Personen mit 2 Zelten und/oder Fahrzeugen). Die Gebühren werden auf ***Public Campgrounds*** überwiegend im ***Self-Registration***-Verfahren erhoben. Die Camper schieben das Geld in einen bereitliegenden (auszufüllenden) Umschlag und werfen ihn in eine Metallbox. Ehrlichkeit wird groß geschrieben. **Auf privaten Plätzen** überwiegt die **Basisgebühr für 2 Personen** plus Aufschlag für jeden zusätzlichen Gast.

Komfort Camping

Viele Besitzer von Campfahrzeugen glauben, ihren eingebauten Komfort nur dann voll nutzen zu können, wenn auf dem Campingplatz Wasseranschluß, Abflußrohr und Steckdose vorhanden sind. Die meisten Privatplätze und einige Plätze in National- und Provinzparks verfügen über den sogenannten ***Full Hook-Up***, den Dreifach-Anschluß. Häufig trifft man auch auf ***Semi-serviced Campsites*** (nicht mit allen Anschlüssen versehene Stellplätze) meist mit Elektrizität und/oder Wasser, aber ohne Abfluß. Bei einiger Aufmerksamkeit kommen Campmobilfahrer aber ganz gut ohne *Full Hook-up* aus. Denn auf vielen *Campgrounds* ohne Anschlüsse an den Stellplätzen befinden sich ***Dump-, Sani- oder Sewage-Stations***, wo gegen eine Gebühr oder gratis Schmutzwasser abgelassen und Trinkwasser aufgefüllt werden kann.

Hier wird der Abwasserschlauch mit Frischwasser gereinigt.

3.3.2 Zu den Campingplätzen

Public Campgrounds

Die Campingplätze in National- und Provinzparks liegen überwiegend in reizvoller Umgebung und zeichnen sich durch großzügige Aufteilung aus, wie oben beschrieben.

Nationalparks

Einige *National Park Campgrounds* sind wegen des in der Hochsaison stattfindenden Massenandrangs von erheblichen Ausmaßen. Die Mehrheit der Plätze verfügt neben den üblichen Ausstattungsmerkmalen nur über **einfache sanitäre Einrichtungen**. Lediglich ausgesprochene Großanlagen (etwa in Jasper und Banff) bieten mehr Komfort, der aber bezahlt werden muß. Die Kosten liegen zwischen **$10** und **$26** je Nacht.

Gratis oder mit minimalen Gebühren belegt sind ***Walk-in*** oder ***Wilderness Campgrounds*** abseits der Straßen. Für sie benötigt man ein *Camping-Permit*, ➪ Seite 32, das in den Besucherzentren und *Ranger-Stationen* ausgestellt wird.

Provinzparks

Alle Provinzen unterhalten ***Provincial***, die Northwest Territories und das Yukon Territory ***Territorial Parks***. In den USA/Alaska entsprechen ihnen die ***State Parks***. Zwar gibt es auch Provinzparks mit reinem ***Day-use*** Charakter (Spielplatz, Badestrand, Naturlehr- und Joggingpfade etc.), aber zu den meisten gehören Campingplätze.

Sog. Walk-in Campground nur für Zeltcamper im Yoho National Park

Provincial Parks

British Columbia verfügt über 169 Provincial Parks mit *Campgrounds* inkl. Autostellplatz, davon 67 mit Stellplatzreservierung (Gebühr $6/Nacht, max. $18/Stellplatz) über **www.discovercamping.ca** bzw. © 1-800-689-9025, © (604) 689-9025.

Auch ***Parks Canada*** besitzt eine Campground-Reservierungsagentur. Stellplätze können unter © **1-877-RESERVE** bzw. im Internet unter **www.pccamping.ca** in den Nationalparks *Banff, Elk Island, Jasper, Waterton* (jeweils Alberta), *Kootenay, Pacific Rim* (jeweils BC), *Riding Mountain* (Manitoba) sowie *Bruce Peninsula* (Ontario) vorausgebucht werden (Extragebühr $11).

Oft steht das Campingmotiv im Vordergrund, etwa in der Mehrheit der *British Columbia Provincial Parks*. Die ***Provincial Campgrounds*** weisen unterschiedlichste Komfortmerkmale auf. Manche verfügen über Duschen, einige über Wasser- und Stromanschluß an den Stellplätzen, die meisten sind sanitär einfach ausgestattet. Die Übernachtungskosten variieren und liegen in derselben Größenordnung wie in den Nationalparks. Das oben Gesagte gilt auch für die *State Parks* in Alaska.

Reservierung für 66 BC-PP-Campgrounds ($6/Nacht extra):

© **1-800-689-9025**, im **Internet**: **www.discovercamping.ca**, 2 Tage bis 3 Monate im voraus.

Provinz- und Territorial Parks generell im Internet:

Alaska:	**www.alaskastateparks.org**
Alberta:	**www.cd.gov.ab.ca/parks**
British Columbia:	**www.bcparks.ca**
Manitoba:	**www.manitobaparks.com**
Ontario:	**www.ontarioparks.com**
Saskatchewan:	**www.saskparks.net**
NWT:	**www.nwtparks.ca**
Yukon:	**www.environmentyukon.gov.yk.ca**

Forest Service

In den riesigen Wäldern haben der *Forest Service* und *Logging Companies* (Holzkonzerne) unzählige Campingplätze der Einfachkategorie angelegt. Unter ihnen befinden sich **traum-**

hafte Anlagen inmitten sonst unberührter Natur. Viele dieser Plätze sind nicht in den Verzeichnissen der Provinzen oder des CAA, schon gar nicht in kommerziellen Campingplatz-Führern zu finden. Genaue Karten erhält man in den regionalen Büros des *Forest Service*. Die **Übernachtungskosten** richten sich weniger nach der Ausstattung, die über Wasserpumpe und Plumpsklos/Chemietoiletten (*Pit/Chemical Toilets*) selten hinausgeht, als nach der Lage. Am teuersten sind leicht erreichbare Plätze.

Städtische Plätze

Manche Städte und Landkreise unterhalten in eigener Regie Plätze (*Municipal/County Campgrounds*) recht unterschiedlicher Güte. Auch Organisationen wie der *Lion's Club* gehören gelegentlich zu den Trägern.

Vergaberegeln

Für die Plätze unter staatlicher oder städtischer Trägerschaft gilt im allgemeinen die Regel ***first-come-first-served***, d.h., jeder offensichtlich noch nicht besetzte Stellplatz auf *Campgrounds* von National- und Provinzparks, *National Forests* etc. kann als frei betrachtet und vom Ankömmling belegt werden. Einige besonders populäre Plätze lassen sich auch reservieren. Sie sind in den Campverzeichnissen markiert und speziell an Wochenenden oft ausgebucht. *Pacific Rim* ist der einzige Nationalpark in BC/Alberta mit Stellplatzreservierung.

Alles belegt?

Bei Andrang öffnet die Parkverwaltung z.B. in den *Alberta Rocky Mountain Parks* Reserveplätze, sogenannte ***Overflow Areas***. Sind auch sie voll, bleibt nur, den Park zu verlassen.

Ein Campen/Übernacht-Parken außerhalb offizieller Plätze ist in National- und Provinzparks streng untersagt. Zur Not kann man aber Stellplatzinhaber auf an sich belegten *Campgrounds* ansprechen, um mit ihnen Platz und Gebühren zu teilen. Oft sind die *Sites* groß genug, um noch ein zusätzliches Fahrzeug und ggf. Zelt aufzunehmen.

Auf Besonderheiten des Camping in den verschiedenen Provinzen bzw. in den nördlichen Territories und Alaska wird im Anhang eingegangen, ⇨ ab Seite 572.

Bärensicherer Abfallcontainer auf einem Provincial Park Campground in BC

3

Privat betriebene Plätze

Ausstattung und Preise

Bei den kommerziell betriebenen Campingplätzen überwiegen solche mit ***Full Hook-up*** (⇨ oben) und knapperem Zuschnitt der Stellplätze als bei den *Public Campgrounds*. Die Preisgestaltung orientiert sich an der sanitären Ausstattung und der Nähe zu touristischen Reiserouten und -zielen. Die **preisliche Untergrenze** für simple und/oder abgelegene Privatplätze liegt bei etwa **$12** (ohne *Hook-ups*). Im Umfeld touristischer Attraktionen und im Einzugsbereich der Cities kostet die Nacht bis zu $35 und darüber. Grundsätzlich darf der Camper dafür aber mit Duschen, Münzwaschautomaten, Pool, Minishop, Fernsehraum etc. rechnen.

Lage

Zur Sicherstellung hoher Auslastung liegen viele Privatplätze in verkehrstechnisch günstiger Position, also **an vielbefahrenen Straßen**. Ist der Lärmpegel auf solchen Plätzen selbst im Camper noch hoch, überschreitet er im Zelt oft das erträgliche Maß. Die Kunden der Privaten sind auch deshalb mehrheitlich Wohnwagen- und Wohnmobilbesitzer, für die es in erster Linie auf den Vollanschluß ankommt. Von den großartigen Möglichkeiten des Camping in Canada lassen derartige Anlagen, speziell einige RV-Parks, nichts ahnen.

KOA

Ähnlich wie in der Hotel- und Restaurantbranche existieren **Campingplatz-Ketten** (KOA, *Good Sam*). Während etwa *Good Sam Campgrounds* nur als loser Verbund privater Betreiber zusammenarbeiten und die Einhaltung bestimmter Richtlinien garantieren, sind die rund ***K**ampgrounds **o**f **A**merica* eine Franchise-Kette. Sie bieten ihren Kunden auf dem ganzen Kontinent einen relativ hohen Komfort und Sanitär-Standard. In **Canada** gibt es über **30 KOA-Plätze** entlang der touristischen Hauptpfade. KOA lockt in Kooperation mit Campmobilvermietern deren Kunden mit der gratis ***KOA-Value Card***, die einen **10%igen Discount** verspricht. Tatsächlich sind KOA-Plätze nicht die billigsten, der *Discount* ist einkalkuliert.

Feuermachen auf einem Campground des Forest Service. Frisch zersägte Baumstämme stehen als Sitzgelegenheit am Grillrost bereit

Man kann KOA-Plätze bereits vor der Reise reservieren; **Internet: www.koa.com**. Alle Plätze haben auch einzeln eine 800-Nummer; allgemeine KOA-Infos unter © 1-800-624-9595;

Reservierung generell

Auch alle anderen kommerziell organisierten Plätze können reserviert werden. Ein Anruf genügt; die Telefonnummern finden sich in den Camping-Verzeichnissen. Wie bei Hotels werden Reservierungen oft nur dann akzeptiert bzw. auch für eine Ankunft nach 18 Uhr zuverlässig festgehalten, wenn der Anrufer eine **Kreditkartennummer** nennt. Auch bei Nichterscheinen wird diese dann belastet.

3.3.3 Camping ohne Campground

In der Einsamkeit

Wer auf *Gravel Roads* oder *Dirt Roads* in die Einsamkeit von ***National Forests*** vordringt, benötigt nicht unbedingt die Gewißheit, am Ende auf einen Campingplatz zu stoßen. Mit ein bißchen Glück findet sich dort und im hohen Norden auch ohne Planung ein geeignetes Fleckchen Erde am Gebirgsbach oder an einem einsamen See, wo man wunderbar die Nacht oder sogar einige Tage verbringen kann. Auf öffentlichem Land (*National Forest*) ist das grundsätzlich erlaubt.

Privateigentum

Wichtig ist die Respektierung von Privatbesitz, denn in ganz Nordamerika besitzt das ***Private Property*** einen hohen Stellenwert. Scheinbar kaum benutzte Wege führen bisweilen wohl an den erhofften See, aber dort entpuppt sich der angepeilte Übernachtungsplatz als private Wochenendparzelle.

Rastplatz

»Wildes« Camping ist (mit Campmobilen) oft auf ***Rest Areas*** möglich. Sie bieten sich gelegentlich zur »**Überbrückung**« für eine Nacht an. In einigen Regionen ist das ***Overnight Parking*** auf Rastplätzen sogar gestattet, in anderen verboten. Parken zu später Stunde noch Autos, speziell Campmobile auf *Rest Areas*, spricht einiges dafür, daß sie als »inoffizieller« Übernachtungsplatz genutzt/geduldet werden.

Städte

In Großstädten sollte man **nicht auf die Idee kommen, außerhalb offizieller Plätze** zu campen, auch wenn stadtnahe *Campgrounds* voll oder arg teuersind. In städtischen **Parks** oder auf **Parkplätzen** gratis zu übernachten ist nicht nur gefährlich, sondern auch illegal. Sollte es gar nicht anders gehen, steht man auf belebten *Truck Stops*, in vollgeparkten Wohnstraßen besserer Viertel oder auf einigermaßen besetzten Parkplätzen (von Yachthäfen, Hotels etc.) sicherer, wo aber besser niemandem die nächtliche Nutzung des Fahrzeugs auffallen sollte.

Sicherheit

Zwar ist Gefährdung durch Kriminalität in Canada (und auch in den USA) außerhalb von Ballungsgebieten gering, aber dennoch bleibt ein Restrisiko für alle, die – wo auch immer – isoliert von anderen übernachten. Wer Bedenken hat, sollte diesen nachgeben und auf »wildes« Campen verzichten.

3.4 Essen und Trinken

3.4.1 Selbstverpflegung

Lebensmittel

Supermärkte

Die Selbstversorgung auf Reisen bereitet in Canada keinerlei Schwierigkeiten. Supermärkte (***Food Marts***) von oft kolossalen Ausmaßen findet man bis hinunter in kleine Ortschaften. Gesetzlich geregelte Ladenschlußzeiten gibt es weder in Canada noch in den USA. In Canada schließen die Läden zwar tendenziell früher als im Nachbarland, aber Supermärkte sind werktags meist **bis 21 Uhr geöffnet**, samstags und immer häufiger auch sonntags bis 18 Uhr. Manche Supermärkte – speziell in Großstädten – bleiben 24 Stunden geöffnet.

Supermärkte befinden sich in größeren Orten an den Ausfallstraßen, häufig im Verbund mit anderen Läden und einem Warenhaus (***Department Store***) integriert in ***Shopping Plazas*** oder ***Centres***. In kleinen Orten liegen sie fast immer an der Hauptstraße. Canadas größte Supermarktkette ist ***Safeway*: www.safeway.com**.

Sonstige Läden

Außer in Supermärkten gibt es Lebensmittel, aber kaum Obst, Gemüse und Frischfleisch in – nicht selten rund um die Uhr betriebenen – ***Mini-Marts***. Die Mini-Märkte sind mehrheitlich mit **Tankstellen** kombiniert und fungieren außerdem mit kalten Getränken, Kaffee, Speiseeis etc. als Versorgungsstationen für Autofahrer. In manchen Dörfern stößt man auch noch auf den ***General Store***, den klassischen ländlichen Gemischtwarenladen, der von der Milch bis zum Angelhaken alles führt, was die Kunden im Einzugsbereich so brauchen.

Preisniveau

Supermärkte bieten größte Auswahl und (relativ) günstige Preise. Lebensmittel sind in Canada bei einem Kursniveau von €0,64 (Stand: Mai 2005) für den Dollar im Schnitt etwas teurer als **in Deutschland**. Viel höher als bei uns sind die Preise für **Obst und Gemüse**, sieht man von Erntezeiten im Anbaugebiet ab. Auf Vancouver Island und generell mit wachsender Entfernung von den Bevölkerungszentren steigen die Kosten für Frischprodukte. Wer Wert auf gesunde Ernährung legt, muß für *Health Food* ohne Chemie, Joghurt, Fruchtsäfte etc. ebenfalls mehr Geld ausgeben als in Deutschland.

Salattheken

Eine bei uns im Supermarkt kaum zu findende Spezialität sind ***Salad Bars*** mit oft verlockender Salatauswahl zur Selbstbedienung. An der Kasse wird nach Gewicht abgerechnet. Auch **Suppentöpfe** und anderes mehr stehen häufig bereit.

Anmerkungen zu Lebensmitteln im einzelnen

Fleisch

Das Angebot an Fleisch (***Meat***) ist in den Supermärkten groß. Spezielle **Schlachterläden gibt es aber nicht**. Die vielfältigen Bezeichnungen für Rindfleisch sind uns nur teilweise geläufig. Fürs **Grillen** eignen sich besonders *Prime Rib, Sirloin, New York* und *Porterhouse Steaks. Tenderloin* (Filetsteak) ist noch besser, aber teuer. Die **Qualität** des Fleisches läßt selten zu wünschen übrig.

Fisch

Die Kühlregale für Fisch stehen üblicherweise gleich neben den Fleischtheken. Die Auswahl variiert regional. Besonders im Bereich der Pazifikküste ist das Angebot groß und fangfrisch. Lachs und Forellen gibt es überall zu günstigen Preisen.

Wurst

Wurstwaren, überwiegend scheibenweise vakuumverpackt, schmecken nicht wie gewohnt; auch Bezeichnungen wie ***German Mettwurst*** und ***Braunschweiger Liverwurst*** können darüber nicht hinwegtäuschen. Wurst darf in Canada mit etlichen pflanzlichen Zusatzstoffen vermischt sein und nur zu einem geringen Teil aus Fleisch bestehen. Für qualitativ bessere **Wurstimporte** muß man tief in die Tasche greifen.

Milch und Käse

Die Kühlregale für Milcherzeugnisse werden von vielfältigen Joghurt- und Milchsorten beherrscht. **Milch** gibt es von ***Non Fat*** (ohne Fett) über 1% oder 2% ***Low Fat*** bis zu 3,5%iger ***Homo (-genized) Milk*** (=Vollmilch). Milch ist immer mit Vitamin A und D angereichert.

Der kanadische ***Cheddar Cheese*** in verschiedenen Abstufungen von *mild* bis *extra sharp* schmeckt ausgezeichnet. In »*Deli*(katessen)«-Abteilungen gibt es auch teure importierte und ausgefallene einheimische Käsesorten wie *Strawberry* (rosa!) oder *Chocolate Cheese*. Bemerkenswert ist ***Cheese Substitute,*** »Chemiekäse« ohne nennenswerten Anteil an Milchbestandteilen. Man findet diesen Ersatz statt *Real Cheese* oft als Pizzabelag.

Obst und Gemüse

Das Angebot an Obst und Gemüse variiert mit der Region und Saison. Normalerweise ist die Auswahl sehr reichhaltig. Preiswertes ***Produce*** gibt's an Straßenverkaufsständen in den Obstanbaugebieten (z.B. im Okanagan Valley).

Brot

Pappiges **Weißbrot** ist in Canada genauso verbreitet wie in den USA, aber oft gibt es in Canada deutschen Brotsorten nahekommende Produkte und sogar Importe, bei denen fehlende Frische durch gesalzene Preise ausgeglichen wird. Wer nichts findet, was schmeckt, sollte mal das ***Bannock*-Rezept** ausprobieren, es steht auf Seite 414.

Müsli

Müsliprodukte gibt es abgepackt (sehr gut die Variationen der Marke ***Quaker***) und lose als ***Bulk Food***. In offenen Behältern werden nicht nur Haferflocken, Nüsse etc. lose angeboten, sondern oft auch Süßigkeiten, Gewürze, Teigwaren und sogar

3

Bulk Food Hundefutter. Man füllt die benötigte Menge ab und notiert die Kennziffer der Ware auf der Tüte; gewogen und abgerechnet wird an der Kasse.

Tiefkühlkost Besonders gut gefüllt sind Tiefkühltruhen und -schränke. Wer im Wohnmobil über Backherd oder Mikrowelle verfügt, kann seine Speisekarte preiswert durch tiefgefrorene **Fertigmahlzeiten** »bereichern«.

Kuchen Kuchen und Kekse (***Cookies***) erfreuen sich großer Beliebtheit, aber Achtung: die starke Süße und der ausgeprägte Einsatz von Chemie sind nicht unbedingt jedermanns Sache. Ganz gut schmecken ***Donuts***, vor allem dann, wenn sie frisch aus der supermarkteigenen ***Bakery*** kommen. Hier und dort trifft man auf einen **Bäckerladen** deutscher Einwanderer, wo weniger mit Lebensmittelfarbe und Zucker, sondern mit traditionellen Zutaten gebacken wird.

Getränke Beeindruckend ist die **Getränkevielfalt.** Es gibt jede Menge preiswerter Limonadengetränke und verschiedene Coca- und Pepsi-Cola Marken. Nektare und andere »Fruchtgetränke« mit geringem Fruchtgehalt sind billig, teuer dagegen 100%-Fruchtsäfte.

Kaffee und Tee Der anders geröstete und **grobgemahlene Kaffee** wird bei Kaffeefreunden kaum auf Gegenliebe stoßen. Man trinkt ohnehin mehr Pulverkaffee als bei uns. Die **Teeauswahl** ist außer in wenigen Fachgeschäften dürftig und besteht vor allem aus den Teebeuteln einiger großer Hersteller. Wer seinen Morgenkaffee oder spezielle Teesorte im Urlaub nicht missen möchte, packt die benötigte Ration besser in den Koffer.

Alkoholika

Liquor Store In kanadischen Supermärkten werden mit der Ausnahme von Québec **keine Alkoholika** verkauft. Lediglich *Light Beer* und im Alkoholgehalt reduzierte Weinsorten sind erhältlich. Für »richtiges« Bier, Wein und Hochprozentiges muß man ***Liquor Stores*** aufsuchen, staatliche Monopolläden außer in Alberta. Aus der einstigen Alkoholkontrolle ist für den Staat ein großes Geschäft geworden. Nicht nur schöpft er enorme Summen über die Umsatzsteuer und exzessive Alkoholsteuern ab, er verdient auch noch kräftig am Handel. *Liquor Stores* gibt es bis hinunter ins kleinste Dorf.*) Sie sind bestens sortiert und führen alles, was auf dem Weltmarkt alkoholisch Rang und Namen hat.

*) Nicht im hohen Norden. Im Yukon Territory etwa gibt es *Government Liquor Stores* nur in Dawson City, Faro, Haines Junction, Mayo, Watson Lake und Whitehorse. In anderen Orten dürfen lizensierte Restaurants Bier und Wein verkaufen.

Lage

Die Alkoholläden liegen oft etwas abseits der Hauptstraßen. Als Ortsfremder muß man danach fragen. Die **Öffnungszeiten** variieren mit den lokalen Gegebenheiten. Besonders in kleinen Ortschaften ist damit zu rechnen, daß ***Liquor Stores*** **nach 18 Uhr geschlossen** sind, an **Sonntagen ohnehin**. Dank der hohen **Besteuerung** ist jede Art alkoholisches Getränk extrem teuer und kostet im Schnitt doppelt soviel wie bei uns. Aktuelle Preise unter www.bcliquorstores.com. Wer Alkoholika kaufen möchte, muß im übrigen **21 Jahre alt** sein. Jünger aussehende Kunden werden nach dem Ausweis gefragt.

Konsum von Alkohol

Alkoholgenuß ist in ganz Canada offiziell nur in geschlossenen Räumen oder auf Privatgrundstücken erlaubt. Zum Privatbereich zählt auch der Stellplatz auf dem *Campground*. Man darf also ungestraft sein Bier am Lagerfeuer trinken. Sonst ist **Alkoholkonsum unter freiem Himmel** – in der Öffentlichkeit also – **gesetzwidrig**. Vorbeugend wird man gelegentlich darauf hingewiesen: ***No Alcoholic Beverages in the Park, on the Beach*** etc. Angebrochene Spirituosen dürfen sich darüberhinaus nicht im Innenraum eines Fahrzeugs befinden. Strenggenommen gilt das auch für Wohnmobile.

Alkoholische Getränke im einzelnen

Bier

Canadas Biermarkt wird von zwei Konzernen dominiert. Knapper Primus mit 44% Marktanteil ist die von *John Molson* 1786 in Montréal gegründete ***Molson*-Gruppe** (www.molson.com). Seit dem Zusammenschluß mit dem US-Konkurrenten ***Coors*** (www.coors.com) 2005 gehört sie zum fünftgrößten Brauereikonzern der Welt (www.molsoncoors.com).

Ganz dicht auf folgt der 1847 von *John Kinder Labatt* in London (Ontario) gegründete Labatt-Konzern (www.labatt.com), der bereits 1995 von der belgischen ***InBev*-Gruppe** (www.inbev.com), dem volumenstärkste Brauereikonzern der Welt, übernommen wurde. Labatts Premiummarke in West-Canada ist ***Kokanee*** aus der *Columbia Brewery* in Creston/BC.

Der große Biergigant ***Budweiser*** (www.budweiser.com) hingegen (US-Marktanteil rund 50%) kann sich im Nachbarland Canada nur schwer behaupten. Kein Wunder, werden doch die *Bud*-Mixturen teils auf Reisbasis gebraut.

Die kanadischen Marken weisen mehr Würze auf als die geschmacklich indifferenteren US-Sorten. Bier darf künstliche und natürliche Zusatzstoffe enthalten. Es gibt durchaus entsprechend unserem Reinheitsgebot gebrautes Bier. Unter den teuren Importbieren besitzen ***Heineken*** und deutsches ***Beck's Bier*** hohe Marktanteile. Trotz Originalverpackung schmecken die Importe aber nicht so wie im Ursprungsland.

Pfand In Canada ist die Einwegverpackung für Bier – im Gegensatz zum Nachbarn USA – »eigentlich« seit langem abgeschafft. Man zahlt grundsätzlich **Pfand** *(Deposit)* auf Flaschen wie Dosen. Die Rückgabe erfolgt im *Liquor Store*, gelegentlich auch in gesonderten, schwer zu findenden Sammelstellen.

Wein Wie oben bemerkt, ist das Weinangebot überwältigend. Neben Weinsorten aus aller Herren Länder gibt es auch **kanadische Weine**. Sie stammen vorwiegend aus den Weinanbaugebieten des *Okanagan Valley* und dem klimatisch begünstigten Süd-Ontario. Die geschmacklich akzeptablen Sorten sind ebenso wie die besseren **kalifornischen Weine** ziemlich teuer.

Europäische Importe schießen jedoch preislich den Vogel ab. Dabei handelt sich selten um erste Qualitäten – im Gegenteil.

Wein Wer auf sein Glas Wein auch in Canada nicht verzichten und gleichzeitig zu große Löcher in der Reisekasse vermeiden möchte, sollte auf Weine aus **Chile** und **Osteuropa** achten. Sie sind vergleichsweise preiswert und meistens »trinkbar«.

Spirituosen Die Angabe der Prozente (***proof***) bei den Sprituosen entspricht dem doppelten der in Deutschland üblichen Kennzeichnung; *84 proof* sind also 42 Volumenprozente. Wer sich für **Whisky** interessiert, muß in Canada drei Typen unterscheiden: den ***Whiskey*** mit »e« (amerikanischer ***Bourbon***, der zu mindestens 50% aus Mais gebrannt wird), ***Scotch*** und ***Rye***, kanadischen Whisky auf Roggenbasis.

3.4.2 Fast Food Lokale

Situation Nicht nur im letzten Winkel der USA, sondern auch noch im abgelegenen kanadischen Dorf findet man die Filialen der amerikanischen ***Fast Food*** Industrie.

Getränke Grundsätzlich erfolgt **kein Alkoholausschank**, getrunken wird ***Soda Pop***, also Cola, Fanta etc. aus großen Bechern mit Unmengen von Eis. Mineralwasser fast nie erhältlich.

Frühstück Unabhängig von ihrer Spezialisierung für den Rest des Tages gibt es in vielen *Fast Food* Restaurants morgens von 6-10 Uhr Frühstück. Das **Canadian Breakfast** besteht aus 2 Eiern (nach Wunsch: *scrambled* = Rührei, *fried, sunny side up* = Spiegelei), gebratenem Speck (*Bacon*) und/oder Bratwürstchen (*Sausage*) und *Hash Browns* (halb Bratkartoffeln, halb Kartoffelpuffer). Dazu werden Toast und Marmelade serviert oder ***Pancakes*** mit süßem Sirup, selten mit dem teuren Ahornsirup (*Maple Syrup*) sowie Kaffee oder Tee nach Belieben.

McDonald`s Allerorten präsent und mit 77.000 Angestellten sechstgrößter kanadischer Arbeitgeber ist ***McDonald's*** (www.mcdonalds.ca) Bekanntlich serviert *McDonald's* in erster Linie Hamburger in diversen Ausführungen und morgens bis 10/11 Uhr Frühstück. Der ***Burger King*** (www.burgerking.ca), *Home of the*

Whopper, dem Pendant zum *Big Mac*, und (mit weitem Abstand) die #3 unter den kanadischen Hamburger-Ketten, unterscheidet sich hauptsächlich im Namen von *McDonald's*.

Hamburger-Ketten

Das Sortiment und die Preise stimmen ziemlich überein; gelegentlich gibt es eine kleine ***Salad Bar.*** Die größte Konkurrenz liefern sich die Marktführer bei den hauseigenen **Spielplätzen**. Kinder und Eltern lieben die sauberen, oft überdachten oder sogar als ***Indoor Playground*** konzipierten Anlagen der Hamburger-Konkurrenten mit Styroporballbecken, Kletternetzen und Rutschen.

Die Konkurrenz um die Familienkundschaft ließ die hauseigenen Spielplätze teilweise erstaunliche Dimensionen annehmen

Sonderfall Wendy's

Die kanadische Burgerkette #2 ***Wendy's*** (www.wendys.com), lockt die Mehrheit der Kunden heute weniger mit dem Basisprodukt »Hamburger« als mit einer *Salad Bar*, die in vielen Filialen um ***Pasta*** und ***Mexican Food*** zur ***Super Bar*** erweitert ist. Zum Einheitspreis (***»all you can eat!«***) kann man bei *Wendy's* relativ gesund essen oder den großen Hunger mit Spaghetti und mexikanischen Bohnen bekämpfen.

Hamburger und Eis bei der Dairy Queen

Auf ***Dairy Queen***-Lokale (www.dairyqueen.com), stößt man in Canada allerorten. Ursprünglich spezialisiert auf Milch-Mixgetränke, Eis und Joghurt, bietet die »Königin der Milchprodukte« heute obendrein die üblichen Hamburger-Varianten nebst Beilagen. *Dairy Queen* ist weniger einheitlich aufgemacht als die Ketten-Konkurrenz. Es gibt sowohl die simple Dorf-Cafeteria wie den modern gestylten Plastikschuppen. Immer aber schmeckt das **Eis** gut, insbesondere ***Banana Split*** und *Frozen Yoghurt* aller Geschmacksvarianten unter der schönen Bezeichnung **Blizzard**. Als »Spitzenprodukt« gilt das ***Hot Fudge Sundae Brownie Delight***, Eis mit heißer Schokoladen-Karamel- und Erdbeersoße auf einem *Brownie* (typischer amerikanischer Schokoladenkuchen).

Eisdielen

Oft in Shopping *Malls* vertretene reine **Eisdielen** sind die Ableger der Franchise Kette ***Baskin Robbins*** (www.baskin-robbins.com) mit hervorragendem, aber sehr teurem Eis.

Mexikanische Spezialitäten

Ausgehend vom Südwesten der USA haben sich die Lokale mit mexikanischen Spezialitäten wie ***Taco Bell*** (www.tacobell.com) auch nach Canada ausgedehnt. Basis ihrer Gerichte sind *Tortillas*, Mais- oder Weizenfladen, die mit Hackfleisch, Püree aus roten Bohnen, Salat, Sauerrahm und Käse gefüllt werden. Man rollt die weichen Tortillas zu ***Burritos, Enchiladas*** oder ***Soft Tacos*** zusammen. Kross fritierte *Tortillas* belegt man mit den obengenannten Zutaten zu ***Tostadas*** oder klappt sie zu ***Tacos*** zusammen. Die **Tortilla-Variationen** sind ausgesprochen preiswert. Kaum irgendwo sonst läßt sich für so wenig Geld der Magen füllen.

KFC

Zum Konzernverbund *Taco Bell/Pizza Hut* zählt die auch in Europa bekannte Kette ***Kentucky Fried Chicke***n (www.kfc.ca). Dort werden als Spezialität Hähnchen frittiert.

Subway

Wo der Kundenzuspruch für einen großen Burger-Schuppen nicht ausreicht, finden Sandwiches in allen Varianten noch Abnehmer. Mit diesem einfachen Rezept und (weltweit identischen) 15 cm oder 30 cm langen, frisch zubereiteten Sandwiches erfreut ***Subway*** (www.subway.ca) in über 2.000 kanadischen Filialen seine Kunden..

Tim Horton

1964 gründete der zehn Jahre später bei einem Autounfall verstorbene Eishockeystar ***Tim Horton*** in Hamilton (Ontario) sein erstes *Donu*t-Café und startete damit eine kanadische Erfolgsgeschichte. An den ersten Spezialitäten von damals – stets frisch gebrühter Kaffee, *Apple Fritters* (Hefeteilchen mit Apfelstückchen/Zimt) und *Dutchies* (Hefeteilchen mit Rosinen) – hat sich bis heute nichts verändert. Im Café der *Fast-Food*-Kultur werden außerdem rund um die Uhr frisch gebackene *Donuts, Muffins, Bagels, Timbits* (Donutstückchen), dazu als ungesüßte Alternative *Chili*, Suppe und Sandwiches serviert. *Donuts* gibt es in weit über 20 Variationen und im Dutzend billiger. Die gefüllten oder ungefüllten, mit Schokolade oder Karamel glasierten Teigkringel sind zumindest für den Nachmittagskaffee eine gute Wahl.

Mit 2.400 kanadischen Filialen und über 55.000 Angestellten ist ***Tim Horton*** (www.timhortons.com) landesweit vertreten. Seit der Übernahme durch die US-Fast Food-Kette *Wendy´s* 1995 wird nun auch der Expansionskurs in die USA vorangetrieben. So entstehen vielerorts neue Lokale mit Filialen beider Ketten unter einem Dach im Doppelpack.

Tim Horton ist immer gut für einen Stopp, zum Beispiel fürs »Quick Lunch Specials«

Lake Agnes Teahouse hoch über dem Lake Louise im Banff National Park: Wie der Name sagt: hier gibt es diverse Teesorten, Kaffee und Tütensnacks - aber keinen Alkohol

Combi Platters

Alle Ketten werben nahezu kontinuierlich mit **Sonderpreisen** für bestimmte Gerichte wie ***Tacos* $0,79** oder Kombinationen von *Items*, etwa »***Large Coke* + *Cheeseburger* + *French Fries***« (Pommes Frites) für **$2,79**. Wer auf derartige Angebote achtet und es darauf anlegt, kann in *Fast Food Places* fast preiswerter essen als bei Selbstverpflegung.

Steakhäuser

Nicht ganz *Fast Food* und auch nicht ganz »richtige« Restaurants sind Ketten-Gaststätten **ohne Alkoholausschank**.

Pizza

Darunter fällt auch die ***Pizza Hut*** (www.pizzahut.ca). Die Häuser dieser Kette bieten ***Pizza, Pasta*** und ***Salads*** zu moderaten Preisen. An der Qualität gibt es selten etwas auszusetzen, und die Größe der Pizzen steht in einem vernünftigen Verhältnis zum Preis. Die *Pizza Hut* gehört in beiden Ländern Nordamerikas zu den besten *Fast-Food*-Optionen.

Coffee Shops

Empfehlenswert sind im allgemeinen auch die *Coffee Shops* der ***Truck Stops*** an großen *Highways*, die oft rund um die Uhr *Hamburger*, *Steaks* und andere Standardgrichte servieren. Für moderate Preise gibt es ordentliche Portionen. Ein ***Canadian Breakfast*** schmeckt dort meistens besser und ist reichlicher als in *Fast Food* Lokalen, aber kaum teurer.

3.4.3 Restaurants und Kneipen

Übersicht

In den großen Citys ist die **Vielfalt der Restaurants** enorm, während sich in Kleinstädten und auf dem Lande das Angebot nicht selten auf die typischen Hamburger- (auch im Restaurant!) und Steakgerichte beschränkt, eventuell noch erweitert um Pizza, Spaghetti, *Mexican Food* und die verbreitete chinesische Küche. An den Küsten und auf **Vancouver Island** gibt es zahlreiche ***Seafood*-Restaurants.** Der ***Catch of the Day*** bezeichnet das jeweilige fangfrische, wechselnde

Tagesangebot und ist oft eine gute Option. Da der Pazifische Lachs mit fünf Gattungen an Canadas Westküste vertreten ist, werden ***Chinook (King) Salmon, Chum (Dog) Salmon, Coho Salmon, Pink (Humpback) Salmon, Sockeye Salmon,*** dazu der ***Kokanee Salmon*** (kleinerer, nicht wandernder Süßwasservertreter des ***Sockeye***) in vielen Restaurants recht preiswert serviert. Ebenfalls eine Spezialität West-Canadas sind – frisch von den Weiden auf den Tisch – saftige **Rindersteaks**. Sie stehen meist in guter Qualität und zu akzeptablen Preisen auf der Speisekarte und werden *rare* (blutig), *medium* oder *well done* (durchgebraten) serviert. Die Ende des 19. Jahrhunderts fast ausgerotteten Bisons grasen nun wieder zahlreich auf Zuchtfarmen. Bisonfleisch schmeckt ähnlich wie Rindfleisch und man sollte es durchaus einmal probieren.

Seafood Restaurant »Canadian Princess« in Ucluelet auf Vancouver Island – attraktiv, aber zeitweise flaues Leser-Feed-back

Lage und Qualität

Mit Ausnahme stark touristisch geprägter Orte und bestimmter Großstadtviertel findet man Restaurants ebenso wie die *Fast Food* Filialen an den Hauptstraßen. Sieht man ab von teuren Restaurants in den Zentren großer Städte oder in höherklassigen Hotels, darf man keine übermäßig hohen Ansprüche stellen. Das **Preis-Leistungs-Verhältnis** ist aber alles in allem inkl. Steuern und Trinkgeld nicht so gut wie zu Hause.

In Restaurants gelten einige uns nicht vertraute Regelungen, an die man sich gewöhnen muß:

Plazierung

- Üblicherweise werden in ganz Nordamerika Restaurantbesucher »plaziert«. Ein Schild ***Wait to be seated*** weist meist explizit darauf hin. Wenn er nicht ausdrücklich zum ***Seat yourself*** aufgefordert wird, wartet daher der Gast, bis sich ein ***Waiter/ Host*** oder eine ***Waitress/Hostess*** seiner und der dazugehörenden *Party* annimmt und einen Tisch zuweist. Einzelne freie Plätze an bereits besetzten Tischen werden nicht vergeben. Ist im Moment kein Tisch frei, werden die **Namen** der ankommenden Gäste **notiert** und der Reihe nach aufgerufen: »*Meyer, party of three!*« soll heißen, für den Gast Meyer und 3 Personen steht ein Tisch bereit. Wartezeiten überbrückt man an der Bar, so vorhanden.

Salat-Theke

- Vor allem Steak-Restaurants verfügen oft über eine ***Salad Bar***, an der unbegrenzt nachgefaßt werden darf: *All you can eat*! Meistens sogar **ohne ein Hauptgericht** zu bestellen, wiewohl das selten ausdrücklich auf der Karte steht. Das kostet nur wenige Dollar und ersetzt eine ganze Mahlzeit.

Nachtisch

- Nach dem Hauptgericht fragt man den Gast, ob er ***Sweets*** oder ***Dessert*** wünscht. In Canada und in den USA sind Kuchen und Kaffee nach dem Essen üblich.

Kaffee

- Kaffee wird meistens **beliebig nachgeschenkt**, aber nur einmal berechnet. Kännchen gibt es nicht.

Steuern und Trinkgeld

- Die Rechnung (amerikanisch: ***Check***; das britische *Bill* wird auch in Canada selten gebraucht) weist neben den Nettopreisen zusätzlich die ***Provincial Sales Tax*** und die ***Goods & Services Tax*** in Höhe von weiteren 7% aus. Da der Service nie im Preis enthalten ist, das Personal auch nur ein niedriges Fixum erhält, wird ein für europäische Verhältnisse **üppiges Trinkgeld** erwartet. Üblich sind 12%-15%, bei guter Bedienung ist auch mehr nicht ungewöhnlich. Ein *Tip* von $10 bei einer Rechnung über $70 gilt in Restaurants ab mittlerer Kategorie als durchschnittlich. In British Columbia (*Sales Tax* und *GST* je 7%) etwa muß man also zu den Preisen der Karte gut **30% addieren**, möchte man die **Effektivkosten** des **Essengehens** richtig abschätzen.

Zahlen

- Gezahlt wird nicht selten an einer Kasse. Auch dann hinterläßt man den ***Tip*** besser bar am Tisch. Bei Rechnungsbegleichung per Kreditkarte vermerkt man das Trinkgeld auf dem Beleg.

Alkohol

Alkoholische Getränke werden nur in Verbindung mit einer Mahlzeit gereicht. Verweilen und der Wunsch nach alkoholischem Nachschub wird in vielen Restaurants Befremden hervorrufen. Nach dem Essen erwartet man im Prinzip, daß der Gast den Tisch räumt. Wer den Abend in gemütlicher Runde fortsetzen möchte, sucht eine Kneipe oder Bar auf.

Kneipen

Die allerdings sind rar in Canada. In größeren Ortschaften gibt's in besseren Hotels zwar **hauseigene Bars** oder ***Cocktail Lounges***, und immer auch ein paar Kneipen irgendwo (in letzter Zeit mehr und mehr ***Microbreweries*** mit hauseigenem Bier und oft *Live Music*), aber selten in der bei uns gewohnten Dichte. **Sonntags** und zu später Stunde steht man selbst dort leicht vor verschlossener Tür. Denn unterschiedlichste regionale und lokale Gesetze regeln den Alkoholausschank. Ganz düster sieht es aus in kleinen Orten und auf dem Lande. Wenn überhaupt vorhanden, wirken viele ***Pubs*** alles andere als einladend.

Die bei uns bekannte Kombination aus Kneipe und Restaurant, die gemütliche **Gaststätte,** in der sich angenehm ein Abend verbringen läßt, ist **in Canada nicht existent**.

3.5 Alles Weitere von A bis Z

Apotheken

Apotheken gibt es in Canada als selbständiges Geschäft nicht. Man findet ***Pharmacies*** als Abteilungen in ***Drugstores,*** Drogerien vergleichbaren Läden, oft auch in Supermärkten. Nicht verschreibungspflichtige Medikamente gibt es dort in Selbstbedienung, rezeptpflichtige an einer Theke für ***Prescriptions.***

Ärzte und Zahnärzte

Trotz einer insgesamt hohen Dichte bei der ärztlichen und zahnärztlichen Versorgung ist es in Canada nicht ganz einfach, einen kurzfristigen Termin bei einem Arzt (***Physician***) oder Zahnarzt (***Dentist***) zu finden. Das gilt nicht für **Ambulatorien**, die man in großen und auch kleineren Städten als Gemeinschaftspraxis verschiedener Spezialisten findet. Mit **akuten Beschwerden** und Verletzungen kann man sich direkt zum ***Emergency Room*** (der Notfallaufnahme) im nächsten Hospital begeben. Bei Problemen helfen die örtliche ***Visitor Information***, das Hotel- oder Campingplatzpersonal ggf. weiter. In National- und Provinzparks sind die ***Ranger*** natürliche Ansprechpartner und in aller Regel sehr hilfsbereit.

Die in Canada und den USA einheitliche Telefonnummer für Notfälle aller Art (*Emergencies*) ist 911; in abgelegenen Regionen wählt man die »0« der Telefonvermittlung.

Notfall-© in deutscher Sprache 1-888-222-1373

Banken

Eine Bankfiliale gibt's in Canada noch im kleinsten Ort. Alle Banken akzeptieren anstandslos die gängigen auf Dollar ausgestellten Reiseschecks und zahlen in aller Regel ohne Abzug den Nennwert aus. Meistens verlangen sie dafür die Vorlage des Passes. Das gilt auch fürs ***Cashing,*** die Auszahlung von Bardollars gegen Kreditkarte. Die Mehrheit der Banken honoriert ***Mastercard*** und **VISA**. Die Schalter sind überwiegend montags bis freitags ab 9 Uhr durchgehend **geöffnet.** Geschäftsschluß ist gelegentlich bereits um 14 Uhr, selten später als 16 Uhr.

Botschaften und Konsulate

➪ Adressenanhang Seite 607f.

Datum

Daten werden in der Reihenfolge Monat/Tag/Jahr mit Schrägstrich geschrieben. Der Termin **04/30/2005** entspricht dem **30.04.2005** unserer Schreibweise.

Elektrizität

Spannung Canada und die USA mit Alaska verfügen über ein **110 Volt-Wechselstromnetz** von 60 Hertz. Geräte, die sich auf 110 Volt umschalten lassen, kann man problemlos verwenden.

Adapter Allerdings passen europäische Stecker nicht in die nordamerikanischen Steckdosen (die auch in Wohnmobilen eingebaut sind). Es empfielt sich, für jedes Gerät einen eigenen Adapter mitzunehmen. Die »Amerikastecker« gibt es bei uns für wenig Geld in größeren Elektroläden und in den Elektroabteilungen der Kaufhäuser. Adapter in Canada oder den USA aufzutreiben, ist schwieriger.

Feiertage

An Feiertagen sind Postämter, Banken und die öffentliche Verwaltung geschlossen. Supermärkte und Einkaufszentren bleiben meist geöffnet, wenn auch bei reduzierten Öffnungszeiten.

- **Nationale kanadische Feiertage**

New Year's Day	1. Januar
Good Friday	Karfreitag
Easter Monday	Ostermontag
Victoria Day	vorletzter Montag im Mai
Canada Day	1. Juli (Nationalfeiertag)
Labour Day	1. Montag im September
Thanksgiving	2. Montag im Oktober
Remembrance Day	11. November
Christmas/Boxing Day	25./26. Dezember

- **Zusätzliche Feiertage der einzelnen Provinzen**

Alberta:	*Heritage Day*, 1. Mo im August
British Columbia:	*BC Day*, 1. Mo im August
Manitoba, Ontario, Northwest Territories:	*Civic Holiday*, 1. Mo im August
Saskatchewan:	*Saskatchewan Day*, 1. Mo im August
Yukon:	*Discovery Day*, 3. Mo im August

- **Feiertage in Alaska**

New Year's Day	1. Januar
President's Day	3. Montag im Februar
Seward's Day	letzter Montag im März
Memorial Day	letzter Montag im Mai
Independence Day	4. Juli
Labor Day	1. Montag im September
Alaska Day	18. Oktober
Veterans Day	11. November
Thanksgiving	4. Donnerstag im November
Christmas Day	25. Dezember

Maße & Gewichte

Metrisches System

Bereits Ende der 70er-Jahre wurde in Canada das metrische System eingeführt. Aber in den Köpfen der Kanadier spuken immer noch **Meilen** und ***Pounds*** herum. Bei der Frage nach dem Weg sollte man zweifelsfrei klären, ob der Auskunftgeber Kilometer oder Meilen gemeint hat. Immer noch existieren Wegweiser mit Meilenangaben, besonders am *Alaska Highway*. In Alaska gilt natürlich das amerikanische Maßsystem (siehe unten).

Pounds

Preisauszeichnungen für Obst und Gemüse beziehen sich in manchen Supermärkten noch immer auf das ***American Pound*** (**1 lb = 454 g**), an der Kasse wird dann aber in Kilogramm ausgewogen und abgerechnet. Zur Ermittlung des Kilopreises multipliziert man den Pound-Preis mit dem Faktor 2,2.

Werkzeuge

Bei Werkzeugen oder Ersatzteilen gibt es schon mal kleine Probleme, denn amerikanische Fahrzeuge dominieren den kanadischen Markt. Ihr »Innenleben« wird in *Inches* (Zoll) gemessen. Die passenden Schraubenschlüssel sind mit Bruchteilen eines Zolls abgestuft, z.B. 5/16 inch (entspricht 10/32 inch), 11/32 inch etc., die selten mit glatten Millimetern übereinstimmen. Mit metrischem Werkzeug reißt man Muttern und Schraubenköpfe leicht kaputt.

Der Vollständigkeit halber hier die Maßeinheiten der USA:

1 inch		2,54 cm
1 foot	12 inches	30,48 cm
1 yard	3 feet	91,44 cm
1 mile	1760 yards	1,61 km
1 acre	4840 square yards	0,40 ha
1 square mile	640 acres	2,59 km^2
1 fluid ounce		29,57 ml
1 pint	16 fluid ounces	0,47 l
1 quart	2 pints	0,95 l
1 gallon	4 quarts	3,79 l
1 barrel	42 gallons	158,97 l
1 ounce		28,35 g
1 pound (lb)	16 ounces	453,59 g
1 ton	2000 pounds	907,19 kg

Notfälle

- **Krankheit/Unfall**

  In dringenden Notfällen, gleich ob man in erster Linie einen Arzt, den Unfallwagen oder die Polizei benötigt, ruft man die **Nummer 911** an. Sollte die ***Emergency Number*** ausgefallen sein, wählt man die »Amtsleitung« Null. Der *Operator* verbindet weiter.

Notfall Vor jedem Notfall-Anruf sollte man sich über den eigenen **Standort** vergewissern und für Rückrufe die Nummer des Apparates, von dem aus man telefoniert, parat haben. In Canada und den USA besitzen auch Münzfernsprecher eine Nummer und können angerufen werden.

An den Autobahnen stehen kaum **Notrufsäulen** (*Motorist Aid Call Boxes*). Fahrer liegengebliebener Fahrzeuge signalisieren durch die **geöffnete Motorhaube** (*hood*), daß sie Hilfe benötigen.

- **Pass-/Geldverlust**

Pass Bei Passverlust helfen die nächstgelegenen diplomatischen Vertretungen (Kopien aller Dokumente sind hilfreich) und die Notfallzentralen der Kreditkartenunternehmen.

Reiseschecks Falls Reiseschecks verlorengehen oder gestohlen werden, ruft man die ausgebende Institution (*Toll Free Number*) an und erhält dann vom Aufenthaltsort abhängige Direktiven für die Ausstellung von Ersatzschecks. Voraussetzung für den Ersatz ist das Vorhandensein des Kaufnachweises und eine »Buchführung« über ausgegebene Schecks.

Hilfe Sind Papiere und auch die Kreditkarten abhanden gekommen, hilft ***Western Union*** (Büros in vielen Städten Canadas und der USA) in Kooperation mit der **Reise Bank** (Filialen in den Bahnhöfen der wichtigsten deutschen Großstädte, in Flughäfen und an einigen Grenzübergängen) und der **Deutschen Postbank**. Wer sich **von zu Hause Geld schicken lassen** möchte, kann wenige Minuten nach Einzahlung in einer Reise Bank-Filiale oder bei der Post in einem *Western Union Office* seiner Wahl über das Geld verfügen. Weitere Details unter © 01803/030330. Die gebührenfreie Nummer von *Western Union* ist © 1-800-325-6000, Internet: www.westernunion.com

Post

Tarife Postkarten und Briefe nach Übersee kosten can$1,45 (USA: Postkarten $0,70, Aerogramme $0,70, Briefe $0,80). Für kürzere Mitteilungen empfehlen sich **Aerogramme**, die am Postschalter gekauft werden können. Porto ist im Preis enthalten. Für Briefmarken aus **Automaten** muß ein Aufpreis gezahlt werden, d.h. der bezahlte Betrag ist höher als der Nennwert der Marken. Postämter gibt es auch noch im kleinsten Dorf.

Laufzeit Postkarten und Briefe aus dem Westteil Canadas sind **nach Europa 6-10 Tage** (*airmail*) unterwegs. Ein Paket braucht auf dem Land- und Seeweg (*surface mail*) mindestens 6 Wochen. Wer ein Paket schicken möchte, muß für Gewicht **und** Ausmaße bestimmte Obergrenzen beachten.

Internet Post

USA	**www.usps.com**	©1-800-ASK-USPS
Canada	**www.canadapost.ca**	© 1-800-267-1177

Postlagernd

Briefe von zu Hause kann man sich postlagernd schicken lassen. Sie müssen dann wie folgt adressiert werden:

Name des Empfängers
c/o General Delivery
Name der Stadt und der Provinz sowie *Zip Code*
Canada

Der Zusatz ***General Delivery*** nach dem Adressaten bewirkt, daß der Brief im Hauptpostamt (***Main/General Post Office***, sofern mehrere Postämter vorhanden sind und ein *Zip Code* fehlt) eines Ortes zwei Wochen lang aufbewahrt wird. Wichtig ist der ***Zip Code*** (Postleitzahl), der in Canada hinter die Provinz geschrieben wird. Wie in Großbritannien besteht er aus einer sechsstelligen Buchstaben- und Ziffernkombination. Man kann an kanadischen Postschaltern das *Zip Code* Verzeichnis für alle Postämter einsehen.

US-Post Office in Alaska

Sommerzeit

In den meisten Provinzen und Territorien Canadas beginnt die Sommerzeit (*Daylight Saving Time*, kurz DST) jeweils am 1. Sonntag im April. Die Uhren werden dann um eine Stunde vorgestellt. Sie endet am letzten Sonntag im Oktober.

Saskatchewan indessen hält sich nicht an die DST. Deshalb haben Manitoba und Saskatchewan im Sommer trotz identischer Zeitzone verschiedene Uhrzeiten, aber Alberta und Saskatchewan die gleiche Uhrzeit, obwohl sie in verschiedenen Zeitzonen liegen.

Ebenso stellen in BC die nördlichen *Mountain-Time*-Regionen um **Dawson Creek** und **Fort St. John** sowie das Gebiet um **Creston am *Crowsnest Highway* nicht auf Sommerzeit um**.

Telefon

System

Canada und die USA bilden telefonisch eine Einheit. Jede Provinz bzw. jeder US-Staat besitzt eine **dreistellige Vorwahl, den *Area Code***, einige dicht besiedelte Staaten der USA und die Provinzen Alberta, British Columbia, Ontario mehrere davon. Dieser Vorwahl folgt die siebenstellige Rufnummer.

Auf der Telefontastatur sind den Ziffern von 2-9 jeweils drei Buchstaben zugeordnet. Damit prägen sich geschickt ausgesuchte Zahlenkombinationen besser ein, wie etwa die Nummer 1-800-CAR-RENT (entspricht 227-7368) des Autovermieters *National*.

Ferngespräche

Bei Ferngesprächen muß eine »1« vorweggewählt werden. Statt des Ortsgesprächtaktes gilt für die Gebühren dann der **Minutentakt** (die Kosten ergeben sich aus angebrochenen Minuten multipliziert mit einem entfernungsabhängigen Satz).

Internationale Gespräche

Über die Vorwahl **011** öffnet man den **Zugang zum internationalen Netz**. Mit

49 für Deutschland,
41 für die Schweiz und
43 für Österreich

und die reduzierte Ortsvorwahl (ohne 0) sind Verbindungen in die Heimat von Privatanschlüssen aus leicht hergestellt.

Münztelefone

In nordamerikanischen Münzfernsprechern (***Pay-Phones***) ist die direkte internationale Durchwahl nicht ohne weiteres möglich. Internationale **Ferngespräche** lassen sich **nur mit Hilfe eines *Operator*** führen, so keine *Calling Card* zur Hand ist.

Für Ferngespräche in *Pay Phones* muß man **jede Menge Kleingeld** dabeihaben. zumal mindestens 3 min (!) zu entrichten sind. Für Anrufe in Europa benötigt(e) man **rollenweise *Quarters*.** Denn Telefonate nach Übersee kosten ab $5 für die ersten 3 min. Mit dem *Operator* gibt es zudem oft Verständigungsprobleme.

Calling oder Phone Cards

Solche **Komplikationen** sind aber im Grunde **Schnee von gestern** dank überall (Supermärkte, Tankstellen, Hotels, *Mini Marts* etc.) zu kaufender ***Prepaid Calling Cards***. Diese praktischen Telefonkarten gibt es von zahlreichen Anbietern mit genausovielen Tarifen und oft kostentreibenden Zuschlägen wie Verbindungs/-Minimumgebühren pro Gespräch, Aufpreis von öffentlichen Telefonzellen, monat-/wöchentliche Grundgebühr, *Peak Time*-Gebühren, kostenpflichtigen Wahlversuche, hohe Takteinheiten.

Radio Shack (www.radioshack.ca, kanadaweit 900 Filialen) verkauft Telefonkarten von ***VoxDirect*** (www.vox direct.ca) mit nebenkostenfreien Minutenpreisen von $0,08 (innerhalb Canadas), $0,10 (nach Deutschland, Schweiz) bzw. $0,16 (nach Österreich).

Karten aus dem Internet Bei der Kauf von ***Calling Cards*** (auch mit Aufladefunktion) aus dem **Internet** (z. B. von ***ZapTel***, www.zaptel.com) erhält man konkret keine Karte mehr. Vielmehr werden *Pin Code* und gebührenfreie Einwahlnummer per E-Mail übermittelt, leider bei Erstkunden oft nur nach telefonischem Rückruf innerhalb von USA/Canada.

greencall Ebenfalls übers Internet erhältlich sind die ***Green Call Calling Cards*** (www.greencall.de) und von ***Worldlink Telekom*** über www. callfix.de mit nicht ganz so günstigen Tarifen, dafür aber »deutschsprachig«.

So geht`s Telefonkarten funktionieren in Apparaten ohne Einsteckschlitz (das sind immer noch viele) wie folgt: 800-Nummer für die gewünschte Sprache (selten deutsch) wählen, dann die Codenummer der Karte eintasten, die Rufnummer wählen und fertig. Eine Ansage nennt meist die Restminuten. Außer niedrigen Kosten ist ein Vorzug des Systems die Sicherheit: mehr als der Restwert der Karte kann nicht verlorengehen.

Kreditkarte Dort, wo Karten eingeschoben werden können (auch in mehr und mehr öffentlichen Telefonen), läßt sich direkt ohne die lästige Zahlentipperei **per normaler Kreditkarte telefonieren**. Die dafür erhobenen **Gebühren** sind aber in aller Regel deutlich **höher als bei Anrufen mit einer *Prepaid Phone Card***.

Im Hotel Wie bei uns ist das Telefonieren in Hotels und Motels mit hauseigenen Aufschlägen belegt. Sie sind aber durchweg niedriger als in Europa, bisweilen werben Motels sogar mit Netto-Telefongebühren. **Ferngespräche** lassen sich daher vielfach **bequemer vom Hotelzimmer aus** führen als von *Pay Phones* aus. Ebenso Anrufe zum **Nulltarif** bei einer der **800-Nummern**, etwa zur Reservierung eines Mietwagens oder Hotelzimmers für die nächsten Nächte oder in die Heimat per *Calling Card*.

Hotel Für **gebührenfreie** und **Kreditkartengespräche** vom Zimmertelefon aus berechnen Hotels und Motels manchmal nichts oder einen Fixbetrag von $0,50-$1 pro Anruf.

1-800, 1-866 1-877, 1-888 Bei den **Vorwahlen 1-800**, **1-866** oder **1-877**, **1-888** schaltet sich auch von ***Pay Phones*** aus kein *Operator* ein; die Kosten gehen zu Lasten des Angerufenen. **Auch von Europa aus sind diese Nummern zu erreichen – über die ganz normale Durchwahl 001**. Sie kosten jedoch den normalen Tarif für Überseegespräche. Bevor die Verbindung hergestellt wird, macht eine Ansage auf Englisch auf die Gebühren aufmerksam; unter Ausnutzung bestimmter *Call-by-Call*-Anbieter sind das teilweise aber nur noch 3 Euro-Cents/Minute (Preisübersicht unter **www.billiger-telefonieren.de**).

1-900 Das Gegenteil der 800-Nummern sind **900-Nummern**, für die neben den üblichen Kosten eine **Honorierung für den Angerufenen** fällig wird; z.B. für kommerzielle Ratgeber, Partnervermittlung etc. wie bei unseren 190-Nummern.

Handy Auf dem amerikanischen 1900-MHz Netz funktionieren die europäischen 900/1800-MHz *Dual Band Handys* nicht, sondern **nur *Triple Band Handys***. Wer noch kein modernes Handy dieses Typs hat, kann bei T-Mobile und Vodafone nordamerikataugliche 1900-MHz *Cellular Phones* mieten. Mit diesen kommen allerdings zu den Gebühren des heimischen Providers (für alle! ankommenden und ausgehenden Gespräche sowie Mailboxabfragen) noch die des nordamerikanischen *Roaming*-Partners des eigenen Mobilfunknetzbetreibers hinzu. Ohne Roaming (d. h. ohne Übernahme der heimischen Telefonnummer) sind die Gesprächsgebühren mit einem Miethandy preiswerter. **Im übrigen kosten Mobilfunkgespräche in Nordamerika sehr viel mehr als bei uns**; in vielen Regionen ist zudem die Netzabdeckung selbst für die weitverbreiteten analogen AMPS-Handys schlecht. Canadas digitales GSM-Netz beschränkt sich nur auf die Metropolen im Süden.

Details der Netzabdeckung unter www.canadagsm.com

Temperaturen

In Canada werden Temperaturen in °Celsius gemessen, in den USA in °Fahrenheit. Die Formel für die Umrechnung von Celsius in Fahrenheit und umgekehrt lautet:

°Fahrenheit = 32° + 1,8 mal °Celsius

Celsius	–15°	–10°	–5°	0°	5°	10°	15°	20°	25°	30°	35°	40°
Fahrenheit	5°	14°	23°	32°	41°	50°	59°	68°	77°	86°	95°	104°

Uhrzeit

In Canada steht »**am**« (*ante meridiem*, vormittags) oder »**pm**« (*post meridiem*, nachmittags) hinter einer Zeitangabe:

9 Uhr = 9 am 21 Uhr = 9 pm

Besonders zu beachten ist:

12.00 Uhr = 12:00 pm oder ***noon***
12.20 Uhr = 12:20 pm
24.00 Uhr = 12:00 am oder ***midnight***
0.20 Uhr = 12:20 am

In **Fahrplänen** stehen »am-Zeiten« häufig in Normalschrift, »pm-Zeiten« in Fettschrift.

Umsatzsteuer/Sales Tax-Erstattung

GST Alle ausgezeichneten Preise in Canada sind Nettopreise. Erst an der Kasse wird die jeweilige ***Provincial Sales Tax*** (Umsatzsteuer der Provinz; sehr unterschiedlich, ➪ Steckbriefe Seiten 569ff) und die ***Goods&Services Tax*** (***GST***, die nationale Mehrwertsteuer von 7%) addiert. Lebensmittel sind oft *tax exempted*, d.h. von der Umsatzsteuer befreit.

Die während des Aufenthaltes in Canada im Zusammenhang mit bestimmten Ausgaben **gezahlte GST kann Besuchern auf Antrag erstattet werden**, wenn die Gesamteinreichung sich auf minimal $14 GST beläuft. Dabei darf der Besucher nicht aus Canada stammen und muß Originalquittungen vorlegen, welche die GST-Zahlung explizit ausweisen.

Die GST wird nur erstattet für

- Übernachtungskosten in Hotels, Motels etc.
- Campingplatzgebühren
- Waren, die innerhalb von 60 Tagen nach dem Kauf aus Canada ausgeführt werden und pro Einzelquittung minimal $50 (ohne Steuern) kosteten

Keine GST wird erstattet für

- Mahlzeiten, Getränke, Lebensmittel, Benzin, Tabakprodukte
- Tickets für Beförderungsmittel wie Bahn, Bus, Schiff, Flugzeug, Leihwagen, Campmobile, Hausboote usw.
- Serviceleistungen wie Wagenreparatur
- Veranstaltungen aus Sport, Musik usw.
- Waren die in Canada konsumiert oder hinterlassen werden

Die **Erstattungsanträge** für die GST gibt es u.a. in den Büros der ***Visitor Information***. Das ausgefüllte Formular muß mit Quittungen (innerhalb eines Jahres) geschickt werden an:

Visitor Rebate Program- *Summerside Tax Centre*
275 Pope Rd, Summerside, PE C1N 6C6 Canada

Nach frühestens **2 Monaten** erhält man einen Scheck, für dessen Einlösung indessen hohe Gebühren anfallen. Wer von Canada in die USA reist, kann den Antrag auf Steuerrückerstattung (bis $500) in vielen ***Duty Free Shops*** abgeben und bekommt gebührenfrei innerhalb weniger Minuten sein Geld.

Detailliertere **Informationen** unter © 1-800-66VISIT (= 668-4748) oder © (902) 432-5608; **Internet**: www.ccra.gc.ca/visitors.

Zeitzonen

In **Canada** gelten **6 Zeitzonen**:

- *Newfoundland Standard Time* (nur auf Newfoundland) — MEZ minus 4,5 Stunden;
- *Atlantic Standard Time* (New Brunswick, Nova Scotia und Prince Edward Island) — MEZ minus 5 Stunden;
- *Eastern Standard Time* (Québec und fast ganz Ontario) — MEZ minus 6 Stunden;
- *Central Standard Time* (Manitoba und Saskatchewan) — MEZ minus 7 Stunden;
- *Mountain Standard Time* (Alberta und den westl. NWT) — MEZ minus 8 Stunden;

- *Pacific Standard Time*: MEZ minus 9 Stunden;
  (Yukon Territory und BC)

Für **Alaska** gilt die
- *Alaska Standard Time* MEZ minus 10 Stunden

Beim Übergang von einer Zeitzone zur anderen gibt es nicht immer Hinweisschilder. Auch wenn aus der Karte ein Zeitzonenwechsel klar hervorgeht, muß das nicht heißen, daß die Uhrzeit sich wirklich ändert, ➪ unter »Sommerzeit«.

Zoll

Zum Zoll bei der **Einreise nach Canada** ➪ Seite 44. Wer aus Nordamerika **nach Deutschland** zurückkehrt, braucht bis zu folgenden Grenzwerten weder Zoll noch Umsatzsteuer zu bezahlen:

Mitbringsel im Wert bis zu **€175**,

darin enthalten maximal

500 Gramm Kaffee und
50 Gramm Parfüm und
200 Zigaretten und
1 l Spirituosen oder **2 l Wein**

Reisen in
Canadas Westen
und Alaska

1. INHALT REISETEIL – BEDEUTUNG DER PIKTOS

Kernbereich

British Columbia und die **Nationalparks der Rocky Mountains** in **Alberta** bilden den **touristischen Zentralbereich** des kanadischen Westens. Die meisten Reisenden starten aus diesem Grund in **Vancouver** oder **Calgary**.

Routen BC und Alberta

Da diese beiden Städte, die **Nationalparks** ***Banff*** und ***Jasper*** und einige weitere populäre Ziele auf der »Besucher-Wunschliste« ganz oben stehen, konzentriert sich die Mehrheit der Urlauber auf wenige verbindende »Rennstrecken«. Zwar ist das Netz asphaltierter Allwetterstraßen im Westen Canadas und selbst im Süden von British Columbia noch erstaunlich weitmaschig und begrenzt damit die Anzahl reizvoller Alternativen, aber dennoch gibt es sie.

Im folgenden werden für den Bereich zwischen Alberta und Vancouver einschließlich Vancouver Island a l l e touristisch ergiebigen Routen ausführlich beschrieben, darunter auch und besonders Strecken abseits der touristischen Hauptpfade.

Canadas Norden und Alaska

Weitere **Schwerpunkte** setzt dieses Buch auf den **Norden von British Columbia**, das **Yukon Territory** und **Alaska**, ergänzt um einen kurzen Blick auf die **Northwest Territories**. Da Reisen im »Hohen Norden« sich auch heute noch ein wenig von Fahrten durch die Zivilisation südlich des 60. Breitengrades unterscheiden, wurde den allgemeinen Informationen in den entsprechenden Kapiteln viel Raum eingeräumt.

Ost-West-Route

Für Leser, die ihre Reise durch den Westen Canadas weiter östlich beginnen möchten, wird **eine optimale Ost-West-Route ab Toronto** durch Westontario, Manitoba, Saskatchewan und Alberta bis Calgary vorgeschlagen, die nur teilweise identisch mit dem Verlauf des berühmten *Trans Canada Highway* ist.

Bewertung von Zielen und Routen

In Anbetracht der vielen reizvollen Ziele und Strecken sowie der – speziell im Norden – großen Entfernungen fällt die Bestimmung der individuell optimalen Reiseroute oft nicht leicht. **Bewertende Aussagen** erleichtern Ziel- und Routenwahl. Daher beschränkt sich dieser Reiseführer nicht auf die reine Beschreibung, sondern liefert, wo nötig und sinnvoll, auch Beurteilungen. Obwohl Leser nicht in allen Fällen mit der Einschätzung der Autoren ganz übereinstimmen werden, kennen sie nach kurzer Benutzung des Buches deren Position und besitzen damit ein brauchbares Entscheidungskriterium.

Piktogramme

Auf durchaus subjektiver persönlicher Beurteilung beruhen auch die **Camping- und Wanderempfehlungen**:

Camping & Wandern

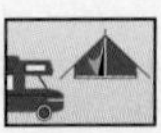

- Die **3 Campingsymbole** im Buchtext weisen auf Campmöglichkeiten hin, welche die Autoren positiv bewerten. Ihre Bedeutung ist klar. Die meisten der durch ein Piktogramm hervorgehobenen Plätze eignen sich sowohl für Campmobile als auch für Zelte.

- Die positive Einschätzung bezieht sich überwiegend auf **landschaftliche Einbettung** und **Großzügigkeit der Anlage**, berücksichtigt aber auch die **Übernachtungskosten.** Die Piktogramme besagen daher, daß ein Platz die Gebühren unbedingt wert ist oder – bei niedrigen Kosten bzw. Nulltarif – zumindest als akzeptabel eingestuft werden kann. Häufig trifft beides zu: Nicht wenige der schönsten Plätze kosten unter/bis $12 pro Nacht und Fahrzeug.

  Davon abweichende Einschränkungen – etwa in Städten – ergeben sich aus dem entsprechenden Text. **Nicht** oder nur von nachgeordneter Bedeutung für eine Empfehlung waren Qualität der sanitären Anlagen und sonstiger zivilisatorischer Einrichtungen.

- Das Wanderpiktogramm findet sich in erster Linie bei empfehlenswerten **Tageswanderungen** von kurzer bis mehrstündiger Dauer. Für weitergehende Empfehlungen ➪ Seite 31.

Unterkunft

Übernachtungsempfehlungen beziehen sich auf außergewöhnliche Unterkünfte, solche mit gutem Preis-Leistungsverhältnis und auf preiswerte Einfachquartiere.

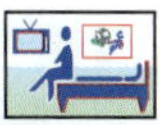

Ein Piktogramm findet sich in einigen Fällen auch dort, wo die Unterkunftssituation nur allgemein beschrieben ist. Ab Seite 133 wurde bereits erläutert, was von nordamerikanischen ***Hotels, Motels, Motor Inns*** und ***Bed & Breakfast Places*** zu halten ist und worauf bei der Reservierung bzw. Buchung geachtet werden muß.

Fast Food/ Restaurants

Die Piktogramme neben diesem Absatz sind leicht zu deuten. Das obere kennzeichnet die Aussicht auf einen guten Snack oder ***Fast Food***, das untere ein empfehlenswertes Restaurant im üblichen Sinn. Da die **Versorgung auf Reisen** in Canada das geringste Problem darstellt, wenn man erst einmal die grundsätzlichen Gegebenheiten kennt (➪ ab Seite 148), bilden konkrete Hinweise in diesem Buch keinen Schwerpunkt. Die Piktogramme unterstreichen einzelne gute Erfahrungen.

Karten

Alle Karten wurden **eigens für dieses Buch** angefertigt. Sie sind geographisch so korrekt wie möglich, erheben jedoch keinen Anspruch auf Vollständigkeit. Sie enthalten aber alle wichtigen Straßen, Orte, ***National- & Provincial Parks***, Gewässer, Sehenswürdigkeiten und Wanderwege, soweit sie im Text erwähnt werden.

Die **Straßenkarten** sind in erster Linie gedacht zur Orientierung bei der Lektüre dieses Buches. Darüber hinaus leisten sie in **Ergänzung zur separaten Gesamtübersicht** gute Dienste bei der Reiseplanung. Rot gekennzeichnete Straßen entsprechen weitgehend den beschriebenen Routen und möglichen Alternativen. Die **Stadt- und Nationalparkpläne** vermitteln ein ausreichend klares Bild von den Gegebenheiten vor Ort; dort bezieht sich die rote Kennzeichnung auf Hauptstraßen.

Durch British Columbia und Alberta

2. VANCOUVER

Vancouver ist die attraktivste Großstadt Canadas, ihre Lage zwischen Küstengebirge, Fraser River und Meer unübertroffen. Strände und zahlreiche grüne Parks prägen das Stadtbild.

2.1 Klima und Geschichte

Klima

Da ein Großteil der vom Pazifik kommenden Wolken schon an den vorgelagerten Bergen von Vancouver Island abregnet, bleibt Vancouver von den ärgsten Niederschlägen verschont – zumindest im Sommer. Im Juli/August hält sich die Anzahl der Regentage (7) in Grenzen. Eine durchschnittliche Tageshöchsttemperatur von 22°C sorgt dann für ein recht warmes Klima. Auch Juni und September sind im allgemeinen angenehme Monate, wenn auch mit ein wenig mehr Regen und kühleren Abenden. Dabei differieren die Witterungsbedingungen innerhalb des Stadtgebietes oft erheblich: während etwa an der *Wreck Beach* im Südwesten Sonnenschein und Wärme vorherrschen, kann North Vancouver am Fuße der Küstenberge wolkenverhangen und ungemütlich kühl sein. Jeweils bis zu 21 Tage mit Niederschlägen zählt man in den Monaten November bis Januar. Aber im ganzen Winter gibt's nur rund 25 Tage Schneefall. Deshalb finden die Ski- und Rodeldisziplinen der Olympischen Winterspiele 2010 nicht im Skigebiet oberhalb Vancouver statt, sondern im schneesicheren Whistler.

Geschichte

Bereits **1792** steuerte der britische Kapitän ***George Vancouver*** auf der Suche nach der legendären Nordwestpassage sein Schiff in das *Burrard Inlet*, eine tief ins Land reichende Bucht zwischen dem heutigen Downtown und North Vancouver. 1808 erforschte der Pelzhändler ***Simon Fraser*** den Fluß, der heute seinen Namen trägt, und gelangte dabei auch an sein Mündungsdelta im Süden der Metropole.

Stadtgründung

Die erste Siedlung gründeten erfolglose Goldsucher 1858 am Ufer des **Burrard Inlet**. Offiziell als Gründer gilt *John Deighton*, ***Gassy Jack*** (*gassy*=geschwätzig), der bei seinem Eintreffen 1867 ein Faß Whisky im Reisegepäck hatte und sogleich einen *Saloon* eröffnete. Als Folge davon wurde die Siedlung zunächst als *Gastown* bekannt. Sie erhielt aber schon 3 Jahre später die offizielle Bezeichnung **Granville**. An *Gassy Jack* erinnert heute ein Denkmal in *Gastown*, das den »Stadtgründer« auf einem Whiskyfaß darstellt.

Brand 1886

Im Jahre 1886 wurden dem mittlerweile 1.000 Einwohner zählenden Granville die Stadtrechte und der ehrenvollere Name des *Captain* ***Vancouver*** verliehen. Nur wenige Wochen später zerstörte ein Feuer die Kleinstadt, ein zur damaligen Zeit, als noch alle Gebäude überwiegend aus Holz bestanden, keineswegs seltenes Unglück. Die Siedlung erholte sich jedoch rasch und besaß bald mehr Einwohner als vor der Brandkatastrophe.

Entwicklung

Als im folgenden Jahr der erste Zug aus den Ostprovinzen in Vancouver einlief, waren wortwörtlich die Weichen für den wirtschaftlichen Aufschwung der jungen Stadt gestellt. Viele Chinesen, die beim **Bau der Eisenbahn** mitgewirkt hatten, wurden in Vancouver seßhaft und begannen, Handelsbeziehungen mit Asien aufzubauen. Ebenfalls bereits 1887 segelten Schiffe der *Canadian Pacific Line* regelmäßig von Vancouver zu fernöstlichen Märkten. Gleichzeitig entwickelte sich die rasch wachsende Stadt zum wichtigsten Verkehrsknotenpunkt im westlichen Canada. Für Tausende von Goldsuchern war Vancouver in den Jahren 1897/98 neben Seattle Ausgangspunkt und Hauptversorgungsbasis für die Schiffsreise zu den Goldfeldern am Klondike River. Zur Jahrhundertwende besaß Vancouver bereits knapp 40.000 Einwohner.

Altstadt

Gastown, der ursprüngliche **Ortskern**, verkam im Laufe der ersten Hälfte des 20. Jahrhunderts allmählich zu einem slumartigen Stadtteil am Rande des Geschäftszentrums. Nur knapp entging er Ende der 60er-Jahre einer »Totalsanierung«; man erklärte *Gastown* und die benachbarte *Chinatown* zu **denkmalgeschützten *Provincial Heritage Sites***. Nach ihrer – mittlerweile abgeschlossenen – Restaurierung der City gehören beide Bezirke zu den touristischen Hauptanziehungspunkten.

Expo 1986

Vancouver war 1986 Schauplatz einer Weltausstellung/*EXPO*. Sie bescherte der Stadt eine Reihe architektonischer Glanzstücke wie das Kongresszentrum ***Canada Place*** und den ***Sky Train***, ein modernes U- und S-Bahn-System.

Nach der Expo kaufte *Li Ka-Shing*, einer der reichsten Männer Chinas, das Expogelände am *False Creek* für wenig Geld und startete eine immense **Umgestaltung**. Heute stehen dort u.a. 65 türkis-farbene gläserne Hochhäuser. Sie bilden eine eigene Attraktion und sind ein Glanzpunkt der Stadtsilhouette.

Metropolitan Vancouver

Das Wachstum der Stadt hält unvermindert an: In den letzten Jahren verschmolzen die Vorstädte so weit mit der Metropole, daß die »Grenzen« nur noch an den Ortsschildern abzulesen sind. Die Hälfte der Provinzbevölkerung konzentriert sich im Großraum von *Metropolitan Vancouver* (2,1 Mio. Einwohner), der die *City of Vancouver* und über 20 Vorstädte umfaßt. Davon lebt gut ein Viertel (ca. 580.000) im eigentlichen Citybereich. Diese Entwicklung ging einher mit einer völligen **Umstruktierung der Bevölkerung**. Während der letzten 15 Jahre, besonders nach der Wiedereingliederung Honkongs in China, wuchs die Zahl der chinesischen Einwohner massiv. Ein gutes Drittel der Bewohner ist heute asiatischer Herkunft. Es gibt daher diverse **moderne *Chinatowns*** im Metrobereich; die ***alte Chinatown*** hat nur noch nostalgischen Charakter. Auch die Zahl der Einwanderer aus anderen asiatischen Ländern ist enorm gestiegen. Auf den Straßen der Innenstadt gibt es daher keine erkennbare Minderheit (*visible minority*) mehr.

2.2 Information, Orientierung und öffentliche Verkehrsmittel

Information Kartenmaterial und Broschüren zu den Sehenswürdigkeiten der Stadt und der Provinz BC gibt es beim

Vancouver Touristinfo Centre
Plaza Level, 200 Burrard Street schräg gegenüber *Canada Place*, © (604) 683-2000; **www.tourismvancouver.com**

BC Travel Infocentre
131 East 2nd St, North Vancouver, © (604) 987-4488

Internet-Café ***Downtown Computer Centre,*** 1035 Davie Street, © (604) 682-5240, **www.downtowncomputer.bc.ca**

Verkehr und Straßen Von Südosten und von Norden her ist Vancouver bequem über den **TCH** zu erreichen, der allerdings den Innenstadtbereich selbst nicht berührt. Er läuft über die ***Second Narrows Bridge***, eine der beiden Brücken, die nach North Vancouver hinüberführen. Mit den südwestlichen Vororten ist *Downtown* durch die ***Burrard Bridge*** und die ***Granville Bridge*** verbunden. Zur ***Rush Hour*** ist in den Brückenbereichen oft alles »dicht«. Man sollte Autofahrten in die City von 7 Uhr bis 9 Uhr sowie zwischen15 Uhr und 18 Uhr daher möglichst vermeiden. Die wichtigste **Nord-Süd-Achse** ist die Straße #99, eine Fortsetzung der US-amerikanischen *Interstate* #5, die von der mexikanischen bis zur kanadischen Grenze läuft. Der Autobahnausbau endet im Vorort Richmond. Danach führt die #99 als Granville Street in die Innenstadt und weiter über die ***Lions Gate Bridge, North Vancouver*** und West Vancouver (verlaufsidentisch mit dem TCH) bis Horseshoe Bay und dann weiter nach Nordosten.

Orientierung Die im Schachbrettmuster angeordneten Straßen von ***Downtown*** tragen Namen und alle das Attribut *Street*. Die meisten sind Einbahnstraßen. **Außerhalb der Innenstadt** heißen Strassen in Ost-West-Richtung *Avenue*, Straßen im Nord-Süd-Verlauf *Street*. Letztere führen wiederum Namen; die *Avenues* dagegen sind numeriert, wobei die Numerierung mit der *1st Avenue* südlich der City beginnt, © (604) 207-7077.

Flughafen Der ***Vancouver International Airport*** (YVR), Internet: www.yvr.ca, liegt im Vorort Richmond, ca. 12 km südwestlich der Innenstadt, Flughafenzufahrt von *Downtown* (30 min) mit der **Buslinie #098** (Burrard Station/Richmond Centre B-Line). Mit dem ***Airporter***, © 1-800-668-3141, www.yvrairporter com, kostet die Fahrt nach *Downtown* $12. Abfliegende Passagiere entrichten eine »*Airport Improvement Fee*« von $15!

Öffentlicher Nahverkehr Das öffentliche Nahverkehrssystem *(TransLink,* **www.translink.bc.ca**, © (604) 953-3333*)*, ist gut ausgebaut. Innerhalb des Stadtgebiets gilt ein **Einheitstarif** von $2,25, unabhängig davon, ob nun Bus, Bahn oder Schiff benutzt werden. Das Fahrgeld muß immer abgezählt zur Hand sein!

TransLink bedient neben *Downtown* diverse Vororte, darunter North Vancouver, Horseshoe Bay und Burnaby ($3,25-$4,50).

DayPass

Ein ***DayPass* für $8** berechtigt zu beliebig vielen Fahrten mit allen Verkehrsmitteln (Bus, *SkyTrain*, *SeaBus*). Man bekommt den Paß u.a. in den Filialen der Supermarktkette ***Safeway***, in den Mini-Märkten ***7-Eleven*** (blaues Schild ***FareDealer*** im Fenster!) und an den ***SeaBus*** bzw. ***SkyTrain Ticket Machines***.

SkyTrain

Die **Expo Line** des *SkyTrain*-Systems verkehrt im 6-Minuten-Takt (zu den *Rush Hours* morgens und nachmittags alle 2-3 min) zwischen ***Waterfront Station*** in der Nähe des *Canada Place* und der **Endstation *King George*** in Surrey südlich des Fraser River (über Burnaby und New Westminster). Zwischen den ersten vier Haltestellen in *Downtown* läuft der *SkyTrain* – Name hin, Name her – unterirdisch; die anderen Streckenabschnitte legt er oberirdisch (*elevated*) zurück. Ebenfalls ab Waterfront Station verkehrt die ***Millennium Line***.

Der ***SkyTrain*** lohnt sich **auch für Touristen**, nicht nur um irgendwo hinzukommen, sondern wegen der oft atemberaubenden Aussicht auf Meer, Berge und die Skyline während der Fahrt, z. B. von der *Suspension Bridge* über den Fraser River (östlich der *Columbia Station*), westlich der *Namaimo Station* oder östlich der *Stadium Station*. **Unbedingt einplanen**!

Parken in der City

Auto- und besonders Wohnmobilfahrer können ihr Fahrzeug gut außerhalb von *Downtown* im Umfeld einer ***SkyTrain Station*** parken und mit der Bahn ins Zentrum fahren. Dabei spart man nicht nur Zeit, sondern auch Geld, denn die in der Innenstadt zu entrichtenden Parkgebühren für einen ganzen Tag übersteigen leicht den Fahrpreis oder sogar die Kosten des bereits erwähnten *DayPass* selbst für mehrere Personen.

Per Boot nach Downtown

Relativ citynah liegt u.a. der **Parkplatz des *Vancouver Museum*** an der English Bay. Von dort gelangt man per Bus oder Boot (vom Anleger am *Maritime Museum False Creek Ferries*, ⇨ Granville Island Seite 185) rasch hinüber in die Innenstadt.

Preiswerte Mini-Kreuzfahrt

Auch **North Vancouver** kommt als Ausgangspunkt für eine Besichtigung des zentralen Vancouver in Frage: Der ***SeaBus*** pendelt tagsüber alle 15 min. vom ***Lonsdale Quay*** (dort ein Restaurant-, Markt- und Shoppingkomplex) über das Burrard Inlet nach *Downtown* zur ***SeaBus Station*** (Cordova/Ecke Granville). Bei gutem Wetter gehört dieser 12-minütige Trip mit Blick auf die *Skyline* der City zu den Höhepunkten eines Besuchs. Der Preis für eine Einfachfahrt mit dem Katamaran entspricht dem Stadtgebiet-Einheitstarif.

Beste Aussicht über Vancouver vom Restaurant »Top of Vancouver« (⇨ Seite 183)

2.3 Unterkunft und Camping

Situation

In Vancouver ist es wie in vielen Großstädten: vor allem in der Touristensaison im Sommer sind freie Zimmer zu halbwegs erschwinglichen Preisen häufig ausgebucht. Wer im Juli/August reist, muß langfristig reservieren, aber auch vorher/nachher ist das ratsam. Camping in Citynähe ist ziemlich teuer. Die besseren Plätze liegen relativ weit außerhalb.

Preiswerte Unterkünfte

Das toll gelegene **Hostel** am *Jericho Beach Park* bietet ein gutes Preis-/Leistungsverhältnis, wenngleich Massenbetrieb. Mit Bus #4 sind es von Downtown (Granville Mall) nur gute 15 min Fahrt bis zur Ecke 4th Ave/Northwest Marine Dr:

- **International Hostel (HI) Vancouver Jericho Beach**
  1515 Discovery St, ✆ 1-888-203-4303, ✆ (604) 224-3208; $19

In der City gibt es u.a. folgende **Hostel-Unterkünfte**:

- **International Hostel (HI) Vancouver Downtown**
  1114 Burnaby St, ✆ 1-888-203-4302, ✆ (604) 684-4565; $20
  (abends gut, da Kneipengegend Davie Street in der Nähe!)
- **International Hostel (HI) Vancouver Central**
  1025 Granville St, ✆ (604) 685-5335, ✆ 1-888-203-8333.
  Moderne Herberge mit Pub im Herzen von *Downtown*, $20
- **American New Backpackers Hostel**
  347 West Pender St,
  ✆ (604) 688-0112; Bett ab $10. EZ $25, DZ $30
- **Cambie International Hostel Gastown,**
  300 Cambie St, Vancouver, BC V6B 2N3
  ✆ 1-877-395-5335, ✆ (604) 684-6466; Bett ab $20,
  Herberge in einem 100 Jahre alten Bau in Gastown mit Saloon

YWCA Vancouver

Eine **Sonderrolle** spielt das renovierte und zum fast normalen Hotel umgestaltete **YWCA**, das in Vancouver – im Gegensatz zu anderen Städten – nicht nur Frauen offensteht und Tarife unter dem sonst üblichen Niveau berechnet:

- **YWCA Hotel/Residence** (gute City-Randlage)
  733 Beatty St, ✆ (604) 895-5830,
  ✆ 1-800-663-1424, Fax (604) 681-2550; EZ $59-$74, DZ $72-$142 (höherer Preis bis zu 4 Personen)

Universities

Ebenfalls (teilweise) preiswert sind die Quartiere in der (leider weit von *Downtown* entfernten) ***University of British Columbia*** mit der Herberge ***Pacific Spirit Hostel*** (nur EZ/DZ). Während der Sommermonate werden die Zimmer in den Studentenwohnheimen *(Dormitories)* vergeben: EZ $25, DZ ab $50.

- **UBC Housing & Conference Centre**
  5961 Student Union Blvd, ✆ (604) 822-1000

Dasselbe gibt es auch in **Burnaby** bei der ***Simon Fraser University***, ✆ 604-291-4503, EZ ab $26 und DZ/Bad $89.

Hotels/ Motels

Im zentralen Bereich der City findet man hauptsächlich Hotels der gehobenen Preisklasse. Die **Übernachtungspreise** beginnen in der Hauptsaison bei etwa $100 (*Days Inn, Quality Hotel*). Die Häuser der bekannten **Hotelketten** können über gebührenfreie Nummern reserviert werden (➪ Seite 137); z.B.:

- BW*Chateau Granville*, 1100 Granville St, ✆ (604) 669-7070
- *Days Inn Downtown*, 921 W Pender St, ✆ (604) 681-4335
- *Holiday Inn Downtown*, 1110 Howe St, ✆ (604) 684-2151
- *Quality Hotel Downtown*, 1335 Howe St, ✆ (604) 682-0229
- *Ramada Inn & Suites*, 1221 Granville St, ✆ (604) 685-1111
- *Sandman*, 180 W Georgia St, ✆ (604) 681-2211

Vororte

Zahlreiche Hotels und Motels der **Mittelklasse** liegen entlang der **südlichen Einfallstraßen**

- Straße #99/Granville St und
- Straße #1A/99A/Kingsway (im Bereich Victoria Dr befinden sich eher preiswerte Motels); gutes Preis-/Leistungsverhältnis: ***2400 Motel***, 2400 Kingsway, ✆ 1-888-833-2400 bzw. ✆ (604) 434-2464, Hochsaison DZ $75, sowie entlang der
- Straße #7A/Hastings St, die von Osten in die City führt.

Relativ citynah, aber ein wenig preiswerter als in *Downtown* kommt man in **North Vancouver** (Marine Dr) unter. Zu den »besseren« Möglichkeiten zählen das ***Ramada Inn***, Vancouver Northshore, 1800 Capilano Rd, ✆ 1-800-663-4055, ✆ (604) 987-4461, und das ***Lonsdale Quay Hotel***, 123 Carrie Cates Court,✆ 1-800-836-6111,✆ (604) 986-6111.

Eine Alternative zu Hotels, Motels sind auch in Vancouver ***Bed & Breakfast*** Quartiere. Zu empfehlen ist u.a. das

- ***Windsor Guest House,*** 325 W 11th Avenue, ✆ (604) 872-3060, ✆ 1-888-872-3060, viktorianisches B&B in ruhiger Nachbarschaft, 2 km südlich von Downtown, 10 Zimmer.

Camping

Nur für den Notfall sollte man den teuren ($25-$45), oft sehr vollen und wegen der Brücke recht lauten ***Capilano RV Park*** unterhalb der ***Lions Gate Bridge*** (am Nordende) ansteuern.

In **Surrey**, rund 30 km südöstlich der Innenstadt, gibt es mehrere private Campingplätze zu erträglichen Tarifen:

Ein guter, immer wieder gelobter Platz ist der kleine ***Plaza RV Park***, 8266 King George Highway 99A in Surrey, ✆ (604) 594-4440, auch für Zeltcamper geeignet, akzeptable Entfernung bis Downtown; Tarife $18-$24.

Ebenfalls in Surrey, aber noch etwas weiter von Vancouver entfernt, 10 km vor der Grenze zu den USA, liegt der ***Peace Arch RV Park***, 14601 40th Ave, Abfahrt #10 von der Autobahn #99; ✆ (604) 594-7009, auch Zeltcamper; $19-$28.

Ein komfortabler Platz in relativer Citynähe ist der ***Burnaby Cariboo RV Park*** am 8765 Cariboo Place in Burnaby (Ausfahrt #37 vom TCH); © (604) 420-1722. Allerdings sind viele Stellplätze recht eng; $29-$45. Störungen durch nächtlichen Verkehr auf der benachbarten Eisenbahnlinie.

Über 40 km von Vancouver entfernt ist der sehr schön am Howe Sound nördlich Horseshoe Bay (Straße #99) gelegene **Provinzpark *Porteau Cove*** (Duschen). Die Stellplätze (überwiegend am Wasser) sind im Sommer meist früh belegt. Nur wer am Vormittag zeitig anreist bzw. reserviert (➪ Seite 144), hat Aussicht unterzukommen. Nachteil: Güterzüge fahren auch dort bisweilen nachts gleich hinter dem Platz.

2.4 Stadtbesichtigung

2.4.1 Citybereich

Stanley Park

In Vancouver kann man großstädtischer Hektik rasch entfliehen. Nur wenige Gehminuten westlich von *Downtown* liegt der über 4 km^2 große ***Stanley Park***. Die von dichter Regenwaldvegetation bedeckte Landzunge zwischen English Bay und Burrard Inlet wurde bereits im Jahre 1889, wenige Jahre nach der Stadtgründung, als Erholungsraum reserviert und nach dem damaligen Gouverneur, ***Lord Stanley***, benannt.

Wegesystem

Im östlichen Teil wirkt der Park heute wie ein gepflegter Stadtwald, im Westteil dagegen blieb der Urwald weitgehend erhalten. Das Wegesystem des Parks besitzt eine Länge von 81 km und wird von Joggern, Skatern und Bikern stark genutzt. **Skate- und Bike-Verleih** bei ***Bayshore Rentals***, 745 Denman St, © (604) 688-BIKE, Fahrrad ab $25/Tag ($15/4 Std.) – auch gut zur Stadterkundung. Auf der ***Seawall Promenade***, einem ausgebauten Rad- und Wanderweg von 9 km Länge am Wasser entlang, genießt man wunderbare Ausblicke auf City und Hafen, auf die *Coast Mountains* und über die *English Bay*. Schöne **Strände** befinden sich an der Westseite des Parks; besonders beliebt ist die *Third Beach* an der *English Bay*.

Auto-Rundkurs

Der Stanley Park läßt sich auch per Auto befahren: ein Einbahn-Rundkurs (Anfahrt auf der Georgia St/Straße #99, am *Vancouver Rowing Club* rechts ab; Fahrtrichtung gegen den Uhrzeiger; ebenso für Biker und Skater auf der *Seawall Promenade*) verläuft überwiegend als Uferstraße. Derselben Route folgt auch der ***Stanley Park Shuttle Bus*** (gratis, Mitte Juni-Mitte September täglich 10-18.30 Uhr; 14 Stopps) Dabei passiert sie neben vielen Aussichtspunkten – besonders schön ***Brockton Point*** – gleich eingangs eine Gruppe hoher Totenpfähle; die meisten Replicas alter Totems der *Haida*-Indianer aus dem Nordwesten von British Columbia. Sie gehören zu den unverzichtbaren Fotostopps sämtlicher Stadtrundfahrt-Busse.

Aquarium

Im Park befindet sich auch das *Vancouver Public Aquarium* (Juli-August täglich 9.30-19 Uhr, sonst täglich 10-17.30 Uhr, Eintritt $18). Stars unter den Tieren sind Seelöwen, Seeottern, Belugawale und Delphine; ein Haifischbecken fehlt ebenfalls nicht (das populäre Killerwalbecken ist indessen geschlossen). Als weiterer Höhepunkt prasselt im üpppigen Amazon-Regenwald stündlich ein Gewitter auf Fische, Pflanzen und Schmetterlinge herab. Unter ✆ (604) 659-3474 erfährt man u.a. Fütterungszeiten und Vorführtermine.

City of Vancouver

Downtown Vancouver *ist begrenzt durch den* Stanley Park, das *Burrard Inlet*, die *English Bay* und – östlich – den *False Creek*. In den letzten zwanzig Jahren wurde die City völlig umstrukturiert. Nicht so sehr Museem oder einzelne herausragende Bauten (w. z. B. *Canada Place*, ⇨ unten) machen den Reiz der Stadt aus als vielmehr das **Arrangement neuer funkelnder Glashochhäuser** (vornehmlich für Wohnzwecke), die mit dem Tageslicht ihre Farbe wechseln. Die Investoren mußten sich verpflichten, Grünanlagen (8 neue kleinere Parks) und **Spazier-/Skate-/Rad-Wege in den Uferzonen** am *False Creek* und am Burrard Inlet zu schaffen. Inklusive der 9 km rund um den Stanley Park ist es jetzt möglich auf 25 km die gesamte *Downton* verkehrsfrei zu Fuß oder per Bike zu umrunden, am Wege liegen zahlreiche Cafés und Restaurants.

Canada Place

Am Nordrand der City fällt vor allem der an ein riesiges Segelschiff erinnernde Komplex ***Canada Place*** an der *Waterfront* auf (Nordende Howe St). Dieses Wahrzeichen der Stadt – als kanadischer Pavillon zur Expo 1986 eingeweiht – beherbergt das *Vancouver Convention & Exhibition Centre* mit dem luxuriösen ***Pan Pacific Hotel***, ✆ 604-662-8111 (unbedingt hineingehen!). Längsseits machen die Kreuzfahrtschiffe fest. Im Nordteil des Gebäudes ist ein **IMAX-Kino** mit überdimensionaler Projektionstechnik untergebracht. Auf die Besucher

Wege rund um die City

Vom *Stanley Park* läuft die Uferpromenade – vorbei an *Coal Harbour* und großen Marinas – bis zum *Canada Place*. Andersherum geht es an der *English Bay* und *Sunset Beach* entlang zunächst bis Yaletown. Dort sind ehemalige Lagerhallen integiert in neue Wohnbereiche mit Kneipen/Restaurants und chicen Boutiquen, eine Art kleineres Soho. Weiter geht es am *False Creek* entlang über die *Plaza of Nations* zur *Science World* und – auf dem südlichen Ufer des False Creek – bis nach *Granville Island*. Dort schließen sich die schon älteren Wege am südlichen Ufer der English Bay bis zum *Museum of Anthropology* an (weitere 12 km), auf denen man den *Vanier Park* mit seinen Museen, *Kitsilano Beach* und weitere populäre Strände passiert (⇨ ab Seite 187). **Radfahrer** schaffen die Runde an einem Tag, manche **Skater** auch. Dabei hat man von vielen Punkten die – wie es oft in Architekturartikeln heißt – **schönste *Skyline* Amerikas** im Blick.

wartet dort ein eindrucksvolles Filmerlebnis. Das aktuelle Programm und Anfangszeiten unter © (604) 682-IMAX. Eintritt ab $12; Vorstellungen täglich 12-22 Uhr.

Shopping

Die City of Vancouver gilt als Einkaufsparadies. Läden und Shoppingzentren konzentrieren sich vor allem auf die Robson Street und den Bereich zwischen Burrard und Seymour Street von der *Waterfront* bis hinauf zur Nelson Street. Die Granville Street ist in dieser Zone für Pkw gesperrt und nennt sich dort ***Granville Mall***.

Robson Square

Ein populärer Treffpunkt ist der großenteils unter Straßenniveau angelegte Robson Square zwischen Hornby und Howe Street. Blumenbeete, Kaskaden und Springbrunnen schmücken diesen Platz, der sich über zwei City-Blocks über die Robson Street hinaus erstreckt.

Kunstmuseum

An seinem nördlichen Ende steht die ***Vancouver Art Gallery*** (750 Hornby Street; im Sommer täglich 10-17.30 Uhr, Do bis 21 Uhr, $15). Die permanente Gemälde-Kollektion konzentriert sich auf Kunst aus BC, insbesondere auf die aus Victoria stammende ***Emily Carr***, und nordamerikanische Maler der Gegenwart. Wechselnde Programme ergänzen die Ausstellung. Auf der anderen Seite des Platzes haben die *Law Courts* (Gerichte) ihren Sitz in einer Konstruktion aus Stahl und Glas.

Robson Street

Die Robson Street westlich des Robson Square etwa bis hinunter zum ***Empire Landmark Hotel*** ist mit ihren Boutiquen und Restaurants – ginge es nach der örtlichen Werbung – das kanadische Gegenstück zum ***Rodeo Drive*** in Beverly Hills/Los Angeles. Davon kann zwar keine Rede sein, aber eine Art »**Flaniermeile**« für einen Schaufensterbummel, den Nachmittagskaffee und einen Drink zur Abendstunde in einem der zahlreichen Straßencafés ist die ***Robsonstrasse*** schon.

Tatsächlich wurde so bis in die 1980er-Jahre hinein der Straßenabschnitt zwischen Jervis und Thurlow Street genannt, da dort viele deutschstämmige Geschäftsinhaber ansässig waren. Heute bestimmt dort junges schickes asiatisches Publikum die Szene. Auch das internationale Zeitungsangebot ist auf den asiatischen Markt konzentriert. Wer eine **deutsche Tageszeitung** topaktuell haben möchte, kann sie sich bei der riesigen **Buchhandlung *Chapters*** (östlich vom Robson Square für **$5-$8 ausdrucken** lassen. Ebenfalls östlich des Robson Square im *Theater Distric*t steht die neue architektonisch interessante Bibliothek von ***Moshe Safdie***, einem der bedeutendsten Architekten Canadas (in der Robson Street/Homer Street).

Unterirdische Einkaufszentren

Mehrere *Underground Shopping Malls* bieten ungetrübtes Einkaufsvergnügen auch bei schlechtem Wetter. Die größte ist die über mehrere Ebenen angelegte ***Pacific Centre Mall*** zwischen Granville, Howe, Robson und Pender Streets mit dem Kaufhaus ***Sears***. Als Gegenpart steht auf der gegenüberliegenden Seite der Kreuzung Granville/Georgia Street das Kaufhaus ***The Bay***.

Unter dem *Hyatt Hotel* in der Burrard/Ecke Georgia St befindet sich das ***Royal Centre*** mit zahlreichen Modeboutiquen und einem ausgedehnten Kinokomplex.

»Weitblick«

Die vierte große *Mall* in *Downtown Vancouver*, das ***Harbour Centre*** (555 West Hastings/Ecke Seymour St), befindet sich gegenüber der *SeaBus Anlegestelle*. Zum Gebäudekomplex gehört der 167 m hohe ***Harbour Tower*** mit der Aussichtsplattform ***The Lookout*** im 40. Stockwerk, das einen Panoramablick über Stadt und Umgebung bietet (Mai-September täglich 8.30-22.30 Uhr, sonst 9-21 Uhr; $10 inklusive Multimedia-Show.

Den Eintritt spart, wer die Aussicht vom Restauranttisch des ***Top of Vancouver***, © (604) 669-2220, aus genießt (360° = 1 Stunde). **Tipp**: An Wochentagen nach der üblichen *Lunchtime* so ab ca. 13.30 Uhr ist es nicht mehr voll. Die Küche dort oben ist ausgezeichnet; dafür nicht zu teuer!

Ebenfalls hoch hinauf geht es im Hotel ***Empire Landmark***. Oben dreht sich das **Restaurant *Cloud 9*** einmal pro Stunde um die eigene Achse (1400 Robson St, © (604) 687-0511); Blick, Küche und Ambiente des ***Top of Vancouver*** sind allerdings schwer zu schlagen.

Gastown

Im ältesten Bezirk Vancouvers, der *Gastown* (Bereich **Water St östlich des *Harbour Centre*** etwa bis Columbia St), gelang die Restaurierung eines heruntergekommenen, Ende der 60er-Jahre eigentlich zum Abbruch vorgesehenen Stadtteils. Heute besitzt *Gastown* hinter den auf nostalgisch getrimmten neuen Fassaden jede Menge Shops für Krimskrams und Souvenirs und eine attraktive gastronomische Szene, die allerdings eher von Touristen als von Einheimischen geschätzt wird. **Abends** ist mehr los in der Kneipen- und Restaurantgegend **Davie Street**, speziell am westlichen Ende (***Denman Street***) und im Bereich der ***Sunset Beach***.

Steam Clock in der Gastown

Gastown besitzt gleich zwei »**Wahrzeichen**«: die Statue des berühmt-berüchtigten Stadtgründers ***Gassy Jack*** auf einem Whiskyfaß (Maple Tree Square) und seit 1977 auch die ***Steam Clock*** (Water & Cambie St), die viertelstündlich pfeift und stündlich Dampf abläßt. Sie wird von einem zentralen Dampfheizungssystem der *Gastown* angetrieben.

Indian Art

Ein paar Schritte neben der *Steam Clock* befindet sich unübersehbar der Laden ***Hill's Native Art*** (165 Water St.), dessen Ausstellung von indianischem Kunsthandwerk absolute Spitze ist. Leider gilt das auch für die Preise. Aber gucken kostet nichts.

Chinatown

An *Gastown* grenzt südöstlich die ***Chinatown*** (Hauptbereich: Pender St zwischen Carrall und Gore St). Sie ist heute nicht mehr das Zentrum der Chinesen, die überall in der Stadt (aber hauptsächlich in Richmond) ihre modernen Einkaufszentren und Supermärkte besitzen, ➪ Seite 175. Die **Atmosphäre** des Viertels ist dennoch (und trotz des Tourismus) noch relativ **authentisch**. Tagsüber kann man dort in verwinkelten chinesischen Läden stöbern und in vielen **Restaurants** die fernöstliche Küche in unverfälschter Form probieren. Der Handel spielt sich großenteils auf der Straße ab; die Auslagen der vielen Lebensmittelshops sind ein Fest für die Augen. Nach Ladenschluß ist Chinatown reizlos. Die Restaurants schließen früh.

Chinese Garden

Der kleine ***Dr. Sun Yat-Sen Classical Chinese Garden***, 578 Carrall St (im Sommer täglich 9.30-19 Uhr, sonst kürzer, Eintritt $8) ist eine ruhige Idylle inmitten von Geschäftigkeit. Der Garten bildet zwar einen Kontrast zu Beton- und Glasstrukturen der City, aber der Eintritt ist doch recht hoch. Nebenan befindet sich das ***Chinese Cultural Museum*** (555 Columbia Street), in dem oft Kunstausstellungen laufen, und ein freier ***Chinese Garden*** ohne Zusatz »*classical*«, der es auch tut.

Granville Island

Südlich der City mitten in der Bucht ***False Creek*** unter der Granville Bridge, liegt Granville Island. Die 1913 aufgeschüttete künstliche (Halb-)Insel diente bis in die 1970er-Jahre hinein als Industriestandort. Auf dem einst unansehnlichen Areal eröffnete 1979 in alten Lagerhallen und Fabrikgebäuden der ***Granville Island Public Market*** (täglich 9-18 Uhr) zunächst überwiegend für landwirtschaftliche BC-Produkte. Später erweiterte sich *Granville Island* zu einem großen Komplex mit zahlreichen Restaurants, Kunstgalerien und dem *Emily Carr Institute*, einer Kunsthochschule. Mit einem schicken Yachthafen, einem Park samt Abenteuerspielplatz, Wohnquartieren an und auf dem Wasser sowie dem ***Granville Island Hotel*** mit eigener Hausbrauerei (*Dockside Brewery*, © (604) 685-7070) bietet die Insel heute ein facettenreiches Ambiente. Auf den **Restaurantterrassen** und an ***Food Stands*** gibt's Genüsse aus aller Welt mit Blick auf die *Vancouver Skyline*.

Im ***Granville Island Information Centre*** beim *Waterfront Theatre* erhält man einen Lageplan und viel Werbung zu Shopping, Restaurants, Kneipen und möglichen Aktivitäten.

Aquabus nach Granville Island
(Foto Seite 177)

Von einer Anfahrt mit dem eigenen Auto (unterhalb der Granville Bridge über die W 2nd Ave auf die Anderson St) ist abzuraten, da die Parkplätze auf Granville Island und in der Umgebung regelmäßig überfüllt sind. Von der City nimmt man am besten den ***Aquabus*** (Anleger Hornby St am Nordende der Burrard Bridge oder Davie St in Yaletown) oder die ***Falls Creek Ferries*** (ab *Aquatic Centre*) hinüber zur Anlegestelle am *Public Market* (beide Pendelverkehr alle 5 min Mitte Mai bis *Labour Day* tägl. 7-22.30 Uhr, sonst kürzer, ab $2,50 *one-way*.

Tipp: *Aquabus* von Yaletown bis English Bay kurz vor Sonnenuntergang, wenn die »***City of Glass***« diamanten funkelt.

Vanier Park

Ebenfalls am jenseitigen Ufer des False Creek eingangs der English Bay liegt der *Vanier Park*, der den Gebäudekomplex ***Vancouver Museum mit Space Centre*** (1100 Chestnut St) und ***Maritime Museum*** beherbergt. Zu Fuß sind es vom *Aquatic Centre* über die Burrard Bridge dorthin nur 15 min. Der kostenlose **Parkplatz** vor dem Museum hat viel freie Kapazität.

Lebensmittelangebot in einem Shop in Chinatown

Geschichtsmuseum

Das ***Vancouver Museum*** (im Sommer tägl. 10-17 Uhr, Do bis 21 Uhr, $10) informiert lebendig über die Geschichte British Columbias mit Schwerpunkt auf Vancouver.

Der Besuch ist aber kein »Muß«. Das moderne ***Space Centre*** im gleichen Gebäude bietet Reisen durchs Weltall mit Bewegungssimulatoren ***Space- und Laser-Shows*** sowie interaktive Ausstellungen zur Raumfahrt (Di-So 10-17 Uhr, $14).

Maritimes Museum

Interessanter ist das *benachbarte* ***Maritime Museum*** (1905 Ogden Ave), in dessen Mittelpunkt das originalgetreu restaurierte RCMP-Patrouillenboot ***St.Roch*** steht (Ende Mai bis Anfang September tägl. 10-17 Uhr, sonst Di-Sa 10-17 Uhr, So ab 12 Uhr, $8). Das kleine Holzschiff schrieb Seefahrtsgeschichte. Mit ihm wurde Anfang der 1940er-Jahre erstmalig die Nordwestpassage in beiden Richtungen bezwungen. Als das Boot nach Halifax an die Atlantikküste verlegt wurde, führte die Reise durch den Panamakanal. Die *St.Roch* hatte damit als erstes Schiff ganz Nordamerika voll umrundet.

False Creek/ Science World

Am südöstlichen Rand von Downtown Vancouver liegt das ehemalige Expo-Gelände (1986) am ***False Creek*** zwischen Granville Bridge und Main Street, heute ein Gebiet massiver **Stadterneuerung**. Neben *Sky Train, BC Place Stadium* und der *Plaza of Nations* blieb nur das *Expo Center* (1455 Quebec St an der *Sky Train Station* Main Street, täglich 10-17 Uhr, Sa/So bis 18 Uhr). Es beherbergt das naturwissenschaftliche Museum ***Science World***. Sehr anschaulich. Eintritt $14, mit Besuch des **Omnimax-Kino** $19.

Omnimax

Zum Gebäudekomplex gehört der auffällige ***Geodesic Dome***, eine kreisrunde Konstruktion nach Art des Brüsseler Atomiums. Drinnen gibt es ein **Omnimax**-Kino ($11). Das Innere der Kugel dient als riesige Projektionsfläche. Programminformation/Zeiten der Vorstellungen unter © (604) 443-7440.

BC Place Stadion

Das *BC Place Stadium*, ein über 60.000 Zuschauer fassendes geschlossenes Stadion mit einer – bei Fertigstellung 1983 – neuartigen **Zeltkonstruktion als Dach**, liegt am Rand des ehemaligen Weltausstellungsgeländes zwischen Pacific Boulevard und Robson St. Ein in den Bau integriertes Sportmuseum (Eingang am Gate A), die ***BC Sports Hall of Fame and Museum***, ist Mai-Oktober täglich 10-17 Uhr geöffnet, Eintritt $8.

Blick auf Canada Place mit dem Pan Pacific Hotel, rechts davon Harbor Tower mit Drehrestaurant

Replicas originaler Totem Poles der Haida Indianer im Museum of Anthropology, ⇨ *unten*

2.4.2 Südwestliche Vororte

Kitsilano Beach

Vom *Vanier Park* und seinen Museen an der English Bay war bereits die Rede. Nur wenige hundert Meter weiter westlich erstreckt sich im Anschluß an den kleinen ***Hadden Park*** die ***Kitsilano Beach***, der populärste Strand der Stadt. Dort findet man alle erdenklichen Einrichtungen für aktive Freizeitgestaltung: geheiztes Salzwasser-Schwimmbad (***Kits Pool,*** 2305 Cornwall St.) für alle, denen es im Meer zu kalt ist (Mitte Mai bis Mitte September, $5), eine Surfschule, Tenniscourts, Basket- und Volleyballplätze, Duschen und Picknicktische.

Die Umgebung der ***Kits Beach*** gehört zu den besseren Vierteln der Stadt. Shops, Restaurants und Kneipen, sog. in Wohngebieten anderswo selten vorhandene *Neighbourhood Pubs*, sind zahlreich. Man findet sie vor allem in der 4th Ave, der Hauptstraße der *Kits* Region, zwischen Burrard und Highbury.

Marine Drive West

Folgt man der 4th Ave nach Westen oder fährt an der ***English Bay*** entlang (Cornwall/Point Grey Road), stößt man auf den ***Jericho Beach Park***, an dessen Ufern sich Yachthäfen und eine der drei offiziellen HI-Hostels (⇨ Seite 178) befindet.

Ab der Locarno Beach rund um die ***University Peninsula*** läuft der Marine Drive (von der West 4th Ave dorthin über Discovery oder Trimple Street). Auf ihm passiert man zunächst die langgestreckte ***Spanish Banks Beach***, bevor die Straße zum höhergelegenen Campus der ***University of British Columbia*** (UBC) hinaufführt. Oben versperrt dichter Regenwald den Blick über die *Strait of Georgia*, die Meeresstraße zwischen Festland und Vancouver Island.

Museum of Anthropology

An der Spitze der Halbinsel liegt das ***Museum of Anthropology*** (6393 NW Marine Drive), eine Konstruktion aus Glas und Beton über den Klippen des *Point Grey*. Glanzstücke des Museums sind Replicas der ältesten und schönsten **Totempfähle** Canadas; sie allein lohnen schon den Besuch.

Museum

Besonderes Gewicht liegt auf den Arbeiten von *Bill Reid*, einem bekannten *Haida*-Künstler. Ein ganzer Raum (Rotunda) ist der Arbeit *The Raven and the First Men* gewidmet. Den Schwerpunkt der Ausstellung bildet die umfangreiche Kollektion von Kunst- und Gebrauchsgegenständen der Nordwestküsten-Indianer. Wechselnde Ausstellungen betreffen u.a. moderne *First Nation*-Kunst. Mit begrenzteren Sammlungen sind auch Zivilisationen anderer Kontinente vertreten. Geöffnet täglich 10-17 Uhr, Dienstag bis 21 Uhr, Mitte Mai bis *Labour Day*; sonst Di-So 11-17 Uhr, Eintritt $9.

Gärten

In unmittelbarer Nähe des anthropologischen Museums, beide ebenfalls direkt am Marine Drive liegen der hübsche ***Rose Garden*** und – etwas versetzt – der japanische ***Nitobe Memorial Garden***. Letzterer kostet $4 Eintritt; Mitte März-Mitte Oktober täglich 10-17 Uhr, im Sommer bis 18 Uhr.

Wreck Beach

Vom steilen Südwestufer der *University Peninsula* führen Pfade vom Marine Drive durch die üppige Vegetation hinunter zur *Wreck Beach*, dem inoffiziellen **Nacktbadestrand** von Vancouver, wo sich zwischen angeschwemmten Holzstämmen Badeleben, Grillparties und sogar allerhand Kommerz abspielen. Der ***Beach Trail No.6*** (Start schräg gegenüber der Einmündung des University Blvd in den Marine Dr) führt hinunter in den belebteren Strandbereich; die *Trails* No.3 und No.4 beiderseits des *Museum of Anthropology* enden in ruhigeren Bereichen.

Universitätsparks

Die *University of British Columbia*, der die Halbinsel ihren Namen verdankt, ist nicht nur Eigentümer von Grund und Boden des Campus`, der mitsamt ausgedehnten Wohnanlagen für Studenten und Einfamilienhaus-Siedlungen für den Lehrkörper über 400 ha bedeckt. Ihr gehören darüberhinaus ausgedehnte unbebaute ***University Endowment Lands*** weiter südlich und östlich der genutzten Fläche.

Ein Teil davon ist durch ***Trails*** und (wenige) Straßen erschlossenes **Parkgelände** größer als der citynahe *Stanley Park* (➪ Seite 181), der Rest bildet eine Art »ökologische Nische«. Am westlichen Rand der *Endowments Lands* passiert man beidseitig des Marine Drive den **Botanischen Garten** (*UBC Botanical Garden, 6804 SW Marine Dr)*. Beide Areale sind durch eine Unterführung (nur für Fußgänger) miteinander verbunden. Speziell der ***Asian Garden*** lohnt einen Spaziergang; er ist weit mehr als die Bezeichnung vermuten läßt: nämlich eher ein **Arboretum** voller im Regenwald heimischer Bäume und Sträucher; geöffnet Mitte März-Mitte Oktober täglich 10-18 Uhr; sonst 10-15 Uhr, Eintritt $6.

Van Dusen Garden

Größer und insgesamt noch attraktiver ist der ***Van Dusen Botanical Garden***, einige Kilometer östlich der *UBC* (Ecke 5251 Oak St./37th Ave, Juni-August täglich 10-21 Uhr, Eintritt indessen mit $8 nicht niedrig.

Auf dem Weg von der *UBC* zum unverzichtbaren ***Queen Elizabeth Park*** kann man im *Van Dusen Garden* leicht einen Stopp einlegen; das schöne ***Shaughnessy Restaurant*** in grünem Ambiente lädt überdies zur Pause ein, ✆ (604) 261-0011.

Queen Elizabeth Park

Etwas feiner und teurer, dafür aber mit herrlichem Weitblick über Vancouver speist man im exzellenten ***Seasons Hill Top Bistro*** des **Queen Elizabeth Park**, 33rd Ave/Cambie St, ✆ 1-800-632-9422, ✆ (604) 874-8008, kreative Westküstenküche drinnen oder draußen auf der Terrasse. Der (kostenlose) Besuch des Parks ist obligatorischer Programmpunkt aller geführten Stadtrundfahrten.

Oben auf dem ***Little Mountain***, der mit 150 m höchsten Erhebung der Stadt, steht mit dem ***Bloedel Conservatory***, ein architektonisch reizvolles Gewächshaus mit vielen tropischen Pflanzen; im Sommer Mo-Fr 9-20, Sa+So 10-21 Uhr, Rest des Jahres täglich 10-17 Uhr, Eintritt $4 – muß aber nicht sein.

2.4.3 Sehenswertes östlich der City

Burnaby

Vom ***Burnaby Mountain Park***, rund 15 km östlich von *Downtown* (erreichbar auf der Hastings St/Straße #7A in Richtung Coquitlam), fällt der Blick aus größerer Entfernung über ganz Vancouver und die *Strait of Georgia* nach Westen. An schönen Tagen belohnt ein herrlicher Sonnenuntergang die weite Anfahrt. Mitten im Park liegt das Gelände der ***Simon Fraser University***. Von Lage und Großzügigkeit auch dieses Campus' können deutsche Studenten und Professoren nur träumen.

Village Museum

Vom *Mountain Park* ist es nicht weit zum ***Burnaby Village Museum***. Es liegt unweit des TCH durch Burnaby (Exit 33/ Kensington Ave South) an der 6501 Deer Lake Ave. Das regionaltypische Dorf im Stil der Jahrhundertwende ist im Vergleich zu anderen »lebenden Museen« zwar recht klein, vermittelt aber ein besonders stimmiges Bild. Geöffnet Mai bis Anfang September täglich 11-16.30 Uhr, Eintritt $8.

Deer Lake Park

Ebenfalls im Stadtpark am Deer Lake präsentiert die ***Burnaby Art Gallery at Ceperley House*** (6344 Deer Lake Ave unweit des *Village* am See) Werke des 20. Jahrhunderts unter Berücksichtigung der lokalen Kunstszene; Di-Fr 10-16.30 Uhr, Sa+So 12-17 Uhr, Spende. Gleich nebenan lohnt sich im ***Century Garden*** ein Spaziergang durch Rhododendron.

Metrotown

Und wenn man ohnehin schon mal in Burnaby weilt, oder vielleicht nur deshalb dorthin fährt: ***BC's größter Shopping und Entertainment Komplex*** mit über 450 Läden liegt *Downtown* am Kingsway Hwy 1A/99A. Die ***Metrotown*** besteht aus drei mehrstöckigen, durch Fußgängerbrücken verbundene *Malls* und bietet neben dem totalen Konsumtrip auch noch Vorstellungen in 22 Kinosälen, zahlreiche Restaurants und automatisiertes *Entertainment* en masse. Jede Menge Parkraum und eine eigene *SkyTrain Station* erleichtern die Anfahrt.

Yachten auf dem False Creek am Steg von Granville Island (⇨ Seite 185)

Rodeo in Surrey

Ende Mai (*Victoria Day Weekend*) findet das ***Cloverdale Rodeo*** in **Surrey** statt, einem südöstlichen Vorort. Es handelt sich um das größte Rodeo in British Columbia. Wer zu dieser Zeit gerade in Vancouver weilt, sollte es nicht verpassen. Zu Ablauf und typischen Rodeo-Ereignissen in Stadt und Stadion ➪ Beschreibung *Calgary Stampede*, Seite 283.

2.4.4 North Vancouver und Umgebung

Lions Gate Bridge

In die nördlichen Vororte Vancouvers jenseits der tief ins Land reichenden Bucht, die je nach Standort *Burrard Inlet, Second Narrows Inlet* oder *Indian Arm* heißt, geht es von *Downtown* durch den *Stanley Park* über die ***Lions Gate Bridge*** und weiter östlich auf dem TCH (Autobahn #1, ***Second Narrows Bridge***). Die von der *Guinness*-Familie einst als gebührenpflichtige »Privatunternehmung« errichtete, heute gebührenfreie *Lions Gate Bridge* sorgt erst seit 1938 für die verkehrstechnische Anbindung des nunmehr dicht besiedelten Stadtnordens an die City. Bis dahin war er nur per Boot erreichbar. Die Brücke führt direkt auf den *Marine Drive* in Nord-Vancouver, den ***North Shore Scenic Drive***, die in ihrem nordwestlichen Abschnitt schönste Küstenstraße der Stadt.

Marine Drive North

Rund 10 km sind es zum urwüchsigen ***Lighthouse Park*** auf einer Landzunge in der südwestlichsten Ecke des Nordufers (Rundwanderung durch unberührten Regenwald zum alten, malerisch gelegenen Leuchtturm ca. 3 km). Durch traumhafte Wohngebiete mit vielen kleinen und großen Yachthäfen kann man von dort die Fahrt nach **Horseshoe Bay** fortsetzen. Einmal auf dieser Straße sollte man kurz vor deren Ende am Fährhafen aber den Abstecher zum ***Whytecliff Park*** nicht auslassen. Unter den vielen schönen Parks in *Metropolitan Vancouver* ist diese gepflegte Anlage hoch über dem Meer eine der reizvollsten. Bereits die (ausgeschilderte) Anfahrt lohnt den kleinen Umweg.

Cypress Park

Der Hauptverkehr zum ***Ferry Terminal*** nach Vancouver Island (Departure Bay/Nanaimo) und zu den nördlichen Küstenorten läuft über den TCH, dessen Trasse hier weiter landeinwärts hoch über der Küste angelegt wurde. Über ihn (Ausfahrt#8) und die ***Cypress Bowl Road***, eine serpentinenreiche Zufahrt, erreicht man den obersten Parkplatz im *Cypress Provincial Park* in rund 1.000 m Höhe über dem Meer, ein beliebtes Wintersportgebiet. Ein Besuch lohnt bei klarem Wetter auch im Sommer wegen des atemberaubenden Blicks über Vancouver und die *Strait of Georgia* bis nach Vancouver Island. Im Südosten erkennt man dann die immer schneebedeckte Spitze des Vulkans *Mount Baker* im US-Bundesstaat Washington. Die Sicht auf die City wird jedoch oft durch eine gelbliche Smogglocke getrübt.

Das Straßenende ist Ausgangspunkt diverser **Wanderwege**. Durch den *Cypress Park* läuft auch der schöne ***Baden-Powell Trail*** (42 km) durch die *North Shore Mountains*. Er beginnt an der Horseshoe Bay und führt weiter durch den *Capilano River Regional Park* und den *Mt. Seymour Provincial Park* nach Deep Cove am *Indian Arm*. Beide Parks können natürlich auch – wie im folgenden erläutert – per Auto angesteuert werden.

Capilano Bridge

Vom Marine Drive östlich der *Lions Gate Bridge* bzw. vom TCH (Ausfahrt #14) gelangt man rasch auf die **Capilano Road** und zum gleichnamigen ***Canyon***. Eine 137 m lange **Hängebrücke** (3735 Capilano Rd.) spannt sich über die 70 m tiefe *Capilano* Schlucht. Spannender ist die neue Attraktion ***Treetop Adventure***: ein »schwebender« Pfad von ca. 200 m verbindet die Baumkronen großer Zedern. Das Vergnügen, den *Canyon* auf schwankenden Planken zu queren, durch die Wipfel zu balancieren sowie 25 Totempfähle und indianische Holzschnitzer bei der Arbeit bewundern zu dürfen, kostet beachtliche $22. (Dabei gibt's eine ähnliche Hängebrücke anderswo auch umsonst, ➪ *Lynn Canyon* nebenstehend). Täglich Mitte Mai-Anfang September 8.30-20 Uhr; sonst 9-17 Uhr.

Hängebrücke über den Capilano Canyon, Zwischenziel aller Stadtrundfahrten. Statt dort stolze $22 Eintritt zu bezahlen, kann man ebensogut zum Lynn Canyon fahren und eine ganz ähnliche Brücke zum Nulltarif ausprobieren.

Capilano River Regional Park

Im weiteren Verlauf der Capilano Road am Nordende des ***Capilano River Regional Park*** (Eintritt frei, Zufahrt über Stichstraße) staut der *Duncan Dam* den Capilano River zum Trinkwasserreservoir für Vancouver. Ein schöner **Rundwanderweg** (ab 2 km) überquert zunächst die Dammkrone und folgt der pittoresken Schlucht flußabwärts. Brücken führen zurück zum Ostufer, wo in der ***Capilano Salmon Hatchery*** jährlich mehr als 2 Mio. Lachse aufgezogen und in die Wildnis ausgesetzt werden. Die erst nach Jahren ausgewachsenen Exemplare kann man hinter Glasfenstern im Fluß beobachten, täglich ab 8 Uhr, im Sommer bis 20 Uhr, Eintritt frei.

Grouse Mountain

Am Ende der Capilano Rd / 6400 Nancy Greene Way liegt die Talstation des ***Grouse Mountain Skyride*** (täglich 9-22 Uhr). Wer den Blick über die Umgebung aus 1.100 m Höhe genießen möchte, muß tief ins Portemonnaie fassen: $27/Person. Neben der Aussicht wartet an der Bergstation das Restaurant ***The Observatory*** und – dahinter – ***Hiwus Feasthouse*** mit traditionellem Lachsmenü samt einer Indianer-Tanzshow ($65 inkl. Seilbahnfahrt, ✆ 604-980-9311).

Im übrigen geht es gebührenfrei in die ***Cypress*** und ***Mt. Seymour Provincial Parks*** immerhin auch auf über 1.000 m Höhe (➪ Seite 191 und unten), wiewohl nur per Auto.

Lynn Canyon Park

Und auch zur *Capilano Bridge* gibt es eine **kostenlose Alternative**, nämlich die 50 m hohe **Hängebrücke im *Lynn Canyon Park*** an der **Lynn Valley Road** (Ausfahrt #19 vom TCH). Ein ***Ecology Centre*** informiert dort über den Stand des Umweltschutzes in Canada, täglich 10-17 Uhr, frei.

Demonstration Forest

Ganz aufschlußreich ist der ***Seymour Demonstration Forest*** östlich des *Lynn Canyon Park*, zu erreichen über die Lillooet Road, die unmittelbar nördlich der *Second Narrows Bridge* vom TCH abzweigt (man kann vom *Ecology Centre* auch zu Fuß gehen: 1 km). Der Park wird von der in British Columbia besonders einflußreichen Holz- und Forstindustrie verwaltet. Auf dem Waldlehrpfad mit der pompösen Bezeichnung ***Integrated Resource Management Trail*** erläutern Schautafeln und ein Faltblatt Abholztechniken, Aufforstungsmaßnahmen und die Zusammenhänge zwischen Ökologie und Forstwirtschaft. Der Unterschied zwischen ursprünglichem und (zu zwei Dritteln) bewirtschaftetem Wald wird »in natura« demonstriert. Daß sich dabei Aufklärung und objektive Information mit Propaganda für die Anliegen der Holzindustrie verbinden, bleibt nicht aus. Wer einmal die naturbelassenen ***Rain Forests*** etwa im *Pacific Rim* oder *Mount Revelstoke National Park* gesehen hat, wird den Ausführungen zur sinnvollen Waldnutzung kaum in allen Punkten folgen mögen.

Neben dem – auf jeden Fall lohnenden – Lehrpfad existiert ein hübscher **Rundweg** um den kleinen Rice Lake herum. Vom Rice Lake kann man auch zum *Lynn Canyon Park* wandern.

Mount Seymour Provincial Park

Der ***Mt. Seymour Provincial Park*** liegt hoch über dem *Indian Arm* nordöstlich der Wohngebiete von North Vancouver. Vom TCH (Ausfahrt #22) geht es zunächst auf dem ***Mount Seymour Parkway*** zur Parkeinfahrt. Die Zufahrt (13 km) windet sich über zahlreiche Serpentinen zum großen Parkplatz des Winterskigebiets in 1000 m Höhe. Mehrere ***Picknickplätze*** laden an der Strecke zur Rast ein. Angenehm ruhig ist die ***Mushroom Picnic Area***, zu der man vom ***Vancouver Lookout Parking Lot*** noch ein Viertelstündchen laufen muß.

Visitor Centre und **Cafeteria** am Straßenende sind gleichzeitig Ausgangspunkt für eine ganze Reihe schöner *Trails*. U.a. empfehlenswert sind die 20-minütige Kurzwanderung zum **Aussichtspunkt *Dinky Peak*** und – bei mehr Zeit – der ***Loop Trail*** rund um den Goldie Lake (ca. 4 km). Zum Gipfel des Mount Seymour (1455 m) sind es ebenfalls 4 km.

Mit Faltbooten auf dem Fjord Indian Arm, Start nur ca. 30 Autominuten von Downtown Vancouver entfernt

Deep Cove

Vom TCH, Ausfahrt #23 nördlich der *Second Narrows Bridge*, führt der ***Dollarton Highway*** (als Teil des ***North Shore Scenic Drive***) am *Cates Park* vorbei nach Deep Cove am ***Indian Arm***. Der kleine Ort eignet sich bestens für einen Bummel und ein Picknick am Strand. Im bunten Hafen dümpeln Fischerboote neben vielen eleganten Yachten.

Trip im Faltboot

Eine reizvolle, wenn auch nicht ganz billige **Paddeltour** per Klepperboot in den *Indian Arm* (zur »Halbzeit« zum *Lunch* Lachsgrillen auf einer Insel) kann man bei ***Lotus Land Tours*** buchen ($149) © (604) 684-4922, © 1-800-528-3531; Internet: **www.lotuslandtours.com**. Bei schönem Wetter bietet dieser Ausflug unter deutscher Führung einen hervorragenden Einstieg in das Canada-Reiseerlebnis unweit der Großstadt. Leser dieses Buches erhalten 10% Rabatt.

Britannia Beach

Ein beliebter Ausflug führt über Horseshoe Bay hinaus nach **Britannia Beach/Squamish** am äußersten Ende des Howe Sound. Sowohl die Straße nördlich Horseshoe Bay (#99) als auch der parallele Schienenstrang verlaufen streckenweise spektakulär zwischen Meer und *Coast Mountains*. In Britannia Beach wartet das interessante ***BC Museum of Mining*** in der einst größten Kupfermine Canadas auf Besucher:

Hauptattraktionen des Museums sind die alte Minenbahn, mit der es in die Bergwerkstollen geht, ein im Übertagebau (*Open Pit Mining*) eingesetzter ***Super Truck*** und **Goldwaschen**, Erfolg garantiert. Bei 12°C vermittelt die Untertagefahrt hautnah das Bild harter Bergwerksarbeit, eindrucksvoll ist die tösende Demo klassischer und moderner Abbautechniken.

Geöffnet von Mai bis Mitte Oktober täglich 9-17.30 Uhr, $15

Exkursion nach Squamish

Bis 2001 fuhr die historische **Dampflok *Royal Hudson*** mit alten Waggons ab North Vancouver nach Squamish.

Derzeit steht sie in **Squamish** im ***West Coast Railway Heritage Park***, wo sie im Laufe der nächsten Jahre total überholt werden soll. Das größte **Eisenbahnmuseum** Westcanadas zeigt darüberhinaus knapp 70 alte Lokomotiven und Eisenbahnwaggons, darunter zwei Dampfloks von 1910 und 1929, täglich 10-16 Uhr, $10.

Britannia Beach und Squamish liegen am Weg für alle, die auf einer späteren Rundreise Vancouver entweder über die Straße #99 verlassen oder auf ihr nach Vancouver zurückkehren, ➪ ab Seite 225.

335 m stürzt das Wasser die spektakulären Shannon Falls hinunter (ca. 2 km südlich von Squamish, ➪ Seite 225)

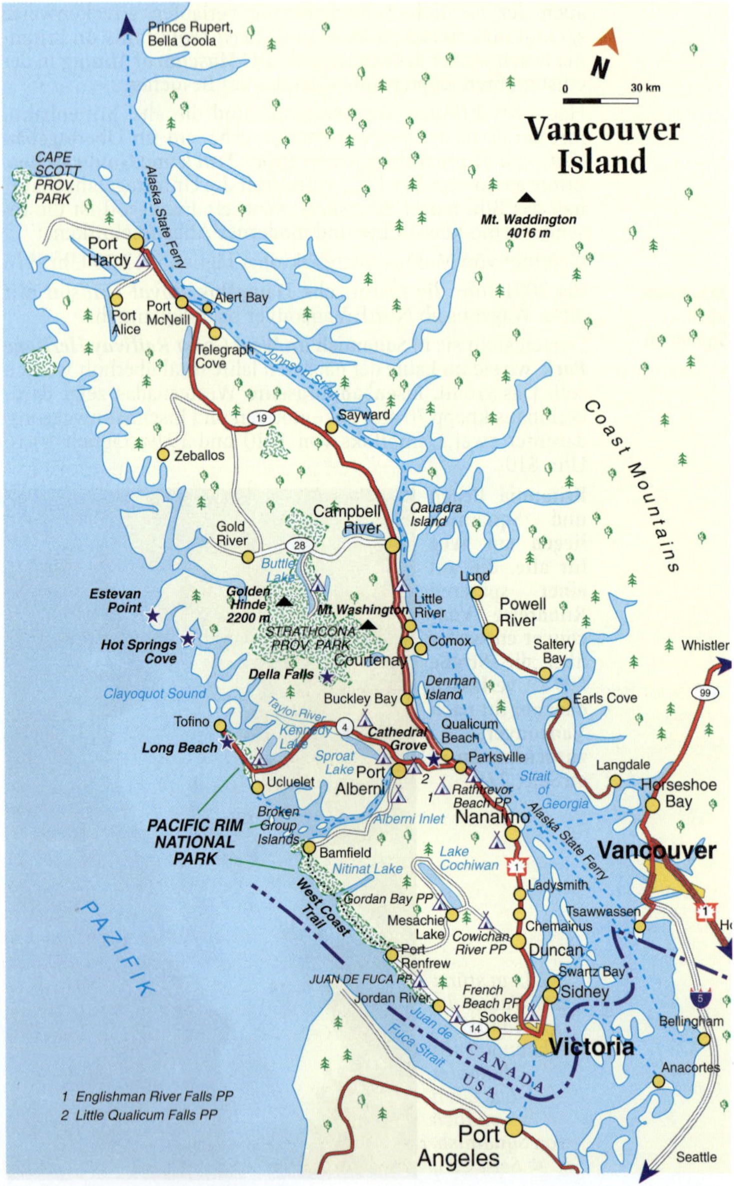

Vancouver Island
N
0 30 km
Prince Rupert, Bella Coola
CAPE SCOTT PROV. PARK
Alaska State Ferry
Mt. Waddington 4016 m
Port Hardy
Port Alice
Port McNeill
Alert Bay
Telegraph Cove
Johnson Strait
Coast Mountains
Sayward
19
Zeballos
Gold River
28
Campbell River
Qauadra Island
Buttle Lake
Estevan Point
Golden Hinde 2200 m
Mt. Washington
Little River
Lund
Powell River
Hot Springs Cove
STRATHCONA PROV. PARK
Comox
Courtenay
Saltery Bay
Whistler
Della Falls
Clayoquot Sound
Denman Island
Buckley Bay
Earls Cove
99
Taylor River
Tofino
Kennedy Lake
4
Cathedral Grove
Qualicum Beach
Long Beach
Sproat Lake
Port Alberni
Parksville
Langdale
Ucluelet
Rathtrevor Beach PP
Strait of Georgia
Horseshoe Bay
Broken Group Islands
PACIFIC RIM NATIONAL PARK
Alberni Inlet
Nanaimo
Alaska State Ferry
Vancouver
Bamfield
Lake Cochiwan
1
Nitinat Lake
Ladysmith
West Coast Trail
Gordan Bay PP
Tsawwassen
Mesachie Lake
Chemainus
PAZIFIK
Cowichan River PP
Duncan
Port Renfrew
Swartz Bay
JUAN DE FUCA PP
Sidney
Jordan River
French Beach PP
Sooke
5
Juan de Fuca Strait
14
Bellingham
Victoria
CANADA
USA
Anacortes
1 Englishman River Falls PP
2 Little Qualicum Falls PP
Port Angeles
Seattle

3. ROUTEN DURCH BRITISH COLUMBIA UND ALBERTA

Das Kapitel 3 umfaßt alle in diesem Buch beschriebenen Routen durch die touristisch wichtigste Region in Canadas Westen. Da die Top-Sehenswürdigkeiten ***Banff*** und ***Jasper National Park*** mit dem ***Icefields Parkway*** zu Alberta gehören und gleichzeitig unmittelbar an British Columbia grenzen, unternehmen die meisten Canada-Besucher Fahrten durch beide Provinzen. Dem ist hier Rechnung getragen, ➪ Routenübersicht in der vorderen Umschlagklappe.

Alle Strecken schließen aneinander an und können auch anders kombiniert werden, oft durch Überspringen weniger Seiten.

3.1 Vancouver Island

Lage und Klima

Mit einer **Fläche von 31.285 km²** ist Vancouver Island die größte Pazifikinsel Nordamerikas. Der vor der Küste nordwestwärts fließende Alaskastrom sorgt für ein gemäßigteres Klima, als es auf gleicher Höhe auf dem Festland herrscht. Im Winter gibt es in den Hafenstädten nur selten Dauerfrost, aber die sommerlichen Höchsttemperaturen liegen im Schnitt bei nicht einmal 20°C. Lediglich die Region um Nanaimo verzeichnet angenehme 24°C. Während an dieser südöstlichen Trockenseite der Insel lange Sandstrände Sommerurlauber anlocken, versperrt an der Westküste dichter Regenwald jeglichen Zugang. Dort ist – 60 km nördlich von Tofino – ***Estevan Point*** der regenreichste Punkt Canadas.

Zeitbedarf für einen Besuch

Ein Besuch von Vancouver Island lohnt sich eigentlich erst dann, wenn er sich nicht nur auf eine Stippvisite – etwa in Victoria – beschränkt. Zumindest für eine kleine Rundfahrt sollte die Zeit reichen. **Wenigstens fünf volle Tage** sind notwendig für eine 610 km lange Tour von Vancouver nach **Victoria** und zum ***Pacific Rim National Park*** – Anreise über das **Tsawwassen Fährterminal** und Rückfahrt von **Departure Bay** (Nanaimo) nach **Horseshoe Bay** oder umgekehrt.

Bedeutung der Fähren

Wer nicht nur Vancouver Island sehen möchte, sondern weitergehende Reisepläne für den Norden von British Columbia hat, kann ggf. mit der Fähre Port Hardy–Prince Rupert beides gut miteinander verbinden. Überhaupt kommt man nicht an den Fähren vorbei. Die wichtigsten Verbindungen vom Festland nach Vancouver Island, aber auch zu anderen Inseln in der ***Strait of Georgia*** zwischen Vancouver und Island sind auf der folgenden Doppelseite gelistet und näher erläutert.

Internet

Zur raschen und aktuellen Information, speziell zu Vancouver Island, eignen sich die folgenden ***Websites***:

www.islands.bc.ca (offizielle Website von Tourism BC)
www.vancouverisland.com (sehr gutes kommerzielles Portal)

Autofährverbindungen rund um Vancouver Island

Die Angaben in der Übersicht beziehen sich mit nur einer Ausnahme auf **Autofähren und auf die Hauptsaison** von etwa Juni bis Mitte September. Die Tarife gelten für die einfache Fahrt. Außerhalb dieser Zeiten sinken die Schiffsfrequenzen und zuweilen auch die Preise.

Fähren vom US-Staat Washington nach Vancouver Island

(Preise in **US$**) einfache Fahrt	Tarif pro Wagen mit Fahrer	Tarif pro Person	Anzahl der Abfahrten pro Tag	Dauer Überfahrt
1. Anacortes–Sidney	49	14	2x	3:00
2. Port Angeles–Victoria	37	10	4x	1:35
3. Seattle–Victoria (nur Pers.)		68	3x	2-3 Std.

Die wichtigsten Küstenfähren in British Columbia

(Preise in **can$**) einfache Fahrt #9 bis #11 retour	Tarif pro Wagen mit Fahrer	Tarif pro Person	Anzahl der Abfahrten pro Tag	Dauer Über-fahrt
4. Tsawwassen–Swartz Bay	45	11	16x	1:35
5. Tsawwassen–Nanaimo	45	11	8x	2:00
6. Horseshoe Bay–Nanaimo	45	11	14x	1:35
7. Horseshoe Bay–Langdale	40	9	11x	0:40
Earls Cove–Saltery Bay			8x	0:50
8. Powell River–Comox	37	9	4x	1:15
9. Buckley Bay–Denman Island	19	6	17x	0:10
10. Campbell River–Quadra Island	19	6	18x	0:10
11. Port McNeill–Alert Bay	23	7	6x	0:45
12. Port Hardy–Prince Rupert	359	107	jeden 2.Tag	15 Std.
13. Port Hardy–Bella Coola (Stopps in Ocean Falls und weiteren Siedlungen)	333	111	3x/Woche	13-25

Erläuterungen zu den Fähren

1. Reederei sind die ***Washington State Ferries***, Reservierung ist empfehlenswert.
Toll-Free-Number: 1-888-808-7977; © (206) 464-6400
Internet: www.wsdot.wa.gov/ferries
Wohnmobile ab 20 Fuß Länge kosten $37 bzw., ab 7,5 Fuß Höhe, $47 Aufpreis. Die Route dieser Fähre durch die *San Juan Islands* ist "unschlagbar".

2. Die private Reederei ***Black Ball Transport*** nimmt keine Reservierungen an. Die Wartezeiten sind daher im Sommer manchmal sehr lang.
Informationen unter © (360) 457-4491 (Port Angeles) oder (250) 386-2202 (Victoria); Internet: www.cohoferry.com

3. Nur Personen-Katamaran-Schnellfähre *Victoria Clipper* ab Seattle Pier 69 Mitte Mai – Anfang September tägl. 7.30, 8.45 und 15.15 Uhr, ab Victoria 11.30, 17,30 und 19 Uhr. Sonst ab Seattle 8 Uhr, ab Victoria 17 oder 18 Uhr. Retour US$110-$130 je nach Saison. © (206) 448-5000, © (250) 382-8100, ***toll-free*** © 1-800-888-2535, Internet: www.victoriaclipper.com

4-13. Alle Überfahrten mit der kanadischen Staatsfähre ***BC Ferries***. Aufpreise für Fahrzeuge über 7 Fuß Höhe bzw. über 20 Fuß Länge. An Feiertagen/Wochenenden sind die Verbindungen **#4-#6** teurer.

Tarife bei #7 beziehen sich auf beide Fahrten.

Für die Fähren #**12 und #13 ist stets eine Reservierung erforderlich.** Für die **Hauptsaison sollten Autofahrer** bereits mehrere Monate vor der Reise über ein Reisebüro oder direkt reservieren bei

BC Ferry Corporation
1112 Fort Street, Victoria, BC/Canada V8V 4V2
© (250) 386-3431 und ***toll-free*** © 1-888-BCFerry bzw. 1-888-223-3779
Fax (250) 381-5452; **Internet**: www.bcferries.com

Die Fähren #4 bis #7 lassen sich per Internet oder unter der Telefonnummer oben reservieren (Gebühr $15).

Die schönste Fährstrecke vom Festland nach Vancouver Island ist die #**4**; sie führt mitten durch die Gulf Islands; #5 und #6 umgehen die Inseln.

Der **Anleger der Fähre #5** auf Vancouver Island ist ***Duke Point*** südlich von Nanaimo, der ***#6 Departure Bay*** nördlich von Nanaimo.

Eine interessante **Kombination** sind die Strecken unter **#7** und die **#8**. Sie bilden die 4. Alternative der Routen zwischen Vancouver und Vancouver Island (neben #4-#6).

Der Sondertarif ***Circle Pac*** gilt für die Routen #7 und #8 hin und eine beliebige Route aus #4, #5 oder #6 retour (oder umgekehrt). Mit $24 (Person), $106 (Wagen + Fahrer) bietet er 15 % Rabatt auf die Einzeltickets. Die Circle-Pac-Route ist zwar ab Parksville (Abzweig Pacific Rim NP) 130 km länger als die Direktfahrt über Nanaimo mit der Fähre #6 nach Vancouver, ermöglicht aber mit zwei zusätzlichen Fährpassagen eine attraktive Rundtour.

Die **Fähre #12** verkehrt Mitte Mai bis Ende September im 2-Tage-Rhythmus und legt in beiden Häfen um dieselbe Zeit ab (morgens 7.30 Uhr, Ankunft abends 22.30 Uhr). Nachts liegt sie am Kai. Bei einer Fahrt in Nord-Süd-Richtung sieht man den schöneren (nördlichen) Teil definitiv bei Tageslicht. Wer ein **Wohnmobil** (höher als 7 Fuß, bis 20 Fuß lang) transportieren möchte, zahlt für den einfachen Weg **inklusive Fahrer $526**, jeder zusätzliche Fuß Länge $21.

Das Teilstück **Port-Hardy–Prince Rupert** der *Inside Passage* ist zwar weniger spektakulär als ihr nördlicher Abschnitt von Prince Rupert nach Skagway, ermöglicht aber die Routenkombination Vancouver Island–*Yellowhead Highway*. Die Strecke Vancouver–Victoria–Abstecher Pacific Rim NP–Prince Rupert–Kitwanga erspart 250 Straßenkilometer gegenüber dem kürzesten Landweg über Prince George inkl. Abstecher nach Barkerville. Den extrem hohen Fährkosten stehen nicht nur gesparte Benzinkosten, sondern bei Campermiete und begrenzten Freikilometern auch geringere Zusatzkilometer gegenüber. Grundsätzlich ist es praktischer, diese **Schiffspassage an den Anfang der Reise** zu stellen, um für die restliche Zeit terminlich ungebunden zu sein.

Fähre #13 verbindet Bella Coola am Ende des ***Chilcotin Highway*** (⇨ Seite 246) mit Port Hardy. Sie verkehrt von Mitte Juni bis Anfang September entlang der ***Discovery Coast***; Abfahrt Di, Do, Sa 9.30 Uhr ab Port Hardy bzw. Mo, Mi, Fr 7.30 Uhr ab Bella Coola.

3.1.1 Victoria

Charakter der Stadt

Am südlichen Zipfel von Vancouver Island liegt Victoria, die attraktive Hauptstadt der Provinz. Ihre **britische Tradition** hat sich bis in unsere Zeit »gerettet«. Rein äußerlich ist sie präsent in der Architektur zahlreicher Gebäude und den roten Doppeldeckerbussen für Stadtrundfahrten. Der ***Afternoon Tea*** wird heute vermutlich nicht einmal mehr in England so pedantisch zelebriert wie in Victoria.

Geschichte **(⇨ Seite 574)**

Die Eroberung der von Indianern besiedelten Insel durch die Weißen begann erst Mitte des 19. Jahrhunderts: *James Douglas* erkundete 1842 ihre Südspitze für die Pelzhandelsgesellschaft *Hudson's Bay Company*. Im Folgejahr entstand ***Fort Victoria***, und 1849 ernannte die britische Krone Vancouver Island mit Victoria als Regierungssitz zur Kolonie. Ein florierender Pelzhandel, Holzfällerei, Kohleabbau, Fischerei und Landwirtschaft sorgten für hohe Erträge. Als einzige damals existierende »richtige« Stadt übernahm Victoria 1868 Hauptstadtfunktion für die zusammengelegten Kolonien Vancouver Island und British Columbia. Dabei blieb es auch nach dem Anschluß von BC als Provinz an das *Dominion of Canada* im Jahr 1871, wiewohl Vancouver nach Fertigstellung der transkanadischen Eisenbahn Victoria wirtschaftlich schnell den Rang ablief.

Einwohner

Der Großraum Victoria, zu dem die 30 km lange *Saanich Peninsula* bis hinauf zu den Häfen Swartz Bay und Sidney gehört, zählt heute rund 320.000 Einwohner; im eigentlichen Stadtgebiet leben etwa 77.000 Menschen.

Klima

Kein Landstrich in Canada, so heißt es, wird vom Wetter so verwöhnt wie Victoria. Während es an der Westküste der Insel häufig in Strömen gießt, bleibt die »unter« den Inselgebirgen liegende Stadt von Regenfällen weitgehend verschont. Strenge Winter sind unbekannt, denn die Kaltluft des kanadischen Festlands wird ebenfalls dank pazifischer Einflüsse abgehalten. Mit jährlich ganzen 29 cm verzeichnet Victoria den geringsten Schneefall Canadas. Wenn weite Bereiche des Landes im Frühjahr noch unter Schnee liegen, freut sich der Süden von Vancouver Island bereits über Blüten und Blumen.

Verkehrsanbindung

Der ***Victoria International Airport*** (YYJ, www. cyyj.ca) liegt 30 km nördlich der Innenstadt. Flughafenzufahrt von *Downtown* (35 min) mit der Buslinie #70 des *Victoria Regional Transit System* (Swartz Bay/ *Downtown/Airport*, $2,50). Mit dem *Airporter Shuttle Bus*, ✆ 1-877-386-2525, www.akalair porter.travel. bc.ca, kostet die Fahrt nach *Downtown* $14.

Im ***Inner Harbour*** herrscht reger Fährbetrieb, ⇨ oben. ***VIA Rail*** – Bahnhof im Stadtzentrum, 450 Pandora Ave, ✆ (250) 383-4324 – unterhält eine tägliche Verbindung nach Courtenay. **Wasserflugzeuge** fliegen vom *Inner Harbour* nach Vancouver und Seattle.

Außerdem befindet sich in Victoria der **westliche Endpunkt des *Trans Canada Highway***, ⇨ Seite 209.

Orientierung

Die Orientierung in Victoria ist einfach. *Trans Canada Highway* und die Straße #17 von Swartz Bay/Sidney leiten Besucher automatisch bis zur Innenstadt. Die meisten Sehenswürdigkeiten befinden sich in einem überschaubaren Bereich zwischen Douglas Street (*Trans Canada Highway*) und dem Hafen (*Inner Harbour*) und lassen sich an einem Tag leicht zu Fuß »abklappern«. Victoria hat mit dem ***Regional Transit System*** (✆ (250) 382-6161, www.bctransit.com/regions/vic) ein dicht geknüpftes öffentliches Nahverkehrsnetz; eine Fahrt kostet $2.

Besucherzentrum

Ein großes ***Info Centre*** liegt direkt am Hafen oberhalb der Promenade. Es verfügt über jede Menge Material zu Victoria und Vancouver Island und unterhält Buchungsschalter für Hotels, Mietwagen und touristische Unternehmungen:

Tourism Victoria Information Centre:
812 Wharf St.
✆ (250) 953-2033, ✆ 1-800-663-3883
Internet: **www.tourismvictoria.com**

Internet Café: Stain Internet Café (*Downtown*) 609 Yates Street, ✆ (250) 382-3352, **www.staincafe.com**.

Hotels/Motels

Für die Übernachtung in einem passablen Motel in *Downtown* Victoria müssen mindestens $70 plus *Tax* gezahlt werden; Hotels der gehobenen Kategorie kosten ab $120. Wer im noblen ***Fairmont The Empress*** am ***Inner Harbour*** unterkommen möchte, muß fürs Zimmer im Sommer ab $300 anlegen. Zahlreiche **Motels** der mittleren Kategorie findet man nördlich des Innenhafens an der Gorge Rd (#1A). Noch erschwinglich in Fußgängerdistanz zu Zentrum und *Inner Harbour* sind das ***Surf Motel***, ✆ (250) 386-3305, ✆ 1-888-738-3399, 290 Dallas Road (Seeseite), ab $115, und das ***Embassy Inn***, ✆ (250) 382-8161, ✆ 1-800-268-8161, 520 Menzies St, ab ca. $120. ***Bed & Breakfast-Quartiere*** liegen im Preisbereich ab $70 für zwei Personen.

Fairmont The Empress, Nobelhotel wie aus Merry Old England direkt am Hafenbecken

Preiswerte Unterkünfte

Eine Übernachtung im **YM/YWCA** in der 880 Courtney St, © (250) 386-7511, ist mit $40/Person (nur Frauen) noch preiswert. Ebenfalls im *Downtown*-Bereich, 516 Yates St, liegt das ***HI-Hostel***, © (250) 385-4511, © 1-888-883-0099, $20; 110 Betten. Von Lesern warm empfohlen wird das ***Ocean Island Backpackers Inn***, 791 Pandora Ave, © 1-888-888-4180, (250) 385-1788; 200 Betten $24. Das preiswerte ***Selkirk Guest House*** – © (250) 389-1213, © 1-800-974-6638; 5 Betten $22, DZ ab $80 – liegt direkt am Wasser in der 934 Selkirk Ave, einige Kilometer nördlich *Downtown*. Mit den **Mietkanus** des Hauses ist man in 30 min. am *Inner Harbour*.

Etwa 6 km nach *Downtown* sind es vom Hotel der ***University of Victoria*** (Vorortbus), wo man Mai-August inkl. Frühstück für $44/$55 (EZ/DZ) übernachten kann, © (250) 721-8395.

Camping

Der ruhigste Campingplatz (167 Stellplätze, Duschen) weit und breit befindet sich im ***Goldstream Provincial Park***, © 1-800-689-9025, am *Trans Canada Highway* (ca. 20 km von *Downtown* Victoria). Nur frühzeitige Ankunft am Vormittag sichert im Sommer einen der schattigen Plätze hoch über dem Goldstream River. Ist dieser *Campground* besetzt, kann man es im weniger frequentierten ***Bamberton Provincial Park***, © 1-800-689-9025 – 12 km weiter nördlich zwischen TCH und *Saanich Inlet* – versuchen.

Erheblich stadtnäher als die Provinzparks liegt der (etwas enge und laute) ***Thetis Lake Regional Park Campground*** (Badestrand!) am TCH ca. 11 km westlich von *Downtown*, © (250) 478-3845. Die Stellplätze ($18) befinden sich in einem Waldstück in Seenähe. Einen sehr guten *Komfortplatz* für Wohnmobile bietet ***West Bay Marina*** gegenüber von *Downtown*, wohin die Harbour Ferries verkehren. Mit Glück erwischt man einen der (teuren) Stellplätze am Ufer, 453 Head St, $25-$40, © (250) 385-1831, 1-866-937-8229. 25 km südwestlich liegt das ***Weir`s Beach RV-Resort*** am Ozean. William Head Rd, © 1-866-478-6888, (250) 478-3323; $38-$44.

Rundgang in der City

Zur Erkundung der Innenstadt von Victoria ist das ***Information Centre*** ein guter Ausgangspunkt. Auf einem etwa 4 km langen Rundgang lassen sich alle interessanten Ziele miteinander verbinden – Kultur & Shopping inklusive.

The Empress

Dem Hafen gegenüber erhebt sich das efeuumrankte Gebäude des 1908 errichteten Nobelhotels ***The Empress***, 721 Government Street (Foto Seite 201). Das stilvolle Interieur ist sehenswert. Beim ***Afternoon Tea*** –täglich 12-17 Uhr – geht es »*very british*« zu. Wer es *Winston Churchill* oder *King George VI.* gleichtun und sich *Biscuits* oder *Cucumber Sandwiches* bis zum Abwinken reichen lassen möchte (mit $29 und $49 im Sommer ganz schön happig bzw. unbezahlbar), muß »seinen« Tisch trotz dieser Preise reservieren, © (250) 389-2727.

Parliament Building

Das Parlamentsgebäude an der Südseite des *Inner Harbour* ist mit einer vergoldeten ***George Vancouver* Statue** auf der Kuppel schon tagsüber ein Blickfang. Abends werden die Umrisse seiner Fassaden durch Tausende von Glühbirnen markiert.

Mit/ohne Führung, Mo-Fr 8.30-17 Uhr, Ende Mai-Sept. auch Sa. So nur mit Führung.

Museum

Das ***Royal British Columbia Museum***, 675 Belleville Street, sollten sich auch Museumsmuffel ansehen. Natur- und Kulturgeschichte der Provinz wurden dort vorbildlich aufbereitet. Glanzpunkte sind ein **kompletter Straßenzug aus dem frühen 20. Jahrhundert** sowie eine der besten Totempfahlpräsentationen in BC. Aber auch Dioramen wie lebensecht wirkender Tiere der nordischen Fauna (u.a. riesiges Mammut) im dazugehörigen Habitat sowie Szenen aus dem Leben der Westküstenindianer sind beeindruckend. Auch ein IMAX-Kino ist vorhanden. Minimaler Zeitbedarf: 3 Stunden. Museum täglich 9-17 Uhr, Eintritt $13; IMAX-Kino 10-20 Uhr, $11, Kombiticket $21.

Totempfähle

Gleich neben dem Museum liegt der kleine ***Thunderbird Park*** mit typischen Totempfählen der Nordwestküste. Im Sommer arbeiten oft indianische Schnitzer an neuen Pfählen. Auch das 1852 erbaute ***Helmcken House*** (10 Elliot Square), das älteste, am Originalstandort verbliebene Gebäude der Provinz steht als Teil des *Royal BC Museum* im Park. Zu besichtigen ist darin u.a. eine Sammlung furchteinflößender chirurgischer Instrumente aus der Zeit, als *Dr. Helmcken* hier praktizierte und sich nebenbei Verdienste um die Konstituierung der Provinz erwarb. Juni-Sept. täglich 10-17 Uhr.

»Touristenfallen«

Rund um Hafen und *Downtown* werben diverse kommerzielle *Tourist Attractions* um Aufmerksamkeit: die ***Pacific Undersea Gardens***, eine Art Aquarium mit Show-Elementen, und das ***Royal London Wax Museum*** liegen direkt am *Inner Harbour*; die ***Miniature World*** im *Empress Hotel* zeigt Schlachtszenen und Eisenbahnen im Kleinmaßstab. Diese »Attraktionen« sind im einzelnen durchaus ansehenswert, ihr einheitlich hohes **Eintrittsgeld** von $9 jedoch nur bedingt wert.

Hafenfähre

Anders dagegen die ***Victoria Harbour Ferries***: Sie schaukeln zwischen *West Bay Marina* und *Empress Hotel* unentwegt durch den *Inner* und *Outer Harbour* und eignen sich nicht nur für den Transport zwischen 7 Anlegestellen (Einzelfahrt $3,50), sondern auch für eine Rundfahrt (45 min, $14, Fahrtunterbrechung möglich); © (250) 708-0201, Mai-September täglich 9-20 Uhr, Rest desJahres 10-17 Uhr.

Auch Touren zur **Walbeobachtung** kann man im Hafen von Victoria buchen. Von dort aus starten heute die meisten der *Whale Watching Trips* auf Vancouver Island, z.B. mit *Cuda Marine* im Sommer täglich 9 Abfahrten © (250) 995-CUDA, © 1-866-995-CUDA (3 Stunden ab $89)

Shopping

Das Geschäftsviertel von Victoria ist heute überwiegend **Fußgängerzone** und/oder verkehrsberuhigt. Es befindet sich östlich des *Inner Harbour* (Government St. und Nebenstraßen). Viele bunte Läden und das große *Bay Centre* verführen zum Kauf.

Wohnhäuser auf dem Wasser an der West Bay Marina; dort befindet sich auch ein Campingplatz

Rund um den ***Bastion Square*** gibt es hübsche kleine **Restaurants und Kneipen** mit abendlicher Live-Unterhaltung.

Schiffahrts-museum

Am Rande der Shopping Zone – ebenfalls am *Bastion Square* – liegt das ***Maritime Museum of British Columbia*** (Hausnummer #28) mit einer für Schiffsfans interessanten Ausstellung. Es kann dem Namensvetter in Vancouver aber nicht »das Wasser reichen«. Tägl. 9.30-17 Uhr, Eintritt $8.

Chinatown

Victorias kleines Chinesenviertel besaß 1911 an die 3.500 Einwohner, die für Eisenbahnbau und die Arbeit in Kohlenminen(➪ Seite 211) und Goldbergwerken in die seinerzeit größte Chinatown Canadas emigriert waren. Hinter dem bombastischen, anläßlich der Altstadtsanierung 1981 errichteten ***Gate of Harmonious Interest*** (Ecke Government/Fisgard St) erinnert aber nicht ganz viel an eine »echte« *Chinatown,* wie etwa die in Vancouver.

Scenic Marine Drive

Bei schönem Wetter sollte man unbedingt den ausgeschilderten *Scenic Marine Drive* bis zur Cadboro Bay abfahren. Am besten beginnt man am *Inner Harbor* auf der Belleville St, passiert den ***Laurel Point*** und den ***Fisherman's Wharf Park*** und erreicht die Dallas Road westlich des *Beacon Hill Park.*

Im Beacon Hill Park beginnt und endet der Trans Canada Highway

TCH-Beginn

In der Südwestecke dieses Parks steht der **Kilometerstein »0«** des *Trans Canada Highway.* **Ein Foto von diesem Punkt gehört zur touristischen Pflichtübung.**

Verlauf des Scenic Marine Drive

Der Rundkurs führt an alten Herrenhäusern und herrlichen Gärten vorbei und verläuft dann durch Victorias ältesten Golfplatz, von dem man einen fantastischen Blick auf die Olympic Mountains jenseits der *Juan de Fuca Strait* hat.

Cadboro Bay

Im ***Uplands Park*** zwischen Oak und Cadboro Bay läßt sich gut ein Zwischenstopp für einen Spaziergang am felsigen Ufer einlegen. Der eindrucksvolle Campus der ***University of Victoria*** liegt oberhalb dieser Bucht. Als Alternativstrecke für den Rückweg nach *Downtown* eignet sich die *Cadboro Bay Road,* die im Stadtgebiet in die Fort Street übergeht.

Fort Rodd Hill

Ein schönes Ziel im Westen Victorias ist *Fort Rodd Hill*, Zufahrt über den Highway #1A und Ocean Blvd, geöffnet tägl. 10-17.30 Uhr, Eintritt $4. Diese Sperrfestung am Meer wurde von 1878 bis 1956 militärisch genutzt. Nach Abzug der britischenTruppen 1906 kam ***Fort Rodd Hill National Historic Site*** unter das Kommando der kanadischen Streitkräfte.

Wer für Festungsanlagen und alte Kriegsgerätschaften kein Interesse hat, läuft besser direkt zum malerischen weißen Leuchtturm auf dem vorgelagerten Felsen, ➪ Foto rechts. Das ***Fisgard Lighthouse*** von 1860 war das erste ununterbrochen betriebene Leuchtfeuer an Canadas Westküste und ist bis heute in Betrieb.

Royal Roads Garden

Folgt man vom *Fort Rodd Hill* dem **Ocean Blvd** auf einer 2 km langen Landzunge zwischen *Esquimalt Lagoon* und Meer (dort **Picknicktische** am treibholzübersäten Strand, Baden im Meer), erkennt man jenseits der Lagune die Anlagen der ***Royal Roads University*** mit dem ***Hatley Castle***. Die Besichtigung der gepflegten ***Hatley Park Gardens*** am *Hwy* #14 (= Sooke Road #2005) kostet nichts und kann mit einem Besuch des *Fort Rodd Hill* und des *Fisgard Lighthouse* kombiniert werden.

Butchart Gardens

Auf der ***Saanich Peninsula*** nördlich von Victoria liegen die vielgerühmten *Butchart Gardens*. Man erreicht sie über die Straßen #17/#17A Richtung Brentwood Bay. Im milden Klima blüht und gedeiht dort alles prächtig. Im Sommer ist leider die Zahl der Besucher oft größer als der Anlage gut tut. *Gift Shop*, Cafeterias und Restaurant setzen starke Akzente. Wer bunte Illumination und Entertainment mag, kommt erst am Nachmittag und bleibt bis zur Dunkelheit. Samstagabend ist ein großes Feuerwerk im **Eintritt** ($22) inbegriffen. Geöffnet täglich ab 9 Uhr, Mitte Juni bis Anfang September bis 22.30 Uhr.

Goldstream Park

Auch ohne Campabsicht könnte man dem ***Goldstream Provincial Park*** (am TCH #1, 20 km nordwestlich *Downtown*) einen Besuch abstatten. Die Bezeichnung verdankt er Goldspuren im Fluß. Schautafeln informieren über das Wanderverhalten der Lachse zur Laichzeit im Spätherbst.

Trails

Schön ist der 1 km lange Wanderweg am Fluß entlang (unterhalb des *Campground*) zwischen alten Douglasien und Zedern zu den ***Goldstream Falls***.

Auch der einstündige **Aufstieg** zum Gipfel des ***Mount Finlayson*** lohnt sich. 419 m über dem Meeresspiegel bietet sich ein großartiger Blick über Victoria, den Südteil von Vancouver Island und die vorgelagerten Inseln. Bei klarer Sicht erkennt man in der Ferne Vancouver und in den USA den schneebedeckten Kaskaden-Vulkan *Mount Baker*.

Dasselbe Panorama wartet auf dem höchsten Gipfel (446 m) der Halbinsel im ***Mount Work Regional Park*** (2,5 km Aufstieg).

Fisgard Lighthouse vor der alten Festung Fort Rodd Hill

3

Der Port Renfrew Loop

Wer nach dem Besuch von Victoria keine Gelegenheit für einen längeren Trip über Vanvouver Island hat, gewinnt auf einer Fahrt nach Port Renfrew – ggf. mit Fortsetzung über Lake Cowichan und Duncan – zumindest einen Eindruck vom Charakter der Westküste und vom Inneren der Insel. Die Entfernung von Victoria nach Port Renfrew beträgt 112 km.

Die kurvenreiche ***West Coast Road* #14** (zwar voll asphaltiert, aber auf den letzten 20 km sehr schlecht) in die Ausläufer des Regenwaldes ist nicht durchgehend reizvoll, aber sie besitzt schöne Abschnitte und zwei populäre **Campingplätze:** im ***French Beach Provincial Park*** und den ***China Beach Campground*** im *Juan de Fuca PP*, beide ✆ 1-800-689-9025. An die Küste gelangt man meist nur über ***Beach Trails,*** ➪ Kasten Seite 216.

Hinter Sooke wird der Verlauf sehr einsam; einziger Ort vor Port Renfrew ist das Nest **Jordan River** (dort direkter Zugang an den Strand). Die ***China Beach***, wenige Kilometer westlich davon, liegt bereits im dichten Regenwald, ➪ ***Juan de Fuca PP*** im Kasten Seite 216.

Port Renfrew galt zu Hippie-Zeiten als **Aussteigerparadies**. Heute wirkt der Ort stellenweise heruntergekommen, wenngleich seine geschützte Lage an der tief ins Land reichenden Bucht *Port San Juan* eigentlich exquisit ist. Zwischen Küste und Port Renfrew befindet sich die ***Botanical Beach***, erreichbar auf oft miserabler Zufahrt. Speziell bei Ebbe lohnt sich aber die Mühe. Unterhalb der Küstenklippen kann man herrlich herumwaten und in *Tidal Pools* (Gezeitentümpeln) die Meeresflora und -fauna untersuchen.

Der breite Strand der *Port San Juan* Bucht liegt voller Holzstämme. Wer möchte, kann dort unorganisiert campen. Das Westufer gehört schon zum ***Pacific Rim National Park***. Dort beginnt bzw. endet der berühmte ***West Coast Trail***, ➪ Seite 215.

Die Schotterstraße von **Port Renfrew bis Mesachie Lake** am Lake Cowichan (ca. 50 km) wird oft von *Logging Trucks* befahren. Am besten macht man Platz und läßt die rasenden Holzlaster überholen. Das *Travel Infocentre* am Hafen in Victoria sollte über weitere Routen ins einsame Hinterland informiert sein und eine **Karte** der dortigen *Forestry Roads* mit *Campgrounds* zur Hand haben.

Einige Kilometer westlich von Honeymoon Bay bietet der populäre ***Gordon Bay Provincial Park***, ✆ 1-800-689-9025, einen komfortablen, aber im Sommer häufig ausgebuchten Campingplatz am warmen See. Der 32 km lange **Lake Cowichan** läßt sich (überwiegend auf Schotterstraße) ganz umrunden. Am Wege passiert man einfache *Forest Campgrounds* und auch Plätzchen fürs »private« Übernachten.

Gutes Camping bietet der schöne Platz am *Stoltz Pool* mit Badestrand im ***Cowichan River Provincial Park***, Straße #18, 10 km westlich von Duncan, dann Zufahrt weitere 7 km, ✆ 1-800-689-9025.

In **Duncan**, einem Städtchen voller Totempfähle (➪ nächste Seite oben), erreicht man den TCH; zurück nach Victoria sind es von dort 60 km.

3.1.2 Von Victoria nach Port Hardy

Trans Canada Highway: Victoria bis Nanaimo

Verlauf

Der *Trans Canada Highway* von Victoria nach Nanaimo (110 km) ist vierspurig ausgebaut. Bereits seit 1862 gab es hier einen *Cattle Trail*, auf dem das Vieh von den Ranches an der Küste nach Victoria getrieben wurde. Höchster Punkt der Strecke ist der ***Malahat Summit*** (356 m). Von dort überblickt man *Saanich Inlet* und *Peninsula* und die vorgelagerte Inselwelt. Anschließend verliert die Strecke schnell an Höhe und gleichzeitig an Reiz.

Totempfähle

Duncan macht viel Werbung für seine 80 ***Totempoles***; davon stehen die meisten im Ortskern westlich des TCH. Eine Markierungslinie in Form gelber Fußabdrücke führt auf einem

Trans Canada Highway - TCH

In Canada kam eine durchgehende Ost-West-Verbindung verhältnismäßig spät zustande. Erst 1885 wurde der Gleisbau für die ***Canadian Pacific Railway*** beendet. Die Schiene blieb über Jahrzehnte der einzige transkontinentale Verkehrsweg.

Ein weiträumiger Ausbau des Straßennetzes begann praktisch nicht vor Mitte der 20er-Jahre und beschränkte sich zunächst auf dichter bevölkerte Gebiete. Bis in die 60er-Jahre hinein konnte man Canada nicht auf einer durchgehenden asphaltierten Straße durchqueren. Die großen Barrieren des Lake Superior und der Rocky Mountains verhinderten eine Vernetzung der Straßensysteme im kanadischen Osten und Westen mit dem der Prärieprovinzen. Der Autoverkehr zwischen den Regionen war über die USA dennoch möglich. Ein Blick auf die Karte zeigt, daß dabei – je nach Start- und Zielpunkt – nicht einmal unbedingt große Umwege anfallen. Wohl auch dieser Umstand verzögerte den Bau einer lückenlosen Ost-West-Trasse.

Der ***Trans-Canada Highway Act***, der 1949 schließlich offiziell den Plan zur Schaffung einer Transkontinentalstraße verkündete, war zugleich eine Demonstration der Einheit Canadas und der wirtschaftlichen Unabhängigkeit des Landes (von den damals noch übermächtigen USA). Ein kompletter Neubau war nicht erforderlich. Bereits vorhandene Strecken mußten nur um einzelne Abschnitte (zwischen Sault Ste. Marie und Winnipeg sowie durch die Rocky Mountains) ergänzt werden. Die **Einweihung** des *Trans Canada Highway*, der von St. John's auf Newfoundland bis Victoria auf Vancouver Island reicht, erfolgte **1962**. Aber erst drei Jahre später war auch der letzte Kilometer asphaltiert und die Strecke damit ganzjährig witterungsunabhängig befahrbar.

Heute besitzt der TCH in New Brunswick, Nova Scotia, Prince Edward Island und Ontario sogar mehrere parallel verlaufende Äste, die alle die Bezeichnung TCH tragen. Die **kürzeste TCH-Route** durch sämtliche zehn kanadischen Provinzen ist knapp **7.400 km** lang und schließt drei Fährstrecken ein (Newfoundland–Nova Scotia, Nova Scotia–Prince Edward Island und Vancouver–Nanaimo).

»Rundkurs« zu den nur teilweise kunstvoll geschnitzten Pfählen. In der ***Westfalian Bakery*** in der 187 Kenneth Street gibt`s »richtiges« Brot, und im ***Quw'utsun' Cultural and Conference Centre mit Multi Media Kino*** (200 Cowichan Way, täglich 9-18 Uhr, $13) am Cowichan River kann man indianischen Schnitzern und Tänzern zusehen.

Forest Museum

Bedingt sehenswert ist das ***British Columbia Forest Discovery Centre,*** 2892 Drinkwater Rd, am TCH, ca. 2 km nördlich der Ortsdurchfahrt. Es ist dem Thema »Mensch und Waldnutzung« gewidmet und schlägt einen Bogen von den Indianern bis zur Gegenwart. Eine alte Dampfeisenbahn transportiert die Besucher durch die »Zeit« zu den verschiedenen Ausstellungsbereichen. Geöffnet April bis Mitte Oktober, täglich 10-16 Uhr, Mitte Mai bis Anf. Sept. bis 18 Uhr; Eintritt $9.

Murals

Im – etwas abseits des TCH-Hauptverkehrs gelegenen– recht hübschen Städtchen **Chemainus** (13 km nördlich von Duncan) begann man schon vor Jahren, freie Fassadenflächen mit großflächigen Wandbildern zu bemalen. Der erhoffte Effekt trat ein: der Ort ist lange eine Touristenattraktion. Im ***Infocentre*** am Hauptparkplatz gibt es Stadtplan und eine Liste der **33 *Murals*.** Wer den Fußabdrücken auf Straßen und Gehwegen des Ortes folgt, verpaßt keines der Gemälde. Zahlreiche Open-air Terrassen von Cafés und Restaurants laden ein. Im *Chemainus Theatre* (9737 Chemainus Rd, ✆ 1-800-565-7738,) gibt's Musicals und Theateraufführungen, $26, $42 inkl. Dinner.

In Chemainus sind die Wandbilder sogar Thema einer Revue im eigens dafür 1993 erbauten Chemainus Theatre

Der 49. Breitengrad

Ladysmith liegt exakt auf dem **49. Breitengrad**, der auf dem Festland die Grenze zwischen den USA und Canada bildet. Aber im »Oregon Treaty« 1846 wurde die Insel nicht zweigeteilt, sondern ganz Canada zugeschlagen, ➪ Seite 574.

Geschichte Nanaimo

Nanaimo ist mit rund 73.000 Einwohnern zweitgrößte Stadt auf Vancouver Island. Arbeit in den ab 1852 fördernden Kohlengruben hatte schon bald nach Erschließung der Insel zahlreiche Immigranten nach Nanaimo angezogen. Bereits

1874 erhielt die Siedlung Stadtrechte. Die letzten Zechen wurden Anfang der 1950er-Jahre geschlossen. Heute erinnert fast nichts mehr an diese Vergangenheit – bis auf das ***Nanaimo District Museum***, das die Stadtgeschichte und die Umstände des Kohleabbaus beschreibt. Das Museum befindet sich im *Piper Park*, 100 Cameron Rd; geöffnet Ende Mai bis Anfang September täglich 10-17 Uhr, sonst Di-Sa. Eintritt $2.

Downtown

Der TCH berührt *Downtown* Nanaimo. Ein kurzer Abstecher in die zentrale Shopping- und Restaurant-/Kneipenzone an der parkähnlichen, aber nicht umwerfenden ***Waterfront*** macht nur die Mühe der **Parkplatzsuche**. Am besten parkt man im Bereich der Ablegestelle (*Maffeo-Sutton Park*) der Personenfähre nach **Newcastle Island**, einer komplett zum *Provincial Park* erklärten Insel mit vielen Wanderwegen und Badestrand an der pittoresken Kanaka Bay (2 km ab Bootsanleger).*)

Vom *Newcastle Island Terminal* geht man sehr schön am Wasser entlang über die *Swy-A-Lana Lagoon* und den *Georgia Park* zum ***Seaplane Terminal*** (Wasserflugzeuge nach Vancouver) am Rande der kleinen Innenstadt.

Fort The Bastion

Nebenan am ***Boat Basin***, dem Yachthafen, steht das 1853 zum Schutz der Neusiedler gegen Indianerüberfälle errichtete kleine *Fort The Bastion* (98 Front St., Juni-August tägl. 10-16 Uhr, $1). In authentischen Uniformen treten im Sommer täglich die *Bastion Guards* an und geben um 12 Uhr unter Dudelsackklängen einen Kanonenschuß ab.

Badewannenrennen

Ein großes Spektakel ist das seit 1967 alljährlich am 4. Sonntag im Juli zum Abschluß des 4-tägigen ***Nanaimo Marine Festival*** stattfindende ***International World Championship Bathtub Race***, bei dem Hunderte motorisierter Badewannen im *Inner Harbour* starten. Ein überrraschend hoher Anteil kommt nach 58 km Seefahrt tatsächlich in der Departure Bay ans Ziel.

Tourist Info Centre: im Beban House, 2290 Bowen Rd, ***toll-free*** © 1-800-663-7337, **www.tourismnanaimo.com.**

Unterkunft

Zahlreiche Hotels und Motels säumen vor allem den durch die Stadt laufenden TCH. In der Nähe der Fährterminals liegt das ***Buccaneer Inn***, 1577 Stewart Ave, © 1-877-282-6337, © (250) 753-1246. Eine gute B&B-Adresse ist das ***Pepper Muffin B&B Inn***, 3718 Jingle Pot Rd, © (250) 756-0473.

Preiswert

- ***The Painted Turtle Guesthouse*** (***HI-Hostel***), 121 Bastion St., © (250) 753-4432, © 1-866-309-4432, Herberge von 1875 in der Nähe der Waterfront, 45 Betten, $20.
- ***Cambie Intl Hostel Nanaimo***, 63 Victoria Crescent, © (250) 754-5323, ***toll-free*** © 1-877-754-5323. Herberge in zentraler Downtownlage mit Bar und Grill $20/Person, DZ $40.

---

*) **Zeltcamper** finden dort einen citynahen Übernachtungsplatz. Die Überfahrt dauert nur 10 Minuten; $7 retour, Mai-Okt. ab 10 Uhr täglich.

- ***Nanaimo International Nicol Street Hostel***, 65 Nicol St knapp südlich von *Downtown*, *toll-free* © 1-800-861-1366, © (250) 753-1188, $17-$20.

Erste Wahl fürs **Campen** sind der ***Living Forest Oceanside Campground***, $20-$30, an der Maki Road, ca. 4 km südlich des Zentrums unweit des TCH am Wasser, © (250) 755-1755, und ***Westwood Lake RV-Camping***, $18-$23, 6 km westlich von Nanaimo. Der klare warme See verfügt über Badestrand und Picknickplatz; Anfahrt über Nanaimo Parkway und Jingle Pot Road; © (250) 753-3922.

Fähren zum Festland

Nur wenig nördlich von Nanaimo endet der Verlauf des TCH auf Vancouver Island. Im 2-Stunden-Takt legen von ***Duke Point*** bzw. ***Departure Bay*** Fähren nach Horseshoe Bay und Tsawwassen ab, ⇨ Übersicht eingangs dieses Kapitels.

Von Nanaimo zum Pacific Rim National Park

Kennzeichnung Straße #19

In Nanaimo beginnt die fast 400 km lange Küstenstraße #19 nach Port Hardy. Ab Parksville ist sie eine Schnellstraße, zu der – bis Campbell River – die alte Küstenstraße noch als #19A parallel läuft. Im Gegensatz zur Westküste existiert dort bis Campbell River eine (streckenweise extrem) **ausgebaute touristische Infrastruktur** mit zahllosen Hotels/Motels, Restaurants und Campingplätzen. Viele Kanadier, vor allem Familien mit Kindern, verbringen daher an den langen Stränden (insb. Qualicum Beach und Parksville) Urlaub und Wochenenden.

Beach Park

Mit 2 km langen Sandstränden und seichtem warmen Wasser erfreut sich der ***Rathtrevor Beach Provincial Park***, © 1-800-689-9025, östlich Parksville besonderer Beliebtheit. Enorme Campingareale, große *Day-use* Anlagen und Joggingpfade entlang teils sandiger, teils felsiger Küste bieten offenbar das richtige Ambiente für eine intensive Nutzung.

Straße #4

Der ***Highway* #4/4A** nach Port Alberni und weiter zum *Pacific Rim National Park* zweigt 3 km südlich von Parksville von der Straße #19 ab. In seinem auf der Insel von keiner anderen Route

Touristenattraktion an der Straße #4A: Ziegenweide auf dem Dach eines Bauernmarktes bei Coombs.

übertroffenen Verlauf durchquert er zunächst dichten Nadelwald, passiert glasklare Seen und Flüsse und windet sich dann durch die *Mackenzie Range* hinunter zur Küste.

Englishman River Falls

Eine ca. 8 km lange Stichstraße zweigt bei Errington von der #4A ab zum ***Englishman River Falls Provincial Park***, © 1-800-689-9025. Wer die Zeit für den Abstecher erübrigen kann, sollte die Fälle des Englishman River in wildromantischer Umgebung unbedingt besuchen. Ein herrlicher ***Trail*** führt vom Parkplatz zu zwei Fallstufen und zurück. Unterhalb der Lower Falls gibt es Badestellen. Etwas zurückgesetzt liegt der ***Campground*** des Parks, an der Zufahrt ein privater Platz.

Little Qualicum Park

Auf halbem Weg nach Port Alberni liegt der Cameron Lake mit Badestrand an seiner Südseite, östlich davon der ***Little Qualicum Falls PP***, © 1-800-689-9025, dessen Hauptmerkmal der *Canyon* des Little Qualicum River mit Stromschnellen und kleinen Fällen ähnlich wie am Englishman River ist. Ein Zwischenstop hier muß sein! Der *Campground* des Parks überzeugt nicht sonderlich ($20-$25), besser ist der Platz des ***Cameron Lake Resort***, © (250) 752-6707, am Ostende des Sees.

Im Rain Forest bei Regen (im Canyon des Little Qualicum River)

Mac Millan Park

Ein erneuter Zwischenstop liegt im ***MacMillan Provincial Park*** an, am Westende des Cameron Lake. Der Spaziergang durch den ***Cathedral Grove*** des Parks zwischen im Neujahrssturm 1997 umgestürzten Baumriesen ist ein weiteres »Muß«:

Ein kleines Waldgebiet mit bis zu 800 Jahre alten und 75 m hohen Douglastannen wurde dort in seinem ursprünglichen Zustand belassen. Früher einmal dominierten solche Bestände die Insel, fielen und fallen immer noch woanders Axt und Säge zum Opfer (⇨ Kasten Seite 222).

Port Alberni

Port Alberni (19.400 Einwohner), umrahmt von Bergen am Ende eines 50 km langen Meeresarms, lebt überwiegend von **Holzverarbeitung** und **Fischfang.** Am Geruch der *Paper Mills* über der Stadt läßt sich das Hauptgewerbe identifizieren. Zudem ist der Tourismus eine wichtige Einnahmequelle.

Unterkunft und Camping

Das ***Alberni Valley Visitor Centre*** liegt am Nordosteingang der Stadt (2533 Redford St, © 1-866-576-3662, © (250) 724-6535, **Internet: www.avcoc.com.** Port Alberni dient vielen als relativ preiswerter Ausgangspunkt für Besuche im nahen ***Pacific Rim National Park***. An **Motels** und ***Bed & Breakfast Places*** herrscht kein Mangel.

Eine gute Wahl ist das ***A1 Alberni Inn,*** 3805 Redford St, © (250) 723-9405, © 1-800-815-8007. Wer im Ort unweit von Restaurants und *Shops* campen will, findet im städtischen ***Campground Dry Creek Park*** einen preiswerten, guten Platz (zur Zeit – Frühsommer 2005 – vorübergehend? geschlossen)

Einige Kilometer westlich Port Alberni quert die Straße #4 den ***Sproat Lake Provincial Park*** (*Campground* im Sommer meist vollbesetzt, enge Stellplätze am See, großzügig oben). Exzellent dagegen liegen die Plätzchen im weitläufigen ***Stamp River Provincial Park*** (beide © 1-800-689-9025) zur Hälfte am Flußufer. Ein großer Campingplatz (Duschen und *Hook-up*) mit vielen Stellplätzen unmittelbar am Wasser befindet sich am *Alberni Inlet*, 15 km südlich der Stadt (breite, aber z.T. schlechte Schotterstraße Richtung Bamfield) in Verbindung mit ***China Creek Marina***, © (250) 723-9812.

Harbour Quay

Port Alberni bietet als **Treffpunkt** den *Harbour Quay*, ein kleines Shopping- und Restaurant-Center am Wasser (Argyle St).

Lady Rose & Frances Bartley

Neben dem *Harbour Quay* hat die **M.V. *Lady Rose***, ein 1937 erbautes **kombiniertes Fracht- und Passagierschiff**, ihren Anlegeplatz (5425 Argyle Street). Die nostalgische Lady startet morgens um 8 Uhr in täglichem Wechsel nach Ucluelet (Mo, Mi, Fr) bzw. Bamfield (Di, Do, Sa, im Sommer auch Fr+So). Im Sommer bilden überwiegend Touristen die Ladung. Ein Retourticket – bei Fahrt nach Ucluelet durch die *Broken Islands Group* im *Pacific Rim National Park* – kostet $50, der einfache Trip nach Ucluelet $25, nach Bamfield $23 (Startpunkt für den ***West Coast Trail***); Reservierung unter © (250) 723-8313, © 1-800-663-7192; **www.lady rosemarine.com.** Im Sommer wird zusätzlich zur *Lady Rose* auch noch das M.V. *Frances Barkley* eingesetzt.

Treibholz am Strand der Long Beach

West Coast Trail und Juan de Fuca Marine Trail

Der ***West Coast Trail*** gehört zu Canadas populärsten Fernwanderrouten. Anfang des 20. Jahrhunderts diente er als **Rettungspfad** für schiffbrüchige Seeleute. Mit Einführung moderner Navigationshilfen verlor er diese Funktion weitgehend und galt lange als **Geheimtip für Wildnisenthusiasten**. Heute ist der Küstenstreifen zwischen der Pachena Bay bei Bamfield und dem Gordon River bei Port Renfrew Teil des *Pacific Rim National Park*.

Mit Hilfe eines ***Permit*-Systems** (**$90**) hat man die Anzahl der täglichen Abmärsche quotiert. Wer den *Trail* in der Hochsaison laufen möchte, kann sich seine Daten bis zu 3 Monate im voraus unter © (250) 387-1642 und © 1-800-HELLO-BC reservieren lassen (**+$25**). Für ein ***Standby-Permit*** muß man in der Hochsaison 1-3 Tage warten.

Info: Pacific Rim NP, © (250) 726-7721, **Internet**: **www.pc.gc.ca/pacrim.**

Rund **8.000 *Backpacker*** dürfen sich nun jedes Jahr zwischen dem 1. Mai und dem 30. September auf den Weg machen. Bis auf einige Hilfen zu **Flußüberquerungen** ist der 75 km lange Küstenpfad durch eine urtümliche, von Menschen kaum angetastete Landschaft nicht ausgebaut, sondern lediglich gekennzeichnet. Am Ende/Anfang bei Port Renfrew (Gordon River) und über die Nitinat Narrows gibt es **Fährboote** (**zusätzlich 2 x $14**).

Die Strecke läßt sich je nach Kondition und Wetter in **5 bis 7 Tagen** bewältigen. Ein **Schlechtwettereinbruch** kann strömenden Regen mehrere Tage hintereinander mit unpassierbaren Bachläufen bedeuten. Da es außer an den Nitinat Narrows keine Ausweichmöglichkeit gibt, läßt sich die Wanderung nicht einfach abbrechen.

Die **topographische Karte** zum *Trail* gibt es bei den kleinen ***Information Centres*** an den Startpunkten, den ***Trailheads***. Eine nützliche Lektüre ist das Buch ***Hiking the The West Coast of Vancouver Island*** von *Tim Leadem*, can$23, *Greystone Books*, **www.greystonebooksbooks.ca**, auch bei www.amazon.de zum aktuellen Dollarkurs.

In Bamfield besteht die Möglichkeit, mit der ***Lady Rose*** nach Port Alberni in die Zivilisation zurückzukehren. Die *Lady Rose* legt um 13.30 Uhr bzw. 15 Uhr zur Rückfahrt nach Port Alberni ab (je nach Wochentag, ➪ nebenstehend). Von dort nach Victoria/Nanaimo verkehren ***Island Coach Lines/Gray Line of Victoria***, © 1-800-318-0818, © (250) 385-4411.

Wer die Wanderung in **Port Renfrew** beendet oder den ***Juan de Fuca Marine Trail*** wählt, ruft für den Weitertransport den ***West Coast Trail Express*** an, der Nanaimo, Port Alberni, Bamfield/Pachena Bay, Port Renfrew/Gordon River und Victoria verbindet: © (250) 477-8700, © 1-888-999-2288.

Der ***Juan de Fuca Provincial Park*** ist eine Verlängerung des *Pacific Rim National Park* in Richtung Victoria. Er reicht von der *Botanical* bis zur *China Beach.* Zwischen beiden läuft der ***Juan de Fuca Marine Trail*** (47 km). Dieser anspruchsvolle Küstenpfad führt oft durch dichten Regenwald ohne Strandzugang; bei Flut können die Strandpassagen unpassierbar sein. Nur die ersten 2 km von China Beach zur Mystic Beach sind ausgebaut.

En Route gibt es **4 *Wilderness Camps***; die Teilstrecken zwischen ihnen können separat als Tagesetappen gewandert werden.

Eisenbahnausflug Ab Kingsway Ave/Argyle St. (neben der Lady Rose) startet die ***Alberni Pacific Railway*** zu einem schönem Trip. Die Dampflokomotive von 1929 schnauft durch die Stadt zum ***McLean Mill National Historic Site*** (Ende Juni-Anfang Sept., Do-Mo 10 und 14 Uhr, $26, © (250) 723-1376) mit 2 Std. Aufenthalt in der einzigen dampfbetriebenen Sägemühle Canadas.

Paper Mill In die Geheimnisse der Papiererzeugung wird man in der *Port Alberni Division* (4000 Stamp Avenue) von ***NorskeCanada***, Markführer bei Telefonbuchpapier (!), eingeweiht; Führungen Juli+August Mo-Fr 10 Uhr, © (250) 724-7494.

Straße nach Bamfield Bamfield ist auch auf einer breiten, aber streckenweise rauhen Schotterstraße zu erreichen. Im Sommer existiert dorthin ein spärlicher **Busservice** (*West Coast Trail Express*).

Della Falls Eine – neben dem *West Coast Trail* – weitere abenteuerliche, ebenfalls mehrtägige Angelegenheit ist eine Wanderung zu den ***Della Falls***, den höchsten Wasserfällen Canadas (440 m). Von der Straße #4 zweigt westlich von Port Alberni am ***Sproat Lake Provincial Park*** eine Stichstraße zum Great Central Lake ab. Wer sein **Kanu/Kajak** dorthin transportiert (Miete in Port Alberni ab $30/Tag, *Alberni Outpost* © 1-800-325-3921), kann zum westlichen Ende des Sees paddeln und von dort den ***Della Falls Trail*** in Angriff nehmen – einfache 16 km auf einer ehemaligen Eisenbahntrasse im *Strathcona Prov. Park* ➪ S. 221.

Zum Pacific Rim National Park Die Straße über die Berge der *Mackenzie Range* bildet den Höhepunkt der Anfahrt zum ***Long Beach*** Bereich des ***Pacific Rim National Park***. Zunächst geht es an Sproat Lake und Taylor River entlang zur Paßhöhe und dann auf kurvenreicher Strecke parallel zu Kennedy River und Lake an die Küste. Die Fahrt ist schön, aber zeitraubend. Für rund 100 km bis *Long Beach* benötigt man ohne Pausen leicht 2 Stunden und mehr.

Ucluelet Kurz vor der Küste, rund 90 km hinter Port Alberni, teilt sich die Straße. Ein kurzer südlicher Arm (8 km) führt nach Ucluelet (sprich: Ju-clú-let) ein früher reines Fischerdorf, das heute überwiegend vom Tourismus lebt und ruhiger als Tofino ist. Besonders in Herbst und Frühjahr zieht die Möglichkeit zur Walbeobachtung Besucher an, aber auch im Sommer kann man im *Barkley Sound* **Wale** sehen (➪ auch Tofino).

Einsamkeitsfanatiker lassen sich auf einer der 100 Inseln der ***Broken Islands Group*** absetzen – 8 von ihnen besitzen einen einfachen *Campground* mit Plumpsklo aber ohne Trinkwasser. Der Roundtrip mit der *Lady Rose* ab Ucluelet kostet $30.

Schöne Wanderziele sind der 3 km lange ***Wild Pacific Trail*** um den Leuchtturm im Südosten und die attraktiven **Klippen** südlich des Ortes. Für Nationalparkbesucher bietet Ucluelet vor allem **Quartiere** und Campingplätze. Der ***Ucluelet Campground*** (vor der Ortseinfahrt links) liegt direkt am Ufer des *Small Boat Harbour*.

Die Inhaber der **Restaurants** wissen, was die Touristen erwarten, nämlich in erster Linie ***Seafood***. Zwar stilvoll, aber nicht überragend z.B. im nostalgischen Restaurantschiff ***Canadian Princess*** (mit Hotel; © (250) 726-7771, © 1-800-663-7090). Hervorragende Menüs serviert das familiäre ***Matterson House*** am Ortseingang, © (250) 726-2200, 1682 Peninsula Road.

Long Beach

Bleibt man nach dem Straßendreieck auf der #4, erreicht man hinter der Park-Info bald *Long Beach*, das »Kernstück« des *Pacific Rim National Park*. Dieser von Felsen unterbrochene und eingerahmte Strand voller Treibholz gehört zum Schönsten, was British Columbias Küsten zu bieten haben. Bei gutem Wetter lassen sich herrliche **Wanderungen** unternehmen. Abseits der Parkplätze, *Picnic Areas* und des *Campground* verlieren sich die Menschen selbst in der Hochsaison rasch. Wandern kann man auf **neun gut ausgebauten kurzen** ***Trails*** durch Regenwald und hinunter zum Strand. Das ***Visitor Centre*** hat dazu einen ausführlichen ***Trail Guide***.

Der schönste Wanderweg beginnt am Nordrand der Long Beach: Der 1 km lange ***Schooner Trail*** führt durch üppige Vegetation hinab zum Strand.

Wunderbar sitzt man auf der **Restaurantterrasse** des ***Wickaninnish Centre*** mit Blick über die volle Länge der *Long Beach*.

Neben dem populären ***Beachcombing*** (etwa: Strandwandern und durchkämmen) ist – dank der langen Wellen aus der Weite des Pazifik – Surfen (im Neoprenanzug) eine beliebte Aktivität. Zum Schwimmen laden Wasser und Wogen nicht gerade ein, obwohl Unentwegte trotz der – selbst im Hochsommer – niedrigen Wassertemperaturen baden.

Leider liegt *Long Beach* oft selbst dann unter **Seenebel**, wenn jenseits der Berge die Sonne scheint. Auch urplötzliche Wetterumschwünge sind nicht selten, in denen sich binnen kürzester Zeit ein blauer Himmel zuzieht und Regen einsetzt.

Badespaß an der Long Beach für Abgehärtete

Fischer- und Yachthafen von Tofino

Camping

Das einzige Quartier im Nationalpark ist der gute ***Green Point Campground***, der in der Hauptsaison meist schon früh am Tage belegt ist. Aber wer nur mit Zelt kommt, darf auf den ***Walk-in Campground*** und hat bessere Chancen unterzukommen als Campmobileigner. **Reservierungen** (außer *Walk-in*): © 1-877-RESERVE, **Internet**: **www.pccamping.ca**.

Tofino

Am Ende der Straße liegt – außerhalb des Nationalparks am *Clayoquot Sound* – das nicht sonderlich attraktive, oft dennoch überlaufene **Touristenstädtchen Tofino.**

Unterkunft und Camping

Tofino verfügt über zahlreiche Touristenquartiere, Restaurants und Campingplätze. Von den Unterkünften empfehlenswert ist das ***Best Western Tin Wis Resort Lodge***, 1119 Pacific Rim Hwy, ***toll-free*** © 1-800-661-9995, © (250) 725-4445, ca. 3 km südlich des Ortes. Sogar ein ***HI-Hostel*** ist vorhanden: ***Whalers on the Point Guesthouse***, 81 West St, © (250) 725-3443, 56 Betten, $22. Im ***Visitor Centre*** – 121 Third St., © (250) 725-3414, **Internet**: **www.tofinobc.org** – hat man eine komplette Liste.

Das ***Crystal Cove Beach Resort***, © (250) 725-4213, ist ein mittelgroßer Komfortplatz für Zelte und RVs, 3 km südlich von Tofino am Pacific Rim Hwy. Akzeptabel ist auch der ***Bella Pacifica Campground***, © (250) 725-3400, $30-$42, auch am Strand.

Regionale Küche, dabei viele Fischgerichte, serviert das ***Rain Coast Café***, 120 Fourth St, © (250) 725-2215.

Wale

In Tofino gehören Hochsee ***Fishing Trips*** und ***Whale Watching*** mehr noch als in Ucluelet zum touristischen Standardangebot. **Grauwale**, die von März bis Mai von Mexico nach Alaska ziehen und von September bis November den Weg zurück nehmen, legen in den verzweigten Buchten dieser Küste eine Rast ein; einige bleiben den ganzen Sommer, ***Orca-Whale-Watching*** ⇨ Sayward, Telegraph Cove.

Whale Watching

Whale Watching Trips kosten $65-$89 bei 2-3 Stunden. Bei ***Jamie's*** (606 Campbell St am Ortseingang, © 1-800-667-9913, © (250) 725-3919, auch Abfahrten ab Ucluelet) betreut ein

Guide maximal 12 Personen im wendigen Zodiac (Schlauchboot mit *Outborder*; alternativ geht es auch auf bequemen Schiffen aufs Meer). Nach der Tour wird gratis Kaffee serviert.

Hot Springs

Eine besondere Spezialität ist die Fahrt zu heißen Badepools in der Einsamkeit des ***Maquinna Marine Provincial Park***: per Boot 75 min oder einen kurzen Sprung per Wasserflugzeug entfernt liegt nördlich von Tofino ***Hot Springs Cove***. Vom Anlegeplatz geht es auf einem Plankenweg 2 km durch Regenwald zu einer schönen Schlucht mit natürlichen übereinanderliegenden Felspools, die durch einen Wasserfall gefüllt werden. Der obere Pool hat 50°C, die unteren bei Flut teilweise überspülten sind sukzessive kühler; tolle Sache!

Transport $99 (*Jamie's*, ➪ links unten) oder *Water Taxi* $80 retour zur kleinen von Hesquiaht-Indianern bewirtschafteten ***Hot Springs Lodge***, © (250) 670-1106, © 1-866-670-1106.

Von Parksville/Qualicum Beach nach Port Hardy

An der Straße #19/ Parksville

Bei einer Fahrt an der Ostküste auf der #19 (ohne Abstecher in Richtung Westküste auf der #4) verdichtet sich bald die touristische Infrastruktur. **Parksville** bildet nach dem erwähnten *Rathtrevor Park* (➪ Seite 212) den ersten nahezu städtischen Ferienschwerpunkt mit hohem Verkehrsaufkommen entlang seiner Hotel-, *Fast Food*- und Beachmeile. Die Strände in diesem Bereich sind zwar lang, und das Meerwasser ist dort einigermaßen warm, aber besonders schön sind sie nicht. Zudem befindet sich der Küstenstreifen überwiegend in Privatbesitz. Immerhin gibt es in ***Downtown* Parksville** den ausgedehnten *Community Park* mit wassernahem Park-/Picknickplatz, Badestränden und einem tollen »nassen« **Kinderspielplatz** (frei).

Von Port Alberni an die Ostküste

Wer von Port Alberni die Reise in Richtung Norden fortsetzen möchte, nimmt die Abkürzung #4 und stößt westlich von Qualicum Beach auf die **Küstenautobahn (#19)** von Parksville über Courtenay-Comox nach Campbell River.

Denman Island

Auf der parallelen Küstenstraße #19A passiert man südlich Courtenay den Anleger der Fähre nach Denman Island, einem ruhigen **Sommerferienziel**. Die Überfahrt von Buckley Bay dauert nur 10 min. Wer aufs Auto verzichtet, kann per Leihfahrrad oder -kanu auf Inselentdeckung gehen.

Courtenay & Comox Valley

Das Comox Valley um die Doppelstadt Courtenay-Comox (zusammen 32.000 Einwohner) geht auf Kohlebergwerke zurück, von denen erst 1966 das letzte die Förderung einstellte. Heute ist das Gebiet um den *Comox Harbour* eine weitere Hochburg des Fremdenverkehrs. Wegen der Skigebiete im *Mount Washington Alpine Resort* am Rande des *Strathcona Provincial Park* lebt diese nicht nur vom Sommertourismus. Das ***Comox Valley Infocentre*** – 2040 Cliffe Ave, © 1-888-357-4471, © (250) 334-3234, Internet: **tourism-comox-valley.bc.ca**

– liegt an der Hauptstraße #19A noch vor Erreichen des kompakten Zentrums südlich von Courtenay. Wer nicht nur rasch die Stadt durchquert, sollte sich dort unbedingt eine genauere Karte der Region besorgen. Abseits der Hauptstraße reichen die gängigen Straßenkarten nicht aus.

Comox Valley

So ausgerüstet könnte man das ***Comox Valley*** erkunden: ***Stotan*** und ***Nymph Falls*** am ***Puntledge River*** etwa sind nur wenige Kilometer westlich von Courtenay entfernt. Und das Skigebiet um den ***Mount Washington***, 25 km nordwestlich der Stadt, bietet im Sommer ***Mountain-Bike-Trails*** ($28 Tageskarte, $19/Std. Fahrradverleih) sowie Zugang zu schönen Wanderwegen im Bereich ***Paradise Meadows*** des *Strathcona Provincial Park*.

Unterkunft

Zahlreiche Motels säumen die Hauptstraße vor allem südlich von und durch Courtenay. Eine gute Wahl und für das Gebotene nicht zu teuer ($160 DZ Hochsaison) ist das ***Kingfisher Oceanside Resort & Spa*** am Strand in Royston, eine Art Kurhotel unter deutscher Leitung: © (250) 338-1323 oder © 1-800-663-7929, **Internet**: www.kingfisherspa.com.

Das ***Comox Lake Int'l Hostel***, 4787 Lake Trail Road in Courtenay, ist die preiswerteste Alternative: © (250) 338-1914, $20.

Fähre nach Powell River

Die nördlichste Fähre hinüber zur ***Sunshine Coast*** des Festlands legt in Little River ab, einige Kilometer nordwestlich von Comox. Über die ***Comox-Powell River Ferry*** könnte gut eine mehrtägige Rundfahrt über Vancouver Island abgeschlossen werden, ➪ Seite 199.

Lohnt eine Fahrt bis Port Hardy?

Ohne die Absicht, in Port Hardy die Fähre nach Prince Rupert zu besteigen, lohnt eine Weiterfahrt in die Einsamkeit des Inselnordens kaum. Aber bereits die Strecke von Nanaimo etwa bis Courtenay/Comox ist mit Fragezeichen zu versehen. Bei begrenzter Zeit, die Abstecher ins Hinterland und/oder an die Küsten nicht erlauben, hat man mehr von sonst vielleicht nicht mehr »machbaren« Festlandszielen, ➪ ab Seite 225.

Discovery Pier in Campbell River

Campbell River

Campbell River nennt sich **Welthauptstadt des Lachsfangs**. Das Gros der Touristen in Campbell River ist denn auch am Fisch-, speziell am Lachsfang interessiert. Von morgens früh bis abends spät stehen Angler am ***Discovery Pier***, der 200 m in die *Discovery Passage* hineinragt (Zufahrt von der Hauptstraße Hwy 19A südlich des Zentrums).

Eine luxuriös-rustikale Unterkunft und zugleich ein prima **Restaurant** unmittelbar am Wasser bietet die ***Painter's Lodge***, 1625 MacDonald Rd, © (250) 286-1102, © 1-800-663-7090.

Quadra Island

Ein populärer Ausflug führt nach Quadra Island (Fähre stündlich neben der *Tyee Plaza* im Zentrum), auf der sich eine hübsche Rundfahrt zu einer Landspitze im ***Rebecca Spit Marine Provincial Park*** machen läßt. Die Insel sperrt mit anderen die *Strait of Georgia*. Enge Meeresarme gewähren ab hier den Durchlaß nach Norden.

Strathcona Provincial Park

Nur von Campbell River aus erreicht man den *Strathcona Provincial Park*, eine über 2500 km² große Gebirgswildnis, auf befestigter Straße (#28): Knapp 50 km westlich der Stadt geht es auf einer Parkstraße herrlich am Buttle Lake entlang bis zu den *Myra Falls* am Südende des Sees (ca. 35 km). An der Strecke starten eine ganze Reihe von ***Trails*** in die Einsamkeit. Die höchsten Wasserfälle Nordamerikas, die ***Della Falls*** (440 m) im Süden des Parks, sind allerdings nur über die oben bereits beschriebene Route zu erreichen, ➪ Seite 216. Der höchste Berg auf Vancouver Island ***Golden Hinde*** 2.200 m, liegt im unerschlossen Hinterland.

Wunderschön zwischen alten Baumriesen liegt ca. 30 km südlich des Parkeingangs der ***Ralph River Campground*** auf einer Landzunge zwischen Ralph River und Buttle Lake. Ebenfalls eine Landzunge belegt der ***Buttle Lake Campground*** (© 1-800-689-9025) am östlichen Parkeingang.

45 km westlich von Campbell River steht vor dem Parkeingang die ***Strathcona Park Lodge***, © (250) 286-3122, am Ufer des Upper Campbell Lake. Dort werden u.a. **Kanu- und Kajakausflüge**, **Bootsverleih, Kletter- und Wandertouren** angeboten.

Weitere Strecke

Auch der Rest der Straße **nach Port Hardy** (240 km) ist gut ausgebaut und rasch zu durchfahren. Die #19 verläßt bald hinter Campbell River den Küstenbereich und läuft durch eine überwiegend gleichförmige Waldlandschaft. Viele Kahlschläge nehmen ihr immer wieder über weite Strecken jeden Reiz.

Sayward/ Orcas

Gut 70 km nördlich von Campbell River, 12 km abseits der Hauptstraße, liegt **Sayward** an der Johnstone Strait. An der Ortszufahrt (1741 Sayward Rd., ca. 1 km von der #19 entfernt) steht das aus aufeinandergeschweißten Stahltrossen errichtete ***Cable House Cafe***, © (250) 282-3433, wo die Besitzerin ab 7 Uhr große Portionen serviert.

Zwar ist Telegraph Cove für seine ***Orca Watching Tours*** bekannter, aber man kann auch ab Sayward buchen: ***Robson***

Regenwald und Logging

Von der Bedrohung der tropischen Regenwälder ist weltweit die Rede, daß es aber auch auf Vancouver Island, an den Küsten und im Inneren von British Columbia (noch) ausgedehnte temperierte (außertropische) Regenwälder gibt, die in ihrer Existenz gefährdet sind, ist nur wenigen bekannt. Mächtige Holzkonzerne, die bereits über 50 % des kanadischen Regenwalds abgeholzt haben, rücken den jahrhundertealten Baumbeständen der Westküste immer intensiver zu Leibe.

Die wichtigsten Unternehmen der Forstindustrie (*Logging Companies*) in BC sind *West Fraser Timber, Norske Canada, Canfor Corporation* und vor allem der Gigant *Weyerhaeuser*, der drittgrößten *Logging Company* Nordamerikas mit allein in Canada Holzeinschlagrechten auf 131.000 km^2 Wald.

Am einfachsten und billigsten für die Unternehmen ist das *Clear Cutting*, der Kahlschlag ganzer Landstriche mit verheerender ökologischer Auswirkung: Durch Erosion wird der Boden seiner Nährstoffe beraubt, und nicht selten sind Erdrutsche die Folge der radikalen Eingriffe in die Natur.

Die Verantwortlichen räumen durchaus ein, daß *Clear Cuts* die Umwelt verändern, betreiben aber gleichzeitig eine Verschleierungs- und Verharmlosungspolitik. Damit die kahlen Hänge nicht so »auffallen«, wurden von Hubschraubern Grassamen zur Begrünung der Berge abgeworfen. Stolz weist die Forstindustrie auf die Hirsche hin, die sich aufgrund besserer Bewegungsfreiheit(!) nun stark vermehren. Tatsächlich breitet sich dieses Wild, das im Nadelwald der Westküste und auf Vancouver Island zuvor kaum vertreten war, in den lichten »Baumplantagen« der aufgeforsteten Gebiete rasch aus. Tiere, die sicheren Unterschlupf im dichten und feuchten Unterholz der Naturwälder fanden – zumeist seltene oder gefährdete Arten – bleiben dagegen auf der Strecke.

Daß die Provinzregierung die Holzindustrie nahezu ungestört schalten und walten läßt und den Firmen mit einer *Tree Farm License* großzügig Landnutzungsrechte für 25 Jahre erteilt, erklärt sich aus der enormen Bedeutung der Holzwirtschaft auch für die Staatseinnahmen. 58% aller Provinz-Exporte beziehen sich auf Holzprodukte und 15% der Arbeitnehmer in British Columbia sind direkt oder indirekt in der Branche beschäftigt und erwirtschaften 19% des Sozialprodukts.

Umwelt- und Naturschützer haben es in einer solchen Situation schwer. Aber obwohl ihnen Geld und Personal fehlen und massive Imagewerbung der Holzgiganten ihre Argumente zu konterkarieren versucht, haben Öffentlichkeit und Provinzregierung das Problem in den letzten Jahren stärker zur Kenntnis genommen. Und so zeigten weltweite Aktionen von Umweltschutzgruppen und Boykottaufrufe gegen kanadische Produkte Wirkung. Der boomenden Tourismusindustrie drohten mit dem Imageschaden Geschäftseinbußen. Angesichts einer gleichzeitig rückläufigen Beschäftigung in der Holz- und Papierwirtschaft lenkte die Politik ein. Im *Great Bear Rainforest Agreement* (www.savethegreatbear.org) wurde 2001 mit Indianern, Umweltschützern und Holzindustrie der vollständige Erhalt von 20 Regenwaldtälern im gleichnamigen Waldgebiet vereinbart.

Bight Charters, © (250) 282-3833 bzw. © 1-800-658-0022, Abfahrt tägl. Mitte Juni bis Mitte Oktober. Leser berichteten begeistert von diesem Ganztagstrip.

Port McNeill

Erst bei **Port McNeill** stößt die #19 wieder kurz an die Küste. Der Ort beherbergt die regionalen Hauptquartiere mehrerer *Logging Companies*. Wenige Kilometer östlich, an der Abzweigung nach Telegraph Cove, steht das ***North Island Discovery Centre*** . Es dient in erster Linie der Imageverbesserung eines Wirtschaftszweiges, dessen »Philosophie« auf zunehmenden Widerstand stößt. Kurz gesagt argumentiert die Holzindustrie, daß die Baumriesen des Regenwaldes »überreif« seien und man sie daher besser jetzt verwerten und durch Neuanpflanzungen ersetzen sollte, bevor sie »vermodern«.

Ausflüge in den Regenwald

Auf kostenlosen **Halb- und Ganztagestouren** (nur im Hochsommer) zu Sägemühlen, Holzschlagplätzen, *Tree Farms*, Aufforstungen und wenigen für die Öffentlichkeit konservierten Baumriesen wird den Teilnehmern erläutert, daß alle Aktivitäten dem Wohle der Menschen und des Waldes dienen. Ein solcher Ausflug bietet die ausgezeichnete Möglichkeit, sich vor Ort ein eigenes Bild zu machen. Die Busse fahren dabei Plätze an, die man sonst kaum zu sehen bekäme. Wohl nicht zuletzt deshalb sind diese Touren oft ausgebucht. Reservierungen mindestens 1 Tag im voraus beim ***North Island Discovery Centre,*** Juli+August tägl. 10-17 Uhr, © (250) 956-3844.

Telegraph Cove

Das Nest Telegraph Cove am Ende einer teils ungeteerten Stichstraße (11 km) besitzt höchstens ein Dutzend ständige Bewohner, füllt sich aber im Sommer mächtig. Vor allem die

Orcas

Orcas, die sich vom späten Frühjahr an in der *Johnstone Strait* aufhalten, locken Besucher hierher. Die ***Lukwa*** und

Orcas vor Vancouver Island in der Johnstone Strait

Gikumi schippern von Juni bis September (9, 13 und 17.30 Uhr) Touristen zur Beobachtung der Killerwale. Die Touren kosten $65 bis $75 (3,5 Std.) und sind sehr populär. Rechtzeitige Reservierung bei ***Stubbs Island Whale Watching*** ist empfehlenswert: © (250) 928-3185, © 1-800-665-3066.

Einen pittoresken Eindruck vermitteln die auf Stelzen ins Wasser gebauten Häuser mit den verbindenden Holzstegen (*Boardwalks*). Einige von ihnen können gemietet werden; *Telegraph Cove Resorts*, © (250) 928-3131, © 1-800-200-4665. Auskunft auch im *Killer Whale Cafe*, dem Treffpunkt des Ortes. Während der Sommersaison sind zwei private **Campingplätze** in Betrieb.

Alert Bay

Von Port McNeill setzt eine Fähre nach Alert Bay (***Home of the Killer Whale***) auf Cormorant Island über. Zwischen Mitte Juni und Mitte Oktober halten sich in den umgebenden Meeresstraßen viele Killerwale (Schwertwale) auf. Viele der 1.800 Einwohner sind Indianer vom Stamm der *Kwakwaka'wakw*. Die Kultur manifestiert sich in einer Gruppe von Totempfählen auf den ***Namgis Burial Grounds*** im Dorf und ***World's Tallest Totempole*** (53 m), ca. 1,5 km vom Anleger entfernt. Im ***U'mista Cultural Centre*** sind lokale Tradition und Geschichte aufbereitet.

Port Hardy

Kurz vor Port Hardy zweigt eine 5 km lange Stichstraße zum ***Terminal Bear Cove*** der Fähre nach Prince Rupert bzw. Bella Coola ab. Zum Ort sind es auf der **Straße #19** rund um die Bucht noch einmal 5 km. Zu sehen gibt es dort außer einer hübschen Lage am Wasser nicht viel. Port Hardy (5.300 Einwohner) erfüllt Versorgungsfunktion für den Inselnorden und profitiert vom Tourismus, den die Fähren mit sich bringen.

Fähren

Die ***Queen of the North*** legt im Wechsel jeden zweiten Tag in Prince Rupert bzw. Port Hardy ab und trifft jeweils 15 Stunden später am Zielort ein. Die Fähre ***Queen of Chilliwack*** nach Bella Coola fährt durch die sog. *Discovery Coast Passage*; leider sind beide Fähren mit Fahrzeug sehr teuer. Weitere Details ⇨ Seite 198f.

Unterkunft

Der Fahrplan der Prince Rupert-Fähre bedingt im allgemeinen eine Ankunft am Vorabend und eine **Übernachtung in Port Hardy**. Das gilt auch nach Ankunft per Fähre aus Prince Rupert. Relativ preiswert ist das ***Pioneer Inn (****mit kleinem* ***RV Campground)***, © (250) 949-7271, © 1-800-663-8744; etwas teurer das ***Glen Lyon Inn***, Zimmer mit Blick auf die Bucht, © (250) 949-7115, © 1-877-949-7115.

Camping

Von mehrerenPlätzen ist der ***Quatse River Campground*** (mit *Hook-up*, © (250) 949-2395, © 1-866-949-2395) 5 km südlich der Stadt neben der *Fish Hatchery* die beste Wahl. Alternativ bietet sich flußaufwärts der komfortable ***Sunny Sanctuary Campground*** an, © (250) 949-8111, © 1-866-251-4556.

Fähre in der Abenddämmerung vor Horseshoe Bay

3.2 Von Vancouver nach Prince George und Jasper

3.2.1 Die Nordroute über Lillooet nach Cache Creek

Schönste Strecke

Die schönste Route ab Vancouver in Richtung Rocky Mountains oder in den Norden entspricht zunächst dem Verlauf der **Straße #99**. Bis Whistler/Pemberton trägt sie die zutreffende Bezeichnung ***Sea to Sky Highway*** und im Anschluß daran bis Lillooet ***Duffey Lake Road***.

Routenbeginn

Die #99 läuft bis zum **Fährhafen Horseshoe Bay** identisch mit dem *Trans Canada Highway* als Autobahn hoch über Stadt und Meer. Erst unmittelbar vor den Wartespuren für die Fährschiffe trennt sie sich vom TCH und schlängelt sich pittoresk zwischen *Howe Sound* und steilen, bewaldeten Felshängen nach Norden. Sie passiert den oben bereits fürs Camping empfohlenen Provinzpark ***Porteau Cove*** (➪ Seite 180) und **Britannia Beach** mit dem *BC Museum of Mining* (➪ Seite 194).

Shannon Falls/ Stawamus Chief

Das Wasser der ***Shannon Falls*** stürzt über mehrere Stufen beeindruckende 335 m in die Tiefe, ➪ Foto Seite 195. Diese Fälle befinden sich ganz in Straßennähe im ***Shannon Falls Park*** neben dem ***Stawamus Chief Provincial Park***. An den Wänden des **Granitmonolithen *Stawamus Chief*** (702 m), ca. 2 km südlich von Squamish sind oft **Kletterer** in atemberaubender Position zu beobachten. Problemloser erreichen **Wanderer** auf steilen Wegen (2 km), über Treppen und Leitern den **Bergrücken mit 3 Spitzen** und genießen dort ein fantastisches Panorama, bei Morgennebel oberhalb der Wolkengrenze.

Squamish

44 km nördlich von Horseshoe Bay erreicht man **Squamish**. Der Ort macht seinem Namen alle Ehre: in der Sprache der *Coast Salish*-Indianer bedeutet *Squamish* »Mutter des Windes«. Er gilt als eines der besten kanadischen Windsurfing-Reviere. Traditionell zu den wichtigsten Arbeitgebern der Region zählt die Forstindustrie. Ende Juli findet dort während der

British Columbias Südwesten
N
0
30 km
Bella Coola
Bull Canyon Prov.Park
Alexis Creek
CHILCOTIN HWY
Chilcotin River
Hanceville
Riske Creek
Big Creek
Farwell Canyon
Prince George
Williams Lake
150 Mile House
CARIBOO HWY
CARIBOO MOUNTAINS
Lac la Hoche
Canim Lake
Mahood Lake
WELLS GRAY PROV. PARK
Clearwater Lake
Helmcken Falls
Murtle Lake
Spahats Falls
Clearwater
Jasper
100 Mile House
Bridge Lake
Little Fort
70 Mile House
Fraser River
Barrière
North Thompson River
Clinton
Kelly Lake
Hat Creek Ranch
Pavilion
Marble Canyon Prov.Park
Juniper Beach Prov.Park
Paul Lake Prov.Park
Cache Creek
South Thompson River
Banff
Kamloops
LILLOOET RANGE
Lillooet
Seton Lake
Duffey Lake
Cayoosh Creek
Thompson River
Spences Bridge
Pemberton
Whistler
Lytton
Brandywine Falls Prov.Park
Daisy Lake
Merritt
COQUIHALLA HWY
GARIBALDI PROV. PARK
Boston Bar
Kelowna
Hell´s Gate
Alice Lake Prov.Park
Squamish
Britannia Beach
Stawamus Chief 702 m
Alexandra Bridge
Harrison Lake
Powell River
Howe Sound
Porteau Cove Prov.Park
GOLDEN EARS PROV. PARK
Langdale
Horseshoe Bay
Sasquatch Prov.Park
Yale
Princeton
CROWSNEST HWY
North Vancouver
Coquilla Canyon
Hope
Nanaimo
Harrison Hot Springs
Hope Slide
TRANS CANADA HWY
Similkameen River
Vancouver
Harrison Mills
Blackwall Peak
Vancouver International Airport
Fort Langley
Kilby Prov.Park
Keremeos
MANNING PROV. PARK
Tsawwassen
Abbotsford
Chilliwack
Allison Pass 1342 m
CATHEDRAL PROV. PARK
BRITISCH COLUMBIA
CANADA
Cultus Lake Prov. Park
Osoyoos
USA
49º nördl.Breitengrad
WASHINGTON
Swartz Bay
Seattle
Seattle
20
97
24
97
5
5
99
1
12
5A
5
97c
99
1
5A
5
3
3
101
7
99
1

fünftägigen *Squamish Days* die ***Loggers Sports World Championship*** statt. Die Teilnehmer sägen dann um die Wette, balancieren auf schwimmenden Baumstämmen, werfen mit Äxten und klettern auf Bäume. Das Programm erfährt man beim ***Squamish Info Centre***, 37950 Cleveland Ave, © (604) 892-9244, **Internet: www.squamishchamber.com**.

Quartier im Ort für $18 bietet das moderne ***Squamish Int'l Hostel*** (HI), © (604) 892-9240, © 1-800-449-8614, 70 Betten.

Alice Lake Park

Etwa 13 km nördlich von Squamish passiert man die Zufahrt zum ***Alice Lake Provincial Park***, © 1-800-689-9025, eine perfekte Anlage rund um einen schönen warmen Badesee mit Sandstränden, Spielplätzen und großem Campingareal. Der Park liegt nur ca. 1,5 Fahrstunden von Vancouver entfernt und wäre bei Reisestart/ -ende ein geeigneter erster/letzter Übernachtungsort. Aber die Plätze sind oft früh belegt. Hier gibt`s auch den schönen ***Four Lakes Trail*** vorbei an 4 Seen durch »Märchenwald« (ca. 6 km).

Garibaldi Park

Auf etwa gleicher Höhe beginnt der ausgedehnte ***Garibaldi Provincial Park*** (knapp 2000 km²) in hochalpiner Gebirgslandschaft. Lediglich drei Ausgangspunkte für Wanderungen am Rand des Parks sind per Auto zu erreichen.

Trails

Ein gutes, aber oft voll besetztes Standquartier für längere Trips in den *Garibaldi Park* ist der kleine ***Campground*** des ***Brandywine Falls Provincial Park*** am Nordende des Daisy Lake, wo der *Brandywine Creek* 70 m in die Tiefe stürzt. Im Sommer erfreut sich der kurze **Weg** zum *View Point* großer Beliebtheit.

Whistler

Die **Whistler Region** ist das bekannteste Skigebiet Canadas und als Austragungsort der olympischen Ski- und Rodelwettbewerbe 2010 vorgesehen. Auf dem Gletscher des *Blackcomb Mountain* (2.284 m) kann man im einzigen Sommerskigebiet Nordamerikas Skilaufen und *Snowboarden* (Tageskarte $47, Mitte Juni-Juli täglich 12-15 Uhr). ***Der Whistler Mountain*** (2.182 m) ist auch für Nicht-Skiläufer interessant. Eine **Gondelfahrt** ($25) zur ***Roundhouse Lodge*** unterhalb des *Whistler Mountain* dauert ca. 25 min. Oben gibt es Restaurant und Aussichtsterrasse. Ab der Mittelstation ***»Olympic Station«*** tummeln sich ***Mountain Biker*** im ***»Whistler Mountain Bike Park«*** (MTB-Tageskarte $41, Ende Juni-Mitte September täglich 10-17 Uhr).

Im autofreien ***Whistler Village*** gibt es mehrere Firmen, die ***Bikes*** vermieten und organisierte Ausritte, Wildwassertrips, Drachenflüge und *Backcountry*-Expeditionen anbieten.

Whistlers Umgebung läßt sich sehr gut per Fahrrad erkunden, da dort ein hervorragendes Radwegenetz existiert. Bei ***Whistler Backroads*** kann man Fahrräder leihen und an geführten Radtouren teilnehmen: © (604) 932-3111 (ab $13/Stunde).

Restaurants und **Kneipen** sind für Canada sehr zahlreich.

Große Portionen und maßkrugweise Bier serviert man – wie vielenorts – zu noch einigermaßen moderaten Preisen in der ***Old Spaghetti Factory*** am 4145 Village Green in der *Crystal Lodge*, © (604) 938-1081.

Unterkunft

Quartiere gibt es sommers wie winters en masse, einschließlich des idyllisch am *Alta Lake* gelegenen ***Int'l Hostel (HI),*** 5758 Alta Vista Road, © (604) 932-5492, 32 Betten, $20/Person.

Halbwegs preiswerte Motels hingegen mit DZ-Preisen unter $100 sind praktisch nicht vorhanden, ***Bed & Breakfast Inns*** wie das ***Chalet Luise***, ab $130, © 1-800-665-1998, © (604) 932-4187, dagegen zahlreich. Zu den renommierteren Hotels gehören die ***Timberline Lodge***, ab $150, © (604) 932-5211, © 1-866-580-6649, und das luxuriöse ***Fairmont Chateau Whistler***, © (604) 938-8000 bzw. © 1-800-606-8244.

Der einzige Campingplatz des Ortes ist der komfortable ***Riverside RV-Resort&Campground*** am Fluß nördlich des Ortes, © (604) 905-5533 oder © 1-877-905-5533; $30-$45.

Information

Info: © 1-877-991-9988; **Internet: www.mywhistler. com.**

Duffey Lake Road

Östlich von Pemberton beginnt die erst seit den 90er-Jahren durchgehend asphaltierte ***Duffey Lake Road***. Obwohl der damit verbundene Ausbau der Straße einen Teil des alten Charmes nahm, ist sie immer noch die »Glanznummer« der Route. Ihr bester Abschnitt beginnt am Duffey Lake. Von dort folgt sie dem ***Cayoosh Creek*** und windet sich später durch die Berge der *Lillooet Range*. Fünf kleine ***Forest Campgrounds*** (***»Recreation Areas«***) am Wildbach laden (auf kurzer Distanz hintereinander etwa auf halber Strecke zwischen See und Lillooet) zum Übernachten ein. Info beim *Squamish Forest District* in Squamish oder *Cascades Forest District* in Lillooet.

Trailbeginn am Cayoosh Creek

Ein besonderer Reiz der *Duffey Lake Road* ist der dramatische Klimawechsel auf kurzer Distanz. Aus dem Grün der mit Niederschlägen reich bedachten Berge geht es hinab in die karge Salbeibuschprärie im trockenen Tal des Fraser River. Im Sommer überwiegen dort heiße Tage mit Spitzenwerten über 30°C. Kurz vor Lillooet passiert man den **Seton Lake** mit Badestrand und *Picnic Area* (am Südende). Auf der seeabgewandten Seite der Straße betreibt der Stromerzeuger *BC Hydro* einen guten **Gratis-*Campground*** am Wildbach.

Lillooet

Lillooet ist heute nur noch ein kleines Städtchen über dem Fraser River, an dem vor allem die imposante Gebirgskulisse beeindruckt. Eine Fahrt einmal die ***Main Street*** hinauf kann nicht schaden. Beim unübersehbaren deutschen **Bäcker** (aus Hannover) in der Hauptstraße gibt es »richtiges« Brot und Kuchen von sonst in BC kaum bekannter Qualität. Wenn noch weitere **Einkäufe** anliegen: ein größerer Supermarkt liegt hinter dem nördlichen Ortsende; es kommt aber erst ins Blickfeld, wenn der Ort scheinbar schon »durch« ist. Sollte das winzige **Museum** (samt ***Tourist Information,*** 790 Main Street) in einer ehemaligen Kirche mit allerlei Sammelsurium aus alten Tagen geöffnet sein, kann man sich dort gut ein wenig umschauen, Juli/ August tägl. 9-17 Uhr, sonst Di-Sa 11-15 Uhr.

Eine Handvoll **Hotels/Motels** befinden sich an der Ortsdurchfahrt; der ***Cayoosh Creek Campground*** liegt zwischen Bachmündung in den Fraser River und Brücke über den Fluß, © 1-877-748-2628, © (250) 256-4180.

Die Cariboo Wagon Road

Lillooet kam als ***Mile 0*** der ***Cariboo Wagon Route*** während des ***Fraser Goldrush*** (1858) und des ***Cariboo Goldrush*** (1862) zu Berühmtheit und war damals eine der größten Städte nördlich von San Francisco. Von dort ging es ab 1859 über Pavilion nach *47 Mile House* (heute Clinton), in eben dieser Entfernung von Lillooet. Die neuen Ansiedlungen bestanden nur aus Mautstation und *Roadhouse* (Raststätte), in denen die Goldsucher auf dem Weg nach Barkerville (➪ Seite 249) Schlafplatz und Verpflegung fanden.

Viele Orte entstanden aus den ***Roadhouses*** entlang der ***Cariboo Wagon Road.*** Einige davon – von 70 Mile House über 100 Mile House bis 150 Mile House (➪ Seite 245f) – haben ihre ursprüngliche Bezeichnung als Entfernungsangabe ab Lillooet bis heute behalten.

Lillooet erging es wie vielen *Boomtowns* aus der Goldrauschzeit. Dem Aufstieg folgte – nach Erschöpfung der Erzlagerstätten – ein rascher Niedergang. Zudem verlor die Stadt ihre Rolle als Verkehrsknotenpunkt an Yale (➪ Seite 236). Fortan mußte sich die ***Cariboo Wagon Road*** nicht mehr über den *Pavilion Mountain* von Lillooet nach Clinton quälen, sondern eine Neuroute umging Lillooet durch das Thompson-River-Tal und lief ab 1863 über Cache Creek. Von Clinton bis Soda Creek, rund 30 km nördlich von Williams Lake, verkehrten Postkutschen. Bis Quesnel, von wo es auf dem Landweg nach Barkerville weiterging, übernahmen ***Paddlewheeler*** auf dem Fraser River den Transport. 1865 wurde auch die *Wagon Road* zwischen Quesnel und Barkerville fertiggestellt.

3

Pavilion Mountain Road

Wer der alten ***Cariboo Wagon Road*** folgen und 40 km Fahrt sparen möchte, verläßt in Pavilion die Straße #99 und nimmt die ***Pavilion Mountain Road*** direkt nach Clinton. Die auf den ersten (knapp 20) Kilometern holprige Schotterstraße ist trotz einiger steilerer Teilabschnitte bei trockenem Wetter unproblematisch, wenngleich nicht unbedingt Wohnmobilen (ab 21 Fuß) zu empfehlen. Wegen der Anfahrt bis zur Passhöhe mit Panopramablicken ist dise Route eine attraktive Alternative zur #99. Im Tal nördlich des Passes passiert sie den ***Downing Provincial Park*** am Kelly Lake mit Badewiese und einem einfachen Campingplatz ohne Reiz.

Marble Canyon

Von ***Pavilion*** weiter östlich passiert die Straße #99 einige kleine, idyllisch gelegene **türkisfarbene Seen**; meist ziemlich kühles Wasser, aber bei Hitze zum Baden bestens geeignet. Dort liegt zwischen ***Crown*** und ***Turquoise Lake*** in der Kalksteinschlucht des ***Marble Canyon Provincial Park*** ein enger einfacher ***Campground***. Schlechte Zufahrt für Wohnmobile.

Hat Creek Ranch

Am östlichen Ende der #99 – an deren Einmündung in die Hauptstraße #97 – liegt die museal ausgebaute ***Historic Hat Creek Ranch***. Sie diente ab 1863 als *Roadhouse* auf der neuen Route der ***Cariboo Wagon Road***, die *Lillooet* (➪ Seite 229) entlang des Thompson River umging, und war Postkutschenstation der *British Columbia Express Company*.

Man kann dort das historische Gelände besichtigen und einen Blick in Küche, Salon, Haus und Schmiede werfen, wo zeitgenössisch gewerkelt wird, sowie Postkutschenfahrten unternehmen oder auf dem *Campground* übernachten. Täglich geöffnet von Mai bis Okt., 9-17 Uhr; Eintritt $8.

Für die Weiterfahrt nach Norden, ➪ Cache Creek, Seite 238.

Im Fort Langley National Historic Site

3.2.2 Trans Canada Highway von Vancouver nach Cache Creek

Trans Canada Highway

Während die Straße #99 abwechslungsreich, aber zeitraubend durch Hochgebirge führt, geht es auf dem **Trans Canada Highway #1** rasch voran. Der TCH läuft zunächst bis Hope als Autobahn im breiten Tal des Fraser River durch weitläufiges Farmland. Nördlich von Hope folgt die Straße dem enger werdenden, streckenweise schluchtartigen Flußtal, bleibt aber gut ausgebaut. Bei Lytton wechselt sie den Fluß und begleitet nun den Thompson River bis Cache Creek.

Straße #7

Statt der Autobahn könnte man auch die Straße #7 nördlich des Fraser River nehmen. Das kostet kaum mehr Zeit, bietet aber ein bißchen mehr »fürs Auge«. Im Juli/August gibt es an dieser Route viele Verkaufsstände mit frisch geerntetem Obst und Gemüse (***Fresh Produce***).

Eine gute Tagesetappe könnte schon in **Harrison Hot Springs** (➪ Seite 234), aber auch in Hope enden, wenn man vielleicht erst spät in Vancouver startet oder sich ganz einfach Zeit nimmt. Sinnvoll wäre es in jedem Fall, zunächst auf dem TCH zu bleiben und frühestens in Fort Langley (mit der kostenlosen ***Albion Ferry***) in 10 Minuten über den Fraser River zu setzen.

Fort Langley

Etwa 45 km östlich von Vancouver passiert man die Abfahrt zur ***Fort Langley National Historic Site***. 1827 als Handelsposten der ***Hudson's Bay Company*** (➪ Kasten nächste Seite) gegründet, entwickelte sich das Fort bald zu einem wichtigen Stützpunkt. Als 1858 der Goldrausch am oberen *Fraser River* ausbrach, war es Ausgangspunkt und Versorgungsetappe für das Gros der 30.000 nach Norden ziehenden Goldsucher.

Im selben Jahr wurde dort der zum Festland gehörende Teil der heutigen Provinz BC offiziell zur britischen Kronkolonie erklärt. Im rekonstruierten **Palisadenfort** steht heute nur noch eine Handvoll mäßig interessanter Gebäude (März-Oktober täglich 10-17 Uhr; $6). Ein Abstecher lohnt sich am ehesten, wenn man nach dem Besuch ohnehin die **Fähre** hinüber aufs Nordufer des Fraser River nimmt und/oder auf der Flußinsel campt: ***Fort Camping***, guter sanitär einwandfreier Privatplatz mit Pool in Ortsnähe (zu Fuß zu Restaurants).

Flugschau

In **Abbotsford** findet am 2. Wochenende im August eine der größten Flugschauen Nordamerikas statt, die *Abbotsford Int'l Airshow*. Alljährlich pilgern über 100.000 Zuschauer dorthin, um die Vorführungen der Kunstflugstaffeln zu sehen.

Minter Gardens

Östlich von **Chilliwack,** mit 62.600 Einwohnern eine der größeren Städte der Provinz und bedeutendes Agrarzentrum, liegen die ***Minter Gardens*** (Mai-Sept. täglich 9-17.30 Uhr, Juli + August bis 19 Uhr, $12), ein kleineres Pendant zu den bekannteren *Butchart Gardens* bei Victoria (➪ Seite 207).

Die Hudson's Bay Company

Die Geschicke des kanadischen Pelzhandels lagen über einen langen Zeitraum allein in den Händen der 1670 in London gegründeten ***Hudson's Bay Company*** (**HBC**). Von *König Charles II* mit den exklusiven Handelsrechten für den gesamten Zuflußbereich der Hudson Bay ausgestattet, kontrollierte sie ein Gebiet, das Teile der heutigen Provinzen Québec, Ontario, Manitoba, Saskatchewan, Alberta, Nunavut und der Northwest Territories umfaßte. Damals ahnte freilich noch niemand, welch riesige Ausmaße das Territorium hatte (über 40 % des jetzigen Canada), das seinerzeit – zu Ehren des Firmengründers Prince Rupert – *Rupert's Land* genannt wurde.

York Factory nannte sich die erste Handelsstation an der Hudson Bay. Weitere Stützpunkte entstanden in rascher Folge entlang der Küste unweit der ertragreichsten Pelzjagdgebiete. Das Leben der Besatzungen in diesen Handelsposten in unwirtlicher und abgeschiedener Gegend bot wenig Annehmlichkeiten und Abwechslung. Exkursionen in die Umgebung galten als gefährlich; und so wartete man lieber in den geschützten Forts die Ankunft der Indianer ab, die mit pelzbeladenen Kanus aus den unendlichen Weiten des Hinterlandes anreisten. Obwohl der Tauschhandel oft von langen Zeremonien begleitet wurde, ergaben sich kaum tiefergehende Kontakte zwischen den Weißen und Einheimischen. Zur Ehre der HBC sei angemerkt, daß beim Geschäft mit den Indianern – zumindest in den ersten Jahrzehnten – Alkohol noch kaum eine Rolle spielte.

Knapp ein Jahrhundert arbeitete *The Bay* mit großem Erfolg und ohne ernstliche Konkurrenz, bis Pelzhändler aus Montréal allmählich auf monatelangen Kanutouren tief ins HBC-Territorium vordrangen und 1783 zusammen mit Exporteuren in der Stadt mit der ***North West Company*** (***NWC***) eine neue Gesellschaft ins Leben riefen. Die genossenschaftlich organisierte NWC machte mit einer flexiblen Handelsstrategie der mächtigen, aber in traditionellen Bahnen operierenden HBC rasch deutlich, daß neue Zeiten angebrochen waren.

Die NWC schickte Voyageure (auch *Coureurs de Bois* genannt) mit großen Transportkanus zu monatelangen Trips direkt in die Indianerdörfer und schnappte der in den Forts wartenden Konkurrenz die besten Felle weg. Außerdem besaßen sie keine Skrupel, den Tauschhandel auf Alkohol und Waffen auszudehnen, wodurch sich die NWC ein großes Potential an Handelspartnern sicherte. Von Bedeutung war ferner, daß die in Montréal ansässige Gesellschaft mit Land und Indianern weitaus besser vertraut wurde als die vom fernen London aus geleitete HBC. Zügig dehnte die NWC ihr Handelsgebiet aus und initiierte damit sogar neue Entdeckungen. Forscher wie ***Alexander Mackenzie, David Thompson*** und ***Simon Fraser***, deren Namen heute die Landkarten des kanadischen Westens zieren, wurden von der NWC entsandt, um das Gebiet jenseits der Rockies zu erkunden.

Die Reaktion der um Einfluß und Gewinn besorgten HBC ließ nach den Erfolgen der NWC nicht lange auf sich warten. Sie begann nun ebenfalls, Transportkanus zu bauen und Inlandsposten an strategisch wichtigen Orten zu errichten. Die Bedenken, Indianern **Alkohol** als Tauschobjekt anzubieten, fielen dem Geschäftsinteresse zum Opfer. Zudem konnte sich die HBC auf das noch immer gültige königliche Privileg von 1670 berufen, das ihr allein das Recht eingeräumt hatte, in *Rupert's Land* Handel zu treiben. Da die »*Nor'Westers*« auf ihrem Rückweg von ergiebigen Pelzgebieten am Mackenzie und Yukon River nach Montréal stets das Land der HBC durchqueren mußten, blieben Konfrontationen nicht aus.

Der Kampf um die Vorherrschaft im Pelzhandel spitzte sich zu Beginn des 19. Jahrhunderts dramatisch zu und drohte, in einen regelrechten Krieg auszuarten. Die Auseinandersetzungen führten letztlich aber nur zu einer Schwächung beider Gesellschaften, die ohnehin schon wegen einer zurückgehenden Nachfrage aus dem krisengeschüttelten Europa in finanzielle Schwierigkeiten geraten waren. Auf Druck aus London wurde die Konkurrenz schließlich 1821 durch eine Fusion beendet, die *North West* ging in der *Hudson's Bay Company* auf.

Das Handelsgebiet der neuorganisierten HBC erstreckte sich von da ab vom heutigen nördlichen Québec und Ontario bis zum Pazifik. Eine staatliche Lizenz verlieh der neuen Gesellschaft das Pelzhandelsmonopol. Für *Rupert's Land* behielt die HBC weiterhin unbegrenzte Exklusivrechte.

Auch nach der Auflösung der NWC hatte die HBC mit erheblichen Problemen zu kämpfen. Westlich der Rockies traten neue Konkurrenten auf den Plan: russische Pelzhändler, die Ansprüche auf das Gebiet der einstigen NWC anmeldeten.

3

Hinzu kamen die Spätfolgen der jahrzehntelangen Fehde zwischen den beiden alten Gesellschaften: Manche Reviere waren völlig überjagt worden und warfen keinen Gewinn mehr ab. Viele Stützpunkte mußten deshalb aufgegeben werden. Gleichzeitig wurde weit weniger Personal benötigt als in den Konfliktzeiten.

Im Jahr 1869 forderte das junge, auf Erweiterung und Sicherung seines Territoriums bedachte *Dominion of Canada* die HBC auf, *Rupert's Land* an den Staat abzutreten. Der Gesellschaft blieb nichts anderes übrig, als dem für 300.000 britische Pfund zuzustimmen.

Ihre Handelsposten blieben allerdings auch nach dem Verkauf des alten Stammlandes bestehen. Sie versorgten nun die stetig steigende Zahl von Siedlern mit Gütern.

In der Folgezeit wandelte sich die HBC zu einem in vielen Sparten tätigen Handelsunternehmen, das mit 70.000 Angestellten einer der wichtigsten kanadischen Arbeitgeber ist. U.a. führen die in allen größeren Städten zu findenden Filialen der kanadischen Kaufhausketten *The Bay* und *Zellers* die alte Tradition fort.

Provincial Parks

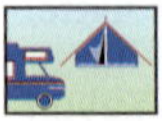

Die Campingplätze der meisten *Provincial Parks* im Großraum Vancouver sind an allen Wochenenden und im Sommer auch an Wochentagen spätestens ab Nachmittag voll besetzt. Besonderer Beliebtheit erfreuen sich die vier Plätze im ***Cultus Lake Provincial Park***, © 1-800-689-9025, mit seinem warmen Badesee (11 km südlich des TCH, Ausfahrt #119). Der kleine ***Kilby Provincial Park*** (bei Harrison Mills ca. 2 km vom *Hwy* #7 entfernt, vom TCH Anfahrt über die #9; sanitäre Einfachstkategorie) hat schmale Stellplätze direkt am Strand des Harrison River. Neben dem Campingplatz befindet sich ***Kilby Store & Farm***, mit Haustieren, Postamt und Restaurant (serviert Hausmannskost). Das ***Museum*** präsentiert ein Sammelsurium von Objekten aus der »guten alten Zeit« – das sind in Canada die 1920er- und 1930er-Jahre (Ende Mai-Anfang September, täglich 11-17 Uhr geöffnet, sonst Do-Mo $7).

Harrison Hot Springs

16 km vom TCH entfernt liegt am Ende der Straße #9 ***Harrison Hot Springs***. Der kleine Ferienort am Südufer des **Harrison Lake** wird wegen seiner 39°C warmen, schwefelhaltigen Quellen gern besucht. Sie speisen am Strand die Pools (nur für Hotelgäste) des edlen *Harrison Hot Springs Resort,* © (604) 796-2244, © 1-800-663-2266. Frei zugänglich ist das benachbarte Hallenbad *Public Pool* (täglich 9-21 Uhr; $9). Vom breiten Sandstrand hat man einen grandiosen Blick über See und Berge.

Alljährlich kämpfen in Harrison Hot Springs Anfang September in der Woche nach *Labour Day* wahre Künstler im Sandburgenbau-Wettbewerb um den Sieg. Die mit Preisgeldern gekrönten Ergebnisse der ***World Championship Sand Sculpture Competition*** bleiben stehen und können noch bis zum zweiten Montag im Oktober besichtigt werden.

Gutes Tagesziel

Harrison Hot Springs eignet sich gut als **Übernachtungsplatz am Ende des ersten Tages** nach Übernahme eines Campers, die oft erst am frühen Nachmittag erledigt ist. Mehrere privat

Wahre Kunstwerke entstehen beim Burgenbauwettbewerb, am Strand des Harrison Lake

betriebene Campingplätze befinden sich in Fußgängerdistanz zu Schwimmhalle und Strand an der Hauptstraße, darunter erfreuliche Anlagen, siehe separates Campingverzeichnis.

Sasquatch Provincial Park

Zu den ***Sasquatch Provincial Park Campgrounds***, © 1-800-689-9025, geht es von Harrison Hot Springs noch 6 km am Ostufer des Harrison Lake entlang. Belohnt wird die Anfahrt vor allem durch die Lage des besten der drei – sanitär recht einfachen – Plätze, des ***Hicks Lake Campground*** an und über dem glasklaren See – Canada, wie es im Buche steht. Ein 4 km langer ***Loop Trail*** umrundet den See, sehr empfehlenswert! Kurz vor dem *Campground* beginnt der ***Beaver Pond Interpretive Trail*** um einen Teich mit Biberdämmen und -burgen (500 m).

Weiterfahrt

Für die Weiterfahrt in Richtung Hope bleibt man auf der verkehrsarmen und sehr schön geführten **Straße #7** diesseits des Fraser River. Sie mündet nördlich von Hope auf den TCH. Durch die Vermeidung des TCH auf dem Teilstück bis Hope verpaßt man zwar die ***Bridal Veil Falls*** (3 km östlich der Abfahrt Straße #9), doch die im Sommer eher dünnen »Brautschleier-Fälle« muß man nicht gesehen haben. Im weiteren Verlauf der Reise liegen auf nahezu allen Routen spektakulärere Wasserfälle am Wege

Hope

Im 7.000 Einwohner zählenden Hope endet der als Autobahn ausgebaute Abschnitt des TCH #1. In der Südostecke der von hohen Bergen umgebenen Kleinstadt zwischen Fraser und Coquihalla River mündet der ***Crowsnest Highway #3***, hier auch gerne *Hope-Princeton Highway* genannt, in den TCH. Ab Hope läuft auch der mautpflichtige ***Coquihalla Highway #5*** ($10) über Merritt nach Kamloops als Entlastungsstrecke und Abkürzung des TCH. Abgesehen von den ersten Kilometern durch den *Coquihalla Canyon* (dort noch keine Gebührenerhebung) ist die Fahrt auf dieser Autobahn touristisch eher unergiebig.

Othello Tunnel

In der Schlucht verlief einst die Trasse der *Kettle Valley Railway* von Hope über Penticton nach Midway. Wegen ständiger Probleme mit Gesteins- und Schneelawinen wurde dieser Abschnitt der Strecke 1961 stillgelegt und die Schienen samt Brücken entfernt. Verblieben ist als größte Attraktion Hopes der ***Coquihalla Canyon Provincial Park*** mit den ***Othello Quintette Tunnels***, in kurzen Abständen hintereinander angelegte Tunnel durch nackten Granit direkt am tosenden Fluß. Heute führt vom Park- und Picknickplatz am Ende der Zufahrt ein Fußweg über neue Brücken durch die Tunnel. Dank der pittoresken Umgebung ist der Abstecher dorthin lohnenswert – Umweg und Spaziergang kosten nicht mehr als eine Stunde. Man erreicht die Tunnel durch Hope auf der Kawkawa Lake Road (Stadtpark und hübschem Badesee mit **Campingplatz**, ⇨ umseitig), dann Othello Road. Schneller fährt man über den gebührenfreien Teil des *Coquihalla Highway* an, Ausfahrt #183 (Kawkawa Lake).

Information

Den Ortsplan gibt es beim ***Hope Visitor Information Centre***, 919 Water Ave, © (604) 869-2021, **www.hopechamber.bc.ca.**

Auch Hope eignet sich für eine erste oder letzte **Übernachtung** nach/vor Vancouver. Die meisten **Hotels und Motels** findet man an TCH und *Old Hope-Princeton Way*. Mehrere gute **Campingplätze** (***Coquihalla Campground,*** © 1-888-869-7118, © (604) 869-7119 und ***Kawkawa Lake Resort,*** © (604) 869-9930) befinden sich in der Umgebung, u.a. an der Kawkawa Lake Road in der Nähe der Tunnel.

Zusammenfluß von Fraser (sedimentbeladen) und Thompson River (klares Wasser) bei Lytton

Fraser River Canyon

Der TCH verläßt in Hope die Ebene und folgt dem Lauf des Fraser River, der sich in diesem Bereich tief ins Gebirge eingegraben hat, stromaufwärts bis Lytton. Eindrucksvollster Abschnitt sind die 40 km zwischen Yale und Boston Bar. Ab dem Ort Yale (kleines historisches Museum), zu Fraser- und Cariboo-Goldrauschzeiten (siehe Lillooet ➪ Seite 229) eine der größten Städte Westcanadas und Ausgangspunkt der *Cariboo Wagon Road*, »klebt« der TCH förmlich an den Berghängen hoch über dem Fluß, während die Schienen der *Canadian Pacific Railway* und der *Canadian National Railway* unten an den Ufern entlangführen. Auf der 1962 erbauten ***Alexandra Bridge*** überquert der TCH den *Fraser River Canyon*. Wenig nördlich der Brücke befindet sich ein Parkplatz, von dem aus man auf der alten Straße (gesperrt für Fahrzeuge) über die *Alexandra Bridge* von 1926 gelangt. Die noch intakte nostalgische Brücke ist ein gutes **Fotomotiv**.

Hell's Gate

Zwischen *Alexandra Bridge* und Boston Bar passiert man das ***Hell's Gate***, eine Verengung des *Fraser Canyon*. Im Frühjahr donnern dort bis zu 15 Mio. Liter Wasser pro Sekunde durch den 34 m breiten Engpaß. Eine **Seilbahn** transportiert Besucher zum 153 m tiefer gelegenen jenseitigen Flußufer; täglich April/Mai und Sept.-Mitte Oktober 10-16 Uhr, Ende Mai bis *Labour Day* 9.30-17.30 Uhr, mit $14 teuer und kein »Muß«.

Das *Hell's Gate* ist auch ohnedem aus der Nähe zu bewundern: ca. 500 m südlich der Seilbahnstation kann man vom Parkplatz auf der Zufahrtstraße zu den Fischleitern bis zur Hängebrücke hinunter laufen (20 min).

Die **Stromschnellen** des *Hell's Gate* lassen sich hautnah auf **Wildwasserfahrten** mit Schlauchbooten bezwingen; ➪ unten.

Über das – im Sommer nicht mehr ganz so – wilde Wasser spannt sich zum Blick in die Tiefe eine Hängebrücke. Heute passieren wieder bis zu 350.000 Lachse täglich die an beiden Ufern angelegten Fischleitern, nachdem sich die Flußrinne wegen Sprengungen für den Bau der zweiten Eisenbahnlinie 1914 so sehr verengt hatte, daß viele Lachse nicht gegen die starke Strömung zu ihren Laichgründen ziehen konnten.

Straße #12

Bei Lytton mündet der Thompson in den Fraser River. Auch wer nicht vorhat, die Straße #12 über Lillooet zum *Cariboo Highway* nördlich von Cache Creek zu nehmen (➪ Seite 245), sollte zumindest den ersten Kilometer bis zur Brücke über den *Thompson River* fahren. Dort läßt sich der **Zusammenfluß** der grün-blauen (*Thompson*) und meist sedimentbeladen braunen (*Fraser River*) Wasserströme sehr gut beobachten.

Wildwasser-Kurztrips

Neben dem *Fraser* ist der *Thompson River* zwischen Spences Bridge und dem 40 km entfernten Lytton ein beliebtes Revier fürs ***Whitewater Rafting***. Dort starten auch die meisten Mehrtages-, Tages- und Halbtagestrips. Oft gibt es kurzfristig noch Platz in einem Schlauchboot.

Ein Halbtagestrip kostet etwa ab $75, Tagestrips ab $115. Zum Beispiel mit ***Adams River Rafting*** (✆ 1-888-440-RAFT, (250) 955-2447), ***Fraser River Raft Expeditions*** (✆ 1-800-363-RAFT), ***Kumsheen Raft Adventures*** (✆ 1-800-663-6667, ✆ (250) 455-2296). Bei den *Information Centres*, z.B. in Lytton, ✆ (250) 455-2523, oder im **BC *Outdoor Adventure Guide*** (➪ Seite 578) findet man weitere Anschriften und Informationen.

3

3.2.3 Von Cache Creek zum Wells Gray Park und weiter in Richtung Jasper National Park

Alternative Routen

Da hier - im Rahmen einer Rundtour durch BC und die Alberta Rocky Mountains - zunächst die Fahrt in nördliche Richtung auf *Yellowhead Highway* #5/#16 bzw. Cariboo Highway #97 beschrieben wird, ergeben sich für die Weiterfahrt ab Cache Creek drei Varianten (zur Wahl alternativer Ost-West-Strecken siehe Einleitung der Kapitel 3.7.1 und 3.7.4.):

- Die Streckenführung **Cache Creek/Trans Canada Highway #1 bis Kamloops und dann die #5 bis Tête Jaune Cache** besitzt nur mit dem 70 km langen Abstecher in den ***Wells Gray Provincial Park*** ein attraktives Zwischenziel. Leider läßt man auf dieser Route (560 km inkl. *Wells Gray Park*), Barkerville und den Bowron Lake aus.
- Die Strecke **Cache Creek/*Cariboo Highway* #97 nach Prince George mit 80 km langen Abstecher nach Barkerville und weiter auf dem *Yellowhead Highway* #16 nach Tête Jaune Cache** (insgesamt 880 km) kostet gegenüber der Route über den *Wells Gray Park* einen zusätzlichen Tag, wobei weder der *Cariboo Highway* noch Prince George noch die #16 am Oberlauf des Fraser River nach Tête Jaune Cache sonderlich aufregend sind. Nur **Barkerville** ist den für diesen Umweg unvermeidlichen zusätzlichen Reisetag wert, ➪ Seite 249.
- Mit insgesamt 1.260 km von Cache Creek bis Tête Jaune Cache lassen sich die beiden Abstecher ***Wells Gray*** und **Barkerville** sogar miteinander verbinden. Nach dem Besuch im *Wells Gray Park* geht es zunächst auf identischer Route zurück bis Little Fort am *Yellowhead Highway #5*. Von dort fährt man auf der Straße #24 durch ein Seengebiet (➪ Seite 245) hinüber nach 100 Mile House am *Cariboo Hwy #97* und dann weiter über das **Zwischenziel Barkerville**.

Zunächst zur Route über Kamloops/*Wells Gray Park*; die Beschreibung *Cariboo Highway* etc. findet sich ab Seite 245:

Cache Creek

Von Cache Creek, dem einst bedeutenden, aber seit Eröffnung des ***Coquihalla Highway*** etwas heruntergekommenen Kreuzungspunkt von TCH und ***Cariboo Highway*** sind es noch ca. 80 km bis Kamloops durch eine im Sommer von Trockenheit und Hitze gekennzeichnete Landschaft. Zum Picknick bieten sich der erstaunlich grüne ***Juniper Beach Provincial Park*** (zwischen zwei Eisnebahnlinien) oder östlich von Savona ein Aussichtspunkt oberhalb des *Kamloops Lake* mit wunderbarem Blick über den See an.

Kamloops

Mit 77.000 Einwohnern ist Kamloops wichtiger Industriestandort und **Verkehrsknoten**. Hier stoßen TCH, *Yellowhead Hwy #5* und *Coquihalla Hwy* aufeinander. Die beiden großen Eisenbahnlinien trennen sich: der Schienenweg der *Canadian*

Pacific Railway läuft über den *Kicking Horse Pass* nach Calgary, *Canadian National Railway* nimmt die Route über den *Yellowhead Pass* nach Edmonton.

Information

Kamloops Visitor Information Centre
1290 Trans Canada Highway West
© (250) 374-3377, © 1-800-662-1994
Internet: www.adventurekamloops.com

Kennzeichnung und Lage

Der Name der Stadt ist indianischen Ursprungs – ***Cumcloups*** bedeutet »Zusammentreffen der Wasser« – und bezieht sich auf die Vereinigung des *North Thompson River*, der östlich des *Wells Gray Provincial Park* entspringt, mit dem aus dem *Shuswap Lake* fließenden *South Thompson River*. Die Einfahrt auf dem hochgelegenen TCH mit Blick über Stadt und Flußtal verspricht zunächst mehr, als Kamloops halten kann.

Die im Sommer mit durchschnittlichen Höchsttemperaturen von 28 °C wärmste Stadt Canadas bietet trotz ihrer schönen Lage am Flußdreieck und des meist trockenen Wetters Touristen nicht so ganz viel.

Einkauf

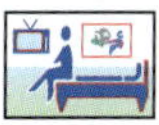

Von Westen kommend (der *Trans Canada Highway* erreicht Kamloops auf einer Trasse hoch über der Stadt) empfiehlt sich die Zufahrt über Columbia Street, an der mehrere ***Shopping Center*** und eine Reihe von **Hotels und Motels** liegen. **Viele Motels** findet man auch östlich der Stadt am TCH. Generell sind die Übernachtungstarife in Kamloops moderat.

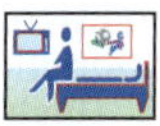

Das ***Int`l Hostel Kamloops*** im ***Old Courthouse*** von 1904 in der #7 Seymour Street West, wird von Lesern gut beurteilt, © 1-866-STAY-KAM, © (250) 828-7991, 73 Betten, $17.

Camping

Wem an heißen Sommertagen nach Abkühlung zumute ist, der findet einen besseren Badestrand im gepflegten ***Paul Lake Provincial Park*** nordöstlich der Stadt (erst 5 km *Yellowhead #5*, dann *Pinantan Rd.* 19 km) oder im ***Kamloops RV Park & Dolphin Waterslides,*** © (250) 573-3789 mit Planschbecken und Wasserrutschen am TCH, ca. 20 km östlich der Stadt. Der ***Campground*** des ***Prov. Park*** liegt 500 m abseits des Sees.

Downtown

Einmal in der Stadt, könnte man in das ***Kamloops Museum and Archives*** hineinschauen (207 Seymour St, Di-Sa 9.30-16.30 Uhr, Eintritt frei). Kamloops` Geschichte ist dort interessant aufbereitet. Der **Riverside Park** am **Thompson River** bei der kleinen Innenstadt wurde mit **Badestellen**, einem Kinderspielplatz, Picknick- und Sportplätzen gut angelegt, ist aber für die meisten Canada-Touristen eher zweite Wahl.

In der Nähe (Old CN Station, 510 Lorne St.) qualmt die Lokomotive von 1912 der ***Kamloops Heritage Railway*** (1 Stunde, Juli-Anf. Sept., Fr-Mo 19.30, Sa 11 Uhr, $14, © (250) 374-2141). Weiter flußaufwärts bietet der **Raddampfer** ***»Wanda Sue«*** 2-stündige Flußfahrten, 1140 River Street, Mai-Okt. tägl. 12 und 15, Fr + Sa 19 Uhr, $20, © (250) 374-7447, 888-374-7447.

Alternativer Yellowhead Highway

Von Kamloops in Richtung Jasper geht es auf dem ***Yellowhead Highway #5***, der Verbindung zwischen TCH und dem »originalen« *Yellowhead Highway* #16 (⇨ Seite 243), auf den die #5 in Tête Jaune Cache stößt. Auf fast ganzer Länge (rund 340 km) folgt diese Straße dem Tal des North Thompson River. Zunächst führt sie durch sommertrockene Gebiete vorbei an kargen, oft nur mit Salbeibüschen (*Sagebrush*) bewachsenen Berghängen, bevor die Vegetation mit der Höhe grüner wird.

Verbindung zur #97

In Little Fort zweigt die **Straße #24** nach Westen ab. Sie ist eine ideale Verbindungstrecke durch ein Seengebiet zwischen der #5 und dem *Cariboo Highway #97*, ⇨ Seite 245.

Clearwater

Der einzig nennenswerte Ort auf der Strecke, **Clearwater**, liegt mit separaten Ortsteilen im wesentlichen abseits der Hauptstraße. Am Nordende von Clearwater zweigt die Zufahrt zum *Wells Gray Provincial Park* ab. Das ***Clearwater Visitor Information Centre*** verteilt die üblichen Werbebroschüren zur Clearwater Region und informiert detailliert über den Park, 425 E Yellowhead Hwy, ✆ (250) 674-2646, **www.ntvalley.com/clearwaterchamber.**

Wer dem *Wells Gray* nicht nur einen Kurzbesuch abstatten möchte, kann dort für Kanutouren und längere Wanderungen geeignete Karten kaufen und ggf. gleich von dort aus die Bootsmiete organisieren. Auch auf dem *Clearwater River*, der seinen Namen zu Recht trägt, gibt es ***Rafting Trips***.

Zum Wells Gray Park

Der ***Wells Gray Provincial Park*** ist 5400 km^2 groß und weitgehend unerschlossene Wildnis. Er ist für seine Wasserfälle und miteinander verbundene Seen zwischen den **Hochgebirgsgipfeln** der *Cariboo Mountains* bekannt. Nur die Straße ab Clearwater führt tiefer in den Park hinein. (Aus Richtung Osten gibt es ab Blue River eine Schotterstraße zum Murtle Lake, ab 100 Mile House eine Stichstraße bis zum Mahood Lake am südwestlichen Zipfel des Parks).

Spahats Creek PP

Kurz hinter dem Parkeingang passiert die *Clearwater Valley Road* (10 km ab *Visitor Centre*) den kleinen ***Spahats Creek Campground***. Zu den ***Spahats Falls*** sind es nur wenige hundert Meter. Das Wasser des Baches stürzt dort in einen *Canyon*. Von der Aussichtsplattform am Ende eines kurzen *Trails* fällt der Blick in schwindelerregende Tiefe und über eine unendlich scheinende Waldlandschaft. Der **Campingplatz** eignet sich gut für eine Zwischendurchübernachtung.

Aussichtsturm

Weitere 28 km nördlich führt die erste Schotterstraße links in Serpentinen (etwas eng für Wohnmobile!) hinauf zum ***Green Mountain Viewing Tower***: eine tolle Rundumsicht.

Dawson Falls

Nur wenig weiter passiert die Straße die ***Dawson Falls***, Stromschnellen des *Murtle River* mit einem ansehnlichen Wasserfall, der sich weniger durch seine Höhe (18 m) als eine erhebliche Breite (91 m) auszeichnet. Auf der gegenüberliegenden

Flußseite befindet sich der ***Pyramid Campground*** oberhalb der Fälle. Ein Pfad führt von dort zu den Katarakten.

Helmcken Falls

Spektakulärer Anziehungspunkt des *Wells Gray Park* sind die ***Helmcken Falls***, die aus einem engen Durchlaß über 137 m in die Tiefe donnern. Ein Weg führt nordseitig am Wasserfall vorbei an den Rand der steilen Schlucht. Vor allem nachmittags, wenn die Sonne im Westen steht, gelingen von dort die besten Fotos mit Regenbogen. Wer sich die Zeit nehmen möchte, erreicht die fünfthöchsten Wasserfälle Canadas auch zu Fuß auf einem schönen ***Trail***: ab *Dawson Falls* läuft man ca. 4 km am Südufer entlang bis zu einem herrlichen Aussichtspunkt direkt am oberen Rand der Falls. Leider führt kein Weg zur Nordseite.

Lachsauftrieb

Bald hinter der *Murtle River Bridge* geht es auf Schotter weiter. Bis zum Straßenende am Clearwater Lake sind es von der Brücke 29 km. Außer den *Helmcken Falls* allerdings gibt es keine weiteren echten Höhepunkte außer im Spätsommer (ca. Ende August/Anfang September). Dann wandern riesige Lachse zum Laichen in den Oberlauf des Clearwater River. Die starken Stromschnellen ***Bailey's Chute*** können sie nur mit Hilfe weiter Sprünge überwinden.

Dieses Schauspiel sollte sich nicht entgehen lassen, wer zur richtigen Zeit den Park besucht. Der Parkplatz vor den *Chute* (17 km nördlich der *Helmcken Falls*) ist nicht zu übersehen. Ein kurzer Weg führt zur ***Salmon Viewing Platform.***

Im Juli/August wird der Park arg von Mücken heimgesucht.

Wanderwege

Der 1 km lange ***Ray's Mineral Spring Trail*** endet an einer Mineralquelle mitten im dichten, stechmückenreichen Wald. Ein noch kürzerer Weg (ca. 10 min) führt zu einer ***Norman's Eddy*** genannten Flußerweiterung

Von dort ist es nicht mehr weit zum wunderbaren ***Falls Creek Campground*** mit Stellplätzen am Fluß und zum benachbarten ebenfalls erfreulich angelegten ***Clearwater Lake Campground***. Dort beginnt ein *Trail*, der mehrere attraktive Zielpunkte kombiniert: den ***Osprey Falls Lookout***, einen Aussichtspunkt über dem See, die ***Dragon's Tongue***, ein Feld mit Lavagestein, und die kleinen ***Sticta Falls***, Dauer etwa 2 Stunden, insgesamt 4 km.

Am hügeligen Ufer des **Clearwater Lake** existiert für die ersten 5 km ein ***Trail***. In die Einsamkeit des Hinterlandes geht es nur per Boot. Besonders reizvoll ist die volle Länge von Clearwater und Azur Lake. Die beiden, jeweils 25 km langen Seen verbindet der Clearwater River (2 km, flußaufwärts mit 500 m Kanu-Portage). Dahinter säumen den Azur Lake Steilufer mit Wasserfällen wie den *Rainbow Falls*, Ziel einer Motorboottour (täglich 10.30 Uhr, inkl. Lunch $100; Clearwater Lake Tours, © (250) 674-2121). Mietkanu $40/Tag.

Helmcken Falls Lodge

Camper finden auf dem Platz der ***Helmcken Falls Lodge*** zwar etwas mehr Komfort als auf den *Campgrounds* des Provinzparks, aber weniger Stellfläche und Natur. Der Standard der *Lodge* ist »rustikal«, und die Zimmer sind relativ klein. In Anbetracht der Lage der *Lodge* nur 10 km vor den Wasserfällen kostet das ein bißchen mehr: DZ ab $120. Reservierung unter © (250) 674-3657.

Wells Gray Inn

Eine preiswerte Alternative ist das ***Wells Gray Inn***, 228 E. Yellowhead Hwy in Clearwater, 1 km südwestlich der Parkzufahrt; DZ $80; © (250) 674-2214, © 1-800-567-4088.

Murtle Lake

Als Weiterfahrt in Richtung Tête Jaune Cache bleibt landschaftlich reizvoll. Wer Zeit hat, könnte von Blue River auf einer holprigen Stichstraße am gleichnamigen Fluß entlang noch einmal in den *Wells Gray Park* zum hochgelobten **Murtle Lake** fahren. Der für Motorboote gesperrte See erfreut sich großer Beliebtheit als Ausgangspunkt für Ein- oder Mehrtages-Kanutouren in die Einsamkeit.

Valemount

Die letzte Ortschaft vor Erreichen des *Yellowhead Highway* #16 ist Valemount. Eine ganze Reihe von **Motels, Hotels** und **Restaurants** (empfehlenswert der ***Caribou Grill***, © (250) 566-8244, in der Hauptstraße 1002 5th Ave, ein Blockhaus mit angenehmer Atmosphäre) sind dort bereits auf den Nationalparktourismus eingestellt, aber preiswerter als im 120 km entfernten Jasper.

1 km südlich des Ortes befindet sich ein künstlich angelegtes Sumpfareal. Wer Glück hat, sieht von den Deichen im ***R.W. Starratt Wildlife Sanctuary*** Biber und viele Vogelarten.

Yellowhead Highway

Die Bezeichnung *Yellowhead Highway* für die Straße #16 geht auf ***Pierre Bostonais*** zurück. Der Méti irokesischer Abstammung (➪ Seite 580) wurde wegen seiner Haarfarbe von den französischen Trappern *Tête Jaune* (= *Yellowhead* bzw. Gelbkopf) genannt. Als Scout für die *Hudson´s Bay Company* erkundete *Bostonais* 1820 den *Robson Pass* und 1825 den *Yellowhead Pass* über die Rocky Mountains.

Auf solchen Touren pflegte er unterwegs zur Zwischenlagerung von Pelzen Verstecke (französisch: *Caches*) anzulegen. Der Ort **Tête Jaune Cache** entstand in der Nähe eines derartigen Verstecks. 1827 ermordeten Indianer *Bostonais* und seine Familie in den Bergen in der Nähe dieses Ortes.

Mit einer Gesamtlänge von 2.853 km ist der ***Yellowhead Highway*** nach dem ***Trans Canada Highway*** die **zweitwichtigste kanadische Ost-West-Route**, wiewohl keine Transkontinentalverbindung. Er beginnt offiziell am *Explore Manitoba Centre* in Winnipeg und führt über Saskatoon (dabei auf den ersten 100 km identisch mit dem TCH), Edmonton, den *Jasper National Park*, Prince George nach Prince Rupert und über das Festland hinaus – auf Graham Island – weiter von Skidgate nach Masset.

Der ***BC-Highway #5*** zwischen Kamloops und Tête Jaune Cache wurde als wichtiger Zubringer ebenfalls mit dem Gelbkopfsymbol versehen.

Yellow-head #16

Von **Tête Jaune Cache**, dem namensgebenden Ort des *Yellowhead Highway* am Straßendreieck #5/#16, geht es über den *Mount Robson Provincial* zum ***Jasper National Park***. In Tête Jaune Cache kann man bei ***Mount Robson Whitewater Rafting*** Raftingtrips auf dem *Fraser River* knapp außerhalb des Provinzparks buchen, ✆ 1-888-566-RAFT, ✆ (250) 566-4879, 3 Stunden $69, täglich 9.30, 13, 16.30 Uhr.

Mount Robson Provincial Park

Der ***Mount Robson*** (3.954 m) ist der höchste Berg in den kanadischen Rocky Mountains. Sein schneebedeckter Gipfel bietet ein imposantes Bild. Den ***Mount Robson Viewpoint*** fürs optimale Foto passiert man direkt am westlichen Parkeingang, ➪ nächste Seite.

Ebensogut ist der Blick vom ***Visitor Centre*** und von der Terrasse des benachbarten *Café Mount Robson*.

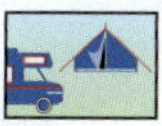

In der Nähe besitzen die großen Stellplätze des ***Robson River*** am Fluß bzw. des straßenferneren ***Robson Meadows Campground*** guten Provinzparkstandard, wobei die Plätzchen am Fluß die schöneren sind.

Der private ***Emperor Ridge Campground***, ✆ (250) 566-8438 (Kinney Lake Road, 200 m abseits der Hauptstraße) liegt besser, ist aber enger, lauter und sanitär nur mäßig (Anfang 2005 geschlossen, Wiedereröffnung unklar).

Alternativ campt man 5 km südwestlich des Parks im – offenbar oft sanitär vernachlässigten, wie Leser immer wieder berichteten – ***Robson Shadows Campground,*** © 1-888-566-4821, © (250) 566- 4821, mit Stellplätzen am Fraser River. Von der Lage her ist dieser Platz indessen kaum zu schlagen.

Einer der schönsten Wege in den kanadischen Rockies ist der ***Berg Lake Trail*** (21 km, fast 800 Höhenmeter), der entlang des Robson River durch das »Tal der 1.000 Wasserfälle« meist sachte ansteigt. Vom Berg Lake genießt man ein brilliantes Panorama auf die bis in den See hinunterreichenden, nachmittags von der Sonne wunderschön illuminierten Gletscher.

Tageswanderer benötigen kein *Permit*, können aber die ganze Strecke an einem Tag retour kaum schaffen. Doch bereits die ersten 5 km bis zum *Kinney Lake* lohnen. Reservierung ***Robson Meadows CG*** und ***Berg Lake Trail***, © 1-800-689-9025. Die kontingentierten (zum Camping am *Trail* notwendigen) *Permits* sind schnell vergriffen.

Zum Jasper Park

Yellowhead Highway und die Schienen der *Canadian National Railway* passieren den langestreckten *Moose Lake* und folgen weiter dem Lauf des *Fraser*, jenseits des **Yellowhead Pass** dem des *Miette River*. Mit der Paßhöhe (1.131 m) erreicht man die **Provinz Alberta** und nach weiteren 24 km Jasper *Town*, touristisches Zentrum des *Jasper National Park*. Zum bereits an der Einfahrt zu entrichtenden Eintritt ⇨ Seite 29.

Fortsetzung im Kapitel 3.3 »Durch die *Alberta Rocky Mountains*«, ⇨ Seite 257.

Blick vom Yellowhead Highway auf den Mount Robson

3.2.4 Der Cariboo Highway von Cache Creek/100 Mile House bis Prince George (mit Barkerville und Bowron Lake Park)

Zur Route

Wie auf Seite 238 erläutert, ist der ***Cariboo Highway #97*** die Alternative zum *Yellowhead #5*, wenn Abstecher nach Barkerville bzw. zum Kanuparadies *Bowron Lake Park* geplant sind. Wer von Vancouver ohne Fährenbenutzung auf schnellstem Weg in den hohen Norden möchte, kommt ebenfalls am *Cariboo Highway* nach Prince George nicht vorbei.

Der Verlauf dieser Strecke ist von Cache Creek bis Williams Lake nicht sonderlich attraktiv. Erst im ***Fraser River Valley*** gewinnt die Straße abschnittsweise an Reiz.

Seengebiet zwischen Cariboo und Yellowhead-Highways

Ab 70 Mile House könnte man bei Zielsetzung ***Wells Gray Park*** und Jasper zur Straße #24 hinüberfahren. Wen die Schotterstraße nicht stört, verkürzt die Strecke und fährt direkt nach Bridge Lake. An dieser Strecke passiert man 5 km südwestlich von Bridge Lake den Crystal Lake und die von Lesern gelobte ***Crystal Waters Guest Ranch*** (***Cabins*** am Wasser; © 1-888-593-2252 oder © 250-593-4252). Das Gebiet zwischen den Straßen #97 und #5 ist mit seiner **Seenplatte** beliebtes Revier für Angler und Wassersportler, die es ursprünglicher lieben als es weiter südlich aussieht. Auf mehreren ***Campgrounds*** finden sich Plätzchen unmittelbar am Wasser, wie z.B. am Sheridan Lake im ***Loon Bay Resort***, © (250) 593-4431, Straße #24, 32 km östlich der #97. Über die # 24 erreicht man den *Yellowhead Highway* #5 in Little Fort, ca. 90 km nördlich Kamloops.

100 Mile House

100 Mile House ist die Versorgungszentrale für das gesamte Gebiet östlich des *Cariboo Highway*. Der preiswerte städtische **Campingplatz** am östlichen Ortsrand eignet sich für eine Übernachtung zwischendurch; ***Municipal RV Park & Campground***, 385 Birch Ave, © (250) 395-2434.

Canim/ Mahood Lakes

Auch auf dieser Route ist eine Stippvisite im ***Wells Gray Park*** möglich: ab 100 Mile House führt eine Stichstraße (ohne Verbindung zum erschlossenen Hauptbereich des Parks) zum **Canim Lake** (knapp außerhalb des Parks) und in dessen Südwestecke zum **Mahood Lake**, dem einzigen nicht gletschergespeisten See des *Wells Gray* (Badestrand). Zwei Kurztrails verlaufen zwischen den Seen zu den Canim Falls (1,5 km) bzw. ab Mahood Lake zu den ***Deception Falls*** (1 km). Am Canim Lake wartet das ***Canim Lake Resort***, © (250) 397-2355, © 1-877-512-6660 (deutsche Leitung) mit großem Abenteuer-Angebot auf Gäste.

Lac la Hache

Ca. 30 km nördlich von 100 Mile House liegt am **Lac la Hache** das schöne, ruhig gelegene ***Fir Crest Resort*** direkt am Seeufer (***Campground*** für Zelte und RVs, preiswerte ***Cabins*** ab $70, Sandstrand, Fahrrad- und Bootsverleih, deutsche Leitung; © (250) 396-7337.

150 Mile House

In 150 Mile House, der nächsten Etappe des *Cariboo Highway*, könnte man einen Abstecher nach Likely einplanen. Dort erinnert am Ortseingang ein 3 km langer, 300 m breiter und 100 m tiefer von Maschinen gegrabener Canyon an die Aktivitäten der ***Bullion Pit Mine***. 1938 wurde in der Goldwaschanlage dieser riesigen Grube mehr Wasser verbraucht als in ganz Vancouver. Leider ist die Direktverbindung von Likely nach Barkerville eine kaum gepflegte Schotterpiste, so daß man besser zurück auf den *Cariboo Highway* fährt.

Williams Lake

Im Herzen des ***Cattle Country***, der größten Viehzuchtregion der Provinz liegt Williams Lake (11.100 Einwohner). Die ansonsten wenig interessante Stadt ist bekannt für eine 4-Tage-***Stampede***, die nach der *Calgary Stampede* und dem *Cloverdale Rodeo* (in Surrey bei Vancouver, ➪ Seite 191) zu den bedeutendsten Rodeoveranstaltungen Canadas gehört.

Rodeo

Sie findet in der Woche des Monatswechsels Juni/Juli statt. Im **Internet** findet man weitere Infos unter **www.williamslakestampede.com**; ✆ 1-800-71-RODEO, ✆ (250) 398-8388. In vielen kleineren Orten gibt es von Mai bis September auch noch lokale Rodeos. Dort kann man das Geschehen viel hautnaher erleben als bei einer Großveranstaltung (➪ Seite 282).

Der Chilcotin Highway

Zum ***Tweedsmuir Provincial Park*** und nach **Bella Coola** am *North Bentinck Arm*, einem tief ins Land eingeschnittenen Fjord, geht es von **Williams Lake** auf dem *Chilcotin Highway* #20. Diese Straße (456 km) ist bis auf zwei letzte rund 50 km lange Teilstücke asphaltiert und ohne Einschränkung befahrbar. Abgesehen von Anahim Lake gibt es in den winzigen Ortschaften selten mehr als Tankstelle, Postamt und kleinen *General Store*. Am Wege oder am Ende von Stichstraßen liegen zahlreiche ***Guest Ranches*** und ***Lodges***, die ihren Gästen Abenteuerurlaub in allen Varianten und Komfortklassen bieten. Angeln, Kanutrips und Ausritte sind die wichtigsten Aktivitäten.

Die Frage ist, ob sich ein Abfahren des gesamten *Chilcotin Highway* überhaupt lohnt. Die karge Einsamkeit des *Interiour Plateau* hat durchaus erheblichen Reiz, insbesondere beim Kurztrip von Williams Lake zum Farwell Canyon. **Bella Coola** ist dagegen **kein** besonders **attraktives Ziel**. Der ***Tweedsmuir Park*** eher, aber auch er bietet europäischen Urlaubern mit begrenzter Zeit nichts, was nicht im Prinzip auch weniger abgelegen zu finden wäre. Diesen landschaftlich zweifellos reizvollen Abstecher sollten daher nur Reisende ins Auge fassen, die einige Extratage erübrigen können und möglichst kein großes **Campmobil** fahren.

Immerhin ist der *Chilcotin Highway* nicht unbedingt eine Sackgasse. Ab Bella Coola geht eine – wiewohl nicht ganz billige – Fähre nach Port Hardy auf Vancouver Island (➪ Seite 198f.), die ggf. auch als Alternative zur Fährstrecke Prince Rupert–Port Hardy bzw. umgekehrt in Frage kommt.

Ein Abweichen von der Hauptstraße empfiehlt sich bei **Riske Creek**. Die qualitativ gute Schotterstraße ist bei nur 50 km Zusatzstrecke (zur Direktroute über den Hwy #20) wesentlich interessanter. Sie kreuzt nach knapp 20 km den *Farwell Canyon* des Chilcotin River. In der Schlucht erinnern Sandsteinformationen und Vegetation an die Halbwüsten des amerikanischen Südwestens. Über Big Creek geht es bei Hanceville zurück zum Hwy #20, wo 6 km westlich von **Alexis Creek** der kleine ***Bull Canyon Provincial Park*** mit ***Campground*** malerisch am Chilcotin River liegt. Danach läuft die Straße überwiegend durch Weideland. Ab Chilanko Forks sieht man die *Coast Mountains* am Horizont.

Mit Überquerung des ***Heckman Pass*** (1.524 m) wird der ***Tweedsmuir Park*** erreicht. Gleichzeitig verläßt man endgültig das *Interior Plateau* und fährt hinunter in den Regenwald der Küstenregion. »*The Hill*«, der leitplankenlose, einspurige Straßenabschnitt mit bis 18% Gefälle hat Ausweichstellen und bereitet selbst Wohnmobilen mittlerer Größe keine Probleme.

Der größte (zweigeteilte) Park der Provinz bedeckt eine Fläche von fast 10.000 km^2, die nur durch die Straße im südlichen Abschnitt und Bootszugang im Norden erschlossen sind. Zwei Campingplätze und mehrere *Picnic Areas* liegen an der Durchfahrt. Er gilt als absolutes Angel- und Wildnisparadies.

Wanderer könnten einen Marsch (12 km, 800 Höhenmeter durch Einsamkeit) zu den 253 m hohen ***Hunlen Falls*** in Erwägung ziehen. Die dritthöchsten kanadischen Wasserfälle werden nur von wenigen Enthusiasten besucht.

Etwa 65 km nordwestlich von **Bella Coola** befindet sich der ***Mackenzie Rock***, in den der berühmte Entdecker 1793 seinen Namen und das Datum gemeißelt hat. Zum Felsen am *Dean Channel* fahren Charterboote.

Der Chilcotin River fließt im Farwell Canyon durch bizarre Sandsteinformationen im niederschlagsarmen Windschatten der Coast Mountains

Quesnel

Das Städtchen **Quesnel** (sprich: Kwanéll), am Zusammenfluß von Fraser und Quesnel River entstand während des Cariboo Goldrush 1862. An dem bedeutenden Etappenpunkt auf der *Cariboo Wagon Road* (➪ Seite 229) mußten die Prospektoren den Raddampfer verlassen und weitere 80 km bis Barkerville auf dem Landweg zurücklegen. Aus der alten Zeit existiert nur noch der ***Hudson's Bay Store von 1881*** (102 Carson Ave), der heute einen Andenkenladen beherbergt.

Bei Einfahrt in die Stadt von Süden passiert man unverfehlbar rechterhand das ***Quesnel Visitor Info Centre***, mit **Quesnel Museum**, 703 Carson Ave, © (250) 992-8716 und © 1-800-992-4922, **Internet**: **www.northcariboo.com.** Es liegt am Rande des kleinen Le Bourdais Park, der u.a. einen nassen **Kinderspielplatz** für heiße Tage beherbergt.

Nach Barkerville

Auf der Straße #26 geht es zu ***Bowron Lake Park*** und Goldgräberstadt **Barkerville**. Benannt ist der Ort nach *Billy Barker*, der dort 1862 auf eine ergiebige Goldader stieß. Im daraufhin einsetzenden ***Cariboo Goldrush*** wurde aus Barkerville für kurze Zeit die größte Stadt »westlich von Chicago und nördlich von San Francisco«.

Als die Vorkommen erschöpft waren, verwandelte sich der kleine Ort in eine ***Versorgungsbasis für umliegende Minen***. 1958 übernahm die Provinz BC Barkerville und machte daraus eine ***Historic Town***, heute eines der besten lebenden Museen Canadas.

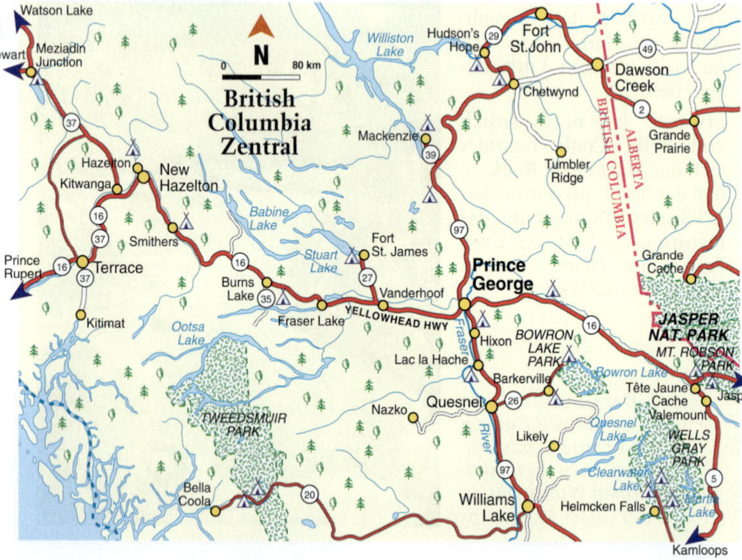

Im Goldgräber-Museumsdorf Barkerville

Living Museum Barkerville

Nirgendwo sonst in Canada findet man einen besser erhaltenen Ort aus der Goldrauschzeit, noch dazu an der originalen Stelle. Barkerville, dessen Bevölkerung zur Hälfte aus Ostasien stammte, besitzt am Ortsausgang eines der schönsten historischen Chinesenviertel Nordamerikas. Rund 130 Gebäude, darunter 40 aus dem 19. Jahrhundert, wurden im engen Tal des Williams Creek authentisch restauriert und teils mit zeitgenössisch gekleideten »Bewohnern« besetzt. Die haben im Gegensatz zu ihren Vorbildern geregelte Arbeitszeiten, und so finden Programme und Vorführungen nur Mitte Juni bis Ende September statt; Auskunft unter © (250) 994-3302.

Das Dorf als solches kann **ganzjährig 8-20 Uhr** besucht werden. $13 Eintritt nur von Mitte Mai bis Ende September.

Durch Barkerville zu bummeln, ist interessant: im *Visitor Centre* gibt es viele Fotos aus den wilden Jahren und Filme zum Thema »Goldrausch«. Das fürs **Goldwaschen** konstruierte Wasserrad funktioniert wie eh und je, und im ***Theatre Royal*** lebt die alte Zeit wieder auf ($12, täglich 13+16 Uhr, Mitte Juni-Anfang Sept., Juli+August auch Sa+So 20 Uhr).

Wer Lust hat, kann selbst Gold waschen, $6 mit Erfolgsgarantie oder mit der Postkutsche fahren, $ 8.

Von der Detailliebe ausgespart blieb bedauerlicherweise die Getränkekarte im *Saloon:* wer sich stilecht einen Whisky genehmigen möchte, wird enttäuscht. Lediglich alkoholfreie Getränke kommen zum Ausschank. Auch beim Nachtleben ist es nichts mit der Authentizität. Um 20 Uhr sind die Tore dicht außer für Hotelgäste und Theaterbesucher.

Unterkunft/ Camping

Quartiere im *Historic Park* bieten nur das ***St. George Hotel***, ein historisches Haus von 1898, © 1-888-246-7690, © (250) 994-0008, ***King*** und ***Kelly House B & B***, ©/Fax (250) 994-3328.

Drei **Motels** mit begrenzter Kapazität befinden sich im nahen **Wells**, außerdem ***Beckers*** und ***Bowron Lake Lodge*** am 28 km entfernten gleichnamigen See (➪ separates Hotelverzeichnis).

Camping ist ein geringeres Problem. Von drei ***Barkerville Provincial Park Campgrounds*** liegt ***Forest Rose*** jenseits der Brücke in Richtung Bowron Lake am besten. Reservierung nur für ***Lowhee Campground*** möglich (© 1-800-689-9025) . Schöner campt man aber auf dem ***Bowron Lake Lodge Campground*** mit vielen Stellplätzen am Seeufer (wegen Besitzerwechsel etwas vernachlässigt). Auch nebenan bei ***Beckers*** campt es sich gut. Der hübsch angelegte, aber seeferne Platz des ***Bowron Lake Provincial Park*** am ***Registration Centre*** ist in Anbetracht der Möglichkeiten direkt am Ufer nur 2. Wahl. Die Anfahrt zum Bowron Lake (28 km)ist unproblematisch.

Kanuparadies Bowron Lake Park

Die direkt oder über Wasserläufe weitgehend miteinander verbundenen 10 Seen des ***Bowron Lake Provincial Park*** sind ein Paradies für Kanufahrer. Wer 6-10 Tage Zeit und obendrein Glück mit dem Wetter hat, kann einen traumhaften Kanutrip unternehmen. Der Rundkurs auf der fast strömungslosen Seenplatte ist auch für Anfänger geeignet. Doch muß man eine gute Kondition mitbringen – es wollen schließlich 105 km gepaddelt und 11 km auf 7 ***Portages*** (Tragen des Kanus zwischen zwei Gewässern oder Umgehung von Stromschnellen und Wasserfällen) geschafft sein! Der Trip beginnt auch gleich mit der längsten *Portage* (2,4 km). Davon erholt man sich am besten an den Sandstränden der wärmeren nicht von Schmelzwasser gespeisten Seen im Westen. Übernachtet wird auf herrlich gelegenen ***Wilderness Campgrounds***.

Gebühren/ Miettarife für Kanus

Für alle Mehrtagestrips ist eine Anmeldung im ***Registration Centre*** erforderlich. Die Gebühr für die volle Runde beträgt für 2 Personen $120, für die *West Side Route* $60/Kanu. Letztere führt 24 km vom Bowron Lake einziger See mit Motorbootverkehr zu den Spectacle Lakes und besitzt den Vorzug, ohne *Portage* auszukommen. Reservierung der Route: © 1-800-435-5622 ($18 Reservierungsgebühr). Kanus können ab ca. $30/Tag oder $130 pro »*Lake Circuit*« gemietet werden (Ausrüstung extra) bei *Beckers Lodge*: © (250) 992-8864, © 1-800-808-4761 oder ***Bowron Lake Lodge***, © 1-800-519-3399.

Gelegentlich müssen Kanus über seichte Stellen gezogen werden. Für den Transport über Land (Portage) gibt es eine Radachse

Um ein Überladen der Kanus zu vermeiden, wird vor der Bowron Lake Rundfahrt (»Lake Circuit«) das Gepäck gewogen

Hixon Canyon Creek

Nördlich Quesnel läuft die Straße #97 recht ereignislos durch Wald- und Hügellandschaft und stößt nach 118 km in Prince George auf den *Yellowhead Highway*. Wer in diesem Bereich einen Campingplatz sucht, sollte den ***Canyon Creek Campground* in Hixon** (etwa auf halber Strecke nach Prince George) ansteuern, © (250) 998-4384. Er vereinigt die Vorzüge staatlicher Anlagen mit sauberen Duschen und hat schöne Plätzchen für Zelte und *Van Camper* auf einer Waldwiese oder zwischen Bäumen und Büschen in Bachnähe.

Prince George

Prince George, 72.000 Einwohner, spielt als **Knotenpunkt** der Ost-West- und Nord-Süd-Achse von Schiene und Straße und als Versorgungszentrum (***Hub of the North***) eines weiten Umlandes eine wichtige wirtschaftliche Rolle. Sägemühlen und Papierfabriken (*Pulp Mills*) unterstreichen die Bedeutung der Holzindustrie. Die 1994 gegründete ***University of Northern British Columbia*** hat auf einer Anhöhe über der Stadt (*Cranbrook Hill*) ihre Gebäude und einen Campus, von dem deutsche Studenten nur träumen können. Zufahrt über *Yellowhead* #16 Richtung Prince Rupert, von dort Tyner Blvd folgen.

Für Fahrten in den hohen Norden ist Prince George ein bedenkenswerter, meist übersehener Ausgangspunkt. Der regionale Airport wird ab Vancouver 7x täglich von *Air Canada* und *WestJet* bedient (1 Stunde).

Kennzeichnung

Da die letzte größere Stadt auf dem Weg nach Norden keine besonderen Sehenswürdigkeiten besitzt, ist sie für die meisten Touristen im wesentlichen Durchgangsstation. An **Hotels** und **Motels** und ***Shopping Centers*** entlang der Ausfallstraßen (speziell der #97, aber auch #16 West) fehlt es nicht. Beste Adresse fürs Campen bei Prince George ist der **Hartway RV Park**, 7729 South Kelly Road, 10 km nördlich über Hwy # 97, © (250) 962-8848, 1-866-962-8848.

Information

Ein sehr gut sortiertes ***BC Visitor InfoCentre*** befindet sich an der Kreuzung der beiden Hauptstraßen #97/#16 südwestlich der Innenstadt. Downtown befindet sich das

Prince George Visitor Information Centre
1198 Victoria Street
✆ (250) 562-3700, ✆ 1-800-668-7646
Internet: www.tourismpg.com

Parks und Museen

Prince George rühmt sich seiner vielen ***City Parks***, von denen im Zentrum der ***Connaught Hill Park*** einen Panoramablick über die Stadt bietet. Im ***Cottonwood Island Nature Park*** an der River Rd (»jenseits« der Gleisanlagen nördlich von *Downtown)* liegt das eher bescheidene ***Railway & Forestry Museum.***

Der ***Exploration Place*** im ***Fort George Park*** erhellt die Geschichte von Stadt und Region. Effektvoll ist dort die »hautnahe« Filmreise im ***SimEx Motion Theatre*** (Museum $9, *SimEx Ride* $7, Kombiticket $11, geöffnet Ende Mai-Anfang Oktober, täglich 10-17 Uhr, sonst Mi-So 10-17 Uhr).Die letzten beiden Parks sind durch den ***Heritage River Trail*** an *Nechako* und *Fraser River* entlang miteinander verbunden.

3.2.5 Routen ab Prince George

In British Columbia führen alle Straßen in den Norden über Prince George.

Rundfahrt durch den Norden von BC

Dank des ***Cassiar Highway*** zwischen Watson Lake und Kitwanga/Stewart durch die Einsamkeit des Nordwestens von BC kann man in Prince George eine attraktive Nord-Rundfahrt starten: Prince George–Fort St. John–Watson Lake (beide *Alaska Highway*)–Stewart–Prince Rupert (2.500 km, Fähre nach Port Hardy) oder zurück nach Prince George (2.700 km). Egal, welche der beiden Varianten man wählt, in mindestens 8 Tagen ist diese Strecke zu machen – bei relativ hoher täglicher Fahrleistung.

Von Prince George nach Prince Rupert?

Das letzte Stück des ***Yellowhead Highway*** **zwischen Prince George und Prince Rupert** wird als Fortsetzung einer Fährpassage von Port Hardy nach Prince Rupert **im Anschluß an das Kapitel Vancouver Island in West-Ost-Richtung** behandelt. Eine Fahrt in umgekehrter Richtung von Ost nach West macht nur Sinn, wenn man entweder in Prince Rupert die Fähre nehmen möchte oder eine Fahrt über Stewart nach Watson Lake plant, ⇨ ***Cassiar Highway*** ab Seite 366.

nach Stewart/ Hyder?

Für eine Fahrt von Prince George nach Prince Rupert mit Abstecher nach Stewart/Hyder und Rückfahrt auf identischer Strecke wären 1.900 km zu bewältigen. Das lohnt sich kaum, ein kürzeres »Hineinfahren« in den *Yellowhead Highway* noch weniger, da die Straße erst westlich von Houston, strenggenommen sogar nicht vor New Hazelton, den besten

Abschnitt ihres gesamten Verlaufs erreicht. Die Strecke bis Houston bietet dagegen nichts, was den – schon bis Prince George gelangten – Canada-Urlauber noch »vom Hocker reißt« (➪ dazu im einzelnen ab Seite 364).

Weiter nach Jasper

Der ***Yellowhead Highway*** besitzt **zwischen Prince George** und **Tête Jaune Cache** trotz des an sich schönen Verlaufs im *Fraser River Valley* zwischen Rocky Mountains und *Cariboo Mountains* keine nennenswerten Höhepunkte. Zur Übernachtung bietet sich der ***Purden Lake Provincial Park*** an (Camping und Badestrand). Alternativ zum *Yellowhead* könnte man Tête Jaune Cache auch via die schönen Ziele **Barkerville** und den ***Wells Gray Provincial Park*** anfahren. Der Umweg zu den beiden Topattraktionen erfordert 700 km Zusatzfahrt im Vergleich zur direkten Yellowheadroute (➪ Seite 238).

John Hart Highway

In Prince George beginnt als **nördliche Fortsetzung des *Cariboo Highway*** der ***John Hart Peace River Highway***. Außer Mackenzie (30 km abseits der Hauptstraße) und Chetwynd gibt es bis Dawson Creek auf 400 km Gesamtdistanz keine wesentlichen Ortschaften.

In größeren Abständen passiert man **Tankstellen**, meist verbunden mit einer kleinen *Lodge* und einem *General Store*. Auf langen Abschnitten erinnern nur die Schienen der parallel verlaufenden *BC Railway* an die Zivilisation.

Wasserscheide

Knapp 50 km nördlich von Prince George passiert man die ***Continental Divide***, die Wasserscheide zwischen Pazifik und Atlantik. Nördlich fließen aus dem *Summit Lake* alle Gewässer über den *Peace River* und *Mackenzie River* ins Nordpolarmeer, südlich über den Fraser River in den Atlantik.

Über einen sehr schönen **Campingplatz** mit Sandstrand verfügt der ***Whiskers Point Provincial Park*** am *McLeod Lake*.

Peace River Valley nördlich von Hudsons Hope, ➪ Seite 255

3

Mackenzie

Das erst 1966 im Zusammenhang mit dem Staudammprojekt am Peace River (➪ Seite 255) gegründete Mackenzie (6.300 Einwohner) liegt am Williston Lake. Der bei den Arbeiten eingesetzte ***World´s Largest Tree Crusher***, die weltgrößte Rodungsmaschine, steht unübersehbar im Ortszentrum (Hwy #39/Skeena Drive). Mackenzie verfügt über ein ***Recreation Centre*** (400 Skeena Drive, $4) mit Hallenbad, Kraftraum und Sauna sowie einen komfortablen kommunalen ***Campground***.

Viel schöner mit Sandstrand am Williston Lake liegt ***Alexander Mackenzies´s Landing***. Die Zufahrt zu diesem einfachen, kostenlosen ***BC Hydro Campground*** erfolgt 3 km südlich von Mackenzie ab Straße #39....

Pine Pass

Das *Mackenzie Visitor Info Centre* liegt am Hwy #97 direkt am Abzweig der Stichstraße (29 km) nach Mackenzie, Info: **www.district.mackenzie.bc.ca,** ✆ 1-877-997-9940. Im weiteren Verlauf beginnt ein reizvoller Abschnitt *des John Hart Highway.* Aus dem Tal des *Misinchinka River* führt die Straße über den ***Pine Pass*** (933 m), den einzigen Übergang über die Rocky Mountains auf rund 750 km Luftlinie zwischen *Jasper Park* (*Yellowhead Pass*) und *Alaska Highway (Summit Pass).*

Kettensäge-skulptur in Chetwynd, am John Hart Highway, Abzweigung nach Hudson`s Hope

Skulpturen

Das einstige Bergbaustädtchen **Chetwynd** (2.600 Einwohner) an der Kreuzung #29/#97 macht mit Kettensägen geschnitzten Holzskulpturen auf sich aufmerksam. Den Lageplan mit einigen der rund **50 *Chainsaw Sculptures*** gibt es bei der *Visitor Info* (#5400 North Access Rd, ✆ (250) 788-1943, www.gochetwynd.com) am westlichen Ortseingang.

Anfahrt Alaska Highway

Ab Chetwynd gibt es **zwei Routen** zum *Alaska Highway*. Die reizvollere Alternative von beiden ist der ***Highway #29*** nach Fort St. John (ca. 140 km). Wer sich dafür entscheidet, verpaßt weder in Dawson Creek noch auf den ersten Kilometern des *Alaska Highway* bis Fort St. John Wesentliches. Die **#97** bis Dawson Creek sollte nur fahren, wer unbedingt ***Milepost 0*** des *Alaska Highway* sehen und fotografieren möchte.

Auf der ersten Hälfte der **#29** passiert man eine Reihe schöner Campingplätze. Der ***Moberly Lake Provincial Park***, © 1-800-689-9025, verfügt über großzügige Stellplätze am Sandstrand des Sees.

Hudson`s Hope

Der kleine Ort **Hudson's Hope** ist eine der ältesten »weißen« Siedlungen in British Columbia und – als Fort der *Northwest Company* gegründet – seit 1805 ununterbrochen bewohnt. Ein neues Kapitel in der Geschichte von Hudson`s Hope begann in den 1960er-Jahren mit dem Bau von Staudämmen und Kraftwerken eingangs und ausgangs des ***Peace River Canyon***. Beide zusammen produzieren fast 30% des aus Wasserkraft gewonnenen Stroms der Provinz.

Energie aus Wasserkraft

6 km südwestlich des Ortes liegt an der Brücke über den Peace River unweit der Straße der kleinere ***Peace Canyon Dam*** (50 m hoch und 534 m lang). Ein *Visitor Centre* am Ende einer kurzen Zufahrt informiert über Dammbau und Energieerzeugung, aber auch über die Geschichte der Region; geöffnet Ende Mai bis Anfang September täglich 8-16 Uhr, sonst nur Mo-Fr.

Williston Lake

Flußaufwärts (24 km lange Stichstraße ab Hudson´s Hope) staut der 186 m hohe und 2.068 m lange ***W.A.C. Bennett Dam*** den Peace River zum Williston Lake. Am gewaltigen Damm präsentiert das *Visitor Centre* (täglich Ende Mai-Anfang Sept. 10-18 Uhr, Eintritt frei), des mit 2.730 MW leistungsstärksten Kraftwerks Westcanadas thematisch ähnliche Ausstellungen wie am *Peace Canyon Dam* und bietet zudem ein prächtiges Panorama über den mit 1.733 km^2 Fläche größten Stausee in Canadas Westregion.

Alaska Highway

Hinter Hudson`s Hope läuft die Straße bei schöner Routenführung zunächst am ***Peace River*** entlang. Nach 60 km verläßt die #29 das Flußtal, führt steil in Serpentinen bergauf und stößt 13 km nördlich Fort St. John auf den *Alaska Highway*.

Fortsetzung der Strecke auf dem ***Alaska Highway***, ➪ Seite 384f.

Am Alaska Highway nördlich von Fort St. John

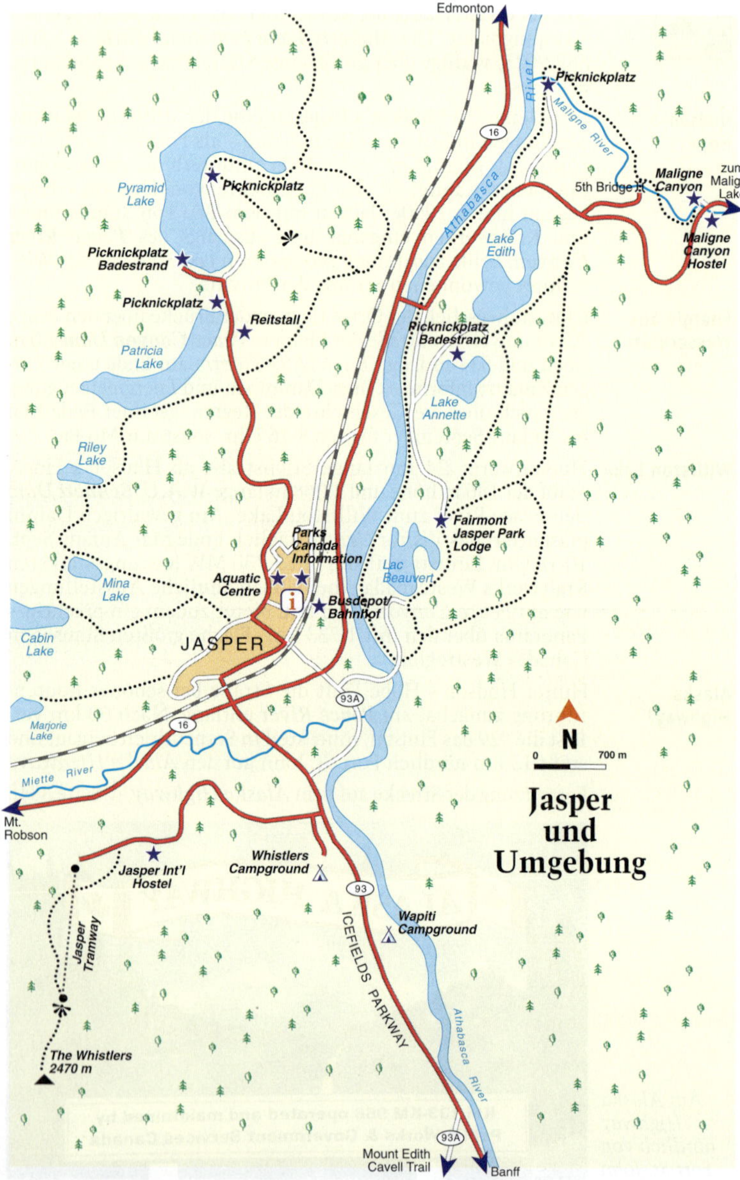
Edmonton
Picknickplatz
Maligne River
River
16
Picknickplatz
Pyramid Lake
Athabasca
Maligne Canyon
zum Maligne Lake
5th Bridge
Lake Edith
Maligne Canyon Hostel
Picknickplatz Badestrand
Picknickplatz
Reitstall
Patricia Lake
Picknickplatz Badestrand
Lake Annette
Riley Lake
Fairmont Jasper Park Lodge
Parks Canada Information
Aquatic Centre
Lac Beauvert
Mina Lake
Busdepot/ Bahnhof
Cabin Lake
JASPER
93A
Marjorie Lake
16
N
0
700 m
Miette River
Mt. Robson
Jasper und Umgebung
Jasper Int'l Hostel
Whistlers Campground
93
Jasper Tramway
ICEFIELDS PARKWAY
Wapiti Campground
The Whistlers 2470 m
Athabasca River
93A
Mount Edith Cavell Trail
Banff

3.3 Durch die Alberta Rocky Mountains

3.3.1 Jasper National Park

Jasper Stadt

Der *Yellowhead Hwy* #16 führt als breit ausgebaute Umgehungstraße um Jasper herum. An der (Ampel-)Kreuzung *Yellowhead/Icefields Parkway* geht es in die Stadt.

Erster Anlaufpunkt sollte das unverfehlbar in einem kleinen Park an der Hauptstraße (500 Connaught Dr) liegende ***National Park Jasper Townsite Info Centre*** sein; © (780) 852-6176, **www.pc.gc.ca/jasper**. Schräg gegenüber befindet sich der Bahnhof. Dort und auf beiden Straßenseiten gibt es genug Parkraum auch für größere Campmobile. Dennoch wird es zur Hauptsaison und an Wochenenden oft eng.

Information

Neben der ausgezeichneten Zeitung »*Mountain Guide*« mit Details zu vier zusammenhängenden *Rocky Mountain* Nationalparks (*Banff, Jasper, Kootenay* und *Yoho*) sowie den Nationalparks *Glacier* und *Mount Revelstoke* in den *Selkirk Mountains* und der Karte »***The Icefields Parkway***« kann man sich dort noch die Trailbeschreibungen »***Dayhiker's Guide to Jasper National Park***« für Tageswanderungen besorgen. Den »***Visitor's Guide to Jasper National Park***«, einen übersichtlichen Faltplan mit Erläuterungen erhält ohnehin jeder Besucher bei der Einfahrt (Person $7; Auto, bis sieben Insassen $14 pro Tag, ggf. lohnenswerter Dauerpass, ➪ Seite 29).

Internet-Info

Das ***Büro*** der Stadt Jasper, © (780) 852-3858, befindet sich an der Hauptdurchgangsstraße (632 Connaught Dr); Internet: **www.jaspercanadianrockies.com**.

Unterkunft

Zu Reservierunggsagenturen für Banff/Jasper ➪ Seite 271.

Eine Spitzenadresse – preislich und was Standard und Lage am Lac Beauvert betrifft – ist die ***Fairmont Jasper Park Lodge***, © (780) 852-3301, sehr ansehnlich die ***Marmot Lodge***, © (780) 852-4471, © 1-888-8-JASPER. In der Sommersaison ist dort wie anderswo ein Unterkommen ohne Reservierung schwer.

Alles voll?

Klappt eine Quartiersuche im Park auch mit Hilfe des Reservierungsbüros nicht, ist die am wenigsten zeitaufwendige Lösung eine Fahrt in Richtung Hinton (ca. 70 km auf breiter, weitgehend ebener Strecke). Westlich des Parks kommen zwar auch noch Tête Jaune Cache und Valemount in Frage, aber beide Orte verfügen nur über eine Handvoll Motels.

Hostels

Bei Jasper gibt es gleich **3 Jugendherbergen** (*Jasper International* ($22, 84 Betten), *Mount Edith Cavell* ($15, 32 Bettten) und *Maligne Canyon Hostel* ($15, 24 Betten) und zwei weitere *Hostels* am *Icefields Parkway* (Athabasca Falls/40 Betten, Beauty Creek/22 Betten, je $15/Nacht). Alle lassen sich reservieren unter © 1-877-852-0781, © (780) 852-3215. Website: **www.hostels.ca**.

Camping

Zwar sind auch der Platz auf den ortsnahen *Campgrounds* im Sommer knapp, aber bei Ankunft bis zum späten Vormittag kommt man meist unter. Der riesige ***Whistlers Campground*** (781 Plätze), 2 km südlich von Jasper, liegt im lichten Wald, bietet in zentraler Lage teilweise ***Full Hook-up***, Feuerholz und gute sanitäre Anlagen mit Duschen. Eine Besonderheit sind Wapiti Hirsche, die das Gelände ungeachtet der Menschen zum Äsen aufsuchen. Die Alternativen zu ***Whistler***, die Plätze ***Wapiti*** und ***Wabasso*** mit ebenfalls hoher Kapazität (362 bzw. 228 Plätze), liegen mit 4 km bzw. 16 km noch ortsferner an der Straße #93 bzw. #93A. Nur *Wapiti* hat auch Duschen. ***Snaring River*** 16 km nördlich von Jasper mit nur 66 Stellplätzen in schöner Lage gehört zur Einfach-Kategorie. Reservierung für die Campgrounds ***Whistlers, Wapiti, Wabasso, Pocahontas:*** © 1-877-RESERVE, **www.pccamping.ca.**

Im Ort

Jasper ist zwar kleiner (3.300 Einwohner) als das »benachbarte« Banff und weder so überlaufen noch mondän, aber nicht viel billiger. Die Preise für Unterkunft und Verpflegung liegen über dem üblichen Niveau. Wiewohl ein hübscher Ort, wuchert Jasper ausschließlich mit dem Pfund seiner Umgebung und bietet selbst keine besonderen Attraktionen, sieht man ab vom ***Aquatic Centre*** (14-21 Uhr, $7). Ein Besuch in der Poolanlage (Pyramid Lake Road) mit langer Wasserrutsche und einem heißen *Whirlpool* entspannt nach anstrengenden Wanderungen.

Umgebung Jasper

Rings um die Stadt findet man kleine, angenehm temperierte und von Wanderwegen gesäumte Seen mit Badestränden und (***Patricia*** und ***Pyramid Lake*** oberhalb des Ortes). An der Zufahrt zum Pyramid Lake kann man auch geführte Ausritte buchen (*Pyramid Stables*, © (780) 852-7433, ab $30 pro Stunde). Für das – vorsichtige – Kennenlernen des ***River Rafting*** eignen sich zweistündige Schlauchbootfahrten (z.B. ***Whitewater Rafting Jasper***, © 1-800-557-7238, © (780) 852-7238, ca. $60) auf dem bei Jasper relativ zahmen Athabasca River. Ausreichenden Wasserstand vorausgesetzt, geht es auf dem Sunwapta River etwas härter zur Sache (2Std. $60).

Gipfelstation der Seilbahn auf den Hausberg von Jasper The Whistlers

Edith Cavell Gletscher

Eine relativ leichte Wanderung führt zum *Edith Cavell Glacier.* Von Jasper folgt man zunächst dem *Icefields Parkway* und dann der alten Straße #93 A. Auf der (oft in miserablem Zustand befindlichen) ***Mount Edith Cavell Rd*** geht es 14 km bergauf am *International Hostel* vorbei zum *Mount Edith Cavell Parking Lot* (Campmobile nur bis 20 Fuß empfohlen). Dort beginnt der ***Path of the Glacier Loop Trail***, einer der besten Kurzwanderwege im Jasper Park. Der 2 km lange Rundweg führt zum *Edith Cavell Pond* voller Eisschollen unterhalb des beeindruckenden Gletschers und weiter (plus 6 km Rundwanderung-*Loop Trail*) zu den ***Cavell Meadows***.

Seilbahn

Eine Seilbahn führt auf den Jasper überragenden Gipfel ***The Whistlers*** (2.470 m) – Talstation am Ende der gleichnamigen Straße, die vom *Icefields Parkway* abzweigt. Die Fahrt mit der ***Tramway*** kostet $22, Juli+August 8.30-22 Uhr, Juni 9.30-18.30 Uhr, sonst 10-17 Uhr von Mitte April-Mitte Oktober. Ab Aussichtsrestaurant an der Bergstation (2.277 m) ist es noch 1 km über 200 Höhenmeter bis zum Gipfel. Von oben ähnelt das 1.400 m tiefer gelegene Jasper kurioserweise einem riesigen »J«.

Fußmarsch

Sportliche Besucher erklimmen den Berg per pedes: Der Ausgangspunkt des ***Trails*** befindet sich ca. 1,5 km vor der Station. Der Aufstieg (ca. 8 km) ist in 4 Stunden zu schaffen. Wer auf den Rückmarsch auf identischem Weg verzichtet, kann zum halben Preis mit der Seilbahn abfahren, © 1-866-850-TRAM.

Maligne Canyon

Als schönstes Ausflugsziel des Parks gilt der **Maligne Lake** am Ende der *Maligne Road* (42 km), die nördlich Jasper vom *Yellowhead* abzweigt. Gleich am Anfang passiert die Straße den tief eingeschnittenen ***Maligne Canyon***. Der Zwischenstopp dort ist ein »Muß«. Vom Parkplatz (mit Cafeteria und *Gift Shop*) geht es in eine pittoreske Kalksteinschlucht. Mehrfach überquert der holpriger werdende Pfad den engen *Canyon*. Tief unten tost das Wasser des *Maligne River* im Engpaß. Wer bis zur 5. Brücke (2 km) geht, braucht nicht unbedingt wieder nach oben zu kraxeln, sondern kann sich über die ***5th Bridge Road*** mit dem Auto abholen lassen. Noch reizvoller ist die Wanderung von der 5. Brücke nach oben.

Medicine Lake

Ein Phänomen ist der ***Maligne River***, der vom *Maligne Lake* in den scheinbar abflußlosen *Medicine Lake* fließt. Das Wasser versickert in Karsthöhlen und taucht erst nach Kilometern wieder an der Oberfläche auf.

Maligne Lake Trails

Die Schönheit des glasklaren *Maligne Lake* läßt sich von der Bucht an seinem Nordende nur erahnen. Ein rauher Pfad am Westufer führt nach einigen Kilometern zu Stellen, von wo aus der gesamte See im Blickfeld liegt. Bequemer ist der ***Mary Schaeffer Loop Trail*** (3 km) am Ostufer, anstrengender (weil relativ steil bergauf) der 8 km lange ***Opal Hills Loop Trail*** zu schönen Aussichtspunkten ebenfalls auf der Ostseite des Sees (4 Std).

Bootsfahrten

Die meisten Besucher haben bereits im voraus (in Jasper, ***Maligne Tours***, © 1-866-MALIGNE, © (780) 852-3370, 627 Patricia St) den 90-min-Bootstrip über den von schroffen Gipfeln eingerahmten See reserviert und bezahlt. Stündliche Abfahrten Juni und September täglich 10-16 Uhr, Juli+Augustt bis 17 Uhr; $35. Auf dem winzigen Inselchen **Spirit Island** (➪ Foto) nahe der engsten Stelle des Sees *(Samson Narrows)* dürfen sich die Passagiere ein wenig die Füße vertreten, bevor es wieder zurückgeht.

Kanuverleih

Die individuelle Alternative zum schnellen Ausflugsschiff ist das Leihkanu, obwohl man erst einige Kilometer paddeln muß, um aus der Bucht herauszukommen. Wegen des sehr kalten Wassers ist dabei auch bei gutem Wetter warme Kleidung anzuraten. Wer Zeit für Mehrtagestouren hat, findet am Ufer *Wilderness Campsites*. Die Mietkosten für ein Kanu betragen ab $25/Stunde (!), © wie oben, zu arrangieren am ***Boat House*** in der Nähe der ***Maligne Lodge***, einem Servicekomplex mit Bootsanleger, (teurer) Cafeteria und Sonnenterrasse am See.

Spirit Island, das Fotomotiv schlechthin für den Jasper Park ist diese tausendfach publizierte Szenerie mitten im Maligne Lake, 90 Ausflugsbootminuten entfernt vom Anleger am Südende

Miette Hot Springs

Ein etwas weiterer Abstecher von Jasper könnte heißen Quellen gelten. Sie befinden sich unweit der Osteinfahrt in den Nationalpark. Von Jasper fährt man 44 km bis Pocahontas, und von dort durch das wunderschöne *Fiddle Valley* noch einmal 17 km bis zu den ***Miette Hot Springs***. Das schwefelhaltige Wasser der heißen Quellen kann man dort in ***Open-air Pools*** genießen (Mai bis Mitte Oktober 10.30-21 Uhr, im Hochsommer 8.30-22.30 Uhr, Eintritt $6). Reservierung von Motelzimmern und *Cabins* mit offenem Kamin: © (780) 866-3750. Ein schöner ***Trail*** (4 km) führt auf den *Sulphur Mountain* (2.070 m); bis zum Gipfel sind knapp 700 Höhenmeter zu überwinden – exzellentes Panorama und nicht überlaufen.

3.3.2 Icefields Parkway

Kennzeichnung

Von Jasper geht es auf dem *Icefields Parkway* durch die ganze Länge der **Nationalparks *Jasper*** und ***Banff*** bis Lake Louise am TCH. Diese 230 km werden gerne als die **schönste Gebirgsstrecke Canadas** gelobt. Und tatsächlich sind der südliche Abschnitt im *Jasper* und der Großteil im *Banff National Park* grandios. Bedingt durch die breite, mittlerweile perfekt ausgebaute Straße und die große Popularität ging die einstige Ursprünglichkeit der Fahrtstrecke allerdings ziemlich verloren. Starker Verkehr, sogar Staus und Parkprobleme an den typischen Haltepunkten sind in den Sommermonaten an der Tagesordnung.

Zeitbedarf

Vom *Parkway* hat am meisten, wer sich 3 Tage Zeit läßt und sich, speziell in der Hauptsaison, ein wenig abseits der touristischen Brennpunkte hält.

Klima

Auch mitten im Sommer wird es bei noch angenehmen Temperaturen im Ort Jasper (1.062 m) in der Höhe schnell kühl, wenn die Sonne nicht scheint. Das gilt auch im Schatten der Berge. Nachts muß mit Frost gerechnet werden; im Juni und September herrschen nachts durchweg Minusgrade. Schnee ist weder im Frühsommer noch im Herbst eine Seltenheit.

Camping

Selbst in der Hauptsaison reicht die **Campingkapazität** entlang der Strecke im allgemeinen aus, aber an Wochenenden wird es immer eng. Im Gegensatz zum Umfeld von Jasper, Lake Louise und Banff, wo man oft schon mittags nicht mehr unterkommt, findet sich wochentags auf einem ***Parkway-Campground*** oft sogar noch abends ein freies Plätzchen.

Valley of Five Lakes

Auf seinen ersten 50 km folgt der *Parkway* dem Lauf des Athabasca River. 10 km südlich von Jasper zweigt ein schöner Rundweg zu fünf kleinen Seen im *Valley of the Five Lakes* ab. Bei Umrundung des größten (First Lake) läßt sich der relativ ebene *Trail* von 4 km auf 7 km verlängern.

Wasserfälle

Ein Abstecher zu den nur 23 m hohen dennoch sehenswerten ***Athabasca Falls*** am Zusammentreffen des alten *Parkway*-Abschnitts #93A (nur für Camper und als Anfahrt zum *Mount Edith Cavell* interessant) und der neuen Trasse gehört zum Pflichtprogramm. Südlich der Fälle liegen der ***Mount Kerkeslin Campground*** und – an einer gesonderten Zufahrt – eine weitere Herberge, das ***Athabasca Falls Hostel*** (*HI*)

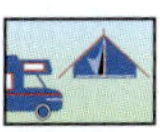

Den nächsten Haltepunkt bilden wiederum Wasserfälle, die (weniger aufregenden) ***Sunwapta Falls***. Vom Parkplatz kann man aber dem Nordufer des Sunwapta River 2 km flußabwärts folgen und ein herrliches Panorama genießen (Stromschnellen und Wasserfälle). Die Straße steigt danach rasch höher und erreicht bald die Baumgrenze. Erst ab hier, vorbei am exzellent gelegenen ***Beauty Creek Hostel***, lohnt sich ein Stopp an fast jedem ***View Point***.

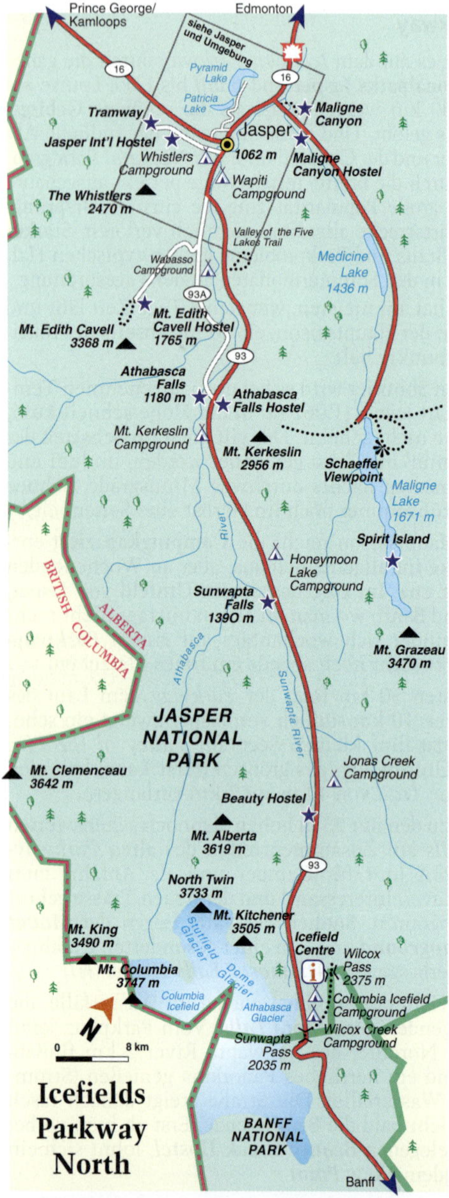

Icefields Parkway North

Columbia Icefield

Die bekannteste Attraktion des *Jasper Park*, der *Athabasca Glacier*, gehört zum 325 km² großen *Columbia Icefield*, das gleich 3 bedeutende Flußsysteme speist: Der ***Athabasca River*** ist einer der Quellflüsse des über 4.200 km langen, ins Polarmeer strömenden ***Mackenzie River***. Der ***North Saskatchewan River*** fließt aus dem nördlichen *Banff Park* in den Lake Winnipeg in Manitoba und bahnt sich von dort als ***Nelson River*** nach 2.470 km seinen Weg bis in die Hudson Bay.

An der Westseite des *Icefield* fließen die Gletscherbäche in den ***Columbia River***, der nach 2.000 km bei Portland/USA in den Pazifik mündet.

Die Höhenlage und Kälteausstrahlung der Eismassen wirken sich spürbar auf das lokale Klima aus. Im Juli beträgt die durchschnittliche Höchsttemperatur am *Parkway* in diesem Bereich nur 15°C. Bei schlechtem Wetter kommen mitten im Sommer Schneeschauer vor.

Athabasca Glacier

Das Eisfeld selbst liegt verborgen in der Höhe. Nur vier seiner Gletscher (*Athabasca, Dome, Kitchener* und *Stutfield)* sind von der Straße aus zu sehen.

Das ziemlich ungemütliche ***Icefield Centre*** mit Aussichtsterrasse und allen Einrichtungen zur Besucherversorgung in erhöhter Lage ist total auf den *Athabasca Glacier* ausgerichtet. Sog. ***Snow Coaches***, unförmige Spezialfahrzeuge mit mannshohen Reifen, fahren über die südöstliche Gletschermoräne auf die Gletscherzunge. Erstaunlich viele Besucher lassen sich für stolze $30 auf das wenig plausible »Vergnügen« ein, am Wendepunkt, ganze 2,5 km von der Straße entfernt, etwas im ewigen Eis herumzuspazieren (täglich 9-17 Uhr alle 15-30 min).

Der einst bis nah an die Straße reichende Athabasca Glacier hat sich weit zurückgezogen; unten links das Besucherzentrum

Zufahrt

Man gelangt auch **mit dem Auto** zum Parkplatz unterhalb des *Athabasca Glacier* und kann individuell das Eis erreichen. Auf der kurzen Zufahrt verdeutlichen Schilder mit Jahreszahlen den sukzessiven, in den letzten Jahrzehnten rapiden Rückzug des Gletschers.

Auf jeden Fall sollte man dem ***Icefield Centre*** des *National Park Service* einen Besuch abstatten. Ausstellungen und ein laufend gezeigter Film erläutern Geschichte und Geologie der Region und des *Parkway*. Auch allgemeines Informationsmaterial zu den Nationalparks ist dort erhältlich.

Camping/ Wandern

Unweit des *Icefield Centre* liegt (außer dem ***Columbia Icefield Campground*** nur für Zelte) der ***Wilcox Creek Campground***. Dort beginnt der herrliche ***Wilcox Pass Trail***. Dieser Wanderweg diente Ende des 19. Jahrhunderts der Umgehung des *Athabasca Glacier*, der damals noch über die Trasse des heutigen *Parkway* reichte. Auf den 4 km bis zur Paßhöhe (2.375 m) lassen sich ***Athabasca*** und ***Dome Glacier*** besser überblicken als vom Besucherzentrum aus. Auf der Höhe ist die Aussicht auf die gletscherbedeckten Wände des *Mount Athabasca* fantastisch.

Paßhöhe

Mit dem ***Sunwapta Pass*** (2.035 m) erreicht die Straße ihren (nach dem *Bow Summit*) zweithöchsten Punkt und gleichzeitig den *Banff National Park*. Südlich der Paßhöhe liegt grandios – unterhalb der Gletscher – das ***Hilda Creek Hostel*** nur 8 km südlich vom *Icefield Centre* (nach Brand zur Zeit geschlossen).

3.3.3 Banff National Park

Vom Jasper in den Banff Park

Zunächst führt der *Icefields Parkway* vom *Sunwapta Pass* auf einer langen, grandiosen Abfahrt ins Tal des *North Saskatchewan River*. 5 km südlich der Paßhöhe passiert man den Ausgangspunkt des großartigen ***Parker Ridge Trail*** (2,5 km zunächst Serpentinen aufwärts, dann eben). Auf diesem Weg hat man zunächst herrliche Ausblicke auf das Tal mit dem *Icefield Parkway*. Auf der Parker-Kammhöhe liegt dann zur anderen Seite der *Saskatchewan Glacier* im Blickfeld.

Panther Falls

Am Aussichtspunkt über die *Bridal Veil Falls* passiert der *Icefields Parkway* rund 2 km vor dem North Saskatchewan River die von der Straße kaum einsehbaren *Panther Falls*. Versteckt vom unteren Parkplatzende führt ein 1 km langer, stellenweise gischtnasser Weg hinab zu dem mit 183 m vierthöchsten kanadischen Wasserfall.

Weiter unten befindet sich der ***Rampart Creek Campground***, nebenan das gleichnamige ***Hostel***, 24 Betten, $19. Reservierung ⇨ *Banff Hostel* ⇨ Seite 271. Der Campingplatz ist recht populär und daher in der Hauptsaison oft frühzeitig voll.

Saskatchewan Crossing

Am Straßendreieck *Icefields Parkway/David Thompson Hwy* (Straße #11), der *Saskatchewan River Crossing* genannten Abzweigung nach Nordegg/Red Deer, steht die einzige Tankstelle zwischen Jasper und Lake Louise. Die 50 km zwischen *Abraham Lake* und dem *Banff Park* können mit dem Panorama des *Parkway* durchaus mithalten. Ein weiterer guter Grund für einen Abstecher nach Osten sind ggf. die ***Campgrounds*** nördlich und südlich des ***Abraham Lake***, aber auch dieser vom Tourismus so gut wie unberührte See selbst, ⇨ auch Seite 305.

Trail

Eine Kurzwanderung beginnt 6 km südlich von *Saskatchewan River Crossing*. Der ***Mistaya Canyon Trail*** (300 m) führt zu einer Kalksteinschlucht, die aber nicht so reizvoll wie der *Maligne Canyon* ist.

Peyto Lake, ein See, dessen Wasserfarbe mit den Jahreszeiten wechselt. Hier der strahlend blaue bis türkisfarbene »Spätsommerlook«

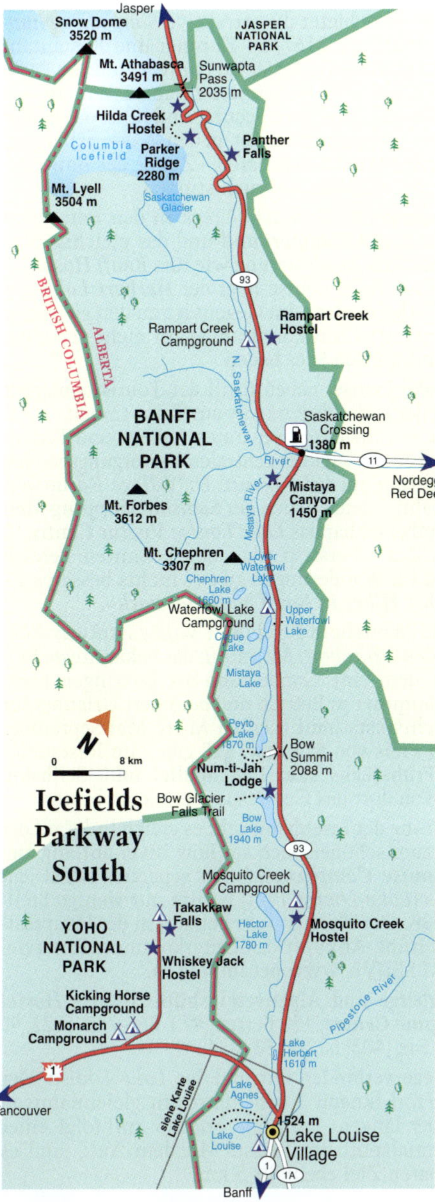

Lower Waterfowl Lake

Hinter dem Westufer des ***Lower Waterfowl Lake*** steigt der ***Mount Chephren*** (3.307 m) majestätisch in die Höhe. Vor dieser eindrucksvollen Kulisse liegt der ***Waterfowl Lake Campground*** (besser als *Rampart Creek*!). Dieser Campingplatz ist gleichzeitig Ausgangspunkt für schöne **Wanderungen** zu Cirque und Chephren Lake.

Strecke

Die nächsten 60 km sind neben der Auffahrt/Abfahrt zum/vom *Sunwapta Pass* der **attraktivste Abschnitt** des *Icefields Parkway*. Ein ganze Reihe von Seen begleiten vor der **Gebirgs- und Gletscherkulisse** die Straße. Ungemein reizvoll ist die immer wieder andere türkis-blaue Färbung dieser Seen. Die Farbnuancen werden durch die Art der aus den Gletschern stammenden Sedimente und die wechselnde Sättigung des Wassers mit Mineralien verursacht.

Paßhöhe

Am ***Bow Summit***, dem mit 2.088 m höchsten Punkt des *Parkway*, zweigt eine kurze Stichstraße ab – ein »Muß« für Fotografen. Auf Wanderwegen (1 km ab unterem, kurz ab oberen Parkplatz) kann man dort Ende Juli bis Anfang August durch herrlich blühende Wiesen zum ***Peyto Lake Viewpoint*** laufen.

Abwärts folgt die Straße dem unterhalb des *Bow Summit* entspringenden *Bow River* und passiert den *Bow Lake*.

Bow Glacier Falls Trail

Am Nordende des Sees bietet die attraktive ***Simpson`s Num-ti-jah Lodge***, © (403) 522-2167, 25 Zimmer und Restaurant mit Seeblick und zum *Bow Glacier* im Hintergrund. Ab Parkplatz folgt ein 4,6 km (155 Höhenmeter) langer **Weg zu den *Bow Glacier Falls*** zunächst dem Seeufer und führt dann über eine Schlucht steil aufwärts. Er endet an den Wasserfällen, die aus dem See vor der – nicht sichtbaren – Zunge des *Bow Glacier* über einen 150 m hohen Abbruch stürzen.

An der Einmündung des *Mosquito Creek* in den *Bow River* liegen ***Mosquito Creek Campground*** und das gleichnamige ***Hostel*** (32 Betten, $22) Reservierung wie fürs ***Banff Hostel***, ➪ Seite 271. 6 km vor Lake Louise liegt der ***Herbert Lake*** mit einem ruhigen **Picknickplatz.** Im Gegensatz zu den gletschergespeisten Seen weiter oben könnte man im nicht eiskalten Wasser dieses abflußlosen Sees baden.

Lake Louise Village

Nördlich von **Lake Louise**, neben Banff der Touristenmagnet des Parks, endet der *Icefields Parkway* am *Trans Canada Hwy*. Der Ort besteht aus mehreren separaten Villen- und Ferienhausvierteln und einem kleinen zentralen **Versorgungsbereich** mit Einkaufszentrum am *Lake Louise Dr/Village Rd* unweit der TCH-Autobahn. Gleich neben der ***Samson Shopping Mall*** befindet sich unübersehbar das ***Lake Louise Visitor Centre***, © (403) 522-3833. Zur Übersicht über den gesamten Bereich Lake Louise und für Wanderungen gibt es nichts besseres als das Faltblatt ***»Day Hikes in Banff National Park«.***

Seilbahn

Jenseits des TCH (Whitehorn Road, *Bow Valley Parkway* #1A) liegt unterhalb des *Whitehorn Mountain* das bekannteste Skigebiet Albertas, dem eine Gondelbahn als Zubringer dient. Sie ist auch im Sommer in Betrieb und befördert Urlauber für $20 zum Aussichtsrestaurant (täglich Mitte Mai-September 8-18 Uhr). Zum Preis von **$24 bzw. $28** gibt`s im Restaurant der Talstation **Frühstücks bzw. Lunchbuffet inkl. Seilbahn**. Morgens wirkt von dort das Gebirgspanorama am besten.

Camping

Nach Unterquerung der Eisenbahn geht es gleich links auf der ***Fairview Road*** zum schönen, sich am Bow River entlang ziehenden ***Lake Louise Campground***. Ein separates Areal jenseits des Flusses (*Lake Louise Tent*) besitzt nur wenige Stellplätze über 28 Fuß. Der Platz ist sehr beliebt; in der Hauptsaison sichert nur frühe Ankunft das Unterkommen, Reservierung: © 1-877-RESERVE, **www.pccamping.ca.**

Hostel

Eine prima **Herberge und Alpenvereinshütte** ist das ***Hostel Lake Louise Alpine Centre***, 150 Betten; © 1-866-762-4122, © (403) 522-2200; Fax (403) 522-2253; $34.

Vom Ort zum See Lake Louise

Zwei **Wanderwege** verbinden Ort und See *Lake Louise*. Der *Louise Creek Trail* (knapp 3 km) führt am gleichnamigen Bach entlang; der längere *Tramline Trail* (5 km) folgt einer ehemaligen Schmalspurbahn-Trasse. Mit dem Auto sind es zum unverfehlbaren Ziel ebenfalls 5 km.

Der meistbesuchte Bergsee der Welt

Die Zufahrt zum *Lake Louise* endet vor dem Nobelhotel ***The Fairmont Chateau Lake Louise*** (ab ca. $400/ Nacht für Zimmer mit Seeblick; Reservierung unter © 403-522-3511 oder © 1-800-257-7544) bzw. auf einem Mammutparkplatz, von dem unerhörte Besuchermassen tagtäglich in die Parkanlage zwischen Hotel und See strömen. Das Gros der Touristen genießt das Panorama und besucht vielleicht noch das architektonisch um 1913-25 eher fantasielos errichtete *Chateau* mit seinen Terrassen, Restaurants und Souvenirshops. Das Hotel ist auch von innen aber bei weitem nicht so eindrucksvoll wie das *Banff Springs Hotel*, ➪ Seite 274.

Reiten

Ausritte in Lake Louise beginnen neben dem Chateau, z.T. auf eigens ausgewiesenen Reitwegen, teilweise auf belebten Wanderwegen. Immer begleitet ein schönes Panorama die Reiter; der Andrang ist daher groß: ***Brewster Stables***, © 1-800-691-5085; 2 Stdun.en *Lake Louise* $65, 4 Stunden *Lake Agnes* $95, 5 Stunden *Plain of Six Glaciers* $105.

Wanderweg am Lake Louise vor grandioser Kulisse

Abseits der Massen

Wer nicht am frühen Vormittag vor Ankunft der Busse oder erst am späten Nachmittag eintrifft, wird den Lake Louise als zu touristisch empfinden. Eine »Flucht« gelingt aber leicht per **Kanu** ($35/Stunde!) oder noch besser per pedes. Mehrere *Trails* beidseitig des Sees laden zu **Wanderungen** ein:

Trails

- Der gut ausgebaute ***Lake Agnes Trail*** (3,4 km) windet sich in langen, aber nicht allzu steilen Kehren hinauf zum 380 m über dem *Lake Louise* gelegenen *Lake Agnes*. Am See wartet ein kleines ***Tea House*** mit Terrasse (Snacks, Tee und Kaffee, aber kein Alkohol), ein herrlicher Rastplatz nach dem Aufstieg. Man kann den Weg auch fortsetzen um den *Agnes Lake* herum zum phantastischen Aussichtspunkt auf dem ***Big Beehive*** (+ 1,6 km,+ 150 Höhenmeter) oder entgegengesetzt zum ***Little Beehive*** (+1,0 km, +120 HM) mit einem genauso guten Weitblick.

- Der ***Plain of Six Glaciers Trail*** zählt zu den besten Wanderwegen im Nationalpark. Er läuft zunächst am Nordwestufer des Sees entlang und endet an einem Aussichtspunkt über der »Ebene der sechs Gletscher«. Bis zum Ziel sind es 6,5 km. Auch an diesem Weg liegt einen guten Kilometer vor dem Ende ein *Tea House*. Über ***Highline Trail, Big Beehive*** und Lake Agnes vermeidet man das doppelte Ablaufen der Strecke bei nur geringfügig verlängerter Wegstrecke (insgesamt 17 km) und entgeht unterwegs dem **Volkwandertagsrummel** der *Trails* zu den Teehäusern.
- 4,5 km lang ist der schöne, weniger überlaufeneWanderweg auf den ***Fairview Mountain*** (2.745 m). Vom Gipfel blickt man genau 1.000 m hinab zum *Lake Louise* und hinüber zu den Gletschern am *Mount Victoria* mit dem *Plain of Six Glaciers Trail.*
- Der **Lake Annette** liegt direkt unterhalb der steilen, eisbedeckten Nordflanke des *Mount Temple* im *Paradise Valley*.
- »Paradiesisch« ist im oberen Tal sowohl das Panorama als auch die erstaunliche Einsamkeit, obwohl man – knapp westlich des Lake Annette – die Aussichtskanzel am höchsten Wegpunkt (ca. 2.100 m) von der Moraine Lake Road nach nur 6,5 km und 380 Höhenmetern erreicht.

Idylle am Moraine Lake

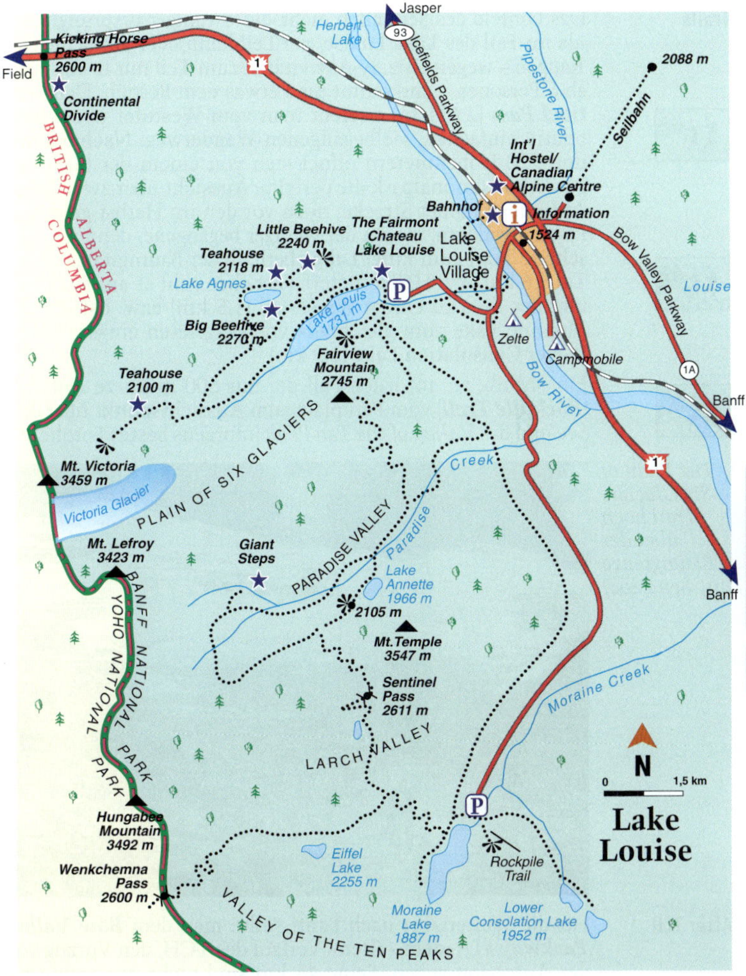

Moraine Lake

Vielleicht noch reizvoller als der *Lake Louise* ist sein südlicher Nachbar, der *Moraine Lake* (14 km entfernt und 150 m höher), vor einer ebenfalls prächtigen Kulisse. Dank der sehr gut ausgebauten Zufahrt und der jüngst erweiterten Infrastruktur am Seeufer wird es dort im Sommer ähnlich voll wie am Lake Louise. Ab 10 Uhr ist der Parkplatz an der noblen ***Moraine Lake Lodge***, © 1-877-522-2777, © (403) 522-3733, regelmäßig überfüllt. Kanuverleih auch hier $35/Stunde!

Trails

Das Umfeld des Sees blieb nichtsdestoweniger ursprünglicher als im Fall des Lake Louise; per Leihkanu oder auf Schusters Rappen – wegen Grizzly-Aktivitäten zum Teil nur in Gruppen ab 6 Personen – entkommt man etwas dem Betrieb. Den ***Sentinel Pass*** (2.611 m) erreicht man vom Westufer über einen relativ einfachen, vielbegangenen Wanderweg. Nach 5,8 km und 720 Höhenmetern öffnet sich von einem der höchsten Pässe im Nationalpark die perfekte Aussicht über zwei Täler. Auf knapp halber Strecke, noch vor den im Herbst goldenen Lärchenwäldern, zweigt der weniger begangene, dennoch sehr schöne Trail zum **Eiffel Lake** oberhalb der Baumgrenze ab (ab Tal 5,6 km, 370 Höhenmeter). Fast eben geht es am Südwestufer des Sees zu einem Wasserfall (1,5 km) bzw. östlich des Moraine Lake zum gleichfalls von Bergriesen eingerahmten **Lower Consolation Lake** (2,9 km).

Ein »Muß« ist auf jeden Fall der nur 500 m kurze Aufstieg (***Rockpile Trail***) vom Parkplatz zum Aussichtspunkt über den See und das *Valley of the Ten Peak* (morgens bestes Fotolicht).

Der Plain of Six Glaciers Trail hoch über der Baumgrenze (➪ Seite 268)

Alter TCH

Für die Weiterfahrt nach Banff sollte man dem ***Bow Valley Parkway*** #1A, dem »alten« Verlauf des TCH, den Vorzug vor der Autobahn geben. Seine 45 km sind nicht nur weniger , sondern auch landschaftlich reizvoller. Mehrere *Picnic-* und *Campgrounds* und das ***Castle Mountain Hostel*** ($19, 28 Betten, Reservierung, ➪ rechts *Banff)* liegen am Wege.

Johnston Canyon

25 km nordwestlich von Banff passiert die Straße den Eingang zum ***Johnston Canyon***. Ein kurzer Marsch auf dem gleichnamigen ***Trail*** führt zu den ***Lower Falls***. 2 km weiter erreicht man die oberen Wasserfälle und nach insgesamt 6 km die ***Ink Pots***, sieben, teils türkisfarbene Quellen; eine tolle Wanderung.

Banff

Kennzeichnung

Mit über 4 Millionen Besuchern im Jahr ist *Banff* der beliebteste Nationalpark Canadas. Zur **Ferienzeit** und an **Schönwetterwochenenden** herrscht vor allem im Ort Banff und dessen Umgebung und im benachbarten Lake Louise **Hochbetrieb**.

Banff, Lage und Geschichte

Das hübsche Städtchen Banff ist das attraktive, aber überlaufene Zentrum des Nationalparks. Es liegt 130 km westlich von Calgary abseits der TCH-Autobahn mit Zentrum am ***Bow River*** zwischen ***Tunnel*** und ***Sulphur Mountain***. Banffs Entwicklung begann mit der Entdeckung heißer Quellen im späten 19. Jahrhundert. Um die ***Cave and Basin Hot Springs*** entstand 1885 der erste Nationalpark Canadas, später wurden auch noch die ***Upper Hot Springs*** zum wichtigsten Anziehungspunkt. Im Laufe der Jahre traten die Aspekte »Erholung in freier Natur« und »Skisport« mehr in den Vordergrund. Dabei sorgte ausschließlich die Nationalpark-Administration für den Lauf der Dinge in Banff. Das Unikum einer – 7.700 Einwohner zählenden – Stadt in Alberta, deren Geschicke weitgehend durch Verwaltungsakte der Bundesregierung im fernen Ottawa bestimmt wurden, endete erst 1990 mit der Wahl eines Bürgermeisters und Etablierung einer Selbstverwaltung.

Information

Alle Besucher, gleich aus welcher Richtung sie kommen, landen unweigerlich auf der ***Banff Ave***. Auf der Flaniermeile südlich der Moose Street befindet sich das gemeinsame ***Information Centre*** des *National Park* und der Stadt (224 Banff Ave, täglich Mitte Juni bis Anf. Sept. 8-20 Uhr, sonst kürzer; © 403-762-1550; tagsüber Parkprobleme!). Neben Stadtplan, Nationalparkzeitung (➪ Jasper) und lokaler Werbung erhält man dort auch das Faltblatt ***»Day Hikes in Banff National Park«***, in dem die wichtigsten Wanderungen in und um Banff erläutert sind. Abends werden im *Information Centre* während der Hochsaison Filme gezeigt.

Internet

Internet-Info: **www.pc.gc.ca/banff** (Nationalpark), **www.banfflakelouise.com** (Website der Orte Banff und Lake Louise).

Unterkunft

Für Jasper, Banff und Umgebung gibt es diverse Reservierungsagenturen für H/Motels: z.B. ***Banff Central Reservations***, © 1-877-542-2633, **www.banffreservations.com**.

Preiswerte Quartiere bieten das moderne und blitzsaubere ***International Hostel Banff Alpine Centre*** (HI), 801 Coyote Drive, $29, 216 Betten, © (403) 762-4123 oder © 1-866-762-4122, und das ***Banff Mountain Lodge YWCA*** (160 Betten), 102 Spray Ave, © 1-800-813-4138, (403) 762-3560, $31, DZ $70.

Der ***Alpine Club of Canada*** besitzt in Canmore, Indian Flats Road, Abzweig vom *Highway* #1A, 20 km südöstlich Banff, in Kooperation mit *Hostelling International* ein *Clubhouse* mit günstigen Übernachtungstarifen: $20, 46 Betten, © (403) 678-3200. Der Verein betreut auch unbewirtschaftete Berghütten; Internet: **www.alpineclubofcanada.ca**.

Zu den komfortableren Unterkünften zählen u.a. die ***Banff Caribou Lodge***, 521 Banff Ave, © 1-800-563-8764, und ***The Banff Voyager Inn***, 555 Banff Ave, © 1-800-879-1991.

Camping

Fürs Campen kommen in Banff ausschließlich Nationalparkplätze in Frage. Über eine enorme Kapazität (über 1100 Stellplätze) verfügen die 3 hintereinanderliegenden ***Tunnel Mountain Campgrounds*** an der Tunnel Mountain Road 3 km vom Zentrum entfernt: ©1-877-RESERVE, **www.pccamping.ca.**

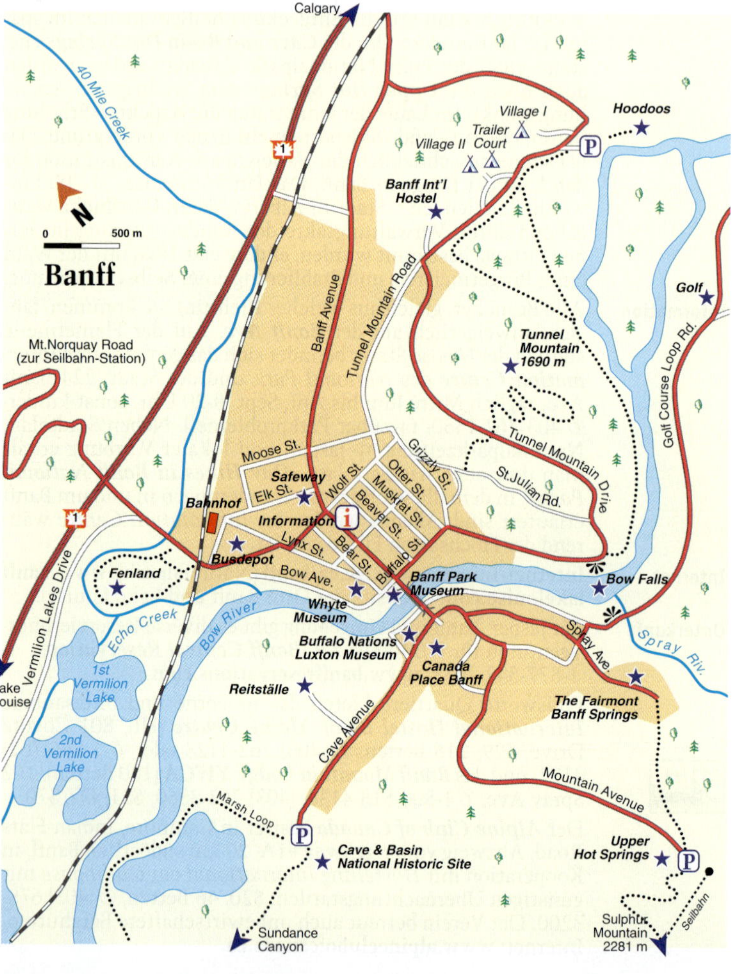

Banff um 1913

Camping außerhalb

Die Anfahrt zum Einchecken zu diesen – trotz ihrer Größe – insgesamt nicht schlechten und sanitär ordentlichen Plätzen erfolgt am besten über den östlichen *Banff-Exit* des TCH. Die Alternative ***Two Jack Main/Two Jack Lakeside*** mit zwei Plätzen befindet sich jenseits des TCH in 12 km Entfernung zur Stadt. Beide liegen sehr ruhig in schöner Umgebung. Insbesondere *Lakeside* ist empfehlenswert. *Elk*s (Hirsche) gehören dort zu den häufigen Besuchern. Man könnte auch zum ***Johnston Canyon Campground*** fahren (ca. 25 km), der sich ebenfalls durch eine schöne Lage auszeichnet. Alle diese Anlagen verfügen über guten sanitären Standard (bis auf *Two Jack Main* mit Duschen). Privat betriebene Campingplätze mit *Hook-up* gibt es erst in Canmore außerhalb des Parks.

Preise

Hotelquartiere sind **teuer.** Banff gilt in der jeweiligen Hauptsaison im Sommer wie im Winter als **eine der Städte mit dem höchsten Preisniveau Canadas**. Selbstversorger halten ihre Ausgaben in Grenzen, wenn sie bei ***Safeway***, 318 Marten St bei der Elk Street, einkaufen (Hinweis: *Safewa*y-Preise in Banff sind identisch wie in Calgary).

Übersicht

Auch wer nicht fürs Campen zu den *Tunnel Mountain Campgrounds* fährt, könnte als »Einstieg« noch vor dem Besuch der Stadt Banff die ***Tunnel Mountain Road*** von Osten her (östliche TCH-Ausfahrt für Banff, dann nach 500 m links) abfahren – und dafür ein wenig Zeit mitbringen. Von dieser Straße und vom anschließenden ***Tunnel Mountain Drive*** aus überblickt man Lage und Umgebung der Stadt und passiert die ***Trailheads*** für zwei lohnenswerte Kurzwanderungen:

Kurztrails

Der erste Ausgangspunkt liegt gegenüber der Einfahrt zum Campingplatz ***Tunnel Mountain Village I***, etwa 3 km vom TCH entfernt. Ein kurzer Weg führt zu ***Hoodoos***, Sandskulpturen im *Bow River Valley*. Ein weiterer Pfad läuft ab *Tunnel Mountain Trailer Court* auf der Ostseite um den *Tunnel Mountain* herum zum ***Bow Falls Overlook*** am *Tunnel Mountain Drive* (ca. 4 km).

Nach Passieren der *Campgrounds* und des *Banff Int'l Hostel* (*HI*) geht es entweder geradeaus direkt hinunter in die Stadt oder nach links in den *Tunnel Mountain Drive*. Nach ca. 1 km wird die Straße vom ***Tunnel Mountain Trail***, der an der *St. Julien Road* weiter unten seinen Ausgang nimmt, gekreuzt. Der beste Abschnitt des *Trail* (2 km insgsamt) beginnt aber am Parkplatz des *Tunnel Mountain Drive*. Vom Gipfel, 260 m über der Stadt, hat man einen tollen Rundumblick. Die Bezeichnung *Tunnel Mountain* für einen Berg, an dem kein Tunnel zu entdecken ist, verwundert. Sie geht auf frühere nicht realisierte Pläne für einen Eisenbahntunnel zurück.

The Fairmont Banff Springs

Vom stets überfüllten Parkplatz am ***Bow Falls Overlook*** an der letzten Kehre der Straße überblickt man außer den wenig spektakulären Wasserfällen des *Bow River* vor allem die »Schokoladenseite« des schloßartigen ***The Fairmont Banff Springs*** sowie dessen beneidenswert gelegenen Golfplatz.

Rafting auf dem bei Banff zahmen Bow River ist ein ungefährliches Vergnügen

Museen

Über die Buffalo Street steuert man vor der ***Bow River Bridge*** auf die Banff Ave und damit ins Zentrum der Stadt. Am Ufer diesseits des Flusses liegt (gegenüber dem **Postamt**) das ***Banff Park Museum*** (91 Banff Ave; Mitte Mai bis September, tägl. 10-18 Uhr, sonst tägl. 13-17 Uhr, $4) zu Flora und Fauna des Parks, am anderen Ufer das Palisadenfort des ***Buffalo Nations Luxton Museum*** (1 Birch Ave; Mitte Mai bis Anfang Oktober, täglich 10-19 Uhr, sonst täglich 13-17 Uhr, $8), das indianische Kunst und Kultur thematisiert. Lebensgroße Szenen demonstrieren das Leben der Indianer vor Ankunft des weißen Mannes.

Jenseits des Bow River

Die *Bow River Bridge* muß auch überqueren, wer zu den Mineralbädern, zum ***The Fairmont Banff Springs***, zu den ***Bow River Falls*** und auf den ***Sulphur Mountain*** möchte:

- Direkt jenseits der Brücke skizziert der ***Canada Place-Banff*** in interaktiven Austellungen Kultur und Geschichte Kanadas (*Park Administration Building*, 101 Mountain Ave, frei.

Cascade Gardens

Mitte Mai bis August tägl. 10-18 Uhr, Sept. 12-17 Uhr, sonst Mi-So 13-16 Uhr). Das Gebäude umgeben die ***Cascade Gardens***, von denen man einen schönen Blick auf die Banff Avenue und den mächtigen Cascade Mountain hat.

Cave & Basin NHS

- Die ***Cave & Basin Hot Springs*** befinden sich am Ende der Cave Ave #311, 2 km von der Brücke entfernt. Der ***Cave & Basin National Historic Site*** (Mitte Mai bis September tägl. 9-18 Uhr, sonst tägl. 11-16 Uhr) besteht aus einem (leider nicht mehr in Betrieb befindlichen) Badepool und heißen Quellen, die in einer Höhle und oberhalb der Anlage auf Holzplankenwegen (***Discovery Trail*** 800 m, kostenlos) zugänglich sind; Eintritt $4.

Marsh Loop

- An die alte Anlage grenzt ein Sumpf- und Naturschutzgebiet, das vom ***Marsh Loop Trail*** umrundet wird (2,7 km). Zur Tierbeobachtung (in erster Linie viele Vogelarten) dient eine Plattform unweit des Pools.

Sundance Canyon

- Anfangs identisch mit dem *Marsh Loop Trail* folgt der ***Sundance Trail*** zunächst einer für Autos gesperrten Straße und dann einem breiten Weg bis zu einem Picknickplatz (4 km). Er eignet sich daher am besten für eine Radtour – mehrere *Bike-Rentals* befinden sich im Ort. Erst dahinter beginnt der eigentlich reizvolle Teil des Weges: der *Loop Trail* (2 km, keine Fahrräder) durch und um den ***Sundance Canyon***.

Hot Pools

- Ganzjährig geöffnet (Ende Mai-Mitte September 9-23 Uhr, sonst täglich 10-22 Uhr; $8) ist der große *Open-air Pool* der ***Upper Hot Springs*** (39°C): von der *Bow River Bridge* nach links, dann Mountain Ave bis zum abschließenden Parkplatz zwischen Badeanlage und *Sulphur Mountain* Seilbahn.

  Wer seine Badehose vergessen hat, kann ein nostalgisches Badekostüm leihen. Besonders **am Abend** bei klarem Himmel, wenn der Betrieb nachgelassen hat, sind diese im Stil der 1930er Jahre erhaltenen *Hot Springs* empfehlenswert.

Das Fairmont Banff Springs Hotel thront südlich von Banff hoch über dem Tal

3

Seilbahn

- Die ***Banff Sulphur Mountain Gondola*** (Juni-Anf. Sept. täglich 7.30-21 Uhr, sonst ab 8.30 Uhr, $23) befördert seine Fahrgäste vom Ende der Mountain Ave zur Bergstation in 2.281 m Höhe. Die sagenhafte Rundumsicht sollte man sich nicht entgehen lassen. Leute mit Kondition machen den Aufstieg über 655 m Höhenunterschied zu Fuß (5,5 km).

  Vom Gipfel führt ein ebener **Panoramaweg** (1 km) zum *Sulphur Mountain Weather Observatory* auf dem benachbarten *Sanson`s Peak*.

Banff Springs Hotel

- Die Zufahrt zum ***The Fairmont Banff Springs*** erfolgt ebenfalls hinter der *Bow River Bridge* nach links; man hält sich dann weiter links auf der Spray Ave. Oft ist der Parkraum an der Straße vorm Hotel knapp und der hauseigene Parkplatz voll. Mit Campmobilen wird es dann eng. Ausweichempfehlung: an den *Bow River Falls* parken.

Das nostalgische Luxushotel wirkt von der Straße aus bei weitem nicht so eindrucksvoll wie vom gegenüberliegenden Aussichtspunkt (➪ oben), aber das »Innenleben« muß man gesehen haben. Es wurde 1888 von der *Canadian Pacific Railway Company* errichtet, bis 1928 ausgebaut und war lange Zeit das beste Hotel in Westkanada. Einen tollen Blick über *Bow River Valley* und Golfplatz genießt die internationale Gästeschar von der Terrasse und auch von der hochgelegenen Bar – in der ***Rundle Lounge*** am besten zur ***Happy Hour*** am späten Nachmittag, wenn dezente Live-Musik ertönt.

Wer noch kurzfristig im *The Fairmont Banff Springs* übernachten möchte, ruft die zentrale Reservierung an: © 1-800-257-7544 oder © (403) 762-2211. Die Zimmerpreise beginnen in der Hochsaison bei $450/Nacht.

Rast am Ende des Bankhead Trail

Golfplatz

- Den Golfplatz zwischen *Bow* und *Spray River* darf jedermann besuchen – Zufahrt auf dem ***Golf Course Loop Drive*** am Bow River entlang.

Lake Minnewanka

Als Haussee von Banff (14 km vom Ort entfernt) gilt der hübsch gelegene, aber nicht sonderlich spektakuläre, 24 km lange Lake Minnewanka. An seinem Staudamm (dort auch Motorbootverleih) starten **Ausflugsboote** zu 90-minütigen Touren bis zur Schlucht ***Devil's Gap*** am Übergang der Rocky Mountains ins flache Vorgebirge (Mitte Mai-Anfang September täglich 10.30-19 Uhr, September bis 17 Uhr; $30).

Nordöstlich von Banff (jenseits des TCH) führt der ***Minnewanka Loop Trail*** über Bankhead, den Staudamm des Lake Minnewanka und Two Jack Lake zum ruhigen Johnson Lake.

Bankhead Trail

Ganz interessant ist dabei unterwegs der Aufstieg zur ehemaligen **Kohlenmine *Bankhead***. *Parks Canada* hat zwar die Mine und damit verbundene Gebäude bis 1928 geschleift, aber ein paar Ruinen und verbarrikadierte Gruben sind noch vorhanden. Von der alten Abraumhalde überschaut man die tief unten liegenden Seen. Wer einigermaßen gut zu Fuß ist, läuft den ***C-Level Cirque Trail*** (3,9 km) bergauf. Bequemer ist der 1,1 km lange ***Bankhead Interpretive Loop Trail*** (vom TCH erster *Trailhead* rechts, *Lower Bankhead*).

Bike Trails/ Reiten

Banff besitzt ein ausgezeichnetes Netz an markierten ***Mountain Bike Trails*** mit einfachen Wegen für Anfänger entlang der Täler und anspruchsvollen Pfaden in die Berge, Radverleih bei *Adventures Unlimited*, 207 Caribou St, © (403) 762-4554, © 1-800-644-8888; Tarife ab $7/Stunde und ab $25/Tag.

Ausritte in die Umgebung gibt es u.a. bei den *Martin Stables*, © (403) 762-4551 & © 1-800-661-8352, ab $33/Std. (ab Cave Ave).

Norquay Road

Von der Autobahnausfahrt gelangt man auf die *Mt. Norquay Rd*, die in Serpentinen zur Talstation am ***Mount Norquay*** führt. Dickhornschafe am Weg und der Blick auf Banff lohnen die Auffahrt. Die Sessellifte sind nur im Winter im Betrieb.

Sunshine Valley Meadows

Auch die ***Sunshine Village Gondola*** am Ende der *Sunshine Road* (Abzweigung vom TCH 8 km westlich Banff) ist während der Sommermonate eingestellt. Ein *Shuttle Bus* ($20 pro Person; Kinder $10) fährt dann täglich 6 km hinauf ins »Sonnenscheindorf« in 2.160 m Höhe. Ab Banff Ticket $40; Kinder $20, täglich Juni-September ab 8.30 Uhr im Stundentakt, bzw.ab Banff um 9 Uhr, Rückfahrt zur vollen Stunde. Oben warten Wanderwege in einer wunderschönen, von Blumen und wilden Erdbeeren übersäten alpinen Hochebene. Empfehlenswert und in 3-4 Stunden (ohne Pausen) leicht zu bewältigen ist die 9 km lange Kombination aus ***Rock Isle Trail*** und ***Grizzly Lake – Larix Lake Loop***.

Eine Leserin schrieb begeistert: »Das Paradies auf Erden«.

3.4 Calgary

Die Weizen-, Vieh- und Ölmetropole Albertas in den westlichen Ausläufern der kanadischen Prärien ist gleichzeitig **touristische Hauptstadt** der Provinz. Wegen ihrer Nähe zu den Rocky Mountains eignet sich Calgary fast ebensogut wie Vancouver als Ausgangspunkt für Reisen durch Alberta und British Columbia. Für Abstecher in die USA (*Yellowstone Park*!) liegt Calgary sogar noch etwas besser. Automieter sparen bei Start in Calgary gegenüber Vancouver 7% *Provincial Sales Tax*, da Alberta keine Umsatzsteuern erhebt.

3.4.1 Klima und Geschichte

Klima

Die Prärien erfreuen sich eines trockenen, sonnig-warmen Sommerwetters. Im Sommer herrschen Westwinde vor, aber Wolken vom Pazifik regnen überwiegend in den *Coast* und *Rocky Mountains* ab. Regenperioden sind daher von Juli bis September in Calgary nicht häufig. Bisweilen kommt es zu kräftigen Gewitterschauern. Der Juni kann dagegen ziemlich wechselhaft ausfallen. Im übrigen gelten die Ausführungen zum Klima der Provinz Alberta auf Seite 571.

Geschichte

Traditionell siedelten ***Blackfoot*** **Indianer** im Gebiet des südlichen Alberta und des heutigen US-Staates Montana. Erst in der zweiten Hälfte des 19. Jahrhunderts kamen Weiße in nennenswerter Zahl in diesen Teil Canadas (➪ Geschichte Albertas, ➪ Seite 570). Als Whiskyschmuggler aus den USA die »kanadischen« Indianer mit Alkohol versorgten, schickte die Zentralregierung Einheiten der ***North West Mounted Police***. 1875 errichtete diese Polizeitruppe am Zusammenfluß von Bow und Elbow River ein Fort, was Signalwirkung für den Zustrom weiterer Siedler hatte.

Viehzucht

Aber erst als die Bautrupps der kanadischen transkontinentalen Eisenbahn 1883 Alberta erreichten, begann der eigentliche Aufstieg. ***Fort Calgary***, inmitten reichen Weidelandes gelegen, entwickelte sich zum Zentrum der wichtigsten Viehzuchtregion Canadas, und aus der ***Cowboy Town*** rund um das Fort wurde rasch eine Stadt.

Stampede

1912, als die Rinderzucht Hauptwirtschaftsfaktor war und das Cowboyleben noch eine wichtige Rolle spielte, fand erstmalig die ***Calgary Stampede*** statt. Das seither alljährlich im Juli abgehaltene Rodeo entwickelte sich zur ***Greatest Outdoor Show on Earth*** und begründete den Ruf Calgarys als attraktives touristisches Ziel.

Öl

Das moderne Industriezeitalter hielt 1914 in Turner Valley, 50 km südwestlich von Calgary, Einzug: die ***Dingman #1 Oil Well***, heute als Nachbau im *Heritage Park* zu besichtigen, förderte das erste Öl.

Ölmetropole

Der Bau einer ersten Raffinerie ließ noch bis 1923 auf sich warten, danach war kein Halten mehr: Calgarys Ölindustrie sorgte für einen anhaltenden Boom bis zu den Ölkrisen der 70er-Jahre. Seither folgt die Wirtschaftsentwicklung der Stadt dem Auf und Ab des internationalen Ölpreises. Aber selbst in sogenannten »schlechten« Jahren bringt das Öl- und Gasgeschäft Calgary weit mehr ein als Weizen und Steaks. Heute haben die umsatzstärksten Unternehmen Albertas fast alle ihr Hauptquartier in Canadas Ölmetropole.

Calgary heute

Die Prosperität der 1980er-Jahre verhalf Calgary zu einem starken Bevölkerungsanstieg auf **880.000 Einwohner, im Großraum 970.000 Einwohner** und – damit einhergehend – einer von Glas und Beton geprägten Hochhaus-Silhouette. Die **Olympischen Winterspiele von 1988** brachten der Stadt einen weiteren Bauboom. Calgary übertrifft heute die Provinzhauptstadt Albertas, Edmonton, nicht nur wirtschaftlich, sondern strahlt auch durch das von zahlreichen Hochhäusern geprägte Stadtbild größere Bedeutung aus.

Downtown Calgary - weithin sichtbar in flacher Prärie. Im Vordergrund der Bow River.

3.4.2 Information, Orientierung und öffentliche Verkehrsmittel

Touristen Information

Offizielle Touristeninformationen befinden sich

- in der Ankunftshalle des ***Calgary International Airport***
- im ***Riley & McCormick Western Store***, #220 8th Avenue SW, © (403) 262-1556

Calgary Convention and Visitors Bureau
Suite 200, 238 11th Ave SE
© (403) 263-8510 und *toll-free* © 1-800-661-1678
Internet: www.tourismcalgary.com
Internet-Café: *Jo Jo's*, 1908 37th St. SW, © (403) 246-6494, **www.jojosinternetcafe.8m.com**

Airport

Der ***Calgary International Airport*** (YYC), © (403) 735-1200, **www.calgaryairport.com**, liegt 10 km nordöstlich der Innenstadt. Flughafenzufahrt ab *Downtown* (40 min) mit **C-Train-Linie #202** vom *City Centre* zur *Whitehorn Station*, dort umsteigen auf Buslinie #57 (*Marlborough Airport*).

Mit dem ***Airport Shuttle Express***, © (403) 509-4799, © 1-888-GET-2-YYC, www.airportshuttleexpress.com, kostet der Trip nach *Downtown* $15.

Straßensystem

Die Orientierung in Calgary fällt leicht. Das Straßennetz ist im wesentlichen schachbrettartig angelegt. In Nord-Süd-Richtung verlaufende Straßen heißen *Streets*, Straßen in Ost-West-Richtung *Avenues*. Die Zählung beginnt jeweils im Stadtzentrum mit dem Zusatz des Himmelsrichtungs-Quadranten, durch den der jeweilige Straßenabschnitt läuft, also z.B. SE (für Südost), NW (für Nordwesten) etc. Größere, überwiegend als Autobahn ausgebaute Durchgangsstraßen tragen die Bezeichnung ***Trail***. Die wichtigste Nord-Süd-Verbindung ist die Straße #2, bzw. der ***Deerfoot Trail***, der von der US-Grenze durch Calgary hindurch bis Edmonton führt. Der TCH durchquert die Stadt als 16th Avenue nördlich des Bow River in Ost-West-Richtung.

Parken

In Calgarys Innenstadt südlich des Bow River herrscht **Parkplatzmangel**. Parkhäuser und die Großparkplätze rund um die innere City sind teuer und nichtsdestoweniger werktags oft schon ab frühmorgens belegt. Die besten Chancen hat man im Bereich südlich des *Calgary Tower* (10th Ave).

Öffentlicher Nahverkehr

Für Fahrten nach *Downtown* Calgary kann man aber gut auf öffentliche Transportmittel ausweichen. Busse und elektrische Straßenbahnen (*Light Rail Rapid Transit*, auch ***C-Train*** genannt) verkehren auf einem relativ dichten Netz und mit guter Frequenz. Der *C-Train* auf der 7th Ave, eine der Haupteinkaufsstraßen der Innenstadt, kann zwischen *City Hall* (2nd St SE) und der 9th St SW **gratis** benutzt werden. Außerhalb dieses Bereichs kosten **Einzeltickets $2**. **Tagespässe** gibt es für $6 und ***10er-Ticket-Books*** für $17,50. Information unter © (403) 262-1000, **www.calgarytransit.com**.

Der zu den Olympischen Spielen 1988 entstandene Saddle Dome, eine Mehrzweckarena, mit einem – passend zu Calgary – sattelartigen Dach

3.4.3 Unterkunft und Camping

Hotels/ Motels

Dank erheblicher Hotel- und Motelkapazitäten findet man in Calgary und Umgebung im allgemeinen – auch in den niedrigeren Preisklassen – immer ein freies Zimmer. Besonders viele **Motels** gibt es am TCH im Bereich der Universität, am ***Macleod Trail***, der Haupteinfahrt in die Stadt von Süden her, und in den Außenbezirken am Flughafen.

Das **Preisniveau** für Hotelzimmer in Calgary liegt niedriger als in Vancouver, und ***Downtown*** **Hotels** bieten an Wochenenden attraktive Raten, etwa das ***Westin Hotel*** (320 4th Ave SW, © (403) 266-1611, © 1-888-625-5144). In Flughafennähe, mit kostenlosen Pendelbussen dorthin, befinden sich vor allem Häuser der großen Ketten wie ***Hampton Inn & Suites*** (2420 37th Ave NE, © (403) 250-4667, © 1-877-433-4667), ***Best Western*** (1947 18th Ave NE, © (403) 250-5015, © 1-877-499-5015) oder ***Quality Inn*** (4804 Edmonton Trail NE, © (403) 276-3391, © 1-800-661-6858).

Unterkünfte während der Stampede

Nur wenn die *Calgary Stampede* oder eine andere Großveranstaltung stattfindet, **werden freie Zimmer zu Mangelware.** Speziell während der *Stampede*-Tage sind alle Betten langfristig ausgebucht. Wer das Glück hat, trotzdem ein Quartier zu finden, zahlt **kräftige Aufschläge**.

Auch preiswertere Unterkünfte wie die *University Dormitories* und das ***International Hostel*** (HI) sind dann hoffnungslos überfüllt. Eine Chance unterzukommen hat nur, wer rechtzeitig reserviert. Sehr hilfreich ist für diesen Zweck der von *Travel Alberta* jährlich neu herausgegebene ***Alberta Accomodation Guide*** mit einer nahezu kompletten Liste aller Motels und Hotels der Provinz, ➪ Seite 572.

Hostels u.ä.

Preiswert kommt man in *Downtown* Calgary wie folgt unter:

Calgary City Centre Int'l Hostel (HI)
520 7th Ave SE
© (403) 269-8239 und © 1-866-762-4122,
www.hostels.ca, ab $26/Person
(recht eng, z.T. 8-Bett-Zimmer, 94 Betten insgesamt)

Saint Louis Hotel
430 8th Ave SE
© (403) 262-6341, ab $28/Bett

YWCA nur für Frauen, 320 5th Ave SE,
© (403) 263-1550, ab $45/Einzelzimmer
www.ywcaofcalgary.com

Camping

Mehrere private Campingplätze liegen relativ citynah:

Einen recht großen Komfortplatz nur 3 km östlich der Stadtgrenzen am TCH bietet ***Mountain View Farm Camping***, © (403) 293-6640, **www.calgarycamping.com,** $23-$31.

Die nächsten ***Provincial Park Campgrounds*** sind über 60 km von Calgarys Innenstadt entfernt. Der ***Wyndham-Carseland Park*** am Bow River liegt südöstlich an der Straße #24 in der Nähe von Carseland. Westl. von Calgary, im *Kananaskis Country* gibt es an der Straße #66 gleich **5 *Provincial Campgrounds*** 10 km-50 km entfernt von Bragg Creek. Ebenfalls im *Kananaskis Country* (Zufahrt ab TCH) liegt die schöne ***Sibbald Lake PRA***.

In **Okotoks**, 40 km südlich der Innenstadt, existieren zwei ordentliche, ruhige Plätze am Sheep River: ***Lions Sheep River Campground***, © (403) 938-4282, $18-$30, und ***Okotooks Riverbend***, © (403) 938-2017, $18-$31.

Der ***Foothills Lions Centennial Park*** in Black Diamond, 20 km westlich von Okotoks, bietet preiswertes Komfortcamping, © (403) 933-5785, $15-$22.

Pancake Breakfast-gibt`s während der Stampede Days an Ständen in der Innenstadt gratis

3.4.4 Calgary Stampede

Kennzeichnung

Die Top-Attraktion Calgarys ist die ***Stampede***, die alljährlich bis zu 1,2 Millionen Besucher anzieht. Nachdem sie **1912 erstmalig** veranstaltet worden war, sind die 10 Tage der seit 1922 größten ***Rodeo Show*** Nordamerikas Pflicht für Fans, Profi- und Freizeit-Cowboys. Eine zeitgleich stattfindende Industrie- und Landwirtschaftsmesse lockt zusätzlich Besucher an.

Ablauf

Traditionell wird die *Stampede* am Freitagvormittag um 9 Uhr mit einer großen Parade durch die Innenstadt eröffnet. In einem farbenfrohen Spektakel präsentieren sich Musik- und Tanzgruppen, Reiterstaffeln und Indianer, aber auch Bürgermeister und Vereine (alle stilecht mit Cowboyhüten und -stiefeln) vor einer riesigen Zuschauermenge. Täglich steht während der **10 *Stampede Days*** die Innenstadt Kopf. Indianertänze, ***Square Dance*** zum Mitmachen und Wettbewerbe wie Barhockerrennen und Tauziehen beleben die Fußgängerzone.

»Freßbuden« servieren allen, die Schlange stehen, gratis ***Flapjacks and Bacon*** (Pfannkuchen mit Speck) und Kaffee. Bier wie andere Alkoholika sind auch bei größter Hitze verpönt, die Stimmung unter den Besuchern ist gleichwohl prächtig.

Ort

Die Rodeo-Veranstaltungen finden im ***Stampede Park*** statt. Anfahrt auf der 2nd St SE/Macleod Trail, besser noch mit dem *C-Train*, denn Parkplätze sind rar und teuer.

Disziplinen

Die klassischen Rodeo-Disziplinen auf der ***Greatest Outdoor Show on Earth*** im Nachmittagsprogramm sind:

- ***Bareback*** und ***Saddle Bronc Riding*** (Pferdezureiten mit und ohne Sattel)
- ***Calf Roping*** (Lassowurf und Fesselung eines Kalbes)
- ***Barrel Racing*** (Frauen reiten um einen von Tonnen markierten Parcours)
- ***Steer Wrestling*** (Umwerfen eines Stiers mit bloßen Händen)
- ***Bull Riding*** (Bullenreiten mit nur einem Arm am Haltestrick)

Neben diesen altbewährten Übungen gibt es humorige Einlagen wie etwa das ***Wild Cow Milking***, wobei einer ungezähmten Kuh ein paar Tropfen Milch abzuzapfen sind, aber auch den ***Musical Ride*** mit 36 Pferden der *Royal Canadian Mounted Police*, die dazu in ihren roten Uniformen ein prächtiges Reiterspektakel bieten.

Evening Show und Cuckwagon Race

Höhepunkt der Abendvorstellungen sind die ***Chuckwagon Races***, unter großem Lärm und enormer Staubentwicklung absolvierte Rennen von vierspännigen (Renn-) Planwagen. Danach findet auf einer Open-air-Bühne vor der Tribüne eine grandiose ***Evening Show*** statt, eine Mischung aus Operette, Zirkus und modernem ***Entertainment***. Den Abschluß des Tages bildet jeweils ein großes Feuerwerk.

Chuckwagon Race in vollem Gang

3

Eintritt

Der Eintritt ins Ausstellungsgelände kostet $12, dazu kommen ggf. die Tickets für die Haupttribüne (***Grandstand***) für:

Nachmittagsrodeo	$24-$48
Chuckwagon Races mit *Evening Show*	$35-$67

Rush Tickets ($12) für Plätze beiderseits der Tribüne mit relativ schlechter Sicht gibt es an der Tageskasse.

Ermäßigung

Wer aufpaßt und/oder langfristig vorplant, kann diese Kosten reduzieren. So ist beispielsweise der allgemeine Eintritt bei vorbestellten *Rodeo*- und *Chuckwagon-Races-Tickets* schon enthalten. Die preiswertesten Plätze sind damit genau so teuer wie *Rush Tickets.* Kinder haben an sogenannten ***Kids' Days*** freien Zutritt zum *Stampede*-Gelände.

Unter Rubriken wie ***Special Days*** und ***Free Entertainment*** in Werbebroschüren, die von der *Stampede*-Gesellschaft auf Anforderung zugesandt werden (Adresse unten), findet man alle Einzelheiten zu diesen und weiteren Vergünstigungen.

Daten

Die zehntägige ***Stampede*** findet vom ersten Freitag im Juli bis einschließlich Sonntag der Folgewoche statt. Falls der Staatsfeiertag ***Canada Day*** (1. Juli) auf Fr-So fällt, beginnt sie am zweiten Freitag im Juli. Die Daten für die nächsten Jahre sind:

08.-17.07.2005	**07.-16.07.2006**
06.-15.07.2007	**04.-13.07.2008**

Tickets

Unmittelbar nach Ausklang jeder *Stampede* können bereits Tickets fürs nächste Jahr bestellt werden bei:

Calgary Exhibition and Stampede
© (403) 261-0101, © 1-800-661-1767
Internet: www.calgarystampede.com

Sägewettbewerb auf dem Stampede Gelände

3.4.5 Stadtbesichtigung

Downtown

Geographie

Downtown Calgary ist überschaubar und läßt sich problemlos zu Fuß erkunden. Insbesondere in der **autofreien Zone** der 8th Ave SW (*Stephen Avenue Walk* zwischen 1st St SE/ Olympic Plaza und 4th St SW/*Calgary Eaton Centre*). Ein Großteil der *City Buildings* ist sogenannte durch ***Elevated Walkways***, Fußgängerwege in 15 Fuß Höhe, miteinander verbunden. Sie führen mitten durch viele Gebäude und über verglaste und offene Straßenbrücken (*Enclosed* und *Open Walkways)*. In den meis ten City-Plänen und Führern für Touristen ist dieses Wegesystem eingezeichnet.

Calgary Tower

Als Ausgangspunkt für eine »Downtown-Runde« eignet sich besonders gut der ***Calgary Tower***, 101 9th Ave SW. Der bereits 1968 fertiggestellte Turm (191 m), einst im wahrsten Sinne herausragender Punkt in der ***City Skyline***, ist heute umringt von den höchsten kanadischen Wolkenkratzern außerhalb Torontos, von denen ihn bereits drei überragen, so der ***Petro-Canada Centre West Tower*** (215 m) und die Doppeltürme *East* und *West Tower* der ***Bankers Hall*** (197 m).

Ein Aufzug befördert Besucher in nur 62 Sekunden zur ***Observation Terrace***. Von dort hat man aus schwindelnder Höhe eine wunderbare Rundumsicht über die ganze Stadt und kann bei gutem Wetter im Westen die Gipfel der Rocky Mountains erkennen. Auffahrt Mitte April bis September täglich 7-22.30 Uhr, sonst 9-21 Uhr; Eintritt $10.

Über der Aussichtsterrasse befindet sich der ***Panorama Di ning Room***, ein Drehrestaurant, das sich pro Stunde einmal um die eigene Achse dreht. Den Drink vor dem Essen, aber auch leichte Mahlzeiten nimmt man in der ***Tops Bar and Grill*** ein. Die Preise entsprechen in beiden der Höhenlage.

Glenbow Museum

Der Straßenblock gegenüber beherbergt das großzügige ***Convention Centre***, in dem das sehr gute *Glenbow Museum*, 130 9th Ave SE, untergebracht ist, geöffnet täglich 9-17 Uhr; Eintritt $12. Die Ausstellung über **Indianer- und Inuitkultur** zählt zum Besten, was Canada in dieser Beziehung zu bieten hat.

Auch die **mineralogische Kollektion** des Museums ist einen Besuch wert. Eine weitere Abteilung widmet sich der Wirtschaftsgeschichte des westlichen Canada vom Pelzhandel der Gründerzeit bis zur modernen Ölindustrie.

Fußgängerbereich

Verläßt man das Museum in Richtung 8th Ave, gelangt man automatisch auf das östliche Ende des ***Stephen Avenue Walk***, auf die Olympic Plaza. Den Platz umrahmt ein sehenswerter Architekturmix: auf der östlichen Seite steht als kontrastreiche Einheit das alte Backstein-Rathaus unmittelbar vor der neueren, gläsernen City Hall. Schräg gegenüber hinter den

Straßenbahnschienen fällt der Blick auf die 1905 erbaute anglikanische ***Cathedral Church of the Redeemer***.

Devonian Gardens

Zu einem Bummel durch die Fußgängerzone gehört unbedingt auch der Besuch der ***Devonian Gardens*** im 4. Stock des Einkaufs- und Bürokomplexes ***Toronto Dominion Square***, 317 7th Ave. SW. zugleich an der Ecke 8th Ave/3rd Street.

Der über zwei Stockwerke angelegte ***Indoor Park*** belegt eine Fläche von rund 1 ha. Inmitten dichter Vegetation aus kanadischen und tropischen Pflanzen scheint das Getriebe der Straße weit entfernt zu sein. Bei Sonnenschein sind Blumenbeete und Wasserbasins, in denen sich die umliegenden Hochhäuser spiegeln, hübsche Fotomotive (geöffnet täglich 9-21 Uhr, frei).

Science Centre

Am Westende der City (701 11th St/7th Ave SW) befindet sich das **Calgary Science Centre**. Interaktive Ausstellungen und Demonstrationen erhellen naturwissenschaftliche Phänomene.

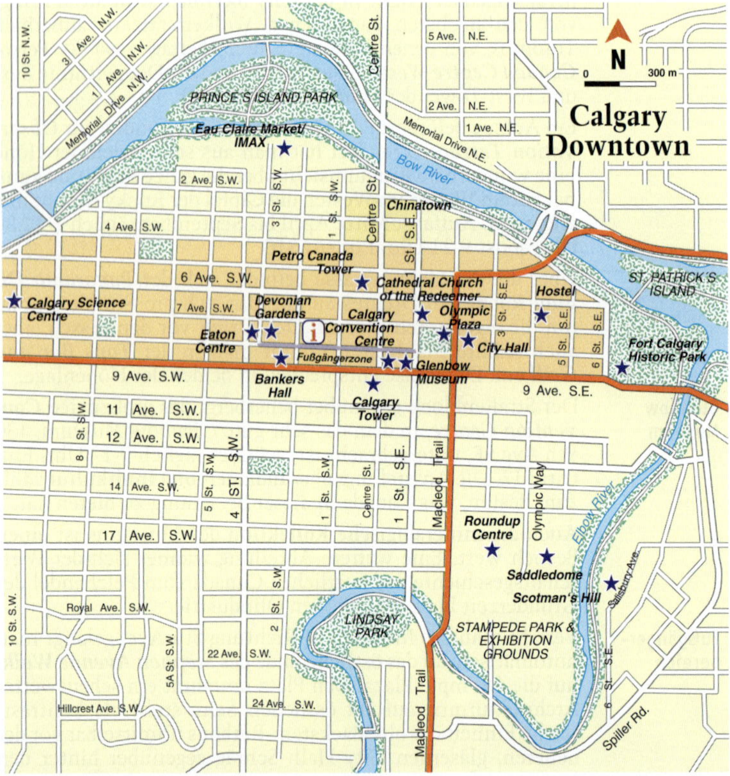

Transportmittel des 19. Jahrhunderts im Glenbow Museum

Zum Komplex gehört der sog. ***Discovery Room***, in dem Multi-Media-Shows stattfinden. Geöffnet im Sommer Mo-Do 10-16 Uhr, Fr-So 10-17 Uhr; Eintritt $11.

Eau Claire Market

Sechs Blocks nördlich von *Eaton Centre* und *Toronto Dominion Square* bietet – neben der unscheinbaren sog. *Chinatown* – am Nordende der 3rd Street SW der ***Eau Claire Festival Market*** (täglich ab 10 Uhr, So ab 11 Uhr) das Kontrastprogramm zum *City Shopping*. Die kleine, pittoreske *Mall* unweit von Bow River und ***Prince's Island Park*** (Fußgängerbrücke über den Fluß) verfügt über viele originelle Läden und Marktstände mit Obst und Gemüse – neben *Fast Food* und Restaurants.

Fort Calgary

In einem Stadtpark östlich der Innenstadt steht an der Einmündung Elbow River/Bow River eine **Rekonstruktion des *Fort Calgary***, dessen Errichtung im Jahre 1875 den Beginn der Stadtgeschichte markierte. Im ***Interpretive Centre*** (750 9th Ave. SE) wird ausführlich und mit großer Detailfreude das einstige Leben im Fort dokumentiert. Geöffnet täglich 9-17 Uhr, Eintritt $10 (Zutritt zum Park frei).

Restaurant

Das benachbarte 1905 erbaute ***Deane House Restaurant***, 806 9th Ave SE, © (403) 269-7747, serviert täglich von 11-15 Uhr *Lunch* in einem historischen Ambiente.

Zoo

Der ***Calgary Zoo***, größter Canadas, und der mit ihm verbundene ***Botanical Garden*** befinden sich auf *St. George's Island* im Bow River. Im angrenzenden gut gemachten ***Prehistoric Park*** führt ein Rundweg durch ein Modell des prähistorischen Alberta zur Zeit der Dinosaurier. Zwischen *Hoodoos*, Gebirgen und Sümpfen warten **20 lebensgroße Plastik- und Zement-Dinos** auf Bewunderer. Öffnungszeiten täglich 9-18 Uhr; Eintritt für den Gesamtkomplex $15.

Vom *Memorial Drive* (vom Zoo/Westufer des Bow River nach Osten) zeigt sich die ***Calgary Skyline*** von ihrer besten Seite.

Inglewood Bird Sanctuary

Etwas weiter flußabwärts liegt das *Inglewood Bird Sanctuary* (2425 9th Ave. SE), ein **Vogelschutzgebiet** mit Wanderwegen. Hier rasten Teichrohrsänger während ihres Zuges im Herbst, täglich zu Tageslichtstunden geöffnet, *Visitor Centre* Mai-September täglich 10-17 Uhr, sonst Di-So 10-16 Uhr; gratis.

Sehenswürdigkeiten außerhalb des Zentrums

Grain Academy

Das Stampede-Gelände bleibt den Rest des Jahres keineswegs ungenutzt. Im oberen Stockwerk des ***Roundup Centre*** im *Stampede Park* befindet sich, freilich etwas versteckt, die ***Grain Academy***. Im Getreidemuseum erläutern Ausstellungen und Filmvorführungen Anbau und Transportwege des Weizens in Vergangenheit und Gegenwart. Das Modell eines Getreidespeichers (***Grain Elevator***) zeigt die Funktionsweise der für die südlichen kanadischen Prärien typischen Lagerhäuser. Mo-Fr 10-16 Uhr, im Sommer Sa 12-16 Uhr; frei.

Stampede Park

Die **Rennbahn** im *Stampede Park* (Eintritt frei) ist von April bis Mitte Juni jeweils Mi, Fr, Sa+So Austragungsort von Galopprennen. Von Ende Juli bis Mitte November finden an denselben Tagen Trabrennen statt.

Im ***Stampede Casino*** (10-03 Uhr) erwartet den Besucher kein glitzerndes Spielerparadies wie in Las Vegas, sondern eine eher nüchterne Spielhalle ohne Flair.

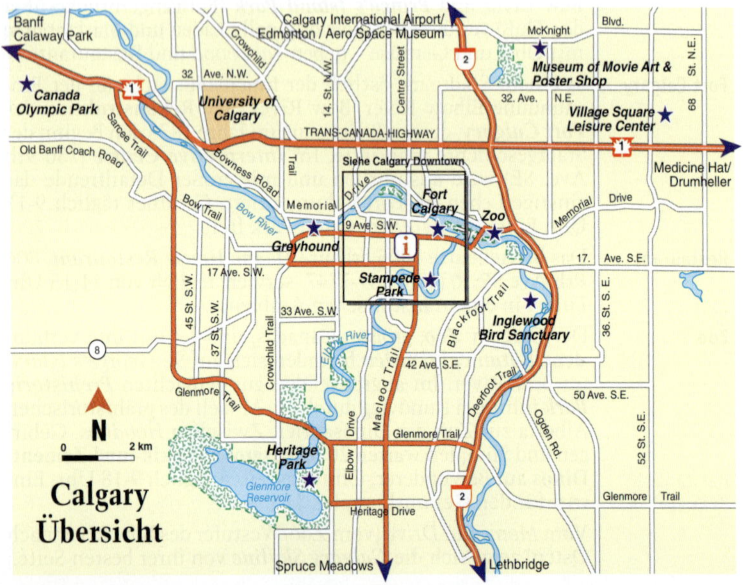

Calgary Übersicht

Saddledome

Weltweites Interesse zog Calgary durch die **Olympischen Winterspiele 1988** auf sich. Der damals errichtete, den regionalenTraditionen gemäße ***Pengrowth Saddledome***, eine überdachte Arena in der Form eines Pferdesattels, steht unweit der *Stampede Grounds*. Sie faßt 18.000 Zuschauer. Die Eishockey-Mannschaft *Calgary Flames* absolviert dort ihre Heimspiele.

Fotos mit dem *Saddledome* im Vorder- und der *City-Skyline* im Hintergrund schießt man am besten vom hochgelegenen ***Scotsman's Hill*** (Zufahrt über 6th St SE zur Salisbury Ave).östlich des Elbow River.

Olympic Park

Ein weiteres Relikt der **Winterolympiade 1988** ist der ***Canada Olympic Park*** in Calgarys äußerstem Westen am TCH. Unübersehbar sind die vier Sprungschanzen. Im ***Olympic Hall of Fame and Museum*** (täglich 10-17 Uhr) werden berühmte Wintersportler vorgestellt. Neben diesem weniger spannenden Museum sind im Eintritt zum Olympic Park die Tour auf den höchsten Sprungturm, zum Start der Bob-/Rodelbahn und eine Sesselliftfahrt enthalten. Tageskarte $ 17, Bikeverleih ab $11 für 2 Stunden (25 km *Biketrails auf dem Gelände)*. Geöffnet Juli-August Mo-Fr 9-21 Uhr, sonst ab Mitte Mai bzw. bis Mitte Okt. täglich 10-18 Uhr, © 403-247-5452. Etwas Abenteuer verspricht das tiefgekühlte ***The Ice House***, wo Wagemutige auf der Trainingsanlage der kanadischen Schlitten- und Bobfahrer mit dem Schlitten die Startrampe hinuntersausen dürfen (Juli-Anfang September, täglich 13-20 Uhr, $5 per Fahrt).

University of Calgary

Die ***University of Calgary*** mit einem großen Campus im Nordwesten der Stadt (2500 University Dr NW, 22.000 Studenten) beherbergt u.a. das ***Nickle Arts Museum*** (434 Collegiate Blvd, Mo-Fr 10-17 Uhr, $2) mit Numismatikausstellung. Die Sportanlagen der Universität, darunter Squash-, Badminton- und Tennisplätze, Schwimmbecken, Kraftraum u.a., stehen auch Besuchern offen (täglich, Tagespaß $8).

Family Fun

Über ganz ähnliche Sportanlagen samt Wellenbad mit Wasserrutschen und Whirlpool verfügt nordöstlich der Stadt das ***Village Square Leisure Centre*** (2623 56th St. N.E., © (403) 280-9714, Mo-Sa 8-22 Uhr, So bis 18 Uhr, Eintritt $9, Eislaufen +$5.

Calaway Park

Ebenfalls am TCH liegt westlich des *Olympic Park* der 28 ha große *Calaway Park*, der größte, aber dennoch nur mittelmäßige ***Amusement Park*** im westlichen Canada. Er bietet 28 Attraktionen, darunter Looping-Achterbahn, Riesenrad und Bootsfahrten. Dazu gibt`s *Entertainment*, Souvenirshops und jede Menge *Fast Food*. Juli bis Anfang September täglich 10-19 Uhr, Fr-So bis 20 Uhr, ab Mitte Mai bzw. bis Mitte Oktober nur an Wochenenden; Eintritt $23.

Heritage Park

Ein lohnendes Ausflugsziel ist der ***Heritage Park*** am Glenmore Reservoir südlich der City (1900 Heritage Drive SW). Für ein im Stil vor der Jahrhundertwende errichtetes **Museumsdorf** sind Gebäude aus ganz Canada Stück für Stück demontiert und dort wieder aufgebaut worden. Wohn- und Geschäftshäuser, Schule, Rathaus und Kirche vermitteln ein der Gründerzeit entsprechendes Stadtbild und außerdem – dank Goldmine, Ölbohrturm und Fort der *Hudson's Bay Company* – **Wildwest-Flair**.

Die historische Eisenbahn rund ums Gelände fehlt ebensowenig wie ein **Raddampfer** auf dem Stausee; das Personal sorgt in zeitgenössischen Kostümen für authentische Atmosphäre. Ende Mai bis Anfang Sepember täglich 9-17 Uhr, bis Mitte Oktober nur Sa und So; Eintritt $13, mit Fahrten $22.

Spruce Meadows

An der Straße #22X (Spruce Meadows Drive), ca. 3 km westlich des *MacLeod Trail*) liegt südwestlich von Calgary ***Spruce Meadows***, ein international bekanntes **Springreiterzentrum**. Zur Zeit der *Stampede* mißt sich beim ***North American*** die Elite Nordamerikas. Zum bedeutendsten Reitturnier der Welt, dem ***Masters***, reisen Anfang September die weltbesten Springreiter an. Das Abschlußspringen ist mit $1 Mio. dotiert; den Nationenpreis verfolgen 60.000 Zuschauer.

Veranstaltungstickets ab $5, © 403-974-4200.

Außerhalb von Turniertagen sind Besichtigungen auf eigene Faust möglich. Ganzjährig geöffnet, täglich 9-18 Uhr; Picknickplatz vorhanden, frei.

Luftfahrtmuseum

In einer 40er-Jahre-Halle der *Royal Air Force* ist das ***Aero Space Museum*** beheimatet (4629 McCall Way NE, Südende des Flughafens im Nordosten der Stadt). Es thematisiert den kanadischen Beitrag zur modernen Luft- und Raumfahrt. Geöffnet täglich 10-17 Uhr; Eintritt $7.

Trans Canada Highway zwischen Calgary und Banff

3.5 Reiserouten durch Alberta

3.5.1 Albertas Badlands (Karte Seite 294)

Badlands Regionen in Alberta

Im Süden Albertas liegen im Bereich von **Red Deer und Milk River** sogenannte *Badlands*, karge, durch Erosion entstandene Landschaften zerklüfteter Sandsteinformationen. Ihre Zentren im Tal des Red Deer River sind der ***Dinosaur Provincial Park*** in der Nähe von **Brooks** (TCH) sowie ein Gebiet bei **Drumheller**, etwa 140 km nordöstlich von Calgary, sowie der ***Writing-on-Stone Provincial Park*** unweit der US-Grenze östlich der Straße #4 im Tal des Milk River.

Nach Drumheller

Wer auf einer Reise durch Canadas Westen den *Banff National Park* ansteuert, wird meist erwägen, auch das nur 130 km entfernte Calgary zu besuchen. Von dort entspricht ein **Abstecher** zu den nächstgelegenen ***Badlands*** bei Drumheller einem Tagesausflug. **Auf einer Strecke von nur 270 km (von Banff nach Drumheller) durchfährt man bei dieser Gelegenheit alle in Alberta vorkommenden Landschaftsformen**.

Kohle und Dinosaurier

Ausgangs der Kreidezeit vor 70 Mio. Jahren herrschte im Süden Albertas subtropisches Klima. Riesige Wälder in einem großen, sumpfigen Flußdelta vermoderten und bildeten die Basis für die Entstehung von Kohlelagerstätten. Etwa zur selben Zeit starben die Dinosaurier aus. Nach der letzten Eiszeit vor rund 14.000 Jahren wuschen Wind- und Wassererosion die Canyons der Badlands aus und legten viele Dinosaurierknochen frei.

Red Deer River Valley

Von mehreren möglichen Fahrtrouten ab Calgary folgt man am besten zunächst der Autobahn #2 Richtung Edmonton und dann der Straße #72 bis Beiseker. Dort zweigt die Straße #806 nach Acme ab. An tiefen Senken vorbei geht es weiter auf der #575 zum ***Dinosaur Trail***, einer gut ausgeschilderten Rundstrecke (48 km) beidseitig des Red Deer River mit offiziellem Ausgangspunkt in Drumheller. Da das erste Teilstück dieser Route über Nacmine kaum interessiert, empfiehlt sich die Fahrt im Uhrzeigersinn von der #575 nach Norden auf die #837. Einen ersten schönen Überblick über den überraschenden Abbruch der Landschaft zum *Red Deer River Valley* und die Sandsteinhügel mit ihren vielfältigen Farbnuancen bietet der Aussichtspunkt ***Orkney Hill***.

Fähre/ Camping

Noch auf der Westseite des Flusses liegt in der ***Bleriot Ferry Provincial Recreation Area*** ein kleiner, für eine Übernachtung gut geeigneter **Einfach-*Campground*** mit schattigen Plätzen unter Bäumen. Etwa an seinem Umkehrpunkt kreuzt der ***Dinosaur Trail*** als Straße #838 den Red Deer River. Eine der letzten Fähren Albertas, die per Kabel betrieben werden (*Bleriot Ferry*), verkehrt kostenlos in kurzen Abständen. Den reizvollsten Aussichtspunkt über die *Badlands* dieser Region passiert man am ***Horsethief Canyon***.

Dinosaurier Museum

Das ***Royal Tyrrell Museum*** (Mitte Mai bis *Labour Day* täglich 9-21 Uhr, sonst Di-So 10-17 Uhr, $10), liegt etwa 6 km nordwestlich von Drumheller am ***Dinosaur Trail*** (Straße #838). Der thematische Schwerpunkt »Erd- und Menschheitsgeschichte« wird spannend und leicht verständlich präsentiert. Riesige Dinosaurier-Skelette, ein Aquarium mit Flora und Fauna aus dem Devon-Erdzeitalter, Computerspiele und Exponate zum Anfassen sind Höhepunkte der Ausstellung. Mit fast 40 ausgestellten Dinosauriersekeletten gehört *Tyrell* zu den führenden paleontologischen Museen der Welt.

Drumheller

In ***Downtown*** Drumheller steht mit 26 m Höhe der weltgrößte (künstliche) Dinosaurier. Sein »Inneres« wird doppelt genutzt: das Maul dient als Aussichtsplattform (Ende Mai-Anfang Sept. täglich 9-21 Uhr, sonst Do-Mo 10-17 Uhr; $3), die Füße beherbergen die **Stadtinfo** (60 1st Avenue W, © 1-866-823-8100, **www.dinosaurvalley.com**).

In der Nähe zeigt das ***Badlands Historical Centre*** (335 1st St East; Mai-Oktober täglich 10-18 Uhr, Juli+August bis 20 Uhr; $4) ebenfalls Fossilien aus den umgebenden Badlands. Einem Vergleich mit dem *Tyrrell Museum* hält es nicht stand.

Hoodoos

In den *Badlands* bei Drumheller gibt es tatsächlich nur eine Handvoll dieser eigenwillig geformten, nun durch eine Steinkappe vor Verwitterung geschützten Sandsteintürmchen nördlich von **East Coulee** (Straße #10, etwa 18 km südöstlich von Drumheller). Diese ***Hoodoos*** sind ganz hübsche Fotomotive

Nach Brooks

Der kürzeste Weg von East Coulee zum ***Dinosaur Provincial Park*** (ca. 150 km) führt über die Straßen #570/#36/#544 durch menschenleere Prärie.

Typische Badlands-Sandstein-formationen

Fossilien im Dinosaur Park

In diesem Provinzpark, einem ***UNESCO World Heritage Site***, befindet sich eine der weltweit ergiebigsten Fundstellen. Paläontologen haben bereits über **150 vollständig erhaltene Dinoskelette** ausgegraben und dabei über 35 Dinosaurierarten entdeckt. Die Ausgrabungen organisiert die sog. ***Field Station*** des *Royal Tyrrell Museum*. Neben Ausstellungen beherbergt sie auch das ***Park Visitor Centre***, © (403) 378-4342.

Am Parkeingang hat man hervorragende Ausblicke über die verschiedenfarbigen Sandsteinformationen im Tal des Red River; das Panorama ist dort deutlich attraktiver als flußaufwärts am *Dinosaur Trail*.

Trails

Der *Dinosaur Park* ist weitgehend Forschungszwecken vorbehalten. Besucher können zwar auf fünf kurzen *Trails* Entdeckungen auf eigene Faust machen, gelangen aber nicht zu den Ausgrabungsstätten. Jeweils von der *Park Loop Road* führen der ***Badlands Trail*** (1,3 km) durch Sandsteinhügel und Trockenareale mit etwas Kakteenbewuchs und der ***Cottonwood Flats Trail*** (1,4 km) durch überraschend vegetationsreiches Gelände am Fluß. Ein guter **Campingplatz** mit schattenspendenden Pappeln lädt zum Bleiben ein.

Blick über den Milk River im Writing-on-Stone Provincial Park

Writing-on-Stone Provincial Park

Zurück nach **Calgary** sind es auf dem TCH #1 rund 210 km, über die Straßen #36, #4 und #501 rund 260 km zum ***Writing-on-Stone Provincial Park***. Er liegt 42 km östlich des Ortes Milk River direkt am gleichnamigen Fluß unweit der Grenze mit den USA. Seine Bezeichnung erhielt er wegen zahlreicher frühindianischer Inschriften und Malereien im weichen Sandstein. ***Petroglyphs*** und ***Pictographs*** bekommen Besucher aber nur auf Führungen in Rangerbegleitung zu Gesicht.

Neben den Felszeichnungen sind – wie auch im R*ed Deer River Valley* – ***Badlands*** (mindestens genauso beeindruckend wie im *Dinosaur Park*), eine Reihe von ***Hoodoos*** und sehr schöne Wanderwege die eigentliche Attraktion dieses Parks.

Dawson Creek
Jasper
Lac Ste. Anne
Wabamun Lake
Spring Lake
Stony Plain
Edmonton
North Saskatchewan River
ELK ISLAND NATIONAL PARK
Ukrainian Cultural Heritage Village
Beaverhill Lake
Vegreville
Lloydminster
Vermilion
YELLOWHEAD HWY
Saskatoon
110° westl.Länge
Leduc
Pigeon Lake
Camrose
Wetaskiwin
Killam
Banff National Park
Rocky Mountain House
Gull Lake
Red Deer
Battle River
Buffalo Lake
Rocky Mountain House NHS
Sounding Lake
Consort
Mountain Time
Central Time
Red Deer River
Sullivan Lake
FORESTRY TRUNK RD.
Acme
Bleriot Ferry
Horsethief Canyon
Beiseker
Hoodoos
Drumheller
East Coulee
Oyen
Banff
Ghost Lake
Cochrane
Calgary
Canmore
Bragg Creek
Kananaskis Village
Carseland
Okotoks
DINOSAUR PROV. PARK
SASKATCHEWAN
ALBERTA
Highwood Pass 2206 m
Black Diamond
Turner Valley
Bow River
PETER LOUGHEED PROV. PARK
Brooks
BRITISH COLUMBIA
ALBERTA
FORESTRY TRUNK RD.
McGregor Lake
Lake Newell
River
Medicine Hat
Livingstone Falls
Regina
S. Saskatchewan
Head-Smashed-in-Buffalo Jump
Lethbridge
HWY
CROWSNEST
Elkwater
Cranbrook
Crowsnest Pass 1396 m
Coleman
Coaldale
CYPRESS HILLS PROV. PARK
Fort MacLeod
Frank Slide
Pincher Creek
REDCOAT TRAIL
Ft.Walsh
Elko
Pakowki Lake
WATERTON LAKES NATIONAL PARK
Milk River
Cardston
WRITING-ON-STONE PROV. PARK
BRITISH COLUMBIA
MONTANA
ALBERTA
CANADA
Waterton Lakes
MONTANA
49° nördl.Breitengrad
USA
GLACIER NATIONAL PARK
Milk River
St. Mary
GOING-TO-THE-SUN ROAD
Albertas Süden
N
0
40 km
Great Falls

Der sehr gut angelegte ***Campground*** (mit Sandstrand am Milk River) in der dichten Vegetation des Flußtals macht den Park zu einem Übernachtungsziel, für das sich auch einige Kilometer Umweg lohnen.

Trail

Vom Campingplatz folgt der 2,5 km lange ***Hoodoo Interpretive Trail*** dem Milk River flußaufwärts. Er ist einer der besten Pfade überhaupt durch die *Badlands*.

Coaldale

Das ***Alberta Birds of Prey Centre*** (2124 Burrowing Owl Lane) in Coaldale (Straße #3, 11 km östlich Lethbridge) versorgt verletzte und kranke Raubvögel und bereitet sie auf die Rückkehr in die Wildnis vor. Auf dem Freigelände kann man Flug- und Trainingsprogramme für die Vögel beobachten. Geöffnet Mitte Mai-Mitte September, täglich 9.30-17 Uhr; $8.

Lethbridge

In **Lethbridge**, mit 69.000 Einwohnern drittgrößte Stadt Albertas, gibt es neben dem tief in die Umgebung eingeschnittenen *Oldman River Valley* mit der 96 m hohen ***High Level Bridge***, einer sagenhaften Eisenbahn-Brückenkonstruktion, und dem ***Indian Battle Park*** zwischen *Crowsnest Highway* (#3) und dem Whoop-up Drive nur wenig zu sehen.

Fort Whoop-Up wurde 1869 als Palisadenfort von Händlern aus Montana errichtet, die mit den Blackfoot-Indianern Whiskey profitabel gegen Bisonfelle und Pferde tauschten. Aber schon 5 Jahre später besetzte eine Polizeitruppe der legendären *Mounties* (➪ Essay) den Stützpunkt. Im rekonstruierten Fort gibt es u.a. historische Inszenierungen, die in *Shoot-outs* enden und zeitgenössisch arbeitende Handwerker. Mai bis September Mo-Sa 10-18 Uhr, So 12-17 Uhr; Eintritt $5.

Japanischer Garten

Nur per Führung geht es durch den ***Nikka Yuko Japanese Garden*** im ***Henderson Lake Park*** (Straße #5/9th Ave S) mit originalen Gebäude und Brücken aus Japan. Mitte Mai-Mitte Oktober, täglich 10-17 Uhr, Juli und August bis 21 Uhr; $5.

Mennoniten und Hutterer

Wer sich für die Lebensweise der Mennoniten und Hutterer interessiert, findet **südlich von Lethbridge und Fort MacLeod** noch intakte Gemeinden dieser ungewöhnlichen Glaubens- und Lebensgemeinschaften (➪ Seite 527).

Fort MacLeod

1874 errichtete die ***North West Mounted Police*** in Fort MacLeod ihr Hauptquartier. Von dort aus überwachte sie die Einhaltung von »Recht und Ordnung« bei der Erschließung des heutigen Alberta und unterband den Whiskeyverkauf der *Fort Whoop-Up*-Betreiber an die Indianer. Der rund 1.300 km lange Marsch von Manitoba durch die Wildnis südkanadischer Prärien begründete den Ruhm der Polizeitruppe.

Das ***Fort Museum*** (219 25th St, Mitte Mai-Mitte Sept. täglich 9-17 Uhr, Juli + Aug. bis 18 Uhr, sonst Sa, So geschl, Eintritt $8) informiert über ihre Geschichte und die der Besiedelung Albertas. Im Juli und August paradieren die »Rotröcke« täglich im sog. ***Musical Ride*** (10, 11.30, 14 und 15.30 Uhr).

Die legendäre Royal Canadian Mounted Police (RCMP)

Die Geschichte der *Royal Canadian Mounted Police* geht auf die Übernahme von *Rupert's Land* durch das *Dominium of Canada* zurück, ➪ Seite 590. Zur Einführung und Aufrechterhaltung kanadischen Rechts in den erweiterten Northwest Territories schuf die Regierung 1873 eine paramilitärische Polizeitruppe, die ***North West Mounted Police***. Der vorgesehene Umfang ihrer Aufgaben ging weit über die gemeinhin von der Polizei wahrgenommenen Pflichten hinaus. Der NWMP wurden neben der Exekutive auch Verwaltung und Rechtsprechung übertragen. Mit derartigen Machtbefugnissen ausgestattet besaß die Polizeitruppe im Westen mit Ausnahme British Columbias viele Jahre die faktische Regierungsgewalt.

Die Präsenz der NWMP begann mit einer kleinen Truppe von ganzen 150 Mann im *Lower Fort Garry*/Manitoba. Verstärkungen sorgten aber rasch für genügend Kräfte für den 1.300 km langen Marsch der *Redcoats* nach Westen 1874 bis *Fort MacLeod* zwecks Unterbindung amerikanischer Grenzverletzungen, speziell des Whiskeyschmuggels zwischen Montana und Alberta. Und nur zwei Jahre nach ihrer Gründung hatte die NWMP mit *Fort MacLeod* ihren ersten Stützpunkt in Westkanada bezogen, den Alkoholschmuggel in *Fort Whoop-up* (➪ Seite 295) sowie in den *Cypress Hills* (Neubau *Fort Walsh*, ➪ Seite 549) beendet, an bereits bestehenden Standorten der *Hudson Bay Company* Polizeiposten installiert (*Fort Edmonton*) und mit *Fort Calgary* sogar den Grundstein zu einer Metropole gelegt.

Von ihren Forts aus kontrollierte die NWMP die Besiedlung des kanadischen Westens vergleichsweise effektiv. Der Colt als die entscheidende Instanz zur Lösung von Problemen spielte nie eine der Situation in den USA vergleichbare Rolle. Mit den Indianern gab es kaum bewaffnete Zusammenstöße. Man versuchte vielmehr, aufkeimende Konflikte zwischen Einwanderern und Indianern friedlich beizulegen, und achtete auf die Einhaltung geschlossener Verträge. Daß dies – abgesehen von der *North West Rebellion* der *Métis* und *Cree* (➪ Seite 587) – gelang, ist in Anbetracht der blutigen Indianerkriege südlich der Grenze eine bedeutende Leistung der NWMP.

Mit dem Abebben der ersten Einwanderungswelle reduzierten sich die Aufgaben der NWMP auf die originäre Polizeifunktion. Lediglich im Norden konnte sie noch einmal eine ähnliche Rolle als ordnende Kraft übernehmen wie in den Gründerjahren. Kaum war 1895 *Fort Constantine* in der Nähe von Dawson City als erstes *NWMP-Fort* im Yukon Territory errichtet, erscholl 1896 der Ruf des Goldes. Die NWMP regelte den Strom der Prospektoren von den Landeplätzen Skagway und Dyea (in der *Alaska Inside Passage* in den USA) nach Atlin und Dawson City, ➪ dazu im Detail die Seiten 401ff. Während in Skagway/Dyea oft der Colt regierte, symbolisierte die NWMP im Moment der Grenzüberschreitung allseits Sicherheit und Gerechtigkeit. In Canada wurden die Pistolen eingepackt und nicht benutzt.

In Anerkennung militärischer Verdienste einer NWMP Truppe im Burenkrieg 1899-1902 verlieh ihr der britische König Edward 1904 das Recht, sich »königlich« zu nennen. Auch nach Erlangung des Provinzstatus` durch Alberta und Saskatchewan 1905 blieb die nunmehr *Royal North West Mounted Police* (RNWMP) dort offizielle Polizeitruppe. Sie vereinigte sich 1920 mit der in anderen Provinzen tätigen *Dominion Police* zur neuen Bundespolizei ***Royal Canadian Mounted Police*** (RCMP).

Pferde und Hundegespanne wurden zwar endgültig durch Autos und Motorschlitten ersetzt und auch die roten Jacken zumindest bei der Ausübung der täglichen Pflichten abgeschafft, aber der Begriff *mounted* (= beritten) in der Bezeichnung blieb erhalten. Den rotberockten stolzen *Mountie,* inzwischen Teil des touristischen Image` Canadas wie Kanus und Bären, sieht man immer noch vor dem Parlamentsgebäude in Ottawa, bei Paraden und anderen besonderen Anlässen, z.B. während der *Calgary Stampede* und natürlich beim »Drill« vor den Museen in Fort MacLeod oder Regina.

Red Coat Trail und Crowsnest Highway

Fort MacLeod ist Endpunkt des in Anlehnung an die attraktive Uniformjacke der Polizei und deren legendären Marsch 1874 so bezeichneten ***Red Coat Trail***. Dieser wurde zu einer touristischen Alternative zum TCH umdefiniert. Leider bietet die Route außer dem hübschen Namen wenig Anlaß, ihr durch den äußersten Süden der Prärieprovinzen zu folgen. Dasselbe gilt nebenbei auch für den Verlauf des ***Crowsnest Highway*** in Alberta, während dessen Streckenführung ab Rocky Mountains durch ganz British Columbia gar nicht genug herausgehoben werden kann, ➪ Seiten 347 und 353.

3

Nach Calgary und weiter

Von Fort MacLeod erreicht man Calgary auf der – wie eine Autobahn ausgebauten – Straße #2 in knappen zwei Stunden. Bei ausreichender Zeit und speziell mit (Zwischen-)Ziel Banff und *Icefields Parkway* etc. könnte man stattdessen der ***Forestry Trunk Road*** den Vorzug geben; diese Route wird im folgenden Abschnitt detailliert beschrieben.

Head-Smashed-in Buffalo Jump

Einmal in der Region ist ein Abstecher zum ***Head-Smashed-in Buffalo Jump*** eigentlich ein »Muß«. Die UNESCO erklärte auch diesen Ort zum *World Heritage Site* (Weltkulturerbe). Er liegt 18 km nordwestlich von Fort MacLeod an der bis dort durchgehend asphaltierten Straße #785, die 2 km nördlich des *Crowsnest Highway* von der #2 abzweigt. Das westliche Teilstück der Straße #785, die zwischen Pincher und Brocket auf die #3 stößt, hat nur Schotterbelag.

Mehr noch als der 10 m hohe Steilabbruch selbst beeindruckt die Dokumentation im ***Head-Smashed-in Buffalo Jump Interpretive Centre***. Sie demonstriert das Leben der *Plains Indians* und die Entwicklung der Bisonjagd über viele Jahrtausende. Geöffnet von Mitte Mai bis Mitte Sept. tägl. 9-18 Uhr, sonst 10-17 Uhr; Eintritt $8.

Prärieindianer und Bisons

Prärieindianer lebten von den Bisons. Sie verarbeiteten die größten Landsäugetiere Nordamerikas buchstäblich mit Haut und Haaren, das Fleisch zu *Pemmikan* (Trockenfleisch), das Fell zu Kleidung und *Teepees* (Zelten), die Sehnen zu Seilen und Garnen, Knochen und Hufe zu Werkzeug. Den Dung gebrauchten sie als Brennmaterial.

Vor rund 6.000 Jahren entwickelten sie eine besondere Jagdtechnik: Im großen Stammesverband versetzten sie die Bisonherden in Panik und trieben sie auf Abgründe zu, in die sich die Tiere zu Tode stürzten. In der kargen Trockenvegetation der *Porcupine Hills* folgten Wochen des Überflusses.

Am Hang des ***Head-Smashed-in Buffalo Jump*** und anderer Abhänge entdeckte man meterdicke, mit Knochen gefüllte Erdschichten. Meistens starben dort weit mehr Bisons, als die Jäger verarbeiten konnten. Zumindest beim *Buffalo Jump* lebten also Amerikas Ureinwohner durchaus nicht in resourcenschonendem Einklang mit der Natur.

Den Schlußpunkt unter die Jagdmethode des *Buffalo Jump* setzten die aus Europa importierten Pferde und Gewehre. Ab Mitte des 18. Jahrhunderts jagten die kanadischen Indianer Bisons in kleinen berittenen Gruppen.

Head-Smashed-in Buffalo Jump Interpretive Centre

Kutschenmuseum

Wer auch noch den *Waterton Lakes National Park* besuchen möchte, wendet sich ab Fort MacLeod nach Süden. Dabei begleitet die Silhouette der Rocky Mountains den Reisenden. Nach 60 km erreicht man Cardston, wo im ***Remington Carriage Museum*** (623 Main St) die größte Pferdekutschensammlung Nordamerikas zu sehen ist. Neben 250 Wagen gibt es dort eine eigene Werkstatt und audiovisuelle Präsentationen über die Geschichte der Kutschfahrt. Auf dem Freigelände weiden mächtige *Clydesdale Horses*. Täglich Mitte Mai bis Mitte September, 9-18 Uhr, sonst 10-17 Uhr; Eintritt $8).

Gleich hinter dem Kutschenmuseum befindet sich der gute städtische Campingplatz ***Lee Creek***.

3.5.2 Waterton Lakes National Park und von dort auf der Forestry Trunk Road nach Norden

Waterton Lakes Nat`l Park

Bereits auf der Anfahrt bietet sich dem Reisenden das großartige Panorama der Rocky Mountains mit den Waterton Lakes im Vordergrund. Nirgendwo sonst in Canada sieht man einen derart abrupten Übergang zwischen Prärie und Hochgebirge. Entsprechend verdoppelt sich der Jahresniederschlag vom Parkeingang bis zum 24 km entfernten Cameron Lake auf 1.520 mm (niederschlagsreichster Punkt Albertas).

Information

Direkt an den kanadischen *Waterton Lakes National Park* grenzt der *Glacier National Park* auf US-Seite. Parkinfos gibt es an der ***Entrance Road*** (© (403) 859-5133, **www.pc.gc.ca/waterton**, nur Mai-Mitte Oktber) und ganzjährig gemeinsam mit der *Waterton Lakes Chamber of Commerce* (**www.watertonchamber.com**) im ***Park Administration Building***, #215 Mountview Road, beide © (403) 859-2224.

Auf keinen Fall sollte man den kurzen Aufstieg auf den ***Bear's Hump*** oberhalb des ***Visitor Centre*** auslassen (1,4 km). Von oben hat man einen grandiosen Blick auf das *Hotel Prince of Wales*, über den See und die Berge.

Infrastruktur

In der **Waterton Townsite** am Upper Waterton Lake auf einer Landzunge zwischen Emerald und Cameron Bay ballt sich die kommerzielle Infrastruktur. Reservierung ***Waterton Townsite Campground***: © 1-877-RESERVE, **www.pccamping.ca.**

Wer es sich leisten kann (DZ ab $260), bucht das nostalgische ***Prince of Wales Hotel***, das malerisch auf einer Anhöhe zwischen Upper und Middle Waterton Lake liegt, © (403) 859-2231. Preiswert ist allein das ***International Hostel* (HI) *Waterton Alpine Centre***, 101 Clematis Avenue, © (403) 859-2151, 21 Betten, in der *Waterton Lakes Lodge* (Zimmer ab $31).

Nostalgiehotel »Prince of Wales« hoch über dem Ostufer der Waterton Lakes

3

Upper Waterton Lake

Zu den besonders beliebten Attraktionen des Parks gehört eine grenzüberschreitende **Bootstour** über den mit 148 m tiefsten See in den Rocky Mountains (gute 2 Stunden inkl. 30 min Stopp an der *Goat Haunt Ranger Station,* am Südende des Sees im *Glacier National Park/USA*; ✆ 403-859-2362, täglich Juni-Sept. 10, 13 und 16 Uhr, Juli und August auch 19 Uhr, Mai, Oktober 10 Uhr, 14.30 Uhr; $26). Die USA sind auch über einen **Ufertrail** auf Schusters Rappen zu erreichen (6 km).

Parkstraßen/ Kurzwanderwege

Nur zwei Stichstraßen führen in den Park hinein:

- Der ***Akamina Parkway*** (16 km) durch das Cameron Valley endet am gleichnamigen See; dort Kanu- und Ruderbootverleih. Ein hübscher Spazierweg (2 km) läuft direkt am Westufer entlang. Wer den Aufstieg nicht scheut und ein wenig mehr Zeit hat, sollte lieber den ***Trail* hinauf zum Summit Lake** »machen« (4 km, 300 Höhenmeter).
- Der ***Red Rock Parkway*** (15 km) verläuft parallel zum Blakiston Creek. Ab Parkplatz am Straßenende führt der ***Red Rock Canyon Trail*** (0,7 km) in eine anfangs breite Schlucht mit pittoresk ausgewaschenem Bachbett aus rotem (eisenhaltigem) Gestein. Auf der anderen Parkplatzseite geht es zu den wenig aufregenden ***Blakiston Falls*** (1 km). Der *Parkway* ist zugleich Zufahrt zum besten per Auto zugänglichen Campingplatz des Parks, dem ***Crandell Mountain Campground*** (auf etwa halber Strecke).

Im Red Rock Canyon des Waterton National Park

Längere Trails

Der ***Crypt Lake Trail*** gilt als einer der »originellsten« Wanderwege der kanadischen Rocky Mountains. Den ***Trailhead*** *Crypt Landing* am Ostufer des Upper Waterton Lake erreicht man nur per Boot (täglich 9 und 10 Uhr, $13/Person retour). Am Hell Roaring Creek entlang geht es hinauf zum *Crypt Lake* (9 km, oft auch im Hochsommer noch voller Eisschollen) unmittelbar an der Grenze und zu seinem unterirdischen Abfluß, der einen **175 m hohen Wasserfall** bildet. Der Clou der Wanderung ist der 25 m lange ***Crypt Tunnel***, durch den man sich z.T. auf Knien zwängen muß, um das Ziel zu erreichen. Einschließlich Bootsfahrt und Marsch über 700 m Höhendifferenz bis auf 1.955 m benötigt man für diesen Trip einen vollen Tag.

Ebenfalls zu den schönsten Bergwegen Albertas zählt der ***Carthew-Alderson Trail*** (19 km, 650 Höhenmeter). Nach dem Aufstieg über den Summit Lake (➪ oben) zum *Carthew Summit* (2.311 m) hat man oberhalb der Baumgrenze einen herrliches Panoramablick über roten Fels, wie sonst nirgendwo in den kanadischen Rockies. Im Abstieg führt der Weg über Carthew und Alderson Lake nach ***Cameron Falls*/Waterton Townsite**. Vom *Tamarack Village Square* gibt es einen *Bus-Shuttle* zum Cameron Lake.

Glacier National Park/USA

Wer seine Reise nach Süden fortsetzt, fährt vom Waterton Townsite knapp 80 km bis St. Mary, dem östlichen Eingangstor zum *Glacier National Park* mit einer der schönsten Hochgebirgsstrecken Nordamerikas, der ***Going-to-the-Sun-Road***.

Crowsnest Pass

Vom Nationalpark nordwärts geht es auf der Straße #6 über Pincher Creek – dort ***HI-Hostel Pincher Creek***, © 1-866-762-4122, 15 Betten, $32 an der Straße #6 – zunächst zum *Crowsnest Highway*. In dieser Region begann 1898, nachdem die Gleise der *Canadian Pacific Railway* verlegt worden waren, die Ausbeutung von Kohlevorkommen. Der Bereich **Crowsnest Pass** besteht aus dem Zusammenschluß einstiger Bergwerkssiedlungen (Bellevue, Hillcrest, Frank, Blairmore und Coleman,) die am Crowsnest River aneinander anschließen.

Frank Slide

Bei der Ortschaft Frank führt die Straße durch ein mehrere Quadratkilometer großes Felsgeröllfeld, das 1903 durch den folgenschwersten Bergsturz Canadas entstand. Das ***Frank Slide Interpretive Centre***, ein großes Besucherzentrum etwas abseits der Durchgangsstraße, erläutert Hintergrund und Folgen des Sturzes vom *Turtle Mountain*, der seinerzeit im Dorf Frank (daher *Frank Slide*) 70 Menschen in den Tod riß. Mitte Mai-Mitte September, 9-18 Uhr, sonst 10-17 Uhr; Eintritt $7.

Auch wer sich für die Einzelheiten des *Frank Slide* und die Geschichte des Kohlebergbaus nicht so sehr interessiert, sollte kurz zum Frank-Besucherzentrum hinauffahren. Der Blick von dort oben über die auch nach so langer Zeit immer noch fast vegetationslose Steinwüste ist eindrucksvoll.

Bellevue

In Sichtweite des *Turtle Mountain* kann man in der 1962 stillgelegten ***Bellevue Mine*** (mit Helm und Lampe ausgerüstet) an einer halbstündigen Führung durch einen dunklen Stollen teilnehmen, Zufahrt über 213th Street. Täglich Mitte Mai bis Anfang September 10-18 Uhr; Eintritt $6.

Crowsnest Highway

Mit Erreichen der Rocky Mountains wird der Verlauf des *Crowsnest Highway* #3 nun erheblich attraktiver. Im Norden dominiert der für die Route namensgebende *Crowsnest Mountain* (2.785 m) das Panorama. Der ***Crowsnest Pass*** ist mit 1.396 m die niedrigste Paßhöhe über die *Rockies* bis zum Yellowhead Pass (➪ Seite 244). Wer dieser Route weiter nach BC folgen möchte, findet den Anschluß ab Seite 347.

3

Forestry Trunk Road

Ab Coleman läuft die *Forestry Trunk Road,* die »Hauptforststraße«, entlang der Ostseite der Rocky Mountains. Sie mündet nach knapp über 1.000 km östlich von Grande Prairie in den Hwy 43. An ihr finden sich zahlreiche, oft wunderschön gelegene, wenn auch meist einfache **Campingplätze**.

Südabschnitt

Der südliche Abschnitt der Forststraße besitzt die landschaftlich reizvollsten Teilstrecken und ist die beste Verbindungsroute zwischen *Crowsnest* und *Trans Canada Highway*. Zunächst führt die Straße als gut befahrbare Schotterstraße #940 durch dicht bewaldete Landschaft. Von diversen Plätzen in diesem Bereich ist der ***Campground*** an den ***Livingstone Falls*** besonders empfehlenswert.

Ungefähr dort beginnt der attraktivste Teil der Strecke durch das ***Kananaskis Country***. Nach insgesamt 112 km trifft die #940 auf die Straße #40, den durchgehend asphaltierten ***Kananaskis Trail***, der östlich von Canmore in den TCH mündet.

Nördlich des ***Highwood Pass*** (mit 2.206 m der höchste Strassenpass Canadas, Wintersperre 15. Dez. bis 14. Juni) befindet sich – bereits im *Peter Lougheed Provincial Park* – der Ausgangspunkt für einen schönen ***Nature Trail***. Der ***Ptarmigan Cirque Trail*** (5 km Rundweg, steil) führt durch einen Kar, oben mit großartigen Ausblicken auf die Gebirgswelt. Weniger Steigung hat etwas weiter südlich der schöne Elbow Lake Trail hinauf zu einem wunderschönen Bergsee (1,3 km).

Peter Lougheed Park

Nach 55 km auf dem *Kananaskis Trail* zweigt der ***Kananaskis Lakes Trail*** zum Kernbereich des ***Peter Lougheed Provincial Park*** ab. Daß dieser sowohl von der Hochgebirgslage her als auch bezüglich seiner *Campgrounds* zu den schönsten überhaupt gehört, haben die Bewohner von Calgary längst erkannt. An Wochenenden ist der komfortable ***Boulton Creek Campground*** daher bereits lange im voraus ausgebucht. Unter fünf weiteren *Campingplätzen* ragt der ruhige ***Interlakes Campground*** heraus. Von vielen Stellplätzen hat man dort Seezugang und weiten Blick auf das Gebirgspanorama.

Helihiking heißt: per Helikopter geht`s auf die Höhen und dann ohne schweißtreibenden Aufstieg im wesentlichen nur noch bergab

Trails

Das ***Visitor Centre*** des ***Peter Lougheed Park*** hat sehenswerte audiovisuelle Programme zu Gebirgswelt, Flora und Fauna. Von den ***Nature Trails*** ist vor allem der ***Canadian Mount Everest Expedition Trail*** (2 km) zu empfehlen. Der Rundweg führt zu einem Aussichtspunkt über den beiden Kananaskis Lakes. Der *Trailhead* befindet sich gegenüber vom ***Mount Sarrail Campground***.

Etwas weiter vom Straßenende am ***Interlakes Campground*** steigt der grandiose ***Mt. Indefatigable Trail*** zu einem 500 m höher liegenden Aussichtspunkt (2,5 km), noch einmal 1,5 km mehr sind es zum Gipfel.

Smith Dorrien/ Spray Trail

Auch ohne Abfahren der *Forestry Trunk Road* wäre ein Abstecher zu diesem Provinzpark überaus erwägenswert. Er ist über den – landschaftlich selbst vom *Icefields Parkway* kaum zu übertreffenden – ***Smith-Dorrien/Spray Trail*** mit dem TCH in Canmore verbunden (ab Canmore folgt man dem Schild »*Nordic Centre*«).

16 km südlich Canmore passiert man den ***Spray Lakes West Campground*** am ***Spray Lakes Reservoir***. Dieser Platz ist ein idealer Ausgangspunkt für Besuche in Banff und den Nationalparks etwas abseits touristischer Hauptpfade. Kurz danach führt die Schotterstraße in holprigen Serpentinen abwärts.

Canmore

Unmittelbar am Eingang zum ***Banff National Park*** im breiten Tal des milchig-grün dahinfließenden Bow River liegt **Canmore**. Mit seinem großen Angebot an Hotels, Motels *Bed & Breakfasts, HI-Hostel* (➪ Seite 271) und Restaurants eignet sich der Ort gut als **Quartieralternative** zum teuren Banff.

Canmore entstand – ähnlich den Ortschaften von Crowsnest Pass – als Bergwerkssiedlung und Bahnhof der *Canadian Pacific Railway* im späten 19. Jahrhundert. 1988 fanden im ***Nordic Centre*** während der Olympischen Winterspiele die Langlauf und Biathlonwettbewerbe statt. In der Nähe, ab *Smith-Dorrien/Spray Trail*, beginnt die schöne **Wanderung** unterhalb des *Chinaman's Peak* zu den ***Grassi Lakes***, einer kleinen Seenkette mit steilen Kletterfelsen rundherum (2 km).

Kananaskis Trail

Als Alternativanfahrt zum *Peter Lougheed Provincial Park* bietet sich die asphaltierte Straße #40 an (*Kananaskis Trail*). Sie folgt dem Tal des Kananaskis River, der die Hauptkette der Rocky Mountains vom Vorgebirge trennt. Auf etwa halber Strecke fanden an der *Nakiska Ski Area* am ***Mount Allan*** die Alpinskiwettbewerbe der Olympischen Spiele 1988 statt. Damals entstand in kurzer Distanz das ***Kananaskis Village***. In diesem Komplex aus Hotels, Golfplätzen etc. trafen sich 2002 die Regierungschefs der G-8 zum **Weltwirtschaftsgipfel**.

Das ***International Hostel Kananaskis*** (HI), © (403) 762-4122, © 1-866-762-4122, 47 Betten, $22, liegt 20 Gehminuten zum Kananaskis Village entfernt.

Ausläufer des Abraham Lake/Beginn des North Saskatchewan River vor den Alberta Rocky Mountains am Rand des Banff National Park

Forestry Trunk Road, zentraler Abschnitt

Westlich der Linie Calgary/Edmonton endet mit den Prärien auch die Zivilisation. Durch die ausgedehnten Waldgebiete an den Osthängen der Rockies führen **nur wenige Schotterstraßen**, die alle in die *Forestry Trunk Road* einmünden. Auf diesem klassischen Teil der Forststraße (zwischen TCH und *Yellowhead* als Hwy #40/#734 ausgeschildert) mit besonders vielen ***Provincial Recreation Area Campgrounds*** trüben teilweise schlechte Straßenqualität und – bei der langen Fahrt durch dichten Wald – fehlende Aussicht die Freude an der Einsamkeit. Im Gegensatz zum südlichen Arm (➪ oben) verläuft die Straße hier weitab des Hochgebirges.

Zustand

Fürs Befahren der etwas schlechteren Abschnitte im Mittelteil gilt Ähnliches, wie auf Seiten 126f. erläutert. Wohnmobile größer als *Van Camper* 19/21 Fuß eignen sich nur bei Schönwetterperioden für den Mittelabschnitt der Strecke.

Für den südlichen Startpunkt des mittleren Abschnitts der *Forestry Trunk Rd* muß man dem alten *Highway* #1A folgen. Zwischen **Ghost Lake** und **Cochrane** (ca. auf halber Strecke zwischen Canmore und Calgary) zweigt der Hwy #40 ab. Alternativ kann man auch den TCH nehmen und über Morley und die Bow River Brücke die #1A ansteuern.

Nordegg

Bis Nordegg am *David Thompson Hwy* #11 sind es 264 km. Das beste Stück sind die letzten 50-60 km. Ein kurzer ***Trail*** führt zu den schäumenden Wasserfällen des **South Ram River** rund 60 km südlich der #11. Kurz vor Erreichen von Nordegg überquert man den malerischen **North Saskatchewan River**. Nördlich des Ortes führt die Shunda Creek Recreational Area Road zur ***HI-Hostel Shunda Creek***, © (403) 721-2140, $20.

David Thompson Highway

Der ***David Thompson Hwy*** gehört auf den 87 km zwischen Nordegg und dem *Banff National Park* zu den schönsten Straßen in Alberta. Auch wer in den Nationalparks (*Icefields Parkway*) unterwegs ist, wird einen kleinen Abstecher nach

Abstecher nach Osten nicht bereuen – mindestens bis zum Ende des ***Abraham Lake***, noch besser an den North Saskatchewan River auf der *Forestry Trunk Road*. Der türkisfarbene Stausee lädt vor grandioser Kulisse zum Verweilen ein. Aber nur einige holprige Zufahrten führen ans Wasser. Am Südende des Sees in der Nähe der ***Kootenay Plains PRA*** (***Campground***) beginnt die lohnenswerte Wanderung zu den 15 m hohen Siffleur Falls. Der leichte, 4 km lange *Trail* folgt nach der Hängebrücke über den North Saskatchewan River dem Flußcanyon bis zum Wasserfall.

Eine ganze Reihe ***Provincial Recreation Areas*** mit hübschen ***Campgrounds*** im Bereich um Nordegg bieten sich als Ausweichmöglichkeit an, wenn in der Hochsaison am *Icefields Parkway* der Nationalparks alles voll besetzt sein sollte.

Rocky Mountain House

Etwa 80 km östlich von Nordegg geht es kurz vor der Ortschaft **Rocky Mountain House** über die Straße #11A zum gleichnamigen ***National Historic Site***, der sich auf restaurierte Fragmente von fünf Forts aus der Pelzhändlerzeit bezieht, Ende Mai bis Anfang September 10-17 Uhr, $3. Der Weg zu den beiden älteren Anlagen führt schön 3 km am Fluß entlang.

Forestry Trunk Road, Nordteil

Ab Nordegg bis zum *Fairfax Lake Campground* (80 km) ist die in diesem Bereich weniger reizvolle Forststraße eine passable ***Dirt Road***. Danach folgen 120 km Schotter bzw. Asphalt guter Qualität (#40) bis zum *Yellowhead Highway*.

Von Hinton nach Grande Prairie
(Karte Seite 318)

Der nördlichste Ast der *Forestry Trunk Road* entspricht zunächst der **Straße #40**, hier durchgehend asphaltiert und als ***Big Horn Highway*** bezeichnet. Ca. 15 km nördlich des *Yellowhead Highway* durchquert die Straße den langgestreckten ***William A. Switzer Provincial Park***, der neben zwei Badestränden und vielen Wanderwegen auch Motorboot-, Ruderboot und Mountain-Bike-Verleih hat. Zudem kann man per Leihkanu (inkl. Rücktransport) auf fünf durch den ***Jarvis Creek*** miteinander verbundenen Seen paddeln. Vier kleine einfache *Campgrounds* liegen an Jarvis Creek und Jarvis Lake, aber allein der große komfortable ***Gregg Lake Campground*** besitzt Stromanschluß und Duschen, ✆ 1-877-865-5152.

Im Park bietet das ***Venture Scape Wilderness Retreat*** Quartier und Restaurant, ✆ 1-877-865-4741, ✆ (780) 865-4741.

Gute 100 km nördlich des *Yellowhead Highway* zweigt die hier nur mäßig gepflegte (geschotterte) ***Forestry Trunk Road #734*** vom ***Big Horn Highway*** ab. Beide Strecken verlaufen parallel durch ausgedehnte Wälder und sind nur teilweise attraktiv.

Die Forststraße mündet östlich von Grande Prairie in die Straße #43, der *Big Horn Highway* läuft direkt in die Stadt (➪ Seite 319/320). Bei Reiseplänen von Banff/Jasper in Richtung Norden und Verzicht auf einen Edmonton-Abstecher ist die Route über den Hwy #40 die kürzeste und schnellste Option.

3.6 Edmonton

Lage

Edmonton liegt inmitten einer flachen, streckenweise leicht hügeligen Prärielandschaft knapp 300 km nördlich von Calgary und ebenso weit östlich der Rocky Mountains. Mit ca. 960.000 Einwohnern ist der Großraum Edmonton die zweitbevölkerungsstärkste Region der Provinz Alberta (Stadt 666.000 Einwohner). Überwiegend landwirtschaftlich genutzt, bietet die Umgebung um den Austragungsort der Leichtathletik-WM 2001 keine besonderen Reize.

Von Edmonton nordwärts

Für Fahrten in den hohen Norden ist Albertas Hauptstadt der beste Ausgangspunkt (knapp 600 km bis Dawson Creek, wo der *Alaska Highway* beginnt; knapp 1.000 km bis hinauf zu den Northwest Territories).

3.6.1 Klima und Geschichte

Klima

Wie auf Seite 571 ausgeführt, zeichnet warmes, weitgehend **trockenes Sommerklima** Albertas Prärieregionen aus. Niederschläge sind selten und meist verbunden mit kurzen heftigen Gewittern. Dank seiner Lage relativ hoch im Norden scheint im Bereich Edmonton an schönen Tagen im Juni/Juli bis zu 17 Stunden die Sonne. Wechselhaftes Wetter mit bisweilen recht kühler Witterung zeichnet Frühjahr und Herbst aus.

Geschichte

Wie viele andere Städte des kanadischen Westens ging auch Edmonton aus den Niederlassungen der beiden großen Pelzhandelsgesellschaften hervor. ***Hudson's Bay*** und ***North West Company*** errichteten 1802 Seite an Seite *Fort Edmonton* bzw. *Fort Augustus* am Ufer des Saskatchewan River in Rossdale südlich von *Downtown*. *Fort Edmonton* wurde an fünf verschiedenenen Orten erbaut, zuletzt 1830 (➪ Seite 314). Aus dem Pelzhandelszentrum entstand bald eine Siedlung.

Blick auf die winterliche Skyline von Edmonton; im Vordergrund die Glaspyramiden des Muttart Conservatory, ➪ Seite 311.

Goldrausch

Der Klondike-Goldrausch 1897/98 verwandelte das entlegene Prärienest in eine ***Boom Town***, als an die 2.000 unerfahrene Prospektoren von dort aus auf dem Landweg (die meisten wählten den Seeweg von San Francisco, Seattle oder Vancouver durch die *Inside Passage* nach Dyea/Skagway - ➪ Seite 403) die Goldfelder am Klondike River erreichen wollten. Keiner von ihnen schaffte es, sich bis zum Frühsommer 1898 durch die unerschlossene Wildnis bis zum fernen Ziel durchzukämpfen.

Auf den *Boom* folgte kein *Bust*, die Talfahrt, wie sie so viele andere Städte nach plötzlichem Wachstum erleben mußten, wenn die Basis der Expansion entfiel. Edmonton behielt Zentralenfunktion für die weitere Entwicklung des Nordwestens und avancierte 1905 zur Hauptstadt der neuen Provinz Alberta. Nach dem Anschluß an das nördliche transkontinentale Eisenbahnnetz im Jahr 1915 wurde Edmonton zu einem der wichtigsten Verkehrsknotenpunkte im westlichen Canada.

Alaska Highway

Als in den 30er-Jahren die Erschließung bislang unzugänglicher Regionen im hohen Norden per Flugzeug begann, spielte Edmonton eine bedeutende Rolle. Beim Bau des *Alaska Highway* (➪ Seite 381f.) im 2. Weltkrieg war die Stadt eine der wichtigsten Etappen für den Nachschub. Aus dieser Zeit stammt die Bezeichnung Edmontons als ***Gateway to the North***.

Öl

1947 stieß man 30 km südwestlich der Stadt bei Leduc auf Öl, was den zweiten *Boom* auslöste. Edmonton verdoppelte seine Einwohnerzahl in nur einem Jahrzehnt. Heute bilden Erdöl- und Erdgasförderung sowie -verarbeitung das wirtschaftliche Rückgrat der Region. Außerdem wird von Edmonton aus die Ausbeutung der ölhaltigen Sände bei Fort McMurray gelenkt.

3

3.6.2 Information, Orientierung und öffentliche Verkehrsmittel

Tourist Information

Besucherinformationen befinden sich im ***Gateway Park*** (➪ unten), an der westlichen Stadtzufahrt (Hwy 16A westlich von *Spruce Grove*) und mitten in der Innenstadt:

Edmonton Tourism
9797 Jasper Ave (Downtown im *Shaw Conference Centre*),
✆ (780) 426-4715, ✆ 1-800-463-4667
Internet: **www.edmonton.com**

Besondere Erwähnung verdient die *Tourist Information* am ***Calgary Trail*** (Autobahn #2) am südlichen Stadtrand. Nebenan im **Gateway Park** informiert ein *Display* über Ölförderung und -industrie in Alberta. Dort ist ***Leduc #1 Oil Derrick***, der Nachbau eines Bohrturms von 1947 zu besichtigen. Seinerzeit gelang *Imperial Oil* südwestlich des *Gateway Park* die erste erfolgreiche Ölbohrung im Raum Edmonton.

Internet-Café: Cybertopia Internet Café, 11607 Jasper Ave, ✆ (780) 451-3849; www.cybertopiacafe.ca

Airport

Der ***Edmonton International Airport*** (YEG), www.edmontonairports.com, © (780) 890-8382 liegt ohne städtischen Busanschluß 30 km südlich der Innenstadt bei Leduc. Mit dem ***Sky Shuttle***, © 1-888-438-2342, © (780) 465-8515, **www.edmontonskyshuttle.com**, kostet die Fahrt nach Downtown $13.

Straßensystem

Dank der übersichtlichen Straßenführung und -bezeichnung ist es in Edmonton nicht sehr schwer, sich zurechtzufinden. Die ***Avenues*** verlaufen in ost-westlicher Richtung, die ***Streets*** von Norden nach Süden; die fortlaufende Zählung beginnt für die *Avenues* im Süden, für die *Streets* im Osten (Meridian St).

Orientierung

Der in weiten Bogen quer durch die Stadt fließende **North Saskatchewan River** teilt Edmonton in nördliche und südliche Stadtteile. Die Straßenzählung setzt sich – ungeachtet der Unterbrechung durch den Fluß – auf beiden Seiten fort. Neun Brücken überqueren innerhalb des Stadtgebietes den North Saskatchewan River, dessen Ufer auf nahezu ganzer Länge durch die Stadt von Grün- und Sportanlagen gesäumt werden. Das **Zentrum** Edmontons mit der *City Hall* und den Gebäuden der Provinzregierung liegt erhöht über dem Nordufer des Flusses. Hauptgeschäftsstraße ist die **Jasper Ave**. Auf der Südseite befinden sich der eindrucksvolle Campus der ***University of Alberta*** und schöne Wohnviertel.

Öffentlicher Nahverkehr

Edmonton verfügt über ein verhältnismäßig gut ausgebautes öffentliches Nahverkehrssystem, das Bus und Straßenbahn (*Light Rail Transit*, kurz **LRT**) kombiniert. Einzelfahrten kosten $2, 10 Tickets $16. Ein ***Daypass*** ($6) erlaubt eine beliebig häufige Nutzung aller Linien; er ist erhältlich in 200 Geschäften und Banken mit dem ***»Edmonton Transit System«-Logo***, **www.takeets.com**, © (780) 496-1611.

3.6.3 Unterkunft und Camping

Hotels/Motels

Wer nostalgisch und luxuriös übernachten möchte, findet im 1915 erbauten ***Fairmont Hotel Macdonald*** (10065 100th St, © 780-424-5181 und © 1-800-257-7544) angemessen Unterkunft.

Dort wie auch im ***Coast Edmonton Plaza Hotel*** (10155 105th St, © 780-423-4811 und © 1-800-663-1144) gibt es an Wochenenden Sondertarife unter den üblichen Tarifen. Preiswert für ein Hotel im Zentrum ist die ***Econo Lodge Downtown*** (10209 100th Ave, © 780-428-6442 und © 1-800-613-7043).

Außerhalb der Innenstadt findet man zahlreiche Hotels und Motels der **Mittelklasse** entlang der südlichen Zufahrtstraße (#2, *Calgary Trail*) im Bereich der Kreuzung mit der Straße #14 (z.B. das *Best Western Cedar Park Inn*, © 780-434-7411 und © 1-800-661-9461, 5116 Gateway Blvd) und entlang der westlichen Zufahrtstraße 101st Ave, speziell an deren Verlängerung *Stony Plain Road* im Bereich der 170. Straße.

Bed & Breakfast

Bei Vorabuchung von *B&B*-Quartieren (ab $60 fürs DZ) hilft:

Alberta Bed & Breakfast Association
www.bbalberta.com

Auf ihr werden zahlreiche Häuser auch in Edmonton im Bild vorgestellt. Buchung durch Direktkontakt.

Preiswerte Unterkünfte

Die **Jugendherberge** liegt in *Old Strathcona*:

Edmonton International Hostel (HI)
10647, 81st Ave, Edmonton, Alberta T6E 1Y1
© (780) 988-6836 und © 1-877-467-8336, **www.hostels.ca**
$21 pro Nacht; 88 Betten

Vorausreservierung empfiehlt sich ebenso wie beim meist gut belegten **YMCA** mit *Swimming Pool* und *Exercise Room* direkt in der Innenstadt:

YMCA
10030, 102 A Ave,
© (780) 421-9622, **www.edmonton.ymca.ca**
$25/Person; EZ $38; 110 Betten

Preiswerte Quartiere bietet (nur Mai bis August) auch die Universität von Alberta:

University of Alberta
89th Ave & 114th Street, **www.hfs.ualberta.ca**
© (780) 492-4281 und © 1-800-615-4807; EZ ab $33-$45

Camping

Camper finden rund um die City mehrere gute Plätze. Besonders zu empfehlen sind folgende *Campgrounds*:

Im Südwesten der Stadt liegt der städtische ***Rainbow Valley Campground & RV Park*** (13204 45th Ave) am Whitemud Creek nicht weit vom gleichnamigen *Freeway*, Abfahrt 119th Street. Im Sommer muß auf diesem beliebten Platz (nur z.T. *Hook-up*) zeitig am Tage eintreffen, wer noch unterkommen möchte; Reservierung möglich unter © (780) 434-5531 oder © 1-888-434-3991; $20-$24; **www.rainbow-valley.com**.

Am südlichen Stadtrand von Edmonton findet man am Blackmud Creek westlich der Autobahn #2 den ***Klondike Valley Campground***(1660 Calgary Trail), *Exit* Ellerslie Road einige Kilometer nördlich des *Gateway Park*, ➪ oben, in ebenfalls schöner Lage. Reservierung unter © (780) 988-5067. Außerhalb der Stadtgrenzen, im östlichen Vorort Sherwood Park, verfügen der komfortable ***Half Moon Lake Resort***, © (780) 922-3045, www.halfmoonlakeresort.com, $21-$30 (Bootsverleih, Minigolf) sowie der ***Kawtikh Retreat & Campground***, © (780) 922-5168, www.kawtikh.com, $18-$27 (Waldareal am Hastings Lake), jeweils über Sandstrände.

Der nächste *Provincial Park* (***Wabamun Lake***) liegt 60 km westlich von *Downtown* am *Yellowhead Hwy* #16; der ***Elk Island National Park*** ist knapp 50 km entfernt.

3.6.4 Klondike Days

Kennzeichnung

Alljährlich in der zweiten Julihälfte lassen die ***Klondike Days*** Erinnerungen an die wilde Zeit des Goldrausches wieder aufleben. Sie beginnen jeweils am **Donnerstag nach der *Calgary Stampede***; ➪ Seite 284. In der sonst eher ruhigen Stadt geht es in den zehn Tagen des ***Klondike Fever*** turbulent zu.

Wer während der ***»K-Days«*** in der Stadt weilt, sollte auf jeden Fall einen Blick in den Veranstaltungskalender werfen, um herauszufinden, wo was stattfindet. Urlaubspläne mit Blick auf die *Klondike Days* auszurichten, wäre nicht angemessen.

Veranstaltungen

Nach der Eröffnungsparade am Donnerstag 9.30 Uhr wird der Sir Winston Churchill Square täglich bis 23 Uhr zur Festwiese umfunktioniert und sonntags das Viertel ganz fürs Straßenfest gesperrt. Dort starten auch die spaßigen **Badewannenrennen** (99th St vor der *Edmonton Art Gallery*, Mo-Fr 12 Uhr).

Abseits dieser kostenlosen Aktivitäten lockt nordöstlich von Downtown im *Northlands Park* (Abzweig vom Wayne Gretzky Drive, Eintritt) die *Klondike Days Exposition* mit allabendlichem Feuerwerk (23 Uhr) über 700.000 Besucher an. Im Rahmenprogramm dieses riesigen Jahrmarktes stehen *Chuckwagon Derby* auf der Pferderennbahn, Goldschürfen im Bonanza Park, *Country Music* und viel Entertainment.

Infos: www.klondikedays.com, ✆ 1-888-800-PARK

Termine: 21.-30.07.2005, 20.-29.7.2006 und 19.-28.7.2007

Goldwaschen während der Klondike Days in den Straßen von Edmonton

3.6.5 Stadtbesichtigung

Parks

Edmonton ist mit seinen schönen Parks auf beiden Seiten des North Saskatchewan River alles in allem eine attraktive Stadt.

Am Ufer gibt es zahlreiche Freizeiteinrichtungen, Wander- und Fahrradwege folgen dem Flußlauf oft beidseitig durch die City.

Zentrum

Das Stadtzentrum von Edmonton läßt sich leicht zu Fuß erkunden. Ein guter Ausgangspunkt ist das terrassenförmig angelegte ***Shaw Conference Centre*** an der **Jasper Ave**. Diese wichtigste innerstädtische Ost-West-Straße (entspricht der 101st Ave) erhielt vor einiger Zeit ein neues Gesicht durch gepflasterte und mit Kunstwerken versehene Bürgersteige.

Neben dem Hotel *Macdonald* führt ein Treppenzug steil hinab zum North Saskatchewan River. Wer den attraktiven Weg über die ***Low Level Bridge*** wählt, kann von der Innenstadt aus zu Fuß das ***Muttart Conservatory*** erreichen (ca. 2 km). Die Brücke ist eine 8.000 t schwere doppelstöckige Stahlkonstruktion. Von ihr fällt der Blick fällt über den Fluß auf die *Skyline* Edmontons mit den markanten Hochhäusern ***ManuLife Place*** (146 m), ***Telus Plaza South*** (134 m) und ***Bell Tower*** (130 m).

Churchill Square

Über die 100th Street nordwärts gelangt man ins eigentliche Zentrum. Zunächst passiert man den **Rice Howard Way**. Die attraktive Passage mit Geschäften, Restaurants und Straßencafés lädt zum ***Outdoor Dining*** ein. Ein wenig weiter nördlich liegt der **Sir Winston Churchill Square**, einer der beliebtesten Treffpunkte Edmontons.

Kunstmuseum

Die ***Edmonton Art Gallery*** am Nordostende des Platzes (#2) zeigt Exponate verschiedener Kunstrichtungen. Geöffnet Mo-Fr 10.30-17 Uhr, So und Sa 11-17 Uhr; Eintritt $9.

Einkaufszentren

Trotz der enormen Konkurrenz durch die *West Edmonton Mall* (siehe unten) eröffnete eine neue ***Mall*** in der City, das ***Edmonton City Centre*** mit 170 Geschäften auf 4 Stockwerken. ***Pedways***, verglaste Verbindungswege, führen zum ***ManuLife Place*** im höchsten Gebäude Edmontons an der Ecke 101st St/102nd Ave und zum benachbarten ***Commerce Place***, zwei edlen, aber deutlich kleineren Malls. Nur wenig nordwestlich davon liegt der ***Boardwalk Market*** (102nd Ave/103rd St): alte Warenhäuser wurden zu einem kleinen Markt umgewandelt.

Muttart Conservatory

Drei der vier spitzen **Glaspyramiden** des *Muttart Conservatory* (9626 96A Street, an der Ecke 98th Ave) stehen für Klimazonen der Erde; in ihnen wachsen Pflanzen aus gemäßigten, trockenen und tropischen Regionen. Im 4. Pavillon wechselt die blütenreiche Bepflanzung mit den Jahreszeiten. Zwar werden Gartenfreunde am Besuch durchaus ihre Freude haben, besonders gilt das für den ***Tropical Garden***. Ein »Muß« sind die Treibhäuser trotzdem nicht. Für die Kamera jedoch bilden sie mit der *Skyline* Edmontons im Hintergrund ein prima Motiv. Geöffnet Mo-Fr 9-17.30 Uhr, Sa+So 11-17.30 Uhr; $8.

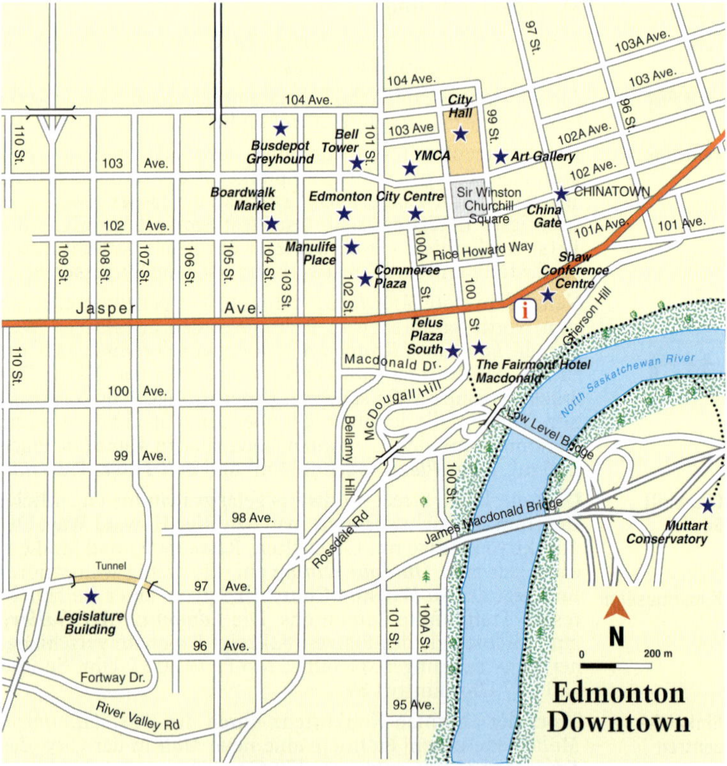

Regierungsgebäude

Das ***Alberta Legislature Building*** (Ecke 10800 97th Ave/107th St) markiert das Westende von *Downtown*. Wo einst das *Fort Edmonton* stand (siehe unten), tagt heute das Parlament von Alberta. Das aus dem Jahre 1912 stammende nostalgische Gebäude besitzt klassizistische, an europäischen Vorbildern orientierte Stilelemente. Führungen stündlich 9-17 Uhr, frei.

Provinzmuseum

Einen Besuch verdient das ***Provincial Museum of Alberta*** (12845 102nd Ave). Dieses naturkundlich-kulturgeschichtliche Museum unterscheidet sich in seinem klaren Aufbau und der Schwerpunktsetzung wohltuend von manch anderen Provinzmuseen. Sehenswert sind ***Wild Alberta*** mit vielen ausgestopften Tieren des kanadischen Westens in ihrer natürlichen Umgebung, die ***Gallery of Aboriginal Culture***, die einen Überblick über die Kultur der Indianer und die Siedlungsgeschichte der Region gibt, sowie die geologische und biologische Abteilung. Öffnungszeiten: täglich 9-17 Uhr, $10.

Gallery Walk

Ganz in der Nähe (124th St. zwischen Jasper Ave und Stony Plain Road) warten sieben private **Kunstgalerien** auf Besucher. Der *Edmonton Gallery Walk* verbindet sie.

Wissenschaftsmuseum

Das moderne ***Odyssium*** ist in einem futuristisch gestalteten Gebäude im ***Coronation Park*** (11211 142 Street Kreuzung 111th Ave) mehrere Kilometer nordwestlich von *Downtown* untergebracht. Ausstellungen und visuelle und akustische Versuche erhellen naturwissenschaftliche Zusammenhänge. Schwerpunkte sind dabei Astronomie, die Eroberung des Weltraums, der menschliche Körper und die Umwelt.

IMAX

Im angeschlossenen ***Margaret Zeidler Theatre*** finden im Kuppelsaal *Sternen-* und *Lasershow*s statt, im ***IMAX Theatre*** Filmvorführungen. Eintritt Museum $10, IMAX $10, Kombitickets $16, So-Do 10-17 Uhr, Fr+Sa 21 Uhr; Observatorium Fr-So 13-16 Uhr und 19-22 Uhr (September-Juni kürzer).

Kleine, aber durchaus eindrucksvolle Edmonton Skyline

Universität

Südlich des Flusses zwischen dem Saskatchewan Dr und University Ave (bzw. 100th St und 117th St) liegt der parkartige Campus der ***University of Alberta*** für über 30.000 Studenten. Im Universitätsbereich befindet sich das ***Rutherford House*** (11153 Saskatchewan Drive), ein 1911 errichtetes, aufwendig restauriertes Gebäude, das einst dem ersten Premierminister Albertas gehörte. *Tour Guides* in zeitgenössischer Kostümierung führen die Besucher gruppenweise durch die Räume. Geöffnet Mitte Mai bis Anfang September täglich 9-17 Uhr, sonst Di-So 12-17 Uhr; Eintritt $3.

Fort Edmonton Park

Der ***Fort Edmonton Park*** zwischen dem Südostufer des North Saskatchewan River (Quesnell Bridge/Fox Dr) und der Ringautobahn um die Stadt (dort Whitemud Dr #2) ist Standort eines eindrucksvollen Blockbohlenforts.

Altes Fort

Das alte ***Fort Edmonton***, ein im Jahr 1830 im Bereich des heutigen Regierungsviertels erbauter befestigter Handelsposten der *Hudson's Bay Company*, wurde nach seinem Abriß 1915 ab 1969 am Ufer des Flusses originalgetreu wiedererrichtet. Sowohl seine imposanten Palisaden als auch der Komplex innerhalb der Befestigung sind ein ausgiebige Besichtigung unbedingt wert.

Neben *Old Fort William* (⇨ Seite 519) und *Fort Walsh* in den Cypress Hills (⇨ Seite 549) gehört diese Rekonstruktion zu den sehenswertesten in ganz Canada.

Old Edmonton

Das Fort steht im größten historischen **Museumsdorf** Canadas mit typischen Edmonton-Straßenzügen aus den Jahren 1885, 1905 und 1920. Dazu wurden einige Originalgebäude hierher versetzt und restauriert, aber die Mehrheit der Häuser nachgebaut. Fahrten mit Postkutschen, Dampflokomotive und Straßenbahn komplettieren das nostalgische Bild. Täglich 10-18 Uhr Ende Juni-Anfang September, Ende Mai-Ende Juni Mo-Fr 10-16 Uhr, Sa und So 10-18 Uhr. Eintritt $10.

Szenerie wie im 19. Jahrhundert im Fort Edmonton Park

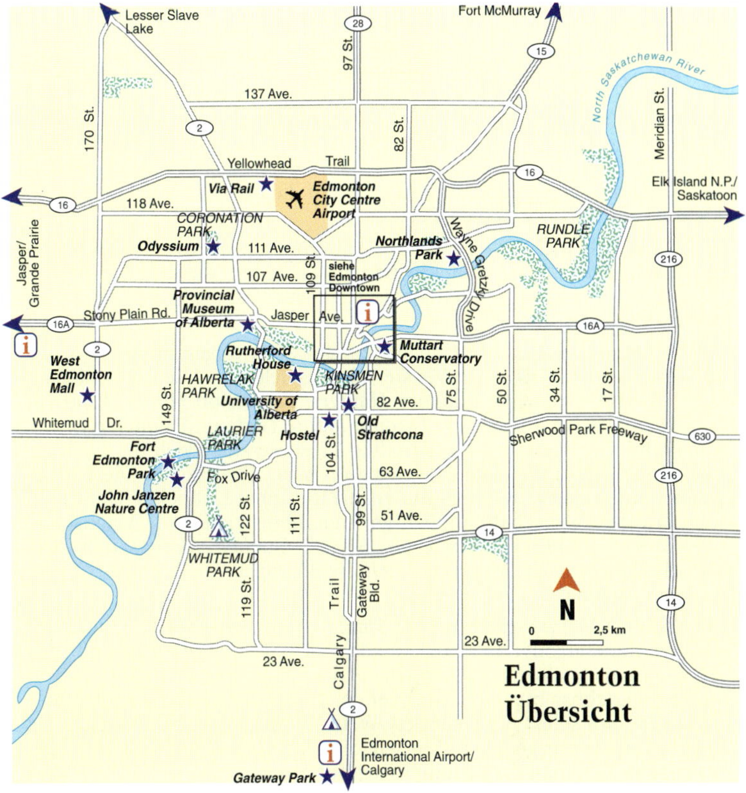

Nature Centre

Das dem Park benachbarte ***John Janzen Nature Centre*** eignet sich von seiner Konzeption her weniger für Einzelbesucher als vielmehr für spezifisch interessierte Gruppen wie Schulklassen, die Flora und Fauna der Region kennenlernen wollen. Juli+August Mo-Fr 10-17 Uhr, Sa+So ab 11 Uhr, sonst täglich bis 16 Uhr; Eintritt $2.

West Edmonton Mall (WEM)

Vom Fort Edmonton Park ist es auf dem Whitemud Dr (Autobahn #2) nicht sonderlich weit zur ***West Edmonton Mall*** (*WEM*) an der 170th St/87th Ave-90th Ave. Von der Innenstadt zum immer noch **weltgrößten überdachten Shopping- und Entertainmentzentrum** geht die 102nd Ave in die Stony Plain Rd. über, dann links ab auf die 170th St. Die weiträumige Ausschilderung erleichtert die Orientierung und weist darauf hin, daß sich die ***WEM*** seit ihrer Eröffnung im Jahr 1981 zu Edmontons Top-Attraktion entwickelt hat.

Eishockey – der kanadische Nationalsport

Die mit Abstand beliebteste Sportart in Canada ist *Hockey* – natürlich Eishockey. Obwohl Holländer und Briten nachweislich schon früher einen Ball mit Schlägern über die Eisfläche getrieben haben, behaupten Kanadier gerne, Canada sei Mutterland des Eishockeys. Daran ist immerhin so viel richtig, daß die Regeln des Spiels erstmals in Canada schriftlich niedergelegt wurden und man dort auf die Idee kam, den Ball durch die seither übliche Scheibe zu ersetzen.

Eishockey hat sich zu einem Geschäft mit enormen Umsätzen entwickelt. An der schier endlosen Berichterstattung, die die Medien von Oktober bis in den Juni hinein beherrscht, läßt sich die Bedeutung dieser Sportart ablesen.

Dreißig Mannschaften aus Canada und den USA tragen in der *National Hockey League* (NHL) ihre Meisterschaftsspiele aus. Die sechs kanadischen Vertreter sind die ***Calgary Flamers, Edmonton Oilers, Montréal Canadiens, Ottawa Senators, Toronto Maple Leafs*** und ***Vancouver Canucks***. Im Gegensatz zu europäischen Ligen versteht sich die NHL als exklusiver Zirkel, bei dem es weder Auf- noch Abstieg gibt. Die Vereine gehören millionenschweren Besitzern, die mit ihren Eishockey-Unternehmen Profite erwirtschaften möchten, andernfalls ziehen die Mannschaften mit Sack und Pack um, wie z.B. 1995 die *Québec Nordigues* als *Colorado Avalanche* nach Denver oder 1996 die *Winnipeg Jets* als *Phoenix Coyotes* nach Arizona.

Die Profiliga-Meisterschaft um den *Stanley Cup*, 1892 vom damaligen britischen Generalgouverneur in Canada, *Lord Stanley*, gestiftet, gilt den Kanadiern als wichtigstes Sportereignis des Jahres. Es ist in seiner Bedeutung vergleichbar mit dem Endspiel der *Champions League* im Fußball. Dahinter muß selbst die Eishockey-Weltmeisterschaft zurückstehen: Da sie regelmäßig zur gleichen Zeit wie die *Play Offs* um den *Stanley Cup* stattfindet, nehmen an ihr durchweg nur Spieler der zweiten Garnitur teil, d. h., aus jenen Mannschaften, die aus dem laufenden Wettbewerb bereits ausgeschieden sind.

Bei einem Gespräch über Eishockey fällt früher oder später der Name ***Wayne Gretzky.*** »*The Great One*« mit der Trikotnummer 99 wurde vierfacher Stanley-Cup-Gewinner mit den *Edmonton Oilers.* Er gilt als der beste Eishockeyspieler aller Zeiten und ist bis heute unübertroffener Torschützenkönig des NHL. In der ewigen Scorerwertung (Tore und erfolgreiche Torvorlagen) der NHL hat er mit 2.857 Punkten phänomenale 1.000 Punkte Vorsprung vor dem Zweitplazierten.

Die überschäumende Eishockey-Begeisterung hat einen politischen Hintergrund. Diese Sportart gehört zu den wenigen Bereichen, in denen Canada den Vergleich mit den USA nicht zu scheuen braucht. Unter dem verantwortlichen Team Director *Wayne Gretzky* (und bei kanadischer TV-Rekordeinschaltquote) gewann das Eishockeymutterland 2002 in Salt Lake City (USA) das olympische Finale mit 5:2 gegen den südlichen Nachbarn.

West Edmonton Mall (WEM)

Die Dimensionen der WEM sind überwältigend. Der von außen unansehnlich wirkende, von riesigen Parkplätzen und -garagen umgebene Komplex besitzt ein »Innenleben« von über 800 Läden, **110 Restaurants**, 6 Kaufhäusern und 26 Kinos inkl. 3D-IMAX-Riesenleinwand, wo bis zu 23.000 Menschen beschäftigt sind. Wem das Einkaufen zu langweilig wird, kann im ***Galaxyland*** (Tagespaß $27) im weltgrößten ***Indoor-Rollercoaster*** mit **3-fach-Looping** oder in **3D-Bewegungssimulatoren** Nervenkitzel suchen, in einem U-Boot ($11) tauchen, Eislaufen ($5) oder Minigolf spielen ($8), Delphine bewundern und im ***Fantasyland Hotel*** auch gleich über Nacht bleiben (✆ 1-800-RESERVE, ✆ (780) 444-3000).

Im ***World Waterpark*** (Tagespaß $27) sorgen ein künstlicher Strand, Brandungsbad und 14 unterschiedlichste Wasserrutschen für Badespaß selbst mitten im Winter, ➪ Foto Seite 33.

Wagemutige lockt ein überdachter ***Bungee Tower*** an.

Nachbauten von **Columbus' *Santa Maria***, von New Orleans' ***Bourbon Street***, von europäischen Straßen und einer chinesischen **Pagode** bemühen sich um internationales Flair.

Jede Sonderattraktion kostet indessen Eintritt. Wenn das Geld für den totalen Konsum nicht reicht, hilft vielleicht ein Besuch in der **Bingo-Halle** oder im **Spielkasino**.

Die *WEM* ist täglich geöffnet: Mo-Sa 10-21 Uhr, So 12-18 Uhr. Eine laufend aktualisierte Programmansage läuft *toll-free* unter: ✆ **1-800-661-8890**.

Grandioser Nachbau der Santa Maria im WEM

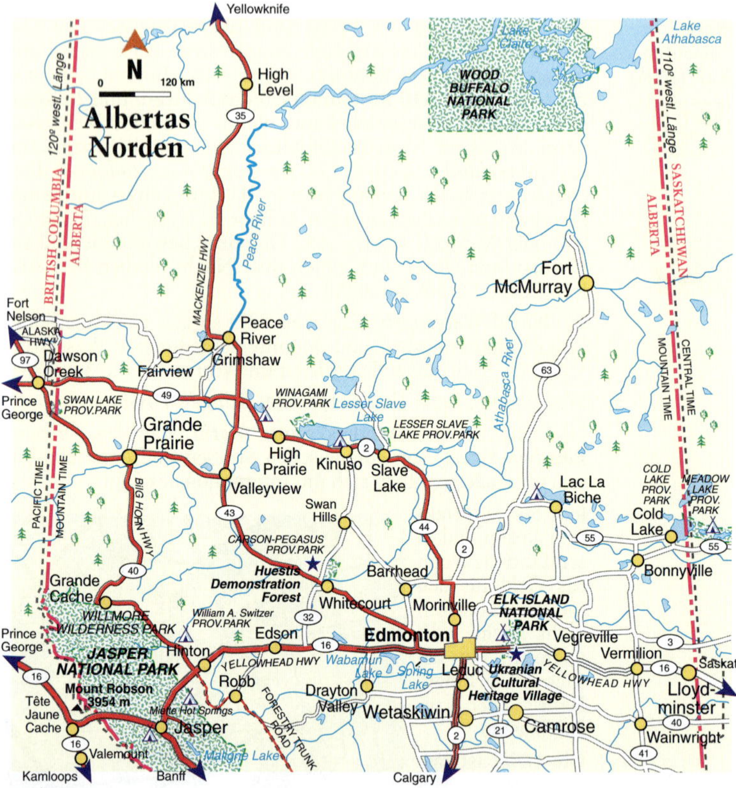

3.6.6 Edmontons Umgebung

Die flache Umgebung Edmontons bietet Touristen nicht allzuviel, sieht man vom ***Elk Island National Park*** am *Yellowhead Highway* einmal ab. Er liegt knapp 50 km östlich der Stadt.

Elk Island National Park

Dort erheben sich die bewaldeten ***Beaver Hills*** des nur 194 km² großen *Elk Island National Park* über die umgebende Prärie. Die Zufahrt erfolgt direkt vom *Yellowhead Hwy* oder über Lamont (Straße #15). Für die Hauptstädter ist der Nationalpark beliebtes Ausflugs- und Wochenendziel. Insbesondere der Astotin Lake mit seiner *Sandy Beach* samt ***Campground*** und die zahlreichen Wanderwege, darunter mehrere Naturlehrpfade u.a. zu **Biberburgen,** ziehen die Besucher an. Von dem im Park vorhandenen Wild, vornehmlich **Hirschen** (*Elks*) und **Elchen** (*Moose*), bemerkt man mittags zumeist wenig. Hauptattraktion sind die ***Bisons*** (*Buffalos*), die strikt getrennt nach Waldbison südlich und Präriebison nördlich des *Yellowhead* #16 weiden (⇨ Seite 494). Man sieht sie direkt von der Hauptstraße aus oder auch entlang der Parkstraße und der kurzen ***Bison Loop Road***. Tagsüber liegen die mächtigen Tiere oft wiederkäuend im Schatten oder baden im Staub, um Insekten zu verjagen. Aktiv sind sie meistens in den Morgen- und Abendstunden. Insbesondere zur Paarungszeit im Hochsommer zeigen sich Bisonbullen von ihrer temperamentvollen Seite, wenn sie versuchen, mit ihren kurzen, spitzen Hörnern Konkurrenten zu vertreiben. Um das Wild im Park zu halten, aber auch, um größere Raubtiere (Bären, Wölfe) bzw. erkrankte Tiere fernzuhalten, wurde *Elk Island* als einziger Nationalpark Canadas rundum eingezäunt, ✆ (780) 922-5790.

Information im Internet: www.pc. gc.ca/elk

Ukrainian Village

Gegenüber der Parkeinfahrt (am *Yellowhead Hwy)* stehen die Zwiebeltürme des ***Ukrainian Cultural Heritage Village***. In den Farmhäusern, in Schmiede, Kirche und Straßen dieses ausgezeichneten ukrainischen Museumsdorfes erzählen »Dorfbewohner« in zeitgenössischen Trachten die Siedlungsgeschichte der Immigranten, die zwischen 1892 und 1930 aus der Ukraine ins östlich zentrale Alberta kamen. Das weitläufige Freilichtmuseum ist Mitte Mai bis Anfang September tägl. 10-18 Uhr, bis Mitte Oktober Sa+So 10-18 Uhr geöffnet; Eintritt $8.

Exkurs: Von Edmonton nach Dawson Creek

Von Südosten zum Ausgangspunkt des Alaska Highway gibt es keine reizvolle Reiseroute. Alle Strecken durchqueren überwiegend langweilige Agrar- und Waldgebiete.

Direkte Route

Der **kürzeste und schnellste Weg nach Dawson Creek** führt über Whitecourt und Grande Prairie. Die knapp 600 km lange, gut ausgebaute Kombination der Straßen #16/#43 in Alberta und #2 in British Columbia läßt sich als Tagesetappe bestens bewältigen.

Whitecourt

Erster größerer Ort am Wege ist Whitecourt. Ca. 12 km weiter nordwestlich, an der Straße #32, liegt der ***Huestis Demonstration Forest***, in dem Einflüsse holzwirtschaftlicher Aktivitäten (Abholzung und Wiederaufforstung) auf das Ökosystem – im Sinne der Betreiber – positiv dargestellt werden. Für die 7 km lange Rundfahrt durch verschiedene Ökosysteme und den Naturlehrpfad ist der Besuch den Abstecher wert.

Camping

Zum Campen eignet sich in diesem Bereich der ***Carson-Pegasus Provincial Park*** ein wenig nördlich des *Huestis*. Er ist schön angelegt und bietet neben dem *Campground* einen kleinen Sandstrand und Kanuvermietung auf verbundenen Seen.

Grande Prairie

Grande Prairie ist mit 36.000 Einwohnern größte Stadt der Region. Einen besonderen Grund zum Verweilen gibt es dort nicht. Internet: **www.cityofgp.com**.

Weitere Provinzparks

Letzte Station vor Dawson Creek für eine Campingübernachtung könnte der ***Swan Lake Provincial Park*** sein. Der Park mit Badestrand liegt bereits in BC.

Route über den Lesser Slave Lake

Die nur 50 km längere Straßenkombination #44/#2/#49 über den ***Lesser Slave Lake*** (250 km nördlich Edmonton) ist eine nur bedingt erwägenswerte Alternative. Die Route südlich des 110 km langen Sees verläuft überwiegend weitab der Ufer.

Einen Zugang zum See gibt es nur in wenigen unattraktiven Orten und den **Provinzparks *Lesser Slave Lake*** im Nordosten und ***Hilliards Bay*** im Nordwesten. Beide besitzen weiße Sandstrände und Campingplätze. Einer der wenigen guten ***Campgrounds*** am Südufer ist der private ***Spruce Point Park***, © (780) 775-2117, mit Zufahrt westlich von Kinuso. Kaum einen Umweg (auf den Straßen #749/#679) erfordert der ***Winagami Lake Provincial Park*** mit ebenfalls ordentlichem *Campground*.

Exkurs: Von Edmonton nach Jasper

Von Edmonton nach Jasper sind es **360 km** auf dem ***Yellowhead Highway***, der zunächst schnurgerade durch flaches Farmland läuft. Eine halbe Fahrstunde westlich der Stadt laden bei **Stony Plain** und **Spring Lake** warme Seen mit Badestrand, Campground und Bootsverleih zur Erholung vom Stadtbesuch ein.

Erst auf ihrer zweiten Hälfte ab **Edson** gewinnt die Strecke landschaftlich ganz allmählich an Reiz. Mit den Rocky Mountains erreicht man gleichzeitig die östliche Einfahrt in den ***Jasper National Park***. Die nun folgenden 50 km bis zur **Stadt Jasper** im breiten urstromartigen Tal des **Athabasca River** verlaufen überaus malerisch.

Wer sich für diese Route entscheidet, findet die Ausführungen zu Jasper ab **Seite 257**. Eine kurze Beschreibung des ***Big Horn Highway*** von **Hinton** nach Norden (Grande Prairie) steht auf **Seite 305** unten.

Picknick mit Blick über den Okanagan Lake vom Giant Head Mountain (auf etwa halber Höhe, ⇨ *Seite 339)*

3.7 Von den Rocky Mountains nach Vancouver

3.7.1 Trans Canada Highway von Lake Louise bis Kamloops

Verlauf des TCH

Westlich Lake Louise läuft der TCH durch den unmittelbar an den *Banff Park* anschließenden ***Yoho National Park***, durchquert im weiteren Verlauf den ***Glacier National Park*** und passiert kurz darauf den ***Mount Revelstoke National Park****). **Diese rund 230 km sind der landschaftlich attraktivste Abschnitt des *Trans Canada Highway***, wenngleich der oft sehr starke Verkehr das Naturerlebnis erheblich beeinträchtigt. Aber schon wenig abseits der Hauptstraße scheinen Lärm und Betrieb des TCH weit weg zu sein. (⇨ Weitere Ausführungen hierzu stehen in der Einleitung zu Kapitel 3.7.4.)

Wasserscheide

Die Grenze zwischen *Banff* und *Yoho National Park* markiert gleichzeitig die Provinzgrenze zwischen Alberta und British Columbia und die Wasserscheide (***Continental Divide***) zwischen Pazifik und Atlantik.

Yoho National Park

Das Gebiet des heutigen ***Yoho National Park*** wurde erst Ende des 19. Jahrhunderts im Zusammenhang mit dem Bau der ersten transkanadischen Eisenbahn erforscht. Die damals für die Schiene gewählte Route über den ***Kicking Horse Pass*** (1.647 m) erwies sich Jahrzehnte später auch für die Trassenführung des *Trans Canada Highway* als geeignet.

Information

Yoho National Park
✆ (250) 343-6783
Internet: www.pc.gc.ca/yoho

Lake O`Hara

Die von vielen **favorisierte Wanderregion** im *Yoho Park* ist die Umgebung des **Lake O'Hara**, südlich des TCH; Abzweigung ca. 3 km westlich der *Continental Divide*. Den Parkplatz am *Trailhead* erreicht man auf einer Schotterstraße (1 km). Für

*) *Kootenay National Park* ⇨ Seite 343f.

alle, die den 11-km-Anmarsch auf der ***Lake O'Hara Fireroad*** (keine Fahrräder) zum einmalig gelegenen See nicht machen wollen, gibt es einen **Shuttle-Bus** (8.30, 10.30, 15.30 und 17.30 Uhr ab Parkplatz; $15), der im Sommer – bis zu 3 Monaten im voraus möglich – reserviert werden muß: © (250) 343-6433. Dieselbe Telefonnummer und dasselbe Verfahren gelten auch für die **Reservierung des Campingplatzes** (500 m zum See). Nur bei rechtzeitigem Anstellen (am Vortag vor 9 Uhr!) erwischt man im ***Field Visitor Centre*** eine der Handvoll ***Stand-By-Tickets*** für *Campground* und *Shuttle Bus*. Die *Elizabeth Parker Hut* (600 m vom See entfernt) des kanadischen Alpenvereins (➪ Seite 271 unten) ist ebenfalls Monate im voraus ausgebucht. Die – sehr teure – ***Lake O'Hara Lodge*** am See kann unter der Nummer © (250) 343-6418 reserviert werden.

Alpine Circuit Trail

Der beliebteste Weg in dieser Region ist der ***Alpine Circuit***, ein Höhenpfad rund um den türkisfarbenen Lake O`Hara (ca. 12 km, schneefrei ab Juli, dann ohne hochalpine Erfahrung machbar). »Das beste, was die kanadischen Rockies (vor dem *Berg Lake Trail/Mount Robson PP)* zu bieten haben«, fand ein Leser.

Spiral Tunnels

Da sich das 4,5%ige Gefälle der Originaleisenbahntrasse westlich des ***Kicking Horse Pass*** als zu steil erwies – viele Waggons entgleisten –, wurde es bereits 1909 mit Hilfe zweier spiralförmig angelegter Tunnel auf 2,2 % verringert. Die Tunnel schlagen einen Bogen von 226° bzw. 288°. Weil kanadische Güterzüge oft extrem lang sind, sieht man gelegentlich die Loks bereits am unteren Tunnelausgang herauskommen, wenn die letzten Wagen noch oben hineinrollen.

Den ***Lower Spiral Tunnel*** kann man vom TCH einsehen, zum nicht so interessanten ***Upper Spiral Tunnel Viewpoint*** muß man ein Stück der Straße ins *Yoho Valley* hinein folgen. Die Zugfrequenz ist relativ hoch, so daß die Chance, Züge in die Tunnel ein- und ausfahren zu sehen, groß ist. Das durchdringende Pfeifen der Züge signalisiert ihre Tunnelnähe.

Die beiden Campingplätze auf der *Yoho Valley Road* sind nur 1 km voneinander entfernt. Dabei ist der weitläufige Platz ***Kicking Horse*** erheblich besser als der ***Monarch Campground***.

Abstecher zu den Takakkaw Falls

Der Abstecher zu den *Takakkaw Falls* auf der ***Yoho Valley Road*** (nur Ende Juni-Anfang Oktober), die 4 km östlich vom *Field* am ***Monarch Campground*** vom TCH abzweigt, sollte das Minimalprogramm im *Yoho Park* sein. Bis zum Straßenende sind es 13 km auf Asphalt. Auf halber Strecke machen enge Serpentinen Campmobilen über 23 Fuß Länge zu schaffen. Größere Campmobile und Busse überwinden das Hindernis durch abwechselndes Vorwärtsfahren und Zurücksetzen auf den Geraden, wenn sie die Kurven nicht meistern können.

Vom Parkplatz geht es auf kurzem Pfad an und über den *Yoho River* bis zum Fuß der ***Takakkaw Falls***, deren Wasser 254 m tief hinabstürzt.

Gespeist wird der zweithöchste kanadische Wasserfall vom nur wenig oberhalb gelegenen ***Daly Glacier***. Der schöne ***Walk-in Campground*** (➪ Foto Seite 144) am Straßenende ist im Sommer meist schon vormittags belegt.

Trails ins Hinterland des Yoho Valley

Der Parkplatz an den ***Takakkaw Falls*** bildet eine Art Knotenpunkt im Wegenetz des Parks. Ein 4 km langer, ebener *Trail* führt zu den ***Laughing Falls***. Von dort aus erreicht man die (unbewirtschaftete) ***Stanley Mitchell Hut,*** eine Hütte des ***Alpine Club of Canada*** im *Little Yoho Valley* nach 5 km, Reservierung ➪ Seite 271 unten.

Takakkaw Falls

Der Weg (ca. 4 km) von den *Laughing Falls* zum (bewirtschafteten) ***Twin Falls Chalet***, © (403) 228-7079, mit Blick auf die 80 m hohen ***Twin Falls*** gehört zu den populärsten Wanderrouten im *Yoho Park*. Zurück folgt man dem kaum längeren ***Marpole Lake Connector*** (am gleichnamigen kleinen See vorbei) oder dem herrlichen *Whaleback Trail* (+5 km) mit spektakulärem Höhenpanorama. Ein weiterer schöner Wanderweg überquert vom exquisit gelegenen ***Whiskey Jack Hostel*** (HI, Reservierung wie *Banff Hostel,* ➪ Seite 271, 27 Betten, $19) auf der westlichen Talseite den *Yoho Pass* zum Emerald Lake (direkt 11 km, nur lohnend in Verbindung mit ***Burgess Pass Trail,*** 18 km). Auf dem ersten Kilometer identisch mit dem *Yoho Pass Trail* verläuft der ***Iceline Trail,*** der zunächst eine 6,5 km entfernte Paßhöhe (2.210 m) oberhalb der Baumgrenze anvisiert. Der Aufstieg in die Höhe lohnt sich selbst für 2 km wegen der fantastischen Ausblicke auf ***Takkakaw Falls***, Berggipfel und Gletscher. Mit dem *Iceline Trail* beginnt auch die mit Abstand attraktivste **Rundwanderung** (26,5 km) über ***Lake Celeste Connector*** in das ***Little Yoho Valley***, dann ***Whaleback Trail*** zum *Twin Falls Chalet* und ***Laughing Falls Trail*** zurück zum Ausgangspunkt.

Field

In Field, einer 1885 bei der Konstruktion der Canadian Pacific Railway entstandenen Eisenbahnersiedlung 4 km westlich des *Yoho Valley Road* Abzweigs, passiert man das ***Yoho Park Visitor Centre***, zugleich offizielles ***Alberta & BC Welcome Centre*** (täglich 9-16 Uhr, im Sommer 9-19 Uhr). Dort gibt es auch den ***Backcountry Guide to Yoho National Park***, eine nützliche Broschüre mit allen *Trails*.

Emerald Lake

Die Zufahrt zum wunderschönen *Emerald Lake* zweigt 3 km westlich Field vom TCH ab. Gleich eingangs der Straße passiert sie die ***Natural Bridge***, eine pittoreske Felsenbrücke über den *Kicking Horse River*. Bis zum glasklaren *Emerald Lake*, dessen türkise Färbung dem Namen (»Smaragd«) Ehre macht, sind es 8 km auf guter Straße. Ein guter Weg (5 km) führt rund um den See, ein **Kurztrail** zu den ***Hamilton Falls***.

Die ***Emerald Lake Lodge*** mit Kanuverleih ($25/Stunde) verfügt über rustikale Luxus-Hütten mit Seeblick (im Sommer ab $200/Nacht), © (250) 343-6321 oder © 1-800-663-6336, **Internet**: www.emeraldlakelodge.com.

Camping

Nahe der Westgrenze des Parks (noch vor der Brücke über den *Kicking Horse River*) liegt etwas abseits der Hauptstraße der ***Hoodoo Creek Campground***, dessen rückwärtiger Teil hübsche Plätzchen bietet. Oberhalb des ***Hoodoo Creek*** führt ein steiler Pfad zu ***Hoodoos*** (1,6 km); diese Sandsteintürmchen sind beeindruckender als die in Banff (➪ Seite 273).

Kicking Horse River

Der Kicking Horse River zählt bis Golden zu den wildesten ***Whitewater-Rafting***-Flüssen in BC. Eine Halbtagestour ($65) auf dem *Upper River* (20 km, Grad III-IV) kann man mit dem unbändigen *Lower River* (7 km, Grad IV+) zum Tagestrip ($105) ausdehnen, ***Alpine Rafting***, © 1-888-599-5299.

Golden

Bei **Golden**, einem Städtchen ohne besonderen Reiz, mündet der *Kicking Horse* in den *Columbia River*. Am an sich schön gelegenen ***Municipal Campground***, © (250) 344-5412, stört der Eisenbahnlärm auf der Flußseite gegenüber. Am TCH wartet östlich der Stadt der ***Whispering Spruce Campground***, © (250) 344-6680. Er ist wegen der TCH-Nähe etwas laut, verfügt aber über einige gute, straßenabgewandte Stellplätze am Hang.

Forest Service Camping

Zwischen den Parks *Yoho* und *Glacier* führen Forststraßen in das Gebiet am südlichen Ausläufer des ***Kinbasket Lake***. Die Campingplätze des *Columbia Forest District* sind dort selbst im Sommer nur mäßig belegt – Info und Karten in den *Forest Offices* in Golden und Revelstoke.

Glacier National Park

Der *Glacier National Park* (Info ➪ Seite 327) umfaßt ein Areal von **1.349 km² mit über 400 Gletschern** in den nördlichen Ausläufern der ***Selkirk Mountains*** und ***Purcell Mountains***, beides Bergketten der ***Columbia Mountains***. Über 10% seiner Fläche liegen auch im Sommer unter Schnee und Eis. Vom quer durch den Park führenden TCH ist von den Gletschern aber fast nichts zu sehen. Wer einen Blick auf das ewige Eis werfen möchte, muß einen der vielen ***Trails*** in Angriff nehmen.

Lawinengefahr

Auch im ***Glacier Park*** wurde mit der Verlegung der Schienentrasse über den ***Rogers Pass*** im Jahre 1885 kanadische Eisenbahngeschichte geschrieben. Die Witterungsverhältnisse am Paß (statistisch gesehen regnet oder schneit es an 3 von 5 Tagen; im Winter fallen durchschnittlich über 9 m Schnee) und

British Columbias Südosten
0
N
40 km
Prince George
Grande Prairie
William A.Switzer Prov.Park
Edson
Edmonton
YELLOWHEAD HWY
Big Horn Hwy
Hinton
JASPER NATIONAL PARK
MOUNTAIN TIME ZONE
PACIFIC TIME ZONE
Mount Robson 3954 m
Yellowhead Pass 1131 m
Miette Hot Springs
Jasper
Tête Jaune Cache
Valemount
MOUNT ROBSON PROV.PARK
CARIBOO MOUNTAINS
Mt. Sir Wilfried Laurier 3520 m
WELLS GRAY PROV. PARK
Athabasca Falls
Maligne Lake
FORESTRY TRUNK ROAD
North Saskatchewan R.
DAVID THOMPSON HWY
Nordegg
Red Deer
Rocky Mountain House
Ram Falls
Abraham Lake
ICEFIELDS PARKWAY
Icefield Centre
Sunwapta Pass 2035 m
Mount Columbia 3747 m
Torii Mountain 3429 m
Kinbasket Lake
Mica Dam
Blue River
Clearwater Lake
Murtle Lake
Helmcken Falls
Spahats Falls
Mahood Lake
Clearwater
MONASHEE MOUNTAINS
ALBERTA
BRITISH COLUMBIA
Mt. Sir Sandford 3522 m
Bow Summit 2088 m
BANFF NATIONAL PARK
Takakkaw Falls
YOHO NATIONAL PARK
Lake Louise
North Thompson River
Lake Revelstoke
SELKIRK MOUNTAINS
Rogers Pass 1327 m
Golden
Little Fort
100 Mile House
Adams Lake
Barrière
Shuswap Lake
MOUNT REVELSTOKE NATIONAL PARK
GLACIER NATIONAL PARK
Calgary
Banff
Canmore
KOOTENAY NATIONAL PARK
Mt. Assiniboine 3618 m
Roderick Haig-Brown PP
Craigellachie
Revelstoke Dam
Revelstoke
PURCELL MOUNTAINS
MOUNTAIN TIME ZONE
PACIFIC TIME ZONE
Columbia River
Paul Lake Prov.Park
Sicamous
Kamloops
Vancouver
Salmon Arm
Armstrong
Shelter Bay
Galena Bay
Fähre
Trout Lake
Radium Hot Springs
Dry Gulch PP
Mt. Farnham 3457 m
O'Keefe Ranch
Vernon
Coldstream
Upper Arrow Lake
Nakusp Hot Springs
Nakusp
Fairmonnt Hot Springs
Duncan Lake
Duncan Dam
Canal Flats
Whiteswan Lake PP
Okanagan Lake
Bear Creek Prov.Park
Kelowna
Needles
New Denver
Slocan Lake
Sandon
Kaslo
Fauquier
Premier Lake PP
Wasa Lake PP
Peachland
Myra-Bellevue PP
Kootenay Lake
Kettle Valley Steam Railway
Okanagon Lake PP
Summerland
Lower Arrow Lake
Kimberley
Crowsnest Pass
Fort Steele
Balfour
Nelson
Cranbrook
Fernie
Penticton
Keenleyside Dam
Keremeos
Similkameen R.
Oliver
Castlegar
Christina Lake
Green-wood
Grand Forks
Rossland
Trail
Kootenay Pass 1774 m
Osoyoos
Midway
Creston
Kootenay River
BRITISH COLUMBIA
WASHINGTON
CANADA
USA
IDAHO
MONTANA
Haynes Point PP
49º nördl.Breitengrad
Mt.Kobau Lookout

3

extreme Lawinengefahr behinderten den Betrieb jedoch derart, daß man den Paß 1916 mit dem 8 km langen ***Connaught Tunnel*** umging, der 1988 durch den ***Mount MacDonald Tunnel,*** mit 14,7 km längster Eisenbahntunnel Amerikas, ersetzt wurde. Im Prinzip ist der Autoverkehr (erst seit 1962!) über den *Rogers Pass* ebenso lawinengefährdet, wie es einst die Züge waren. Aber dank teilweiser Betonüberdachung der Straße und intensiver Lawinenkontrollmaßnahmen einschließlich gezielter künstlicher Auslösung läuft der Verkehr auch im Winter weitgehend störungsfrei.

Lawinenschutzdemo. Der TCH ist im Verlauf durch die Rockies auf langen Abschnitten in diesr Form »überdacht«

Rogers Pass

Das *Rogers Pass Information Centre* des ***Glacier Park*** liegt zusammen mit einer kleinen Versorgungsinfrastruktur (*Best Western Motel, Cafeteria, Shops*) direkt am TCH, ca. 1 km vor (östlich) der Paßhöhe. Eine Ausstellung und Filme erläutern Konstruktion von Straße und Eisenbahn durch die Berge und Methoden der Lawinenbekämpfung gestern und heute. Am Schalter des *National Park Service* gibt's Karte und u.a. den *Trail Guide* ***Footloose in the Columbias***, in dem alle Wanderwege im ***Glacier*** **und** im ***Mount Revelstoke National Park*** beschrieben sind (auch auf deutsch erhältlich). Für längere Wanderungen mit Übernachtung im Hinterland des Parks erhält man dort das notwendige *Permit*.

Trails

Ein Monument aus zwei sich kreuzenden Bögen markiert die Paßhöhe (1.327 m). Wie erläutert, ist der *Rogers Pass* für die Eisenbahn zwar untertunnelt, die alte Trasse existiert aber noch. Ein hübscher Kurztrail (***Abandoned Rails***) dorthin zum Beinevertreten beginnt neben dem Besucherzentrum. Am ***Loop Brook Campground*** (hübscher, einfacher Platz), 5 km westlich vom *Rogers Pass*, startet ein weiterer Weg auf der ehemaligen in Schleifen aufsteigenden Bahntrasse. Der ***Loop Brook Trail*** (1,6 km Runde) fährt durch dichten Regenwald.

Die drei panoramareichsten Höhenwege im *Glacier Park* beginnen am ***Illecillewaet Campground*** (etwas abseits des TCH, Zufahrt 2 km westlich der Paßhöhe, auch empfehlenswert):

Perley Rock Trail (5,6 km, 900 Höhenmeter, weglos noch höher), ***Glacier Crest Trail*** (4,8 km, 800 Höhenmeter, schöner Weg mit Rundumsicht auf Berge und Gletscher) und ***Asulkan Valley Trail*** (6,5 km, 930 Höhenmeter) führen bis über die Ausläufer von *Illecillewaet Glacier* und *Asulkan Glacier*. Bei der *Visitor Information* hängt jeden Tag die aktuelle Wettervorhersage mit einem Zustandsbericht der Wanderwege aus.

Heiße Quellen

Zwischen ***Glacier*** und ***Mount Revelstoke National Park*** liegen nur wenige Kilometer. Die ***Canyon Hot Springs*** am Ostrand des letzteren besitzen neben Heiß- und Warmwasserpool (40° bzw. 26°C) auch einen **Campingplatz** ($25-$33), der allerdings mehrfach von Lesern kritisiert wurde, und *General Store*, © (250) 837-2420. Im Mai-September tägl. 9-21 Uhr geöffnet, Juli/August 9-22 Uhr; Eintritt $7.

Mount Revelstoke National Park

Am ***Mount Revelstoke National Park*** fahren die meisten Touristen – zu Unrecht – achtlos vorbei, da der TCH dessen Hochgebirgsareal auf relativ uninteressanter Strecke südlich umgeht. Der Park ist mit 260 km^2 der zweitkleinste Nationalpark in Westkanada und verfügt über keinen Campingplatz.

Seine Gipfel gehören zur ***Clachnacudainn Range*** der Selkirk Mountains, einem Gebirge der Columbia Mountains, die auf der Westseite auch im Sommer von starken Regenfällen heimgesucht werden. Jährliche Niederschläge von durchschnittlich knapp 2.000 mm gibt es sonst nur an der Pazifikküste. Auch ein Abstecher zum Gipfelplateau des ***Mount Revelstoke*** lohnt sich, wenngleich die Höhenwege dort weniger spektakulär verlaufen als im benachbarten ***Glacier National Park***. Der ***Meadows-in-the-Sky Parkway*** (26 km) zweigt vom TCH ab (= Revelstoke Stadtumgehung).

Information

Mount Revelstoke & ***Glacier National Park***
301B 3rd St W, Revelstoke
© (250) 837-7500
Internet: **www.pc.gc.ca/revelstoke & www.pc.gc.ca/glacier**

Höhenweg im Glacier National Park

Trails

Zunächst jedoch passiert der TCH kurz nach Erreichen der Parkgrenzen den Picknickplatz und Ausgangspunkt des ***Giant Cedars Trail***. Dieser kurze Weg ist den Zwischenstop wert: Auf einem ***Boardwalk*** (500 m) geht es durch einen – selbst bei Sonnenschein – schummrigen Regenurwald mit bis zu 800 Jahre alten Rotzedern. Etwa 3 km weiter westlich führt der ***Skunk Cabbage Trail*** (1,2 km Rundweg) ebenfalls als Holzplankenweg durch ein Sumpfgelände am Illecillewaet River. Die Riesenkohlart, die für den Namen des Pfades sorgte, steht im Juli am höchsten. So unerträglich wie das namensgebende Stinktier riecht der Stinkkohl zum Glück nicht!

Parkzufahrt

Der kurvenreiche ***Meadows-in-the-Sky Parkway*** zweigt bei Revelstoke vom TCH ab; er ist 8 bis 9 Monate im Jahr verschneit und nur von Juli bis September voll befahrbar.

Grizzly im Mt. Revelstoke NP

Die Straße steigt durch drei **Vegetationszonen**: Regenwald aus Hemlocktannen und Rotzedern bildet den unteren Bereich; in der mittleren Region, ab ca. 1.300 m, dominieren zunächst Engelmannfichten; ab etwa 1.900 m gibt es kaum noch Bäume. Vom letzten Parkplatz vor dem Straßenende am *Balsam Lake* verkehrt ein Gratis-Shuttle-Bus zum wenig profilierten Gipfel-Plateau (oder 1 km Fußweg).

Dort hat man vom ***Historic Fire Lookout*** (auf 1.938 m), einem früheren Feuerwachtturm, eine großartige Aussicht über das 1.500 m tiefer gelegene *Columbia River Valley*, Revelstoke und hinüber zu den Monashee Mountains auf der jenseitigen Flußseite. Ganz in der Nähe des Turms befindet sich ein **Picknickplatz** in schöner Lage.

Hochalpines Gebiet

Keine besondere Anstrengung erfordert der ***Meadows-in-the-Sky Trail*** über hochalpine Wiesen, die Anfang August voller Blumen stehen. Der 1 km lange Rundweg führt an einer Felsspalte vorbei, aus der selbst mitten im Sommer der Schnee nicht verschwindet. Wanderungen können beliebig ausgedehnt werden; eine Übersichtstafel zeigt das enggeknüpfte Wegenetz.

Trails

Im Nationalpark-Büro in Revelstoke (⇨ Seite 327 unten), erhält man einen ***Trail Guide*** bzw. das bereits für den *Glacier Park* empfohlene Büchlein »*Footloose in the Columbias*«.

Stadt Revelstoke

Revelstoke (8.500 Einwohner) am Zusammenfluß von *Illecillewaet* und *Columbia River* ist in weitem Umkreis der einzige größere Ort und hat viele **Motels** besonders im nördlichen Bereich unterhalb des TCH. Positiv bewertet wird die

SameSun Backpackers Lodge, die auch als ***Hostel*** fungiert, 400 2nd Street, © 1-877-56-CARVE oder © (250) 837-4050, $22/Bett, $43 DZ, www.samesun.com.

Information Revelstoke: 204 Campbell Ave, © (250 837-5345, Internet: **www.seerevelstoke.com**.

Das Zentrum wurde in den letzten Jahren restauriert; die kleine Fußgängerzone lädt zum Bummel ein. Für Eisenbahnfans lohnt sich der Besuch des ***Railway Museum*** (am inneren Stadtring; Mai-September täglich 9-17 Uhr, Juli+August 9-20 Uhr, $6). Für Pause und Picknick eignen sich die Parks am Fluß.

Wer in Revelstoke einen *Campground* sucht, sollte den schön gelegenen Platz am glasklaren **Williamson Lake** ins Auge fassen (ca. 5 km südlich Revelstoke: Zufahrt über 4th Street und Airport Way) mit *Hook-up*, Duschen und Badestrand: aber eng, wenn voll belegt; © (250) 837-5512, © 1-888-676-CAMP.

Staudämme am Columbia River

Die Straße #23 zweigt zum ***Mica Dam*** ab, der den mächtigen Fluß 140 km weiter nördlich zum riesigen **Kinbasket Lake** staut. Der 175 m hohe ***Revelstoke Dam*** (1984), nur 5 km nördlich des Ortes ist heute eine Besucherattraktion.

Ein eigenes ***Visitor Center*** (Mai-September, täglich 9-17 Uhr, frei) informiert über Details des Staudamms samt seiner hydroelektrischen Anlagen sowie die Stromgewinnung entlang des Columbia River. Bereits 1964 hatten Canada und die USA die mehrfache Aufstauung des Columbia River vereinbart, um nach der Schneeschmelze Überflutungen zu verhindern und die Wassermassen am größten Wasserkraftwerk der USA in Grand Coulee zu regulieren.

Rund 15 km nördlich des Dammes liegt am Lake Revelstoke der ***Martha Creek Provincial Park*** mit schönem Campplatz.

Big Eddy

Gleich westlich des Columbia River passiert man eine kleine touristische Infrastruktur mit **Campingplätzen**, Tankstellen und **Motels** im Stadtteil Big Eddy. Zufahrt über die Straße #23 Richtung Shelter Bay, 1761 Big Eddy Rd., © (250) 837-7611. Dort befindet sich auch das **Büro des *Columbia Forest District*** mit viel Informationsmaterial zur Wildnis der Umgebung.

TCH-Verlauf

Der TCH läuft bald durch ein dichtes Waldgebiet und überquert beim **Summit Lake** die Wasserscheide zwischen *Fraser* und *Columbia River Basin*. Am ***Three Valley Lake*** liegt der Komplex des ***Three Valley Lake Chateau*** mit auffällig rotem Dach und originellen Felszimmern, ***Wildwest Theatre***, Mini-*Ghosttown*, Restaurant und Kneipe, Sandstrand, ein guter Platz für die Nacht zwischendurch, © 1-888-667-2109, © (250)837-2109.

Last Spike

Bei **Craigellachie**, ca. 45 km westlich von Revelstoke, wurde am 7.11.1885 der letzte Nagel *(Last Spike)* in die Schwellen der ersten kanadischen transkontinentalen Eisenbahn geschlagen. Heute befinden sich dort eine ***Rest Area*** mit Denkmal, Eisenbahnwaggon und Andenkenladen.

11 km weiter passiert man den ***Yard Creek Provincial Park*** (durchschnittlich guter *Campground*). Besseres Campen verspricht allerdings der private ***Cedars Campground***, © (250) 836-2265, auf der anderen Straßenseite direkt am ***Eagle River*** und gleichnamigen *Nature Park*, $22-$35.

Canadian Pacific Railway

Fast bis Ende des 19. Jahrhunderts war British Columbia faktisch von den östlichen Provinzen des Landes isoliert. Bezeichnend für die Situation ist die Route einer Parlamentsdelegation, die 1870 nach Ontario reiste: Mit dem Schiff ging es zunächst nach San Francisco und von dort mit *Central* und *Union Pacific Railway* über Omaha und Chicago nach Toronto.

Nach amerikanischem Vorbild entschied man sich für den Bau einer transkontinentalen Eisenbahn, und am 7.11.1885 wurden in Craigellachie, 45 km westlich von Revelstoke am heutigen *Trans Canada Highway,* die letzten Schwellen der *Canadian Pacific Railway* gelegt (eine *Rest Area* mit Denkmal erinnert daran). Der erste Zug aus Montréal traf am 4.7.1886 nach fast 6-tägiger Fahrt in Port Moody ein, einer kleinen Stadt östlich von Vancouver. Ein Jahr später verlängerte die CPR die Schienen und verschaffte damit Vancouver einen wichtigen Standortvorteil gegenüber Victoria.

Konkurrenzlos bis zur Ankunft der zweiten Transkontinentallinie *(Canadian Northern Railway)* 1915 fuhr die CPR in den ersten Jahrzehnten ihres Bestehens beachtliche Gewinne ein. Sie beeinflußte die Wirtschaftsstruktur ganzer Landstriche. Doch die einst so bedeutende Eisenbahn unterlag im Wettbewerb um die Personenbeförderung der Straße und dem Luftverkehr. Nur auf den Güterstrecken ist das Schienennetz gut ausgelastet. So erfolgt in den Agrarregionen der Getreidetransport überwiegend per Bahn: nach Zwischenlagerung in den *Grain Elevators,* den unübersehbaren Lagertürmen in der Prärie, zu den Häfen am Pazifik (Vancouver und Prince Rupert), am Lake Superior (Thunder Bay) oder an der Hudson Bay (Churchill).

In der *Grain Academy* auf dem *Stampede*-Gelände von Calgary (➪ Seite 288) stehen Modelle der kühnen Konstruktionen, die CPR-Ingenieure damals ersonnen hatten, um die Bahn durch die *Rockies* und weiter zu bringen. In British Columbia sorgten vor allem chinesische Bauarbeiter unter miserablen Bedingungen für die Umsetzung dieser Pläne. Die *Chinatowns* von Vancouver und Victoria gehen auch auf diese asiatischen Einwanderer zurück.

Die 1881 gegründete Muttergesellschaft *Canadian Pacific Limited* wurde 2001 in fünf Unternehmen aufgespalten: *Canadian Pacific Railway, CP Ships,* Top Ten in der Weltcontainerschiffahrt, *EnCana,* eine der größten kanadischen Erdöl- und Erdgasförderer, *Fording,* größter kanadischer Kohleproduzent sowie *Fairmont Hotels and Resorts* mit *Delta Hotels* und Luxushotels wie *Banff Springs Hotel, Chateau Lake Louise* und *Victoria Empress.*

Hausboot-paradies Shuswap Lake

Sicamous

Über 1.000 km einsame, bewaldete Uferlinie mit ungezählten Buchten haben den Shuswap Lake für **Hausbootferien** populär gemacht.Der **Shuswap Lake** (Info ➪ Seite 35) zeichnet sich durch eine ungewöhnliche Form aus. Vier lange »Arme« sind über eine einzige Engstelle miteinander verbunden. Der ***Salmon Arm*** gilt als der attraktivste. An seinem östlichen Knie und dem damit verbundenen **Mara Lake** liegt der kleine Ort **Sicamous**, ***Houseboat Capital of Canada***. Verleihstationen findet man an der Engstelle zwischen den Seen an der **Riverside Ave**. Minimumleihe 3 Tage, Tarif dafür ab ca. $600. Aktuelle Auskünfte beim ***Sicamous Visitor Information Centre***, 110 Finlayson Street am *Government Dock*, © (250) 836-3313, **Internet**: www.sicamouschamber.bc.ca.

Houseboat Rental

Durchreisende finden neben der TCH-Brücke Richtung Kamloops einen schönen **Badestrand** im ***Sicamous Beach Park***

Bootrips

Vom unverfehlbaren ***Government Dock*** startet der Raddampfer ***MV Phoebe Ann*** (© 250-836-2220, Mai-Okt.) mehrmals wöchentlich zu ***Morning Breakfast Cruise*** (8.30 Uhr, 2 Stunden, $30), ***Beach Stop Cruise*** (11 Uhr, 3 Stunden, $30) und ***Evening Dinner Cruise*** (17.30 Uhr, 3,5 Std, $50; Preise jeweils inklusive Verpflegung.

Salmon Arm

Der TCH folgt der Uferlinie des ***Salmon Arm*** über den gleichnamigen größten Ort der Region und erreicht in Squilax das Westende des Sees. Dort bietet das ***Int'l Hostel Shuswap Lake***, © (250) 675-2977, im Squilax General Store (heute Bioladen), Quartiere in drei Eisenbahnwaggons, 20 Betten, $16.

Lachs-auftrieb

In Squilax verbindet der ***Adams River*** den *Shuswap* mit dem ***Adams Lake***. Dieser Fluß steht mit seinen Uferbereichen als ***Roderick Haig-Brown Provincial Park*** unter Naturschutz. Alle 4 Jahre (2006, 2010) steigen dort insbesondere Anfang Oktober Millionen von Lachsen (*Sockeye Salmons*) zu ihren Laichgründen flußaufwärts, in anderen Jahren sind es noch Hunderttausende.

Die Zufahrt zum ***Information Centre*** des Parks erfolgt über Squilax. Eine Straße zum ***Adams Lake Provincial Park*** läuft parallel zum Fluß. Von mehreren Punkten aus kann man den **Uferpfad** erreichen, in den Sommermonaten im *Swimming Hole* baden und die herrliche Natur und Landschaft genießen.

Camping gibt es in diesem Park nicht, wohl aber in den nahen ***Shuswap Lake Provincial Park***, © 1-800-689-9025, (attraktiv und daher populär; frühe Ankunft notwendig) bzw. ***Adams Lake Provincial Park*** (einfach, Stellplätze am See).

Verbindung zur Straße #5

Wer über den alternativen ***Yellowhead Highway* #5** nach Norden fahren möchte, könnte erwägen, von hier aus der ***Squam Bay Road* nach Barriere** zu folgen. Diese Schotterstraße besitzt aber »haarige« Teilstücke hoch über dem Adams Lake. Mit Campmobilen ist sie nicht zu empfehlen.

Nach Vancouver

Wenn die Zeit für eine Fahrt durchs *Okanagan Valley* nicht mehr reicht, ist die verbleibende Strecke **von Salmon Arm zurück nach Vancouver** (ca. 460 km) über Kamloops und den *Coquihalla Highway* innerhalb eines Tages gut zu schaffen.

Über das Okanagan Valley

Wer bei knapper Zeit einen Eindruck vom Okanagan-Gebiet »mitnehmen« möchte, könnte auch über Vernon/Kelowna und den ***Okanagan Connector*** **#97C** fahren. Diese etwas längere Route (ca. 500 km), beansprucht – je nach Verkehrsaufkommen – nur wenig mehr Fahrzeit.

Salmon Arm und Sicamous befinden sich am Nordende des »Gutwetter-Tals« *Okanagan Valley*. Über die Straßen #97A bzw. #97B gelangt man mitten in den Obst- und Gemüsegarten Canadas, erreicht aber die landschaftlich reizvolle Zone erst am Okanagan Lake. Da die Straße bis Kelowna weit abseits des Sees verläuft und extrem ausgebaut und befahren ist, läge es nahe, die Westuferstraße zu wählen. Sie stößt südwestlich von Kelowna wieder auf die Straße #97 und den besten Abschnitt bis Okanagan Falls. Ohne Absicht, dort im *Fintry PP* (➪ Seite 337) zu übernachten, lohnt sich das aber nicht.

3.7.2 Alternativroute ab Revelstoke an den Arrow Lakes entlang nach Vernon

Alternative zum TCH ab Revelstoke

Statt dem TCH zu folgen, könnte man ab Revelstoke eine in mancher Beziehung noch **attraktivere Route nach Westen** wählen. Bis **Vernon** eingangs des *Okanagan Valley* benötigt man auf den **Straßen #23 und #6** einschließlich zweier Fähren mindestens einen vollen Tag. Verglichen mit dem stark befahrenen TCH #1 und der Straße #97 ist der Weg über Nakusp jedoch eine reine Idylle und bietet mit *Nakusp Hot Springs* einen idealen Zwischenstop für eine Nacht.

Arrow Lake

Upper und ***Lower Arrow Lake*** im Tal zwischen Selkirk und Monashee Mountains sind keine natürlichen Seen, sondern nichts weiter als der durch den *Keenleyside Dam* bei *Castlegar* bis *Revelstoke* über 232 km (!) gestaute Columbia River.

Auf der Strecke liegt mit Nakusp nur ein kleines Städtchen (sehr schön am See) mit Versorgungsmöglichkeit. Die auf den Karten verzeichneten »Orte« **Shelter Bay** und **Galena Bay**, **Fauquier** und **Needles** sind lediglich Fähranleger.

Nach Shelter Bay

Die Straße #23 von Revelstoke nach Shelter Bay verläuft zunächst hoch über dem sich langsam zum Upper Arrow Lake erweiternden Columbia River.

Der nördliche Stausee ist außer am ***Blanket Creek Provincial Park*** (künstlicher Badepool, kein Strand am See, schöner ***Campground***, © 1-800-689-9025) kaum zugänglich. Über dem Ufer unweit des Anlegers bietet der kleine ***Shelter Bay Campground*** des *Arrow Lakes PP* einen guten Platz für die Nacht bei später Ankunft (im Sommer oft voll).

Fähre

Von Shelter Bay nach Galena Bay verkehrt die **kostenlose Fähre** *Galena* im Stundentakt (Shelter Bay, 6-23 Uhr, volle Stunde; umgekehrt zur halben Stunde). Trotz der geringen Kapazität von rund 50 Wagen ist sie lediglich an Wochenenden voll ausgelastet – was eine Menge über die Verkehrsdichte auf der Straße #23 aussagt. Die Überfahrt dauert ungefähr 20 min, Zeit zum Genießen des Gebirgspanoramas ringsum.

Nakusp Hot Springs

Bis Nakusp folgt die Straße in schönem Verlauf weitgehend dem Ufer des **Upper Arrow Lake**, aber nur selten ist eine Zufahrt vorhanden. Die ersten Thermalbecken liegen 17 km südlich Galena Bay im komfortablen ***Halcyon Hot Springs***-Komplex (drei 32°-41°C warme Pools, täglich 8-22 Uhr, Juli-Anfang September bis 23 Uhr, $8), ***Campground*** und Ferienwohnungen: © (250) 265-3554, © 1-888-689-4699.

2 km nördlich Nakusp geht es auf der ***Hot Springs Road*** (12 km) zu einer schön gelegenen Poolanlage. Unter freiem Himmel aalt man sich dort im 36° (großer Pool) bis 40°C (kleiner Pool) warmen Wasser (ganzjährig 9.30-22 Uhr; Eintritt $6).

Unterkunft

Übernachten kann man im Ortszentrum in der ***Kuskanax Lodge***, © 1-800-663-0100 oder © (250) 265-3618. Auf dem ***Nakusp Hot Springs Campground***, © 1-800-909-8819, © (250) 483-7591, am wilden Wasser des Kuskanax River, sind die Plätze direkt am Ufer leider oft früh besetzt. Der 14 km weiter südliche ***McDonald Creek Provincial Park*** mit kilometerlangem Sandstrand am See ist sehr empfehlenswert, ebenso der idyllische ***Summit Lake Provincial Park***, ⇨ Seite 335.

Die weit und breit größte Ortschaft **Nakusp** besitzt einen schönen Badestrand, eine Reihe von **Motels** und Hotels und eine ausreichende Infrastruktur zur Versorgung.

Nach Vernon

Von Nakusp folgt man der Straße #6 am Ufer des Arrow Lake entlang bis zum **Fähranleger Fauquier** (Fähre gratis, 5 min. Überfahrt bis Needles, alle 30 min). Jenseits des Sees geht es auf schön geführter, ruhiger Straße quer durch die ***Monashee Mountains*** nach Vernon am Nordende des *Okanagan Valley*.

Camping am Ufer des Kootenay PP (Lost Ledge) ⇨ *Kasten nächste Seite*

Durch die Selkirk Mountains zwischen Kootenay und Arrow Lake

Kootenay Lake und Duncan Lake im Osten, Trout Lake im Norden sowie Upper Arrow Lake im Westen umfassen ein extrem dünn besiedeltes Gebiet. Mittendrin liegen die ***Selkirk Mountains***, eingerahmt von den ***Purcell*** und ***Monashee Mountains*** im Osten bzw. Westen.

Ab Galena Bay gibt es neben der Asphaltstraße #23 in Richtung Nakusp eine alternative – ebenfalls attraktive – Route. Der ***Highway* #31** führt zunächst durch die *Selkirk Mountains* und anschließend über Kaslo bis zur *Balfour Ferry* (➪ Seite 349) eingangs des Westarms des Kootenay Lake. Dabei geht es rund 90 km über Schotter. Mit einem Tag **Extrazeit** könnte man auch ab Kaslo über die Straßen #31A und #6 zurück nach Nakusp fahren (185 Mehrkilometer im Vergleich zur Direktroute auf der #23) und von dort – entsprechend der Beschreibung im fortlaufenden Text – der Straße #6 in das *Okanagan Valley* folgen.

Zur Route: 10 km östlich Galena Bay befindet sich der 3,2 km lange *Hill Creek Spawning Channel.* Schautafeln an der umlaufenden Schotterstraße erläutern den Lebenszyklus der Kokanee-Lachse, die in diesem künstlichen Kanal Ende August bis Ende September laichen.

Wenige Kilometer weiter südlich geht es bergauf, und die Straße führt hoch über dem **Trout Lake** am Hang entlang. Die Aussicht auf ein grandioses Panorama belohnt den Umweg. Ab dem Südende des Sees folgt sie dem Lauf des eiskalten, aber malerischen **Lardeau River**. Auf diesem – weiterhin geschotterten – Abschnitt begegnet man außer Holzlastern kaum anderen Fahrzeugen.

An der Flußmündung in den Duncan River zweigt eine Stichstraße zum ***Duncan Dam*** ab. Die kurze Anfahrt zum Südende des Duncan Lake lohnt sich allemal. Am Endpunkt befindet sich ein Picknickplatz mit Aussicht auf die 39 m hohe Dammkrone. Südwestlich des Damms dient der 3,3 km lange *Meadow Creek Spawning Channel* (Straße um den Kanal mit Infotafeln, wie Hill Creek) als künstlicher Ersatz für die seit dem Dammbau 1967 weitgehend verloren gegangenen Kokanee-Laichgründe.

Am attraktiven Nordarm des Kootenay Lake besitzt der ***Kootenay Lake Provincial Park*** zwei ***Campgrounds***: ***Davis Creek*** und ***Lost Ledge***. Um einen Stellplatz zu ergattern, muß man insbesondere an Wochenenden früh kommen.

Kaslo, eine Ende des 19. Jahrhunderts blühende Silberminenstadt und heute nur noch 1.000-Seelen-Gemeinde, ist der einzige »echte« Ort im Bereich Oberer Kootenay Lake und *Lardeau Valley*. An der Kaslo Bay steht der ausgemusterte **Raddampfer *SS Moyie***, der einst zwischen Nelson und Siedlungen am Nordarm des Sees verkehrte. Dieser älteste noch erhaltene Passagier-Schaufelraddampfer der Welt beherbergt ein kleines Museum mit Objekten und Fotos aus den aktiven Jahren des Schiffes (1898 bis 1957); geöffnet Mitte Mai-Mitte Oktober 9.30-17 Uhr; $5, #324 Front St.; dort befindet sich auch das ***Kaslo Visitor Info Centre***.

Der ***Highway* #31A** nach New Denver (ca. 50 km) führt in fantastischem Verlauf durch die *Selkirk Mountains*. Ein Stop könnte der 1900 zunächst durch einen Großbrand und 1955 von Hochwasser zerstörten **Geisterstadt Sandon** gelten, die nur 5 km abseits der Hauptstraße liegt. Von dort führt eine enge *Logging Road* (für Campmobile ungeeignet) zum ***Idaho Peak Lookout*** (2.273 m): Zum Gipfel geht es über einen schönen, ab Juli schneefreien Fußweg (1,4 km). Dort hat man eine brillante Sicht auf die umliegende Bergwelt und den langen Slocan Lake 1.700 m tiefer.

In New Denver erreicht man die **Straße #6**. Nordwärts auf dem Weg nach Nakusp (50 km) liegt auf der Paßhöhe zwischen Slocan Lake und Upper Arrow Lake der ***Summit Lake Provincial Park*** mit einem wunderbaren, idyllisch von Bäumen eingerahmten ***Campground***.

Dieselbe Straße nach Süden ist kaum zu überbieten: sie verläuft streckenweise bis zu 300 m hoch über dem **Slocan Lake**, berührt aber auch schöne **Badestrände**. In **New Denver** und **Silverton** kann man sie nicht verfehlen, in **Slocan** ist ein Abstecher von der #6 durch den Ort nötig.

Auch **Camping** direkt am glasklaren, aber kalten See ist möglich (in New Denver und Silverton).

Mit Ziel Castlegar (➪ Seite 350) und Weiterfahrt auf dem *Crowsnest Highway* ist diese Route (ab Kaslo) insgesamt noch attraktiver und nur 35 km länger als die Streckenführung der Straßen #31 und #3A über Nelson.

Wilde Strecke Idaho Peak Road in den Selkirk Mountains, siehe oben

3.7.3 Das Okanagan Valley von Vernon bis Osoyoos

Okanagan Valley: Klima

In Vernon stößt die #6 auf die Hauptverkehrsachse #97 durch das ***Okanagan Valley***. Das langgestreckte Tal wird als nördlichster Ausläufer des trockenen intramontanen Beckens definiert, das sich von Mexico zwischen Sierra Nevada und Kaskaden im Westen sowie Rocky Mountains im Osten durch den gesamten Westen der USA zieht. Mit sommerlichen Höchsttemperaturen von täglich 30°C an der US-Grenze paßt das trockenheiße Wetter im Okanagan so gar nicht zum sonst vorherrrschenden Canadaklima. Dank der dort geringen Niederschläge und hohen Temperaturen gedeiht eine wüstenähnliche Vegetation (u. a. Salbeibüsche, Feigenkakteen).

Vegetation

Am unteren Arm des langgestreckten Okanagan Lake – auf derselben geographischen Breite wie etwa der Rheinabschnitt zwischen Mainz und Karlsruhe – fühlt man sich wie nach Südeuropa versetzt. **Verkaufsstände** für alle Arten von Obst, Gemüse säumen die Straßen. Zwischen Vernon und Osoyoos laden über **40 *Vineyards***, Weinbauer, zu Weinproben ein.

Dekorativer Kürbis-Blickfang für einen der vielen Produce-Verkaufsstände im Okanagan Valley (Produce = Sammelbegriff für Obst und Gemüse)

Ferienhochburg

Obst und Wein würden kaum so gut gedeihen, wäre das Tal nicht auch noch mit unerschöpflichen Wasserreserven gesegnet. Touristische Hauptattraktion des Tales sind daher auch die angenehm warmen Stauseen Kalamalka, Skaha, Vaseux, Osoyoos und besonders der über 110 km lange **Okanagan Lake**. Alle Arten von Wasser- und Angelsport und kommerziell organisierte Aktivitäten sorgen dort für Urlaubsspaß.

Weil das *Okanagan Valley* **Ferienfreuden wie an Italiens Gardasee** bietet, ist es ein sehr populäres Urlaubsziel. Dazu gehören im Sommer früh ausgebuchte Quartiere und volle Campingplätze. Wer nach kühlen, speziell regnerischen Tagen im Gebirge in dieses Tal kommt, wird das Klima genießen.

Okanagan Lake bei Vernon

Vernon (33.500 Einwohner), einer der Zentralorte der Region, liegt nicht unmittelbar am *Okanagan Lake*, sondern abseits seines nördlichen Ausläufers und partizipiert daher weniger am Tourismus. Der **Seezugang** ist weit entfernt: 25th Ave in Richtung *Okanagan Lake*. Auch zum ***Ellison Provincial Park,*** ✆ 1-800-689-9025, ca. 16 km südwestlich von Vernon hoch über dem See, folgt man zunächst dieser Straße. Der idyllische Campingplatz liegt mitten im Wald. Über Treppen geht es hinunter zum Strand.

Westufer-Straße

Wie auf Seite 332 erwähnt, könnte man von Vernon statt die #97 nach Süden alternativ die ruhige Westside Road am **Westufer** nehmen (nur bei viel Zeit sinnvoll!), müßte dazu aber erst einige Kilometer in nördliche Richtung fahren:

Silver Star Mountain

- Am nördlichen Ortsausgang zweigt die 22 km lange ***Silver Star Road*** zum gleichnamigen *Mountain* ab, einem beliebten Skigebiet. Auch im Sommer ist dort ein Sessellift in Betrieb (Juli-Anfang September täglich 10-17 Uhr, $8). Oben warten tolle Aussicht und *Trails*. Beliebt ist dieser Berg bei ***Mountain Bikers***, die ihr Rad im Lift mit nach oben transportieren; Einzelfahrt $14, Tagespaß $33, Mietbike: $40/Tag.

Wasserspaß

- Auf der Weiterfahrt (Hwy #97/Pleasant Valley Road) passiert man 1 km südlich Abzweig #97/97A ***Atlantis Waterslides***, einen Planschpark mit vielen Rutschen; geöffnet Juni bis Anfang September täglich 10-17 Uhr, Juli bis Mitte August 10-19 Uhr; Eintritt $17.

Ranch

- Ebenfalls an der #97 (1 km vor der Westside Road) war die von *Cornelius O´Keefe* 1867 gegründete ***O´Keefe Ranch*** Ausgang des 19. Jahrhunderts eine der größten im Okanagan. Mit 12 zeitgenössischen Gebäuden, Kutschfahrten, Tieren, Sattlerei und Töpferei ist es zwar das beste Museum im Okanagan Valley, besitzt aber nicht die Qualität von Barkerville oder Fort Steele; geöffnet Mai bis Mitte Oktober täglich 9-17 Uhr, Juli + August bis 20 Uhr; $8.

Camping

Auf etwa halber Strecke am See entlang passiert man den ***Fintry Provincial Park*** mit Sandstrand, Wanderwegen und ***Campground,*** ✆ 1-800-689-9025 (mit Duschen) in schöner Lage am See; wenn auch nur wenige Stellplätze am Wasser vorhanden sind (34 km ab Kelowna, 49 km ab Vernon).

Ebenfalls am Seeufer liegt der komfortable ***Bear Creek Provincial Park***, 7 km nördlich der Straße #97. Er ist hervorragend angelegt in üppiger Vegetation. Unbedingt reservieren: ✆ 1-800-689-9025. In Downtownnähe liegt das ***HI-Hostel Vernon Lodged Inn***, 3201 Pleasant Valley Road, ✆ (250) 549-3742, ✆ 1-888-737-9427, 32 Betten; $16.

Information

Vernon Visitor Centre, 701 Highway 97 South,
✆ (250) 542-1415, ✆ 1-800-665-0795
Internet: www.vernontourism.com

Camping

Nach Süden läuft der *Highway* #97 mit nur wenigen Seezufahrten (*Kekuli Bay PP,* ✆ 1-800-689-9025) zunächst noch oberhalb des **Kalamalka Lake**. Mehrere ***Campgrounds*** mit Stellplätzen am Wasser säumen sein Südufer in Oyama auf der Straße zwischen *Kalamalka* und *Wood Lake;* und auch am Südzipfel des *Wood Lake* findet man Camping am See.

U-Pick Fruit

Zur Erntezeit werben viele Obstplantagen mit ***U-Pick*-Preisen**: Kirschen, Äpfel, Birnen sind selbst gepflückt schön preiswert!

Kelowna

Die Touristenhochburg Kelowna (sprich: Kilóhna), ***Heart of the Okanagan***, ist die größte Stadt im Tal (96.000 Einwohner) und beherbergt auch die größte Shopping Mall (Orchard Park) zwischen den Rockies und Vancouver. Die ***Tourist Information*** befindet sich am *Hwy* #97 einige Blocks östlich der langen Brücke über den Engpaß des Sees.

Information

Kelowna Visitor Information Centre
544 Harvey Ave,
✆ (250) 861-1515 und ✆ 1-800-663-4345
Internet: **www.tourismkelowna.com**

Wer in Kelowna eine **Unterkunft** sucht, findet in der Nähe der Hauptstraße #97 zahlreiche Hotels und Motels. Fürs Campen geht nichts über die Provinzparks ***Bear Creek*** und ***Okanagan Lake***, ➪ vorige Seite und nebenstehend.

Uferparks

Der zentrale Bereich Kelownas liegt nördlich der Durchgangsstraße. Im populären ***City Park*** gibt es u.a. eine ***Public Beach***, einen Anleger für den nostalgischen Raddampfer ***Fintry Queen*** von 1848 (tägliche Abfahrten ab 11 Uhr, Touren 1 Stunde $10, 2 Stunden $ 20, ✆ (250) 979-0223), und vor allem eine Skulptur der **Seeschlange *Ogopogo***. Sie wird in den Tiefen des Sees vermutet, ähnlich wie das Ungeheuer des *Loch Ness*. Wer das Okanagan-Monster lebend findet, kassiert $2 Mio; vermeintliche erfolgte Sichtungen unter: **www.ogopogoquest.com**.

Aktivitäten

Ein kurzer Abstecher führt (auf der Ellis St. einige Kilometer nach Norden) zum ***Knox Mountain***. Stadt und See sind von mehreren Parkplätzen mit ***Viewpoints*** gut zu überblicken. Der Hügel ist eine beliebte Härteprüfung für Jogger und Biker.

Südöstlich von Kelowna gehört die Trasse der stillgelegten ***Kettle Valley Railway*** (215 km von Penticton nach Midway, ➪ Seite 339) mit dem einsamen, bildschönen ***Myra Canyon*** zu den besten kanadischen Bike-Revieren. Allerdings sind im Jahr 2003 mehrere Holzbrücken schlimmen Waldbränden zum Opfer gefallen. Daher war der besonders attraktive ***Myra-Bellevue Provincial Park*** bei Redaktionsschluß dieses Buches immer noch gesperrt. **Bikeverleih** bei *Sports Rent* in Kelowna, ✆ (250) 861-5699, ab $26/Tag.

Weiterfahrt nach Süden

Auch südlich von Kelowna bleibt die #97, nun auf der Westseite des Sees, ausgebaut und stark befahren. Der Verkehr vermindert sich südlich Peachland, da der ***Okanagan Connector***

Ogopogo-Skulptur – gefertigt nach Berichten von Augenzeugen – im City Park von Kelowna

(Autobahn) in Richtung Merritt/*Coquihalla Highway*/Vancouver einen Teil seines Volumens aufnimmt. Von Kelowna sind es auf dieser Route noch knapp **400 km bis Vancouver**.

Lachswanderung

Ab Mitte September, zur Zeit der Lachswanderung, ist der Stop im ***Hardy Falls Regional Park*** (4 km südlich von Peachland) ein Muß. Dann wimmelt es dort von ***Kokanee Salmons***, die bachaufwärts zu einem *Pool* unterhalb eines kleinen Wasserfalls schwimmen. Auch sonst lohnt sich der ca. 1 km lange schattige Weg dorthin als **Kurzwanderung**.

Der hier einzige **Provinzpark** mit Campingplatz, ***Okanagan Lake***, © 1-800-689-9025 liegt in mehreren Terrassen über dem See und hat große prima Stellplätze sämtlich mit Weitblick (Nordbereich/*North Unit*). **Einige besonders schöne Plätzchen am Seeufer** gibt`s in der *South Unit*.

Aussicht

Bei Summerland erhebt sich der ***Giant's Head Mountain*** 500 m über den See, der beste **Aussichtsberg** im *Okanagan Valley*. Die Anfahrt erfolgt über die ***Prairie Valley Road***, dann auf die ***Giant's Head Road*** und die sehr enge Gipfelstraße (nicht für *Motorhomes*). Das letzte kurze Stück zum Gipfel geht es nur zu Fuß. An der Straße und oben passiert man mehrere **Picknicktische** mit Superblick.

Summerland

Südlich von Summerland (ca. 5 km) befinden sich die ***Ornamental Gardens*** des ***Pacific Agri-Food Research Centre***. Der kleine Abstecher von der Hauptstraße #4200 Hwy 97 lohnt schon fast allein wegen der idyllisch plazierten Picknicktische im grünen Park (täglich 8 Uhr bis Dämmerung, $3 »Spende«).

Kettle Valley Bike Trail

Hinter dem Gelände erhebt sich die *Trout Creek Bridge*,die höchste Eisenbahnbrücke (73 m) der ***Kettle Valley Railway*** von **Hope** über **Penticton** nach **Midway** am ***Kettle River*** (➪ Hope, Seite 235; ➪ Midway Seite 352).

Penticton

Zwischen dem Südende des *Okanagan Lake* und *Skaha Lake* liegt Penticton (31.000 Einwohner), eine weitere **Tourismushochburg** des *Okanagan Valley*, aber trotzdem kein besonders reizvoller Anlaufpunkt. Zentraler Bereich ist die Uferstraße am

Okanagan Lake mit der ***SS Sicamous*** von 1914. Der größte Schaufelraddampfer im Okanagan wurde schon 22 Jahre später außer Dienst gestellt (1099 Lakeshore Drive West, Mitte Juni-Anfang September täglich 9-21 Uhr, sonst bis 18 Uhr, $5). Beide Seen verbindet – parallel zur Straße #97 – der 6 km lange ***Okanagan River Channel***. Als Sommervergnügen läßt man sich dort mit Autoschläuchen zwei Stunden lang flußabwärts treiben, $10 für die »***Tube***«-Miete inklusive Schwimmweste und Rücktransport (*Coyote Cruises*, 215 Riverside Dr, © (250) 492-2115, Mitte Juni-Mitte September täglich 9-20 Uhr).

Am Endpunkt des *Channel* trifft man auf die Sandstrände des **Skaha Lake**, einem populären Familienziel mit vielen Hotels an der nahen Skaha Lake Road.

Information

Penticton Visitor Information Centre
888 Westminster Ave W
© (250) 493-4055 und © 1-800-663-5052
Internet: www.penticton.org

Camping

Zwei kleine ***Campgrounds*** mit schmalen Stellplätzen liegen etwas abseits der Straße 1 km südlich des Skaha Lake im ***Okanagan Falls PP*** und – nur 7 km weiter im straßennahen (lauten!) – ***Vaseux Lake Provincial Park*** (einige Plätze am Wasser). Für $19 übernachtet man im ***HI-Hostel Penticton***, 464 Ellis St., © (250) 492-3992, ©1-866-STAY PEN. Das rotbedachte Stuckhaus liegt in kurzer Gehdistanz zur Okanagan Lake Beach.

Südliches Okanagan Valley

Das Gebiet zwischen Oliver und der Grenze zu den USA wird als ***Pocket Desert*** bezeichnet. Bei der trockenen Sommerhitze von fast täglich 30°C sprießt dort eine karge, wüstenähnliche Vegetation aus Feigenkakteen und Salbeibüschen, nur unterbrochen von den üppig grünen Inseln künstlich bewässerter Felder und Plantagen. Insbesondere abends ist es hier spürbar wärmer als im zentralen Okanagan.

Osoyoos

Die letzte kanadische Ortschaft vor der US-Grenze, **Osoyoos**, hat sich eine Art spanisch-mexikanisches Aussehen verpaßt. Die holländische Windmühle setzt einen weiteren Akzent im ungewöhnlichen Ortsbild. Der **Osoyoos Lake**, einer der wärmsten Badeseen Canadas, ist bis in den Spätherbst hinein populär. Das gilt insbesondere für den ***Haynes Point Provincial Park*** und seinen *Campground* an der Spitze einer sehr schmalen Halbinsel, die nur 3 km südlich von Osoyoos 1 km weit in den See ragt (➪ Foto Seite 354). Fast alle Stellplätze liegen am Wasser. Dort ist selbst in Vor- und Nachsaison Ankunft am Vormittag oder Reservierung geboten: © 1-800-689-9025.

Aber auch die privaten Plätze am See sind nicht schlecht. Am besten liegt das – bei voller Belegung indessen beengte – ***Nk'mip Resort***, © (250) 495-7279, am Ostufer des Osoyoos Lake: von der #3 bei der Mühle auf die 45th Street 1 km.

Wer ein Zimmer sucht, findet in Osoyoos viele ***Beach Motels***.

Desert Centre

Etwa 4 km nördlich der Stadtinfo zweigt von der #97 die 146th Ave zum ***Desert Centre*** ab. Vom kleinen Besucherzentrum führt ein Rundweg 1,5 km durch einen Garten mit Erläuterungen zu Gewächsen und Ökologie der Region. Mitte Mai-Okt., täglich 9 Uhr bis Dämmerung, $6. Etwas enttäuschend.

Information

Osoyoos Visitor Information Centre
9912 Hwy 3 (Kreuzung Hwy 97)
© (250) 495-3366 und © 1-888-676-9667
Internet: **www.destinationosoyoos.com**

Aussichtspunkte

Wer Osoyoos besucht, sollte nicht versäumen, die Straße #3 durch die Weinberge noch 9 km hinaufzufahren (nach Osten). Am Ende der Serpentinenstrecke erreicht man am *Anarchist Mountain Lookout* einen schönen Aussichtspunkt.

Für die Weiterfahrt nach Westen oder Osten ➪ Seite 353.

Superlative

Dem Touristen wird sie kurios vorkommen, aber ernst gemeint ist sie allemal (und vielleicht sogar einen eigenen Superlativ wert): die Neigung der Nordamerikaner für Übertreibungen. Jeder Ort rühmt sich seiner Sehenswürdigkeiten, und seien sie noch so bescheiden, möglichst mit der Bezeichnung ***world famous*** und anderen außerordentlichen Attributen.

Aus einem kleinen, eher mittelmäßigen Museum wird so eine ***Major Tourist Attraction***, und eine Ansammlung von Blockhäusern macht aus einem unscheinbaren Dorf die ***Log Cabin Capital of BC***. Vielleicht ist eines davon auch das größte, älteste oder schönste Blockhaus komplett aus Kiefer-, Fichten- oder anderem Holz in der Region oder auch das höchste, breiteste oder kleinste einräumige Haus der Provinz, des westlichen oder östlichen Canada oder eben der ganzen Welt. Ist an dem Gebäude selbst absolut nichts erwähnenswert, könnte zumindest der legendäre *Trapper Jim* oder *John* hier seinen *first* oder *last* Wohnsitz gehabt haben. Vielleicht besaß er damit auch die am längsten ununterbrochen bewohnte Blockhütte diesseits oder jenseits der Rockies.

Einige Superlative aus dem ***Okanagan-Similkameen*** sprechen für sich:

Armstrong ist *Cheese Capitol* von British Columbia.

Kelowna, *the Largest City in the Okanagan-Similkameen*, bietet Touren durch *the Oldest Vinery in BC* und *Shopping in the Okanagans Largest Mall.*

Keremeos preist sich als *The Fruit Stand Capital of Canada.*

Oliver ist Wine *Capital of Canada.*

Osoyoos rühmt sich, den *Warmest Fresh Water Lake* in Canada zu besitzen. Außerdem weist die Stadt das *Best Climate in Canada* auf und ist die *Prettiest Little Town* des Landes.

Penticton nennt sich *One of Canada's best loved Vacation Spots*

Vernon **ist** *oldest* und **war** *largest city* im Tal.

3

3.7.4 Vom Kootenay National Park zum Crowsnest Highway

Kootenay und/oder Yoho National Park?

Von den ***Rocky Mountain National Parks*** ist der *Kootenay National Park* am wenigsten besucht. Er liegt abseits des *Trans Canada Highway*, der praktischerweise mit *Banff, Yoho, Glacier* und *Mount Revelstoke* gleich vier Nationalparks hintereinander durchquert.

Besuche im ***Yoho* und *Kootenay National Park*** sind nur über eine kleine Rundtour ohne Weiterfahrt nach Westen oder unter Inkaufnahme von doppelt zu fahrenden Strecken möglich. Dabei wäre die zeitlich und kilometermäßig günstigste Variante, von Lake Louise zunächst einen kurzen Abstecher in den ***Yoho National Park*** zu unternehmen, wo man die entscheidenden *Highlights* auf den ersten 30 km findet (➪ Seite 321ff). Danach ginge es wieder zurück auf dem TCH Richtung Banff und ab Castle Junction auf der Straße #93 in und durch den ***Kootenay National Park***. Anschließend folgt man entweder der Straße #95 nordwärts nach Golden mit Anschluß an den TCH (➪ Seite 324) oder der im folgenden beschriebenen Route #93/#95 südwärts zum ***Crowsnest Highway***.

Eine Antwort auf die mögliche Frage »**Welcher der beiden Parks lohnt sich eher?**« fällt schwer. Wer die *Takakkaw Falls*, Lake O`Hara und Emerald Lake im ***Yoho Park*** besuchen will, findet nichts Vergleichbares im ***Kootenay Park***, der zwar über einige schöne Kurzwanderwege verfügt, aber nur die *Radium Hot Springs* als Top-Attraktion besitzt.

Alternative zum Yellowhead

Bei **Präferenz für den TCH** wird der Abschnitt Kamloops – *Wells Gray Park* – Jasper der Route in Richtung *Yellowhead Highway* (➪ Kapitel 3.2.3) durch den TCH von Kamloops nach Lake Louise (➪ Kapitel 3.7.1) ersetzt. Dabei spart man nebenbei über 100 km, obwohl man den *Icefields Parkway* – zumindest ab *Lake Louise* bis zum 130 km entfernten *Columbia Icefield* – hin und zurück fahren muß.

Straße am Kicking Horse River in den 1920er-Jahren

⇨ **Karte Seite 325**

Die belebte TCH-Strecke durch das zentrale BC (Kamloops-Revelstoke-Lake Louise, 700 km inkl. Abstecher bis zum *Icefield Centre* im *Jasper NP*) ist abwechslungsreicher als die ruhigere, waldreiche Nordroute über den *Yellowhead Highway* (Kamloops-Jasper-Lake Louise, 810 km inkl. Abstecher in den *Wells Gray Park*). Außerdem läßt sich der TCH bei Einschluß des *Kootenay NP* besser mit der Südroute über den *Crowsnest Highway* kombinieren.

Kootenay Park: Geschichte

Der ***Kootenay National Park*** verdankt seine Entstehung im wesentlichen der einstigen Finanzschwäche der Provinz British Columbia. Bereits 1911 wurde der Bau des damals sog. ***Banff-Windermere Highway*** in Angriff genommen, auf dem Obst und Gemüse in die Prärieprovinzen transportiert werden sollten. Aber Finanzierungsprobleme behinderten die Fertigstellung. Als die kanadische Regierung einsprang, erhielt sie als Gegenleistung einen Streifen Land von jeweils 8 km beiderseits der Straße, der 1920 noch vor Ende der Bauarbeiten (1922) zum ***Highway National Park*** erklärt wurde. Seinen endgültigen Namen erhielt der Park nach den *Ktunaxa*-Indianern, die vor Ankunft der Weißen dort gesiedelt hatten.

Information

Eine Karte des Parks und Informationsmaterial wie den *Kootenay Backcountry Guide* (Verzeichnis aller Wander- und Radwege) erhält man im ***Kootenay National Park Visitor Centre,*** Radium Hot Springs am Westeingang des Parks oder im ***Kootenay Park Lodge Visitor Centre*** in ***Vermilion Crossing***. Offizielle Parkadresse:

Kootenay National Park Visitor Centre
7556 Main St. East, Radium Hot Springs
✆ (250) 347-9615
Internet: www.pc.gc.ca/kootenay

Camping

Der *Highway* #93 ist keine wichtige Hauptstraße wie der TCH und daher verkehrsmäßig viel angenehmer. Campingplätze in Straßennähe muß man nicht meiden. Empfehlenswert ist in erster Linie der großzügig angelegte ***McLeod Meadows Campground***. Ein weiterer, klimatisch nicht so günstiger Platz befindet sich im Osten beim hochgelegenen ***Marble Canyon***. Beide sind selbst in der Hauptsaison selten voll. Auf dem ***Redstreak Campground*** sichert nur frühe Ankunft einen Platz.

Klima

Das Klima im östlichen Bereich des *Kootenay Park* unterscheidet sich stark von dem im Westteil. Die Barriere der Rockies sorgt für hohe Niederschläge in den östlichen Höhenlagen, während die westliche, tiefer gelegene Parkregion – etwa ab *Kootenay Crossing* – relativ trocken und warm bleibt.

Trails

Der ***Vermilion Pass*** (1.651 m), 10 km westlich des TCH, ist der höchstgelegene Straßenpass über die kanadischen Rocky Mountains. Unweit der Paßhöhe schlängelt sich der ***Fireweed Nature Trail*** (1 km) durch ein bereits 1968 von einem Waldbrand (*Vermilion Pass Burn*) geschädigtes Areal.

Der Baumbestand erholt sich wegen der in der Höhe nur kurzen jährlichen Wachstumsperiode langsam. Dafür haben sich viele Wildblumen ausgebreitet, vor allem ***Fireweed***, das in prächtigem Rosa blühende Schmalblättrige Weidenröschen.

Gletscher

Der ***Stanley Glacier Trail*** (5,5 km) führt etwas weiter westlich durch dasselbe Waldbrandgebiet und endet unterhalb des Gletschers, eine schöne Wanderung zur Wildblumenblüte im Frühsommer.

Schlucht

Durch starken Wasserdruck wurde der Kalkstein im Bett des *Tokumm Creek* zu Marmor (*Marble*) gepreßt. Der sehr schöne ***Marble Canyon Trail*** (1 km) verläuft abwechselnd über sieben Brücken zu beiden Seiten einer bis zu 40 m tiefen Schlucht. Tosende Wasserfälle, Engpaßstellen und eine natürliche Steinbrücke sind die Hauptattraktionen dieses Weges, für den man einen knapp einstündigen Zwischenstop einkalkulieren muß.

Quellen

Die ***Paint Pots***, runde, rötlich-gelbe Erdkuhlen, verdanken ihre Entstehung dem ständig zufließenden eisenhaltigen Wasser aus drei mineralhaltigen Quellen. Bevor weiße Einwanderer die Ockergruben kommerziell ausbeuteten und den Sand als Grundstoff für Färbemittel nach Calgary transportierten, verwendeten bereits Indianer die Erde zur Körperbemalung und Verschönerung ihrer *Tepees*. Noch heute künden verrostete Maschinenteile von den einstigen Aktivitäten der Weißen. Ein 1 km langer ebener ***Trail*** führt zu den Ockerfeldern.

Sinclair Pass und Canyon

Im westlichen Teil des Parks entfernt sich die Straße vom Kootenay River und läuft über den ***Sinclair Pass*** (1.486 m). Schautafeln an den ***Viewpoints*** informieren über die Namen der im Blickfeld liegenden Rocky Mountain Gipfel.

Einige Kilometer vor der westlichen Parkeinfahrt passiert man die roten Klippen der ***Redwall Fault*** und den pittoresken ***Sinclair Canyon***. Dazwischen liegen die *Radium Hot Springs*. Die heißen Quellen werden von Regenwasser gespeist, das bis in 3.000 m tiefe Erdschichten vordringt, dort verdampft und sich auf dem Weg nach oben wieder verflüssigt.

Radium Hot Springs

Bei den ursprünglich *Sinclair Hot Springs* genannten Quellen, die wegen der (geringen) Spuren an radioaktivem Radium ihre jetzige Bezeichnung erhielten, wurde schon zu Beginn des letzten Jahrhunderts eine Badeanlage gebaut. Heute besteht sie aus zwei großen ***Outdoor Pools***, Umkleideräumen und Cafeteria. Ein Becken ist mit 29°C zum Schwimmen geeignet, das andere enthält 39°C heißes Wasser. Mitte Mai bis Mitte Oktober täglich 9-23 Uhr, sonst 12-21 Uhr, Eintritt $7.

Mit Bettarifen von $18-$21 bietet das Radium ***International Hostel*** in der ***Misty River Lodge*** an der Straße #93 eine preiswerte Übernachtungsmöglichkeit. ***Bed & Breakfast*** im DZ kostet dort $54-$68; © (250) 347-9912. **Internet: www.radiumhostel.bc.ca.**

Der sehr schöne ***Redstreak Campground*** (Reservierung: © 1-877-RESERVE, **www.pccamping.ca**) auf sonnig-warmem Plateau am Parkeingang – mit Duschen und teilweise *Hook-up* zugleich der komfortabelste Campingplatz des Parks – ist über einen Fußweg (2,7 km) direkt mit den *Hot Springs* verbunden.

Straße nach Golden

Der *Highway* #95 verbindet Radium Hot Springs und Golden (105 km). Die Straße läuft durch das breite Tal des *Rocky Mountain Trench* am Columbia River entlang. Östlich wird sie begleitet von den Gipfeln der *Rockies* und westlich von der ***Purcell Range*** der Columbia Mountains. Abseits der Straße gibt es im ***Rocky Mountain Forest District*** eine Reihe von ***Campgrounds***, die nicht in Campingführern verzeichnet sind (Auskünfte in Cranbrook oder Invermere).

Nach Süden

Auch auf der Weiterfahrt in südliche Richtung verliert man das **Panorama der Rocky Mountains** – bis hinunter nach Fort Steele – nicht aus den Augen. Während die kalten Seen der *Rockies* nicht zum Schwimmen verlocken, findet man in dieser klimatisch begünstigten Region Badeseen.

Der kleine ***Dry Gulch Provincial Park***, 5 km südlich *Radium Junction*, empfiehlt sich nicht nur, wenn der *Redstreak Campground* im Kootenay Park belegt ist. Trotz des Namens ist die »trockene Schlucht« eine Vegetationsinsel. Nur der kleine Bachlauf quer durch den Park führt im Sommer kein Wasser.

Fairmont Hot Springs

Weiter südlich um die heißen Quellen der ***Fairmont Hot Springs*** hat sich ein kleines touristisches Zentrum mit Hotels, darunter das Prunkstück ***Fairmont Hot Springs Resort***, © 1-800-663-4979, © (250) 345-6311, Golf- und Tennisplätzen und einem ***Campground*** etabliert. Das Wasser in den 4 Freibädern ist zwischen 40°C und 43°C warm, die Anlage täglich 8-22 Uhr geöffnet, Eintritt $7.

Hoodoos

Direkt südlich des Ortes an der Mündung des Dutch Creek in den Columbia Lake ragen die grauen, rund 100 m hohen ***Dutch Creek Hoodoos*** empor. Nachmittags präsentieren sich die erodierten Sandsteinklippen im besten Fotolicht.

Auf dem Kootenay River im Nationalpark

Canal Flats

Eine kaum merkliche Anhöhe am Südufer des Columbia Lake bildet die **Wasserscheide** zwischen Kootenay und Columbia River. Ein Kanal mit Schleuse, die 1888-1902 nur kurz in Betrieb war, gaben der kleinen Siedlung **Canal Flats** ihren Namen. 5 km südlich des Ortes geht es auf einer Schotterstraße zum ***Whiteswan Lake Provincial Park*** (gute ***Campgrounds***). Gleich am Westeingang befinden sich die kleinen, natürlichen Badepools der ***Lussier Hot Springs***.

Premier Lake Prov'l Park

Noch weiter südlich liegt bei **Skookumchuck** der ***Premier Lake Provincial Park***. Am Ende der 12 km langen Zufahrt wartet ein **Bilderbuchsee** mit schönem **Campingplatz** an seinem Ausläufer. Zwischen Whiteswan und Premier Lake gibt es eine direkte, teilweise aber holprige Schotter-Verbindung.

Kurz vor Wasa gabelt sich die Straße: **#93/#95** führt nach Fort Steele, **#95A** zur *Bavarian City* Kimberley:

Kimberley

Für die kleine Fußgängerzone im Alpenlook, dem »**Platzl**«, mit Canadas größter **Kuckucksuhr** lohnt sich der Umweg nach Kimberley (6.500 Einwohner) für Besucher aus Mitteleuropa kaum. Dorthin sollte aber fahren, wer einen unbezwingbaren Appetit auf *Sauerkraut & Frankfurters* verspürt.

Bis zu ihrer Schließung 2001 war die ***Sullivan Mine*** von *Teck-Cominco* (➪ Seite 351) bei Kimberley eine der weltgrößten Blei- und Zinkuntertageminen. Heute befördern die Minenlok Touristen auf einer serpentinenreichen Schmalspurtrasse. Vom Ortskern fährt die ***Sullivan Mine & Railway*** über die ehemalige Mine 25 min bergauf zum 7,5 km entfernten ***Kimberley Alpine Resort***, einem Winterskigebiet (Ende Juni-Anfang September, täglich 11-16 Uhr, Rundfahrt $10).

Ein **Zimmer** in Kimberley zu finden ist kein Problem: **Motels** der mittleren/unteren Preisklasse sind zahlreich vorhanden.

Der beste Campingplatz weit und breit ist ***Kimberley Riverside Campground***, ✆ (250) 427-2929, ✆ 1-877-999-2929, in schöner Landschaft hoch über dem St. Mary River; ca. 6 km südlich auf der #95A, im Vorort Marysville dann 3 km Zufahrt.

Wasa und Norbury Lake PP

Die **Straße #93** über Wasa/Fort Steele ist wegen des *Fort Steele Park* vorzuziehen. Camper könnten sich bereits 21 km davor im ***Wasa Lake Provincial Park,*** ✆ 1-800-689-9025 einen Platz sichern. Der attraktive, privat betriebene ***Fort Steele RV Park***, ✆ (250) 489-4268 befindet sich direkt bei Fort Steele, ein guter Platz 16 km weiter im ***Norbury Lake Provincial Park***, erreichbar über die am Ostufer des *Kootenay River* entlangführende *Wardner-Fort Steele Road* (parallel zur #93).

Fort Steele

Die weiße Besiedlung der Region begann mit dem ***Kootenay Gold Rush*** im Jahre 1864. Ein erster Posten der *North West Mounted Police* entstand 1887 und daraus das Fort Steele. Den *Mounties* gelang es, bewaffnete Auseinandersetzungen zwischen Einwanderern und Indianern zu verhindern.

Ende des 19. Jahrhunderts war aus **Fort Steele eine Stadt** geworden. Mit dem Bau einer Eisenbahnlinie, die Fort Steele umging und 1898 einen Bahnhof in Cranbrook erhielt, begann ihr Niedergang, und bereits 1910 wurde sie zur Geisterstadt.

Heritage Town

An der ***Fort Steele Heritage Town*** beeindruckt zunächst die Lage am *Kootenay River*. Die über 60 Gebäude des weitläufigen Geländes – Wohnhäuser, Werkstätten, Polizeiwache und Läden – wurden mit viel Liebe zum Detail hergerichtet.

Zeitgenössisch kostümierte Bewohner spielen überall im Dorf Episoden vom Aufstieg und Niedergang der Stadt *open-air* nach. In den Häusern kann man traditionelle Handwerkstechniken bewundern und in der Bäckerei Spezialitäten genießen.

Restaurants und **Souvenirshops** fehlen natürlich auch nicht. Im ***Wild Horse Theatre*** werden nostalgische Stücke oder stürmische *Vaudeville Shows* (täglich 14 Uhr, $8) aufgeführt. Als Kinderspaß eignen sich die Postkutschenrunden ($4) oder die Eisenbahnfahrt im Zuckeltempo ($6), beides nur Juli & August.

Die ***Fort Steele Heritage Town*** ist neben Barkerville das beste ***Living Museum*** in British Columbia; © (250) 426-7352; Mai bis Mitte Oktober 9.30-17 Uhr, Juli & August bis 18 Uhr; $12, $23 Kombiticket für alles. **Internet**: **www.fortsteele.bc.ca**

Rundfahrten mit Pferdekraft im Fort Steele

3.7.5 Crowsnest Highway mit Alternativrouten von Cranbrook bis Osoyoos

Straße #3

Kurz vor Cranbrook vereinigt sich für gut 70 km gemeinsamen Verlauf die Straße #95 mit dem ***Crowsnest Highway #3***, der sich nahe der Grenze zu den USA über zahlreiche Gebirgspässe windet: in den Rocky Mountains (Grenze zwischen Alberta und British Columbia) über den ***Crowsnest Pass*** (1.396 m), in den Selkirk Mountains über den ***Kootenay Pass*** (mit 1.774 m höchster Paß im Straßenverlauf), in den Monashee Mountains über den ***Bonanza Pass*** (1.535 m) und schließlich über den ***Allison Pass*** (1.342 m) in den Kaskaden.

Cranbrook

Cranbrook ist mit 18.500 Einwohnern größte Stadt im südöstlichen British Columbia. Das unübersehbare ***Canadian Museum of Rail Travel*** an der Durchgangsstraße Van Horne Street im Stadtzentrum ist der einzige echte Anziehungspunkt der Stadt. Glanzstücke der Ausstellung sind 7 restaurierte Wagen eines Trans-Canada-Luxuszuges von 1929. April-Mitte Okt. tägl. 10-18 Uhr, sonst Di-Sa 12-17 Uhr; $8 nur mit Führung.

Übernachtung

Neben den vielen Hotels/Motels an der Hauptstraße bietet sich auch das moderne ***Cranbrook Purcell House*** (HI) an, 2700 College Way, © (250) 489-8282, © 1-877-489-2687, 42 Betten, $19/Person). Der ***Mount Baker RV Park***, © 1-877-501-2288, (250) 489-0056 mit *Full Hook-up* liegt mitten im Ort im ***Baker Park,*** #1501/1st Street South. Schöner, aber sanitär einfacher campt man im ***Jimsmith Lake Provincial Park***. Die Zufahrt zweigt am südlichen Ortsausgang ab (4 km).

Creston

Der nächste größere Ort am *Crowsnest Highway* ist Creston (5.100 Einwohner). Viele Obststände am Straßenrand verraten, daß hier die Landwirtschaft eine wichtige Rolle spielt.

Brauerei

Im Zentrum (1220 Erickson St) ist die wichtigste Sehenswürdigkeit der Stadt nicht zu übersehen. Nach der Führung durch die ***Columbia Brewery*** gibt`s ***Kokanee***-Bierproben. Mitte Mai-Mitte September, Mo-Fr 9.30-14.30 Uhr, Anmeldung kann nicht schaden: © (250) 428-9344).

Etwa 11 km westlich Creston liegt das mitten im Sumpf errichtete ***Creston Valley Wildlife Interpretation Centre*** (Mitte Mai-August täglich 9-17 Uhr, Sept.+Okt. Mi-So 9-16 Uhr; Eintritt $3). Zahlreiche Vogelarten leben in diesem Feuchtgebiet, darunter Kolibris und Fischadler. Ein Holzplankenweg führt durch den Sumpf; preiswert: geführte Kanutrips ($7).

Creston Wildlife Centre im Sumpfgelände

Umweg über Kootenay Lake

Statt ab Creston weiter dem *Crowsnest Highway* durch die einsamen **Selkirk Mountains** über die Auffahrt zum *Kootenay Pass* nach Castlegar zu folgen, wird nun die wesentlich abwechslungsreichere **Route #3A über Nelson** gewählt, die rund

30 km zusätzliche Fahrt und ein Übersetzen per Fähre (im Sommer tagsüber Abfahrten alle 50 min, keine Reservierung) über den *Kootenay Lake* nach Balfour erfordert.

Straße #3A über Nelson

In schönem Verlauf folgt die Straße #3A weitgehend der Uferlinie des ***Kootenay Lake*** mal in Wassernähe, mal hoch über dem See mit herrlichen Ausblicken. Einige hübsche Orte mit kleinen Yachthäfen und Badestränden liegen am Weg. Ein schöner, aber etwas schwierig zugänglicher (Parken abseits) öffentlicher **Sandstrand** liegt an der ***Twin Bays Beach.***

3 km südlich von Boswell passiert man das ***Glass House***. Die spleenige Idee eines Leichenbestatters, mit einer halben Million Balsamflaschen ein Haus zu bauen, wird dort als Touristenattraktion ($6, 8-20 Uhr) vermarktet.

Ein weiterer Sand-/Kieselstrand befindet sich im ***Lockhart Beach Provincial Park*** mit ***Campground*** auf der anderen Straßenseite.

Autofähre Balfour

Eine Unterbrechung der Autofahrt bietet die ***Kootenay Lake Ferry*** (ca. 35 min). Touristische Werbung versichert: »längste kostenlose Fahrt per Fähre in ganz Nordamerika«! Diesseits des Sees liegt am *Terminal* die Mini-Ortschaft Kootenay Bay, u.a. mit dem ***Pilot Bay Resort***, © (250) 227-9441 (Camping).

5 km südlich des Terminal endet im ***Pilot Bay Provincial Park*** ein kurzer Spaziergang am ***Pilot Bay Lighthouse*** von 1905 (Aussichtsplattform), dem einzigen Inlandsleuchtturm in BC.

weiter von Balfour nach Norden

Auf der Westseite des Sees könnte man ab Balfour einen sehr schönen Umweg durch die *Selkirk Mountains* zwischen dem Nordarm des *Kootenay Lake* und *Arrow Lake* einplanen. Diese Möglichkeit ist im **Kasten auf Seite 334** beschrieben.

Die Straßenkombination #31, #31A, #6, #3A von Balfour nach Castlegar über Kaslo und New Denver ist etwas über 100 km länger, aber auch weniger befahren als die direkte Route #3A am Westarm des Kootenay Lake und Kootenay River entlang.

Die #31 führt zunächst am – dicht von Privatbesitz und Campingplätzen besetzten – Westufer des Kootenay Lake entlang und vorbei am Komplex der ***Ainsworth Hot Springs,*** © 1-800-668-1171 (renoviert, aber besser *Nakusp Hot Springs*, ➪ Seite 333). Wassertemperatur im *Inner Pool*, einer hufeisenförmige Höhle mit von der Decke herabhängenden Stalaktiten, bis 42°C, im Freibecken bis 38°C; tägl. 10-21.30 Uhr, Eintritt $7.

Kurz vor Kaslo empfehlenswert ist der privat betriebene ***Mirror Lake Campground***, © (250) 353-7102, mit vielen Plätzen am eigenen Badesee; gute Sanitäranlagen.

Ab Kaslo ➪ Seite 335.

Kokanee Creek PP

Ohne Umweg geht es von Balfour weiter auf der #3A nach Nelson. Am Wege liegt der ***Kokanee Creek Provincial Park***, © 1-800-689-9025.

Er verfügt über zwei gute ***Campgrounds*** (***Redfish*** und ***Sandspit***) (am besten die *Overflow-Area*/Parkplatz für Spätkommer in Strandnähe), schöne ***Nature Trails***, prima **Kinderspielplatz** und lange Strände. Der Park ist ein gutes Standquartier für Ruhetage und/oder Ausflüge, etwa zum ***Kokanee Glacier Provincial Park***. Die Zufahrt (16 km Schotter) endet am Gibson Lake; von dort läuft ein schöner ***Trail*** (7 km, 500 Höhenmeter) über den *Kokanee Pass* zum Kaslo Lake.

Nelson

Nelson (9.300 Einwohner) erreicht man auf dieser Route aus der »richtigen« Richtung. Der Ort beginnt südlich der ***Nelson Bridge***, die den Westarm des Kootenay Lake überspannt. Direkt westlich der Brücke liegt der ***Lakeside Park*** mit Sandstrand und einer schönen ***Picnic Area***.

Ortsbild

Das Ortsbild unterscheidet sich erfreulich von dem anderer vergleichbar großer Städte. Zahlreiche Gebäude aus guter alter Zeit (faktisch vom Ende des 19. und Anfang des 20. Jahrhunderts, als eine Silber-Boomperiode für Reichtum sorgte), darunter manches architektonische Schmuckstück, sind nicht nur noch vorhanden, sondern in bestem Zustand. Hier sollte man sich nicht aufs *Sightseeing* durchs Autofenster beschränken, sondern einen Spaziergang über die Baker Street in *Downtown* (viele Straßencafés und Läden) machen, am besten nach Besuch des ***Visitor Info Centre*** in der 225 Hall Street, © 1-877-663-5706 oder © (250) 352-3433, **www.discovernelson.com**.

Von 1899 bis 1949 waren Straßenbahnen in Betrieb. Die alte ***Streetcar #23*** fährt heute am Seeufer entlang von Lakeside Park bis Wharf City, $2.

Mit dem städtischen ***City Tourist Park***, 40 High St, © (250) 352-7618, besitzt Nelson einen engen ***Campground*** in der Nähe des Stadtkerns. Oberhalb liegt der ***Gyro Park*** mit einem schönen Aussichtspunkt. In der Altstadt liegt auch das ***HI-Hostel Nelson/Dancing Bear Inn***, 171 Baker Street, © (250) 352-7573, © 1-877-352-7573, 43 Betten, $17.

Wasserkraft

Der Verlauf der Straße #3A von Nelson nach Castlegar ist nur teilweise attraktiv. *West Kootenay Power* nutzt das Gefälle zwischen Kootenay Lake und Columbia River mit Dämmen in kurzen Abständen hintereinander. Bereits 1897 produzierte hier das erste Wasserkraftwerk Strom, u.a. für die Goldminen in Rossland.

Castlegar

Castlegar (7.000 Einwohner) liegt an der Mündung des Kootenay in den *Columbia River*. Die Stadt hat nur einen kleinen Kern nordwestlich des Zusammenflusses und Stadtteile auf den anderen Ufern. Der ***Zuckerberg Island Heritage Park*** liegt auf einer kleinen Flußinsel, Zugang über eine Hängebrücke ab Westufer, geöffnet bei Tageslicht, frei. Der schattige Rundweg mit Erläuterungen zur Botanik läßt sich in 20 min ablaufen. Mittendrin steht das *Chapel House* mit russisch-orthodoxem Zwiebelturm. Guter Stop zum Fußevertreten.

Staudamm

Nordwestlich von Castlegar steht die Betonmauer (52 m) des ***Hugh Keenleyside Dam***, der seit 1968 den Columbia River zum *Arrow Lake* aufstaut. Die Straße am Nordufer passiert das etwas tiefer gelegene Kraftwerk; ihre Fortsetzung am Arrow Lake führt zum ***Syringa Provincial Park***, © 1-800-689-9025, dessen *Campground* wegen der prima Lage am See oft schon am Vormittag belegt ist.

Nach Trail

In Castlegar erreicht man wieder den *Crowsnest Highway* #3. Die **attraktivste Route** entspricht hier jedoch zunächst der Straße #22 am Columbia River entlang nach **Trail** und auf der #3B weiter nach **Rossland**, von wo man auf den *Crowsnest Highway* zurückkehrt. Dieser Schlenker nach Süden ist zwar nur 35 km länger als der direkte Weg nach Westen auf der #3, kostet aber mit Zwischenstops locker zwei und mehr Stunden Fahrtzeit plus ggf. Minenbesichtigung bei Rossland.

Trail ist eine kleine Industriestadt (7.600 Einwohner) beiderseits des Columbia River mit einer der weltgrößten Blei- und Zinkhütten ohne sonstige Besonderheiten. Bei Interesse kann man die ***Teck-Cominco* Schmelzerei** besichtigen (Mo-Fr um 10 Uhr). ***Teck-Cominco Interpretive Centre***, zugleich ***Trail Visitor Info***, 1199 Bay Ave, © 1-877-636-9569, © (250) 368 3144, **Internet**: **www.trailchamber.bc.ca.**

Gratis campt man auf dem ***Buckley Campground*** *(von BC Hydro)* am Pend d'Oreille Reservoir südöstlich von Trail. Von der #22A auf die Seven-Mile-Dam Road abbiegen. Ein schöner ***Campground*** liegt zwischen dem 1. und 2. See im ***Champion Lakes Provincial Park***, © 1-800-689-9025, einem dicht bewaldeten Areal mit drei Seen auf einer Hochfläche und zwei Sandstränden (am ersten See). Zufahrt von der #3 über die #3B nach Westen ca. 8 km, dann Stichstraße 12 km.

Rossland

Rossland (3.700 Einwohner) liegt nur wenige Kilometer südwestlich von Trail und über 600 m höher. Das von Bergen ganz eingeschlossene einstige **Goldrauschstädtchen** besitzt Reste eines alten Ortskerns entlang der #3B.

Fototorso für Besucher in der Rossland Gold Mine, *➪ folgende Seite*

Nach der Entdeckung von Gold in der Le Roi Mine 1890 am *Red Mountain* erfolgte später ein Untertagebau in großem Stil.

Goldmine

Die 1929 stillgelegte Mine kann noch besichtigt werden; Touren Mai-September täglich 9.30-15.30 Uhr. Auch ein Museum gehört dazu, separater Eintritt $4, Kombinationsticket Mine und Museum $8. Mine allein geht nicht. Der Besuch des *Historical Museum* und Ausstellungsgeländes allein lohnt nicht so sehr; die Mine ist das »Salz in der Suppe«.

Der ehemalige Goldberg wurde umfunktioniert zum Winterskigebiet. Im Sommer bietet Rossland viele ***Mountain-Bike-Trails***. Ab Juli *Mountainbike*-Tagespaß ($20) für den ***Silverlode*-Sessellift** im *Red Resort*, © 1-800-663-0105.

Information

Die Mine befindet sich an der Einmündung der #22 in die #3B, ebenfalls dort das ***Rossland Visitor Info Centre***, © 1-888-448-7444 oder © (250) 362-7722, **Internet**: www.rossland.com.

Von Rossland zurück auf den *Crowsnest Highway* geht es auf landschaftlich erfreulicher Strecke.

Christina Lake

Der langgestreckte *Christina Lake* unterhalb der Höhe des *Bonanza Pass*, ca. 20 km östlich Grand Forks, zählt zu den wärmsten Badeseen Canadas und ist im Sommer stark besucht. Der öffentliche Zugang ist nur an zwei Stellen möglich: im ***Texas Creek Campground*** (schnell belegt) im ***Gladstone Provincial Park***, © 1-800-689-9025, hoch über dem See (mit schönen Badestellen etwas abseits der Stellplätze des Campingplatzes) und an der ***Picnic Area*** im ***Christina Lake Provincial Park*** am *Crowsnest Highway*.

Grand Forks

Der historische Ortskern von Grand Forks, einer früheren Minenstadt, besitzt noch einen Hauch von Wild-West-Romantik. Unter den restaurierten *Heritage Buildings* erinnert aber fast nur noch das ***Boundary Museum*** an diese Vergangenheit, 7370 5th Street, Juli und August täglich, sonst Mo-Fr geöffnet 9-16 Uhr; Eintritt $2, mäßig interessant.

Der ganz ordentliche städtische ***Municipal Campground***, © (250) 442-2833, 1-866-442-2833, **Internet**: www.grandforks-chamber.com, befindet sich im *City Park* am Kettle River auf einer schattigen Wiese mit Sandstrand.

In die USA

Westlich von Grand Forks zweigt die **Straße #21** (Nummer im US-Staat Washington) nach Süden ab. Sie führt über Republic hinunter bis zum *Lake Roosevelt* und gehört zu den schönsten, aber dennoch nur wenig befahrenen grenzüberschreitenden Strecken zwischen BC und den USA.

Midway

Midways Namensgebung beruht auf dem Umstand, daß der Ort in der Mitte zwischen den Rocky Mountains und dem Pazifik liegt. Der Bahnhof von 1909 beherbergt heute das ***Visitor Centre*** mit *Kettle River Museum*. Wie in Grand Forks liegt der städtische ***Riverfront Park Campground*** am Fluß *Kettle River* mit Badestrand.

Inner Tubing

Einen ausgesprochen guten und großzügig angelegten ***Campground*** am Fluß bietet abseits des *Crowsnest Highway* die ***Kettle River Recreation Area***, © 1-800-689-9025, 5 km nördlich an der #33. Der *Kettle River* ist besonders populär als ***Inner Tubing* Revier**, wo sich jung und alt in Autoschläuchen oder auf Luftmatrazen mit der Strömung treiben lassen.

Nach Kelowna

Auf der relativ verkehrsarmen Straße #33 geht es rascher und zügiger in Richtung Kelowna/Okanagan Valley (129 km ab der Straße #3) als bei Fahrt auf der überlasteten #97 ab Osoyoos.

Im Bereich Okanagan Valley kann man zur jeweiligen Reifezeit Obst oft zu Niedrigpreisen selber pflücken. Hier Süßkirschen Ende Juni in Osoyoos.

3.7.6 Crowsnest Highway von Osoyoos nach Hope

Mount Kobau

Ab Osoyoos folgt die Route dem ***Crowsnest Highway*** nach Westen. Nach 11 km bietet sich ein toller Abstecher zum ***Mount Kobau*** in der ***South Okanagan Grasslands Protected Area*** an. Über eine 20 km lange, gut befahrbare Schotterstrecke und einen moderat ansteigenden **Wanderweg** (1,5 km) durch Salbeiwiesen und Wald erreicht man den ***Mt. Kobau Lookout Tower*** (1.860 m). Der Aussichtsturm bietet einen hervorragenden Rundumblick über Osoyoos und das über 1.500 m tiefer gelegene *Okanagan Valley*.

Keremeos

Um Keremeos ballen sich wie nicht einmal im *Okanagan Valley* bunt dekorierte Obstverkaufsstände an den Straßenrändern, ⇨ Seite 336.

Grist Mill

Östlich des Ortes ist die 1877 erbaute, gut restaurierte ***Grist Mill*** (Getreidemühle) stilecht umgeben von zeitgenössisch gekleideten »Bewohnern« im Garten und Restaurant *Grist Mill Tea Room* (Upper Bench Road, Mai-Oktober täglich 9-17 Uhr, Eintritt $7).

Cathedral Provincial Park

3 km westlich von Keremeos zweigt die ***Ashnola River Road*** (Schotter) zum ***Cathedral Provincial Park*** ab. Die 48 km lange Straße folgt aber nur dem Fluß am nordwestlichen Parkrand. Weiter in dieses entlegene alpine **Wanderparadies** führen ausschließlich ***Trails*** zu bizarren Gebirgsformationen und tiefblauen Seen. Komfort in der Einsamkeit bietet lediglich die ***Cathedral Lakes Lodge*** am *Quiniscoe Lake*. Das einzige Hotel im Park kostet $170/Person inkl. Vollverpflegung, Kanubenutzung und Jeep-Transport ab/bis Parkzufahrt; ✆ (250) 226-7560 oder ✆ 1-888-255-4453.

Princeton

Westlich von Keremeos bis *zum* ***Manning Provincial Park*** folgt der *Crowsnest Highway* auf reizvoller Strecke dem Lauf des Similkameen River. Unterwegs bieten die für Provinzparkverhältnisse kleinen ***Stemwinder*** und ***Bromley Rock Provincial Parks*** einfache Campingplätze.

Am Wege liegt **Princeton**, Zentrum eines bis in die 1950er-Jahre bedeutenden Gold-, Kupfer- und Kohlereviers. Heute ist Princeton (2.600 Einwohner) ein verschlafener Ort, da er nach dem Niedergang des Bergbaus auch noch seine einstige Funktion als Verkehrsknotenpunkt einbüßte. Denn seit Eröffnung des *Coquihalla Highway* und der Anschlußautobahn *Okanagan Connector* #97C fließt der Hauptverkehr von Vancouver ins *Okanagan Valley* und zurück nicht mehr über die Stadt.

Ghost Towns

In der Umgebung Princetons gibt es diverse ***Ghost Towns,*** mit denen touristisch geworben wird. Überwiegend handelt es sich aber um wenig sensationelle verfallene Holzhäuser, etwa bei Granite City, aus der Goldrauschzeit von 1885/86.

Similkameen River

Ab Princeton führt der *Crowsnest Highway* nun endgültig hinauf ins Kaskadengebirge und in den *Manning Provincial Park*. Am Wege passiert man die kleinen ***Similkameen Falls*** (Schild an der Straße) des gleichnamigen Flusses.

Einfahrt zum Manning Provincial Park

Manning Provincial Park

Zwar läuft die Straße mitten durch den ***Manning Park***, aber die Schönheit des Parks erschließt sich im wesentlichen abseits des Durchgangsverkehrs und auf Wanderwegen ins Hinterland. Mindestens ein Extratag Zeit sollte dafür übrig sein. Das ***Visitor Centre*** liegt im östlichen Parkbereich etwa am südlichsten Punkt des *Crowsnest Highway*. Nur wenig westlich davon zweigt die *Blackwall Road* zum ***Cascade Lookout/Blackwall Peak*** ab.

Cascade Lookout

Auch wer wenig Zeit mitbringt, sollte die Stichstraße hinauf zum ***Cascade Lookout*** nicht auslassen (8 km). Der Blick fällt hoch über dem Similkameen Tal auf die z.T. zu den USA gehörenden schneebedeckten Gipfel der ***Cascade Range***.

Weitere 8 km Schotterstraße enden am ***Subalpine Meadow*** neben dem sanften Hügel des ***Blackwall Peak***; die Wiesen sind Mitte Juli bis Mitte August mit blühenden Wildblumen übersät. Am ***Paintbrush Nature Trail*** (1,5 km Rundweg) erfährt man alles Wissenswerte zur Flora dieser Region. Solange allerdings noch Schnee liegt, bleibt das Straßenstück bis zum *Blackwall Peak* gesperrt, oft bis Anfang Juli.

Lightning Lake Bereich

Am Fuß der *Blackwall Road* befindet sich das ***Manning Park Resort*** (✆ 250-840-8822, ✆ 1-800-330-3321) inkl. Ferienwohnungen und Reitstall. Vom einzigen Parkhotel führt die ***Gibson Pass Road*** am größten Campingplatz des Parks am ***Lightning Lake*** (Kanu- und Fahrradverleih!) vorbei zum Ausgangspunkt des ***Three Falls Trail***. Nach wenigen Schritten auf diesem Weg durchquert man die ***Strawberry Flats***. Vor allem zur Blüte-/Erntezeit Mitte/Ende Juli lohnt sich der Abstecher.

Weitere Trails

Am *Lightning Lake* beginnen mehrere völlig ebene *Trails*. Besonders der ***Lightning Lake Chain Trail*** ist zu empfehlen (maximal 12 km bis zum Endpunkt am *Thunder Lake*). Dabei braucht man nicht auf demselben Weg hin und zurück zu wandern, sondern kann auch Rundwegen um den *Flash Lake* (4 km), den *Lightning Lake* (9 km) und/oder den nördlichen/südlichen *Lightning Lake* (4 km/6 km) herum folgen.

Populär ist der ***Frosty Mountain Trail*** (11 km) zum höchsten Berg des Parks (2.408 m). Der 1.150 m Höhenanstieg auf der Nordseite des Berges bleibt im Sommer lange schneebedeckt.

Bergsturz

Eine letzte Sehenswürdigkeit vor Erreichen von Hope und dem TCH (17 km östlich) sind die Auswirkungen des ***Hope Slide*** von 1965. Der größte Bergrutsch Westcanadas verschüttete ein 3 km langes Straßenstück. Unter 48 Millionen m^3 bis 79 m aufgeschüttetem Felsgeröll liegen mehrere Autos samt Insassen. Auf Schautafeln wird das Unglück erläutert.

Nach Vancouver

Von **Hope nach Vancouver** sind es auf dem TCH noch 150 km, auf der schöneren Straße #7 am Nordufer des breiten Fraser River entlang nur 10 km mehr. Sie sollte fahren, wer noch Zeit für diese klar attraktivere Route hat, ➪ Seite 231ff.

3.8 Yellowhead Highway (➪ Seite 243) von Prince Rupert nach Prince George

Prince Rupert

Prince Rupert liegt nur 50 km südlich des äußersten Südzipfels von Alaska und ist neben Vancouver der einzige bedeutende Überseehafen in British Columbia. Neben seinen verkehrstechnischen Vorzügen und der guten Lage zwischen Bergen und Meer bietet vor allem die landschaftlich grandiose Routenführung des *Yellowhead Highway* entlang des Skeena River bis New Hazelton (rund 280 km) das stärkste Motiv für einen Besuch bzw. den Einschluß der Stadt in eine Rundtour durch Canadas Westen.

Geschichte

Das Land an der Mündung des Skeena River ist von *Tsimshian*-Indianern bewohnt. Erste weiße Siedlung war das 1834 von der *Hudson´s Bay Company* erbaute ***Fort Simpson*** (heute **Lax Kw´alaams**) an der Nordspitze der Tsimpsean-Halbinsel nördlich von Prince Rupert. Am Südufer des Skeena River östlich der Stadt entstand um 1870 **Port Essington**, das vom Fischereihafen mit Fischfabriken schnell zum kommerziellen Herzen der Region und Heimathafen der Schaufelraddampfer auf dem Fluß aufstieg. Als aber die *Grand Trunk Pacific* (heute *Canadian National Railway*) Schienen am Nordufer des Skeena River entlang verlegte und bis Kaien Island fortführte, übernahm ab 1914 das aufblühende Prince Rupert die Rolle von Port Essington, das danach fast zur Geisterstadt verkam.

Entwicklung

Obwohl die Stadt im 2. Weltkrieg vorübergehend Nachschubbasis der US-Armee war, ergab sich daraus kein Wirtschaftsboom. Der Pazifikhafen blieb weiterhin »nur« Umschlagsplatz vor allem für Getreide-, Holz- und Kohleexporte, außerdem Heimat einer großen Fischfangflotte. Erst Jahrzehnte später entwickelte sich Prince Rupert zum wichtigsten **Fährhafen** der ***Inside Passage***. Seit 1963 verkehren die ***Alaska State Ferries*** nordwärts bis Skagway/Haines und seit 1966 ***BC Ferry*** südwärts nach Vancouver Island. Mit dem Anschluß an die *Inside Passage* und der Eröffnung des *Cassiar Highway* (1972) nach Watson Lake rückte die Stadt ins touristische Blickfeld.

Wetter

Wie für die gesamte *Inside Passage* gilt auch für Prince Rupert die Anmerkung: Die Fahrt dorthin und die Fähre nach/von Port Hardy lohnt sich so recht nur, wenn das Wetter einigermaßen mitspielt. Auch im Sommer ist das **Regenrisiko hoch**. Prince Rupert ist mit 2.552 mm Jahresniederschlag die regenreichste Stadt Canadas – das ist mehr als doppelt soviel wie in Vancouver und gleich das Vierfache des in Victoria gemessenen jährlichen Niederschlags. Auch die durchschnittlich fast 17 Stunden Bewölkung am Tag sind kanadischer Rekord für eine Stadt. Wer Fährstrecke und Stadt bei guter Sicht ohne Regen oder gar bei Sonnenschein erlebt, wird indessen begeistert sein, sich für diese Route entschieden zu haben.

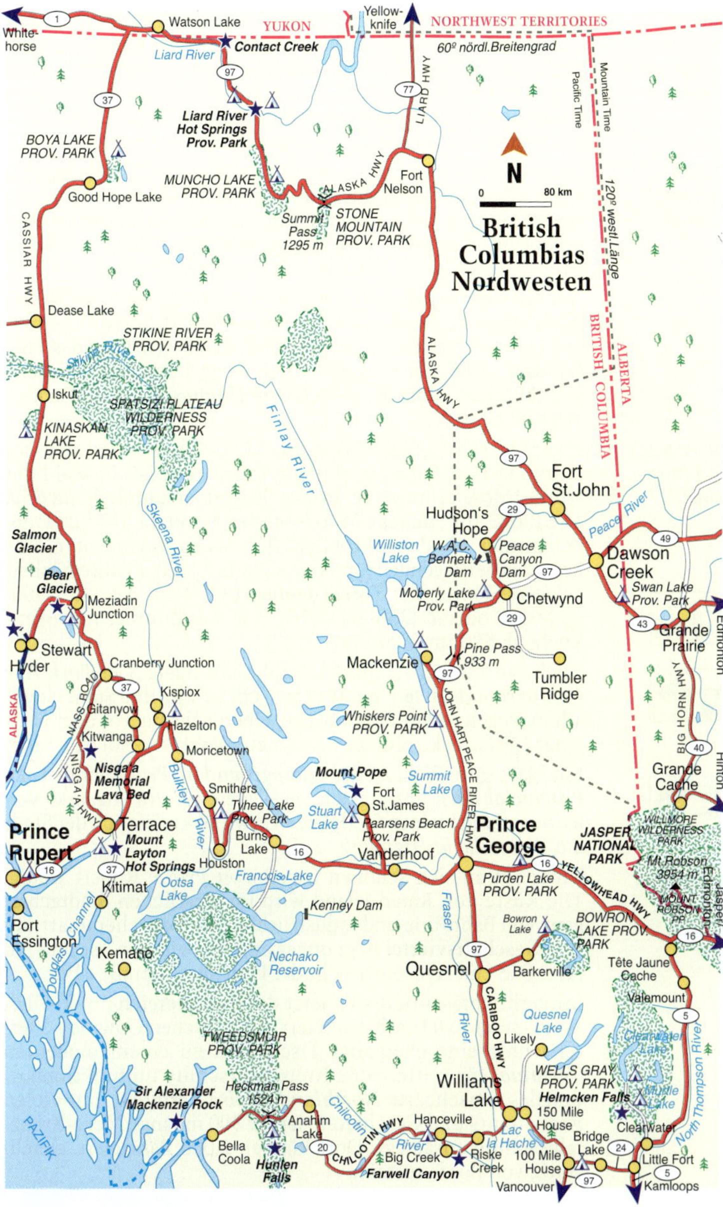
British Columbias Nordwesten
N
0 80 km
YUKON
NORTHWEST TERRITORIES
60º nördl.Breitengrad
120º westl.Länge
Pacific Time
Mountain Time
BRITISH COLUMBIA
ALBERTA
ALASKA
PAZIFIK
White-horse
Watson Lake
Yellow-knife
Liard River
Contact Creek
Liard River Hot Springs Prov. Park
BOYA LAKE PROV. PARK
Good Hope Lake
MUNCHO LAKE PROV. PARK
Summit Pass 1295 m
STONE MOUNTAIN PROV. PARK
Fort Nelson
LIARD HWY
ALASKA HWY
CASSIAR HWY
Dease Lake
STIKINE RIVER PROV. PARK
Stikine River
Iskut
SPATSIZI PLATEAU WILDERNESS PROV. PARK
KINASKAN LAKE PROV. PARK
Finlay River
Skeena River
Salmon Glacier
Bear Glacier
Meziadin Junction
Stewart
Hyder
Cranberry Junction
NASS ROAD
Kispiox
Gitanyow
Hazelton
Kitwanga
Moricetown
Nisga'a Memorial Lava Bed
NISGA'A HWY
Bulkley River
Smithers
Tyhee Lake Prov. Park
Prince Rupert
Terrace
Mount Layton Hot Springs
Houston
Burns Lake
Kitimat
Ootsa Lake
Francois Lake
Port Essington
Kemano
Douglas Channel
Kenney Dam
Nechako Reservoir
TWEEDSMUIR PROV. PARK
Heckman Pass 1524 m
Sir Alexander Mackenzie Rock
Bella Coola
Anahim Lake
Hunlen Falls
Chilcotin River
CHILCOTIN HWY
Hanceville
Big Creek
Farwell Canyon
Riske Creek
Williston Lake
W.A.C. Bennett Dam
Hudson's Hope
Peace Canyon Dam
Moberly Lake Prov. Park
Chetwynd
Fort St.John
Peace River
Dawson Creek
Swan Lake Prov. Park
Grande Prairie
Edmonton
Pine Pass 933 m
Tumbler Ridge
Mackenzie
Whiskers Point PROV. PARK
JOHN HART PEACE RIVER HWY
BIG HORN HWY
Hinton
Grande Cache
Mount Pope
Fort St.James
Summit Lake
Stuart Lake
Paarsens Beach Prov. Park
Vanderhoof
Prince George
JASPER NATIONAL PARK
WILLMORE WILDERNESS PARK
Mt.Robson 3954 m
MOUNT ROBSON PP
Jasper/ Edmonton
YELLOWHEAD HWY
Purden Lake PROV. PARK
Bowron Lake
BOWRON LAKE PROV. PARK
Fraser River
Quesnel
Barkerville
Tête Jaune Cache
Valemount
CARIBOO HWY
Quesnel Lake
Likely
Clearwater Lake
WELLS GRAY PROV. PARK
Helmcken Falls
Mahood Lake
North Thompson River
Williams Lake
150 Mile House
Lac la Hache
Clearwater
100 Mile House
Bridge Lake
Little Fort
Vancouver
Kamloops
1
97
37
77
29
49
43
40
16
20
24
5

Fähren, Vancouver Island und Alaska

Das ***Ferry Terminal*** liegt 2 km südwestlich Prince Rupert. Für Passagiere ohne eigenes Fahrzeug gibt es eine Busverbindung und Taxis in die Stadt. Prince Rupert wird von ***Greyhound*** und von ***VIA-Rail*** bedient. Für Autofahrer ist die rechtzeitige **Reservierung der Fähren ein »Muß«.** Detaillierte Ausführungen hierzu stehen auf den Seiten 198f sowie 485ff.

Queen Charlotte Islands

Neben den Fähren nach Vancouver Island und Alaska legt am *Ferry Terminal* auch die ***Queen of Prince Rupert*** (*BC Ferry*) nach Skidegate auf Graham Island der Queen Charlotte Inselgruppe ab. Die Fähre verkehrt ganzjährig bis zu 6x wöchentlich, sie benötigt 6-7 Stunden für die Überfahrt.

Auf Graham Island läuft das letzte Stück des *Yellowhead* von Skidegate nach Masset, Fischereistadt und Militärstützpunkt. Die Queen Charlotte Islands sind so etwas wie **Canadas *Last Frontier***, eine über Straßen und Wege kaum erschlossene Westküstenwildnis mit dem ***Gwaii Haanas National Park*** an ihrer Südspitze.

Übernachten in Prince Rupert

In Anbetracht seiner Größe (ca. 14.700 Einwohner) und des zumindest im Sommer starken Tourismus, ist die Zahl der Hotel-/Motelzimmer in Prince Rupert erstaunlich niedrig. Die Preise für einfache Motels starten bei etwa $70 fürs Doppelzimmer, ➪ den aktuellen *BC Accommodation Guide* bzw. das beiliegende Hotelverzeichnis. Das der Fähre nächstgelegene Motel, die ***Totem Lodge***, 1335 Park Ave, © 1-800-550-0178 oder © (250) 624-6761, hat u.a. Zimmer mit Miniküch; ab $80 im Sommer.

Auch für Camper ist die Auswahl nicht üppig. Der ***Park Ave Campground*** auf halbem Weg zwischen Fähre und Stadt ist vor allem wegen seiner Lage für eine Übernachtung vor oder nach einer Fährstrecke eine ggf. geeignete Wahl, © (250) 624-5861.

Eine ganz gute Wahl ist der ***Campground*** im ***Prudhomme Lake Provincial Park*** mit einfach angelegten, für Provinzparks verhältnismäßig kleinen Stellplätzen etwa 16 km östlich der Stadt am *Yellowhead Highway*.

Downtown

Trotz der an sich schönen Lage bietet Prince Rupert wenig. Die Küste von Kaien Island wird im westlichen Stadtgebiet ganz von Bahnlinie und Industrie blockiert; das eher unattraktive **Geschäftsviertel** liegt etwas erhöht zwischen 1st und 3rd Ave. Die 2nd Ave. entspricht der Durchgangsstraße #19.

Immerhin präsentiert sich jetzt der **Hafenbereich** nordöstlich von *Downtown* frisch renoviert. Im hübschen *Cow Bay*-Viertel wurde eine ehemalige Fischfabrik zu einem modernen ***Terminal*** für mittelgroße Kreuzfahrtschiffe umfunktioniert, und das benachbarte ***Northland Cruise Terminal*** (mit vielen Restaurants und Geschäften) ist für 300 m lange Mega-Kreuzfahrtschiffe ausgelegt. Dort können 2.000 Passagiere gleichzeitig von Bord stürmen.

Das ***Prince Rupert Visitor Info Centre***, 215 Cow Bay Road, liegt im *Atlin Terminal* und ist eine nützliche Anlaufstelle für einen Stadtplan und weiter Unterlagen; ✆ 1-800-667-1994, ✆ (250) 624-5637, **Internet**: **www.tourismprincerupert.com.**

Auffällig sind überall die im Zentrum aufgestellten **Totempfähle** der *Tsimshian* und *Haida* Indianer.

Das ganz aufschlußreiche ***Museum of Northern BC*** für indianische Kunst, Kultur und regionale Geschichte (zum Komplex gehört auch der historische Bahnhof) befindet sich an der Zufahrt zu den *Terminals* (100 1st Ave W). Im Sommer kann man dort Holzschnitzern bei der Arbeit zusehen. Geöffnet Juni-August Mo-Sa 9-20 Uhr, So 9-17 Uhr, Rest des Jahres Mo-Sa 9-17 Uhr; Eintritt $5.

Aussichtspunkt/Trails

Die Zufahrt Wantage Road zum 704 m hohen ***Mount Hays*** zweigt auf Höhe des *Performing Arts Centre* vom *Yellowhead* (McBride St) ab. Der 9 km lange Fahrweg nach oben eignet sich nur für 4WD-Fahrzeuge. Ohnedem muß man ihn zu Fuß gehen. Ein fantastischer Blick über Prince Rupert, die Flugplatzinsel *Digby Island* gegenüber der Stadt und die gesamte Insel- und Buchtenumgebung belohnt den Aufstieg.

6 km östlich von *Downtown* führt (ab Yellowhead Highway) der reizvolle ***Butze Rapids Interpretive Trail*** (2,2 km weitgehend ebener Weg) durch Regenwald zu kleinen, je nach Gezeitenstand scheinbar aufwärtsfließenden Stromschnellen an der Grassy Bay. Mit dem ***Grassy Bay Trail*** läßt sich der Naturlehrpfad zu einem Rundweg kombinieren. Auf der gegenüberliegenden Straßenseite durchquert der ***Mount Oldfield Meadows Trail*** (2,4 km) ausgedehnte Blumenwiesen.

Bis vor kurzem verpestete diese Paper Mill (Zellulosefabrik) die Luft in und um Prince Rupert

Historic Fishing Village

Südlich der Brücke zwischen Kaien Island und Festland besteht die Möglichkeit zu einemm Abstecher nach **Port Edward** (6 km) zum ***North Pacific Historic Fishing Village***, heute *Historic Site*. Mit unterhaltsamen *Live Shows* wird die Geschichte der ältesten an der Küste von BC erhaltenen ***Cannery*** erzählt, in der 1889-1958 Lachskonserven produziert wurden. Auf Führungen über Holzbohlenwege erläutert man außerdem Fischfangmethoden und das Leben der Fischer-, Bootsbauer- und Arbeiterfamilien in dem nur im Sommer bewohnten, teils auf Holzstelzen errichteten Dorf. Mitte Mai-September täglich 9-18 Uhr, $12.

Verlauf des Yellowhead Highway

Der *Yellowhead Highway* stößt 35 km östlich von Prince Rupert auf den dort bereits fjordartig breiten **Skeena River**. Der Straßenverlauf entlang des Flusses ist bis Terrace kaum zu überbieten: das Gebirgspanorama, die Steilhänge mit unzähligen Wasserfällen – eine traumhafte Landschaft am breiten Skeena River; zwar durch Straße und Schiene etwas »gestört«, aber nichtsdestoweniger **eine der schönsten voll ausgebauten Straßen Canadas**.

Nisga'a Highway/ Nass Road

Kurz vor Terrace zweigt der seit 2003 durchgehend asphaltierte ***Nisga'a Highway*** ab, der zum ***Nisga'a Memorial Lava Bed Provincial Park*** und dem ***Nass River Valley*** führt. In Verbindung mit der geschotterten *Nass Road*, die am Cranberry River auf den *Cassiar Highway* (➪ Seite 366) mündet, bietet sie eine interessante Variante für eine Weiterfahrt nach Stewart/Watson Lake. Bis dorthin sind es über *Nisga'a Highway* und *Nass Road* zwar 10 km weniger als auf den asphaltierten Straßen #16 und #37, man benötigt jedoch mehr Zeit, denn die *Nass Road* wird nur mäßig instand gehalten.

Lava Beds

Motiv für eine Wahl des *Nisga'a Highway* sind die vor etwa 250 Jahren durch einen Vulkanausbruch entstandenen ***Tseax Lava Beds*** (22 km lang, bis zu 3 km breit) im ***Nisga'a Memorial Lava Bed Provincial Park***, einem von Indianern und Weißen gemeinsam verwalteten Park. Er beginnt ca. 70 km nördlich von Terrace. Leider darf man das Parkinnere nur auf einer 3 km langen geführten Tour zum wenig aufregenden Aussichtspunkt am Kraterrand des Vulkans besuchen (Mi-So 10 Uhr, © (250) 633-2150, $12). Der ***Vetter Creek Campsite*** neben dem *Visitor Centre* im ***Nisga`a PP*** hat 16 Stellplätze.

Terrace

Die einzige größere Stadt (ca. 12.000 Einwohner) zwischen Prince Rupert und Prince George ist Terrace. Der Name geht auf ihre terrassenförmige Anlage über dem Skeena River zurück. Die Stadt lebt hauptsächlich von der Holzindustrie. Informationsblätter fürs *Sightseeing*, *Fishing Trips* auf dem Fluß und eine ganze Reihe von *Trails* in der Umgebung gibt es im ***Visitor Info Centre*** am *Yellowhead*, 4511 Keith Ave, westlich der Brücke über Ferry Island, © 1-800-499-1637 oder © (250) 635-0832, **Internet**: **www.terracetourism.bc.ca**.

An der Johnstone Avenue (Zufahrt nördlich des Zentrums über Park Ave) beginnt der ***Terrace Mountain Nature Trail***. Der Weg (ca. 90 min) läuft nur anfangs am Hang entlang etwas steiler bergauf. Herrliche Aussichten belohnen die Mühe..

Camping

Der städtische ***Ferry Island Municipal Campground*** liegt sehr schön,wird aber wenig gepflegt und ist wegen des Verkehrs über die Skeena River-Brücken ziemlich laut. Solche Probleme gibt es am ***Furlong Bay Campground*** im ***Lakelse Lake Provincial Park,*** ✆ 1-800-689-9025, an der Straße #37 nicht (20 km südlich von Terrace). Er besitzt breite Sandstrände und einen großen Kinderspielplatz.

Heiße Quellen

Ihren Spaß haben Kinder – und nicht nur die – 3 km weiter südlich im ***Mount Layton Hot Springs Resort***. Das mineralische Wasser dieser Quellen speist eine Anlage mit zwei 30° warmen Pools und Wasserrutschen, täglich 12-22 Uhr, $7. Zum Komplex gehört auch ein Hotel: ✆ 1-800-663-3862.

Kitimat

Die Straße #37 endet in Kitimat, einer rund 10.000 Einwohner zählenden Stadt am *Kitimat Arm* des tief ins Land reichenden ***Douglas Channel***. Sie wurde Anfang der 1950er-Jahre als industrieller Standort für eine der weltgrößten Aluminiumschmelzereien gegründet (***Alcan Kitimat Works Smelter Tours***, kostenlose Führungen Juni-August, Mo-Fr 10.30+13.30 Uhr ab firmeneigenem *Smelter Tour Building*, ✆ (250) 639-8259). Daneben gibt es dort noch einen Komplex zur Papiererzeugung und eine Methanol-Fabrik. Typisch für solche Werke ist der hohe Strom- und Wasserverbrauch. Beides ist dank eines Wasserkraftwerks im 75 km entfernten Kemano im Überfluß vorhanden. In Werbebroschüren und Informationsblättern der Touristeninformation wird zu Recht darauf hingewiesen, daß Kitimat (ansonsten) inmitten unberührter Natur liegt.

Auch **östlich von Terrace** folgt der *Yellowhead Highway* weiter dem Skeena River – wenngleich nicht immer in Ufernähe – durch nach wie vor reizvolle Landschaften.

Seven Sisters Mountains; Blick vom Yellowhead Highway im Bereich der Hazeltons

Abstecher Cassiar Hwy

Wer plant, bei Kitwanga auf den ***Cassiar Highway*** abzubiegen, um Stewart/Hyder zu besuchen oder zum *Alaska Highway* zu fahren (Watson Lake), findet die Beschreibung der Strecke in Süd-Nord-Richtung ab Seite 366.

»Die Hazeltons«

Rund 40 km östlich von Kitwanga liegen die drei Ortschaften South, New und Hazelton, ***The Hazeltons***, in einem weiten Tal rund um den Zusammenfluß von Skeena und Bulkley River. Es ist von den *Hazelton Mountains* umgeben, die meist auch im Sommer schneebedeckt sind.

Während **New** und **South Hazelton** erst Anfang des 20. Jahrhunderts mit dem Eisenbahnbau entstanden, war Old Hazelton (wie Hazelton oft genannt wird) bereits 1886 geschäftiger Endpunkt der Schaufelraddampferflotte auf dem Skeena River. Im Kern hat das Dorf sein Ambiente des frühen 20. Jahrhunderts bewahrt.

Indianerdorf

Die kleine Straße dorthin ist ab New Hazelton gut ausgeschildert. Sie überquert auf einer sehenswerten **Hängebrücke** den *Hagwilget Canyon* des Bulkley River.

Totem Poles

Mit insgesamt nur sieben aneinandergereihten (nachgebauten) Langhäusern besitzt das ***'Ksan Historical Village*** am Rande von Old Hazelton eher eine bescheidene Größe. Die Anlage des Dorfes der ***Gitxsan Indians*** wurde 1970 als Touristenattraktion konzipiert und wirkt wegen der Mal- und Schnitzarbeiten – besonders zu bewundern an den Totempfählen – pittoresk.

Leider sind nur Museum, Restaurant und Holzschnitzer-Werkstatt frei zugänglich. Weitere drei Häuser können gegen Eintritt (mit Führer $10) von innen besichtigt werden. Der Eintritt aufs Gelände kostet $2; April bis September täglich 9-17 Uhr, sonst nur Museum Mo-Fr 9.30-16.30 Uhr.

Rekonstruktion des 'Ksan Historical Indian Village

Wer sich für ***Totem Poles*** intensiver interessiert, könnte bis zum *Gitxsan*-Indianerdorf **Kispiox** fahren (von Hazelton 14 km), wo am Totem Drive an der Einmündung des Kispiox River in den Skeena River rund 20 weitere dieser aus Rotzedern geschnitzten Pfähle stehen.

Im ***'Ksan Campground*** der ***Gitxsan Indianer*** im Dorf Gitanmaax gleich hinter dem *'Ksan Village* gibt es grüne Plätze in kurzer Distanz zum Fluß, die Hälfte davon verfügt über *Hookup*; © (250) 842-5297.

Der ***Yellowhead Highway*** folgt von nun an einem Nebenfluß des Skeena River, dem Bulkley River, nach Süden.

Lachsfang im Moricetown Canyon

Moricetown Canyon

Rund 35 km südlich von New Hazelton passiert man bei Moricetown den gleichnamigen ***Canyon*** des **Bulkley River**, wo der Fluß sich tosend durch eine wenige Meter breite Verengung seines Bettes zwängen muß. Eine kurze Zufahrt überquert die Schlucht und führt zum ***Moricetown Canyon Campground*** der ***Wet'suwet'en-Indianer,*** © (250) 847-2133, in schöner Lage auf einer Anhöhe.

Die Indianer haben sich das Recht erhalten, nach alter Art in den Stromschnellen vor dem Engpaß mit hakenbewehrten Stangen Lachse zu stechen. Im Spätsommer sind die Aussichten besonders gut, Indianer bei dieser Fangmethode zu beobachten. Beidseitig des Flusses gibt es oberhalb des Canyon Park- und Picknickplatz.

Smithers

Zwecks touristischer Profilierung hat man in Smithers (5.400 Einwohner) vielen Fassaden ein alpenländisches Aussehen verpaßt. Das ***Visitor Info Centre***, 1411 Court St, © 1-800-542-6673, © (250) 847-5072, **Internet**: **www.tourismsmithers.com**, an der Ecke Main Street läßt sich nicht verfehlen.

24 km westlich von Smithers (über die Ski Hill Road) endet der populäre ***Crater Lake Trail*** (60 min, moderate Steigung) an einem kleinen See oberhalb der Baumgrenze. Weiter führt ein steilerer Bergpfad (1,5 Std.) zum ***South Peak Hudson Bay Mountain*** (2.560 m) mit brillantem Blick von einem der wenigen per Wanderweg erreichbaren höheren Gipfel der Region.

Fossilien

Nordöstlich von Smithers liegt der ***Driftwood Canyon Provincial Park*** (10 km, kein Camping), ein interessantes Ziel. Dort befindet sich ein ***Fossil Bed***, aus dem 50 Mio. Jahre alte Versteinerungen ausgegraben wurden.

Camping

Der städtische ***Riverside Park Municipal Campground,*** © (250) 847-3494 (mit *Hook-up*) liegr sehr schön am *Bulkley River* (vom *Yellowhead Highway* auf die Main St.). Als Übernachtungsplatz ebenfalls in Frage kommt der ***Campground*** des ***Tyhee Lake Provincial Park***, © 1-800-689-9025, am Sandstrand des Sees, Zufahrt etwa 10 km südlich der Stadt.

Ein ruhiger privater **Campingplatz** auf Wiesen am Fluß ist ***Bulkley Field & Stream,*** © (250) 846-9468, 6 km südöstlich des Tyhee PP unweit der *Rest Area* an der Straße.

Houston

Haupterwerbszweig in Houston (3.600 Einwohner) ist die Holzindustrie. Touren durch Sägemühlen gehören zu den wenigen lokalen Attraktionen (täglich Juli-August, frei), Anmeldung im ***Houston Visitor Info Centre***, 3289 Hwy 16, © (250) 845-7640, **Internet: www. houstonchamber.ca.**

Seenplatte

In Houston hat der *Yellowhead Highway* die Gebirgslandschaft endgültig hinter sich gelassen und die **Seenplatte des *Interior Plateau*** erreicht. Gleichzeitig wird die Strecke monotoner und bietet bis zum 310 km entfernten Prince George keine nennenswerten Höhepunkte mehr. 35 km nördlich von Topley überquert die Stichstraße (#118) zum Babine Lake kurz vor dem See den Fulton River, wo sich im weltgrößten von Menschenhand geschaffenen **Laichkanal** alljährlich im September eine halbe Million *Sockeye Salmons* flußaufwärts quälen. Hinter **Topley** verläßt die Straße das Tal des Bulkley River und passiert unmerklich die Wasserscheide zwischen Fraser und Skeena River.

Burns Lake

Von Burns Lake führt eine asphaltierte Straße (#35) nach Francois Lake und – jetzt geschottert – weiter zum Ootsa Lake (ca. 65 km). Die **Fähre** über den Francois Lake ist frei.

Zum Tweedsmuir Provincial Park

Der **Ootsa Lake** ist beliebter Ausgangspunkt für Bootstouren durch absolute Wildnis auf verbundenen Stauseen im Nordteil des ***Tweedsmuir Provincial Park***, ➪ Seite 246. Das durch den 1952 erbauten Kenney Dam aufgestaute ***Nechako Reservoir*** dient zur Stromversorgung der Aluminiumschmelzerei in Kitimat (➪ Seite 361). Aus dem Staubecken wird das Wasser größtenteils westwärts über Kemano in den Pazifik abgeleitet statt in natürlicher Richtung ostwärts zum Fraser River.

Nach Fort St. James

Am Ostende des Fraser Lake wartet ein Sandstrand im ***Beaumont Provincial Park***auf Besucher. Im weiteren Verlauf des Yellowhead zweigt westlich von Vanderhoof die Straße #27 nach Fort St. James ab (53 km).

Fort St. James (ca. 2.000 Einwohner) beherbergt den gleichnamigen ***National Historic Site***. Einige Originalblockhäuser (1884-89) rufen die Zeit der Erschließung des kanadischen Westens durch die Pelzhandelsgesellschaften wach.

Bereits 1806 hatte *Simon Fraser* für die *North West Company* die Handelsniederlassung Fort St. James am Südostende des *Stuart Lake* gegründet. Sie entwickelte sich bald nach der Verschmelzung mit der *Hudson's Bay Company* zum kommerziellen Zentrum und Verwaltungssitz der damaligen Provinz ***New Caledonia***, die den Großteil des heutigen Festlandgebietes von BC umfaßte.

Living Museum

Dort wird das Alltagsleben wie im Jahre 1896 durch zeitgenössisch gekleidete »Bewohner« nachgestellt und erläutert. Im ***Visitor Reception Centre*** gibt es Ausstellungen und eine *Video-Show*. Geöffnet von Mitte Mai bis Ende September täglich 9-17 Uhr, $6.

Lohnt der Abstecher?

Wer die wesentlich größeren ***Historical Parks*** **Barkerville** oder **Fort Steele** gesehen hat oder noch besuchen wird, kann auf den Umweg über Fort St. James verzichten. Aber wenn es gerade paßt, läßt sich der Abstecher vielleicht mit einer Übernachtung verbinden. Der ***Paarens Beach Provincial Park***, © 1-800-689-9025, bietet **Camping** am Südufer des Stuart Lake. Einige Stellplätze befinden sich unmittelbar am Sandstrand, ebenso wie 5 km weiter westlich im ***Sowchea Bay Provincial Park*** (dort aber mit kleineren Campingarealen).

Der ***Mount Pope Provincial Park*** wäre ein zusätzliches Motiv für den Abstecher. Nordwestlich des Ortes geht es über knapp 800 Höhenmeter und 6,5 km hinauf zum *Mount Pope*, von dessen Gipfel (1.472 m) man eine herrliche Fernsicht hat.

Von **Vanderhoof** sind es noch fast 100 km bis Prince George. Zur Fortsetzung der Reise von dort ⇨ Seite 252.

Einfliegen zum Urlaub am »eigenen« See in der Wildnis; hier in den Tweedsmuir Provincial Park

Cassiar Highway: Warten auf die Pilot Car vor einer der kilometerlangen Baustellen bei sonst insgesamt gutem Straßenzustand

3.9 Auf dem Cassiar Highway nach Stewart/Hyder und Watson Lake

Geschichte und Kennzeichnung

Die Straße von Kitwanga am *Yellowhead Highway* nach Watson Lake am *Alaska Highway* wurde als durchgehender ***Cassiar Highway*** erst 1972 für den öffentlichen Verkehr freigegeben. Teilstücke waren aber schon vorher befahrbar, so auch die Stichstraße vom Meziadin Lake nach Stewart/Hyder am südlichen Zipfel Alaskas. Während die Straße zunächst noch lange überwiegend von *Trucks* benutzt wurde, ist sie im Lauf der Jahre zu einer wichtigen **Touristenroute** geworden.

Stewart **Highway #37A** und ***Cassiar Highway*** **#37** bilden – touristisch gesehen – eine Einheit. Zur Fahrt auf dem *Cassiar Highway*, gleich aus welcher Richtung, gehört unbedingt auch der **Abstecher nach Stewart. Die Fahrt dorthin und der *Salmon Glacier* bei Hyder in Alaskas Süden zählen zum Besten, was diese Region Besuchern zu bieten hat**.

Straßenzustand

Die Strecke war auch noch Jahre nach Eröffnung eine Prüfung für Fahrzeug und Fahrer und bei schlechtem Wetter ohne Vierradantrieb nur mit Mühe zu bewältigen. Mittlerweile ist der Cassiar Highway auf seinen gesamten 725 km vollständig asphaltiert. Da indessen der Belag auf dieser Straße zum Aufbrechen neigt, gehören 'zig kilometerlange Baustellen auf den schon befestigten Strecken zum normalen Bild dieser und anderer *Highways* des Nordens. Der **Südabschnitt der #37** bis Meziadin Junction und auch die **Stichstraße #37A** nach Stewart sind im übrigen erstklassig und breit ausgebaut.

Nichtsdestoweniger und unter Hinweis auf die verbliebenen Schotterabschnitte auf Nebenstraßen und Baustellen untersagen viele Campmobilverleiher Fahrten auf dem *Cassiar Highway* oder erheben dafür einen Sonderzuschlag.

Orte am Wege/ Tankstellen

Der größte Abstand zwischen Tankstellen beträgt an zwei Streckenabschnitten jeweils rund 140 km. Die ***Gas Stations*** sind zumeist Teil eines Servicekomplexes mit Werkstatt und *General Store* für Lebensmittel, Camping- und Angelbedarf; gelegentlich besitzen sie auch Cafeteria und Motelzimmer. Von einer »richtigen« Ortschaft samt Infrastruktur kann nur im Fall von **Stewart** die Rede sein (rund 860 Einwohner). Bei **Dease Lake** handelt es sich um ein Versorgungszentrum mit nur wenigen hundert Einwohnern und einer auf den Durchgangsverkehr ausgerichteten Infrastruktur; **Good Hope Lake** und **Iskut** sind auseinandergezogene Indianersiedlungen.

Südlicher Abschnitt

Das erste südliche Teilstück des *Cassiar Highway* zwischen Kitwanga und Meziadin Junction (160 km) bietet, wiewohl nicht unattraktiv, keine besonderen Anlaufpunkte. Zu erwägen wäre – etwa 20 km nördlich von Kitwanga –, auf einer parallel verlaufenden Straße das kleine Indianerdorf ***Gitanyow*** aufzusuchen. Dort steht eine Gruppe schöner ***Totem Poles***, darunter eine Kopie des »*Hole in the Ice*«, der mit 140 Jahren zu den ältesten Totempfählen der Provinz zählt.

Was in den Karten als ***Cranberry Junction*** eingetragen ist, fällt in Wirklichkeit kaum auf. Man muß aufpassen, um die Abzweigung der *Nass Road*, ➪ Seite 360, nicht zu übersehen.

Meziadin Lake & Junction

An der Nordostecke des ***Meziadin Lake*** liegt – in herrlicher Umgebung – der gleichnamige ***Provincial Park Campground*** mit vielen Stellplätzen direkt am Wasser und anderen in erhöhter Position mit Aussicht über Berge und See. Kurz darauf erreicht man ***Meziadin Junction***. Dort beginnt, wie gesagt, die Stichstraße #37A nach Stewart/Hyder. Sollte der Provinzpark voll sein, findet man einen kleinen, privat geführten **RV-Platz,** ✆ (250) 636-9240, an der Tankstelle in *Meziadin Junction*. Ausgeschilderte Abfahrt von der Straße nach Stewart.

Bear Glacier

Die ***Straße #37A*** führt durch eine grandiose Landschaft. Gletscher und Wasserfälle begleiten sie. Nach 24 km kommt der eindrucksvolle ***Bear Glacier*** mit Gletschersee *Strohn Lake* in Sicht. Zu Beginn des 20. Jahrhunderts erreichten die Eismassen noch den gegenüberliegenden Berghang, wo in der Höhe die alte Straße verlief. Von der *Picnic Area* am Ostende des Sees (etwas abseits) oder vom Aussichtspunkt an dessen Westende hat man den besten Blick auf den – bei sonnigem Wetter – blau schimmernden Gletscher in nur 300 m Entfernung.

Nach Stewart

Weiter geht es am **Bear River** entlang und durch seinen malerischen ***Canyon***. In der Höhe sieht man häufig Dallschafe und Bergziegen. Nach 65 km ist Stewart erreicht.

Lage

Stewart liegt – umringt von hohen Gipfeln – am Ende des 180 km langen ***Portland Canal***, der natürlichen Grenze zwischen dem Südzipfel Alaskas und Canada. Diese Lage und die offene Grenze bilden die Attraktion des Ortes, in dem es außer dem lokalen Museum sonst nichts Besonderes zu sehen gibt.

Bear Glacier zwischen Meziadin Junction und Stewart

Museum

Das ***Stewart Historical Museum*** ist in einer ehemaligen Feuerwache in der #603 Columbia Street untergebracht. Unzählige Fotos und Ausstellungsstücke dokumentieren die kurze, aber recht bewegte Geschichte der Region. Da im Eis und Schnee der nahen Gletscher diverse Filme gedreht wurden, schmücken auch Fotos von den Dreharbeiten die Wände. Juli und August täglich, Mo-Sa 9-17, So 13-16 Uhr, $5.

Unterkunft

Zur Übernachtung kann man in Stewart und in Hyder jeweils unter einem Motel, einer *Lodge* mit ***Saloon*** und mehreren *B&Bs* auswählen. Offizielle **Campingplätze** sind in Stewart der ***Bear River Trailer & RV Park,*** © (250) 636-9205 und ***Rainey Creek Campground*** © 1-888-366-5999 oder © (250) 636-2537 (im Wald am Ortsrand, bester Platz) und in Hyder das ***Camp Run-A-Muck***, © 1-888-393-1199 oder (250) 636-2486 (mit *Hook-up*) an der Straße zum *Salmon Glacier*.

Hyder

Unmittelbar jenseits von Stewart liegt auf dem Boden Alaskas die Gemeinde Hyder. Die nur durch zwei Schilder und bunte Wimpel kenntlich gemachte internationale Grenze wird heute bei der Einreise nach Canada (im Gegensatz zu früheren Jahren) tatsächlich kontrolliert, in die USA nicht, da jegliche Verbindung zu irgendwelchen anderen Orten in Alaska fehlt. Der weit in den Fjord hineinreichende Anleger für die frühere Autofähre nach Ketchikan liegt verwaist.

Grenze USA/Canada

Auch wenn die Grenze praktisch bedeutungslos ist, teilt sie doch offiziell zwei Nationen. Ob Stewart in Canada oder Hyder in Alaska, in beiden Orten gelten unterschiedliche Regeln und Gesetze, das betrifft sogar die Zeitzonen. In Hyder gilt ***Alaska Time***, theoretisch eine Stunde Zeitgewinn gegenüber ***Pacific Time*** in Stewart. Und wer jenseits der Grenze angeln möchte, kann den *US-Ranger* mit einem *Fishing Permit* für British Columbia nicht beeindrucken; eine ***Alaska Fishing License*** muß es sein. Auch auf Alkoholverkauf und -ausschank wirkt sich die Grenze spürbar aus. Die Bars in Hyder bleiben deutlich länger geöffnet und überall im Ort außer im Postamt wird mit kanadischen Dollars bezahlt.

Post aus Alaska

Das Interesse mancher Besucher gilt Hyders **Briefkasten**. Denn die Lieben daheim kann man von dort aus – ohne Reise ins weit entfernte Kernland – mit Post aus Alaska beglücken.

Fish Creek

Sechs Kilometer nördlich des Ortes wartet im ***Tongass National Forest*** an der geschotterten – bis dahin gut befahrbaren – ***Salmon River Road*** ein Naturschauspiel besonderer Art. Zwischen Mitte Juli und Anfang September ziehen im flachen Wasser des **Fish Creek** mächtige Lachse bachaufwärts. Von einer eigenen Aussichtsplattform kann man beobachten, wie nur wenige Meter tiefer sowohl *Grizzlies* als auch Schwarzbären mit fast bewegungslosen Lachsen leichtes Spiel haben und genüßlich ihren Fang vertilgen. Morgens und am späten Nachmittag sind die Chancen dafür am besten. Oft herrscht dort allerdings ein ziemlicher Andrang. Aber weder von Menschen noch von den Weißkopfadlern, die bisweilen über dem Geschehen kreisen, lassen die Bären sich sonderlich stören. Internet: **www.fishcreek.org** (Bärenfotos und Nachrichten).

In Hyder ist der Hund begraben. Nur die Sommertouristen bringen ein bißchen Betrieb.

Salmon Glacier

Hinter der Brücke über den Fish Creek führt die Straße zunächst weiter am Ufer des **Salmon River** entlang und dann kurvenreich und rumpelig hinauf zur inzwischen stillgelegten ***Granduc Copper Mine*** in knapp 50 km Entfernung. Auskunft und Karte im ***Visitor Info Centre***, 2225th Ave, © 1-888-366-5999 oder © (250)636-9224, **www.stewart-hyder.com**, in Stewart. Die 18 km ab Fish Creek zu den ersten Aussichtspunkten auf den ***Salmon Glacier*** sollte man auch bei schlechtem Zustand der Rumpelpiste durchhalten, wenn irgend möglich. Der Blick über diesen Gletscher ist auf den folgenden Kilometern bis zum ***Summit Viewpoint*** atemberaubend.

Ende Juli, in manchen Jahren auch im August, bietet sich ein besonderes Naturschauspiel: Unter dem Druck des Schmelz wassers bricht die Eiskruste des *Summit Lake* oberhalb des Gletschers auf, und eine Flut aus Eisschollen, Baumstümpfen und Geröll geht im *Salmon River* zu Tal.

Nach Watson Lake

Eingerahmt von ***Coast Mountains*** im Westen und ***Skeena Mountains*** im Osten besitzt die Strecke von Meziadin Junction bis Iskut (vor allem im südlichen Bereich) **landschaftlich fantastische Abschnitte**, die vom *Alaska Highway* kaum mehr in ähnlicher Art erreicht, geschweige denn überboten werden. Man sollte sich daher, wenn möglich, etwas mehr Zeit nehmen, als die unbedingt nötigen Tage für das reine Abfahren. Dabei ist anzumerken, daß trotz an sich guter Straße die Durchschnittsgeschwindigkeit stark gebremst werden kann durch vorausfahrende Großcampmobile, voll beladene Trucks und Baustellen mit langen Wartezeiten.

Kinaskan Lake

Auf exakt halber Strecke zwischen *Yellowhead* und *Alaska Highway* liegt der glasklare **Kinaskan Lake**. Der gleichnamige ***Provincial Park Campground*** an seinem Südufer besitzt viele sehr schön angelegte Stellplätze direkt am Wasser.

Lodges & Camping

Wer keinen Uferplatz mehr erwischt und sich nicht mit der zweiten Reihe zufriedengeben möchte, fährt einfach weiter bis zur ***Red Goat Lodge*** (+37 km), die für $20 inkl. *Hook-up* Plätzchen am See bietet, außerdem **Mietkanus**. Wer Zimmer oder nur ein Bett sucht, ist dort ebenfalls richtig. Die *Lodge* hat ***B&B-Rooms*** ab $85 für 2 Personen und fungiert auch als ***Hostel*** mit Tarifen ab $16, ©/Fax (250) 234-3261, © 1-888-RED-GOAT. Bei ***Red Goat*** können **Kanutouren** in die *Spatsizi Plateau Wilderness Provincial Park* und **Wildnis-Wanderungen** in den ***Mount Edziza Park*** gebucht werden.

Eine gute kommerzielle Campadresse ist auch ***Mountain Shadow***, ca. 6 km weiter nördlich. Der Platz liegt zwar nicht direkt an einem See, aber ruhig abseits der Straße und ist sehr gepflegt, © (250) 234-3333.

Wildnisparks

Nördlich von Iskut durchquert die Straße den ***Stikine River Provincial Park***, welcher die ***Mount Edziza*** und ***Spatsizi Plateau Wilderness Provincial Parks*** miteinander verbindet.

Der tiefe Krater des Mount Edziza

Westlich der Flußbrücke beginnt der fast 100 km lange ***Grand Canyon of the Stikine River*** mit Wänden bis zu 300 m Höhe.

Dease Lake

Der Ort *Dease Lake* am Südende des namensgebenden Sees verfügt über Großtankstelle, mehrere Shops, Restaurants und Motels und ist wichtige Etappe für die Versorgung des Durchgangsverkehrs, besitzt aber sonst keinen Reiz.

Nach Telegraph Creek

Von Dease Lake führt die *Telegraph Creek Road* zum Osthang der *Coast Mountains* auf teilweise aufregender Strecke (speziell bei Nässe für Wohnmobile nicht zu empfehlen) hinunter zum namensgebenden Nest am Endpunkt des ***Grand Canyon of the Stikine River***. Telegraph Creek ist Ausgangspunkt für Trips in die nur mit Buschflugzeug und über Wander- und Reitpfade zugängliche Wildnis des *Mount Edziza Prov. Park*.

Cassiar und Centreville

Westlich von Cassiar Junction liegt am ***McDame Creek*** die seit 1992 verlassene einstige Asbestminenstadt **Cassiar**. Ebenfalls unbewohnt ist bachabwärts das ehemalige Goldrauschgebiet um **Centreville**. Entscheidendes Ereignis war dort 1877 der Fund eines 2,2 kg schweren Goldnugget.

Wunderbare Plätzchen am Ufer zum Grillen und Campen findet man am türkis farbenen Boya Lake, dessen flaches Wasser im Sommer oft über 20°C warm wird.

Boya Lake

Ein wunderschöner ***Campground*** befindet sich im ***Boya Lake Provincial Park*** am glasklaren, türkisfarbenen See. Die Zufahrt (2 km) zweigt 85 km südlich des *Alaska Highway* von der #37 ab. Der Platz ist auch als **Badesee** sehr beliebt wegen der angenehmen Wassertemperatur. Die besten Stellplätze findet man separat vom Haupt-*Campground*, wenn man sich ab der Einfahrt konsequent rechts hält.

Alaska Highway

Nach Erreichen des *Alaska Highway* macht es Sinn, zunächst einmal Watson Lake anzusteuern mit einem großen Besucherzentrum des Yukon Territory und vor allem dem ***Signpost Forest*** ebendort, den man einfach gesehen haben muß. Das eventuell damit verbundene doppelte Abfahren der 20 km bis Watson Lake, läßt sich verschmerzen.

Alles Weitere zu **Watson Lake** etc. ➪ Seite 390ff.

Durch
Canadas
hohen
Norden

4. ALASKA HIGHWAY UND NEBENSTRECKEN IN CANADA

4.1 Zum Reisen im hohen Norden

Eine Reise per Auto in die Nordwestregion Canadas und/oder nach Alaska ist heute im allgemeinen **kein sonderlich riskantes Abenteuer** mehr. Bis Ende der 70er-Jahre dagegen, als selbst der *Alaska Highway* noch überwiegend aus Schotter bestand, waren solche Touren nicht unproblematisch. Mit dem Ausbau der in den hohen Norden führenden Straßen und des Wegesystems in den Yukon und Northwest Territories hat sich die **Befahrbarkeit in den letzten 10 Jahren erheblich verbessert**. Trotzdem gibt es noch einige Aspekte, die vor jeder Reise in Gebiete jenseits des 60. Breitengrades bedacht werden sollten. Denn Fahrten in den Norden sind lang, und ab Mitte September kann Schneefall Nebenstrecken unpassierbar machen.

Wer ausreichend Zeit, genügend Dollars und mückenfeste Kleidung mitbringt und nicht gerade Ärger mit dem Fahrzeug hat, kann in den nördlichen Breiten unvergeßliche Urlaubstage verbringen. Grandiose Landschaften in absoluter Einsamkeit, Goldrauschrelikte und lange Sommertage gefolgt von sternklaren Nächten und Nordlicht garantieren außergewöhnliche Eindrücke und Erlebnisse.

4.1.1 Die Hauptrouten

Straßenzustand

Letzteres gilt allerdings eher auf Neben- als Hauptstrecken. Wo früher etwa der ***Alaska Highway*** dem Auf und Ab der Topographie folgte und unzählige Zufahrtsmöglichkeiten zu Wildwassern und idyllischen Seen bot, erlaubt die hochgelegte, begradigte Trasse heute nur noch selten ein Verlassen der Straße. Ein Teil des alten Reizes ging damit verloren. Die im Sommer **zahllosen *Motorhomes*** bezeugen, daß zumindest *Alaska, Cassiar* und *Klondike Highway* keine besonderen Ansprüche mehr an Fahrzeug und Ausrüstung stellen. Diese Straßen sind bis auf kleinere schlechte Teilstücke fast durchgehend befestigt und bieten ein ausreichend dichtes Netz an Servicestationen, Motels und Campingplätzen. Der größte Abstand zwischen 2 Tankstellen beträgt am *Alaska Highway* nur noch 120 km (zwischen Whitehorse und *Otter Falls Cutoff* kurz vor Haines Junction).

Alternative Routen

Zu mehreren Abschnitten des *Alaska Highway* gibt es reizvolle Alternativstrecken. Das Yukon Territory kann man ab Watson Lake auch auf der **Kombination *Campbell Highway*** (bis Carmacks)/***Klondike Highway*** (voll asphaltiert bis Dawson City)/***Top of the World Road/Taylor Highway*** (bis Tok/Alaska) durchfahren.

Mit 1.240 km ist diese Strecke nur etwa 160 km länger als der *Alaska Highway* von Watson Lake bis Tok. Allerdings sind ca. 570 km auf Schotterstraßen zurückzulegen.

Populärer ist die **Umgehung des *Alaska Highway* ab Whitehorse** über den *Klondike Highway* bis Dawson City und *Top of the World/Taylor Highways* bis Tok (Alaska) mit nur rund 200 Zusatzkilometern, davon knapp 70 km auf Schotter.

In British Columbia bietet der mittlerweile voll asphaltierte ***Cassiar Highway*** eine ausgesprochen attraktive Umgehungsmöglichkeit des *Alaska Highway*. Er wurde im vorstehenden Kapitel ausführlich beschrieben.

Routenplaner Norden
(Entfernungen in km)

Reiserouten

Bei Kombination dieser Straßen sind heute im Norden sehr schöne **Rundfahrten** unterschiedlichster Streckenlänge und Dauer möglich, ohne daß längere Abschnitte doppelt gefahren werden müssen. Bei knapper Zeit vermittelt bereits **ein einwöchiger Abstecher** ab Prince George über Fort St. John und Watson Lake (*Alaska Highway*) nach Stewart/Kitwanga und zurück nach Prince George oder Prince Rupert (von dort Fähre nach Vancouver Island) einen guten Eindruck vom Reiz des Nordens. Wer mehr Zeit hat, sollte eine **achtförmige Rundreise** erwägen, die Dawson City, einen »Schlenker« über Tok/ Alaska, Haines und Skagway Fähre (➪ Seite 405) einbezieht. Mehrere Varianten der Streckenführung sind dabei denkbar.

Über die NWT in den Norden

Das Yukon Territory kann statt auf dem *Alaska* oder *Cassiar Highway* auch über den ***Mackenzie Highway*** angesteuert werden, der zunächst zum Great Slave Lake führt. Von Edmonton bis zur Abzweigung des *Yellowknife Highway* ist er durchgehend asphaltiert, danach jedoch, wie auch Abschnitte des Northwest und die Yukon Territories verbindenden ***Liard Highway***, geschottert. Über diese – gegenüber der Route Edmonton-Dawson Creek-Fort Nelson – um 1.500 km (davon 470 km Schotter) längere Strecke (einschließlich eines Abstechers nach Yellowknife) informiert Kapitel 6, ➪ ab Seite 490.

Zum Polarkreis

Der bis auf die ersten und letzten Kilometer geschotterte ***Dempster Highway*** führt ab *Klondike Highway* östlich von Dawson City zum fast 740 km entfernten Inuvik (NWT), der nördlichsten Stadt, die sich in Canada per Auto erreichen läßt. In seinem Verlauf durchs Yukon Territory gibt es auf einer Distanz von fast 500 km lediglich ein Hotel und eine Handvoll einfacher *Campgrounds*. Auf den einsamen Kilometern durch die NWT passiert man nur ein einziges Dorf. **Alaska** verfügt über die nördlichste Straße des Kontinents: Der mehr als zur Hälfte asphaltierte ***Dalton Highway*** entlang der *Trans-Alaska Pipeline* endet nach knapp 670 km kurz vor den Erdölfeldern in der Prudhoe Bay.

Gemischte Gravel und Dirt Road: Dempster Highway

4.1.2 Der Zeitfaktor

Zeitbedarf

Gut Ding will Weile! Eine komplette Rundreise durch Canadas Norden **und** das Kernland Alaskas ist einschließlich einiger Nebenstrecken – ohne Fährbenutzung – unter 7.000 km und einer absoluten **Minimalzeit** von **drei Wochen** nur schwer zu machen (gerechnet ab Prince George!). Hinzu kommt ggf. noch die **Anfahrt** (kilometermäßig und zeitlich) von den südlichen Ankunftsflughäfen (**Edmonton, Calgary oder Vancouver**). Eine durchschnittliche Fahrleistung von über 300 km pro Tag ist aber im Grunde nur auf Asphaltstrecken akzeptabel. Bei Einschluß von Schotterstraßen in die Reiseroute und dadurch bedingten geringen Geschwindigkeiten benötigt man für eine lohnende Fahrt, die nicht in endlose Stunden am Steuer ausarten soll, vier und mehr Wochen.

Anfahrt

Oder aber man beschränkt sich bei weniger Zeit auf kürzere Teilstrecken, ggf. unter Einschluß der Alaskafähren. Sonst hat man am Ende weniger gesehen und erlebt, als weiter südlich zwischen den Rocky Mountains und Vancouver Island bei weniger Fahrerei möglich gewesen wäre.

Alaska Inside Passage

Wer unbedingt einmal in Alaska gewesen sein möchte: Vom *Yellowhead Highway* (Kitwanga) nach Hyder an der *Alaska Inside Passage* (Nachbarort von Stewart/BC) sind es auf einer perfekt ausgebauten Teerstraße nur 230 km, ➪ Seite 369.

Reisezeit

Grundsätzlich können nur **Juni bis Mitte September** als Reisemonate für den Norden wirklich empfohlen werden. Die Aussicht auf sonniges Wetter steigt mit der Entfernung von der Küste. Gleichzeitig sinkt das Regenrisiko. Im **Hochsommer** ist es – an guten Tagen – tagsüber meist angenehm warm (➪ Seite 597). Selbst 30°C und laue Sommernächte kommen hoch im Norden vor – zur Freude der **Stechmücken**! Auch im Juni und September gibt es schon/noch schöne Tage und erträgliche Nächte, aber dann gehören Schneefall und Nachtfrost durchaus ins normale Wetterbild. Zahlreiche Campingplätze werden bereits im September geschlossen.

4

4.1.3 Ausrüstung und Vorkehrungen*)

Wer im hohen Norden ausschließlich auf dem *Alaska* oder *Klondike Highway* bleibt, wird in aller Regel mit dem Bordwerkzeug, so vorhanden, und einem tauglichen**) Reservereifen auskommen. Vorausgesetzt, das Auto ist bei Fahrtantritt ansonsten technisch in Ordnung.

---

*) Manche Verleihfirmen untersagen generell das Befahren von Schotterstraßen bzw. Fahrten in den Norden, andere berechnen hohe Zuschläge.

**) Die bei vielen Pkw zu findenden Notreifen können bei einer Panne weitab vom nächsten Ort problematisch sein und sollten ersetzt oder durch einen weiteren Ersatzreifen ergänzt werden.

Tanken

Ein voller **Reservekanister** kann nie schaden. Trotzdem sollte man es sich im Norden zur Gewohnheit machen, ab halbvollem Tank nachzufüllen, wenn sich die Gelegenheit bietet; die nächste Tankstelle könnte geschlossen sein.

Ersatzteile und Werkzeug

Ausgedehnte Trips abseits der Hauptstrecken sollten besser nicht ohne eine gewisse Vorbereitung unternommen werden. Die Mitnahme von Ersatzteilen für typische Fehlerquellen und Verschleiß (Zündkerzen, Öl- und Luftfilter, Keilriemen usw.) sowie von etwas mehr Werkzeug als üblich, ist dann dringend anzuraten. Und zwar weniger wegen einer ernstlich höheren Reparaturanfälligkeit auf schlechten Straßen als vielmehr wegen der eventuell großen Entfernung zur nächsten Werkstatt, sollte eine Panne auftreten.

Steinschlag

Vor allem durch schnell fahrende Trucks werden auf Schotterstraßen häufig Steine hochgeschleudert. Für **Windschutzscheiben** gibt es keinen Schutz, der nicht gleichzeitig mit einer starken Sichtbehinderung einhergeht. Zumindest die **Scheinwerfer** lassen sich durch Gitter oder Folien gut schützen. Man findet sie im Zubehörhandel (z. B. bei *Canadian Tire*) in allen kanadischen Städten. Die beste Vorsichtsmaßnahme ist ein angemessener Abstand zum Vordermann. Bei schnell überholenden und entgegenkommenden Fahrzeugen fährt man so weit rechts wie möglich. **Empfindliche Teile** unter dem Auto (bei einigen Fahrzeugtypen auch der Tank) sollten ggf. auch geschützt werden: Zerschnittene alte Reifen eignen sich dafür. **Stoßdämpferbefestigungen** können sich evtl. »losrütteln« und müssen ab und zu kontrolliert werden.

Gepflegte Gravel Roads (Schotterstraßen) sind bei gutem Wetter kein Problem (hier: Liard Highway zwischen Yukon und NWT).

Staub

Auf Staubstrecken – dazu werden alle ***Gravel Roads*** nach einigen Tagen ohne Regen – setzen sich **Luftfilter** schnell zu. Da sie sich nicht unendlich oft reinigen lassen, kann ein Extrafilter nützlich sein. **Bremsen**, speziell Trommelbremsen, bleiben durch gelegentliche Luftdruckreinigung besser in Form. Da starke Verschmutzung der **Scheiben** (an Regentagen auf Schotterstraßen) zu hoher Abnutzung der Wischergummis führen, kann ein Ersatzset nicht schaden.

Karten

Was **Kartenmaterial** betrifft, ist man mit den folgenden Wegskizzen und Routenbeschreibungen für die Planung gut gerüstet. Unterwegs benötigt man jedoch genauere Unterlagen. Die wichtigsten gibt es oft gratis (Landkarten und Broschüren) in den Büros der ***Tourist Information*** der Provinzen/Territorien und in den Büros der Automobilclubs **CAA** bzw. **AAA**.

Alaska Highway »Bibel«

Wer sich damit noch nicht ausreichend präpariert fühlt, sollte sich den ***Milepost*** beschaffen, ein jährlich neu aufgelegtes Logbuch für alle Straßen, Versorgungseinrichtungen und *Campgrounds* in Alaska, Yukon, Northwest Territories und British Columbia nördlich des *Yellowhead Highway*. Man findet die »Bibel der Nordlandfahrer« überall in den kanadischen Westprovinzen und den meisten Großstädten der USA. Mit 784 Seiten, 57. Auflage 2005, im DIN-A4-Format ist der *Milepost* dick wie ein Telefonbuch und kostet US$26 (beim Automobilclub CAA/AAA gibt es einen kleinen Discount). Direktbestellungen sind möglich bei:

Morris Communications
✆ 1-800-726-4707; www.themilepost.com

Den *Milepost* erhält man zum aktuellen Dollarkurs im **Internet** bei www.amazon.de.

4.1.4 Versorgung unterwegs

Lebensmittel

Das **Preisniveau im Norden** ist zwar insgesamt höher als im südlichen Canada, aber man kann die Kosten durch geschickten Einkauf in Grenzen halten. Das betrifft vor allem Lebensmittel, die in Siedlungen abseits der Hauptstrecken ziemlich ins Geld gehen. In den Supermärkten der größeren Orte bleiben zumindest Grundnahrungsmittel erschwinglich. Es ist daher nicht notwendig, das Auto schon in Edmonton oder Prince George bis an die Decke mit Vorräten zu beladen.

Nennenswerte Proviantmengen (Konserven) anzulegen, lohnt sich nur vor längeren Fahrten abseits der »großen« Straßen.

Einkaufen am ***Alaska Highway*** kann man am besten in

Dawson Creek	km 0	11.700 Einwohner
Fort St. John	km 70	15.200 Einw.
Fort Nelson	km 460	4.500 Einw.
Watson Lake	km 980	1.700 Einw.
Whitehorse	km 1.420	23.300 Einw.
Tok/Alaska	km 2.060	1.400 Einw.
Delta Junction	km 2.230	800 Einw.

Alaska

Von Tok aus sind es nur noch 510 km bis **Anchorage**. Die Stadt besitzt eine perfekte Infrastruktur. **Alle Waren sind dort preiswerter als irgendwo sonst im hohen Norden**.

4

Benzinkosten

Benzin ist in Alaska relativ billig. In Anchorage und Fairbanks zahlt man kaum mehr als im US-Kernland. Aber selbst in entlegenen Regionen sind die Kosten nicht mal halb so hoch wie bei uns – Tabelle Stand Mai 2005, ➪ auch Tabelle Seite 130:

Preise für *Regular Unleaded* (Bleifrei Normal) im Norden

(Umrechnung	1 US$ = €0,77 / 1 can$ = €0,64)	
Anchorage, AK	1,95 US$/g	entspricht 0,40 €/l
Fairbanks, AK	2,02 US$/g	entspricht 0,41 €/l
Tok, AK	2,19 US$/g	entspricht 0,45 €/l
Dawson Creek, BC	0,91 Can$/l	entspricht 0,58 €/l
Fort Nelson, BC	0,97 Can$/l	entspricht 0,62 €/l
Fort St. John, BC	0,93 Can$/l	entspricht 0,60 €/l
Dawson City, YT	1,04 Can$/l	entspricht 0,67 €/l
Watson Lake, YT	0,98 Can$/l	entspricht 0,63 €/l
Whitehorse, YT	0,99 Can$/l	entspricht 0,63 €/l
Yellowknife, NWT	0,99 Can$/l	entspricht 0,63 €/l

4.1.5 »Liegenbleiben« im Norden

Pannen/Unfall

Sollte im Fall einer Panne oder eines Unfalls der Wagen nicht mehr fahrbereit sein, findet sich entweder ein hilfsbereiter Autofahrer, oder es muß ein Abschleppwagen her, ein ***Towing Truck***. Das kann teuer werden! Auf dem *Dalton Highway* entlang der *Trans-Alaska Pipeline* gilt beispielsweise für ein kleines Wohnmobil ein Tarif von US$ 6 pro Meile Abschlepp- und Anfahrtstrecke.

Reparaturen

Reparaturen gehen ins Geld. Müssen Ersatzteile bestellt werden, wird es nicht nur teuer, sondern dauert. Das gilt besonders für exotische Autotypen (alle europäischen und viele japanische Fabrikate). Lieferzeiten von einer Woche und mehr kommen vor! Wichtige ***Spare Parts*** (Ersatzteile) für gängige US-amerikanische Typen sind jedoch meist vorhanden.

Ein ***Check-Up*** des Fahrzeugs vor Reisebeginn und die Beachtung der Hinweise oben können Streß und Geld sparen helfen.

Mile 0 des Alaska Highway in Dawson Creek

4.2 ALASKA HIGHWAY

4.2.1 Geschichte und Situation heute

Der ca. 2.230 km lange ***Alaska Highway*** ist genaugenommen nichts weiter als eine breit ausgebaute Verbindungsstraße zwischen Dawson Creek in British Columbia und Delta Junction in Alaska. Trotz markiger Slogans wie zum Beispiel ***I survived the ALCAN*** (***AL****aska*-***CAN****ada Highway*) auf Autoaufklebern und T-Shirts stellt diese Straße – wie gesagt – längst keine Herausforderung mehr dar.

Vorgeschichte Der Plan, eine durchgehende Straße oder eine Eisenbahn nach Alaska zu bauen, reicht bis in die Zeiten des Goldrausches zurück. Alle Ansätze zur Realisierung scheiterten jedoch zunächst. Zu stark war die Furcht der Kanadier vor einem unkontrollierten Eindringen des am Landweg nach Alaska interessierten Nachbarn USA. Was in Friedenszeiten unmöglich schien, gelang schließlich während des 2. Weltkriegs. Die japanische Bedrohung nach dem Angriff auf Pearl Harbour am 7. Dezember 1941 lieferte der USA ein Argument, dem sich die Kanadier nicht verschließen konnten: Eine **Nachschubstraße** sollte den US-Staat im hohen Norden gegen eine damals befürchtete japanische Invasion sichern helfen.*)

Bau 1942 Die Bauarbeiten kamen trotz schwieriger äußerer Bedingungen rasch voran. Weder Mensch noch Maschine wurden geschont. Bei den knapp 11.000 eingesetzten US-Soldaten waren Unfälle an der Tagesordnung. Eine geschickte Propaganda sorgte dennoch dafür, daß die patriotisch eingestimmte Bevölkerung in den USA wie in Canada die Realisierung des Projekts als »Heldentat« feierte – der alte amerikanische Pioniergeist (*Frontier Spirit*) lebte wieder auf.

Die in Dawson Creek (British Columbia), Whitehorse (Yukon) und Delta Junction (Alaska) gleichzeitig gestarteten Baukolonnen trafen sich nach nur sechs Monaten **am 24. September 1942** am deshalb so benannten ***Contact Creek*** und am 28. Oktober in ***Beaver Creek***. Am **20. November** folgte die offizielle **Einweihung** der neuen Straße am ***Soldier's Summit***. Als echte Allwetterstraße war der *Alaska-Canada Highway* aber erst ein gutes Jahr später zu benutzen, denn trotz aller Feierlichkeiten konnte der »Highway« zunächst nur von Bulldozern befahren werden und bereits 1943 mußte die gesamte Trasse saniert und teils sogar verlegt werden.

Effekte Die wirtschaftlichen und sozialen Auswirkungen waren bereits während der Bauzeit beträchtlich. Orte wie Fort Nelson,

*) Im Nachhinein stellte sich heraus, daß die Landverbindung nur geringe militärische Bedeutung besaß. Die strategisch wichtigsten Regionen (*Inside Passage*, Golf von Alaska und Aleuten) blieben weiterhin nur auf dem See- bzw. Luftweg erreichbar.

Überwiegender Ausbauzustand des Alaska Highway; heute

Indianer

Watson Lake und Tok erlebten dank ihrer Lage am *Alaska-Highway* einen ungeahnten Aufschwung; **Ureinwohner** und einstige Fallensteller fanden gut bezahlte Jobs auf Baustellen und in Militärstationen. Für viele Indianer, die bis dahin nur über Pelzhändler Kontakt zur Welt der Weißen gehabt hatten, brachte das Eindringen der Zivilisation vorher nicht gekannte Probleme. So führten der moderne Arbeitsrhythmus, eingeschleppte Krankheiten und die Verfügbarkeit von Alkohol zu einschneidenden sozialen Veränderungen.

Yukon Hauptstadt

Da der *Alaska Highway* über Whitehorse lief, geriet Dawson City, die alte Hauptstadt des Yukon Territory, am entlegenen Endpunkt des *Klondike Highway* ins Abseits. Whitehorse entwickelte sich zum neuen Zentrum und wurde bald Sitz der Territorialverwaltung. Erst mit Asphaltierung des *Klondike Highway* und der Proklamation von **Dawson City** zum ***National Historic Site*** ging es mit der einstigen Goldrausch-Metropole in den letzten Jahren wieder bergauf.

Verkehr und Zustand

Darüber hinaus hat sich mittlerweile der Südast des *Klondike Highway* von Alaskas Hafenstadt Skagway nach Whitehorse (180 km) zum zweiten wichtigen Transportweg in das Yukon Territory entwickelt.

Auf dem vollständig asphaltierten ***ALCAN*** sind heute in den Sommermonaten weitaus mehr **Campmobile** unterwegs als *Trucks*. Was im übrigen die wachsende touristische Anziehungskraft des Nordens beweist.

Damit das auch in Zukunft so bleibt, wird die Straße auf vielen Passagen begradigt und ausgebaut. Auch im Jahr 2005 dürften **lange Wartezeiten vor Großbaustellen** eher wieder die Regel als Ausnahme sein. Hinter vorwegfahrenden ***Pilot Cars*** geht es dort langsam und nur einspurig über Stock und Stein. Informationen: © (867) 456-7623 bzw. © 1-877-456-7623, im Internet unter **www.gov.yk.ca/roadreport**.

Die langen begradigten Neubaustrecken und das gesamte Anfangsstück von Dawson Creek bis Fort Nelson entsprechen einer perfekt und breit angelegten Bundesstraße mit Randstreifen, zum Teil mit Überholspur.

Noch nicht begradigt und deshalb kurvenreicher ist das Teilstück über den ***Summit Lake Pass*** im *Stone Mountain Provincial Park*, den mit 1.295 m höchsten Paß der ganzen Strecke.

Schon über den zweithöchsten Punkt, den ***Boutillier Summit*** (1.004 m) geht es – wie auch auf dem ganzen Rest des *Alaska Highway* – ohne nennenswerte Steigungen oder sonderlich kurvenreiche Abschnitte. Touristische Hochsaison herrscht von Mitte Juni bis Mitte August. In der zweiten Augusthälfte ist selbst der populäre ***Liard River Hot Springs Campground*** nicht mehr ausgebucht.

Endpunkt

Der *Alaska Highway* endet offiziell in Delta Junction. Das Teilstück des ***Richardson Highway*** von Delta Junction bis Fairbanks (160 km) wird gleichwohl als »natürliche« Fortsetzung des *Alaska Highway* betrachtet. Bereits 1902 führte der ***Valdez Trail*** von der Hafenstadt am Golf von Alaska zu den Goldfeldern um Fairbanks. Er wurde bis 1907 zur Postkutschenroute verbreitert, und 1919 folgte sein Ausbau als ***Richardson Road*** zur ersten wetterfesten Straße in das Inland Alaskas.

Entfernungen

Abschließend noch ein Hinweis zum etwas verwirrenden Umstand, daß die **Meilensteine** (*Mileposts*) am *Alaska Highway* und die effektiven Entfernungen nicht übereinstimmen:

Nach Freigabe des ***Alaska Highway*** betrug die Distanz von Dawson Creek (*Milepost* 0) nach Delta Junction (*Milepost* 1.422) **2.288 km**. Im Lauf der Jahre verkürzte sich infolge von Trassenverlegungen die tatsächliche Entfernung um 60 km. Trotzdem behielten die alten Meilensteine (***Historical Mileposts***) entlang der Strecke, die zu festen Größen in Adressen und auf Reklameschildern geworden waren, ihren Standort.

Liard Hot Springs

4.2.2 Von Dawson Creek bis Watson Lake

Dawson Creek

Dawson Creek, **Ausgangspunkt des *Alaska Highway***, hat vom Bau der Straße besonders profitiert. 1942 lebten dort nur 750 Menschen, heute sind es knapp 12.000. Eine dichte touristische Infrastruktur – darunter viele **Motels** (o.k. das ***George Dawson Inn***, 11705 8th St, ✆ 1-800-663-2745, ✆ (250) 782-9151) und eine ganze Reihe von ***Campgrounds*** (am besten ***Mile 0***, ✆ 250-782-2590 oder 9151) – kennzeichnet den Ort.

Einen besonderen Grund, sich in Dawson Creek länger als nötig aufzuhalten, gibt es nicht. Die Hauptattraktion ist der ***Mile Zero Post***, mitten auf der Kreuzung 102nd Ave./10th St., der die **Meile 0** des *Alaska Highway* markiert. Im ***NAR Park*** beherbergt ein stillgelegter Bahnhof das ***Dawson City Visitor Centre*** mit ***Dawson Creek Station Museum*** am Kreisverkehr (900 Alaska Ave, im Sommer tägllich 8-19 Uhr, sonst Mo-Sa 9-17 Uhr, Eintritt frei). Im **Museum** sind neben Ausstellungsstücken Filme über den Bau des *Alaska Highway* zu sehen. Nebenan steht noch ein ***Grain Elevator***, einer der für die Prärieprovinzen typischen Getreidesilos, sowie der Wegweiser zum Alaska Highway. Am nordwestlichen Ortsausgang befindet sich das museale ***Walter Wright Pioneer Village***, eine Zusammenstellung einiger Holzhäuser aus der Gründerzeit (Mitte Mai-Mitte September täglich 9-21 Uhr, Spende).

Erste Kilometer

Der ***Alaska Highway*** führt zunächst durch Wald und Farmland und entspricht kaum dem Bild, das man sich von seinem Verlauf macht. Wer aus Richtung Prince George anfährt, kann die ersten, eher langweiligen 86 km umgehen. ***Highway #29*** von Chetwynd nach Fort St. John (➪ Seite 254) ist reizvoller und 40 km kürzer als die Strecke über Dawson Creek.

Fort St. John

Schon 1794 entstand in Fort St. John ein Pelzhandelsposten der ***North West Company*** und damit die erste von Weißen gegründete Siedlung auf dem Festland des späteren British Columbia. Der Bau des *Alaska Highway* sorgte bereits für wichtige Impulse, aber erst die Entdeckung von Gas- und Erdölvorkommen in den 50er-Jahren machte aus der einstigen Siedlung eine Kleinstadt mit über 15.000 Einwohnern.

Deshalb rühmt sich die insgesamt nicht sehenswerte Stadt mit dem Beinamen ***Energetic City***. Neben der Öl- und Erdgasindustrie spielen die früher dominierenden Wirtschaftszweige – Landwirtschaft und Holzfällerei – immer noch eine bedeutende Rolle.

Zum Campen bieten sich knapp nördlich von Fort St. John die benachbarten Provinzparks ***Beaumont*** bzw. ***Charlie Lake*** an. Im weiteren Straßenverlauf – weitgehend monotone, aber gut ausgebaute 390 km bis Fort Nelson – sind alle »Orte« außerhalb der kleinen Siedlungen Wonowon und Pink Mountain lediglich einsame Rasthäuser mit Motel und *Campground*.

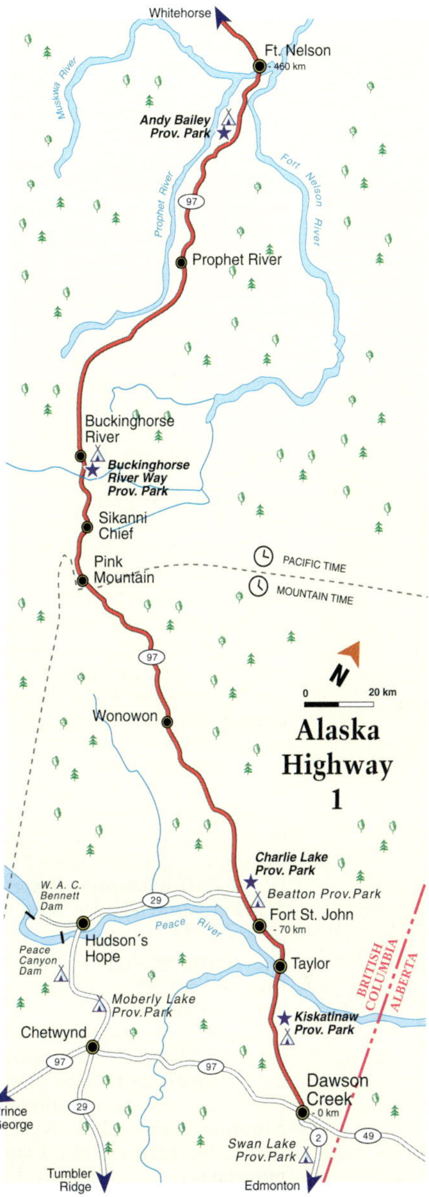

Fort Nelson

Haupteinnahmequelle sind auch in **Fort Nelson**, einem weiteren ehemaligen Pelzhandelsposten der *North West Company* von 1805, Öl und Erdgas, außerdem die Holzwirtschaft.

Westlich der Abzweigung des ***Liard Highway*** nach Fort Simpson, der einzigen Straßenverbindung zwischen Yukon und Northwest Territories (➪ Seite 498), gewinnt der *Alaska Highway* zunehmend an Attraktivität: Es folgen grandiose Streckenabschnitte besonders durch die Bergwelt der *Rocky Mountains* und Täler entlang der Flüsse *Mac Donald, Toad* und *Trout*. Neben den Mini-Siedlungen Toad River, Muncho Lake und Fireside sind die anderen »Orte« am *Highway* nichts weiter als Rasthäuser mit *Campground* und Motel.

Stone Mountain Park

Die nördlichsten Ausläufer der Rockies umschließen hier ein enges Tal und beherrschen den ***Stone Mountain Provincial Park***. Im Straßenverlauf durch den Park erreicht man den mit 1.295 m höchsten Punkt des *Alaska Highway*, den ***Summit Pass.*** Ihm gegenüber liegt der ***Summit Peak*** (2.014 m), auf den hinauf ein 2,5 km langer ***Trail*** gleichen Namens führt. Bei klarer Witterung belohnt eine herrliche Fernsicht die Mühe des Marsches.

Der ***Campground*** des Parks in etwas windiger Lage am östl. Seeufer ist bei schönem Wetter ein guter Übernachtungsplatz.

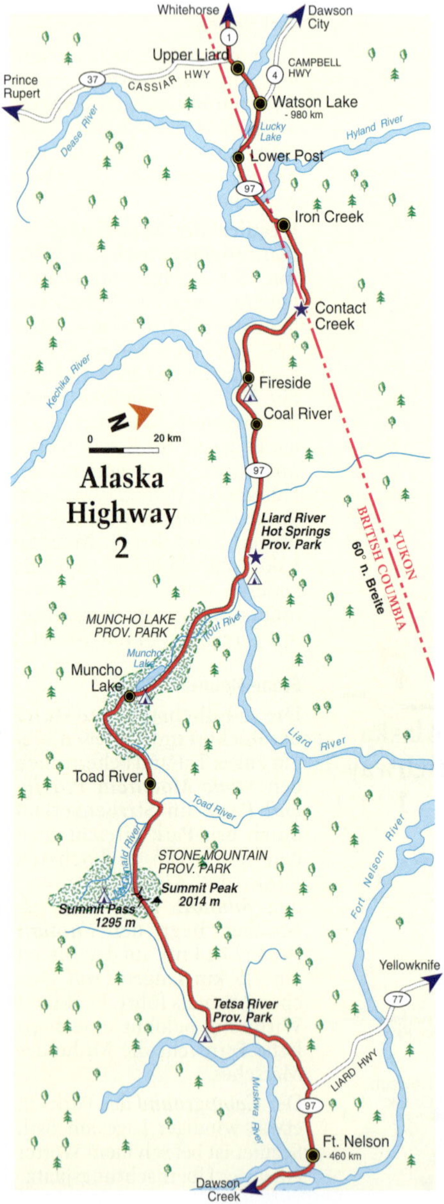

Am Straßenrand im *Stone Mountain Provincial Park* grasen regelmäßig Dallschafe, neben den ständigen Baustellen bilden sie wahrscheinlich den einzigen Anlaß für Verkehrsstaus am *Alaska Highway*. Bevor es in das weite ***Mac Donald River Valley*** hinuntergeht, windet sich die Straße in pittoreskem Verlauf durch eine Kalksteinschlucht.

Muncho Lake Park

Die Konstrukteure des Alaska Highway wählten eine Trassenführung entlang des **Muncho Lake,** weil sie nach einer Route suchten, die den unzugänglichen *Grand Canyon* des *Liard River* umgehen sollte. Der See ist ein Höhepunkt der Strecke. Die eindrucksvolle jadegrüne Färbung des Wassers wird von Kupferoxiden verursacht.

Im ***Muncho Lake Provincial Park*** gibt es 2 Übernachtungsmöglichkeiten: den sehr schönen ***Strawberry Flats Campground*** am Südende des Sees und den nicht minder reizvollen ***MacDonald Campground***, 8 km weiter nördlich. Auf dem 12 km langen und nur 1,5 km breiten See verkehrt ein **Ausflugsboot** (täglich 16, 18 und 20 Uhr ab ***J&H Wilderness Resort***, $12) am Nordende des Sees, ✆ (250) 776-3411.

Die ***Northern Rockies Lodge***, Mile 462 am Muncho Lake, ist ein Blockhaus-Komplex mit 21 Zimmern, ✆ 1-800-663-5269 oder ✆ (250) 776-3481. Dort kann man ***Fly-in Fishing Trips*** und Flüge in den ***Nahanni National Park*** buchen. Neben der *Lodge* existiert ein **Campingplatz**.

Liard River

Nördlich des *Muncho Lake PP* erreicht der *Alaska Highway* den Liard River und begleitet ihn bis Watson Lake. Einen Kilometer, nachdem die Straße den mächtigen Fluß auf der einzigen bereits 1944 fertiggestellten Hängebrücke des Alaska Highway überquert hat, passiert man die ***Liard River Hot Springs***, überaus populäre heiße Quellen in natürlicher Umgebung, wo mineralreiches Wasser aus insgesamt acht Pools sprudelt. Vom Besucherparkplatz des ***Liard River Hot Springs Provincial Park*** führt ein Holzplankenweg (*Boardwalk*) über warme Sumpfgewässer zu den beiden zwar ausgebauten, aber weitgehend naturbelassenen und von üppigem, beinahe subtropischem Grün umgebenen Badepools im Wald (***Alpha Pool*** 53°C, 500 m; ***Beta Pool*** 42°C, 800 m). Sie sind täglich 6-23 Uhr zugänglich. Im ersten Becken gibt es sogar eine »Kinderecke«, die ***Wading Area***; der weiter entfernte Pool ist größer und tiefer. Bei beiden gibt es Umkleidekabinen, denn Badekleidung ist Vorschrift.

In den langen, hellen Sommernächten herrscht bis spät abends Betrieb. Vor allem die Gäste des zum Provinzpark gehörenden Campingplatzes nutzen die Gelegenheit zum Bad. Im Juli/August sichert nur die Ankunft am Vormittag einen der begehrten Stellplätze, © 1-800-689-9025. Man kann aber auch auf der gegenüberliegenden Straßenseite bei der ***Liard Hotsprings Lodge*** campen, © (250) 776-7349.

Camping

Ca. 8 km südlich des Örtchens ***Fireside***, das teilweise 1982 den Flammen eines Waldbrandes zum Opfer fiel, entwickelt der *Liard River* enorme Stromschnellen. Dort lädt ein kleiner Gratis-*Campground* zum Bleiben. Die Zufahrt ist ausgeschildert mit ***Do-it-yourself Campsite*** und ***Whirlpool Canyon***. Ein Platz fürs Zelt oder ein kleines Fahrzeug befindet sich in toller Position oberhalb der Katarakte.

Contact Creek

Mit der ***Contact Creek Bridge*** erreicht man den Punkt, wo sich im Jahr 1942 die aus Fort Nelson und aus Whitehorse heranrückenden Bautrupps trafen (➪ Seite 381). Informationstafeln erläutern dieses historische Ereignis an der Grenze zwischen British Columbia und dem Yukon Territory. Von dort bis zum *Morley Lake* vor Teslin wechselt der *Alaska Highway* auf 300 km insgesamt neunmal über die »Grenze«.

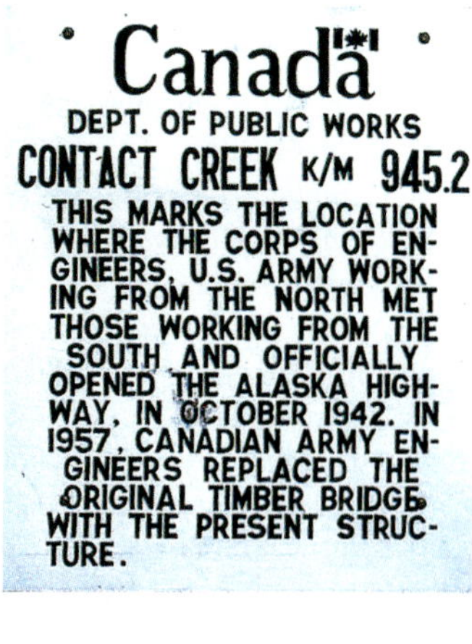

Badestelle Etwa 5 km vor Watson Lake befindet sich südseitig der **Lucky Lake**, ein relativ warmer Badesee mit Sandstrand, Wasserrutsche und Picknickplatz (Parken etwas abseits). Ein guter *Trail* (2 km) führt von dort zum Aussichtspunkt auf den wilden ***Liard River Canyon***.

Rundfahrt Mit **Watson Lake** wird der erste Ort des **Yukon Territory** erreicht. Über den ***Cassiar Highway***, der 22 km weiter westlich vom *Alaska Highway* abzweigt, ist ein «kleiner« Rundkurs durch den Norden von British Columbia möglich, ➪ Seiten 366-371.

Straßen im Yukon Territory

Übersicht Die folgende Übersicht zeigt alle für den öffentlichen Verkehr freigegebenen Strecken im Yukon Territory. Trotz der ebenfalls vorhandenen Numerierung benutzt man im Yukon zur Kennzeichnung der ***Highways*** fast ausschließlich die Straßennamen.

Straßenqualität Nur *Alaska, Klondike, Tagish Road* und *Haines Highway* sind durchgehend asphaltiert. Der *Silver Trail* besitzt auf der westlichen Hälfte **Asphaltbelag.** Alle anderen Straßen weisen **Schotterbelag** wechselnder Qualität auf. Frisch planierte Schotterstraßen (nach dem sogenannten ***Grading***) können ausgezeichnet sein.

Mit zunehmendem zeitlichen Abstand zur letzten Pflege wandeln sich *Gravel Roads* zur Stoßdämpfer mordenden »Wellblechpiste« voller Schlaglöcher. Längere Regenfälle lassen manche Schotterstraße zur Schlammstrecke werden, Trockenperioden zur Staubpiste.

No	Bezeichnung	von	nach
1	*Alaska Highway*	Dawson Creek, BC	Delta Junction, Alaska
2	*Klondike Highway*	Dawson City	Skagway, Alaska
3	*Haines Road*	Haines Junction	Haines, Alaska
4	*Campbell Highway*	Watson Lake	Carmacks
5	*Dempster Highway*	Klondike Highway	Inuvik, NWT
6	*South Canol Road*	Johnson's Crossing	Ross River
	North Canol Road	Ross River	Grenze Yukon/NWT
7	*Atlin Road*	Jake`s Corner	Atlin, BC
8	*Tagish Road*	Jake`s Corner	Carcross
9	*Top of the World Hwy*	Dawson City	Taylor Highway, Alas.
10	*Nahanni Range Road*	Campbell Hwy	Tungsten/NWT
11	*Silver Trail*	Stewart Crossing	Keno

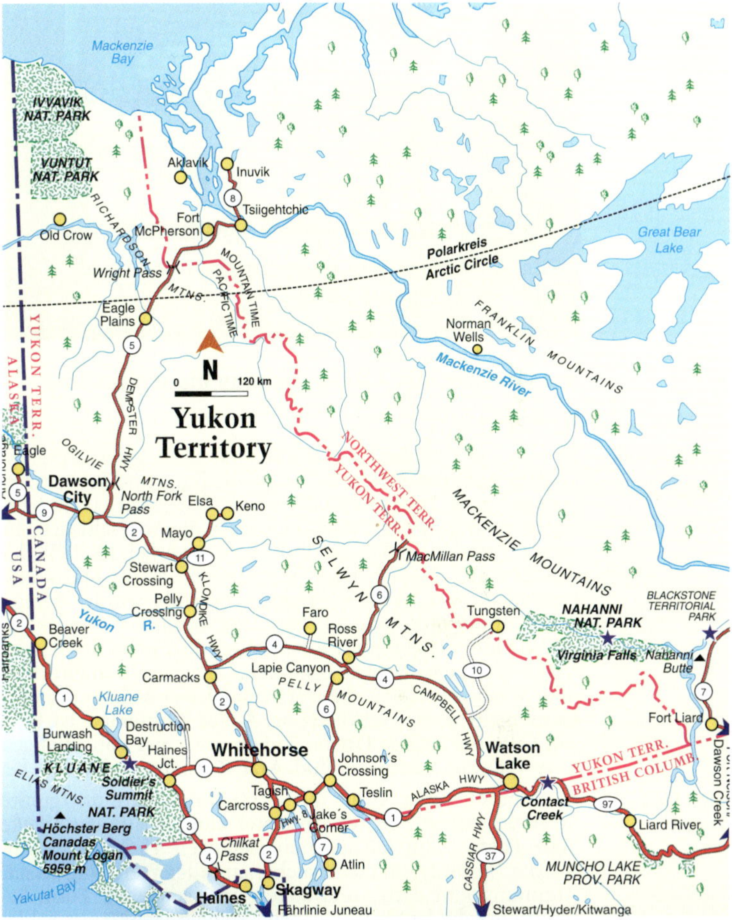

Wegweiser am Campbell Highway in Watson Lake

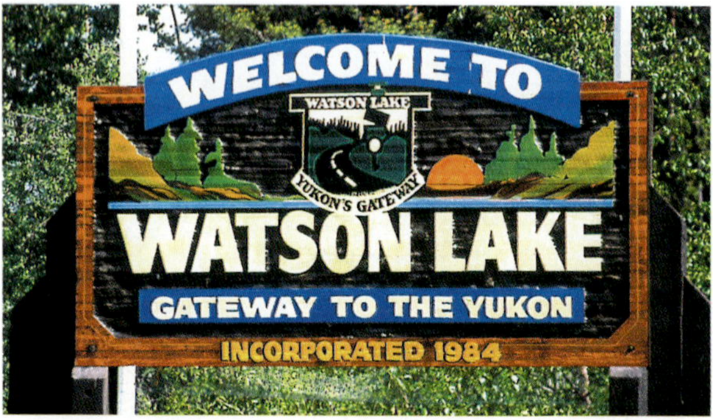

4.2.3 Watson Lake und Alaska Highway bis Whitehorse

Ort Watson Lake

Watson Lake

Watson Lake ist der nach Whitehorse wichtigste Verkehrsknotenpunkt des Yukon Territory. Siedlung und See wurden benannt nach Trapper *Frank Watson*, den es vor einem Jahrhundert mit seiner indianischen Frau in die Abgeschiedenheit dieser Gegend zog. Mit der Ruhe war es vorbei, als 1939 der damals noch als *Fish Lake* bezeichnete See für Starts und Landungen von Wasserflugzeugen erwählt wurde. Bereits zwei Jahre später entstand dort eine »richtige« Landebahn mit Versorgungscamp für die Arbeiter. Beim Bau des *Alaska Highway* wuchs Watson Lake daher eine nachschubtechnische Schlüsselrolle zu, die trotz veränderter Bedingungen bis heute nicht wieder verlorenging: **Außer Whitehorse ist Watson Lake der einzige Ort im Yukon mit einer vollständigen Versorgungsinfrastruktur inkl. Arzt, Zahnarzt und Apotheke**.

Sign Post Forest

Bekanntheit verdankt die mit 1.700 Einwohnern drittgrößte Stadt im Yukon Territory in erster Linie den ***Watson Lake Sign Posts***, zahlreichen unübersehbaren Holzmasten am *Alaska Highway*, an die Besucher aus aller Welt Wegweiser, Autonummern, Orts- und andere in irgendeiner Form beschriftete Schilder genagelt haben. Der heimwehkranke Soldat *Carl K. Lindley* aus Danville, Illinois, hat während der Bauarbeiten am *Alaska Highway* mit einem Schild seines Heimatortes den Anstoß zu dieser Sammlung gegeben. Andere Arbeiter, Lastwagenfahrer und später unzählige Touristen folgten seinem Beispiel.

Mittlerweile ist die bunte **Schildersammlung** auf nahezu unglaubliche ca. 53.000 angewachsen. Was als ein *Sign Post* begann, wird wegen der erreichten Ausmaße nun mittlerweile durchaus zu Recht als ***Sign Post Forest*** bezeichnet. Die Stadt stellt laufend weitere (3-4 m hohe) Pfosten auf, da der Platz für neue Schilder immer wieder knapp wird. Die erreichten Ausmaße des Schilderwaldes sind ebenso erstaunlich wie die Vielfalt der dort zusammengekommenen »Trophäen« aus aller Herren Länder. Man kann ohne weiteres eine Stunde oder mehr mit der Besichtigung *en detail* zubringen. Wer ein ausgedientes Nummernschild oder gar einen heimatlichen Wegweiser dabei hat (die Stadtverwaltung besitzt vielleicht ausgediente Exemplare), darf sein Mitbringsel dort an einer geeignet erscheinenden freien Stelle aufhängen.

Information

Vom Schilderwald weitgehend eingeschlossen ist das Gebäude des ***Visitor Reception Centre***, © (867) 536-7469, das außerdem eine interessante Ausstellung mit Video- und Dia-Show und Fotodokumenten zum Bau des *Alaska Highway* enthält (Mitte Mai-September täglich 8-20 Uhr), ➪ Seite 598.

Dort gibt es alle touristischen Unterlagen. Außerdem kann man dort die ***Yukon Fishing Licence*** erwerben, ohne die nicht geangelt werden darf.

Camping

Die privaten Campingplätze im Ort sind wenig attraktiv (o.k. ist das hintere Areal von *Campground Services*; aber nur sanitär komfortabel). Der ebenfalls nicht so umwerfende ***Watson Lake Yukon Government Campground*** im Wald liegt vier Kilometer westlich, dann 2 km Zufahrt an den See.

Stellplätze auf den ***Yukon Government Campgrounds***, Internet: **www.environmentyukon.gov.yk.ca**) können durchweg vor Ort per ***self registration*** belegt und bezahlt werden. Die Kosten betragen ab $12/Nacht+Fahrzeug.

Campmobil-versorgung

Wohnmobil-Urlauber finden im *Reception Centre* eine Liste aller ***Dump Stations*** im Yukon Territory für Frischwasser und Abwässer; die oft schön gelegenen *Government Campgrounds* haben weder *Hook-ups* noch Sani-Tanks.

Quartiere

Fast alle Hotels und Motels liegen unverfehlbar an der Hauptstraße, einige etwas abseits. B&B ist auch verfügbar, z.B. ***Cozy Nest Hideaway***, 1175 Campbell Hwy, © (867) 536-2204.

Kleiner Teilbereich des Sign Post Forest

Gleich am *Sign Post Forest* bietet das 1942 erbaute ***Watson Lake Hotel***, mit *Coffee Shop, Saloon* und Restaurant, © (867) 536-7781, ein gutes Preis/Leistungs-Verhältnis.

Hotel-/Motel Discounts

Motelübernachter sollten auf **Discountcoupons** achten, z.B. der *Westmark Hotel*-Kette, mit denen teilweise erhebliche Ersparnisse möglich sind. Sie liegen gratis in den Info-Büros aus.

Laser Show

Schräg gegenüber, auf der anderen Seite des Alcan, gibt es im ***Northern Lights Centre*** ganz eindrucksvolle ***Laser Shows*** zum Thema »Nordlicht«; Mitte Mai-Mitte September täglich jeweils 3x nachmittags ab 13 Uhr und 3x abends ab 18 Uhr, ca. 40 min, Eintritt $10.

Oldtimer-ausstellung an den Sign Posts

Weiter auf dem Campbell Highway?

Der *Sign Post Forest* steht an der Abzweigung des ***Campbell*** (Schotter) vom ***Alaska Highway***. Gegenüber der Kombination *Alaska/Klondike Highways* ist der Weg über Ross River/Carmacks die kürzere, aber rauhere und zeitlich aufwendigere Alternativroute nach Dawson City, ➪ Seite 425f.

Nach Whitehorse

Zur Route

Zwischen Watson Lake und Teslin gibt es auf einer Distanz von über 260 km auf breiter, hochgelegter Trasse trotz einiger schöner Teilabschnitte alles in allem nicht viel zu sehen und nur wenige Möglichkeiten für Zwischenstopps. Entsprechend passiert man auf dieser einsamen Passage lediglich eine kleine Siedlung (Upper Liard) und eine Handvoll Rasthäuser mit Motel inkl. *Campground*.

Rancheria

Etwa 120 km westlich von Watson Lake passiert man die ***Rancheria Lodge*** (© (867) 851-6456, auch angenehmer***Campground***) und erreicht nach weiteren 12 km den Parkplatz an den ***Rancheria Falls***. Ein **kurzer *Trail*** (ca. 500 m) führt zu den Wasserfällen. Sie sind nicht überwältigend, bieten aber eine gute Gelegenheit, sich ein wenig die Beine zu vertreten.

Kurz danach folgt die kontinentale Wasserscheide, der Swift River mündet über den Yukon River im Pazifik, der Rancheria River über den Mackenzie River im Nordpolarmeer.

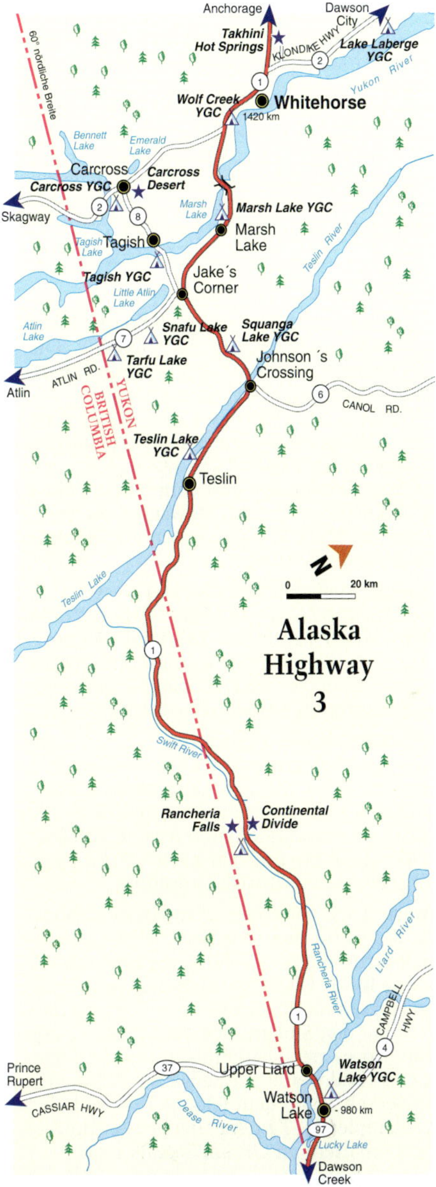

Teslin Lake

Zwischen **Teslin** und **Johnson's Crossing** begleitet der *Alaska Highway* auf 50 km Länge den von Bergen eingerahmten **Teslin Lake**, ohne daß der Blick auf den See den Reisenden vom Hocker reißt. Zugänglich ist er mangels Abfahrten von der hochgelegten Straße nur an wenigen Stellen.

Teslin (450 Einwohner), gleich westlich der ***Nisutlin Bay Bridge***, ist die einzige Ortschaft zwischen Watson Lake und Whitehorse. Die Siedlung der ***Tlingit*** **Indianer** kann man getrost durchfahren. Lohnenswerter Stop dagegen ist 13 km nordwestlich des Ortes ***Mukluk Annie`s Salmon Bake***, © (867) 390-2600. Wer Annies gegrillte Lachse verzehrt (sehr zu empfehlen!), darf kostenlos an der abendlichen Bootstour auf dem Teslin Lake teilnehmen (mit Vortrag über den Lebenslauf des Gastgebers, was aber offenbar bei Amerikanern/Kanadiern gut ankommt). Der dazugehörige **Campingplatz am See** ist immer umsonst. Nur die komfortableren Plätze mit Hook-up kosten Gebühren.

Nur 1 km weiter westlich passiert man den ***Teslin Lake Yukon Government Campground*** am See, dessen Stellplätze aber auf einer erhöhten Landzunge ohne Ausblick und leichten Zugang ans Seeufer liegen. Dorthin gelangt man nur nach Kletterpartie.

Die ***Teslin River Bridge*** in Johnson`s Crossing, wo die Straße den See hinter sich läßt, lohnt einen Fotostop.

Marsh Lake

Der verbleibende Streckenabschnitt an **Marsh Lake** und *Yukon River* entlang bis **Whitehorse** (ca. 80 km) bietet keine Besonderheiten mehr. Ab der Brücke über den sich zum Fluß verengenden See trägt der *Yukon River* seinen Namen. Am Wege liegt der große ***Wolf Creek Government Campground***, ein gutes Standquartier für den Besuch in Whitehorse und Ausgangspunkt für den ***Wolf Creek Nature Trail***. Der 3 km lange Rundweg folgt dem mäandernden *Wolf Creek*, in dem im August *Chinook*-Lachse laichen. Von einem höher gelegenen Aussichtspunkt überblickt man den Lauf des Yukon.

Umweg: Tagish Road und Abstecher nach Atlin

Geschichte

Ab ***Jake's Corner*** führt die asphaltierte ***Tagish Road*** (*Yukon Highway #8*) nach **Carcross** am *Klondike Highway*. Die Straße entstand 1942 parallel zu einer Ölpipeline im ***Canol-Projekt*** (⇨ Seite 426). Während des Goldrausches kontrollierten kanadische Zöllner am Ufer des Tagish River noch einmal (⇨ Seite 403: *Chilkoot Pass Trail*) die Prospektoren, die – über Lake Bennett und Tagish Lake kommend – auf dem Tagish River den Marsh Lake und damit den Yukon River als direkten Transportweg nach Dawson City erreichen wollten. Allein im Mai 1898 passierten 4.735 Boote mit 28.000 Goldsuchern den Posten.

Alternative Route?

Für ein Abfahren dieser Straße (50 km) über das Nest Tagish (Brücke über die Verbindung *Tagish* und *Marsh Lake*) spricht nichts außer 60 km Wegersparnis bei **Fahrtziel Skagway**. Eine Alternative zum *Alaska Highway* ist die Kombination *Tagish Road/Klondike Hwy* (bei zusätzlichen 50 km) trotz ihres hübschen Verlaufs nördlich von Carcross nicht.

Atlin Road

Ein attraktiver Abstecher dagegen führt von *Jake's Corner* nach Atlin (ca. 90 km, davon großenteils bereits wieder in British Columbia). Die Fahrt auf der ***Atlin Road*** (*Yukon Highway #7*, zunächst Schotter, nur die letzten 30 km sind asphaltiert) wird belohnt mit wunderbaren Ausblicken über *Little Atlin Lake, Mount Minto* und den großen *Atlin Lake*, dem größten natürlichen See in British Columbia.

Atlin Geschichte

Atlins beneidenswerte Lage vor einem grandiosen Gebirgspanorama am See bescherte dem nordwestlichsten Städtchen von BC nach dem turbulenten Goldrausch von 1898/99 eine **frühe touristische Blüte**. Über die Bahnverbindung Skagway-Whitehorse gelangten die Reisenden von Carcross mit einem Raddampfer über den Südarm des *Tagish Lake* nach *Taku Landing*, von wo es per Dampfroß auf einer 4-km-Trasse nach *Scotia Bay* und weiter per Boot nach Atlin ging. Von 1917 bis 1936 verkehrte auf dem letzten Teilstück dieser Strecke der Raddampfer *SS Tarahne*, der seither (immer noch erstaunlich gut erhalten) im Ort am Seeufer liegt.

Atlin heute

Zu seinen Goldrauschzeiten zählte Atlin über 10.000 Einwohner. Heute leben nur noch knapp 500 Menschen dort; eine Handvoll Shops und zwei Tankstellen sichern die Versorgung der Bewohner und Touristen. Mitten im Ort befindet sich ein kleines historisches **Museum** mit Relikten aus der Goldgräberzeit (Ecke Trainor/3rd Street; täglich Mitte Mai-Mitte September 10-17 Uhr). In der 1902 erbauten ehemaligen Schule ist auch das ***Visitor Centre*** untergebracht, © (250) 651-7522 .

Atlin eignet sich gut als Ausgangspunkt für **Exkursionen**. Eine spezielle Attraktion sind, wenn auch zu arg hohen Miettarifen, **Motor- und Hausboote**, mit denen man bis in die Nähe des ***Llewellyn Glacier*** schippern kann. Aus dem Schmelzwasser des Gletschers entspringt der längste Quellfluß des Yukon River.

Umgebung von Atlin

Nach ungefähr 10 km auf der ***Discovery Road*** in Richtung Osten erreicht man die ***Ghosttown*** Discovery. Der Boden wurde dort schon zigmal um- und umgewühlt, und trotzdem sind immer noch unentwegte Prospektoren am Werk. Im selben Tal am Spruce Creek versuchen sich **Hobby-Goldwäscher** an einem öffentlich zugänglichen Claim.

Auf der ***Warm Bay Road*** kann man noch weitere 27 km am See entlang nach Süden fahren. Ca. 3 km hinter Atlin liegt der kleine ***Pine Creek Campground***. Am letzten Stück der Straße passiert man in kurzen Abständen die **Picknickplätze** *Palmer Lake, Warm Bay* und *The Grotto*. Zwischen den beiden letzteren sprudeln fast am Straßenende ***Warm Springs***, lauwarme Quellen in einen kleinen Teich.

Einsamer Anlegeplatz am Atlin Lake

Letzte Überlebende der Dampfschiffahrt auf dem Yukon River: restaurierte SS Klondike II

4.2.4 Whitehorse

Ortsname

Die Ortsbezeichnung geht auf die hochaufschäumende Gischt der einst gefürchteten *Miles Canyon*-Stromschnellen zurück. Sie erinnerte die Prospektoren an die wehende Mähne eines Schimmels. Heute ist diese Assoziation nicht mehr nachvollziehbar, denn die *Rapids* »ertranken« im *Schwatka Lake*, dem Stausee, der den Wasserstand im Canyon auf Dauer erhöhte.

Geschichte

An diesem größten Hindernis auf dem Weg nach Dawson City entwickelte sich 1898 die wichtigste Etappe der Goldsucher. Von dort bis zur Mündung in das Beringmeer ist der Fluß schiffbar. Die großen Raddampfer (*Sternwheeler*), wie man sie auch vom Mississippi her kennt, kamen auf diesem Weg in den hohen Norden Kanadas. Stromabwärts schafften sie die Strecke von Whitehorse nach Dawson City in 2 Tagen, für den Rückweg benötigten sie 4 Tage. Bereits zwei Jahre später erreichten die ersten Züge der ***White Pass & Yukon Route*** Whitehorse.

Entwicklung

Mit dem Bau des *Alaska Highway* begann die Entwicklung der Stadt zum wirtschaftlichen Zentrum des Territoriums. 10 Jahre nach Fertigstellung des ALCAN verlegte die Regierung – im März 1953 – ihren Sitz von Dawson City nach Whitehorse. Heute leben dort mit rund 23.500 Einwohnern gute zwei Drittel der Yukon-Bevölkerung.

Information

Im ***Visitor Centre*** von ***Tourism Yukon*** in *Downtown* (großer Komplex zwischen Hanson und Lambert Street und 2nd Ave.) gibt es neben den üblichen Prospekten (➪ Seite 598) auch noch Multimedia-Präsentationen zum Thema *Yukon*; © (867) 667-3084, **Internet: www.visitwhitehorse.com**; täglich geöffnet Mitte Mai bis Mitte September 8-20 Uhr.

Der ***Whitehorse International Airport*** (YXY) liegt 4 km westlich der Innenstadt, Airportzufahrt ab *Downtown* (6 min) mit der Buslinie #2 von Whitehorse Transit (Airport-Hillcrest-Lobird, $2), **www.gov.yk.ca/yxy.**

Raddampfer

Die südliche Einfahrt vom *Alaska Highway* nach Whitehorse führt geradewegs an den Yukon River. An seinem Ufer an der *Main Street* liegt der ***Sternwheeler* SS *Klondike II***. Der 1937 erbaute Raddampfer wurde mit den Maschinen des gesunkenen Vorgängers ***Klondike I*** ausgerüstet und tat bis zur Fertigstellung des *Klondike Highway* im Jahr 1955 Dienst. Seit der Restaurierung Ende der 60er-Jahre ist die *Klondike II* das Schmuckstück der Stadt und ein ***National Historic Site***. Besichtigungen (nur mit Führung) Mitte Mai bis Mitte September 9-18 Uhr, Eintritt $5.

McBride Museum

Die Ausstellungen im nicht zu übersehenden Blockhausbau des ***McBride Museum*** in der #1124 First Ave. thematisieren in erster Linie Goldrausch, Bergbautechniken und nordische Tierwelt. Die präparierten Tiere vom Adler bis zum Grizzly sind sehenswert. Mitte Mai bis Anfang September Mo-Fr 10-21 Uhr, Sa+So 10-19 Uhr; Eintritt $5.

Old Log Church

Die Geschichte der anglikanischen Kirche im Yukon wird im ***Old Log Church Museum*** #303 Elliott St erzählt, das in einem der ältesten Bauwerke der Stadt untergebracht ist (3rd Ave/ Elliott St). Die Ausstellung bezieht sich vornehmlich auf die Christianisierung der Ureinwohner. Geöffnet Mitte Mai bis Anfang September täglich 10-18 Uhr; Eintritt $3.

Frantic Follies

Eine besondere Attraktion sind – schon seit 1970 – die ***Frantic Follies*** im *Westmark Whitehorse Hotel*, eine bunte **Vaudeville Revue** im Stil der Jahrhundertwende. Über knapp zwei Stunden geht das rauschende Programm mit Musik, ***Can-Can Girls*** und Zauberkunststücken. Vorstellungen von Ende Mai bis Anfang September täglich um 20.30 Uhr, von Mitte Juni bis Ende Juli Vorstellungen um 19 Uhr und 21.15 Uhr. Eintritt $20; Kinder $10. Reservierung unter © (867) 668-2042.

Mitbringsel

Als Souvenirs aus dem Yukon sind ***Native Products*** beliebt, von Indianern und Eskimos gefertigte Gebrauchsgegenstände und hübsches Kunsthandwerk. Der bekannteste und bestsortierte Laden ist der ***Indian Craft Shop***; 504 Main Street.

Zum Miles Canyon

Den bereits eingangs erwähnten ***Miles Canyon*** erreicht man auf der gleichnamigen Straße. Am *Alaska Highway* weist etwa 4 km vor der südlichen Zufahrt nach Whitehorse ein Kamera-Piktogramm den Weg. Von Whitehorse aus gesehen zweigt die ***Miles Canyon Road*** links von der South Access Road (= Robert Service Way) ab und führt am Schwatka Lake vorbei zum Parkplatz in unmittelbarer Nähe des Canyon.

Bootstour

Am Wege befindet sich die Anlegestelle des ***MV Schwatka*** und unweit davon der Airport für Wasserflugzeuge. Das kleine Ausflugsboot startet von dort ab Ende Mai bis Mitte September zur 2-stündigen Tour durch den *Miles Canyon*. Abfahrten täglich 14 Uhr; Mitte Juni-Mitte August zusätzlich auch 19 Uhr; $25/Pers. Ob sich das lohnt?

Am Canyon

An den Rand des *Miles Canyon* führt ein kurzer *Trail*. Besonders aufregend ist der Blick auf den heute stromschnellenfrei, wenn auch immer noch rasch fließenden Yukon nicht, aber zumindest bei gutem Wetter den kleinen Abstecher wert. Eine Hängebrücke (nur Fußgänger) führt auf das andere Ufer. Von dort sind es auf zwei alternativen Wegen 2 km zur ***Chadburn Lake Road***, einer Stichstraße zum gleichnamigen See.

Neuerdings werden am *Trail* flußaufwärts **Ausgrabungen** vorgenommen in der Hoffnung, brauchbare Reste von ***Canyon City*** zu finden, der wichtigsten Station der Goldsucher im Jahre 1898 auf ihrem Weg nach Dawson City.

»Fischleiter«

Ebenfalls am östlichen Flußufer befindet sich der ***Whitehorse Fishway*** an der Verlängerung des Nisutlin Drive im Vorort **Riverdale**: Um den Lachsen den vom Schwatka Lake Damm versperrten Weg zu den Laichgründen weiter zu ermöglichen, wurde eine der längsten Fischleitern der Welt gebaut. An ihrem verglasten Teil kann man – vor allem ab Ende Juli – hervorragend beobachten, wie die Lachse die Stufen der Leiter überwinden. Zugang tägl. geöffnet Juni bis Anfang September 8.30-20.30 Uhr, frei.

Museen außerhalb Downtown

Direkt am *Alaska Highway* an der Zufahrt zum Airport bewegt sich eine auf einen Sockel montierte *Douglas DC 3* mit der Windrichtung. Die »weltgrößte Wetterfahne« steht neben dem interessanten ***Yukon Transportation Museum***. Alle Transportmethoden einst und jetzt – Hundeschlitten, Schaufelraddampfer, *Whitepass & Yukon Railway*, erste Flugzeuge und auch die Konstruktion des *Alaska Highway* – werden dort durch viele Exponate demonstriert; täglich Mitte Mai bis Mitte September 10-18 Uhr; Eintritt $6.

In unmittelbarer Nachbarschaft thematisiert eine Multimediashow im modernen ***Yukon Beringia Interpretive Centre*** Eiszeit, Entwicklungsgeschichte, Flora und Fauna von *Beringia,* einer kontinentübergreifenden Tundra zwischen dem Nordosten Asiens und dem Nordwesten Amerikas. Sie entstand während der letzten großen Eiszeit (Höhepunkt vor rund 20.000 Jahren), als der Wasserspiegel bis zu 125 m niedriger als jetzt lag, und Alaska über eine eisfreie Landbrücke mit Sibirien verbunden war. Täglich geöffnet Juni bis August 8.30-19 Uhr, Mai+September 9-18 Uhr; Eintritt $6.

Kanutrips

Whitehorse ist ein hervorragender Ausgangspunkt für Kanufahrten. Wer es den Goldsuchern von 1898 nachtun und den Yukon River bezwingen möchte, kann **Boote *one-way* nach Dawson City** mieten; u.a. bei ***Kanoe People*** in der 1st Ave/ Strickland Street, © (867) 668-4899, 16 Tage 740 km $325. Kürzere Strecken, z.B. bis Carmacks sind ebenfalls möglich: 8 Tage und 325 km für $195. Das Personal der Verleihfirmen spricht überwiegend gut deutsch. Hinter dem Lake Laberge kommen auch Anfänger auf dem Yukon zügig voran, vorausgesetzt sie können im schnellen, aber hindernislosen Wasser ihr Kanu auf Kurs halten bzw. anlanden.

Unterkunft

Whitehorse besitzt zahlreiche **Hotels, Motels** und ***Bed & Breakfast Places***, die sich im wesentlichen auf die Ausfallstraßen und den zentralen Bereich konzentrieren. Das Preisniveau ist relativ hoch.

Unter den Hotels ist auch das ***Best Western Gold Rush Inn*** in der 411 Main St, © (867) 668-4500 und © 1-800-661-0539, besonders empfehlenswert. Übernachtung und Frühstück in viktorianischem Ambiente bietet das ***Hawkins House Bed & Breakfast***, 303 Hawkins St, © (867) 668-7638.

Bei den preiswerten Quartieren ragt das saubere kleine Gästehaus ***Hostel Hide on Jeckell***, 410 Jeckell St. (Nähe *SS Klondike*) heraus; © (867) 633-4933, $20/Bett. Kostenloser Internetzugang und Fahrradnutzung.

Reichlich, gut und nicht zu teuer speist man im ***High Country Inn,*** 4051 4th Ave, © (867) 667-4471 oder © 1-800-554-4471, Nähe SS Klondike, deutschsprachige Karte vorhanden.

Camping

Zwei gute, privat geführte ***Campgrounds*** liegen stadtnah in der Nähe der Whitehorse-Südzufahrt. ***Hi Country RV Park***, 91374 Alaska Highway, © (867) 667-7445 und ***Pioneer RV Park & Campground***, 91091 Alaska Highway, (867) 668-5944 verfügen jeweils über *Full Hook-up*, teils großzügige Stellplätze mit vielen Bäumen und Auto-Waschanlage (praktisch vor der Fahrzeugrückgabe).

Nur für Zelte und zum Picknicken eignet sich der ***Robert Service Campground***, © (867) 668-3721, am Ufer des Yukon (South Access). Vom großen ***Wolf Creek Yukon Government Campground*** am *Alaska Highway* südlich Whitehorse war bereits die Rede, ➪ Seite 394.

Sehr schön ist der Picknickplatz am ***Chadburn Lake*** am Ende der gleichnamigen Stichstraße (über den Zugang zum *Miles Canyon* hinaus). Nur zu Fuß über eine Hängebrücke erreicht man den *Picnic Ground* auf ***Kishwoot Island*** im Yukon River (2nd Ave jenseits des zweiten Bahnübergangs).

Miles Canyon: Wo sich früher Goldsucher durch die Stromschnellen kämpften, paddeln heute Kanuten.

4.2.5 Klondike Highway nach Skagway

Verlauf

Etwa 20 km südlich der Stadt endet der im Bereich Whitehorse gemeinsame Verlauf vom *Alaska* und *Klondike Highway*. Letzterer wendet sich dort nach Süden und führt nach Skagway/Alaska. Die 160 km zwischen *Alaska Highway* und Skagway gehören zu den schönsten Strecken im kanadischen Hohen Norden.

Nach etwa 40 km liegt rechterhand der für sein türkisfarben leuchtendes Wasser berühmte **Emerald Lake**. Hoch über dem See befindet sich ein kleiner Picknickplatz. Bester Standort fürs optimale Foto ist der Hügel auf der anderen Straßenseite. Kurz vor Abzweigung der *Tagish Road* passiert man die kurze Zufahrt zur ***Carcross Desert***, ein 260 ha großes Dünengebiet, die »kleinste Wüste der Welt«.

Emerald Lake

Carcross

In der winzigen Siedlung Carcross (430 Einwohner) zwischen Lake Bennett und dem Nares Lake ist neben dem ***Visitor Reception Centre***, © (867) 821-4431, im ehemaligen Bahnhof das 1910 erbaute, aber etwas heruntergekommene ***Caribou Hotel*** (zur Zeit geschlossen) die einzige Sehenswürdigkeit. Bei Carcross zweigt die *Tagish Road* in Richtung Jake`s Corner am *Alaska Highway* ab, ➪ Kasten Seite 394.

Am Wege

Auf den nun folgenden Kilometern – bald durch den nordwestlichsten Zipfel von British Columbia – verführen **spektakuläre Landschaftspanoramen** zum Anhalten und Fotografieren an jedem Aussichtspunkt.

Am *Windy Arm* des Tagish Lake passiert man Ruinen ehemaliger **Gold- und Silberminen** am Montana Mountain. Einige für den Transport der Erze vorgesehenen Seilbahnen sind noch relativ gut erhalten.

Bei **Log Cabin** (Parkplatz am Ende des *Chilkoot Pass Trail*, ➪ Seite 404) überquert der *Klondike Highway* die Schienen der ***White Pass & Yukon Route***, die danach am jenseitigen Ufer des Summit Lake und des Skagway River parallel zur Straße verlaufen. Bis zur Fertigstellung der Straße 1981 bildete die Schiene die einzige Verbindung über den *White Pass* zwischen Skagway und Whitehorse. Aber bereits 1982 wurde der Linienbetrieb eingestellt (Details ➪ Seite 404).

Grenze

Der ***White Pass*** (1.003 m, noch 23 km bis Skagway) markiert die Grenze zwischen den USA und Canada. Die **Grenzstation** befindet sich 800 m nördlich der Passhöhe. Sie bleibt im Sommer rund um die Uhr geöffnet. Hinter dem Pass geht es in steilem Verlauf hinunter.

Skagway

Allein die Anfahrt und Skagways einzigartige Lage an ***Taiya Inlet*** des langgestreckten Fjords *Lynn Canal* und Skagway River unter hochaufragenden Bergen rechtfertigen bereits den Abstecher in die nördliche Ecke von Alaskas *Inside Passage.*

Der ***Klondike Gold Rush National Historical Park*** liefert ein weiteres gutes Motiv. Wenn die Fähre von/nach Prince Rupert oder Haines in die Reiseroute »eingebaut« wurde, führt der Weg ohnehin über Skagway; mehr dazu weiter unten.

Geschichte

Skagway und das heute nicht einmal mehr als eine »Geisterstadt« identifizierbare **Dyea** (sprich: Dei-ih) verdanken dem ***Klondike Gold Rush*** einen kurzen Höhenflug. Im Juli 1897 trafen die ersten Boote mit Goldsuchern ein, und im Oktober desselben Jahres hausten an den Ufern des Inlet 20.000 Menschen. Aber schon 1899 war das Goldfieber wieder vorüber. Die provisorische, überwiegend aus Holzverschlägen und Zelten bestehende Stadt Dyea, die zeitweise über 10.000 Einwohner beherbergt hatte, war schon 1903 fast menschenleer und verkam zur ***Ghost Town***. Skagway erging es kaum besser, aber immerhin blieb der Ort erhalten. Erst mit der Straßenanbindung und der Gründung des *Klondike Gold Rush National Historical Park begann* ein kontinuierlicher Aufschwung. Heute zählt Skagway rund 800 Einwohner, und tagsüber – wenn die gigantischen Kreuzfahrtschiffe anlegen – ein Vielfaches davon an Passagieren auf Landgang.

National Historic Park

Für die Erhaltung der historischen Stätten wurde in den letzten Jahren viel getan. Die meisten Gebäude an der Hauptstraße ***Broadway***, die mit ihrem New Yorker Namensvorbild nichts gemein hat, stehen heute als Bestandteile des ***Klondike Gold Rush National Historical Park*** unter Denkmalschutz. Sie wurden entweder restauriert oder erhielten neue Vorderfronten im alten Stil. Der ehemalige Bahnhof der ***White Pass & Yukon Route*** an der 2nd Ave./Broadway dient als ***Visitor Centre***. Eine kleine Ausstellung, Dia-Shows und Filme zum Thema Goldrausch vermitteln einen plastischen Eindruck vom Chaos und den Entbehrungen an Skagways Gestaden und auf dem beschwerlichen Weg in Richtung Dawson City.

Nostalgische Ausflugsbusse und die White Pass & Yukon Railroad warten auf Passagiere von den Kreuzfahrern.

Boomtown Skagway

Während in Canada die ***North West Mounted Police*** für Ordnung sorgte, war Alaska damals faktisch ein rechtsfreier Raum. So konnte etwa ein *Jefferson Randolph »Soapy« Smith* Skagway ungestraft drangsalieren. So brachte er etwa Neuankömmlinge mit gefälschten Telegrammen dazu, ihren Familien hohe Dollarbeträge zu überweisen, die nie ankamen, sondern in seinen Taschen landeten. *Soapys* »Herrschaft« fand im Sommer 1898 ein jähes Ende, als er in einem Pistolenduell gegen einen *Frank Reid* unterlag. Die Gräber der beiden sind auf dem ***Gold Rush Cemetery*** zu besichtigen.

Show

Sie hätten sich bestimmt nicht träumen lassen, daß ihr zum ***Historical Shootout*** hochstilisierter Schußwechsel eines Tages Höhepunkt einer ***The Days of '98 Show with Soapy Smith*** werden würde, die Mitte Mai-Mitte September täglich 10, 14 und 19.30 Uhr in der *Eagle`s Hall* (6th Ave/Broadway) stattfindet, © (907) 983-2545. Sie erfreut sich seit Jahren großer Beliebtheit und ist – im USA-Alaska-Rahmen – ihre US$14/US$16 abends Eintritt wert.

Information

Skagway Convention and Visitors Bureau
PO Box 1025, Skagway, AK 99840
© 1-888-762-1898 und © (907) 983-28544
Internet: **www.skagway.com**

Unterkunft

Skagway verfügt über eine Handvoll **Hotels/Motels** und ***Bed & Breakfast Places***, bis auf das große ***Westmark Inn*** allesamt kleine und kleinste Häuser. Unter $80-$100 ist im Sommer dabei oft nichts zu machen.

Stilvoll übernachtet man im ***Skagway Inn***, Broadway St/7th Ave., © 1-888-SKAGWAY, © (907) 983-2289, in einem viktorianischen Haus von 1897.

Etwas billiger ist die ***Sgt. Preston's Lodge***, ein Motel an der #370/6th Ave, © (907) 983-2521, © 1-866-983-2521.

Camping

Beim Anleger der **Alaska Marine Highway-Fähren** befindet sich – ohne spezifischen Reiz, aber in günstiger Lage – der ***Pullen Creek/Skagway RV Park*** mit üblichem Komfort. Der Platz ist oft ausgebucht; man reserviert besser langfristig: © 1-800-936-3731 und © (907) 983-2768. Die anderen ***RV-Parks*** des Ortes sind (noch) weniger attraktiv und allesamt eng.

Wer abends weder Theater- noch Restaurant- oder Kneipenbesuch im Auge hat, **campt schöner in Dyea**, wiewohl – bis auf ein paar Wasserhähne – ohne jeglichen Komfort, ⇨ unten.

Dyea

Nach Dyea führt die gleichnamige *Road*. Sie zweigt 4 km nördlich von Skagway auf der Westseite der Brücke über den Skagway River vom *Klondike Highway* ab und ist nur anfangs asphaltiert, danach gut gepflegter *Gravel*. Nach etwa 2 km passiert man einen **Aussichtspunkt** mit Blick auf Skagway, übers Inlet und die schneebedeckten Gipfel der Umgebung. Vom Straßenanfang bis zum schön gelegenen **Einfachst-Campingplatz** im Wäldchen am Taiya River ganz in der Nähe vom Startpunkt des legendären ***Chilkoot Pass Trail*** sind es 11 km.

Vom früheren Ort Dyea (⇨ oben) blieben nur noch einige faulige Pfähle der seinerzeit weit in das flache Wasser der Bucht reichenden Landungsbrücken übrig.

Chilkoot Pass Trail

Der steile Pfad über den *Chilkoot Pass* stand 1897/98 für die meisten Ankömmlinge am Beginn ihres Weges zu den Klondike-Goldfeldern, die ab dem *Lake Bennett* auf dem Wasserweg erreicht werden konnten. Wer zum Sommeranfang, wenn der Boden langsam auftaute, am Ziel sein wollte, mußte den schroffen Paß im Winter erklimmen, am Seeufer beim Bootsbau mitmachen (oder sogar in Einzelteile zerlegte Boote über den Pass schleppen, wie geschehen) und nach dem Aufbrechen des Eises in Richtung *Yukon River* ablegen. Ein Unternehmen von gnadenloser Härte.

Ab Februar 1898 kontrollierten die kanadischen Grenzer hinter der Paßhöhe, ob jeder den geforderten Einjahres-Vorrat mitbrachte. Die legendäre *Ton of Goods* bestand aus etwa 520 kg Lebensmitteln und 180 kg an Ausrüstungsgegenständen und Kleidung. Packtiere kamen wegen der kolossalen Steigung nicht in Frage; die Prospektoren selbst mußten den Transport übernehmen. Die Bilder der endlosen Menschenkolonne auf dem verschneiten Pfad hinauf zum *Chilkoot Pass* sind berühmt geworden. Wer einmal aus der Schlange ausscherte, mußte oft stundenlang warten, um sich erneut einreihen zu können. Den Rückweg machten sich viele einfacher und rutschten auf dem Hosenboden hinunter.

Wer angesichts der Sisyphus-Arbeit nicht bereits vorher aufgab, benötigte gut und gerne drei Monate, bis er seine Ausrüstung Stück für Stück zum 53 km entfernten *Lake Bennett* verbracht hatte. Insgesamt kamen mindestens 2.000 km Fußmarsch in Eis und Kälte zusammen, die Hälfte davon mit schwerem Gepäck. Dennoch überstanden im Winter und Frühjahr 1897/98 über 30.000 Männer und einige Frauen diese Tortur. Die Wälder rund um den Lake Bennett wurden abgeholzt, um Boote und Flöße zu bauen, die im Mai in Richtung Klondike aufbrachen. Manches Boot kenterte zwar in den Stromschnellen des *Yukon River*, aber die Mehrheit erreichte letztlich Dawson City.

Heute werden der ***Klondike Gold Rush National Historical Park*** auf US-Seite und der ***Chilkoot Trail National Historic Site*** auf kanadischer Seite vom *US National Park Service* und von *Parks Canada* gemeinsam verwaltet. Schutzhütten zum Kochen sind vorhanden (keine Übernachtung!). Wer es den *98er-Stampeders* gleichtun möchte, erhält im *Visitor Center* in Skagway alle nötigen Informationen und eine genaue Karte. Für die Trailbenutzung ist ein ***Permit*** erforderlich. Es kostet $20 US-Seite, $35 kanadische Seite und kann unter © 1-800-661-0486, $10 Gebühr, reserviert werden. Da maximal nur 50 *Permits* pro Tag ausgestellt werden, sollte man sich um Termine im Hochsommer frühzeitig kümmern. **Information** gibt es im **Internet** unter **www.nps.gov/ klgo** und **www.pc.gc.ca/chilkoot.**

Der **Zeitbedarf** für den *Trail* beträgt mindestens 3 Tage. Zusätzlich müssen zur Distanz Dyea–Lake Bennett noch 15 Straßenkilometer ab Skagway zum *Trailhead* und weitere 11 km vom See bis zum *Klondike Highway* (*Log Cabin*) gerechnet werden. Die Rückfahrt Lake Bennett– Skagway kostet mit der Eisenbahn US$65. Man muß bei der Vorbereitung bedenken, daß 13 km des *Trails* oberhalb der Baumgrenze verlaufen und die Wetterbedingungen ausgesprochen widrig sein können. Auf der Paßhöhe hält sich der Schnee gewöhnlich bis in den Hochsommer hinein.

Am *Chilkoot Pass* überquert man die kanadische Grenze, also **Reisepass** mitnehmen (➪ Seite 40ff).

White Pass

Eine **Alternative zum *Chilkoot Trail*** war der längere Weg über den *White Pass*, über den auch Pferde und Maulesel eingesetzt werden konnten. Über 3.000 der Transporttiere sollen dabei verendet sein. Bedeutung gewann die *White Pass* Route erst 1900 mit der Inbetriebnahme der Eisenbahn nach Whitehorse. Aber da war der Goldrausch schon fast wieder vorbei.

Nostalgische Railroad

Gleichwohl kam die ***White Pass* & *Yukon Route*** dank ihres Transportmonopols zwischen dem Hafen Skagway und dem Yukon Territory auch ohne die ihr ursprünglich zugedachten Aufgaben über die Runden und wurde mit ihrer reizvollen Trassenführung zur Touristenattraktion. Mit der Eröffnung des *Klondike Highway* 1981 wurde der Betrieb jedoch unwirtschaftlich und wurde im Folgejahr eingestellt. Seit 1988 befördert der nostalgische Zug ausschließlich Touristen, vor allem Kreuzfahrer auf Landgang, und fährt täglich Mitte Mai-Sept. 8.15 und 12.45 Uhr sowie Mo-Do 16.30 Uhr von Skagway zum *White Pass* (33 km). **Hin- und Rückfahrt** dauert mit Stopover **3 Stunden** und kostet stolze US$89. Eine Fahrt nach Whitehorse – täglich 8 Uhr mit der Bahn nach Fraser, von dort weiter mit dem Bus – ist ebenfalls möglich für US$95. Auskünfte unter © 1-800-343-7373, **Internet**: **www.whitepassrailroad.com.**

Nach Haines

Skagway ist wie Haines Zielhafen der **Fährschiffe** des *Alaska Marine Highway*. Fähranleger und *Terminal* mit Ticketschalter sind nicht zu verfehlen (Verlängerung des Broadway).

Water Taxi/ Fast Ferry

Während man für die Passage nach Prince Rupert mit Auto unbedingt eine Reservierung benötigt, stehen für die Überfahrt nach Haines die Chancen auch mit Fahrzeug ohne Vorausbuchung gut. Die knapp einstündige Überfahrt ist relativ preiswert (➪ Tabelle Seite 486). Die Entfernung nach Haines beträgt auf dem Wasser 22 km, auf dem Landweg dagegen 580 km.

Passagiere ohne Auto brauchen nicht auf das Fährschiff zu warten. Die Konkurrenz heißt ***Fast Ferry*** und fährt in 35 min bis zu 14x täglich beide Richtungen: US$45 retour, einfache Fahrt US$25, ✆ (907) 766-2100 und ✆ 1-888-766-2103.

4.2.5 Haines und der Dalton Trail (Haines Highway)

Haines

Der Ort Haines liegt auf einer weit in den Lynn Canal hineinreichenden Landzunge zwischen ***Chilkat*** (im Westen) und ***Chilkoot Inlet*** (im Osten). Haines` Lage zwischen schnee- und gletscherbedeckten Gipfeln und Meer und dazu rundherum unberührte Natur ist kaum zu überbieten. Auf keinen Fall auslassen darf man eine Fahrt auf der *Mud Bay Road* mit fantastischen Aussichten auf Berge und Gletscher.

Der ***Terminal*** der *Alaska Ferries* liegt etwa 7 km nördlich des Ortes. Wer zunächst einmal einen guten Campingplatz sucht, wendet sich weiter stadtauswärts am *Chilkoot Inlet* entlang zum großzügig angelegten ***Chilkoot Lake State Recreation Site*** (Lutak Road, ca. 10 km).

Information

Die ***Tourist Information*** hat in der 2nd Ave ihr Büro:

Haines Visitors Bureau
PO Box 530, Haines, AK 99827
✆ (907) 766-2234, Fax (907) 766-3155
✆ 1-800-458-3579
Internet: www.haines.ak.us

Unterkunft

Haines besitzt eine Reihe **Hotels**, **Motels** und ***Bed & Breakfast Places*** und mehrere kommerzielle ***RV-Parks***. Zu empfehlen: ***Hälsingland Hotel*** in den ehemaligen Offiziersquartieren des Fort Seward, ✆ (907) 766-2000 oder ✆ 1-800-542-6363, und das 1912 erbaute ***Summer Inn Bed & Breakfast***, #117 2nd Ave, ✆ (907) 766-2970. Einzige preiswerte Unterkunft ist ***Bear Creek Cabins and Hostel***, ✆ (907) 766-2259; Bett im *Hostel* $18.

Nicht zu verwechseln mit dem Chilkoot Lake ist der ***Chilkat State Park Campground*** an der Mud Bay Road 11 km südlich von Haines in exzellenter Lage. Ein kleiner **Platz nur für Zelte** befindet sich am Wasser 2 km südöstlich vom Ort: ***Portage Cove State Recreation Site*** an der Beach Road.

Haines ist ein idealer Ausgangspunkt für **Flüge in den *Glacier Bay National Park***, z.B. mit ***Alaska Mountain Flying***, ✆ (907) 766-3007 oder ✆ 1-800-954-8747; ab $129 (60 min.) bis $269 mit Zwischenlandung. Das ***Haines Airfield*** liegt westlich am *Haines Highway*.

Sehenswürdigkeiten

Außer einigen mäßig interessanten historischen Gebäuden gibt es in »*Downtown*« Haines nicht allzuviel zu sehen. Als Sehenswürdigkeit gilt in erster Linie das 1904 erbaute ***Fort Seward***, der erste dauerhafte Armeeposten der USA in Alaska, heute u.a. mit Hotel, *B&B*, *Campground* und *Chilkat Ceremonial House* in dem täglich ein abendliches Lachsbuffet auf Gäste wartet. Das ehemalige Hospital im Fort beherbergt eine Werkstatt indianischer Holzschnitzer. Nebenan im ***Tribal House*** setzen die ***Chilkat Dancers*** die Legenden der *Tlingit*-Indianer tänzerisch um, Mitte Mai-Mitte September 4x wöchentlich, Eintritt US$10, © (907) 766-2540.

Das ***Sheldon Museum and Cultural Center*** befindet sich in einem Gebäude am (unteren) Ende der Main Street. Gezeigt werden **Kunsthandwerk** der *Tlingit*-Indianer, Ausstellungen über die lokale Siedlungsgeschichte und ein Film über die **Weißkopfseeadler** der *Bald Eagle Preserve*. Mitte Mai bis Mitte September, Mo-Fr 11-18 Uhr, Sa+So 14-18 Uhr; $3.

Ende Juli findet in Haines der 5-tägige ***Southeast Alaska State Fair*** statt: Jahrmarkt, Ausstellung und Konzerte.

Mud Bay

Die ***Mud Bay Road*** (zu Anfang asphaltiert) am langen Fjord ***Chilkat Inlet*** entlang sollte auch abfahren, wer nicht beabsichtigt, im *Chilkat State Park* auf dessen wildromantischen Platz im Wald zu campen (dorthin ca. 11 km). Am Wege passiert man den Startpunkt des ***Mount Riley Trail*** (4,5 km auf 536 m Höhe), von dem man noch sagenhaftere Blicke genießt als bereits von der Straße aus.

Dalton Trail

Die Straße von Haines nach Nordwesten folgt dem Verlauf des alten ***Dalton Trail***, der während des Goldrausches einen alternativen Weg nach Dawson City bot. Ein *Frank Dalton* hatte schon 1890 das erste Teilstück angelegt, später Handelsposten errichtet und sich damit eine Goldgrube geschaffen. Hohe Wegzölle für die Benutzer seiner Straße produzierten mehr Gewinn als die meisten *Claims* der Goldfelder. Aber bereits 1900 verlor der *Dalton Trail* mit der Fertigstellung der Eisenbahn von Skagway nach Whitehorse seine Bedeutung. Erst im Zweiten Weltkrieg baute die US-Armee den *Trail* als strategisch wichtige Verbindung von der Küste zum *Alaska Highway* aus.

Heute ist die grandios geführte, mittlerweile vollständig asphaltierte Straße – speziell eindrucksvoll der 75 km lange Mittelabschnitt in British Columbia durch das baumlose Hochland um den ***Chilkat Pass*** (1.065 m) – rund ums Jahr befahrbar, wenngleich Schneefälle die Fahrt noch bis in den Mai und ab September behindern können.

Auf dem über 240 km langen *Haines Highway* gibt es nur am *33 Mile Roadhouse* in Alaska und am Kathleen Lake im Yukon Territory **Tankstellen**.

Seeadler

Die Weißkopf-Seeadler sind im Gebiet der ***Alaska Chilkat Bald Eagle Preserve*** im Mündungsbereich des Chilkat River kaum zu übersehen. Zwischen km 30 und km 40 des *Haines Highway* am Fluß entlang lassen sich die mächtigen Vögel besonders gut beobachten. Die beste Zeit für **Adlerbeobachtungen** ist zwar die »touristenarme« Zeit von Oktober bis Februar, aber schon Ende August beginnt der Lachsauftrieb in Flüssen und Bächen, ein gefundenes Fressen für die *Bald Eagles*.

Ein kleiner **Einfach-Campingplatz** im Adlergebiet (Westende) liegt am Mosquito Lake (ca. 4 km Zufahrt).

Grenze

Mit der Grenzüberschreitung wechselt die **Zeitzone,** statt *Alaska Time* gilt *Pacific Time* (eine Stunde später). Die Grenzstation ist täglich rund um die Uhr geöffnet.

Haines Road im Yukon Territory

Am Wege gibt es mehrere schön gelegene Campingplätze und einige reizvolle Wanderwege. Nicht auslassen sollte man den kurzen Weg (800 m) zu den ***Million Dollar Falls*** am gleichnamigen *Yukon Government* ***Campground*** (89 km südlich von Haines Junction). Empfehlenswert ist auch die Kurzwanderung ***Rock Glacier Trail*** (30 min) 7 km nördlich des Dezadeash Lake Yukon Government Campground.

Wenig weiter nördlich passiert die Straße den ***Campground*** am **Kathleen Lake**, dem einzigen mit Auto zugänglichen Campingplatz des ***Kluane National Park*** (sprich Klu-ah-nie). Am Seeufer entlang läuft der ***Kokanee-Trail***, ein 500 m langer Holzplankenweg .

Camping-idylle am Kathleen Lake

4.2.7 Von Whitehorse nach Dawson City über Haines Junction und Tetlin Junction/Alaska

Zur Strecke

Wer dem Umweg über die »Superroute« Skagway/Haines nicht folgt, erreicht Haines Junction auf dem *Alaska Highway*. Dieses ab Whitehorse etwa 160 km lange Teilstück ist zunächst nicht aufregend. Nach etwa 15 km zweigt der ***Klondike Highway*** nach Dawson City ab. Ein **Abstecher** vom *Alaska Highway* könnte den ***Takhini Hot Springs*** gelten: © (867) 633-2706.

Hot Springs

Vom *Klondike Highway* (ca. 6 km nördlich der Abzweigung) führt eine Stichstraße (10 km) zu einem – relativ kleinen – Pool, dessen Wasserzufluß sommers wie winters eine Temperatur von rund 40°C hat, $7, täglich 8-22 Uhr. Auch **Campingplatz** und ***Coffee Shop*** gehören zur (insgesamt nicht eben attraktiven) Anlage.

St. Elias Mountains

Erst kurz vor Haines Junction wird die Landschaft reizvoller. Die Straße führt schnurgerade auf die ***St. Elias Mountains*** mit den höchsten Bergen Canadas zu. Bei klarem Wetter sieht man die schneebedeckten Gipfel des *Mount Kennedy* (4.235 m) und *Mount Hubbard* (4.577 m). Mit Blick auf diese Bergriesen übernachtet man auf dem ***Pine Lake Yukon Government Campground*** (5 km Wanderweg bis Haines Junction).

Haines Junction

Haines Junction (810 Einwohner) am Straßendreieck *Alaska/Haines Highway* besteht im wesentlichen aus Motels, *RV-Campgrounds*, Tankstellen und Läden an der Hauptstraße. **Restauranttip**: ***The Raven,*** deutsche Leitung, *Hotel & Gourmet Dining* am Alcan, © (867) 634-2500. ***Rent-a-Cabin***, nördlich Haines Junction, © (867) 634-2454. Zimmerpreise $60-$80.

Kluane National Park

Ausstellungen und Filme im hervorragenden ***Kluane Visitor Center*** 300 m östlich der Kreuzung *Alaska Highway/Haines Road* sollte man sich nicht entgehen lassen, zugleich ***Yukon Visitor Reception Centre***: © (867) 634-2345. Sie zeigen das unerschlossene Innere und die Tierwelt des Parks. Eine ganze Reihe von ***Trails*** erschließt die Schönheit des Gebietes. Eine **Wanderkarte** zeigt **13 Wanderwege** zwischen 0,5 km und 83 km Länge. Schön ist der ***Auriol Trail*** über ca. 15 km (4-5 Std), der bereits in subalpine Zonen führt.

Der weitgehend unberührte ***Kluane National Park*** und seine geographische Fortsetzung, der ***Wrangell St. Elias National Park*** auf Alaska-Territorium, bilden als besonders schützenswerte Landschaft einen ***World Heritage Site*** der UNESCO.

Information

Kluane National Park
PO Box 5495, Haines Junction, Yukon, Y0B 1L0
© (867) 634-7207, **Internet: www.pc.gc.ca/kluane**

Kluane Lake

Der Streckenabschnitt durch die Nordausläufer der *St. Elias Mountains* von Haines Junction bis hinter den Kluane Lake (Burwash Landing) gehört zu den schönsten des *Alaska High-*

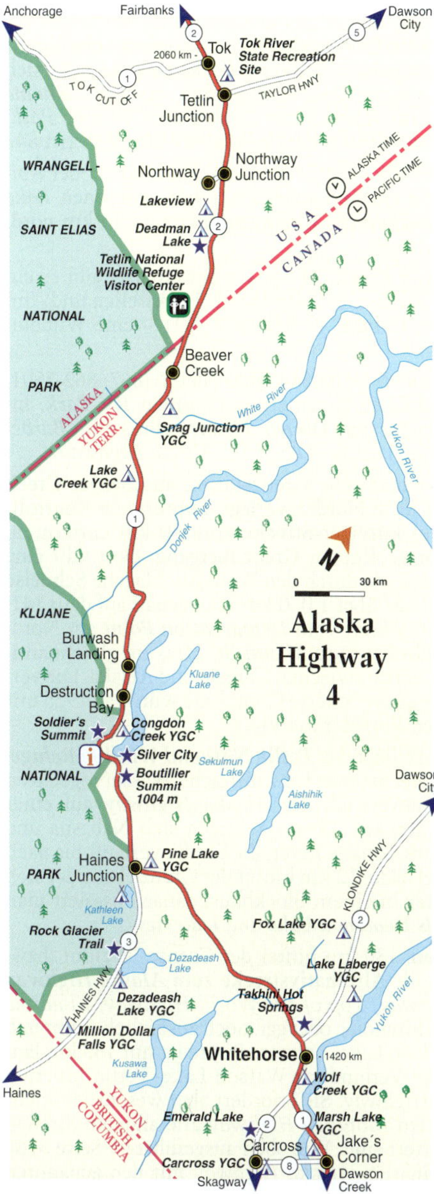

way. Am ***Boutillier Summit*** (Paßhöhe, mit 1.004 m höchster Punkt zwischen Whitehorse und Fairbanks), überblickt man erstmalig den mit 400 km^2 größten See des Yukon Territory. Rund 1 km westlich zweigt eine Schotterstraße (5 km) zur Geisterstadt **Silver City** am Südostufer des Kluane Lake ab (ausgeschildert). Die Handvoll verfallener Blockhäuser der ***Ghost Town*** sind prima *Fotomotive.*

Am Südende des Sees befindet sich das ***Tachal Dhal (Sheep Mountain) Visitor Reception Centre*** des *Kluane National Park*. Von dort aus sind oft ***Dallschafe*** zu sehen. Sie ziehen sich im Hochsommer aber meistens etwas zurück. Der schönste Wanderweg ist hier der ***Sheep Creek Trail*** (5 km).

Nur wenig nördlich passiert der *Alaska Highway* den ***Soldier's Summit***, wo die Straße am 20. November 1942 offiziell eröffnet wurde. Ein kurzer Fußweg führt vom Parkplatz zur alten Trasse hinauf.

Noch 15 km weiter sind es bis zum sehr guten ***Congdon Creek Yukon Government Campground*** mit Plätzen direkt am Ufer des Kluane Lake oder im Wald.

Der ***Mount Logan*** (5.959 m), höchster Berg Canadas, ist leider von der Straße aus nicht sichtbar. Nur auf teuren ***Flightseeing Trips*** gelangen Touristen in die Nähe des Gipfels. In Haines Junction kann man **Flüge über die St. *Elias Mountains*** buchen.

Kluane Lake

Wer See und Umgebung länger genießen möchte, findet im ***Talbot Arm Motel*** in **Destruction Bay** eine ordentliche Unterkunft, © (867) 841-4461. In **Burwash Landing** befindet sich neben der weltgrößten Goldwaschpfanne das gute ***Kluane Museum of Natural History*** zur Tierwelt im *Kluane Park*; Mitte Mai bis Mitte September täglich 9-21 Uhr, Eintritt $4.

Die Fahrt wird nördlich etwas eintönig. Kurz hinter der *Koidern River* Brücke passiert man den schön gelegenen ***Lake Creek Yukon Government Campground***, rund 90 km nördlich Burwash Landing.

Beaver Creek

Im winzigen **Beaver Creek**, 34 km vor der Grenze, gibt es ein letztes Mal auf kanadischer Seite Motel, Tankstellen und – im ***Visitor Reception Centre***, © (867) 862-7321 – eine Wildblumen-Ausstellung.

Das ***Westmark Inn***, © 1-800-544-0970 oder © (867) 862-7501, hat neben freundlichen Zimmern auch einen ***RV Park***. Im ***Beaver Creek Rendezvous Dinner Theatre*** gibt`s zum *Barbecue* eine Show zum Thema »*Leben am Alaska Highway*«.

Grenze Canada/ Alaska

1983 wurde die kanadische Grenzstation aus **Beaver Creek** heraus ein Stück nach Norden verlegt. Hinter dem Kontrollpunkt geht es auf kurviger Strecke zum 30 km entfernten, rund um die Uhr geöffneten **Grenzübergang**. Dort fällt eine mächtige, schnurgerade durch den Wald geschlagene **Schneise** ins Auge. Sie verläuft über 1.000 km lang genau auf dem 141. Längengrad und markiert vom ***Demarcation Point*** am Nordpolarmeer bis südwärts zum *Mount St. Elias* im gleichnamigen Gebirge die Grenze zwischen Canada und Alaska. Die vertraglich erst 1908 genau fixierte Grenzlinie wurde ab 1925 mit einem 6 m breiten Korridor markiert.

Tetlin Wildlife Refuge

Jenseits der Grenze liegt das ***Tetlin National Wildlife Refuge***. Der seenreiche Lebensraum für zahlreiche Wasservogelarten erstreckt sich südwestlich des *Alaska Highway* auf einer Länge von über 100 km. Dort vereinigen sich Nabesna und Chisana River zum Tanana River, die Straße verläuft bis nach Fairbanks parallel dazu. 12 km hinter der Grenze befindet sich das ***Visitor Center*** in einem Blockhaus; danach passiert man die ***Campgrounds Deadman Lake*** und ***Lakeview***.

Alternative zum Alaska Highway

In **Tetlin Junction**, 130 km hinter der Grenze, beginnt (bzw. endet) eine reizvolle **Alternativstrecke zum *Alaska Highway*** über *Taylor Highway*, *Top of the World Highway*, *Klondike Highway* nach Whitehorse oder ggf. noch zusätzlich *Campbell Highway* bis Watson Lake. Letztere Route ist nur 160 km länger als die direkte Verbindung Watson Lake–Tetlin Junction auf dem *Alaska Highway*. Sie erfordert aber wesentlich mehr Zeit, da bis auf den *Klondike Highway* alle anderen Straßen teilweise geschottert sind. Wie oben ausgeführt (➪ Seite 376), bietet die Kombination *Alaska Highway* mit den genannten

Straßen die Möglichkeit zu einer weiträumigen **Rundreise durch das gesamte Yukon Territory – vorausgesetzt, man fährt ein für** Schotterstraßen **zugelassenes Fahrzeug**. Die Fahrt könnte außerdem noch über den *Cassiar Highway* in British Columbia fortgesetzt werden (➪ Seite 366).

Auch die Strecke **Whitehorse–Dawson City–Tetlin Junction** erfordert nur 200 zusätzliche Fahrkilometer gegenüber der Direktroute Whitehorse–Tetlin Junction auf dem *Alaska Highway*, wobei insgesamt nur noch weniger als 70 km auf Schotterstraßen (Westende *Top of the World Highway* und Nordteil *Taylor Highway*) zurückgelegt werden müssen.

Taylor/ Top of the World Highway

Der auf den ersten 105 km von Tetlin Junction bis Chicken asphaltierte *Taylor Highway* ist nur noch auf dem 45 km langen Teilstück bis Jack Wade Junction (und der Weiterführung bis Eagle, Alaska, ➪ Seite 413) eine rumpelige Schotterpiste. Genauso positiv hat sich auch der Zustand des *Top of the World Highway* ab Jack Wade Junction entwickelt. Nach 22 schlaglochreichen Kilometern bis zur kanadischen Grenze lassen sich die gut ausgebauten 105 Restkilometer im Yukon Territory nach Dawson City problemlos befahren. Daher hat sich die Strecke Tetlin Junction–Jack Wade Junction–Dawson City zu einer populären **Touristenroute** entwickelt, auf der mehr Campmobile als andere Fahrzeuge unterwegs sind.

Bis Jack Wade Junction sind zwar einzelne Streckenabschnitte attraktiv, aber für Zwischenstopps kommen auf dem Taylor Hwy nur ***Downtown*** **(!) Chicken** (von der Hauptstraße rechts, dann 300 m weiterfahren: dort stehen noch 3 Häuser aus der Goldrauschzeit, heute Shop, Cafeteria und *Saloon*) und rund 30 km weiter der ***Jack Wade Dredge*** in Frage. Dieser riesige Eimerketten-Schwimmbagger zum Goldwaschen direkt neben der Straße am ***Wade Creek*** ist wie ähnliche Maschinen in Dawson City oder bei Fairbanks zwar längst stillgelegt und »gammelt« vor sich hin, läßt sich aber ganz gut fotografieren.

Grenztankstelle auf amerikanischer Seite des Top-of-the-World-Highway, einziges Gebäude weit und breit

4

Top of the World Highway

Jack Wade Junction und Dawson City verbindet der ***Top of the World Highway*** (127 km, davon 20 km rauhe Schotterstraße auf US-, weitgehend asphaltiert auf kanadischer Seite). Ihre Bezeichnung erhielt die Straße wegen der eindrucksvollen Streckenführung entlang einer Kammlinie mit weiten Ausblicken über die Unendlichkeit des menschenleeren Landes. Auf kanadischer Seite steht eine kleine Hütte mit Grasodendach als einziges (längst verlassenes) Gebäude. Nur an der ***Boundary Lodge*** (Alaska-Seite) gibt es eine **Tankstelle**.

Der trostlos einsame **Grenzübergang** ist nur von Ende Mai bis Ende September besetzt (8-20 Uhr Alaskazeit, sonst 9-21 Uhr *Pacific Time)*, davor/danach gesperrt.

Einen besonders schönen **Panoramablick** hat man vom *Top of the World Highway* noch oberhalb der Baumgrenze kurz vor ihrem Abstieg hinunter nach Dawson City. Sehr gut zu überblicken ist auf diesem letzten Teilstück von einigen Punkten der Zusammenfluß von Klondike und Yukon River.

Yukon-Fähre

Dawson City liegt jenseits des Yukon River. Eine kostenlose Fähre überquert den Fluß Mitte Mai-Mitte Oktober Tag und Nacht bedarfsabhängig.

Fähre über den Yukon

Camping

Noch diesseits des Flusses liegt der mit 98 Stellplätzen recht große ***Yukon River Government Campground*** mit vielen Stellplätzen in schöner Lage über dem Ufer des Yukon River (Einfahrt in unmittelbarer Nähe der Fähre).

Historische Raddampfer

Hinter dem Campingplatz stromabwärts verrotten fünf einst mächtige *Riverboats* im ***Sternwheeler Graveyard***. Die Wracks sind heute – nicht zuletzt wegen der zahlreichen Besucher, die den morschen Planken zusetzten – im wesentlichen nur noch Trümmerhaufen, aber dennoch ein ganz interessantes Ziel für einen Spaziergang (ca. 300 m) am steinigen Strand des Yukon River entlang.

Abstecher nach Eagle

Abseits der gängigen Touristenpfade liegt das letzte Teilstück des *Taylor Highway* von Jack Wade Junction bis zum pittoresken Eagle. Die attraktive kurvenreiche Fahrt (über 100 km, mindestens zwei Stunden) führt zunächst steil in Haarnadelkurven hinab in das Tal des Fortymile River und danach hinauf in baumlose Höhen.

Eagle ist ein verschlafenes, offiziell gerade mal 150 Einwohner zählendes Nest, das seine Blüte zur Goldrauschzeit Ausgang des 19. Jahrhunderts erlebte. Das weiße Gebäude des ***Visitor Center*** der ***Yukon-Charley Rivers National Preserve*** (Naturschutzgebiet) vor dem 300 m steil aus dem Yukon River aufragenden dunklen *Eagle Bluff* ist ein beliebtes Fotomotiv und der Berg selber ein guter Aussichtspunkt.

Lediglich bei der täglichen An- bzw. Abfahrt des Ausflugsschiffes aus/nach Dawson City herrscht in Eagle eine gewisse Betriebsamkeit. Tägliche Führungen durch den historischen »Ortskern«, während der viele Geschichten erzählt werden, aber wenig zu sehen ist, starten am *Courthouse,* dem ersten Gerichtsgebäude im Inland Alaskas.

Ein einfacher ***BLM-Campground*** in schöner Lage ca. 1 km westlich vom Ort und 700 m von den fünf restaurierten Gebäuden des ***Fort Egbert*** entfernt ist o.k. für eine Nacht.

4.2.8 Dawson City

Geschichte

Am 17. August 1896 stießen ***George Washington Carmack,*** der Bruder seiner indianischen Frau, ***Skookum Jim*** und dessen Neffe ***Tagish Charlie***, am *Rabbit Creek* (später in *Bonanza Creek* umbenannt), einem Zufluß des Klondike River, auf Gold und lösten damit den ***Klondike Goldrush*** aus. **An jedem dritten Montag im August** wird seither im Yukon Territory der ***Discovery Day*** gefeiert. Dawson City legt sich dabei an dem langen Wochenende mit Umzügen und viel Trubel besonders »ins Zeug«.

Der Goldrausch begann, als im Juli 1897 die ersten erfolgreichen Goldsucher auf zwei Dampfschiffen nach Seattle und San Francisco zurückkehrten und mit frisch geschürftem Vermögen Furore machten. Über 100.000 Menschen sollen damals in der Hoffnung auf schnellen Reichtum den Weg nach Norden genommen haben. 30%-40% von ihnen erreichten ihr Ziel. Die meisten überquerten mitten im Winter 1897/98 den berüchtigten *Chilkoot Pass* (➪ Seite 403), um bei Ankunft erkennen zu müssen, daß die besten *Claims* der ***Klondike Goldfields*** lange vergeben waren. Der Mehrheit blieb nur, um zu miserablen Konditionen für glückliche *Claimholder* zu arbeiten.

Sourdough und Bannock

Oft sind es kleine und – nur scheinbar – nebensächliche Dinge des Alltags, die Abschnitte der Geschichte unverwechselbar machen. Zur Zeit des Pelzhandels und der Entdeckungen in Canada, als Trapper und Goldsucher oft monatelang in der Wildnis unterwegs waren, zählte Sauerteig, auf englisch *Sourdough,* zum unverzichtbaren Bestandteil der Ausrüstung. Und so bezeichnete man die Pioniere des Nordens auch selbst als *Sourdoughs*.

Damals wurde der Sauerteig vor allem fürs *Bannock* gebraucht. Denn die Herstellung dieser Brotart ist denkbar einfach und auch das Backen über dem offenen Feuer kein Problem: Man verrührt 8 Eßlöffel Mehl, ein paar Löffel Wasser, etwas Backpulver und eine Prise Salz zu einem geschmeidigen Teig. Den backt man bei niedriger Hitze in einer leicht gefetteten Pfanne, die möglichst zugedeckt sein sollte. Sobald die untere Kruste braun geworden ist, wendet man das *Bannock*.

Nach etwa einer halben Stunde Backzeit hat man ein frisches Brot. Der Sauerteig kommt als ein besonderes Geschmacksingredienz ins Spiel, wobei dessen Menge nach Gusto variiert werden kann: Pro Eßlöffel Sauerteig nimmt man dieselbe Menge Mehl weniger. Für weitere Varianten kann man dem Teig beispielsweise Blaubeeren, Zimt, Rosinen oder Kümmel hinzufügen oder das *Bannock* nach dem Wenden mit Käse überbacken.

Der erforderliche Sauerteig-Starter ist in Bioläden oder in Naturkostabteilungen von Supermärkten erhältlich. Für längere Transporte gut geeignet sind kleine, in verschweißte Folien abgepackte Portionen. Zur Herstellung des eigentlichen Sauerteigs benutzt man am besten eine hohe, verschließbare Plastikdose. Da hinein legt man die Starterportion, »füttert« sie mit einigen Eßlöffeln Mehl und Wasser und läßt den zähflüssigen Brei an einem warmen Platz »gehen«. Schon am nächsten Tag wirft die Mixtur Blasen. Bei deutlich vergrößertem Volumen hat sie dann den typischen säuerlichen Geruch angenommen. Damit ist der Teig fertig fürs *Bannock*!

Und nicht vergessen: immer genügend Sauerteig für das nächste Brot übrig lassen! Diesem Rest fügt man wieder soviel Mehl und Wasser hinzu, daß die entstehende Masse für die nächste Brotzubereitung ausreicht. Nach ein paar Versuchen hat man das im Griff. Sauerteig ist außerordentlich genügsam und übersteht sowohl Kälte als auch einige Tage ohne Mehl und Wasser. Sollte er zu langsam »gehen«, beschleunigt ein Päckchen Trockenhefe den Prozeß.

Bannock-Zubereitung auf dem Benzinkocher

Dawson City wuchs **1898** auf über **30.000 Einwohner** und war damit vorübergehend größte Stadt nördlich von Vancouver. Alles mußte über Tausende von Kilometern herangeschafft werden. Kein Problem waren die hohen Preise für die Erfolgreichen: Allein 1900 betrug die Ausbeute an Waschgold aus Bächen im Yukon Territory fast 34.000 kg. Heute sind es jährlich nur – oder immerhin – noch 2.200 kg.

Hauptstadt

Als 1898 das Yukon von den Northwest Territories getrennt wurde und eine eigene Verwaltung erhielt, rückte Dawson City zur Hauptstadt auf. Einen echten Verkehrsanschluß erhielt die Stadt aber erst 1900 mit der Fertigstellung der ***White Pass & Yukon Route***. Von deren Endstation Whitehorse ging es mit Raddampfern, wie man sie vom Mississippi her kennt, weiter nach Dawson City.

Nach dem Rausch

Der *Boom* dauerte nur wenige Jahre. Die Prospektoren verschwanden, und Dawson City schrumpfte zum Dorf. Zu **Anfang der 50er Jahre** wurden zwar immer noch 500 Einwohner registriert, aber die Zahl trog. Viele der ehemaligen Bewohner bzw. ihre Nachkommen hatten sich längst anderswo niedergelassen, zahlten jedoch weiterhin Steuern für ihre Häuser, um dabeizusein, sollte ein neuer *Boom* ausbrechen. Schließlich verlegte man 1953 den Regierungssitz nach Whitehorse, das nach Fertigstellung des *Alaska Highway* zum neuen Zentrum des Nordens aufgestiegen war.

Dawson City heute

Aber bereits in den 1960er-Jahren kam es zur Wiederbelebung. Unter der Regie von ***Parks Canada*** wurden historische Gebäude im Stadtkern mit großer Sorgfalt restauriert oder – wie im Fall des baufälligen ***Palace Grand Theatre*** – abgerissen und an anderer Stelle originalgetreu neu gebaut. Die Strassen sind mit Absicht nicht gepflastert, die Gehwege Holzplanken.

Dies und der perfekte Ausbau des *Klondike Highway* haben einen bemerkenswerten Aufschwung bewirkt. Dawson City entwickelte sich zum Besuchermagneten und zählt heute (in den Sommermonaten) 2.100 Einwohner mit einem erstaunlich hohen Anteil Jugendlicher.

Information

Wer sich für die Geschichte des Goldrausches intensiver interessiert, findet Ausstellung, Diashow und Filme im ***Visitor Reception Centre*** an der Ecke Front Street/King Street:

Das Besucherzentrum von Stadt und *Parks Canada* ist täglich geöffnet Mitte Mai bis Mitte September 8-20 Uhr, © (867) 993-5566 und 7200, Internet: **www.pc.gc.ca/sskeno**. Auch mit von der Partie ist in diesen Räumen die ***Klondike Visitors Association***, © (867) 993-5575, **www.dawsoncity.ca.**

Dort ist man auch behilflich bei der Reservierung von Unterkünften. Außerdem starten dort die **Stadtführungen**.

Gegenüber am Ufer des Yukon (Front Street) befindet sich das ***Visitor Centre* der Northwest Territories**, © (867) 993-6167.

Unterkunft

In der Hochsaison kann es in Dawson City mitunter ausgesprochen schwierig sein, ein Zimmer zu finden. Die **Kapazität** von Hotels, Motels und der Handvoll *Bed & Breakfast Places* ist recht begrenzt. Unter $60-$80 sind dann selbst einfachste Quartiere nicht zu haben, sieht man ab vom ***Dawson City River Hostel*** (HI) am Fähranleger (Westufer des Yukon); 38 Betten; © (867) 993-6823, ab $16/Bett.

Eines der preiswerteren Quartiere ist das nostalgische ***Westminster Hotel*** in der 975 3rd Ave, © (867) 993-5463, mit Bierbar und ***Live Music*** in der *Cabaret Lounge.*

Das ***Downtown Hotel,*** © 1-800-661-0514, Queen Street/2nd Ave, © (867) 993-5346, mit dem *Sourdough Saloon* und das ***Eldorado Hotel***, 3rd Ave/Princess Street, © (867) 993-5451 oder © 1-800-764-ELDO (3536), bieten rustikalen Komfort gemixt mit einer gewissen Jahrhundertwende-Eleganz.

Zum **Frühstück** geht man zu ***Klondike Kate's***, einer »Institution« in der 3rd Ave/King St, © (867) 993-6527. Auch ***Cabins*** sind dort zu mieten.

Camping

Die meisten Besucher kommen mit Wohnmobil oder Zelt nach Dawson City. Zwar kann man auch mitten im Ort übernachten (***Gold Rush Campground***, $16-$30, 5th Ave/York Street, © (867) 993-5247), angenehmer sind indessen die ***Yukon Government Campgrounds***; der erste (*Klondike River*) liegt am *Klondike Hwy*, ca. 20 km außerhalb der Stadt in Airport-Nähe, der andere und bessere – wie auf Seite 412 beschrieben – am jenseitigen Ufer des Yukon River, erreichbar per Gratisfähre. Viele Stellplätze liegen dort unmittelbar am hohen Ufer des Flusses. Von dort sind es nur 300 m zum ***Sternwheeler Graveyard***.

Ein Kompromiß zwischen Komfort und guter Lage am Abzweig der Bonanza Creek Road vom *Klondike Highway* ist ***Guggieville***, $11-$24, © (867) 993-5008.

Sehenswürdigkeiten

Im ***Dawson City Museum*** (5th Ave/Mission St) sind Originaldokumente und -gegenstände und Filme aus dem ersten Viertel unseres Jahrhunderts zu sehen; täglich geöffnet Ende Mai bis Anfang September 10-18 Uhr, $7. ***Harrington's Store*** (3rd Ave/Princess Street) zeigt »*Dawson as they saw it*«, eine **Fotodokumentation** über das Dawson City der Boomjahre (Juni-August 9-17 Uhr, Eintritt frei).

Das nostalgische ***Original Post Office*** von 1901 (3rd Ave/King Street) wird nur auf geführter ***Town Core Walking Tour*** ($5) besichtigt. Die »eigentliche« Post mit ganzjährig üblichen Öffnungszeiten befindet sich in der 5th Ave.

Bootstouren

Am Ufer des Yukon liegt der Raddampfer ***SS Keno***. Das 1960 ausrangierte Schiff leistete seit 1922 Fährdienste auf dem Fluß; es wird zur Zeit restauriert und ist nur auf Führungen über das Frachtdeck zu besichtigen. Juni-Mitte September, $5.

Dichter-lesungen

Natürlich nur mit guten Englischkenntnissen sind die Originaltexte von ***Jack London*** und des gefeierten Yukon-Poeten ***Robert Service*** reizvoll. Mitte Mai bis Mitte September wird vor den einstigen Häusern der beiden Autoren (jeweils in der 8th Ave.) aus deren Werken authentisch vorgetragen, $6; aktuelle Zeiten werden vor den Häusern angeschlagen und auch im *Visitor Centre* bekannt. Besuchenswert!

Spielkasino

Nur noch ***Diamond Tooth Gertie's Gambling Hall*** in der 5th Ave/Queen Street bietet heute Abendunterhaltung. »Gertie's Spielhalle« wurde 1971 eröffnet. Sie war zu jener Zeit das einzige legale Spielkasino in Canada. Von 19 Uhr bis in den frühen Morgen darf dort bei Roulette, Poker und Black Jack »gezockt« werden.«Einarmige Banditen« fehlen auch nicht. Ein Rahmenprogramm sorgt mit Musik und ***Can-Can Shows*** aus der »guten alten Zeit« 3 x am Abend für Unterbrechung des Spieltriebs; Mitte Mai bis Mitte September; Eintritt $6. Betreiber ist die *Klondike Visitors' Association*. Die Bezeichnung *Diamand Tooth Gertie* (Diamantzahn-Gertie) geht auf die Tänzerin ***Gertie Lovejoy*** zurück, die einen blinkenden Diamanten zwischen ihren Schneidezähnen eingeklemmt hatte. In der fast frauenlosen Stadt kam *Gertie* während der Goldrauschjahre als »Königin der Ballsäle« zu Wohlstand.

In Diamond Tooth Gertie`s Gambling Hall

Goldfelder

Ohne die Goldfelder wäre Dawson City nicht, was es ist. Wo schon vor nun über 100 Jahren unendliche Sand- und Schottermengen wieder und wieder durchwühlt wurden, schürfen immer noch Unentwegte nach dem gelben Metall. Auch **Touristen** dürfen zur Waschpfanne greifen, aber nicht an beliebiger Stelle. Denn alle ***Claims*** sind »gesteckt«. Ohne die ausdrückliche Genehmigung eines *Claim*-Inhabers gibt es Ärger.

Das Polarlicht – Aurora Borealis

Wer diese Erscheinung noch nie gesehen hat, wird die zarten Lichtspiele am nächtlichen Himmel zunächst vielleicht für vereinzelte Wolken halten. Erst bei genauerem Hinsehen bemerkt man, daß sich die schleierähnlichen Gebilde dafür zu schnell bewegen. Sie zucken lautlos über den Himmel, verschwinden und tauchen unvermittelt in veränderter Form und überraschender Leuchtkraft wieder auf. Je weiter man in den Norden Canadas und Alaskas kommt, desto intensiver gestalten sich die bezaubernden Farbenspiele.

Verantwortlich für die Entstehung das Polarlichtes ist der Solarwind, der als ständig von der Sonne ausgehender Materienstrom in die irdische Magnetosphäre einsickert. Dabei stoßen die eingedrungenen, von erdmagnetischen Feldlinien abgelenkten Elektronen mit Gasteilchen aus der Atmosphäre zusammen und bringen diese in 80-300 km über der Erde zum Leuchten – Stickstoff emittiert blaue und violette, Sauerstoff grüne und rote Farbtöne.

Normalerweise beobachtet man das Polarlicht am häufigsten in einem ringförmigen Gebiet um den magnetischen Nord- bzw. Südpol. Bei starker Sonnenfleckentätigkeit kommt es jedoch zu kräftigen Solarwindstürmen. Die dadurch verursachten erhöhten erdmagnetischen Störungen werden als Kp-Index gemessen und z.B. vom *Geophysical Institute* der *University of Alaska in Fairbanks* publiziert. Dabei deuten größere Kp-Werte auf verstärkte, auch weit polentfernt sichtbare Polarlichtaktivitäten.

Internet: www.gi. alaska.edu/cgi-bin/predict.cgi

Touristen Claim

Zum Glück existieren am ***Bonanza Creek*** – 4 km östlich Dawson City zweigt die *Bonanza Creek Road* vom *Klondike Hwy* ab – auch ***Claims* für jedermann**. Gebührenfrei offen steht der ***Claim #6*** der ***Klondike Visitors Association***, etwa 15 km von der Hauptstraße kurz hinter dem *Discovery Claim*, wo *George Carmack* erstmals auf ***Pay Dirt*** gestoßen war. Wer sich im Goldwaschen versuchen möchte und vorsorglich in Dawson City eine Waschpfanne gekauft hat, findet am Touri-Claim aber selten mehr als winzige Goldspuren am Pfannenboden.

Kommer zielles Goldwaschen

Unter Anleitung geht es meistens besser, speziell, wenn der Sand vorher mit Goldflöckchen »veredelt« wurde. An mehreren **privat betriebenen *Claims*** weiht man die Touristen – zu festen Preisen pro gefüllter Pfanne (ab $6) – in die Geheimnisse des Goldwaschens ein; sehr freundlich am ***Claim 33*** im Goldgräbergebiet am Bonanza Creek unweit der ***Dredge #4***. Will es nicht so klappen, helfen bereits gewaschene ***Gold Flakes*** in kleinen Gläschen oder auch ganze ***Nuggets*** im Shop.

Camper auf dem ***GuggieVille RV Park*** auf dem Gelände einer ehemaligen Goldmine sparen die Anfahrt und waschen Gold auf dem Platz (*Klondike Hwy* Abzweig *Bonanza Creek Road*).

Wer sich fit genug fühlt, kann an der alljährlich am *Canada Day* (1. Juli) ausgetragenen ***Yukon Gold Panning Championship*** teilnehmen (Kategorien für »Profis« und Touristen).

Gold Dredge

Ebenfalls an der Bonanza Creek Road, etwa 12 km vom *Klondike Highway* entfernt, ragt die mächtige, 94 m lange und 30 m hohe ***Gold Dredge #4*** empor. Der größte je für die Förderung und Durchspülung goldhaltigen Gesteins gebaute Eimerketten-Schwimmbagger mit Holzrumpf war bis 1966 in Betrieb und wurde später in desolatem Zustand von ***Parks Canada*** übernommen und restauriert. Besichtigung der 3000 t schweren Maschinerie von innen nur unter *Park Ranger*-Führung (täglich Juni-Mitte September, 9-17 Uhr, $5). Kleine Ausstellung mit alten Fotos und Erläuterungen zur Funktionsweise.

Midnight Dome

Auf keinen Fall auslassen darf man die Auffahrt zum *Midnight Dome* (887 m). Dieser **Aussichtspunkt** knapp 600 m oberhalb der Stadt bietet einen tollen 360°-Rundumblick auf die von Goldschürfern vernarbte Landschaft. Hinauf geht es auf der 9 km langen *Dome Road*, die östlich von Dawson City vom *Klondike Highway* abzweigt, bzw. Zufahrt von der Stadt über die Verlängerung der King Street oder über den steilen *Midnight Dome Trail* (3 km ab Stadt). Am 21. Juni erlebt dort halb Dawson die **Mitternachtssonne**, die nur für einen Augenblick hinter den *Ogilvie Mountains* versinkt.

Später im Jahr läßt sich vom *Midnight Dome* aus in sternklaren Nächten das **Nordlicht** besonders gut beobachten. Mitte Juli ist er Ziel des ***International Midnight Dome Race***, eines kräftezehrenden Bergauf-Laufs.

Abstecher: Auf dem Dempster Highway nach Inuvik

Kennzeichnung

(⇨ Karte Seite 389)

40 km östlich von Dawson City (*Dempster Corner*) zweigt der *Dempster* vom *Klondike Highway* ab. **Nach Inuvik** sind es **740 km**. Wer dem *Dempster Highway nicht* in voller Länge folgen möchte, könnte sich als Minimalprogramm den 82 km langen Abschnitt bis zum ***North Fork Pass*** (1.289 m, höchster Punkt des Highway) mit Übernachtung auf dem schönen ***Tombstone Campground*** im gleichnamigen Territorial Park vornehmen.

Auf der Suche nach der ***Last Frontier*** (etwa: letzte Herausforderung) besitzt der – geschotterte – *Dempster Highway* einen ähnlichen Stellenwert wie einst der *Alaska Highway*. Denn auf keiner anderen Straße ist die Einsamkeit des Nordens noch so spürbar. Außerdem führt in Canada nur der *Dempster Highway* bis über den Polarkreis hinaus. Die Straße in den hohen Norden zeichnet sich durch eine abwechslungsreiche Streckenführung mit mehreren Pässen oberhalb der Baumgrenze aus.

Landschaftlich besonders attraktiv ist die Durchquerung der ***Ogilvie*** und der ***Richardson Mountains***.

Orte

Auf der gesamten Strecke gibt es nur drei Ortschaften: die erste, **Fort McPherson**, erreicht man nach 550 km Fahrt, die folgende, **Tsiigehtchic**, liegt abseits der Straße auf Höhe von Kilometer 608, die dritte ist bereits **Inuvik.** Nicht viel enger ist das Tankstellennetz geknüpft. Bei *Dempster Corner* muß man auf jeden Fall volltanken, da erst nach 369 km am ***Eagle Plains Hotel*** die nächste Tankstelle steht. Die anderen Tankstellen befinden sich jeweils in den Orten.

Wer auf dieser Strecke liegenbleibt, den trifft es hart (⇨ Seite 380). Da hat schon mancher den *Dempster Highway* verwünscht. **Werkstätten** gibt es nur an *Dempster Corner* und in Inuvik. Die Tankstellen unterwegs sind höchstens für kleine Reparaturen ausgerüstet.

Zustand

Der 1959 begonnene Bau des *Dempster Highway* nahm 20 Jahre in Anspruch. Nach Erweiterungsarbeiten ist die einspurige Straße mit breiten Ausweichstellen derzeit alles in allem in einem akzeptablen Zustand. Dennoch sollte man auf Überraschungen gefaßt sein, da die klimatischen Verhältnisse für eine **ständige Erosion** sorgen und vor allem schwere Trucks Spuren hinterlassen. Die Routenführung wurde teils der Topographie angepaßt, teils nicht. Die Straße verläuft dabei erhöht auf einer isolierenden Schotterschicht über dem Permafrostboden.

Vorsicht ist beim (erlaubten) wilden Campen angebracht: Abseits der Fahrbahn kann der Boden leicht nachgeben.

Camping

Am Highway gibt es folgende *Campgrounds*:

- Tombstone Mountain Yukon Government (km 72)
- Engineer Creek Yukon Government (km 194)
- Eagle Plains Hotel, Trailer Park (km 369)
- Rock River Yukon Government (km 447)
- Nitainlaii Territorial Park NWT (km 541)
- Vadzaih Van Tshik NWT (km 714)
- Jak Territorial Park NWT (km 731)
- in Inuvik, Happy Valley Territorial Park (km 736)

Information

Aktuelle Informationen über den **Straßenzustand** und die Betriebszeiten der Fähren unter © 1-800-661-0750 und im ***NWT Visitor Centre*** in Dawson City.

Die Fähren verkehren von Juni bis Mitte Oktober nur fünf Monate im Jahr, im Winter werden sie durch eine Eisbrücke ersetzt. In den Übergangsmonaten, bei zu dünner Eisdecke, besitzt Inuvik keine Straßenzufahrt.

Verlauf

Die Straße verläuft ab Dempster Corner zunächst durch Waldland, läßt es aber bald hinter sich und steigt entlang des *North Fork Klondike River* hinauf zu den ***Ogilvie Mountains***. Dies ist einer der attraktivsten Abschnitte der gesamten Strecke. Der erste **Campplatz** (*Tombstone*) liegt 11 km südlich der Paßhöhe knapp unter der Baumgrenze. Dort beginnt ein schöner ***Trail*** zu den Quellen des Flusses.

Der 1.289 m hohe ***North Fork Pass*** führt durch den *Tombstone-Kamm* der *Ogilvie Mountains* in baumlose Weiten mit herrlichem Weitblick auf die zackigen Berge und auf der nördlichen Paßseite entlang des *Blackstone River*.

Der ***Engineer Creek Campground*** liegt kurz vor der Brücke über den Ogilvie River. Auf den dahinter folgenden 50 km schlängelt sich der *Dempster Highway* durch das anfangs enge Tal des Ogilvie River. Die Straße führt danach in eindrucksvollem Verlauf durch die ***Eagle Plains***, eine weite Ebene zwischen *Richardson* und *Ogilvie Mountains*.

Eagle Plains

Erst bei dem ***Eagle Plains Hotel***, © (867) 993-2453, auf halber Strecke, stößt man wieder auf einen Vorposten der Zivilisation. Es gibt hier Hotelzimmer, Restaurant (preiswert und gut), RV Park und Tankstelle; und sogar einen Shop, in dem man das Nötigste kaufen kann.

Nach 405 km Fahrt ist der Polarkreis erreicht. Dort steht inmitten der Tundra eine Tafel fürs Erinnerungsfoto.

Richardson Mountains

Die nun folgenden 100 km durch die *Richardson Mountains* bilden das schönste Teilstück der Strecke. Am ***Wright Pass*** überquert man bei Kilometer 465 endgültig die kontinentale Wasserscheide zwischen Nordpolarmeer und Pazifik.

Mit dem gleichzeitigen Übergang vom Yukon in die Northwest Territories ist ein Zeitzonenwechsel verbunden (von der *Pacific* zur *Mountain Time*).

Mackenzie River

Etwa 11 km vor Fort McPherson setzt man auf einer **Fähre** (frei) über den Peel River. Nördlich des Flusses liegt der ***Nitainlaii Campground*** mit Informationszentrum der Northwest Territories (Juni bis Mitte September).

Fort McPherson

Der weitere Routenverlauf des *Dempster Highway* auf den letzten knapp 200 km läßt deutlich an Attraktivität nach. Einzig lohnenswerter Stop ist Fort McPherson. Die meisten der 760 Einwohner sind *Gwich'in*-Indianer (*Déné*). Viele leben von der Segeltuchproduktion oder der Herstellung kunsthandwerklicher Gegenstände. Im Ort gibt es Café, Tankstelle und Supermarkt. Ein weißes Kreuz markiert das Grab der ***Lost Patrol***, der im Winter 1910/11 umgekommenen NWMP Patrouille, auf dem Friedhof der Anglikanischen Kirche.

Per – wiederum – kostenloser Fähre geht es über den Mackenzie River und weiter durch überwiegend flache, bewaldete Taiga Ein Abstecher nach Tsiigehtchic, einer abgelegenen, nur 200 Einwohner zählenden *Gwich'in*-Siedlung ist möglich, lohnt jedoch kaum. Kurz vor Inuvik liegt der ***Jak Territorial Park Campground***, ein komfortabler Platz mit Dusche, Strom und Aussichtsturm.

Inuvik

Inuvik ist die größte kanadische Siedlung nördlich des Polarkreises und mit 2.900 Einwohnern (***Déné***-Indianer, ***Inuit*** und Weiße, die meisten davon Regierungsangestellte) drittgrößte Stadt in den Northwest Territories. Der Ort verfügt über eine Handvoll **Motels**, darunter das ***Eskimo Inn*** mit 72 Zimmern, © (867) 777-2801, und die für einen Ort dieser Größe übliche kommerzielle Infrastruktur. Die ab 1955 am East Channel des Mackenzie Delta mit permafrostsicheren oberirdischen Versorgungsleitungen neu entstandene Stadt »ersetzte« das langsam im Sumpf versinkende, aber immer noch existente benachbarte Aklavik (noch 630 verbliebene Einwohner).

Sonnenwendtreffen von Dempster Highway-Bezwingern am Polarkreis

»Ewiger« Tag Zwischen dem 25. Mai und dem 18. Juli geht die Sonne in Inuvik nicht unter. Dafür sehen die Bewohner zwischen dem 6. Dezember und 5. Januar gar kein Sonnenlicht.

Iglu Kirche Die schneeweiße ***Igloo Church*** an der Hauptzufahrt ist die einzige nennenswerte Sehenswürdigkeit der Stadt.

Aktivitäten Als Touristenaktivitäten kommen **Bootstouren** zum *Mackenzie Delta* oder Flüge zu abgelegenen Inuitsiedlungen in Frage. Information bei der Stadt Inuvik, © (867) 777-8618, **Internet**: **www.inuvik.ca,** oder beim sehr guten ***Western Arctic Regional Visitor Centre***, © (867) 777-7237.

Die »Lost Patrol«

Sergeant William Dempster (1876-1964), der Namenspate des Highway, stand insgesamt 37 Jahre lang im Dienst der Polizeitruppe im Yukon. Die *North West Mounted Police* (*NWMP*, ➪ Seite 296) erreichte zeitgleich mit den ersten Goldsuchern den Yukon und hielt bereits ab 1904 auch im Winter ihren Patrouillen- und Postdienst zwischen Fort McPherson und Dawson City aufrecht. Dabei bewältigten die Polizisten die ca. 770 km lange Strecke per Hundeschlitten in rund 20-25 Tagen.

Aber die am 21. Dezember 1910 in Fort McPherson aufgebrochene *»Lost Patrol«* von Inspector *Fancis J. Fitzgerald* und drei *Constables* verfehlte die Route und starb ausgehungert auf dem Rückweg. Erst am 28. Februar 1911 wurde in Dawson City eine Suchexpedition losgeschickt. Unter Leitung von *Dempster* fand sie die Leichen drei Wochen später 40 km bzw. 60 km vor Fort McPherson, wo die *Lost Patrol* auch begraben liegt.

Abstecher: Auf dem Silver Trail nach Mayo und Keno

Ausgangspunkt Unmittelbar nördlich der Brücke über den *Stewart River Bridge* zweigt in *Stewart Crossing* der nur wenig befahrene *Silver Trail* (111 km) vom *Klondike Highway* ab.

Situation Eine Tafel informiert über den aktuellen Zustand dieser Straße. Sie läuft über **Mayo** (einzige Tankstelle) bis **Keno City** in eine Region einst reicher Silbervorkommen. Als Abstecher in die heute weitgehend versunkene Welt der Silberbergwerksstädte ist der *Silver Trail* bei ausreichend Zeit eine empfehlenswerte Route.

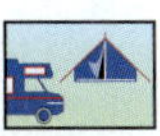

Die ersten 60 km bis über Mayo hinaus zum ***Five Mile Lake Government Campground*** (sehr schön am See) sind geteert.

Mayo Im 500-Seelen-Ort Mayo wurden die silberhaltigen Erze früher auf Boote verladen und über Stewart River und Yukon River verschifft, bis der Transport auf der Straße möglich war. Der Preisverfall in den 80er-Jahren führte 1989 zur

Schließung der **Silberminen** und damit auch zur Beendigung der Funktion Mayos als Nachschubbasis. Das *Binet House* in Mayo beherbergt ein **Informationszentrum** zum *Silver Trail*. Zimmer mit Kochgelegenheit bietet das ***North Star Motel***, © (867) 996-2231.

Elsa

Nach Aufgabe der ***United Keno Hill Mines*** wurde **Elsa**, ca. 45 km nordöstlich von Mayo und nur wenige Kilometer vor Keno City, die jüngste ***Ghost Town*** des Yukon. Sie beherbergt noch eine Handvoll Einwohner von mehr als 500 in den 60er Jahren, als die Silbermine zu den größten in ganz Nordamerika zählte.

Keno

Am Ende des *Silver Trail* liegt **Keno City**. Dem Ort erging es kaum besser als Elsa. In der einst bedeutenden Minenstadt aus den 1920er Jahren leben heute nur noch 30 Menschen. Schachtgerüste und die Aufbereitungsanlage stehen noch. Das ***Keno City Mining Museum*** (tägl. Juni-Sept.) beschwört mit alten Fotografien und Relikten vergangene, »bessere« Zeiten. Nur 18 Übernachtungsplätze hat der ***Keno City Campground*** am Lightning Creek, geöffnet Juni bis Mitte September.

Der nahegelegene, windumtoste ***Keno Hill*** (1.849 m) ist der beste **Aussichtspunkt** weit und breit; aber nur eine schmale, für große Campmobile nicht geeignete Schotterstraße führt 10 km hinauf. Die Aussicht über schroffe Berge und tiefe Täler ist atemberaubend. Ein Wegweiser zeigt Richtungen und Entfernungen zu Orten in aller Welt.

Duncan Creek Road

Für den Rückweg von Keno kommt auch die ***Duncan Creek Road*** in Frage, eine Alternativstrecke bis kurz vor Mayo, die als »originaler« *Silver Trail* bis in die frühen 30er-Jahre als Transportweg für das Silber diente. Sie ist zwar überwiegend gut erhalten, aber die ersten 15 km sind problematisch.

Wegweiser für »alle Welt« auf dem Keno Hill

4.2.9 Campbell Highway nach Watson Lake

Der ***Campbell Highway*** (*Yukon Highway* #4), eine wenig befahrene Straße von **Carmacks nach Watson Lake** (580 km, davon ca. 80 km asphaltiert, der Rest eine passable *Gravel Road*) existiert erst seit 1968. Für die Bewältigung benötigt man weit mehr Zeit als für die Strecke über *Klondike* und *Alaska Highway* nach Watson Lake (620 km).

Geschichte

Robert Campbell, ein Pelzhändler der *Hudson's Bay Company*, fand bereits Mitte des vorigen Jahrhunderts eine Kanuroute, die quer durchs Yukon Territory zum Yukon River führte. Die heutige Straße folgt ihr weitgehend. Viele Kilometer Fahrt durch eine kaum berührte Gegend machen sie zum **Geheimtip** für Leute, die **Einsamkeit** suchen, ohne in weiter entlegene Regionen reisen zu wollen.

Tanken

Tankstellen sind auch am *Campbell Highway* dünn gesät: abgesehen von den Endpunkten befindet sich eine in Faro (von Carmacks aus nach 170 km) und eine weitere in Ross River nach 220 km.

Camping

An der Strecke liegen **7 *Yukon Government Campgrounds***.

Landschaft

Zwischen Faro und Watson Lake begleiten die Pelly Mountains im Südwesten und Selwyn Mountains im Nordosten den *Campbell Highway*. Dazwischen eingeschlossen liegt der über 700 km lange Senkungsgraben ***Tintina Trench***, dem die Straße im Tal von Pelly River und Finlayon/Frances River folgt. Der Straßenverlauf entlang weitgehend miteinander verbundener langgestreckter Seen und Flüsse ist geprägt durch zahllose zu überquerende Wasserläufe. Ringsum ragen Gebirgsformationen auf und geben dieser Route besonderen Reiz.

Faro

Die erste wichtige Abzweigung – nach 170 km Fahrt auf schöner Strecke – wird durch die Stichstraße nach Faro (9 km) markiert. Faro (500 Einwohner) besitzt alle wesentlichen Service-Einrichtungen. Der Ort wurde 1969 als Basis für neue Blei-, Silber- und Zinkbergwerke gegründet. Nach Einstellung des Betriebes 13 Jahre später verkam Faro fast zur ***Ghost Town***. 1986 aber wurde die Produktion erneut aufgenommen und machte Faro bis zur nächsten Schließung in den 90er-Jahren kurzfristig wieder zur bedeutendsten Minenstadt im Yukon Territory.

Gegenüber dem weitläufigen ***John Connolly RV Park,*** $5 Full Hook-up, gibt es aktuelle Informationen beim ***Campbell Region Interpretive Centre*** (sehenswert), © (867) 994-2728, **Internet: www. faroyukon.ca.** Dort beginnt auch ein **Kurztrail** durch eine ehemalige Waldbrandschneise zum Aussichtspunkt auf die ***Van Gorder Falls***.

Canol Road

Die im 2. Weltkrieg befürchtete japanische Invasion führte nicht nur zum Bau des *Alaska Highway*. Um die Ölversorgung Alaskas zu gewährleisten, wurde auch eine Pipeline von

Norman Wells (NWT) zum 825 km entfernten *Johnson's Crossing* am *Alaska Highway* und weiter nach Whitehorse verlegt. Die *Canol* (***Can****adian* ***Oil***) *Road* war zunächst eine *Service Road* entlang der Pipeline, verfiel aber bald. Erst Jahre später wurde sie instandgesetzt und 1958 für den allgemeinen Verkehr freigegeben.

Die geschotterte ***North Canol Road*** beginnt bei Ross River (400 Einwohner). Von Ende Mai bis Mitte Oktober verkehrt ab dort täglich 8-17 Uhr eine freie Autofähre über den *Pelly River*. Jederzeit kann man den Fluß auf einer kleinen Hängebrücke zu Fuß überqueren. Vom Nordufer aus geht es auf der verkehrsärmsten Straße im Yukon bis zur Grenze (232 km) mit den Northwest Territories knapp 30 km östlich des *MacMillan Pass* (1.366 m). An der schlechten Holperpiste gibt es keine Siedlungen, nur namenlose Flüsse, Seen und Berge. Bisweilen trifft man auf Reste von Maschinen, Fahrzeugen und Gebäuden aus den 1940er-Jahren.

Canol Heritage Trail

Wen das Abenteuer lockt, kann – und mit der richtigen Ausrüstung – dem ***Canol Heritage Trail*** (372 km!) weiter ins Gebiet der Northwest Territories hinein folgen. Denn einst führte die Straße bis Norman Wells am Mackenzie River. Da die Piste aber seit 1945 nicht mehr gepflegt wird (u.a. sind die meisten Brücken verfallen), eignet sie sich nur noch für Unentwegte auf Gelände-Motorrädern oder ***Mountain Bikes***.

Empfehlenswert ist der schön gelegene ***Lapie Canyon Campground***; er liegt am *Campbell Hwy* etwa 2 km westlich der Stichstraße nach Ross River.

Lapie Canyon

Die ***South Canol Road*** (außer dem *Quiet Lake Campground* ebenfalls ohne Service-Einrichtung) verbindet auf einer kurvenreiche Strecke (220 km) *Campbell* und *Alaska Highway*. Die teilweise enge Schotterstraße ist eine der am wenigsten befahrenen des Yukon Territory und keine Route für schlechtes Wetter. Der reizvollste Abschnitt beginnt etwa 7 km südlich des *Campbell Highway* und führt am tief eingeschnittenen ***Lapie River Canyon*** entlang. Dieses erste 25 km lange Teilstück der *Canol Road* lohnt sich auf jeden Fall.

Nach Watson Lake

Im weiteren Verlauf führt der *Campbell Highway* auf 360 km ohne jegliche Siedlung durch Angel- und Kanu-Paradiese und absolute Einsamkeit. Er stößt in Watson Lake am ***Sign Post Forest*** auf den *Alaska Highway*, ➪ Seite 390.

Nur auf den südlichen 100 km begegnet man einigen Trucks, die in Miner´s Junction auf die ***Nahanni Range Road*** (Yukon Hwy #10) zum 200 km entfernten Straßenende in Tungsten (Northwest Territories) abbiegen.

Die knapp hinter der Yukon-Grenze nach 16 Jahren Stillstand erst 2002 neu eröffnete **Wolframmine *Cantung*** ist inzwischen schon wieder außer Betrieb.

4.2.10 Klondike Highway von Dawson City/Stewart Crossing bis Whitehorse

Verlauf

Entlang der heute gut ausgebauten, aber weitgehend eintönigen Asphaltstraße gibt es nur wenig zu sehen. Zwischen ***Dempster Corner*** und *Stewart Crossing* (140 km) führt der *Klondike Highway* durch **Sumpfgebiete** und überquert zahlreiche Bach- und Flußläufe. Erst knapp 300 km südlich von Dawson City trifft der *Klondike Hwy* erneut auf den Yukon River (dort ***Minto Resort Campground*** direkt am Flußufer). Schöner ist über 50 km weiter der ***Tatchun Lake Yukon Government Campground*** (9 km Stichstraße).

Five Finger Rapids

Gut 20 km vor Carmacks passiert man den **Aussichtspunkt** über die ***Five Finger Rapids***. In diesen Stromschnellen kam mancher Goldsucher auf dem Weg nach Dawson City um. Als sicherste Passage gilt der östliche der 5 Finger, deren Strömung aus der Entfernung nicht sonderlich gefährlich wirkt. Ein ***Trail*** führt zum Yukon hinunter (1 km).

Carmacks

Carmacks (heute noch knapp 500 Einwohner) war einst eine bedeutende Zwischenstation der ***Sternwheeler*** auf dem Weg nach Dawson City und überstand die Einstellung des Schiffsbetriebs wegen seiner verkehrsgünstigen Lage am *Klondike* Highway besser als andere Orte.

Das ***Carmacks Hotel*** am *Klondike Highway*, ✆ (867) 863-5221, hat preiswerte Zimmer, eine Bar und ein Restaurant. Der kleine ***Tantalus Campground*** befindet sich am Yukon River in Nachbarschaft zum ***Boardwalk*** (2 km) am Ufer entlang.

Lake Laberge

Der *Klondike Highway* bietet auch auf dem Rest der Strecke bis zum *Alaska Highway* kaum Abwechslung. Erwähnenswert ist der schöne **Lake Laberge**, eine Erweiterung des Yukon River zum See. Der ***Campground*** dort (3 km Zufahrt) besitzt einige tolle Stellplätze am und über dem Wasser in separater Alleinlage. Die rückwärtigen Plätze sind weniger attraktiv.

Kanuwandern auf dem Yukon River, hier im Bereich Lake Laberge

Etwa 6 km vor Erreichen des *Alaska Highway* zweigt die Stichstraße zu den ***Takhini Hot Springs*** ab, ➪ Seite 408.

NORTHLAND

Alaska

Bald Headed Eagle und Junges

5. ALASKA

Reiseziel Alaska

Alaska besitzt mit seinen Küsten, Gebirgslandschaften und Naturphänomenen herausragende touristische Attraktionen. Mangelt es nicht an Zeit und Geld für Ausflüge und Abstecher, die einen Alaskabesuch erst richtig abrunden, kann der nördlichste Bundesstaat der USA Eindrücke und Erlebnisse vermitteln, für die sich jede weite Reise lohnt.

Anreise auf dem Landweg

Wer nicht nach Alaska fliegt, sondern von Canada aus auf dem Landweg anreist, muß bedenken, daß selbst die schnellste Straßenroute über den gut ausgebauten Alaska Highway etwa bis Tok unweit der Grenze mit dem Yukon Territory ab Vancouver rund 3.250 km, ab Calgary fast 3.000 km und ab Edmonton knapp 2.700 km lang ist.

Bei knapper Zeitvorgabe fragt sich, ob nicht eine kilometermäßig kürzere, dafür intensivere Reise durch den Norden von British Columbia und/oder das Yukon Territory mit Abstecher nach Stewart/Hyder letztlich mehr bringt.

5.1 Transport nach und in Alaska (Flüge ➪ Seite 65)

5.1.1 Straße und Auto

Zur Anfahrt nach Alaska auf der Straße kommen nur der *Alaska* und der *Klondike Highway* in Frage, siehe dazu ausführlich das vorstehende Kapitel.

Straßennetz

Das Alaska-Straßennetz ist nur teilweise in gutem Zustand. obwohl alle wichtigen *Highways* asphaltiert sind. Lediglich Nebenstrecken w.z.B. *Copper River, Dalton, Denali, Edgerton, Elliott, Steese, Taylor* und *Top of the World* besitzen streckenweise oder durchgehend Schotterbelag.

Alaskas Strassen im Überblick (Karte Seite 443)

Bezeichnung	von	nach	Nummer
Alaska Highway	Delta Junction	Dawson Creek, BC	2
Chena Hot Springs Road	Fairbanks	Chena Hot Springs	-
Copper River Highway	Cordova	Million Dollar Bridge	10
Dalton Highway	Elliott Highway	Prudhoe Bay	11
Denali Highway	Richardson Hwy	Parks Hwy	8
Edgerton Highway	Richardson Hwy	Chitina	10
Elliott Highway	Fairbanks	Manley Hot Springs	2
Glenn Highway	Anchorage	Tok	1
(Tok Cutoff	Richardson Hwy	Tok	1)
Haines Highway	Haines	Haines Junction, Yukon	7
Klondike Highway	Skagway	Whitehorse, Yukon	-
Parks Highway	Anchorage	Fairbanks	3
Richardson Highway	Valdez	Fairbanks	2/4
Seward Highway	Anchorage	Seward	1/9
Steese Highway	Fairbanks	Circle	6
Sterling Highway	Seward Highway	Homer	1
Taylor Highway	Tetlin Junction	Eagle	5
Top of the World Hwy	Taylor Highway	Dawson City, Yukon	-

5.1.2 Busverbindungen

Situation

Aus den USA gibt es keine direkte Busverbindung nach Alaska, ebensowenig von den südlichen Provinzen Canadas. Wer im Bus nach Alaska möchte, muß auf jeden Fall **in Whitehorse umsteigen** (➪ siehe Seite 105). Alternativ bietet sich die kombinierte Fähren-Bahn-Bus-Verbinung mit der ***White Pass & Yukon Route*** (➪ siehe Seite 404) von Skagway nach Whitehorse an, wobei das ein bißchen kompliziert ist.

Innerhalb Alaskas sind die Busverbindungen alles in allem schlecht. Selbst auf den meisten Hauptrouten verkehren die Busse nur 2-3 mal wöchentlich.

Beispielhaft einfache Fahrpreise:

mit ***Alaska Direct Bus Line***,
✆ 1-800-770-6652, ✆ (907) 277-6652

ab Anchorage
nach: Fairbanks $85, Skagway $230, Whitehorse $180.

mit ***Alaska/Yukon Trails***,
✆ 1-800-770-7275, www.alaskashuttle.com,

ab Fairbanks
nach: Anchorage $91, Dawson City $162.

Einen öffentlichen **Personennahverkehr** gibt es nur in Anchorage, Fairbanks, Juneau und Ketchikan.

5.1.3 Eisenbahn

Seward – Fairbanks

Eine Anreise nach Alaska ist mit der Eisenbahn nicht möglich. Im Landesinneren existiert mit der ***Alaska Railroad*** von Seward über Anchorage nach Fairbanks nur ein einziger Schienenstrang als Städteverbindung. Anschrift/Telefon für Informationen und Reservierungen:

Alaska Railroad
Passenger Services Department
431 W. First Ave, Anchorage, AK 99501
✆ 1-800-544-0552, ✆ (907) 265-2494
Internet: www.akrr.com

Ticketkosten

Die Linie **Fairbanks–Anchorage** wurde 1923 in Betrieb genommen. Sie war bis 1971 einzige Landverbindung zwischen den beiden Städten.

Der einfache **Fahrpreis** für die 573 km lange, zwölfstündige »Expressfahrt« von Anchorage nach Fairbanks mit Zwischenstopp im ***Denali National Park*** beträgt in der Hauptsaison von Juni bis Anfang September $179 (2005).

Von Anchorage bzw. Fairbanks zum *Denali National Park* kostet das *One-way Ticket* $129 bzw. $54. Die Fahrt von Anchorage nach Seward (184 km) kostet $59, eine Rückfahrt von Anchorage nach Whittier $64.

5.1.4 Fähren

Zwischen der US-Pazifikküste bzw. Süd-Canada und Alaskas Kernland gibt es keine direkte Fährverbindung, lediglich **im Sommer 2x monatlich** eine Fähre **Prince Rupert–Ketchikan–Juneau–Valdez–Whittier** (➪ Seite 450). Kreuzfahrtschiffe (ohne Autotransport) laufen auch Häfen wie Seward an.

Alaska Marine Highway

Die Staatsfähren des *Alaska Marine Highway* operieren in zwei voneinander unabhängigen Systemen im Bereich der *Inside Passage* (➪ Fähren in den Norden, Seite 485) und zwischen Häfen des Kernlandes von Alaska einschließlich *Kodiak Island* und der Aleüten. Für letztere zeigt die Tabelle auf Seite 449 die touristisch interessantesten Verbindungen.

Permafrost

Ganzjährig gefrorener Boden, Permafrost, bestimmt die Lebensbedingungen in weiten Bereichen von Alaska, dem Yukon und den Northwest Territories. Während Permafrost im Norden von Alberta und British Columbia nur sporadisch auftritt, erreicht er auf den Inseln im Nordpolarmeer über 800 m Tiefe. Auch das angenehm warme, oft trockene Sommerwetter mit langer Sonnenscheindauer (➪ Seite 21f) kann dem Dauerfrostboden nur oberflächlich etwas anhaben. Unter dem aufgetauten Erdreich verhindert der Permafrost eine Drainage in den Boden. Regen- und Schmelzwasser verbleiben in Teichen und Seen nahe der Oberfläche. Deshalb ist die arktische Tundra im Sommer oftmals unpassierbar, obwohl der Norden die geringsten Niederschlagsmengen Nordamerikas (➪ Seite 24) verzeichnet.

Permafrost verursacht besondere Schwierigkeiten beim **Straßen- und Häuserbau**, denn getaute Böden verlieren ihre Stabilität und geben unter Druck nach. Wird der Tauprozeß durch Heizungen ausgelöst, erfolgt dies meist sogar noch höchst ungleichmäßig. Nicht nur sinken Bauten allmählich ein, sondern sie verkannten sich gleichzeitig. Die dabei entstehende Spannung führt zu Rissen, im Extremfall zum Bruch des Mauerwerks.

Nur mit (kostspieliger) Technik läßt sich das Auftauen des Bodens verhindern. So wurde der ***Dalton Highway***, die bis zur Prudhoe Bay führende, nördlichste Straße des Kontinents, hoch oberhalb der Vegetation verlegt und teils mit Plastikschaum als Thermalschutz isoliert.

Ebenfalls an der Prudhoe Bay beginnt die ***Trans-Alaska Pipeline***. Die oberirdische Verlegung der Erdölleitung auf hohen Stelzen (Foto Seite 459) verhindert auf dem Weg nach Valdez ein Auftauen des Bodens durch das warme Öl und damit ein unregelmäßiges Absinken der Rohre (mit möglichen Leitungsbrüchen). Aus denselben Gründen verlaufen auch in **Inuvik** am Ende der nördlichsten Straße Canadas die Leitungen der Versorgungseinrichtungen über dem Erdboden. Die erst ab 1955 erbaute Stadt am Ostrand des Mackenzie River trug bis 1958 den Namen »New Aklavik«. Sie sollte die Einwohner von Aklavik am Mackenzie River aufnehmen, wo Erosionsschäden am Flußufer Überschwemmungen und dadurch auftauende Permafrostböden verursacht hatten.

5.2 Anchorage

5.2.1 Kennzeichnung, Information und Unterkunft

Lage und Klima

Anchorage stellt mit rund 265.000 Einwohnern mehr als 40% der Gesamtbevölkerung Alaskas. Es liegt am Ende der tief ins Land reichenden Bucht ***Cook Inlet*** und wird umschlossen von dessen Ausläufern, dem *Knik* und *Turnagain Arm*. Die ***Kenai Mountains*** im Süden (jenseits des *Turnagain Arm*) halten einen Großteil des vom Pazifik kommenden Regens ab; die Nähe zum Meer sorgt für relativ milde Winter mit Tages-/Nachttemperaturen von -6°/-13°C. In Fairbanks, im Einflußbereich des Kontinentalklimas, ist es zur selben Zeit im Durchschnitt -19°/-29°C. Die Sommer sind an der Küste kühler, die Höchsttemperaturen in Anchorage liegen mit ca. 18°C durchschnittlich 4°C unter denen von Fairbanks.

Erstaunlicherweise tut dieses Klima dem Wachstum einer bunten Blumenpracht, die in Rabatten, Kübeln und insgesamt 100.000 (!) Hängekörben gedeiht und der Innenstadt ein freundliches Flair verleiht, keinen Abbruch.

Geschichte

Bereits 1778 erforschte der britische Kapitän *James Cook* auf der vergeblichen Suche nach der Nordwestpassage das später nach ihm benannte *Cook Inlet*. 16 Jahre später traf ***George Vancouver*** während einer Vermessungsfahrt am ***Cook Inlet*** auf russische Pelztierjäger, die die Küsten Alaskas schon seit 1741 erkundeten und für den Zaren in Besitz nahmen. Die Gründung von Anchorage im Jahr 1915 geht ausnahmsweise nicht auf Goldsucher zurück; Pate stand vielmehr die ***Alaska Railroad***. Für die Neubaustrecke nach Fairbanks ließ sie an der Mündung des *Ship Creek* ins *Cook Inlet* zunächst ein Bauarbeitercamp errichten und später ihren Firmensitz von Seward dorthin verlegen. Danach profitierte Anchorage sowohl von der landwirtschaftlichen Erschließung des *Matanuska Valley* als auch von Ölfunden im *Cook Inlet*, zudem in den 70er-Jahren des 20. Jahrhunderts vom Bau der ***Trans-Alaska Öl-Pipeline*** vom Nordpolarmeer nach Valdez.

Situation heute

Anchorage ist heute das wirtschaftliche Zentrum Alaskas mit einer – für diese Stadtgröße – immens ausgedehnten kommerziellen Infrastruktur südlich und westlich der überschaubaren Innenstadt. Das allgemeine **Preisniveau** ist niedriger als anderswo in Alaska, speziell gilt dies für den Supermarkteinkauf, für *Fast Food* und Benzin.

Unterkunft

Übernachtungen in **Motels und Hotels** sind indessen – mit Ausnahme der ***Hostels***, ⇨ nächste Seite – nicht ganz billig. Einfachste Quartiere kosten etwa ab $50 aufwärts. In der unteren Mittelklasse zahlt man ab $80 für die Nacht. In der Mittelklasse beginnen die Tarife selten unter $100 – z.B. in Häusern bekannter Ketten wie *Best Western*, *Comfort Inn*, *Days Inn*,

Holiday Inn, Ramada etc. Kaum eine andere Stadt in Nordamerika zählt (vielleicht deshalb) so viele ***B & B Places*** wie Anchorage. Sie werden von Reservierungsagenturen vermittelt; Anschriften und Telefonnummern findet man auch im ***Anchorage Visitors Guide***.

Information

Broschüren erhält man u.a. im Blockhaus der **Besucherinformation** an der Ecke 4th Ave/F St im Zentrum, © (907) 274-3531. Ein weiteres ***Information Center*** gibt es am Flughafen:

Anchorage Convention & Visitors Bureau
524 W 4th Ave, Anchorage, AK 99501
© (907) 276-4118, © 1-800-478-1255
Fax (907) 278-5559
Internet: www.anchorage.net

Airport

Der ***Anchorage International Airport*** (ANC), **Internet**: www.anchorageairport.com, liegt 7 km südwestlich der Innenstadt (⇨ Seite 65), Zufahrt nur per Taxi.

Hier einige Unterkunftsempfehlungen:

H/Motels, B & B

- ***Big Bear Bed & Breakfast,*** 3401 Richmond Ave, © (907) 277-8189, Fax (907) 274-5214; 4 Zimmer in einem gemütlichen Haus 3 km von *Downtown*. Mittlere Preisklasse.
- ***Camai Bed & Breakfast,*** 3838 Westminster Way, © (907) 333-2219, ©1-800-659-8763, Fax (907) 337-3959. Ruhig gelegenes *B & B* mit drei Suiten. Am Wildbach hinter dem Haus grasen oft Elche. Mittlere Preisklasse.
- ***Hampton Inn,*** 4301 Credit Union Drive, © (907) 550-7000, © 1-800-HAMPTON (= 426-7866), Fax (907) 561-7330. Komfortmotel mit 101 Zimmern. Höhere Preisklasse.
- ***Inlet Tower Hotel & Suites,*** 1200 L Street, © (907) 276-0110, © 1-800-544-0786, Fax (907) 258-4914. Komfortables Suitenhotel. 179 Zimmer, gute Aussicht von den oberen Stockwerken. Nähe *Downtown*. Pendelbus zum Flughafen. Höhere Preisklasse.
- ***Sourdough Visitors Lodge,*** 801 Erickson Street, © (907) 279-4148, *toll-free* © 1-800-777-3716, Fax (907) 258-3623. 32 Suiten 1,5 km nördlich *Downtown*. Obere Preisklasse.
- ***Super 8 Motel,*** 3501 Minnesota Drive, © (907) 276-8884, © 1-800-800-8000, Fax (907) 279-8194. 84 Zimmer in der mittleren Preisklasse.

Hostels

- ***International Hostel Anchorage*** in der 700 H St zentral einen Block vom Busbahnhof entfernt, © (907) 276-3635(). Nur $20/Bett; daher ist das *Hostel* häufig ausgebucht, 95 Betten, **www.anchorageinternationalhostel.org**.
- ***Spenard Hostel International,*** 2845 W 42nd Place, ©/Fax (907) 248-5036, www.alaskahostel.org; Airportnähe $18.
- ***International Backpackers Hostel***, 3601 Peterkin Ave, ©/Fax (907) 274-3870; ab $15.

Camping

Etwa 20 km nordöstlich von Anchorage (Abfahrt Hiland Road vom dort autobahnartigen *Glenn Highway*) liegt der hervorragend angelegte ***Eagle River Campground*** des ***Chugach State Park*** (Reservierung: © (907) 746-4644, © 1-800-9-KATMAI) ein bißchen versteckt über dem Südufer des Flusses. Er ist unter den Campingplätzen im Umfeld der Stadt mit Abstand erste Wahl. Mit eben asphaltierten Stellplätzen und einer zentralen *Sewage Station* gilt das auch für Campmobile. Wegen dieser Vorzüge ist er in der Hauptsaison oft ausgebucht und schon früh am Tage besetzt. Wer am Vormittag ankommt, hat aber in aller Regel gute Aussichten, einen Platz zu finden.

Dasselbe gilt auch für den – allerdings weniger attraktiven – ***Bird Creek Campground*** (Reservierung wie ***Eagle River***) im *Chugach State Park*, etwa 25 km südöstlich der Stadtgrenze am *Seward Highway* (➪ Seite 440).

Chugach State Park

Ebenfalls zum *Chugach State Park* gehört der ***Eklutna Lake Campground***. Die Zufahrt erfolgt 20 km nordöstlich des Eagle River Campground vom *Glenn Hwy* über die 16 km lange *Eklutna Lake Road*. Der ***Campground*** am gleichnamigen See ist eine weniger komfortable Alternative zum *Eagle River Campground*. Aber der blaugrüne, von Bergen umgebene See liefert Motiv genug für einen Abstecher. Der 11 km lange Stausee (Boots- und Fahrradverleih) wird vom *Eklutna Glacier* gespeist. Vom ***Twin Peaks Trail*** zum *Twin Pass* (5 km) hat man eine grandiose Aussicht.

Stadtnäher (Bus von dort nach Downtown) und sanitär komfortabler übernachtet man im ***Golden Nugget Camper Park***, 4100 DeBarr Rd., © 1-800-449-2012 oder (907) 333-2012, östlich von *Downtown* zwischen Glenn Highway und Northern Lights Blvd (engere Stellplätze, aber dafür ist *Full Hook-up* verfügbar).

Öffentlicher Nahverkehr

In *Downtown* Anchorage benötigt man kein Auto. Die ***People Mover*** **Busse** bedienen das ganze Stadtgebiet (Fahrpreis $1,50, Tagespaß $3, Infos unter © (907) 343-6543, www.peoplemover.org) und verkehren in der Innenstadt auf jeder zweiten Straße. Indessen gibt's im Zentrum nicht ganz viel zu sehen.

5.2.2 Stadt und Umgebung

Zentrum

Der zentrale Bereich in Anchorage ist rasch abgehakt. Er entspricht ungefähr den Blocks zwischen 4th und 6th Ave. sowie C- und H-Streets mit vielen **Shops** und **Restaurants**. **Parken** ist normalerweise kein Problem. In einer der Nebenstraßen etwas außerhalb ist immer eine Parkuhr frei, wenn es zentraler nicht klappt. Erste Anlaufpunkte sollten das ausgezeichnete ***Alaska Public Lands Information Center*** (605 W. 4th Ave.), © (907) 271-2737, ➪ Seite 605, sowie das **Blockhaus** der ***Visitor Information*** an der Ecke F Street/4th Ave. sein. Gleich nebenan in der 4th Ave befindet sich ein Riesenladen mit sagenhaften **Alaska-Souvenirs** von kitschig bis originell.

Alaska Experience

Erwägenswert ist ein Besuch im *Alaska Experience Theatre* (705 W 6th Ave.). Anfang Juni bis Mitte September wird dort zu jeder vollen Stunde 9-21 Uhr auf der Omnimax Leinwand ***Alaska, the Greatland*** gezeigt. Der Film ist leider recht teuer, aber seinen Eintritt wert ($8). Eine Ausstellung zum Erdbeben (Kombiticket $10) von 1964 hilft Wartezeiten vertreiben.

Anchorage Museum

Ebenfalls in der Nähe der *Visitor Info* liegt das architektonisch interessante ***Anchorage Museum of History and Art*** (121 West 7th Ave, Mitte Mai bis Mitte September tägl. 9-18 Uhr, sonst Mi-Sa 10-18, So 12-17 Uhr; Eintritt $7). Die Ausstellungen des **größten Museums Alaskas** rund um ein lichtes Atrium sind umfassend und schließen die *Alaska Gallery* mit 12.000 Jahren **Geschichte Alaskas** sowie Kunstausstellungen aus dem Hohen Norden ab dem 19. Jahrhundert ein.

Tony Knowles Trail/ Earthquake Park

Ab *Downtown* (westliches Ende der 2nd Ave) läuft der ***Tony Knowles Coastal Trail***, ein asphaltierter Rad- und Wanderweg, 18 km am *Knik Arm* entlang bis zum ***Kincaid Park***. Bei gutem Wetter sieht man von ihm aus besonders gut die nahegelegenen Berge der *Chugach Range* und bei klarer Sicht sogar den *Mount Denali* (*Mt. McKinley*). Am Weg liegt der ***Earthquake Park***. Der Name erinnert an das Karfreitagsbeben von 1964, das hier Teile des Landes und 75 Häuser ins Meer riß.

Luftkreuz Anchorage

Anchorage schmückt sich immer noch mit der Bezeichnung ***Air Crossroads of the World***. Das hatte seine Berechtigung, solange Flugzeuge aus Europa auf den Routen von und nach Asien dort zwischenlandeten, aber nach Öffnung des Ostblocks verzichten moderne Langstreckenflugzeuge auf Zwischenstops in Alaska; der internationale Flugverkehr verminderte sich erheblich. Lediglich China Airlines legt auf dem Weg vom Kernland der USA nach Asien in Anchorage (auf der Route New York-Taipeh) einen Zwischenstopp ein.

Wasserflughafen

In unmittelbarer Nachbarschaft zum *International Airport* befindet sich der ***Lake Hood***, der einer Armada von Wasserflugzeugen, die auf dem See und an Land »geparkt« sind, als Start- und Landebahn dient. Im Sommer erfolgen hier über 800 Starts und Landungen täglich. Im ***Alaska Aviation Heritage Museum*** (4721 Aircraft Drive, Südufer des Lake Hood) dokumentieren historische Filmausschnitte, Fotos, Erinnerungsstücke und rund 25 Oldtimer die Luftfahrtgeschichte Alaskas und den Wagemut seiner Piloten, Ende Mai bis Mitte September, Mi-Mo 10-18 Uhr, sonst kürzer; Eintritt $5.

Auf dem ***Merrill Field,*** einem Airport für (landgebundene) Kleinflugzeuge östlich des Stadtzentrums an der 5th Ave (*Glenn Highway*) herrscht im Sommer mit täglich über 1.200 **Starts und Landungen pro Jahr** noch mehr Betrieb als auf dem *Lake Hood*.

Flightseeing

Auf beiden Airports gibt es zahlreiche **Charterflieger**, die vom kurzen Rundflug bis zum Tagestrip und Transport zu einsamen Seen mit verabredeter Abholung eine große Bandbreite an Möglichkeiten bieten. Speziell ab Anchorage empfehlenswert ist ***Flightseeing*** über die **Gletscherwelt** der *Chugach Mountains*. Für Flüge in den ***Denali National Park*** ist Talkeetna bester Ausgangspunkt, ➪ Seite 474.

Veranstaltungen

Von Mitte Mai bis Mitte September findet Sa + So 10-18 Uhr der ***Anchorage Saturday & Sunday Market*** (Ecke 3rd Ave/E St), ein bunter Flohmarkt, statt. Man findet dort ein großes Angebot an Alaska Souvenirs, Imbissen, Obst- und Gemüseständen und privaten Flohmarktsverkäufen.

Music in the Park bezeichnet eine Reihe kostenloser Konzerte von lokalen Musikern *Downtown* im Stadtpark (4th Ave/E St), jeweils Mi+Fr 12-13 Uhr, Mai bis September.

Ende August findet auf den ***Alaska State Fairgrounds*** in Palmer (⇨ Seite 475) der ***Alaska State Fair*** (12 Tage, www.alaskastatefair.org) statt, eine Riesenangelegenheit mit viel *Show* und *Entertainment* neben den üblichen Ausstellungen einer (auch) Handwerks- und Industriemesse.

Wandern

Anchorage ist landeinwärts von Bergen umgeben. Im ***Chugach State Park*** (⇨ Seite 437) findet man ein ausgezeichnetes Wanderwegenetz. Einer der besten **Trails** führt auf den ***Flat Top Mountain*** (Zufahrt südöstlich *Downtown* über Upper Huffman und Toilsome Hill Road zum ***Glen Alps Trailhead***). Nach 3 km und 400 m Höhenunterschied steht man auf Alaskas meistbestiegenem Gipfel (1.082 m) mit prächtiger Sicht auf die Stadt und den *Denali* in weiter Ferne.

Etwa 10 km nordöstlich von Anchorage, zweigt die ***Arctic Valley Road*** vom *Glenn Highway* nach Osten zum *Alpenglow*-Winterskigebiet ab. Die kurvenreiche Straße (12 km) bietet in ihrem Verlauf einige Ausblicke über Anchorage, das Cook Inlet und auf den Denali. Vom Straßenende führt ein ***Trail*** (3 km, 450 Höhenmeter) auf den ***Rendezvous Peak***, einen weiteren hervorragenden Aussichtsberg (1.230 m).

Vom Ort Eagle River nördlich des gleichnamigen *Campground* (⇨ Seite 436) geht es auf der Nordseite des namensgebenden Flusses vom *Glenn Highway* zum 20 km entfernten *Eagle River Nature Center* im **Chugach State Park**. Es ist Ausgangspunkt diverser Wanderwege, darunter der ***Rodak Nature Trail*** (1 km) mit Erläuterungen zu Geologie und Fauna, speziell zum **Laichverhalten** der Lachse im *Eagle River Valley*.

Blick aus einer kleinen »Flightseeing« Maschine auf die Gletscher in den Chugach Mountains unweit Anchorage

5.3 Routen in Alaska

5.3.1 Von Anchorage nach Seward und Homer auf der Kenai Peninsula

Turnagain Arm

Von Anchorage zur *Kenai Peninsula*, einer der attraktivsten Regionen im südlichen Alaska, geht es auf dem ***Seward Highway***. Der erste Abschnitt dieser gut ausgebauten Straße verläuft am *Turnagain Arm* entlang. Dort ist der **Gezeitenwechsel mit 11 m Tidenhub** der zweithöchste in Nordamerika; bei Ebbe bleibt im breiten Fjord nur noch ein schmaler Streifen Wasser.

Railroad Museum

Ein kurzer Abschnitt der Straße führt wiederum durch den ***Chugach State Park***. Vor dem ***Potter Section House***, ca. 3 km südöstlich der Stadtgrenze von Anchorage, stehen ein paar Relikte aus der Eisenbahnzeit; interessant ist die vor eine alte Lokomotive montierte Schneeräum-Turbine. Informationen zur Kenai-Halbinsel in einem alten Waggon. Der **Rastplatz** am ***McHugh Creek*** 5 km weiter eignet sich gut für ein Picknick.

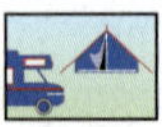

Nur 25 km südöstlich der Stadtgrenze passiert man den kleinen ***Bird Creek Campground*** des *State Park* (⇨ Seite 436). Er liegt oberhalb der Straße und ist etwas laut, dafür ist der Blick über den Turnagain Arm auf die Kenai Peninsula ausgezeichnet.

Alyeska

Über den ***Alyeska Highway*** (3 km) und die *Crow Creek Road* (5 km) geht es zur ***Crow Creek Mine***, einem ***National Historic Place***. In ihrer aktiven Zeit 1898-1940 (!) wurden dort Millionenwerte geschürft, heute kann man dort für $8 stilecht Gold waschen, Mitte Mai-Mitte Sept, täglich 9-18 Uhr).

Ebenfalls am Alyeska Hwy liegt das ***Alyeska Resort*** bei **Girdwood**, Alaskas größtem Skigebiet. Im Sommer bringt eine Seilbahn *Sightseeing*-Touristen auf den Berg ($16, mit Lunch $20). 700 m über dem Meer hat man einen tollen Blick.

Das zugehörige ***Alyeska Prince Hotel*** zählt zu den besten ganz Alaskas; 1000 Arlberg Ave, © 1-800-880-3880, (907) 754-1111; Luxushotel mit 307 Zimmern. Zu Alaskas Spitzenklasse gehört ebenfalls das ***Seven Glaciers Restaurant***, © (907) 754-2248, an der Bergstation.

Portage

Der Ort Portage am äußersten Ostende des *Turnagain Arm* wurde beim Erdbeben 1964 vollkommen zerstört.

Portage Glacier

Südlich der Brücke über den Portage Creek zweigt der ***Portage Glacier Hwy*** zum Portage Lake und nach Whittier (18 km) ab. Auf dem Gletschersee treiben noch im Sommer Schollen. Am Ufer steht ein eindrucksvolles ***Visitor Center*** des *National Forest Service* (täglich 9-18 Uhr Ende Mai-Anfang September, sonst Sa+So 10-17 Uhr, frei). Dort gibt es einen sehenswerten Film zum Thema »Gletscher« und Informationen zu dem (nach starkem Abschmelzen) vom Besucherzentrum aus nicht mehr sichtbaren *Portage Glacier* und zu Flora und Fauna der Region.

Touristische Goldwaschstelle bei der historischen Gold Creek Mine in Girdwood

Byron Glacier

Dem Südufer des Sees kann man weitere 2,5 km folgen. Vom Straßenendpunkt fährt das **Ausflugsschiff *Ptarmigan*** mehrmals täglich über den See an den Portage Glacier heran, $29, Mitte Mai-Mitte Sept., 60 min, wenig aufregend. Wer etwas Zeit hat, sollte kurz vor dem Bootsanleger den leichten ***Byron Glacier Trail*** machen (1,5 km), der eindrucksvoll an einer der wenigen straßennahen Gletscherzungen Alaskas endet.

Zwei schöne ***Forest Service Campgrounds*** – *Black Bear* und *Williwaw* – liegen am *Portage Glacier Highway* nah beieinander, Reservierung für *Williwaw*: © 1-877-844-NRRS (⇨ S. 605).

Nördlich des Portage Lake führt der *Anton Anderson*-Tunnel, ein 4 km langer kombinierter Eisenbahn-/Straßentunnel ($12 für Wagen bis 28ft, hin + zurück, keine Einfachfahrt) **nach Whittier** zur **Fähre durch den *Prince William Sound* nach Valdez**. In Whittier legt aber nicht nur die Fähre ab, man kann auch eine Rundfahrt buchen: ***Phillips' 26 Glacier Cruise***, © 1-800-544-0529, bietet für ca. $130 (inkl.Verpflegung) einen langen Tagestrip vorbei an 26 Gletschern.

Zur Fährverbindung Whittier – Valdez im Detail ⇨ Seite 449.

Hope

Südwestlich von Portage beginnt die *Kenai* Halbinsel. Nach 37 km geht es hinter der Brücke über den *Canyon Creek* auf dem ***Hope Highway*** zur gleichnamigen Siedlung an der Mündung des *Resurrection Creek* in den *Turnagain Arm*. Hope wurde 1896 von Prospektoren gegründet, die den Bach nach Gold durchwühlten. Geblieben ist aus jener Zeit der ***Resurrection Pass Trail*** (62 km), der einst der Versorgung der Goldgräbercamps diente und heute der populärste Mehrtagestrail Alaskas ist. Er endet am *Sterling Highway* in der Nähe des *Russian River* am *Campground*, ⇨ Seite 444. Am Wege gibt es mehrere Hütten, die man für relativ wenige Dollar mieten kann. Frühzeitige Reservierung der *Chugach National Forest* ***Cabins*** ist zu empfehlen: ***National Recreation Reservation Service*** (⇨ Seite 605), ✆ 1-877-844-NRRS, **Internet**: www.reserveusa.com.

Gold Panning

Am *Resurrection Trail* gilt Goldwaschen als vergleichsweise aussichtsreich. Dort wie anderswo müssen jedoch ggf. private *Claim*-Rechte beachtet werden – ***No Panning, Private Claim***!

Als **bester Platz bei Hope** besitzt der ***Porcupine Campground*** einige Stellplätze mit Weitblick über den *Turnagain Arm*. Er gehört ebenso zum *Forest Service* wie der am *Seward Hwy* zwischen den Abzweigungen von *Hope* und *Sterling Highways* am Summit Lake gelegene ***Tenderfoot Creek Campground*** mit schönen Stellplätzen am Seeufer.

Sterling Highway, **(⇨ übernächste Seite)**

60 km nördlich von Seward zweigt der ***Sterling Highway*** nach Homer an der Westseite der Kenai Peninsula (220 km) vom *Seward Highway* ab. Die beiden Haupt- und wenige Nebenstraßen erschließen nur Randgebiete und schmale Streifen im Inneren der Halbinsel. Der größte Teil ihrer Fläche steht als weitgehend unzugängliche ***Kenai National Wildlife Refuge*** und ***Kenai Fjords National Park*** unter Naturschutz. Eisfelder, darunter das 800 km² große ***Harding Icefield***, bedecken riesige Gebiete im Osten und Süden.

Beurteilung der Fahrt

Lohnt es sich, den *Sterling Highway* bis nach Homer hinunterzufahren (und dann auch wieder zurück)?

– nach Homer

Generell gilt: Sehenswürdigkeiten, die den langen Weg nach Homer absolut unverzichtbar machten, gibt es kaum. Aber das ist auch eine Frage der individuellen Bewertung. Letztlich kommt es auf die zur Verfügung stehende Zeit und die Wetterbedingungen an. Bei insgesamt knapper Reisezeit muß man Kenai und Homer nicht unbedingt gesehen haben.

– nach Seward

Dagegen sollte man eine Fahrt bis Seward immer in Erwägung ziehen. Der Straßenverlauf **durch die *Kenai Mountains*** ist wunderschön. Bäche und Seen laden ein zu Zwischenstopps, weitere schön gelegene ***Forest Campgrounds*** zum Bleiben.

Das Städtchen Seward an der *Resurrection Bay* zwischen hohen Bergen ist Ausgangspunkt für Kreuzfahrten durch den *Blying Sound* und zu den Eisbergen des ***Kenai Fjord National Park***.

Zentrales Alaska
GATES OF THE ARCTIC NATIONAL PARK
N
0 70 km
Prudhoe Bay
Atigun Pass 1444 m
DALTON HWY
Coldfoot
YUKON FLATS NAT. WILDLIFE REFUGE
66°30' nördl.Breitengrad
POLARKREIS (ARCTIC CIRCLE)
CANADA
USA
YUKON TERR.
ALASKA
PACIFIC TIME
ALASKA TIME
Yukon River
Circle
White Mountains Nat. Rec. Area
WHITE MOUNTAINS
STEESE HWY
Central
Circle Hot Springs
Livengood
ELLIOTT HWY
Eagle Summit 1105 m
Manley Hot Springs
Fairbanks
Fox
Chena Hot Springs
YUKON-CHARLEY RIVERS NAT. PRESERVE
Tanana River
Ester
Nenana
North Pole
Salcha
Big Delta
Eagle
Dawson City
Nenana River
RICHARDSON HWY
Mt. Hayes 4216 m
Delta Jct.
Chicken
Boundary
Healy
Kantishna
ALASKA HWY
TAYLOR HWY
141° westl. Länge
DENALI NATIONAL PARK
Highway Pass 1213 m
PARKS HWY
Tangle Lakes
Isabel Pass 999 m
Tok
Tetlin Jct.
Mt. Foraker 5303 m
Denali 6194 m
Cantwell
DENALI HWY
Maclaren Summit 1245 m
Paxson
ALASKA RANGE
Northway Jct.
Tetlin NWR
DENALI STATE PARK
TOK CUT OFF
Slana
Northway
TALKEETNA MOUNTAINS
Mt. Sanford 4949 m
Nabesna
Beaver Creek
Talkeetna
Hatcher Pass 1184 m
Independence Mine
Eureka Summit 1013 m
Glennallen
Gakona Jct.
Mt. Wrangell 4317 m
Whitehorse
Willow
GLENN HWY
Mt. Spurr 3374 m
Wasilla
Palmer
Matanuska Glacier
Copper Center
Mt. Blackburn 4996 m
WRANGELL MOUNTAINS
LAKE CLARK NATIONAL PARK
Eklutna
Eagle River
CHUGACH
Kennicott
Chitina
McCarthy
Mt. Bona 5005 m
Anchorage
CHUGACH STATE PARK
Worthington Glacier
Columbia Glacier
Redoubt Volcano 3108 m
Cook Inlet
Hope
Girdwood
Valdez
RICHARDSON HWY
WRANGELL-SAINT ELIAS NATIONAL PARK & PRESERVE
Portage
Whittier
MOUNTAINS
Kenai
Soldotna
Cordova
Pr. William Sound
Million Dollar Bridge
Bagley Icefield
MTNS.
Ninilchik
STERLING HW
Skilak Lake
Kenai NWR
Bering Glacier
Mt. St. Elias 5489 m
Anchor Point
Seward
Homer
KENAI FJORDS NATIONAL PARK
Kachemak Bay
KENAI
Blying Sound
Alaska
Golf von
Fähre nach Juneau
Fähre nach Kodiak
5

Abstecher: Sterling Highway nach Homer und Kodiak

Auf dem ersten Abschnitt durch das »Herz« Kenais passiert der *Sterling Highway* zahlreiche Seen und Flüsse. Vor allem abseits der Hauptstraße auf Schotterstraßen liegen schöne **Campingplätze**, z.B. nach etwa 25 km, dann 3 km Stichstraße, der ***Russian River Campground*** mit traumhaften Stellplätzen zwischen Russian und Kenai River, Reservierung (⇨ Seite 605): © 1-877-844-NRRS. 10 km weiter westlich steht ein ***Visitor Center*** des *Kenai National Wildlife Refuge*. Dort erhält man Faltblätter zu *Trails* und *Campgrounds* der Umgebung.

Skilak Lake

An gleicher Stelle zweigt die ***Skilak Lake Road*** vom *Sterling Highway* ab, eine mit 30 km fast genauso lange parallele Schotterstraße, die sich als gute Alternative zur Hauptstraße anbietet. Zwei **Campingplätze** vor der Kulisse der ***Kenai Mountains*** liegen direkt am *Skilak Lake*.

Kenai

Am nordöstlichen Stadtrand von Soldotna beginnt der ***Kenai Spur Highway*** (62 km). Sie führt zunächst nach Kenai, der bereits 1791 als ***Nikolaevsk Redoubt*** von den Russen gegründeten und heute mit 6.900 Einwohnern größten Stadt der Halbinsel. Die russisch-orthodoxe Kirche erinnert mit drei Zwiebeltürmen an die Ursprünge Kenais. Das moderne ***Kenai Visitors and Cultural Center*** zeigt Ausstellungen, Filme und historische Fotos. Von dort ist es nur ein kurzer Weg entlang der Main Street zum ***Beluga Whale Lookout***. Die weißen Belugawale halten sich allerdings in den letzten Jahren immer seltener im Mündungsbereich des Kenai River auf.

Ganz am Ende des *Kenai Spur Highway* liegt die ***Captain Cook State Recreation Area*** mit herrlichem ***Campground*** und einem Picknickplatz auf Felsen hoch über dem *Cook Inlet*. Jenseits des Meeresarms sieht man den zuletzt 1992 ausgebrochenen Vulkan *Mount Spurr* (3.374 m).

Soldotna

In Soldotna überquert der *Sterling Highway* den Kenai River, der wegen seines Bestandes an Forellen und riesigen **Lachsen** unter Sportfischern einen legendären Ruf besitzt. Am Südende der Brücke befindet sich das ***Visitor Center*** der Stadt, 3 km südlich (Abzweig auf *Ski Hill Road*) ein weiteres neueres Besucherzentrum der *Kenai National Wildlife Refuge*.

Ninilchik

Auf seiner zweiten Hälfte folgt der *Sterling Highway* der Uferlinie des *Cook Inlet*. Vieles an dieser Küste erinnert an die russische Besiedelung Alaskas, z.B. das malerische Ninilchik Village mit einer orthodoxen Kirche auf einem Hügel. Unter den verschiedenen Campingplätzen in der ***Ninilchik State Recreation Area*** sind der ***Ninilchik View Campground*** und der ***Ninilchik Beach Campground*** die besten.

Auf der gegenüberliegenden (Nord-)Seite des *Cook Inlet*, im ***Lake Clark Nat'l Park*** stehen die immer schneebedeckten Vulkangipfel ***Iliamna*** (3.053 m) und ***Redoubt*** (3.108 m). Aussichtspunkte wurden zu wahren Publikumsmagneten, als letzterer zur Jahreswende 1989/90 mehrfach ausbrach.

Anchor Point

Wer in Anchor Point der 2 km langen ***Anchor River Road*** bis zum Ende folgt, darf von sich behaupten, am westlichsten, auf durchgehender Straße erreichbaren Punkt Nordamerikas gewesen zu sein, nur 3° östlicher als Hawaii. Die genaue geographische Länge ist: 151° 52'.

Nach Homer

Ab Anchor Point wendet sich die Straße allmählich ostwärts. Kurz vor Homer kann man über ***West Hill Road*** und ***Skyline Drive*** einen 13 km langen Abstecher in die Höhenzüge oberhalb der Stadt machen (Rückweg über *East Hill Road*) und das Panorama der Umgebung genießen.

Homer Spit

Der ***Sterling Highway* endet in Homer** (3.900 Einwohner) auf dem sogenannten ***Spit***, einer 7 km langen, schmalen Sandzunge, die tief in die Kachemak Bay hineinreicht. An deren Ende liegt ein ganzjährig eisfreier Hafen, von dem aus die *Alaska State Ferry* Kodiak und Seldovia ansteuert. Am *Spit* herrscht in den Sommerwochen sehr viel Betrieb, nicht zuletzt deshalb, weil dort viele Ferienjobber der Fischfabriken Homers campen. Camping ist nur an markierten Stellen erlaubt. $15/RV bzw. $8/Zelt Bezahlung beim ***Fee Collection Cabin*** direkt am *Spit*. Wer es gerne komfortabler hätte, findet einen privaten *Campground* am Spitende: ***Homer Spit Campground***, © (907) 235-8206.

Homer nennt sich ***Halibut Fishing Capital of the World***, wo Sportfischer beim alljährlichen »*Halibut Derby*« Heilbutte von bis zu 170 kg Gewicht aus dem Meer ziehen. Seinen frischen Fang kann man zur Transporterleichterung in den Fischfabriken am *Spit* vakuumverpacken lassen.

Kachemak Bay

Auf der anderen Seite der Bucht, 5 km Luftlinie vom *Homer Spit* entfernt, liegt der ***Kachemak Bay State Park*** inmitten einer urtümlichen Fjordlandschaft. Er ist nur per Boot oder Wasserflugzeug zu erreichen. Detaillierte Informationen über Transportmöglichkeiten (nach Halibut Cove), Camping und Wanderwege im Park erhält man im ***Alaska State Parks South District Office*** knapp 7 km vor Homer.

Homer

Homer als Ort hat nur wenig zu bieten. Das ***Pratt Museum*** (3779 Bartlett Street, Mitte Mai-Mitte September täglich 10-18 Uhr, sonst Di-So 12-17 Uhr, $6) erläutert Besiedlungsgeschichte und Meeresfauna der Region. Allgemeine Informationen gibt es beim ***Homer Visitor Center***, 135 Sterling Hwy, © (907) 235-7740, **Internet**: www.homeralaska.org.

Kodiak

Von Homer (9 Stunden) oder Seward (14 Stunden) nach Kodiak Island verkehren Fähren des *Alaska Marine Highway*. Bereits 1792 wurde auf Alaskas größter Insel (9.293 km^2) die Siedlung Kodiak als Hauptstadt von Russisch-Alaska gegründet. Die **Zwiebeltürme der orthodoxen Kirchen** stehen im Zentrum des Städtchens (6.300 Einwohner). Das ***Baranof Museum*** (101 Marine Way) wurde von *Alexander Baranof* Anfang des 19. Jahrhunderts als Warenhaus der Russisch-Amerikanischen Handelsgesellschaft erbaut; Mai-August Mo-Sa 10-16 Uhr, So 12-16, sonst Di-Sa 10-15 Uhr; $3.

Kodiaks touristische Attraktionen sind seine unberührte Natur und der Fischfang. Nur wenige Straßen – überwiegend Schotter – erschließen die Insel. Eine Fahrt auf der ***Pillar Mountain Road*** erlaubt herrliche Fernblicke aus 400 m Höhe. Auch ein Picknick am Strand der Anton Larsen Bay oder am malerischen ***Miller Point*** nördlich von Kodiak Stadt im ***Fort Abercrombie State Historical Park*** hat seinen Reiz.

Kodiak-bären

Weltweit bekannt ist Kodiak wegen der riesigen **Braunbären**, den ***Kodiak Bears***. In der ***Kodiak National Wildlife Refuge***, die zwei Drittel der Inselfläche ausmacht, leben rund 3.000 Exemplare dieser Bärenart. Sie sind am besten ab Ende Juni beim Lachsfang zu beobachten. Allerdings ist die Wildnis dieses Gebietes nur per Boot oder Flugzeug zugänglich. Auskünfte beim ***Kodiak National Wildlife Refuge Visitor Center***, 1390 Buskin River Road, © (907) 487-2600, **http://kodiak.fws.gov**, oder beim ***Kodiak Island Convention & Visitors Bureau***, 100 Marine Way, Kodiak, © (907) 486-4782, ©1-800-789-4782, **www.kodiak.org**.

Bewertung Kodiak

Ein Abstecher nach Kodiak Island will gut überlegt sein. Er kostet Zeit und Geld, nicht nur für die Überfahrt, sondern zusätzlich für den Transport zu den besonders reizvollen, aber abgelegenen Plätzen. Die Witterung zeigt sich auf den Inseln noch unbeständiger als auf Kenai.

Kodiak Bär

Lachse

Ca. 5 km nördlich von Moose Pass, der einzigen Siedlung auf der Strecke, lassen sich im glasklaren Wasser eines Baches von einem ***Observation Deck*** – speziell im August – gut Lachse beobachten. Eine Informationstafel des *Forest Service* erläutert den Lebenszyklus der Fische.

Exit Glacier

Etwa 6 km vor Seward zweigt die ***Exit Glacier Road*** (15 km) von der Hauptstraße ab. Ein kurzer ***Trail*** führt vom Parkplatz am Ende der Straße bis an den Fuß des zum ***Harding Icefield*** gehörenden ***Exit Glacier***. Nirgendwo sonst im *Kenai Fjords National Park* kommt man so leicht an einen Gletscher heran. Den dramatischen Rückgang des Gletschers dokumentieren Markierungen mit Jahreszahlen. Auf dem serpentinenreichen ***Harding Icefield Trail*** (5 km) kann man bis zum Eisfeld hinaufgehen. Oberhalb der Baumgrenze begleitet den Wanderer auf dem schönsten *Trail* der Region ein prächtiges Panorama.

Ein bequemer Fußweg führt hinauf zum Exit Glacier

Bootsausflüge

Weitere Ausflüge in den ***Kenai Fjords National Park*** sind nur per Boot möglich. Tagesfahrten zu Gletschern und Eisbergen werden von mehreren Veranstaltern in Seward angeboten. Sie starten im *Small Boat Harbor* und kosten $115 pro Person für 6 Stunden, z.B. ***Kenai Fjords Tours***, © (907) 224-8068 oder *toll-free* © 1-877-777-2805, und gehören zum besten, was Alaska zu bieten hat. Trotz der hohen Kosten ist die Fahrt zu dieser einmaligen Küste – bei gutem Wetter – unbedingt zu empfehlen! Siehe auch doppelseitiges Foto auf Seite 428.

Unterwegs sieht man Buckelwale, gelegentlich auch Orcas (Killerwale, Schwertwale), Seeotter, Robben, Seelöwen und Tümmler sowie eine einmalige Vogelwelt, u.a. Weißkopfseeadler. **Höhepunkt** ist aber der Ausflug zum ***Holgate Glacier***, wo sich die Boote nah an den kalbenden Gletscher wagen.

Seward

Schon 1791 diente die *Resurrection Bay* dem Russen *Alexander Baranof* als Schutzhafen vor einem Sturm. Da er dort zu Ostern ankerte (*Resurrection Day*), benannte er die Bucht nach diesem Tag. 1903 wurde sie als geeigneter eisfreier Hafen Ausgangspunkt für eine Eisenbahnlinie – die spätere *Alaska Railroad* – vom Meer nach Fairbanks. Der Ortsname bezieht sich auf den **US-Außenminister *Seward***, der 1867 den Kauf Alaskas veranlaßt hatte.

Camping

Seward ist im Sommer populäres Ziel zahlreicher Wochenendtouristen, die in Zelten und Wohnmobilen rund um die Bay campen (überwiegend Ballaine Boulevard, der **Uferstraße** östlich des Zentrums). Sanitäre Anlagen einschließlich *Dump Station* sind vorhanden, die von Jahr zu Jahr höheren Gebühren werden per Selbstregistrierung erhoben.

Wer es ruhiger mag, fährt bis ans Ende der holprigen ***Lowell Point Road*** (5 km südlich vom Fähranleger). Bei ***Miller's Landing***, © (907) 224-5739 oder © 1-866-541-5739, *Hook-up*-Stellplätze am Wasser vor Treibholz, weitere schattig im Wald, campt es sich schöner als in Seward unter bisweilen Hunderten von Wohnmobilen.

Bei Ebbe kann man von *Miller's Landing* zu Fuß die ***Caines Head State Recreation Area*** erreichen (ca. 7 km). Die letzten 5 km am Ufer entlang gehören zu den schönsten Wanderrouten der Region. Bei Flut geht es nur per Boot zurück.

Trails

Schöne Trails beginnen auch im Ort, z.B. hinauf zum ***Mount Marathon*** (921 m) ab Lowell Canyon Road (3 km). Das *Mount Marathon Race* am 4. Juli jeden Jahres gilt als absoluter Härtetest. Die Sieger bewältigen den zum Teil sehr steilen Weg zum Gipfel und zurück ins Tal in knapp über 43 Minuten.

Am Ortsausgang befindet sich das originelle ***Alaska SeaLife Center***. Dieser Meereszoo präsentiert im Golf von Alaska heimische Tiere; Mitte April-Mitte Sept. täglich 8-19 Uhr, sonst 10-17 Uhr. Der Eintritt ist mit $14 recht teuer.

Information

Stadtpläne erhält man beim ***Visitor Center*** in der 3rd Ave/Jefferson St, das in einem alten Eisenbahnwaggon untergebracht ist, oder im ***Visitor Center***, 2001 Seward Highway, © (907) 224-8051, www.sewardak.org, am Ortseingang.

Informationen zu den ***Trails*** im ***Chugach National Forest*** gibt es im Büro in der 334 4th Ave, © (907) 224-3374, zum ***Kenai Fjords NP*** im Büro in der 500 Adams St; © (907) 224-7500, Fax (907) 224-7505, **Internet**: **www.nps.gov/kefj**.

5.3.2 Von Seward/Whittier nach Valdez/Cordova per Schiff

Route

Die Passage von Seward nach Valdez durch den *Prince William Sound* ist ein Erlebnis. Das Schiff passiert Buchten mit kalbenden Gletschern und Eisbergen, wie den über 50 km langen und an der Basis 5 km breiten ***Columbia Glacier*** (45 km westlich von Valdez). Mit 35 m pro Tag bewegt der Gletscher sich extrem schnell. Dabei brechen unentwegt Eismassen ins Wasser. Die Fähren halten daher bei der Vorbeifahrt einige Distanz. **Ausflugsschiffe** fahren bis an den Fuß des *Columbia Glacier*; zu buchen in Valdez ab $85 für den 6,5-Stunden-Trip; z.B. bei ***Stan Stephens Cruises***, © 1-866-867-1297.

Wichtigste Fährverbindungen im Golf von Alaska (Alaska Marine Highway)

(Preise in US$)	Person	Auto bis 15 feet ohne Fahrer	Camper bis 21 feet ohne Fahrer	Motorrad	Fahrtzeit (Std.)	Sommerabfahrten pro Woche
1. Whittier–Valdez	77	93	138	66	6	6x
2. Seward–Valdez	77	140	213	89	12	1x
3. Whittier–Cordova	77	140	213	89	6	1x
4. Valdez–Cordova	77	140	213	89	5	2x
5. Homer–Kodiak	65	134	202	83	9	1-3x
6. Pr. Rupert–Valdez	258	597	886	352	62	➪ Text
7. Pr. Rupert–Whittier	326	743	1114	439	74	➪ Text

Hinweise zu den einzelnen Passagen:

zu 1) Für 2 Personen und einen maximal 15 Fuß großen Pkw kostet die Überfahrt ab Whittier $247 zuzüglich Maut (➪ siehe Seite 441) für den Straßentunnel. Dafür werden immerhin 560 km Straße von Portage nach Valdez eingespart und eine eindrucksvolle Fahrt durch den vergletscherten *Prince William Sound* geboten.

zu 2) Diese Strecke kostet $294 für dieselbe Konstellation. Sofern man an Bord unterkommt, ist sie vor allem dann eine Alternative, wenn ein (empfehlenswerter) Abstecher nach Seward geplant ist und so knapp 700 km gespart werden.

zu 3) Ab Seward haben Tickets nach Valdez oder Cordova denselben Preis. Wer sein Ticket auf Cordova statt auf Valdez ausstellen läßt, erhält faktisch einen Gratisausflug von Valdez nach Cordova.

zu 6/7) Das Fährschiff M/V Kennicott verkehrt im Mai bis zum September **jeweils 2x pro Monat** auf der Strecke Prince Rupert–Ketchikan–Juneau–Valdez–Whittier und zurück. Die Überfahrt dauert ab 67 Std. nach Valdez bzw. 74 Std. nach Whittier.

Die in den Fährplänen als ***Southeast/Southwest Cross Golf Trip*** (Verbindung zwischen der *Inside Passage/Southeast* und dem Golf von Alaska/ *Southwest*) bezeichnete Route ist die einzige fahrplanmäßige Fährverbindung zwischen British Columbia und dem Golf von Alaska. Die jeweils aktuellen Termine ⇨ Seite 485ff.

Für den Sommer sollten alle Fähren sehr zeitig gebucht werden.

Valdez' Geschichte

Die kleine Stadt Valdez (4.100 Einwohner) entstand 1897/98 als Ausgangspunkt der durch Falschberichte über Goldfunde am Copper River angelockten Prospektoren auf ihrem Marsch in das Landesinnere und wurde später als *Terminal* der ***Trans-Alaska Pipeline*** bekannt. Valdez ist pittoresk von Gletschern und schneebedeckten Bergen umgeben. Weltweit wurde der Ort 1989 bekannt durch die folgenschwerste **Tankerhavarie** der US-Geschichte, die zweite Katastrophe innerhalb weniger Jahre: 1964 hatte ein ***Tsunami*** (Flutwelle), der durch ein Seebeben ausgelöst worden war, Valdez derart zerstört, daß der Ort neu aufgebaut werden mußte.

Museum

Mehr über die Ölkatastrophe, den Bau der *Trans-Alaska Pipeline* und das Karfreitagserdbeben erfährt man im ***Valdez Museum*** (217 Egan Drive, täglich 9-18 Uhr Mitte Mai-Mitte September sonst Mo-Sa 13-17 Uhr, $3).

11 km östlich des Ortes zweigt vom *Richardson Highway* die *Dayville Road* (9 km) zum *Alyeska Marine Terminal* ab. Er liegt am Endpunkt der *Trans-Alaska Pipeline* und hat eine Verladekapazität von stündlich 60 Mio. Liter Rohöl, und kann vier Supertanker gleichzeitig versorgen.

Im Hafen von Valdez

Unterkunft

Wer nicht campt, muß in Valdez fürs Hotel-/Motelzimmer tief in die Tasche greifen. Unter \$80-\$100 pro Nacht läuft dort im Sommer fast nichts. Etwas günstiger sind die *Bed & Breakfast* Angebote, ➪ nächste Seite oben genannte Broschüre.

Camping

Aber es gibt eine ganze Reihe von Campingplätzen, allein in der Nähe des *Small Boat Harbor* gleich vier ***RV-Parks***. Der öffentliche ***Valdez Glacier Campground*** befindet sich am Ende der *Airport Road*, ca. 10 km vom Ort entfernt (zunächst 6 km auf dem *Richardson Highway*).

Mineral Creek Road

Ein schöner Ausflug (mit Wanderung) führt auf dem *Mineral Creek Drive* (Anfahrt über Hazelet Ave und Hanagita Street mit Aussicht über Valdez) an Wasserfällen vorbei zum ***Mineral Creek Canyon*** (9 km). Vom Straßenendpunkt läuft ein Goldgräbertrail (1,5 km) durch die pittoreske Schlucht zu einer verfallenen Mühle.

Exxon Valdez Oil Spill von 1989

Nach Fertigstellung der 1.287 km langen *Pipeline* von Prudhoe Bay zum eisfreien Hafen Valdez verließ der erste Tanker mit Erdöl aus dem Nordpolarmeer Valdez am 1. August 1977. In den Folgejahren flossen nicht nur ungeheure Mengen Öl durch die Rohre – zur Zeit etwa 160 Mio. Liter pro Tag bei einer maximalen Kapazität von 340 Mio Liter pro Tag –, sondern auch viel Geld in die öffentlichen und viele private Kassen Alaskas. Nicht nur Valdez, sondern der gesamte Staat erlebte einen kräftigen wirtschaftlichen Aufschwung.

Mitte März 1989 ereignete sich der ***Exxon Valdez Oil Spill***. Die Küstenwache hatte dem Supertanker *Exxon Valdez* erlaubt, von der westlichen Tankerroute, die seit dem Abschmelzen der großen Gletscher von immer zahlreicheren Eisbergen gekreuzt wird, zur östlichen zu wechseln. Durch Navigationsfehler lief der Riesentanker südwestlich von Valdez auf ein Riff und knapp **41 Mio. Liter Rohöl ergossen sich in den *Prince William Sound***, gut 300 Kilometer Küstenlinie wurden schwer, 1.800 km leicht verseucht, unzählige Tiere verendeten.

Nach dem ersten Schock begann jedoch für fast alle Beteiligten das **große Geschäft**. Die \$2,1 Mrd, die der Öl-Multi Exxon für Säuberungs- und Tier-Rettungsaktionen ausgab, werden von vielen als durchaus werbewirksam und imagefördernd angesehen. Die jahrelangen Arbeiten brachten zusätzliche bestens bezahlte Beschäftigung. Etliche Einwohner (nicht nur) von Valdez gaben dafür ihre Arbeitsplätze auf. Die Stadt konnte das Heer der Katastrophenhelfer – zu Spitzenzeiten waren es mehr als 10.000 – kaum beherbergen. Die Fischer lamentierten zwar, wurden aber großzügig entschädigt. Die Tourismusbranche boomte unter dem Motto ***See the Spill***!

In der Zwischenzeit haben die großangelegte Reinigung und die Natur die Spuren der Katastrophe beseitigt, aber laut einer Umweltstudie waren 2003 noch immer knapp 6 km Küstenlinie im Boden erdölbelastet.

5

Information Valdez

Das ***Valdez Convention and Visitors Bureau*** (200 Fairbanks Dr, © (907) 835-4636 oder © 1-800-770-5954, Fax (907) 835-4845, **Internet** www.valdezalaska.org) informiert über alle Aktivitäten, speziell über *Fishing Trips* und Fahrten zum *Columbia Glacier*, ⇨ Seite 449.

Cordova

Eine Straßenverbindung nach Cordova existiert nicht. Außer Fähren versorgen Charter- und Linienflüge, u.a. *Alaska Airlines*, die Hafenstadt am ***Orca Inlet***. Ein Ausflug nach Cordova ist für Benutzer der Fähre von Seward in einer Richtung praktisch gratis, sofern sie ihr Ticket statt nach Valdez auf Cordova ausstellen lassen; ⇨ Seite 449. Allerdings ist die Fährpassage Whittier–Valdez attraktiver als die direkte Route Whittier–Cordova.

Geschichte

Cordova entstand dank seiner reichen Fischgründe 1887/88 aus zwei kleinen Fischkonservenfabriken. Bereits Anfang des 20. Jahrhunderts fand man Kupfer in den *Wrangell Mountains* (Kennicott, McCarthy) und konstruierte eine **Eisenbahn** (⇨ Seite 454), die bis 1938 – dem Ende des Kupferabbaus – in Betrieb blieb. Als die Mine schloß, nahm auch die Bevölkerung Cordovas stark ab. Der Ort lebte wieder von Fischfang und -verarbeitung, in den letzten Jahren aber mehr und mehr auch vom Tourismus. Trotz seiner isolierten Lage zählt Cordova heute wieder rund 2.500 Einwohner.

Copper River Highway

Die Touristen zieht in erster Linie der landschaftlich faszinierende 80 km lange ***Copper River Highway*** an, eine Straße, die Cordova über Chitina mit den *Edgerton/Richardson Highways*, d.h. mit dem Alaska-Straßennetz, verbinden sollte, aber nie vollendet wurde. Sie läuft auf der alten Trasse der früheren Erzbahn von Cordova über die Inseln im ***Copper River Delta*** bis zur ***Million Dollar Bridge***. Kurz vor der Brücke über den *Copper River* endet die fast 100 m hohe Zunge des ***Childs Glacier*** spektakulär am Straßenrand. Der nördliche Brückenbogen brach beim Erdbeben 1964 zusammen und wurde nur notdürftig wieder repariert, der Weiterbau des *Highway* wurde ganz aufgegeben. Nur wenig weiter nordöstlich endet die Straße im Nichts.

Trails

Direkt von Cordova aus, aber auch von den *Trailheads* am *Copper River Highway* führen Wanderwege in die Wildnis. Im Büro des ***Forest Service*** (2nd St #612, © (907) 424-7661) erhält man ***Trail Maps*** und weiteres Informationsmaterial.

Unterkunft

Lediglich eine Handvoll **Hotels** und **Motels** dafür viele ***B & B-Quartiere*** warten auf Gäste. Offiziell campen kann man auf dem unattraktiven ***Cordova Camper Park*** an der Whitshed Road. Am *Copper River Highway* finden sich leicht viele schöne inoffizielle Plätzchen.

Information

Cordova Informationen erhält man bei der ***Chamber of Commerce***, 404 1st St, Cordova, AK 99574; © (907) 424-7260, **Internet**: www.cordovachamber.com.

5.3.3 Von Valdez nach Tok

Der *Richardson Highway* verbindet Valdez mit dem Alaska-Kernland. Parallel zur Straße läuft die *Trans-Alaska Pipeline* und kreuzt sie mehrfach.

Richardson Highway

Hinter Valdez geht es hinauf in die *Chugach Mountains*. Entlang der Strecke bieten sich zunächst immer wieder schöne Ausblicke über Stadt und Küste. Ein *Highligt* dieses Abschnitts ist der ***Keystone Canyon*** des Lowe River mit seinen Wasserfällen (28 km). Kurz vor der Paßhöhe passiert man die Zufahrt zur windigen ***Blueberry Lake State Recreation Area*** über der Baumgrenze. Wenn nicht gerade Nebel und Wolken über der Landschaft liegen, campt man dort vor einem atemberaubenden Panorama. Nach 48 km erreicht man den ***Thompson Pass*** (816 m). Die feuchten pazifischen Westwinde sorgen jedoch gerade in diesem Bereich für einen Rekord in Alaska. Im Winter 1952/53 wurden 24,75 m Schneefall gemessen!

Der grandiose ***Worthington Glacier***, nur wenige Kilometer nördlich des Passes, ist über eine kurze Stichstraße leicht zugänglich. Der gleichnamige ***State Recreation Site*** besitzt neben dem »zum Anfassen nahen« Gletscher eine überdachte Aussichtskanzel, Schautafeln zur Geologie, Picknickplätze und ***Trails***. Ein lohnenswerter Abstecher! Nördlich bieten sich von Parkplätzen beiderseits des *Richardson Highway* exzellente Aussichten auf den Gletscher.

Der Worthington Glacier ist nur ein paar Schritte von der Straße entfernt.

Alte Kennicott Copper Mine

Edgerton Highway und McCarthy Road

140 km nördlich von Valdez zweigt der (asphaltierte) ***Edgerton Highway*** ab, der nach 56 km beim Nest Chitina (110 Einwohner) endet. Der Ort besitzt Tankstelle, Laden und Motels. Als Fortsetzung des *Highway* führt die schmale ***McCarthy Road***, eine mäßig instandgehaltene **Schotterstraße**, *auf* der alten Bahntrasse der *Copper **R**iver & **N**orth **W**estern Railway* (CR&NW) über den Copper River hinweg in den ***Wrangell-St. Elias National Park*** hinein. Für die malerische *Ghost Town* Kennicott lohnt es sich allemal, die 93 km lange Fahrt auf schlechter Strecke in Kauf zu nehmen.

McCarthy

Die Straße endet am Kennicott River; Parkplatz am Fluß $6, mit Camping $10, © (907) 554-4401 (*Copper Point Tram Station Campground*). ***Glacier View Campground*** Straße 800 m zurück, $10 (einfache Dusche), © (907) 554-4490, © 1-888-389-4647, beide mit Radverleih. Die ***Kennicott River Lodge***, © (907) 554-4441, verfügt über ***Hostelbetten***, $28. Eine Brücke – nur für Fußgänger – führt über den Fluß. Am anderen Ufer liegt **McCarthy** (800 m Fußweg, Hotels, Restaurants).

Kennicott

Die Minenstadt **Kennicott** in 8 km Entfernung, 1911-1938 eine der reichsten Kupferminen der USA, ist heute eine sehenswerte ***Ghost Town*** *und* ***National Historic Landmark***. Dorthin fährt ein *Shuttle Bus* ($10 retour, © (907) 554-4411). In der Geisterstadt übernachten kann man in der ***Kennicott Glacier Lodge***, © 1-800-582-5128 oder © (907) 258-2350. Wegen der zeitraubenden An- und Abfahrt (ca. 4 Std. vom *Richardson Highway* bis McCarthy) benötigt man einschließlich der Busfahrt/Biketour nach Kennicott, einer Wanderung durch die alten Anlagen und dem ***Root Glacier Trail*** (2,5 km), der an der Seitenmoräne von Kennicott und *Root Glacier* mit Blick auf den Mt. Blackburn (4.996 m) langsam aufwärts führt, leicht zwei volle Tage.

Richardson Highway

Zurück auf dem *Richardson Highway* führt dieser bei Copper Center um die als Handelsposten 1896 kurz vor dem Goldrausch gegründete Siedlung herum. Die schönere Variante bleibt die Fahrt auf dem parallelen *Old Richardson Highway*

Copper Center durch den Ort, wo es in der ***Copper Center Lodge*** (1932), © (907) 822-3245, traditionelle Sauerteig-Pfannkuchen und -Brötchen gibt (dem Schild »***Roadhouse***« folgen).

Wenig nördlich von Copper Center passiert man am *Richardson Highway* das ***Visitor Center*** des ***Wrangell-St. Elias National Park***, der zusammen mit dem ***Kluane National Park*** im Yukon Territory eines der weltweit größten Gebiete unberührter Bergwildnis umschließt. Allerdings gibt es vom Richardson Hwy keinen Zugang in den Park. Lediglich die oben beschriebene *McCarthy Road* und die *Nabesna Road* ab Slana (unten) führen hinein.

Information ***Wrangell-St. Elias National Park***
Mile 106.8, Richardson Hwy, Copper Center AK99573
© (907) 822-5234, **Internet**: www.nps.gov/wrst

Glenn Highway Rund 190 km nördlich von Valdez trifft der *Richardson Highway* bei Glennallen auf den *Glenn Highway* von Anchorage nach Tok. Bis ***Gakona Junction*** verlaufen sie für einige Kilometer gemeinsam. Von dort geht es auf dem ***Tok Cutoff*** genannten Teilstück des *Glenn Highway* zurück zum *Alaska Highway*. Die Straße bietet keine überragenden landschaftlichen Höhepunkte. Eindrucksvoll ist das im Süden den *Tok Cutoff* zwischen Christochina und Slana begleitende Panorama der ***Wrangell Mountains*** mit ***Mt. Sanford*** (4.949 m).

Nabesna Road Die *Nabesna Road* (71 km) führt zur ehemaligen, heute verlassenen Minenstadt **Nabesna**. Unweit der Hauptstraße befindet sich eine ***Ranger Station*** des *National Park Service*, wo Auskünfte zum Straßenzustand eingeholt werden können. Am Wege bestehen **Campingmöglichkeiten** auf den Picknickplätzen.

Caribou

Die *Caribou*, Nordamerikas wildlebende Verwandte der nordeuropäischen Rentiere, sind im Sommer in der baumlosen Tundra des Hohen Nordens zu Hause, wo sie sich vorwiegend von Gräsern und Moosen ernähren. Die harten Winter zwingen sie zu alljährlichen Wanderungen in die südlich angrenzenden borealen Nadelhölzer der Taiga. Dort bilden Flechten die Hauptnahrung dieser genügsamen Tiere.

Riesige *Caribou*-Herden waren für die Ureinwohner Canadas und Alaskas die wichtigste Lebensgrundlage. Durch deren Jagd mit primitiven Waffen wurde im dünnbesiedelten Norden der Tierbestand nicht gefährdet. Nachdem aber europäische Pelzhändler und *Voyageure* die *Inuit* (Eskimos) und Indianer mit Gewehren versorgt hatten, änderten sich rasch die Jagdgewohnheiten, und die Zahl der *Caribou* nahm mit dem Vordringen der westlichen Zivilisation drastisch ab.

Heute behindern *Pipelines* und befestigte Straßen die Herdenwanderung und schränken damit den Lebensraum der *Caribous* weiter ein. ➪

Immerhin hat sich – dank strengerer Jagdbestimmungen – ihr Bestand in jüngster Zeit ersichtlich stabilisiert, allein in Alaska auf 950.000 Tiere in 32 Herden, deren Population sekundär durch die Jagd (30.000 Tiere jährlich), primär aber durch Krankheiten, Raubtiere, Witterung usw. natürlich reguliert wird.

Gute Chancen, freilebende Tiere zu sehen, bietet die Busfahrt durch den *Denali National Park* (⇨ Seite 471).

Caribou am Richardson Highway

Tok

In Tok mündet der *Tok Cutoff* in den *Alaska Highway*. Von dort sind es nur 20 km nach Tetlin Junction mit **Anschluß an die Yukon-Rundfahrt** (⇨ Seite 411) und 145 km bis zur Grenze mit Canada. **Tok** (1.400 Einwohner) entstand 1942 aus einem Straßenbaucamp und besitzt – weit auseinandergezogen – entlang des *Alaska Highway* eine dichte **touristische Infrastruktur**. Bester Anlaufpunkt ist das ausgezeichnete ***Alaska Public Lands Information Center***, © (907) 883-5667.

Bekannt ist Tok für seine Schlittenhunde und die im Winter stattfindenden Rennen, die dem Ort den Beinamen ***Sled Dog Capital of Alaska*** einbrachte. Im Sommer demonstriert man den Besuchern die Hundeleistungen mit »geräderten« Schlitten allabendlich auf Asphalt.

Camping

Die **Campingplätze** in Tok sind zwar zahlreich, aber wegen der Straßennähe überwiegend sehr laut. Ruhiger schläft man auf dem ***Sourdough RV Park/Campground*** am *Tok Cutoff*, etwa 3 km entfernt vom Alaska Highway, © 1-800-789-5543, © (907) 883-5543. Eine schönere, wenn auch sanitär schlichte Alternative ist der kleine *Campground* am warmen **Moon Lake** (***State Recreation Site***), Alaska Highway 29 km nordwestlich von Tok. Der Platz der ***Tok River State Recreation Site,*** Alaska Highway 8 km südöstlich von Tok, liegt direkt am Fluß unterhalb der – auch nachts lauten – Straßenbrücke.

5.3.4 Von Tok nach Fairbanks

Der weitere Verlauf der Straße bis Fairbanks ist eher reizlos. Er folgt weitgehend dem Flußlauf des Tanana River. Ein wenig Farbe ins eintönige Landschaftsbild bringen nur die schneebedeckten Gipfel der *Alaska Range* in der Ferne.

Delta Junction

In Delta Junction endet – wie ein unübersehbares Monument vor dem *Visitor Center* am Straßendreieck ausweist – **der »offizielle«** ***Alaska Highway***. Der Rest der Strecke bis Fairbanks ist Teil des ***Richardson Hwy***, der in Delta Junction auf den *Alaska Hwy* stößt. Dennoch werden die verbleibenden 150 km im allgemeinen auch noch dem *Alaska Highway* zugerechnet.

Delta Junction ist Zentralort einer erst Mitte des 20. Jahrhunderts erschlossenen Landwirtschaftsregion. Für ständigen Konfliktstoff und erhebliche Ernteschäden sorgt dort die größte freilaufende Bisonherde Alaskas. Die 1928 aus Canada umgesiedelten Tiere weiden im Sommer südöstlich des Ortes in der *Delta Junction Bison Range* (am *Alaska Highway*) und suchen im Frühjahr zur Geburt ihrer Jungen das 30 km südwestlich gelegene Tal des *Delta River* (am *Richardson Highway*) auf.

Alaska Pipeline

In **Big Delta**, 15 km nördlich von Delta Junction, überqueren *Highway* und ***Trans-Alaska Pipeline*** den Tanana River. Dort bietet sich eine gute Gelegenheit, die an eine Hängebrücke fixierte Ölleitung aus der Nähe in Augenschein zu nehmen.

Camping

3 km weiter zweigt rechts die Zufahrt zur ***Quartz Lake State Recreation Area*** ab, wo nach 4 km links der Lost Lake mit kleinem ***Campground*** liegt (schöner als der komfortablere Platz am Quartz Lake). Vom Lost Lake führt der ***Lost Lake Trail*** zunächst auf die gegenüberliegende Seeseite; an der Gabelung folgt man dem oberen Weg ***Bluff Point Trail***, der unvermittelt aus dem Wald ins Freie führt und nach 3 km eine herrliche Aussicht auf das Tal des Tanana River mit den schneebedeckten Gipfeln der *Alaska Range* im Hintergrund freigibt.

Baden

An heißen Sommertagen, die in dieser Gegend im Gegensatz zur Küste nicht selten sind, läßt sich die Fahrt gut an einigen Badeseen mit Picknick- und Campingplätzen zwischen Big Delta und Fairbanks unterbrechen. Besonders verkehrsgünstig liegen östlich der Ortschaft Salcha die ***Harding Lake State Recreation Area*** und bei North Pole der mit Stauseen und Dämmen perfekt entwickelte Chena Lake-Komplex.

Dauer-Weihnacht

Der Weihnachtsmann, vermuten amerikanische Kinder, lebt am Nordpol. Und so wurde aus dem Dorf **North Pole**, 22 km vor Fairbanks, das seinen werbewirksamen Namen dem Vorhaben verdankt, Spielzeugwarenfirmen anzulocken, eine wichtige Adresse für Kinderbriefe an *Santa Claus*. Das ***Santa Claus House*** ist ein *Gift Shop* voller Weihnachtsartikel und -dekoration ***all year long***. Und von dort verschickt der selbst mitten im Sommer präsente Weihnachtsmann seinerseits Briefe an Kinder in aller Welt.

Nach 2.380 km (ab Dawson Creek) wird am Zusammenfluß von Tanana und Chena River Fairbanks und damit auch »inoffiziell« das **Ende des *Alaska Highway*** erreicht.

Exkurs: Denali Highway

Kennzeichnung

Für alle, die auf Fairbanks und gut ausgebaute Straßen verzichten mögen, gibt es ab Delta Junction eine **alternative Anfahrt zum *Denali National Park***: Zunächst geht es auf dem (asphaltierten) *Richardson Highway* bis Paxson. Dort beginnt der ***Denali Highway***, eine rauhe abschnittsweise attraktive Strecke. Bis 1971 führte sie als einzige Straße zum *Denali Park*. Die Gesamtroute ist 40 km länger und deutlich zeitaufwendiger als die bestens ausgebaute Straße über Fairbanks, aber ihr Verlauf durch eine wilde, unberührte Landschaft ähnlich der im Nationalpark entschädigt für Querrillen und Schlaglöcher.

Richardson Highway

Entlang des *Richardson Highway* ab Delta Junction läuft teilweise über-, teilweise unterirdisch die ***Trans-Alaska Pipeline***. Die Röhren kreuzen die Straße mehrfach, ihr Zickzackverlauf ist an vielen Punkten ein interessantes Fotomotiv. Schautafeln erläutern Details zur Technik der Ölleitung vom Nordpolarmeer nach Valdez. Im Westen sieht man die eindrucksvolle Gebirgskulisse der vergletscherten ***Alaska Range***. Aus diesem Panorama heraus sticht als höchster Berg eines Gipfel-Dreigestirns mit *Mount Deborah* und *Hess Mountain* der *Mount Hayes* (4.216 m).

Verlauf Denali Hwy

130 km südlich von Delta Junction – kurz hinterm *Isabel Pass* (999m) und dem *Summit Lake* – zweigt bei Paxson der *Denali Highway* ab. Er ist von etwa Mitte Mai bis Anfang Oktober für den Verkehr freigegeben. Sein Straßenzustand

ist bei gutem Wetter selbst für Wohnmobile akzeptabel, allerdings finden die meisten Mieter eine Ausschlußklausel in ihren Verträgen. Die Straße verläuft überwiegend oberhalb der Baumgrenze in (bis auf einer Handvoll *Lodges*) absoluter Einsamkeit. Ein schönes Hochgebirgspanorama, davor weite, von Seen, Flüssen und Mooren durchsetzte offenen Hochflächen, begleitet die Fahrt auf dem größten Teil der Strecke. Außerordentlich beliebt sind die zahlreichen Seen und Flüsse bei Anglern.

Immerhin sind die ersten 34 von insgesamt 217 km asphaltiert. Es geht in herrlicher Linienführung in Serpentinen auf eine Paßhöhe hinauf mit den bereits erwähnten Gipfeln der *Alaska Range* (im Nordwesten), den Bergriesen *Mount Sanford* (4.949 m) und *Mount Wrangell* (4.317 m) in den *Wrangell Mountains* (im Südosten) und dem *Gulkana Glacier* (Nordosten) im Blickfeld.

Quartier

Wer Schotterstraßen vermeiden möchte, könnte ohne Probleme dieses erste Teilstück abfahren und am Ausbauende den wildromantischen, wenn auch etwas windigen ***Tangle Lakes Campground*** als Übernachtungsquartier wählen. Er ist Ausgangspunkt für Kanu- und Angeltouren auf der ausgedehnten Tangle Lakes-Seenplatte. Das nahegelegene ***Tangle River Inn***, © (907) 822-3970, bietet nicht nur Zimmer, sondern auch ein Restaurant mit prachtvollem Panorama und Kanu- und Ausrüstungsverleih.

60 km hinter Paxson überquert der *Denali Highway* den **Maclaren Summit**, den mit 1.245 m zweithöchsten Paß im öffentlichen Alaska-Straßennetz. In ihrem weiteren Verlauf wird die Straße von Ost nach West enger und kurviger. Rund 20 km vor der Einmündung in den ***Parks Highway*** erkennt man bei guter Sicht erstmals den mächtigen ***Mount Denali*** bzw. ***McKinley*** im Westen.

Demonstrationsteil der Alaska Pipeline, an dem deren Funktionsweise erläutert wird

5.3.5 Fairbanks und Umgebung

Fairbanks besitzt heute rund 30.200, mit Einzugsbereich sogar 83.000 Einwohner und ist nach Anchorage und Juneau drittgrößte Stadt Alaskas.

Geschichte

Die Geschichte der Stadt begann erst Anfang des 20 Jahrhunderts. 1901 entstand ein erster Handelsposten, und nur ein Jahr später entdeckte ein Italiener namens *Felix Pedro* **Gold** in einem später nach ihm benannten Flüßchen in den ***Tanana Hills***, 26 km nördlich der neuen Siedlung. Ein Denkmal steht am ***Steese Highway***. Ein »kleiner« Goldrausch folgte. 1910 zählte die inzwischen Fairbanks getaufte Stadt 3.500 Einwohner und 6.000 Goldschürfer in den Minen nördlich der Stadt, 1920 aber nur noch ganze 1.000.

Doch die günstige Lage »am Wege« ins Landesinnere sorgte bald für eine Neuorientierung. Mit der weiteren Besiedelung Alaskas entwickelte sich Fairbanks zur Versorgungsbasis der zentralen und nördlichen Regionen. Im 2. Weltkrieg gab es dank Straßenbau und Militärpräsenz weitere Impulse. Nach ruhigeren Jahren führte von 1974 bis 1977 die Konstruktion der *Trans-Alaska Pipeline* zu starkem Bevölkerungsanstieg.

Fluganbindung

Der ***Fairbanks International Airport* (FAI)**, www.dot.state.ak.us/faiiap, liegt 6 km südwestlich der Innenstadt, Anfahrt nur per Taxi. Von dort aus starten *Alaska* und *Northwest Airlines* ins Kernland der USA und *Air North* nach Dawson City sowie Whitehorse. Auch ***Condor* fliegt von Frankfurt nach Fairbanks**. Internationale Flüge starten und landen indessen überwiegend in Anchorage, ➪ Seite 65. Alaskaintern läßt sich von Fairbanks nahezu jeder Ort per Flugzeug erreichen.

Innenstadt

Eine gewachsene Mischung aus Alt und Neu, aus Blockhütten und anderer aus Holz errichteter Gebäude, moderner Bürobauten, Shopping Center und Hotels prägt das insgesamt freundliche, wenngleich langweilige Bild der Innenstadt.

Visitor Information Blockhaus in Fairbanks

Information

Die ***Visitor Information*** befindet sich in zentraler Lage in einem **Blockhaus** am ***Golden Heart Plaza***:

550 1st Ave (bei der *Chena River Bridge)*
© (907) 456-5774 und © 1-800-327-5774;
Internet: www.explorefairbanks.com

in D: Best Choice PR, Landsberger Str. 155, 80687 München
© (089) 55253396, Internet: www.best-choice.net

Dort wie auch im ***Alaska Public Lands Information Center***, *Courthouse Square* #250 Cushman St; © (907) 456-0527, gibt es jedes erdenkliche touristische Informationsmaterial. Letzteres ist gleichzeitig eine Art **Museum** zu Natur und Kultur Alaskas; im Sommer täglich 9-18 Uhr, sonst Di-Sa.

Unterkunft

In Fairbanks findet man zahlreiche Motels und Hotels, darunter die Häuser vieler großer Ketten, außerdem eine große Zahl von *Bed & Breakfast Places.* Das Preisniveau ist insgesamt niedriger als in Anchorage. Hier einige Empfehlungen:

- ***Aurora-Express/Forget-Me-Not-Lodge***, 1540 Chena Ridge Road, © 1-800-221-0073 oder © (907) 474-0949, Fax 474-8173. ***Bed & Breakfast***, 10 Zimmer u. a. in alten Waggons der *Alaska Railroad*. Ausblick auf Tanana River. Höhere Preise.
- ***Golden North Motel,*** 4888 Old Airport Way, © 1-800-447-1910, © (907) 479-6201, Fax 479-5766. Einfaches Motel unweit des Stadtzentrums. Mittlere Preisklasse.
- ***River's Edge Resort Cottages***, 4200 Boat St, © 1-800-770-3343, © (907) 474-0286, Fax 474-3665. Hübsche Häuschen in gepflegter Anlage, z.T. direkt am Flußufer. Mit Restaurant. Obere Preisklasse. Gleichnamiger ***Campground*** nebenan.
- ***7 Gables Inn,*** 4312 Birch Lane, © (907) 479-0751, Fax 479-2229. ***Bed & Breakfast*** in schönem Haus im Tudorstil; 20 komfortable Zimmer, Suiten. Mittlere Preisklasse.
- ***Best Western Fairbanks,*** 1521 South Cushman Street, © (907) 456-6602, © 1-877-456-6602, Fax (907) 452-2724. Besseres Motel Downtownbereich. Mittlere Preise (ca. $110).

Hostels

- ***Billie`s Backpackers Hostel,*** 2895 Mack Blvd, © (907) 479-2034, Fax (907) 458-2034; ab $25, www.alaskahostel.com.
- ***GoNorth Base Camp Hostel***, 3500 Davis Road südwestlich von *Downtown*, © (907) 479-PARA, © 1-866-236-PARA, www.paratours.net. 20 Betten, $20, .

Camping

Rund um Fairbanks gibt es eine ganze Reihe von Campingmöglichkeiten von $12 bis über $30/Nacht.

Etwas westlich *Downtown* liegen die ersten beiden Plätze:

- ***Chena River State Recreation Site*** mit Einfahrt an der University Ave gleich südlich des Flusses in einem bewaldeten Gelände. Schöner Platz, keine Duschen, Feuerstellen, $15.

- Ein komfortabler RV Park mit Stellplätzen für Zelte und kleine Vans am Ufer des Chena River ist der ***River's Edge RV Park & Campground***, Boat Street (ab Airport Way), © (907) 474-0286, © wie Resort oben. Hier erste Wahl.
- Ebenfalls eine komfortable Anlage mit allen Extras bietet der ***Riverview RV Park*** (© 907-488-6281 oder *toll-free* © 1-888-488-6392). Er liegt 13 km südlich der Innenstadt am Chena River (1316 Badger Road bei North Pole, Zufahrt über den *Richardson Highway*).
- Eine hübsche Alternative ist der Mini-Platz in Ester, etwa 16 km westlich von Fairbanks, Zufahrt vom *Parks Highway* Richtung *Denali Park*: ***Ester Gold Camp***, © 1-800-354-7274 oder © (907) 452-7274. Einst eine Goldrausch-Siedlung, wurden in Ester ein paar Gebäude restauriert, **Hotel** und *Saloon* installiert und eine ***Gold Rush Show*** um 21 Uhr aufgelegt, zu der am Abend Busse mit Touristen einlaufen. Nach der Show ist es wieder ruhig. Mit $10-$15 inkl. Duschen ein preiswerter, ruhiger Platz im Grünen.

Creamer`s Field

Zur *University of Alaska*, jenseits des Tanana River am nordwestlichen Stadtrand, gelangt man von *Downtown* über die Illinois Street und dann College Road. An dieser Straße liegt das ***Creamer's Field Migratory Waterfowl Refuge***. Im Frühjahr und Herbst rasten dort Tausende von Kanadagänsen, Kraniche und andere Zugvögel auf Ihrem Weg zu/von den Nistplätzen im Norden. Vom Farmhouse Visitor Center in einem ehemaligen Bauernhof laden Lehrpfade zu Vogelwelt und Flora Alaskas zum Spaziergang ein. Im Sommer Führungen.

University of Alaska Museum

The University of Alaska Museum (#907 Yukon Drive) besitzt Abteilungen zu Flora und Fauna, Ureinwohnern und weißer Besiedlung Alaskas. Glanzstücke sind die 36.000 Jahre alten Knochen eines im Permafrost entdeckten Bisons, eine Goldausstellung, die Konstruktionsgeschichte der *Trans-Alaska Pipeline* und eine Nordlichtshow; täglich geöffnet Mitte Mai-Mitte September 9-19 Uhr, sonst Mo-Fr 9-17 Uhr und Sa+So 12-17 Uhr; Eintritt $5.

Es sei allerdings angemerkt, daß der gute Ruf als Alaskas bestes kulturhistorisches Museum sich bereits vor 20 Jahren (damals zu Recht) ergeben hat. In der Zwischenzeit tat sich lange nichts.

Aber in einer Erweiterung wurde 2005 die Ausstellungsfläche verdoppelt. Herzstück des neuen Museumsflügels ist die ***Rose Berry Alaska Art Gallery***, in der eine Verknüpfung von Kunst und Anthropologie versucht wird..

Botanischer Garten

$2 kostet die Besichtigung des ***Georgeson Botanical Garden*** der Universität am West Tanana Drive unterhalb des Universitätshügels (Mai-Sepember täglich 8-20 Uhr). Interessant sind dort neben allerhand bunten Blumen erstaunlich große Kohlköpfe, die in diesen Dimensionen nur in Alaska wachsen.

Riesenkohlkopf im Gemüsegarten der University of Alaska

Pioneer Park

Am *Airport Way*, der südlichen Hauptumgehung von *Downtown* Fairbanks liegt *Pioneer Park*, eine Mischung aus ***Amusement Park*** und ***Living Museum, Museen, Gold Rush Town*** Ende Mai-Sept. täglich 11-21 Uhr. Der **Zutritt zum Gelände ist frei**, man kann sich daher leicht ein Bild machen, ob dieser (eher) kommerzielle Park (einzelne Attraktionen kosten Eintritt) dem eigenen Geschmack entspricht.

Im ***Sternwheeler*** »*Nenana*« befindet sich eine Ausstellung mit Dioramen zur Geschichte des 1933 erbauten Schiffes. Einige Original-Gebäude aus dem frühen 20. Jahrhundert und der Eisenbahnwaggon des ehemaligen US Präsidenten *Harding* sorgen für Nostalgie, während man im ***Native Village*** das Alltagsleben der *Athabasca*-Indianer und im ***Mining Valley*** Goldsuchtechniken demonstriert. Mitte Mai bis Mitte September werden (täglich 17-21 Uhr) beim ***Alaska Salmon Bake*** Heilbutt, Lachs, Kabeljau und Steaks gegrillt; dazu gibt es eine *All You Can Eat Salad Bar*; alles in sehr rustikaler Umgebung, bei schlechtem Wetter in einer Art Bierzelt. Mit $26 ohne Getränke nicht billig.

Raddampfer

Mit $45 nicht ganz billig, aber überraschend abwechslungsreich ist die dreieinhalbstündige Fahrt mit dem ***Sternwheeler "Discovery III"*** auf Chena und Tanana River; Mitte Mai bis Mitte September, täglich 8.45 Uhr und 14 Uhr, Reservierungen unter © (907) 479-6673, 1-866-479-6673. Die Anlegestelle des Raddampfers befindet sich in Flughafennähe am Discovery Drive. Neben Erläuterungen zur Flußumgebung (noble Villen und neuerbaute Blockhäuser, *Cripple Creek*, eines der einmal reichsten goldhaltigen Flüßchen Alaskas, *Fishwheels*/Lachsfangräder der Indianer, wird viel Unterhaltung geboten.

Flußfahrt

Höhepunkte sind die Flug- und Landedemonstration eines Buschflugzeugs, der Zwischenstopp in einem Dorf der *Athabasca*-Indianer und die Schlittenhunde von *Susan Butcher*, die von der vierfachen *Iditarod*-Siegerin (➪ Seite 476) persönlich vor ihrem Blockhaus am Fluß vorgeführt werden.

Howling Dog Saloon am Old Steese Highway

Veranstaltungen

Ende Juli jeden Jahres finden in Fairbanks 5 Tage lang die ***Golden Days*** statt, mit Rennen, Wettbewerben, Paraden und Kostümen im Stil der Jahrhundertwende zum Gedenken an die Goldfunde von 1902.

Im Februar startet das 1.646 km lange ***Yukon Quest International Sled Dog Race*** nach Whitehorse, eines der bedeutendsten Schlittenhunderennen des Nordens, ➪ Seite 475.

Alaska Pipeline

Nur 14 km nördlich von Fairbanks bietet der ***Trans-Alaska Pipeline Viewpoint*** direkt neben dem *Steese Highway* hervorragende Fotomotive. Über Bau und Unterhaltung der Erdölleitung informiert ein ***Visitor Center***.

Goldfelder

An der Ausfahrt vom Steese Hwy im Vorort Fox (2 km nördlich des *Pipeline Viewpoint*) ist der ***Howling Dog Saloon*** (2160 Old Steese Hwy, ✆ (907) 456-HOWL, Mi,Fr,Sa *Live Rock&Roll/Blues*) eine Institution. Ebenfalls am Old Steese Hwy steht der Eimerkettenschwimmbagger ***Gold Dredge #8***. Die 75 m lange Goldschürfmaschine war von 1928-59 in Betrieb. Eine Besichtigung kombiniert mit Goldwäsche kostet heftige $23; täglich Mitte Mai bis Mitte September 9-17 Uhr.

Die 2-stündige Tour durch die ***El Dorado Gold Mine*** (21 km nördlich Fairbanks über *Steese* und *Elliott Highway)* kostet $30 (Mitte Mai-Mitte Sept., täglich 9.45 Uhr und 15 Uhr), bietet aber Einiges. Nach einer Schmalspurbahnfahrt folgt die eindrucksvolle Demonstration moderner Goldwaschtechnik. Danach geht es unter Anleitung ans Goldwaschen. Dabei bleiben im Gegensatz zu den meisten anderen *Gold-Panning*-Anbietern nicht nur winzigste *Gold Flakes* am Pfannenboden liegen. Das Gold wird im ***Visitor Center*** gewogen und gegen Aufpreis sogleich zu Schmuckstücken verarbeitet.

Umgebung

Von Fairbanks führen mehrere Stichstraßen in die weitere Umgebung bzw. in den hohen Norden:

Chena Road

- Die ***Chena Hot Springs Road*** (asphaltiert) zweigt 8 km nördlich Fairbanks vom *Steese Highway* ab. Zum beliebten ***Chena Hot Springs Resort*** mit komfortablem **Campingplatz** und **Hotel**, © (907) 451-8104, *toll-free* © 1-800-478-4681, samt Heißwasser- und Whirlpool ($10), sind es 91 km. Auf den ersten 40 km führt die Straße durch besiedeltes Gebiet, danach wird ihr Verlauf einsamer. Am Ufer des Chena River befinden sich *Picnic-* und *Campgrounds*.

Steese Highway

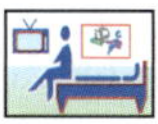

- Der ***Steese Highway*** (250 km) führt von Fairbanks nach Circle am Yukon River. Lediglich die ersten 70 km sind asphaltiert, der Rest ist eine gut befahrbare Schotterstraße, die **Streckenführung großartig**. Mehrere ***Campgrounds*** liegen am Wege, am schönsten ist der Platz am Flußufer im ***Upper Chatanika River State Recreation Site***. Rustikalen Komfort aus den 1930er-Jahren im Alaska-Stil samt Saloon und Restaurant bietet die ***Chatanika Lodge***, km 45, © (907) 389-2164. Gegenüber liegt die historische ***Gold Dredge #3***, ein monumentaler Eimerketten-Schwimmbagger aus der Goldrauschzeit.

Auf dem *Steese Highway* geht es über zwei Paßhöhen oberhalb der Baumgrenze, zunächst den *Twelvemile Summit* (962 m), dann den *Eagle Summit* (1.105 m). Beide verbindet der ***Pinnell Mountain Trail***, eine 44 km lange Wanderung auf Tundra-Bergrücken vor einem grandiosen Panorama. Wer nicht den gesamten Weg gehen möchte, kann von beiden *Trailheads* auf nur wenigen Kilometern in einsame Höhen gelangen. Insbesondere der kurze Weg (1 km) zum Gipfel des ***Eagle Summit*** führt zum schönsten Aussichtspunkt weit und breit. Der *Eagle Summit* ist ein beliebtes Ziel zur Zeit der Mittsommernacht; dort geht die Sonne eine Woche lang nicht unter.

Chatanika Gold Dredge, Förder- und Verarbeitungsmaschinerie für goldhaltige Sände

Circle

Die Straße endet in **Circle**, vor dem *Klondike Gold Rush* größte Goldgräberstadt am breiten Yukon River. Der Name geht auf Prospektoren zurück, die glaubten, bereits am Polarkreis zu sein. Heute leben noch 100 Menschen dort.

Circle Hot Springs

Wer nicht unbedingt bis zum Yukon River fahren möchte, könnte sich die letzten 50 km ab Central sparen und stattdessen die 13 km lange *Circle Hot Springs Road* nehmen

Wo einst Goldsucher und Minenarbeiter an heißen Quellen überwinterten, aalen sich heute Touristen und Wochenendurlauber. Das ***Arctic Circle Hot Springs Resort***, © (907) 520-5113, verfügt neben einem großen Heißwasserbecken ($5) über **Hotel**, **Restaurant** und einfachen ***Campground***. Sogar ein ***Hostel*** ist vorhanden, war aber 2004 geschlossen: identische ©-Nummer, $20/Bett.

Die ***Circle Hot Springs*** sind rustikaler als das ***Chena Hot Springs Resort***, dafür ist die Route schöner, wenn auch erheblich weiter. **Beide Resorts** sind – genaugenommen – für sich keine außergewöhnlichen Ziele, sondern nur in Zusammenhang mit der Strecke zu sehen.

Elliott Highway Heiße Quellen

- Der ***Elliott Highway*** zweigt in Fox, 18 km nördlich von Fairbanks, vom *Steese Highway* ab. Die Straße (45 km Asphalt, 190 km Schotter) endet an zwei einfachen ***Campgrounds*** in ***Manley Hot Springs***, © (907) 672-3161. In einem Gewächshaus (!), in dem gleichzeitig noch Gemüse gezogen wird, befinden sich große Betonwannen, in denen Besucher im heißen Wasser baden können.

Das ***Manley Roadhouse***, eines der ältesten Gasthäuser Alaskas, stammt noch aus Goldrauschzeiten (1906).

Dalton Highway

- Der mittlerweile mehr als zur Hälfte asphaltierte ***Dalton Highway*** beginnt 130 km nördlich Fairbanks bei **Livengood** (*Elliott Highway*) und führt parallel zur ***Trans-Alaska Pipeline*** über 670 km zur Prudhoe Bay an der Beaufort Sea.

Die nördlichste Straße des Kontinents mit dem höchsten Straßenpaß Alaskas (*Atigun Pass* - 1.444 m) läuft durch Wälder und Tundragebiete über den 70. Breitengrad hinaus und endet an den Schranken zum Ölfördergebiet in Deadhorse (Tankstellen, Hotels, u.a. das ***Arctic Caribou Inn***, © (907) 659-2368 & © 1-877-659-2368 südlich des Lake Colleen). Eine Fahrt zum Nordpolarmeer (5 km) und den Ölfeldern ist nur per zweistündiger geführter Bustour möglich.

Am *Dalton Highway* gibt es lediglich 3 Service-Stationen – alle jeweils mit Tankstelle, Restaurant und **Motel**: die erste an der einzigen Straßenbrücke über den Yukon River in Alaska, das ***Hotspot Café*** 7 km weiter und die letzte im alten Minencamp ***Coldfoot*** – mit Postamt und ***Visitor Center*** des ***Gates of The Arctic National Park***.

Mount McKinley oder – auf indianisch – Denali (Blick vom Wonder Lake)

5.3.6 Von Fairbanks nach Anchorage über den Denali National Park

Der ***Parks Highway*** (520 km) wurde erst 1971 in voller Länge für den Verkehr freigegeben. Streckenweise führt er durch eine fantastische Landschaft. Aussichtspunkte lohnen immer wieder eine Unterbrechung der Fahrt.

Nenana Eiswette

Bei **Nenana** schlug am 15. Juli 1923 US-Präsident *Harding* in einem symbolischen Akt den letzten Nagel in eine Eisenbahnschwelle der ***Alaska Railroad***. Der indianische Ortsname »Nenashna« besagt in etwa: »Stelle, um zwischen zwei Flüssen zu lagern«. Das Städtchen am Zusammenfluß von Tanana und Nenana River ist ansonsten für das ***Nenana Ice Classic*** bekannt, eine Art Wette, bei der seit 1917 versucht wird, auf die Minute vorauszusagen, wann um Ende April/ Anfang Mai das Eis des Tanana River aufbricht. Das wird mit Hilfe eines großen Dreibeins aus Stahlrohr festgestellt. Das Gebilde steht ab März auf dem Eis und ist mittels einer Schnur mit einem Uhrschalter verbunden. Bricht das Eis, bewegt sich das Dreibein und die Leine stoppt die Uhr.

Ratetickets kann man überall in Alaska für $2,50/Stück erwerben. Wer mit seiner Einschätzung am nächsten »dran« liegt, erhält den gesamten »Topf«. In Anbetracht der mittlerweile erreichten Popularität der Eiswette mit mehreren hunderttausend Teilnahmescheinen waren das 2004/5 US$ 285.000, die sich 46 Gewinner teilten. Im ***Visitor Center*** **Blockhaus** an der Hauptstraße liegt eine Liste der »offiziellen« Eisaufbruchzeiten.

Internet: www.nenanaakiceclassic.com

Denali National Park

Rund 200 km südlich von Fairbanks liegt der überaus populäre ***Denali National Park***. ***Denali*** bedeutet ***»Der Hohe«*** und ist die indianische Bezeichnung für den immer schneebedeckten Gipfel (6.194 m). Benannt wurden der **höchste Berg Amerikas** und der Park einst nach dem ehemaligen US-Präsidenten ***William McKinley*** (1897-1901). Abgeordnete aus *McKinleys* Heimatstaat Ohio setzten sich erfolgreich gegen eine Umbenennung auch des Berges zur Wehr, der daher offiziell immer noch ***Mount McKinley*** heißt.

Anfahrt

Im Vorgebirge der *Alaska Range* verengt sich das *Nenana River Valley*, und die Straße steigt hoch über das Flußbett. Auf der anderen (westlichen) Seite des *River Canyon* erkennt man die Schienen der *Alaska Railroad*, die am Fluß entlang innerhalb des Nationalparks verläuft.

Vor allem nördlich der Zufahrt zum Nationalpark hat sich ab **Healy** (ca. 18 km bis zum Park) eine erhebliche **Infrastruktur** entwickelt mit Campingplätzen, **Hotels, Motels**, vielen ***B&B`s***, Shops, Restaurants und den Anbietern von **Touren** zu Lande und zu Wasser. Aber auch auf der Südseite der Einfahrt findet man noch eine Reihe von Quartieren. Bester Ausgangspunkt für Rundflüge ist Talkeetna (⇨ siehe Seite 474).

Service-Bereich

An der Parkstraße auf dem Weg zu den ***Park Headquarters*** befinden sich – etwa 3 km vom *Parks Highway* entfernt – Flugpiste, Bahnhof der *Alaska Railroad*, Postamt und ein modernes Park Museum, das in multimedialer Aufbereitung den Park aus diversen Blickwinkeln beschreibt. Das enorme ***Visitor Center*** mit ausgedehnten Parkplätzen liegt separat davon auf halbem Weg zum Servicebereich. Dort gibt es alle wichtigen Parkinformationen und vor allem die **meistens dicht umlagerten *Reservation Desks*** für ***Shuttle Bus*** und ***Campgrounds***, ⇨ unten. Der **Parkeintritt** beträgt $10/Person, $20/Auto/Familie für alle, die keinen ***National Parks*** oder ***Golden Eagle* Jahrespass** besitzen.

Situation

Leider reißen die Wolken um den **Mt. McKinley** (statistisch) im Hochsommer nur jeden dritten Tag auf. Das scheint der Faszination des *Denali Park* keinen Abbruch zu tun. Er gehört im Juli und August zum festen Programmpunkt unzähliger Alaska-Touristen, *rain or shine*, wie Jahr für Jahr der Besucherandrang beweist. Immer vollbesetzte *Park-Campgrounds* und ausgebuchte Plätze in den *Shuttle Busses* sind die Folge. Die **Busse** rollen Ende Mai bis Mitte September von morgens bis abends halbstündlich vom ***Visitor Center*** am Eingang die ***Park Road*** zum ***Eielson Visitor Center*** und teilweise über Wonder Lake bis Kantishna (145 km, 5,5 Stunden eine Strecke) und zurück.

Lediglich **die ersten 24 km in den Park hinein** bis zur *Savage River* Brücke sind asphaltiert und **dürfen von Privatfahrzeugen befahren werden**. Bis dorthin verkehrt auch ein Busservice (frei). Dahinter ist für den privaten Verkehr Schluß.

Zugangsregelung

Wer – vor allem in der Hoffnung, den Berg aller Berge zu Gesicht zu bekommen – weiter in den Park hinein will und sich nicht mit ein bißchen *Sightseeing* und Kurzwanderungen im Eingangsbereich zufrieden geben möchte, ist auf das reservierungs- und kostenpflichtige ***Shuttle-Bus-System*** angewiesen. **Mit eigenem Wagen** dürfen nur Inhaber reservierter Plätze auf dem *Teklanika River Campground* im Parkinneren die Schranke bei Kilometer 24 passieren. Ihnen, Einwohnern des einstigen Minendorfes Kantishna jenseits des Wonder Lake, und Parkangestellten gehören die wenigen Privatautos auf der *Park Road*.

Das Denali Shuttle-Bus System

Trotz der hohen Besucherzahlen wurde die **Frequenz der *Shuttle* Busse** auf dem Stand von 1986 eingefroren und ein – immer wieder modifiziertes – Verteilverfahren für die knappen Plätze eingeführt. Am besten erkundigt man sich bereits vor Ankunft im Park bei den ***Public Lands Information Centers*** von Anchorage, Fairbanks und Tok über die aktuellen **Vergaberegelungen** (ggf. auch für die Campingplätze).

Reservierungen sind bis 2 Tage vor Termin möglich. Rund **65% der Plätze** werden unter © **1-800-622-PARK** oder © **(907) 272-7275** vergeben. **Info im Internet**: **www. nps.gov/dena**; Reservierungsgebühr $4. .

Die verbleibenden Plätze sind bis zu 2 Tage vorher vor Ort zu buchen. Als Faustregel gilt, daß im Sommer am »Wunschtag« Aussicht auf **Platz im Morgenbus** (erste Abfahrt 6 Uhr) nur sichert, wer sich zwei Tage vorher **persönlich im *Visitor Center*** um die Reservierung kümmert. Für Plätze am selben Tag stellen sich Besucher **ohne Reservierung** ab 5 Uhr morgens am *Visitor Center* an und hoffen auf letzte freie bzw. freiwerdende Plätze von Leuten, die ihre Reservierung verfallen lassen.

Die **Schlangen für die Plätze** eventueller *No-Shows* sind oft sehr lang. Je nach Streckenlänge kostet die Busfahrt $19-$36 (retour). **Camper** auf den Plätzen im Parkinneren bezahlen einen ermäßigten Preis für den *Shuttle* ($24). Für sie gibt es einen besonderen ***Camper Bus*** mit Gepäckabteil.

5

Im Shuttle

Für glückliche Ticketinhaber kommt der Tag der Fahrt in den Denali hoffentlich an einem Schönwettertag. Unterwegs melden die Busfahrer das Auftauchen von Großwild und geben Auskunft über Flora und Fauna. Auf Wunsch legen sie **Fotostopps** ein. Man darf die Fahrt auch unterbrechen und mit einem nachfolgenden Bus fortsetzen, der auf Handzeichen hält, sofern noch freier Platz verfügbar ist. Die Realität an »vollen Tagen« sieht so aus, daß viele Mitfahrer aus Furcht, für eine Weiterfahrt lange warten zu müssen, den Bus vor der Endstation lieber nicht verlassen.

Die Chancen, im Denali Park Bären zu sehen, sind relativ gut.

Camping im Denali Park

Der Denali Park verfügt über **6 *Campgrounds*** mit ganzen **230 Stellplätzen**: ***Sanctuary River*** ($9), ***Igloo Creek*** (zur Zeit geschlossen) und ***Wonder Lake*** ($16) sind nur für Zeltcamper zugelassen (Zugang jeweils nur per Shuttle Bus); im Parkinneren ist nur der ***Teklanika River Campground*** ($16, keine Zelte) mit Auto bzw. Wohnmobil zu erreichen. Der Wagen muß dann bis zur Rückfahrt dort abgestellt bleiben (3 Nächte Minimum, $24 *Teklanika Pass* für Shuttle Bus während des gesamten Aufenthalts). Ohne Einschränkungen per Auto zugänglich sind ***Savage River Campground,*** ($18) an der Strassensperre und ***Riley Creek*** ($19) unweit des *Visitor Center*.

Reservierung

Für die *Campgrounds* gilt dasselbe Reservierungssystem wie für die *Shuttle*-Busse. Dabei können **alle Stellplätze per Vorbuchung** vergeben werden. Kurzfristig hat man deshalb in der Hauptsaison kaum Chancen auf einen freien Platz.

Camping im Umfeld

Es ist aber nicht so, daß die Plätze im Park so großartig sind, daß man unbedingt dort unterkommen müßte. Nur ***Riley Creek*** bietet mit *Shop, Dump Station,* Duschen und Waschsalon etwas Komfort. Das kommerzielle Angebot ist vielfältig, und im Gegensatz zum Park nicht immer ausgebucht. Klimatisch besitzen die Plätze außerhalb durchaus Vorzüge, abgesehen vom höheren Komfort, so der eine Rolle spielt.

Vor der Zufahrt nach Healy liegt der komfortable ***McKinley RV & Campground***, © (907) 683-2379 und © 1-800-478-2562.

Der nächste private Platz auf der Weiterfahrt *Parks Highway* ist der ***Denali Grizzly Bear Campground***, 10 km südlich der Denali-Einfahrt Richtung Anchorage, © (907) 683-2696 oder 1-866-583-2696, aber **der mit Abstand beste Platz** weit und breit ist ***Carlo Creek Campground***, weitere 12 km südlich. Dort wurden die Stärken staatlicher und privater Plätze kombiniert, kurz: prima Lage am Bach weit weg von der Straße, Regendächer für Zelte, schöne Feuerstellen, viel Platz und sanitär top. Die Stellplätze befinden sich hinter den ***Cabins*** der gleichnamigen ***Lodge***, © ➪ unten für Reservierung.

Unterkunft

Motels und **Hotels** im Umfeld des Nationalparks sind in der Sommersaison sehr teuer, besonders Übernachtungen in den vier Hotels innerhalb der Nationalparkgrenzen, die alle in Kantishna am Westende der Parkstraße liegen.

Info: *Greater Healy/Denali Chamber of Commerce*, © (907) 683-INFO, **Internet**: www.denalichamber.com.

Erste Empfehlung hier wie bei den Campingplätzen sind die ***Carlo Creek Lodge Cabins***, 22 km südlich, noch ziemlich neue Blockhäuser abseits der Straße auf einem schönen Gelände am Bach. Feuerstelle auch für *Logde* Gäste; © (907) 683-2576, Fax 2573; ab $77, mit Küche für 4 Personen $112.

Hostel

Das ***Denali Mountain Morning Hostel*** auf der gegenüberliegenden Seite des Carlo Creek sollte im Sommer unbedingt reserviert werden, © (907) 683-7503, **www.hostelalaska.com**. Die Übernachtung kostet ab $25, Hütten ab $75. Gäste ohne Auto werden am *Visitor Center* des Nationalparks/am Bahnhof abgeholt und auch zurückgebracht.

Unterwegs im Park

Hauptaktivitäten der Parkbesucher sind ohne Zweifel die Fahrt im *Shuttle Bus* und mehr oder weniger ausgedehnte **Wanderungen** in die Wildnis. Wenn das Wetter einigermaßen mitspielt und nicht gerade tiefhängende Wolken die gesamte *Denali Range* verbergen, lohnt sich die anstrengende Tour durchaus (mindestens bis zum *Eielson Visitor Center*). Bei Sonne und klarer Sicht wird sie zu einem großartigen Erlebnis. Direkt an der Straße können Landschafts- und Tierfotos gelingen, wie sie sonst nur im Hinterland möglich sind.

Tierwelt

Mit etwas Glück sieht man ***Caribous*** (➪ Kasten, Seite 455), Elche, Bergziegen, Dallschafe und *Willow Ptarmigans* (eine Schneehuhnart), die Nationalvögel Alaskas. Seit dem Verbot des Privat- und der Limitierung des Busverkehrs haben die Tiere ihre Scheu verloren und selbst ***Grizzlies*** sind leicht zu beobachten. Die **Parkstraße** verläßt nach wenigen Kilometer die bewaldete Taiga und verläuft oberhalb der Baumgrenze durch die Tundra. Am ***Sable Pass*** (1.173 m) wurde das Terrain rechts und links der Straße für Wanderer gesperrt.

Kurz danach erfolgt der erste Zwischenstopp an der ***Polychrome Pass Rest Area*** (1.097 m) mit Blick auf die andere Talseite und das namensgebende, mehrfarbige Vulkangestein. Hinter dem nächsten **Stopp** (*Toklat River Rest Area*) erreicht die Straße am ***Highway Pass*** (1.213 m) ihren höchsten Punkt.

Nicht weit davon führt ein ***Trail*** auf den ***Stony Hill*** (1.374 m) mit einer herrlichen Aussicht auf den Berg der Berge und seine Nachbarn – so das Wetter mitspielt.

Auch vom ***Eielson Visitor Center*** hat man an guten Tagen einen umwerfenden Blick auf die zerklüfteten, verschneiten Gipfel des *Denali* und auf den *Muldrow Glacier*.

Mount Denali/ McKinley

Zwischen **Wonder Lake**, an dessen Ufer sich ein Einfach-Campingplatz befindet (nur für Zelte) und **Gipfel des *Denali*** beträgt der **Höhenunterschied 5.500 m**. Selbst im Himalaja gibt es keine so steil aufragenden Bergmassive.

Die erste erfolgreiche Besteigung des *Denali* gelang 1910, als eine Gruppe von *Sourdoughs* (➪ Essay Seite 414) den niedrigeren Nordgipfel erklomm. Erst drei Jahre später wurde der Hauptgipfel bezwungen. Heute versuchen sich jedes Jahr zwischen April und Juli über 1.200 Bergsteiger am *Denali*, von denen über die Hälfte erfolglos aufgibt. Zur Verkürzung des Anmarschwegs lassen sich die meisten von Talkeetna zum *Basecamp* auf dem *Kahiltna Glacier* fliegen.

Weitere Aktivitäten

Wer genügend Zeit hat, findet vor den Toren des Parks ein großes Angebot für spannende Aktivitäten und Abenteuer, deren einziger Nachteil die hohen dafür notwendigen Dollarbeträge sind. Namentlich **Saddle Safaris,** Ausflüge auf Pferderücken, ***River Rafting***, Wildwasser-Boottrips auf dem Nenana River, ***Flightseeing*** über das *Denali*-Massiv und ***Helikopter Hikes*** von oben nach unten mit und ohne Führer können bei mehreren Veranstaltern gebucht werden.

Weder Kosten noch aufwendige Organisation und Planung verursacht die 4 km lange **Wanderung** vom *Park Museum* zum ***Mount Healy Overlook*** (gut 500 m Höhenunterschied) mit prima Aussicht, wenn auch nicht auf den *Mt. McKinley*.

Ebenfalls im Eingangsbereich sollte man in den *Dog Kennels* neben den *Park Headquarters* die Vorstellung der Schlittenhunde inkl. Anschirren und einer kurzen Rundfahrt nicht verpassen (im Sommer täglich 10, 14 und 16 Uhr, Zugang mit kostenlosem *Shuttle* oder via *Rock Creek Trail*, 4 km).

Weiterfahrt

Auf der Weiterfahrt vom *Denali Park* in Richtung Anchorage passiert man bei **Cantwell** den westlichen Endpunkt des *Denali Highway*, ➪ Seite 458. Einer der schönsten Abschnitte der Strecke ist die bald danach folgende Auffahrt zum ***Broad Pass*** (700 m) über die *Alaska Range*.

Denali State Park

Etwa 50 km südlich der Paßhöhe beginnt der ***Denali State Park*** (➪ Karte) mit den besten Aussichtspunkten auf den

Denali entlang des *Parks Highway.* Nach knapp 10 km im Park passiert man den ***Denali View North***, einen Parkplatz mit Aussichtsfernrohren, von dem man bei klarem Wetter einen sagenhaften Blick auf den *Mount Denali* hat. Ein Teil des Parkplatzes ist als ***Campground*** hergerichtet, eigentlich kein romantisches Plätzchen und dazu ohne Komfort, aber die Handvoll Camper haben dort lange die Abendsonne, während am Byers Lake alles im Schatten liegt. Außerdem: wer hier die vielleicht wolkenverhangene Nacht verbringt, hat am nächsten Morgen eine weitere Chance für den Blick auf den Berg der Berge.

Byers Lake Camping

Im Wald am **Byers Lake** liegt ein »richtiger« ***Campground***, aber leider relativ seefern. Auf einem 8 km langen ***Trail*** geht es um den See herum, Wanderer mit Zelt können den 2 km entfernten ***Lakeshore Campground*** nutzen, der auch gerne von Kanufahrern angelaufen wird. Von dort blickt man über

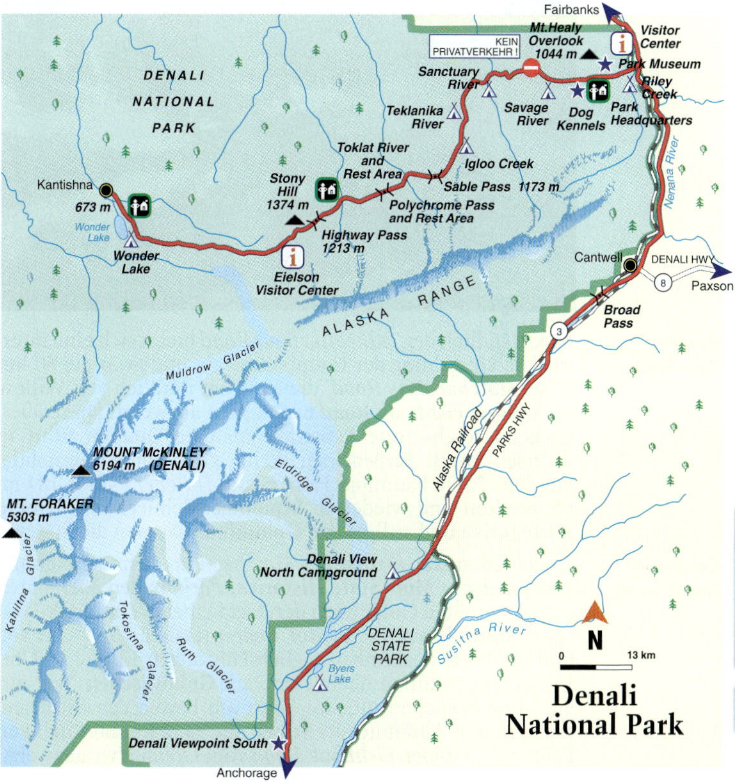

die Wasserfläche in Richtung Abendsonne und *Mount Denali.* An klaren Tagen hebt er sich mit seinen weißen Flanken glanzvoll vom blauen Himmel ab und spiegelt sich im See.

Talkeetna

Über eine Stichstraße (23 km) parallel zum *Parks Highway* geht es jenseits des Susitna River in nördliche Richtung nach **Talkeetna**, einer 800-Seelen-Siedlung, deren Umgebung als Angelparadies gilt. Sie ist wichtigster Ausgangspunkt für Besteigungen des *Denali,* da die meisten Bergsteiger von dort zum *Basecamp* fliegen. In Talkeetna starten auch viele Touristen zu einem **Rundflug über das *Denali*-Massiv** – sofern die Reisekasse dies zuläßt (ab ca. $145 + $55 Aufpreis), © 1-800-770-2366, © (907) 733-2366, **www.alaskaairtours.com.** Auch Gletscherlandungen können gebucht werden.

Summit Lake an der Hatcher Pass Road

Hatcher Pass Road

44 km südlich der *Talkeetna Spur Road* bietet sich eine interessante Umgehung der Hauptstraße an: und zwar die 80 km lange ***Hatcher Pass Road***, die ca. 3 km nördlich von Willow als ***Willow Fishhook Road*** nach Osten abzweigt. Diese überwiegend geschotterte Paßstraße mäßiger Qualität führt in diversen engen Serpentinen (keine größeren Wohnmobile) aus dem Tal in baumlose Höhen zum *Hatcher Pass* (1.184 m; oft bis Juni und wieder ab September Schneefall). Mehrere noch aktive und stillgelegte **Goldminen** säumen die Strecke.

Goldmine/ Ghost Town

Einige Kilometer östlich des *Hatcher Pass* befindet sich der ***Independence Mine State Historical Park***, in den 30er-Jahren eine der größten Goldminen der Region, heute eine eindrucksvolle ***Ghost Town*** mit ***Visitor Center*** (täglich 10-19 Uhr von Juni bis Mitte September; täglich Führungen 13 und 15 Uhr, $5). Besucher dürfen überall im Park **Goldwaschen**. Wer nur die Mine besuchen möchte, fährt am besten den östlichen, asphaltierten Abschnitt der Straße, die ca. 2 km nördlich von Palmer als ***Palmer-Fishhook Road*** vom *Glenn Hwy* abzweigt.

Wer auf dem *Parks Highway* bleibt, passiert westlich des *Highway* zwischen Willow (das in den 70er- und 80er- Jahren beinahe Hauptstadt Alaskas geworden wäre (➪ Seite 481) und **Wasilla** zwei Seenplatten.

Seengebiete

Über eine Zufahrt (10 km) nördlich des Nancy Lake erreicht man die einsameren Seen der ***Nancy Lake State Recreation Area***. Am Wege passiert man eine Reihe von ***Trailheads*** für schöne Wanderungen. Einen **Kanuverleih** gibt es am großen ***South Rolly Lake Campground*** am Straßenende. Über ausgebaute Portagen gelangen Kanufahrer von See zu See.

Die Anfahrt zum größten und mit allen Zutaten moderner Sommerfrische erschlossenen See der Region erfolgt über die ***Big Lake Road*** (ebenfalls 10 km vom *Parks Highway*): Ferienort (2.600 Einwohner), Hausbootverleih, Motels, Supermärkte, Campingplätze, sogar Einkaufszentrum und Flugplatz – alles ist dort vorhanden. Indessen bilden die Seen eher ein gutes Wochenendziel für die Einwohner von Anchorage als einen Alaska-Anlaufpunkt für Besucher aus Übersee.

Iditarod Museum

3 km südlich von **Wasilla** befindet sich neben dem ***Lake Lucille Park*** (mit *Campground)* das ***Iditarod Trail Sled Dog Race Headquarters*** (Knik-Goose Bay Road). Am Veranstaltungssitz des berühmtesten Schlittenhunderennens der Welt vermittelt ein Museum (Eintritt frei, täglich 8-19 Uhr) Informationen über Hunderennen allgemein und das Sportereignis in besonderen (➪ Kasten Seite 476); zudem kann man auf Hundeschlitten (9-17 Uhr, $10) mitfahren (täglich Mitte Mai-Mitte September). Das Rennen geht auf eine Diphterie-Epidemie in Nome an der Beringstraße im Jahre 1925 zurück, als das einzig vorrätige Serum mangels einsatzbereiter Flugzeuge per Eisenbahn (Anchorage-Nenana) und von dort per Hundeschlittenstaffel (Nenana-Nome!) transportiert werden mußte.

Schlittenhunde

Noch vor 70 Jahren wurden in Canadas Norden und in Alaska Lasten im Winter ausschließlich mit Hundeschlitten transportiert. Heute haben Schneemobile und Flugzeuge das traditionelle Fortbewegungsmittel selbst in solchen Regionen verdrängt, wo keine winterfesten Straßen existieren. Die Züchtung von Schlittenhunden wurde zur Liebhaberei, und Hunderennen mit Schlitten brachten es zu enormer Popularität.

Rennhunde haben aber nicht mehr sehr viel mit den halbwilden, wolfsähnlichen Geschöpfen gemein, die Indianer und *Inuit* einst vor ihre Schlitten spannten. Die populärsten reinblütigen Schlittenhunde, die *Siberian Huskies*, erkennt man an ihren charakteristischen blauen Augen. Die *Alaskan Malamutes,* ihre größeren und kräftigeren Verwandten, eignen sich eher zum langsameren Lastentransport als für den Rennwettbewerb. Eine der Hauptaufgaben des *Musher,* des Hundeschlittenführers, besteht darin, die ideale Zusammensetzung des Gespanns zu finden; dabei spielt die reinrassige Abkunft eine eher geringe Rolle.

Denn es kommt – da sie keine Lasten mehr schleppen – weniger auf Kraft, als auf Schnelligkeit und Ausdauer an. *Alaskan Huskies* sind in Alaska aufgezogene Mischlinge auf Basis des *Siberian Husky*. Dabei ähneln die durchtrainierten, leichtgewichtigen Rennhunde ohne ihr bauschiges Fell eher dem *Greyhound* oder dem Deutschem Kurzhaar als dem *Siberian Husky*.

Das bedeutendste Rennen der Welt ist das seit 1973 durchgeführte ***Iditarod Trail Sled Dog Race,*** , von Anchorage nach Nome. Der Start erfolgt am ersten Samstag im März, in geraden Jahren über die 1.757 km lange Nord-, in ungeraden über die 1.773 km lange Südroute. Das Preisgeld beträgt rund $750.000. ***Libby Riddles*** gewann 1985 als erste Frau das Rennen.

Als einzig andere siegreiche Frau sauste ***Susan Butcher*** aus Eureka/Alaska 4x mal mit ihrem Hundeteam als erste durchs Ziel. Ebenfalls viermal gewann ***Martin Buser***, der auch im **Jahr 2002** mit 8 Tagen, 22 Stunden, 46 Minuten und 2 Sekunden den Streckenrekord aufstellte.

Für das ***Yukon Quest International Sled Dog Race,,*** ein 1.646 km langes Rennen von Fairbanks nach Whitehorse gibt es $130.000 Preisgeld. Auch bei den beiden berühmtesten Kurzstreckenrennen über etwa 40 km, das ***World Championship Sled Dog Race*** in Anchorage und den ***Open North American Championships*** in Fairbanks, gelangen Preisgelder zur Verteilung. Mittlerweile bestreiten *Sled Dog Race* Profiteams mit Preis- und Sponsorengeldern ihren Lebensunterhalt. Für die meisten *Musher* ist die Hundezucht jedoch ein Hobby; allenfalls verdienen sie sich mit Züchtung und gelegentlichen Verkäufen von Huskies ein Zubrot.

Die Rennsaison dauert von Dezember bis April, im Sommer trainieren die Gespanne mit Rollen unter den Schlitten. In Tok (der Ort nennt sich – wie bereits im Text erwähnt – gerne *Sled Dog Capital of Alaska*), Wasilla und im *Denali National Park* finden während der Touristensaison täglich Vorführungen mit Schlittenhunden statt.

Mehr Informationen im Internet: **www.iditarod.com** bzw. **www.yukonquest.org**

Palmer

Palmer liegt im Herzen des fruchtbaren *Matanuska Valley*, der bedeutendsten Landwirtschaftsregion Alaskas. Erst in den 30er-Jahren begann man dort in großem Stil mit dem Aufbau landwirtschaftlicher Betriebe. Die Region bietet mit jährlich 165 frostfreien Tagen und der extrem langen sommerlichen Sonnenscheindauer ideale Wachstumsbedingungen für zahlreiche Gemüsearten. Beim *Alaska State Fair* in Palmer wurde z.B. kürzlich ein 47,9 kg schwerer Rekord-Kohlkopf prämiert.

Info

Am *Parks Highway* 2 km westlich des *Glenn Highway*, befindet sich das ***Matanuska Susitna Visitor Center*** für die Region Palmer–Wasilla. ✆ (907) 746-5000, **www.alaskavisit.com**.

5.3.7 Glenn Highway

Glenn Highway

Der ***Glenn Highway***, auf den der *Parks Highway* mündet bzw. an dem er beginnt, verbindet Anchorage direkt mit dem *Richardson Highway* und ist eine attraktive **Alternativstrecke** zur beschriebenen kombinierten **Route Straße/ Fähre/Straße Anchorage–Whittier–Valdez–Glenallen**.

Der landschaftlich reizvollste Abschnitt des *Glenn Highway* ist die erste Hälfte der Strecke bis zum ***Eureka Summit***.

Moschusochsen

Nördlich von Palmer liegt die kleine ***Musk Ox Farm*** (Nähe Einmündung der Straße zum *Hatcher Pass*). Auf der Moschusochsenfarm werden die Mitte des 19. Jahrhunderts in Alaska ausgerotteten und 1930 aus Grönland wieder eingeführten Tiere wegen ihrer besonders feinen, wärmenden Unterwolle (*Qiviut*) gezüchtet. Traditionell fertigen *Inuit* Handschuhe und Mützen aus der Wolle. Halbstündige Führungen. Täglich Mai bis September; 10-18 Uhr; Eintritt (dafür hohe) $9.

Höhepunkt der Etappe ist der ***Matanuska Glacier***, den man von der hochgelegenen Straße aus sehr gut überblicken kann. Die einzige Zufahrt per Auto zum Gletscher führt über das Privatgelände des ***Glacier Park Resort***, © (907) 745-2534 oder © 1-888-253-4480 und kostet $8 Eintritt/ Person. Alternativ kommt eine Wanderung mit Ausgangspunkt ***Matanuska Glacier State Recreation Site*** in Frage. Man passiert ihn etwa 2 km vor der Zufahrt zum *Glacier Park Resort*. Der *State Site* ist wegen des ***Matanuska Viewpoint*** ein beliebter Anlaufpunkt für *Sightseeing*-Ausflügler.

Vom ***Eureka Summit***, mit 1.013 m höchster Punkt des *Glenn Highway*, hat man einen großartigen Blick auf den ***Nelchina Glacier*** in den schneebedeckten *Chugach Mountains* im Süden. Im Nordwesten erheben sich die *Talkeetna Mountains*.

Straßenumzug zum Unabhängigkeitstag der USA in Glenallen

5.4 Die Inside Passage

Kennzeichnung

Der vom *Glacier Bay NP* bis Prince Rupert in British Columbia reichende Küstenstreifen Alaskas wird als ***Inside Passage*** bezeichnet. Dieses Gebiet ist durchs unzugängliche Gebirgsmassiv der *Coast Mountains* vom Kernland getrennt und besteht zum großen Teil aus Inseln und – dadurch – vor dem Pazifik geschützten Wasserstraßen. Touristisch gesehen profitieren Ketchikan und Juneau, zum Teil auch Sitka erheblich vom Kreuzfahrtboom nach Alaska. Aus bis zu sechs gleichzeitig ankernden gigantischen Luxuslinern stürmen bis zu je 2.000 Passagiere zu Kurzausflügen auf Landgang. Um Petersburg und Wrangell ist es ruhiger geblieben, und abseits der Kreuzfahrerziele herrscht ohnehin Einsamkeit. Nicht nur die isolierte Lage, sondern wohl auch die Unbilden des wechselhaften Wetters sind dafür verantwortlich.

Zum Reisen in der Inside Passage

Leider sind Reisen in dieses Gebiet mit erheblichen Ausgaben verbunden, sieht man ab von Haines und Skagway, die sich per Straße vom Yukon Territory aus erreichen lassen und bereits ausführlich behandelt wurden, ⇨ Seiten 401 bzw. 405. Mit der Anreise ist es im übrigen nicht getan. Erst (meist teure) Abstecher und Ausflüge – und damit verbunden auch Aufenthaltskosten – machen die *Inside Passage* lohnenswert.

Information

Auskünfte über die aktuellen Möglichkeiten und Daten:

Southeast Alaska Tourism Council
Internet: www.alaskainfo.org mit Links zu allen Orten.

Information

Einzelheiten zu den Fähren in und durch die *Inside Passage* finden sich im folgenden Kapitel »Fähren in den Norden«.

Zunächst aber zu den Zielen der Inside Passage:

Ketchikan

Lage & Klima

Ketchikan, die südlichste und mit 7.900 Einwohnern fünftgrößte Stadt Alaskas, erstreckt sich über mehrere Kilometer auf einem schmalen Uferstreifen zwischen Bergen und Meer (*Tongass Narrows*). Die attraktive Stadt liegt in der regenreichsten Region der *Inside Passage*. Mit 3.830 mm ist die jährliche Niederschlagsmenge dort größer als auf Vancouver Island (⇨ Seite 23) und sechsmal so hoch wie in Deutschland.

Die **Übernachtungskosten** in Ketchikan beginnen bei ca. $60 für *Bed & Breakfast*-Quartiere. Es gibt sogar ein ***Hostelling International (HI)***, 400 Main St/Ecke Grant St in Downtown, ca. 3 km südlich des Fähranlegers; © (907) 225-3319; geöffnet Anfang Juni bis Ende August; $12, 19 Betten.

Ein von den »Kreuzfahrern« aus den Luxuslinern überlaufenes Zentrum ist die pittoreske ***Creek Street*** an der ***Waterfront*** in *Downtown*. Bis in die 1950er-Jahre war dies ein bekannter Rotlicht-Bezirk. Die meisten der auf Pfeilern gebauten Häuser am

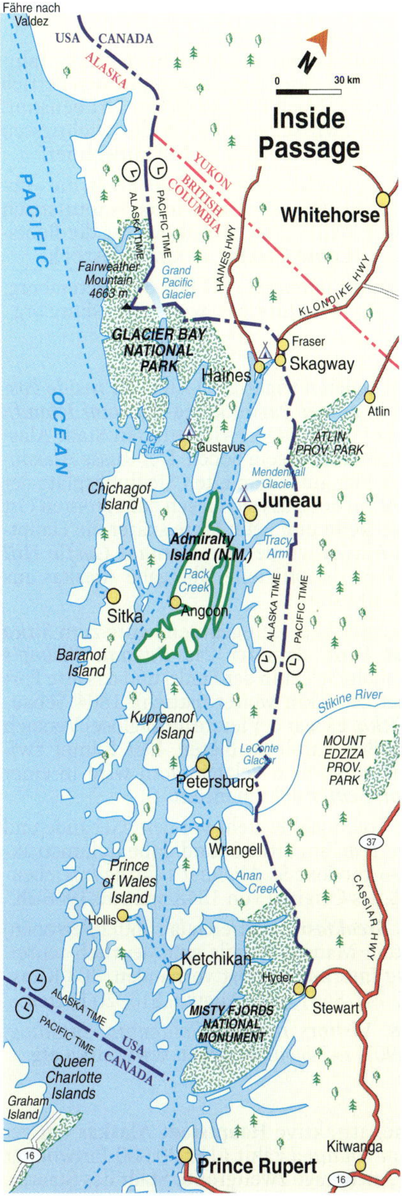

Ketchikan Creek wurden restauriert und beherbergen *Shops*, Restaurants und Kneipen.

Totempfähle der *Tlingit*-Indianer im ***Saxman Totem Park*** am *South Tongass Highway* (4 km südlich) oder im ***Totem Bight State Historical Park*** am *North Tongass Highway*, 16 km nördlich der Stadt prägen Ketchikan. Alaskas beste Totem-Kollektion mit 33 über 100 Jahre alten Pfählen steht im ***Totem Heritage Center***, 601 Deermount Street (im Sommer täglich 8-17 Uhr, $5).

Informationen beim ***Visitors Bureau***, 131 Front St, Ketchikan AK 99901, © (907) 225-6166 oder 1-800-770-3300, Fax (907) 225-4250, **Internet**: **www. visit-ketchikan.com** oder ***Southeast Alaska Discovery Center***, 50 Main Street, © (907) 228-6220.

Wrangell

In Wrangell, einst Etappe für Goldsucher am Stikine River, scheint die Zeit stehengeblieben zu sein. Die 2.300 Einwohner leben von Fischfang und der Holzindustrie.

Die *Totem Poles* auf ***Chief Shakes Island*** im Hafen bilden die Hauptattraktion des Ortes. Idealer Punkt zur Bärenbeobachtung ist eine Aussichtsplattform am ***Anan Creek***, 55 km südöstlich von Wrangell. Dort gehen die gefräßigen Vierbeiner traditionell im Juli und August auf Lachsfang (*Pink Salmon*).

Information Wrangell

Zugang per Charterboot ($200) bzw. Wasserflugzeug. Information über ***Tongass National Forest***, © (907) 874-2323,oder über die Stadt Wrangell, © 1-800-367-9745, **www.wrangell.com.**

Petersburg

Geschichte

Der Norweger Peter Buschmann errichtete Ende des 19. Jahrhunderts auf *Mitkof Island* eine Sägemühle und einen Betrieb für die Lachsverarbeitung. Nach ihm wurde der Ort benannt. Fischindustrie und Holzwirtschaft blieben die wichtigsten ökonomischen Säulen von Petersburg (3.200 Einwohner).

Tagesaufenthalt

Der Fähranleger befindet sich 1 km südlich der Stadt, die – obwohl hübsch anzusehen und prächtig gelegen – touristisch wenig zu bieten hat. Einzige echte Attraktion ist die Bootstour zum mächtigen ***LeConte Glacier*** 40 km südöstlich.

Information

Petersburg Chamber of Commerce, PO Box 649, Petersburg, AK 99833, © (907) 772-4636, **Internet**: www.petersburg.org.

Sitka

Baranof Island/ Geschichte

Im Gegensatz zu den anderen wichtigen Orten der *Inside Passage* liegt Sitka direkt an der Pazifikküste (***Baranof Island***). Die 8.800 Einwohner von Sitka, der viertgrößten Stadt Alaskas, leben auf geschichtsträchtigem Boden. Der Russe *Alexander Baranof* gründete hier auf einem alten Siedlungsplatz der *Tlingit*-Indianer 1799 ein Fort, das sich rasch zum größten Ort der Westküste entwickelte und neun Jahre später die Hauptstadt von Russisch-Alaska wurde. Am ***Baranof Castle Hill Historic Site*** fand 1867 die offizielle Übergabe Alaskas aus russischem in US-Besitz statt.

Sitka National Park

Einige Gebäude aus russischer Zeit gehören heute zum ***Sitka National Historical Park***, darunter das ***Russian Bishop's House*** von 1842 (Lincoln Street in der Stadt) und das alte Fort (Ende Lincoln Street ca. 1 km weiter östlich), 1804 Schauplatz der ***Battle of Sitka***. Es war der letzte (erfolglose) Versuch der *Tlingit,* den Weißen Paroli zu bieten. Der Kampf zwischen Indianern und russischen Pelzhändlern wird in einer Dia-Show im ***Visitor Center*** dokumentiert.

Totem Poles

Eine Reihe schöner Totempfähle steht vor dem Gebäude und entlang eines *Nature Trail* am Sitka Sound. Eine Rekonstruktion ist die russisch-orthodoxe St. *Michael's Cathedral* (ebenfalls Lincoln Street); das Original von 1848 brannte 1966 ab.

Unterkunft

Vor allem an ***Bed & Breakfast***-Quartieren (ab $60/2 Personen) herrscht in Sitka kein Mangel. Hotels sind deutlich teurer. Sogar ein ***Hostelling International*** ist vorhanden, 303 Kimsham Street, © (907) 747-8661, Juni-August; $13, 20 Betten.

Information

Sitka Convention & Visitors Bureau, *Centennial Building*, Sitka AK 99835, © (907) 747-5940, **Internet**: **www.sitka.org**.

Juneau

Geschichte

Die abseits gelegene, attraktive **Hauptstadt Alaskas** am geschützten *Gastineau Channel* zählt über 30.000 Einwohner und ist damit nach Anchorage **zweitgrößte Stadt** des Staates.

Ihre Geschichte begann 1880, als *Joe Juneau* und *Richard Harris* an einem später ***Gold Creek*** genannten Bach fündig wurden. Mehrere **Goldminen** entstanden, darunter die enorm reiche *Treadwell Mine* auf Douglas Island, die aber 1917 voll Wasser lief. Erst in den 1940er-Jahren gab als letzte Mine die ***Alaska Juneau Mine*** nach fast 30 Jahren Produktion ihren Betrieb auf. Insgesamt hat die Region knapp 7 Mio. Unzen (über 200 t) reines Gold hervorgebracht.

Goldwäscher zur Zeit der Jahrhundertwende

Hauptstadt

Dank des Goldrausches und der daraus resultierenden Einwohnerzahl war Juneau zunächst die bedeutendste Stadt Alaskas und wurde 1906 Hauptstadt. Nach mehreren »Anläufen«, die Hauptstadtfunktion auf einen Ort im Alaska-Kernland zu übertragen, votierten 1976 die Einwohner Alaskas endlich für den Umzug der Regierung nach Willow (100 km nördlich von Anchorage), stimmten aber 1982 gegen die damit verbundenen Ausgaben in Milliardenhöhe. Seither ruht die Angelegenheit zur Erleichterung der Bevölkerung von Juneau, deren Arbeitsplätze zur Hälfte von der öffentlichen Verwaltung gestellt werden.

Fähren

Juneau läßt sich am besten mit den Fähren des ***Alaska Marine Highway*** ab Haines/Skagway erreichen; es gibt täglich mehrere Verbindungen. Der Anleger befindet sich 23 km nördl. der Stadt. Busse und Taxen (3 km Fußweg zur Bushaltestelle) sorgen für den Transport in die überraschend belebte *Downtown*.

Information

Gleich am Informationsschalter im Fährhafen oder im ***Davis Log Cabin Information Center*** in der Stadt, 3rd St 134, © (907) 586-2201, sollte man sich eine ***Walking Tour Map*** besorgen, © 1-888-581-2201, Fax (907) 586-6304, **Internet: www.traveljuneau.com**.

Sights

Eine Attraktion Juneaus ist die **Seilbahn am *Mt. Roberts*** in *Downtown* (Mai-Sept. täglich bis 21 Uhr, $24). An der Bergstation (500 m, zu Fuß 3 km ab 6th Street) beginnen Wanderwege mit prächtiger Aussicht auf die Stadt und Umgebung. Besuchenswert ist das ***Alaska State Museum*** (395 Whittier Street, Mitte Mai-Mitte Sept. tägl. 8.30-17.30 Uhr, sonst Di-Sa 10-16 Uhr, $5), das seinen Schwerpunkt auf die Siedlungsgeschichte Alaskas durch Rußland und die USA sowie indianische Kultur gelegt hat. Unweit des *State Capitol* an der Main Street liegt das ***Juneau-Douglas City Museum*** (im *Veterans Memorial Building*), das insbesondere dem Goldrausch und den Goldminen viel Raum widmet; Mitte Mai-Sept. Mo-Fr 9-17 Uhr, Sa+So 10-17 Uhr, sonst Di-Sa, Eintritt $3.

Mendenhall Glacier

Das erste Ziel außerhalb Downtown ist der 19 km lange und 2,5 km breite *Mendenhall Glacier*, der vom 3.800 km^2 großen ***Juneau Icefield*** hinunter ins Tal drückt. Die ***Mendenhall Loop Road*** zweigt 15 km nördlich der Stadtmitte vom *Glacier Highway* ab und führt hinauf zum Mendenhall Lake, an dem das ***Mendenhall Glacier Visitor Center*** des *Forest Service* steht; Mai-Sept. tägl. 8-18.30 Uhr, © (907) 789-0097, Fax (907) 789-6643. Auch ein Bus verkehrt auf dieser Straße. ***Nature Trails*** führen beiderseits des Sees an den Gletscher heran.

Bootstour

Für $115 kann man einen 9-stündigen Bootsausflug in den wunderschönen ***Tracy Arm*** unternehmen, wo kalbende Gletscher ins Meer stürzen; z.B. **Adventure Bound Alaska**, © 1-800-228-3875, © (907) 463-2509. Der Trip ist ggf. eine gute Alternative zur teuren *Glacier Bay Tour*.

Hubschrauber

Auf dem Luftweg in die Gletscherwelt führt ein einstündiger Hubschrauberflug mit Landung und kurzem Spaziergang auf dem ***Norris Glacier***, ***Era Helicopters***, © 1-800-843-1947; $229.

Unterkunft

Die Hotels und Motels kosten im Minimum ab $89, die meisten über $100 fürs DZ. ***B&B*** beginnt bei etwa $65 für 2 Pers.:

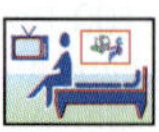

- ***Cozy Log B & B***, © (907) 789-2582, preiswert, gemütlich
- ***Pearson's Pond Luxury Inn***, © (907) 789-3772, elegant

Einzige preiswerte Alternative ist das ***International Hostel***, 614 Harris St, Juneau, AK 99801, © (907) 586-9559; $10/Person, **www.juneauhostel.org**; direkt in Downtown, nur langfristige schriftliche Reservierung sichert Platz.

Campingplätze gibt es um Juneau mehrere; am besten zeltet man am ***Mendenhall Lake Campground*** des *Forest Service*.

Admiralty Island

Südlich von Juneau liegt Admiralty Island, eine Insel, die zu knapp 90% als ***National Monument*** unter Naturschutz steht. **1.500 Braunbären** sollen auf Admiralty Island leben. Insbesondere während der Lachswanderung Mitte Juli bis Ende August gehen die Bären gleichzeitig auf Fischfang. Sie vom ***Pack Creek Brown Bear Viewing Area*** aus zu beobachten, ist ein Erlebnis. Man benötigt dazu ein ***Permit*** ($20-$50/Tag) vom

Forest Service Visitor Center in Juneau (Anschrift siehe oben). Der **Transport nach Admiralty Island** erfolgt per Wasserflugzeug von Juneau aus; Kostenpunkt $200, ➪ oben.

Glacier Bay Nationalpark

Der einzigartige ***Glacier Bay National Park*** schließt im Norden die *Inside Passage*. Seine Gletscher und Eisberge zählen zu den touristischen Höhepunkten Alaskas und sind ein einmaliges Erlebnis. Voraussetzung für den Besuch ist allerdings ein großzügig bemessenes Reisebudget. **Information** bei:

Glacier Bay National Park; Bartlett Cove, AK 99826; ©(907) 697-2230; **Internet: www.nps.gov/glba**.

Gletscherflüge auf den Norris Glacier gibt es ab Juneau

Zur Zeit der ersten Erkundung der ***Icy Strait*** im Jahr 1794 durch Captain George Vancouver war die *Glacier Bay* bis auf 8 km vollkommen mit Eis bedeckt, das sich seither über 100 km zurückgezogen und eine bis 20 km breite Bucht freigegeben hat, in die 12 kalbende Gletscher »münden«. Von Juni bis September ziehen **Buckelwale** im nahrungsreichen Wasser ihre Jungen auf. Zum Nationalpark gehört auch der 30 km von der *Glacier Bay* entfernte ***Mount Fairweather***, mit 4.663 m der höchste Gipfel Südostalaskas.

Lage

An der ***Icy Strait***, der *Glacier Bay* abgewandt, liegt **Gustavus,** eine »Service-Siedlung«, deren 400 Einwohner im Nationalpark, in der Fischerei oder im Touristengeschäft beschäftigt sind. Von dort führt eine 16 km lange Straße nach **Bartlett Cove** am Ausgang der *Glacier Bay*; Verbindung durch *Shuttle Bus* ($12) und Taxi. Bartlett Cove besteht aus Bootsanleger, *Park Headquarters*, ***Glacier Bay Lodge*** (Zimmer $185, © (907) 264-4600, **www.visitglacierbay.com,** Reservierung unter ©1-888-BAY-TOUR), Restaurant und Campingplatz.

Transport

Den Nationalpark erreicht man naturgemäß nur per Schiff oder Flugzeug, z.B. Juneau-Gustavus mit *Alaska Airlines* ➪ siehe Seite 65. Die meisten Fluggäste landen aber mit kleinen Charterern in Gustavus, die in Haines, Skagway und Juneau starten. Bezahlbare Flüge bietet ab Juneau *L.A.B. Flying Service*, ✆ (907) 766-2222, www.labflying.com, $87 einfach.

Die Schiffe des *Alaska Marine Highway* laufen die *Glacier Bay* nicht an. Die einfache Fahrt Juneau–Gustavus mit der ***Glacier Bay Ferry*** (Dauer 4 Stunden) kostet $69, Kontakt wie ***Glacier Bay Lodge*** umseitig.

Absoluter **Höhepunkt** ist die Exkursion mit dem Ausflugsschiff ab Bartlett Cove in die *Glacier Bay* hinein (8 Stunden). Auf Alaskas bestem Bootstrip beobachtet man *Grizzlies* am Ufer, auftauchende Wale, Gletscher, die alpine Ausmaße um ein Vielfaches übertreffen, und im Hintergrund den ***Mount Fairweather***, dessen eisbedeckte Flanken vom Meeresspiegel bis auf 4.663 m emporragen.

Am Ende der Bucht bieten die kalbenden Gletscher ***Grand Pacific*** und ***Margerie*** ein fantastisches Naturschauspiel. Information zu Bootstouren dorthin ($159) wie *Glacier Bay Lodge*.

In der Glacier Bay

5.5 Fähren in den Norden

System

Die Städte an der *Inside Passage* in Südostalaska sind untereinander, mit Prince Rupert (in British Columbia) und Bellingham (am *Puget Sound* nördlich von Seattle im US-Staat Washington) durch Fähren verbunden. Sie gehören zum System des ***Alaska Marine Highway****), das einen weiteren Liniendienst im Südwesten Alaskas aufrechterhält, ➪ Seite 449.

Zwischen den beiden voneinander getrennten Zweigen des *Alaska Marine Highway* verkehrt nur einmal monatlich (von Mai bis September) eine Fähre auf der Route **Prince Rupert–Ketchikan–Juneau–Valdez–Seward** und retour (*Southeast/Southwest Cross Golf Trip,* ➪ ebenfalls Seite 449 und 450).

Netz

Die in der *Inside Passage* operierenden Schiffe pendeln entweder zwischen den wichtigen Städt(ch)en und kleineren Ortschaften (vor allem) auf den der Küste vorgelagerten Inseln oder gehören zu Langstreckenfähren. Diese verkehren zwischen **Bellingham** (USA) bzw. **Prince Rupert** und den Zielhäfen **Haines** und **Skagway**. Nur an den letztgenannten drei Punkten besteht **Anschluß ans kanadische Straßennetz**:

- in Prince Rupert an den *Yellowhead Highway*
- in Haines über die *Haines Road* zum *Alaska Highway*
- in Skagway über den *Klondike* zum *Alaska Highway*

Mit jeweils zwei täglichen Abfahrten sind die Routen Skagway–Juneau bzw. Haines–Juneau ideal für einen relativ preiswerten Kurztrip in die Inside Passage. 4 mal wöchentlich verkehrt die Fähre Prince Rupert-Ketchikan. Beide Fährtrips sind ohne langfristige Reservierung zu machen.

Häfen unterwegs

Außer an den Endpunkten legen alle Fähren in Ketchikan, Wrangell, Petersburg und Juneau an; nur ein Teil von ihnen fährt den Umweg über Sitka.

Reservierung

Wer auf einer Sommerreise zu den vorgeplanten Daten die Alaska-Fähre benutzen möchte, sollte möglichst frühzeitig reservieren. Kabinenplätze sind oft schon Mitte Januar für die gesamte Hauptsaison ausgebucht, die Fahrzeugkapazität nicht viel später, speziell was Campmobile betrifft.

Ohne Auto und den Wunsch nach einem Kabinenbett kommt man als Deckspassagier (immer knappe Pullmannsessel zum Schlafen oder einfach Schlafsack irgendwo) meist auch kurzfristig noch auf den Schiffen unter. Dabei sind die Chancen ab Prince Rupert besser als ab Bellingham. Das gilt ebenso für Motorradfahrer. Reservierungen und aktuelle Informationen wie Fahrpläne und Tarife gibt es unter folgender Anschrift (nächste Seite oben):

*) Der Begriff *Highway* mag in diesem Zusammenhang irritieren, aber in Kombination mit dem Wort *Marine* wird daraus in der Übersetzung »Wasserstraße«.

Tarife Alaska-Fähren in US$, jeweils einfache Fahrt (2005)
(Fahrzeugtarife ohne Fahrer)

	Dauer (in Std.)	PKW bis 15 Fuß	Camper bis 21 Fuß	Person	Motorrad
Bellingham–Skagway	69-83	723	1107	320	421
Prince Rupert–Skagway	30-52	366	561	166	217
Prince Rupert–Ketchikan	5	96	140	52	60
Haines–Skagway	1	36	51	27	27
Haines–Juneau	2-5	66	95	33	43
Juneau–Skagway	2-7	86	128	44	55
2-Personen-Kabine	Bellingham–Skagway: $72-$346 Prince Rupert–Skagway: $33-$156 (beides ohne Verpflegung)				

Alaska Marine Highway
6858 Glacier Hwy, Juneau, AK 99801
✆ 1-800-642-0066 und ✆ (907) 465-3941
Fax (907) 277-4829
Internet: www.ferryalaska.com

Reservierungen sind nur unter Angabe einer Kreditkartennummer und ihres Verfalldatums möglich.

Einige Tarifbeispiele (**2005**) vermitteln einen Eindruck der in etwa zu erwartenden – leider sehr hohen – Kosten.

Die Alaska-Fähre kostet also:

- von **Bellingham nach Skagway** für **zwei Personen mit Kabinenplatz und kleinerem Pkw** in der günstigsten Kategorie **US$1.435, mit Camper US$1.819.**
- für den landschaftlich reizvolleren Nordabschnitt der *Inside Passage* von **Prince Rupert nach Skagway** bei identischer Konstellation **US$731, mit Camper US$926.**

Folgendes ist darüber hinaus wichtig zu wissen:

Frequenz der Fähren

Von Mai bis September starten von Bellingham zwei Fähren pro Woche, Abfahrt jeweils 18 Uhr; ab Prince Rupert fährt hingegen im Sommer 3x pro Woche ein Schiff nach Skagway. Die schnellste Fähre benötigt ab Bellingham rund **69 Stunden**, bei Fahrt über Sitka bis zu **83 Stunden**. Von **Prince Rupert nach Skagway** ist man ohne Zwischenaufenthalt **30-52 Stunden** unterwegs. Je nach Dauer sind ab Bellingham 3 oder 4 Nächte, ab Prince Rupert mindestens eine Nacht auf dem Schiff zu verbringen.

Schlafen

Auf See ist der Aufenthalt im eigenen Auto im Fahrzeugdeck untersagt. Wer sich nicht mit einem der (ziemlich unbequemen) Schlafsessel oder dem ausgerollten Schlafsack (erlaubt sind auf dem Oberdeck selbsttragende Kuppelzelte) begnügen mag, muß sich rechtzeitig um einen Kabinenplatz kümmern.

An Bord

Der Komfort auf den Schiffen ist nicht überragend. Neben **Bar** und **Cafeteria** gibt es lediglich ein beheiztes überdachtes Aussichtsdeck und ein kleines teures Geschäft mit begrenztem Angebot. Auf den langen Strecken sind ***Ranger*** des *Alaska Department of Fish & Game* oder des *National Forest Service* an Bord, die **Vorträge über Geographie, Flora und Fauna der *Inside Passage*** halten. Bei schlechtem Wetter, wenn Wolken und Regen die Aussicht trüben, wird die Fahrt aber rasch langweilig. Auch bei guten Witterungsbedingungen bleibt manches Sehenswerte während der Nachtstunden im wahrsten Sinne des Wortes im Dunkeln.

Unterbrechung

Die Häfen werden nur zum Be- und Entladen angelaufen, so daß nicht genug Zeit bleibt, einen Landausflug zu machen. Wer die Fähre spontan verläßt, hat für die Weiterreise mit nachfolgenden Schiffen kein Ticket mehr. Man muß also vor dem ersten Einschiffen die Belegung nachkommender Fähren über die links angegebene *Toll-Free-Number* erfragen und dann Fahrtunterbrechungen entsprechend umbuchen (15% Gebühr ab 14 Tage vor Abfahrt). Deshalb sollten Autofahrer bei Unterbrechungen rechtzeitig alle Teilstrecken einzeln buchen – mit geringem Aufpreis im Vergleich zur durchgehenden Fähre.

Beurteilung mit Auto

Die Frage, ob sich die **mit Fahrzeug** extrem hohen Ausgaben für die Fähre überhaupt lohnen, ist nicht klar zu beantworten. Rein ökonomisch auf den ersten Blick kaum, denn die zusätzlichen 2.400 Straßenkilometer (ab Bellingham) bzw. 1.200 km (ab Prince Rupert) nach Whitehorse verursachen vergleichsweise geringe Benzinkosten und 2 bis 3 zusätzliche Miettage.

Haines und **Skagway** (von dort ggf. Juneau und den *Glacier Bay National Park* per Boot oder Flugzeug) kann man ebenso gut über das Straßensystem ansteuern und dabei den besonders attraktiven Teilabschnitt der *Inside Passage* zwischen Skagway und Haines (ggf. unter Einbeziehung von Juneau) ebenfalls vom Wasser aus erleben, ➪ Seite 405.

Anders sieht es eventuell dann aus, wenn man die Fährpassage zunächst als **»Anreise« ohne Auto** plant, so daß sich ggf. die Mietzeit für ein Campmobil um einige Tage verkürzt – z.B. bei **Übernahme des Fahrzeugs** erst ab Whitehorse.

... ohne Auto/ Motorrad

Für Leute **ganz ohne Auto** oder mit einem flexibler und billiger zu transportierenden **Motorrad** ist die Entscheidung leichter. Der Einbau der Alaska-Fähre in die Reiseroute dürfte in den meisten Fällen eine gute Idee sein, insbesondere wenn unterwegs Zeit für Zwischenstopps ist.

Fähre oder Nebenrouten?

Da eine Fahrt in den hohen Norden dank der *Klondike, Top of the World, Taylor* und *Cassiar Highways* nicht mehr notwendigerweise über weite Strecken auf derselben Route zurückgehen muß, entfällt das Argument, daß nur mit Hilfe der Fähren eine schöne Rundstrecke realisiert werden kann. Berücksichtigt werden muß ggf., daß manche Vermieter das Befahren von *Gravel Roads* untersagen bzw. mit Zuschlägen belegen. Der Anteil der Schotterstraßen wird jedoch immer geringer, ➪ Seite 374ff.

Kreuzfahrtschiffe

Wie gesagt, gibt es mit einer Ausnahme keine Linienschiffe von Süden ins Alaska-Kernland, nur **Kreuzfahrer** operieren nördlich der *Inside Passage.* Die Kosten liegen aber erheblich über den ohnehin nicht billigen Fährpassagen, wenn auch einschließlich höherem Komfort und Mahlzeiten. Zum Programm gehören nahe Vorbeifahrten an kalbenden Gletschern und Zwischenstopps in Häfen mit Ausflugsangebot.

Kosten

In der Hauptsaison berechnet z.B. die ***Holland America Line Westours*** für 2 Personen bei Belegung der preiswertesten Doppelkabine inklusive aller Mahlzeiten und Trinkgelder (jeweils 7 Tage, jedoch kein Autotransport möglich):

- $2.500 von Vancouver nach Seward oder umgekehrt mit der Möglichkeit zu Landausflügen in Ketchikan, Juneau, Sitka und Kreuzfahrt durch den *Glacier Bay National Park* und den *College Fjord.*
- $2.800 von Vancouver/Seattle zum *Glacier Bay National Park* mit Aufenthalten in Ketchikan, Skagway, Juneau und retour.

Deutlich billiger sind Kreuzfahrten vor Mitte Juni oder nach Mitte August.

Weitere Informationen in Reisebüros oder im **Internet: www. hollandamerica.com.**

Riesen-Kreuzfahrer am Kai von Seward/Alaska

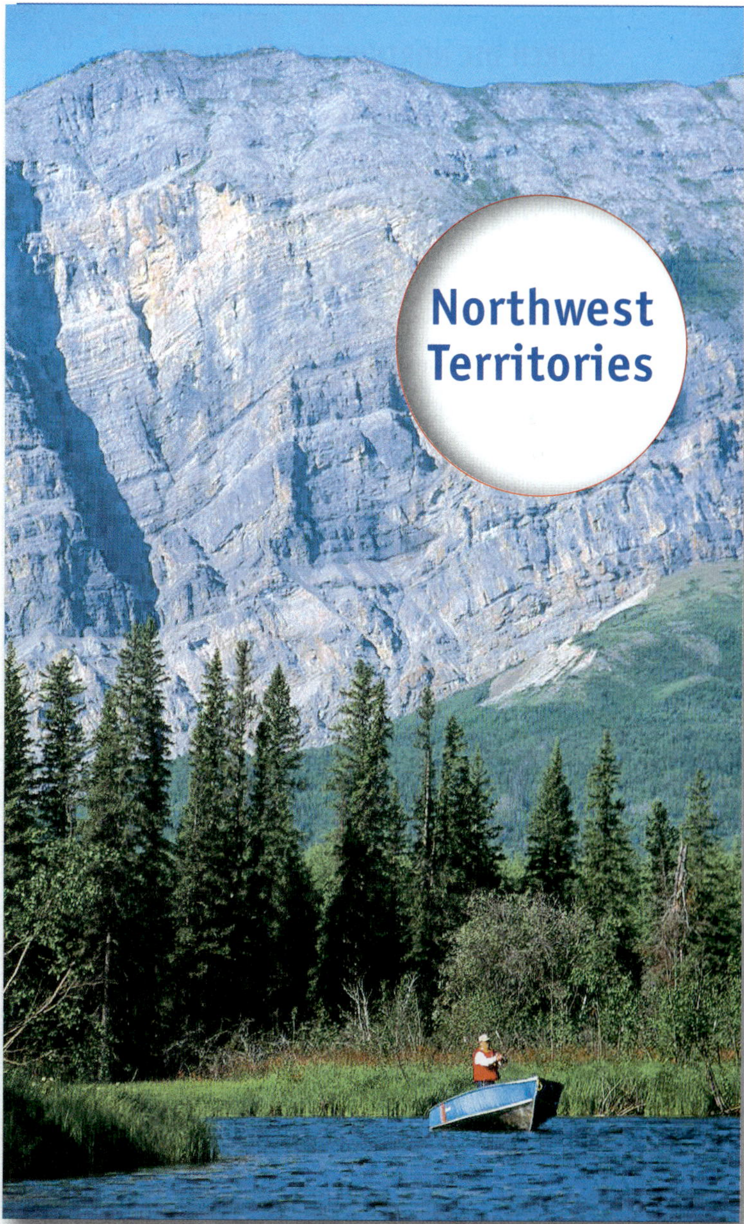
Northwest
Territories

6. DURCH DIE NORTHWEST TERRITORIES

6.1 Zur Planung

Rundfahrt

Wer mit dem Gedanken spielt, die Canada-Reise um eine Fahrt in die Einsamkeit der Northwest Territories zu ergänzen, muß bedenken, daß sich eine Tour dorthin nur als **Rundfahrt *Mackenzie Hwy–Liard Hwy–Alaska Hwy*** (oder umgekehrt) und auch nur in Kombination mit einem Abstecher nach *Yellowknife* lohnt. Mittlerweile ist der Großteil dieser Straßen asphaltiert und auch die verbliebenen Schotterpisten (470 km auf Mackenzie Hwy vom Abzweig Yellowknife Hwy bis Checkpoint und auf dem Liard Hwy in den NWT) zeigen sich in einem relativ guten Zustand. In Kombination mit dem *Alaska Highway* bis Watson Lake bietet die Route durch den leicht zugänglichen Teil der Northwest Territories eine mögliche Variante einer Reise durch Kanadas Norden.

Distanzen

Die dabei anfallenden Zusatzkilometer hängen vom Ausgangspunkt ab, wobei nachfolgend die Abstecher nach Yellowknife und Hay River jeweils berücksichtigt sind. Ab Edmonton legt man auf *Mackenzie* und *Liard Highway* bis Fort Nelson am *Alaska Highway* 2.600 km, bzw. ab Calgary 2.900 km zurück. Dabei macht man jeweils einen Umweg im Vergleich zur Direktroute über *Dawson Creek* von über 1.500 km.

Lohnt sich die Fahrt?

Wer über ausreichend Zeit verfügt und ein Fahrzeug besitzt, dem Schotterstraßen zugemutet werden dürfen, sollte den Umweg in Erwägung ziehen. Die Strecke »entschädigt« allerdings nur für die Mühe, wenn genügend Zeit (Minimum 3-4 Tage) für den Abstecher nach Yellowknife und ggf. noch einen Ausflug in die Wildnis bleibt (etwa Flug zu den *Virginia Falls*). Andererseits bieten speziell der westliche Abschnitt des *Mackenzie Highway* und der *Liard Highway* weit mehr Einsamkeit des Nordens als der mittlerweile doch ziemlich populäre *Alaska Highway*. Und wer kann schon von sich sagen, er sei in Yellowknife gewesen?

Alexandra Falls des Hay River, ➪ *Seite 493*

6.2 Übersicht über das NWT-Straßennetz

Nr.	Bezeichnung	von	nach
1	Mackenzie Hwy	Grimshaw, Alberta	Wrigley
2	Hay River Hwy	Enterprise	Hay River
3	Yellowknife Hwy	Mackenzie Hwy	Yellowknife
4	Ingraham Trail	Yellowknife	nach Osten
5	Fort Smith Hwy	Hay River	Fort Smith
6	Fort Resolution Hwy	Fort Smith Hwy	Fort Resolution
7	Liard Hwy	Mackenzie Hwy	Alaska Hwy, BC
8	Dempster Hwy*)	Klondike Hwy, Yukon	Inuvik

Straßenqualität

Sieht man ab vom *Mackenzie Highway* von Alberta bis zur Abzweigung des *Yellowknife Highway*, sind nur der kurze *Hay River Highway*, die westlichen Abschnitte des *Ingraham Trail* (ca. 30 km), des *Fort Smith Highway* (ca. 90 km) und des *Fort Resolution Highway* (ca. 25 km) sowie der komplette *Yellowknife Highway* asphaltiert. Das Gros der verbliebenen ***Schotterstraßen*** ist problemlos mit PKW oder Wohnmobil (so nicht vertraglich untersagt) zu befahren.

Tanken

Tankstellen besitzen in den NWT **Seltenheitswert**. Ohne Ausnahme gibt es sie nur in den in der Übersichtskarte (➪ nächste Seite) verzeichneten Ortschaften (bis auf Edzo) und an der Abzweigung des *Liard Highway* vom *Mackenzie Highway* (*Checkpoint*). Entlang der Straßen findet man abseits dieser genannten Orte außer einigen Camping- und Picknickplätzen keine weiteren Serviceeinrichtungen. Im Norden ist es daher immer eine gute Idee, an jeder Tankstelle nachzutanken, denn es kann auch mal eine Station überraschend geschlossen oder gerade »*out of gas*« sein. Noch einmal **Volltanken in Alberta vor Erreichen der NWT** ist zudem kostensparend.

Fähren

Die NWT unterhalten fünf kostenlose **Autofähren**. Sofern die Flüsse eisfrei sind, verkehren sie täglich:

- **Mackenzie Highway:** östlich Fort Simpson über den Liard River 8-23.30 Uhr, **und** westlich Fort Simpson über den Mackenzie River, 9-11 Uhr, 14-20 Uhr.
- **Yellowknife Highway** (**wird 2006 durch eine Brücke ersetzt**): bei Fort Providence über den Mackenzie River, 6-24 Uhr
- **Dempster Highway***): bei Fort McPherson über den Peel River*) 9-0.45 Uhr
- **Dempster Highway***): bei Tsiigehtchic über den Mackenzie River*) 9-0.45 Uhr

Planung

Zur grundsätzlichen Vorbereitung einer Fahrt in den Norden ➪ Seiten 374ff. Aktuelle Fährzeiten unter © 1-800-661-0750.

*) Beschreibung im Kapitel 4 (Alaska Highway und Yukon Territory)

6.3 Die Routen

6.3.1 Mackenzie Highway

Geschichte

Der *Mackenzie Highway* von Grimshaw/Alberta in das südwestliche Kernland der Northwest Territories wurde 1949 eingeweiht und blieb bis zur Eröffnung des *Liard Hwy* 1984 die einzige Landverbindung. Er ist – bis Wrigley, 220 km nordwestlich Fort Simpson – ca. 1200 km lang. Die parallele *Great Slave Lake Railway* wurde erst 1964 fertiggestellt.

Verlauf in Alberta

Der offizielle ***Mile 0-Marker*** des *Mackenzie Highway* befindet sich in **Grimshaw** (unweit der *Tourist Information* in einem Eisenbahnwaggon). Die folgenden 500 km der Straße laufen ohne besondere Höhepunkte zunächst durch unendlich erscheinende Agrar- und später Waldgebiete. Unterwegs lohnen sich nur Stopps im ***High Level Visitor Centre*** mit ***Mackenzie Crossroads Heritage Museum*** (Mai-Anfang Sept. Mo-Sa 9-19 Uhr, sonst kürzer, Eintritt $2), und beim ***60th Parallel Visitor Information Centre*** an der Grenze Alberta/Northwest Territories am 60. Breitengrad.

Informationen NWT

Dieses Besucherzentrum der Northwest Territories ist Mitte Mai bis Mitte September 8.30-20.30 Uhr geöffnet. Zum Gratisbecher Kaffee gibt es die ***Highway Map*** und alle Informationen *up-to-date*. Ein kleiner ***Campground*** mit einem überdachten Küchenhäuschen liegt nebenan am Hay River.

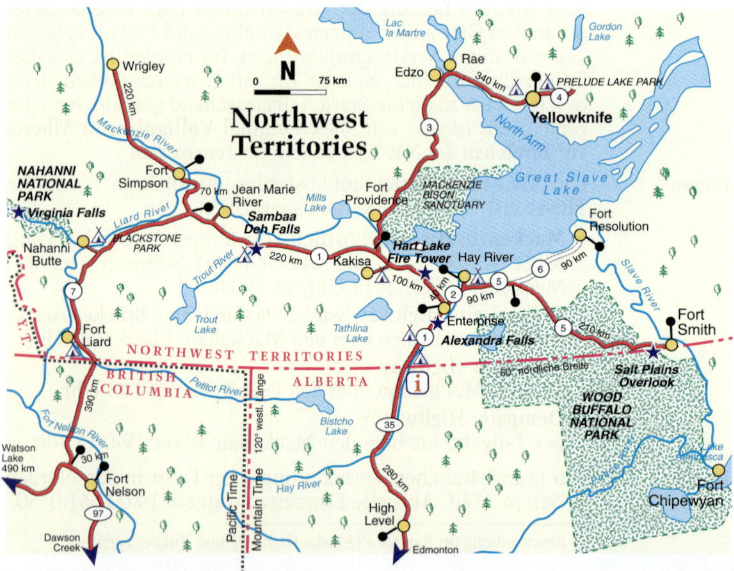

Wasserfälle

72 km nördlich der »Grenze« hat sich der die Straße begleitende Hay River eine tiefe Schlucht mit Wasserfällen und Stromschnellen geschaffen. Die ***Alexandra Falls*** (32 m hoch, Aussichtsplattform), als Fotomotiv in vielen Broschüren zu finden, sind auf mehreren kurzen *Trails* zu erreichen.

Zwei Kilometer weiter zweigt die Zufahrt zu den ***Louise Falls*** ab. Dieser dreistufige Wasserfall ist nur 20 m hoch, aber dafür lädt ein schön angelegter und instandgehaltener ***Campground*** zum Bleiben ein (Duschen). Man kann vom Campingplatz auch flußaufwärts zu den *Alexandra Falls* (2 km) und flußabwärts zu den kleineren Wasserfällen des ***Escarpment Creek*** (3 km) laufen. Dort befindet sich ein hübscher, auch von der Straße aus erreichbarer ***Picnic Ground***. Die drei Wasserfälle sind Teil des ***Twin Falls Territorial Park.***

Hay River

In **Enterprise** (60 Einw.) wendet sich der *Mackenzie Highway* nach Westen. Geradeaus geht es auf dem ***Hay River Highway*** zur zweitgrößten Ortschaft der NWT, Standort des 17 Stockwerke (!) hohen ***Mackenzie Place Highrise***. **Hay River** (3.500 Einwohner) besitzt einen kleinen Hafen, in dem Fischerboote und Frachtschiffe liegen, die entlegene Gebiete bedienen. **Motive für den Abstecher** vom *Mackenzie Highway* nach Hay River (38 km auf guter Straße) liefern die Zufahrt zumGreat Slave Lake oder Einkaufsnotwendigkeiten. ***Greyhound*-Busse** erreichen mit Hay River ihre Endstation in den NWT.

Der ***Campground*** (mit Badestrand) im ***Hay River Territorial Park*** befindet sich auf *Vale Island,* einer Insel im Mündungsbereich des Hay River, die auch die kleine Altstadt ***Old Town*** beherbergt. Nach einer Überflutung 1963 entstand 4 km südlich auf dem Festland die heute deutlich größere ***New Town***.

Fort Smith

Nach Fort Smith, der mit 2.200 Einwohnern viertgrößten Siedlung der NWT, sind es von Hay River 270 km. Die Hälfte der Strecke führt durch den ***Wood Buffalo National Park***, dessen ***Visitor Centre*** sich in Fort Smith befindet.

Wood Buffalo National Park

Wood Buffalo ist der größte Nationalpark Canadas und Heimat eines 4.000 Köpfe starken Bisonbestandes, zugleich die letzte Zufluchtstätte Nordamerikas, in der die Bisons über Hunderte von Kilometern ungehindert umherziehen können.

Ein zweiter Superlativ ist das ausgedehnte **Flußdelta** am Zusammenfluß von Peace River und Athabasca River. Das Labyrinth aus flachen Seen und Sümpfen wird durch ein Netz von mäandernden Wasserwegen verbunden.

Mit einer Fläche von 44.800 km^2 ist der *Wood Buffalo National Park* größer als die Schweiz und verfügt dennoch mit dem Fort Smith Highway nur über eine einzige Zufahrt. Obwohl der Löwenanteil seiner Fläche im nördlichen Alberta liegt, erreicht man den Park nur über diese Route.

Wood Buffalos

Auch wenn die Geschichte der ***Wood Buffalos*** ganz interessant ist, den weiten Ausflug von Hay River zum *Wood Buffalo National Park* und ggf. weiter nach Fort Smith sollte nur ins Auge fassen, wer neben der (prioritären) Fahrt nach Yellowknife wirklich viel Zeit hat. Außer zur Bison-Beobachtung am Wegesrand lohnt sich unterwegs auch ein Stop am ***Salt Plains Viewpoint*** (13 km Stichstraße). Salzwasser gelangt dort aus Quellen an die Oberfläche und trocknet zu ausgedehnten weißen Krusten.

Information

Wood Buffalo National Park Visitor Centre, Fort Smith,
© (867) 872-7960, www.pc.gc.ca/woodbuffalo

Sightseeing-Flüge über den Park ab Fort Smith kann man bei ***Big River Air*** buchen: © (867) 872-3030.

Bisons in den Northwest Territories

In Nordamerika gibt es zwei Arten von Bisons. Die **Präriebisons**, die einst in riesigen Herden durch die weiten Grassavannen zogen, standen gegen Ende des 19. Jahrhunderts kurz vor der Ausrottung. Nur in wenigen abgelegenen Reservaten und auf abseits gelegenen *Ranches* gab es noch einige geschützte Bestände. Auch in den Northwest Territories hatten die größten Landsäugetiere Nordamerikas überlebt. Bei ihnen handelte es sich aber um **Waldbisons**, die sich nur durch wenige Merkmale wie den etwas größeren Körperbau und die dunklere Behaarung vom Präriebison unterscheiden und in den nordwestlichen Wäldern Canadas beheimatet waren.

Zwischen 1925 und 1928 wurden mehrere tausend Bisons aus dem seinerzeitigen (1913-1939) ***Buffalo National Park*** bei Wainwright östlich von Edmonton in den 1922 gegründeten ***Wood Buffalo National Park*** gebracht. Beide Bisonarten vermischten sich, die Zahl der Tiere nahm zu.

Der »Erfolg« dieser Aktion war sogar so groß, daß es nach wenigen Jahrzehnten anscheinend keine reinrassigen Waldbisons mehr gab und sie um 1950 als ausgestorben angesehen werden mußten.

Überraschenderweise fand man 1957 am Nyarling River an der nördlichen Parkgrenze noch einige reinrassige Waldbisons. Sie wurden separiert und bildeten die Basis für die krankheitsfreien, reinrassigen Waldbisonherden in der ***Mackenzie Bison Sanctuary*** und im ***Elk Island National Park.***

Die Lage der Mischrasse ist dagegen problematisch. Rund 50% der im Park lebenden Bisons sind von Tuberkulose und von Brucellose befallen, Krankheiten, die seinerzeit von den Präriebisons eingeschleppt worden waren. Da das Ökosystem im Nationalpark durch die erkrankten Bisons wenig belastet wird, der Bisonbestand trotz verstärkter Wolfsattacken auf geschwächte Tiere konstant bleibt und die erkrankte Herde (mit Wanderungsüberwachung) von der gesunden weit separiert lebt, bleibt bis zur Vorlage weiterer Forschungsstudien über die Bekämpfung von Brucellose bzw. Tuberkoluse der Status quo erhalten.

Aussicht

Vom *Mackenzie Highway* geht es 45 km westlich von Enterprise zum ***Hart Lake Fire Tower***. Von der Beobachtungsplattform aus überschaut man ein riesiges Waldgebiet und in der Ferne den Great Slave Lake. Waldbrände sind in dieser Gegend wegen der Trockenheit nicht selten. Ein ***Trail*** führt zu einem – vom Turm aus gut erkennbaren – Steilabbruch, Überbleibsel eines urzeitlichen Korallenriffs.

Evelyn Falls

Nach weiteren 39 km auf dem *Mackenzie Highway* erreicht man über die Straße in Richtung der kleinen Déné-Siedlung Kakisa am Kakisa Lake die ***Lady Evelyn Falls*** (7 km) mit schönem ***Territorial Campground*** oberhalb des 17 m hohen Wasserfalls. An dessen Basis kann man schwimmen.

Rund 160 km weiter passiert die Straße den nächsten Park, den kleinen, an einem Hang oberhalb des Trout River gelegenen ***Sambaa Deh Falls Territorial Park***. 20 schöne Plätzchen und Duschen warten auf Camper. Die beiden Wasserfälle *Sambaa Deh* und *Coral Falls* verbindet ein 1,5 km langer *Trail am Fluß* entlang.

Fort Simpson

Von der Abzweigung des ***Liard Highway*** in Checkpoint (***Hotel*** mit Restaurant, **Tankstelle** und *Visitor Info*) sind es nach Fort Simpson noch 65 durchgehend asphaltierte Kilometer. Dabei geht es 20 km vor der »Stadt« per kostenloser Fähre über den Liard River.

Fort Simpson (1.200 Einwohner) besitzt trotz der geringen Einwohnerzahl als »Tor« in den einsamen Norden eine komplette Versorgungsinfrastruktur. Dieser einzige touristisch bedeutende Ort entlang des Mackenzie Hwy liegt auf einer Insel im *Mackenzie River* und ist Ausgangspunkt für ***Flightseeing*** und geführte Touren ins Hinterland, speziell in den ***Nahanni National Park***.

Nahanni National Park

Dieser Park läßt sich per Straße nicht erreichen. Für einen Flug zu den mächtigen ***Virginia Falls*** des *South Nahanni River* (90 m Fallhöhe), Höhepunkt vieler Trips in die NWT, zahlt man z.B. bei *Wolverine Air*, © (867) 695-2263, ab $200 pro Person. Im ***Nahanni National Park Information Centre*** – © (867) 695-3151, **www.pc.gc.ca/nahanni** – gibt es Fotos und Filme davon.

Eine Schotterstraße führt von Fort Simpson zum weiter nordwestlich gelegenen **Wrigley** (170 Einwohner).

Bärenfalle auf einem Campingplatz in den Northwest Territories

6.3.2 Yellowknife Highway

Zeitbedarf

Eine Fahrt in die Northwest Territories ohne den Abstecher nach Yellowknife wäre wenig sinnvoll. Die reine Fahrtzeit beträgt auf der asphaltierten Straße 4-5 Stunden für den einfachen Weg, ca. **340 km** (**ab 2006** soll die ***Mackenzie-River Bridge*** fertig sein, dann kürzere Fahrtzeit möglich). Pausen, Besichtigungen und eine Weiterfahrt auf dem *Ingraham Trail* mitgerechnet, ist ein Abstecher nach Yellowknife ab 2Tagen zu »machen«. **Hinweis**: Die **Supermarktpreise** liegen in Yellowknife niedriger als in anderen entlegenen Orten. Auch das Tanken ist dort fast 15 Cent billiger als in Fort Simpson.

Fähre

Bis zur kostenlosen Fähre über den hier bereits erstaunlich breiten **Mackenzie River** sind es 25 km. Wegen Eisgangs kann die Strecke bis Mitte Mai gesperrt sein. Oft verschwinden die letzten Eisschollen nicht vor Ende Juni. Auf den folgenden

Bisons

80 km bildet die Straße die Westgrenze des ***Mackenzie Bison Sanctuary***, Reservat einer weiteren Herde reinrassiger ***Wood Buffalos*** (⇨ oben). In der Regel weiden einige der rund 2.000 Waldbisons direkt an der Straße. Bisons sieht man hier oft besser als im *Wood Buffalo National Park*.

Fort Providence

Fort Providence ist ein 750-Seelen-Dorf mit überwiegend indianischer Bevölkerung. Interesse an ***Indian Handicraft*** – dort vor allem Stickereien aus Elchhaar – wäre ein Motiv für den Abstecher (5 km). Der schöne ***Fort Providence Territorial Park Campground*** liegt am Ufer des Mackenzie River, etwa 2 km vom *Yellowknife Highway* entfernt.

Park am Great Slave Lake

Diese Straße bietet auf den folgenden 200 km kaum Abwechslung. Im ***North Arm Park*** gibt es einen guten **Picknickplatz** am *Great Slave Lake.*

Rae

Im Bereich des *North Arm*, rund 100 km westlich vor Yellowknife, passiert man die Zufahrten zu den *Déné*-Siedlungen **Edzo** und **Rae**. Nur Rae, mit 1.550 Einwohnern größte *Déné*-Stadt der NWT, hat eine Versorgungsinfrastruktur (11 km ab Yellowknife Hwy). Mehr zu den NWT-Indianern ab Seite 593.

Der Übergang von den bewaldeten Ebenen der ***Mackenzie Lowlands*** zur felsigen Hügellandschaft des Kanadischen Schildes erfolgt in diesem Bereich. Die restliche Strecke bis Yellowknife ist erheblich reizvoller als der erste Abschnitt.

Yellowknife

Einige Kilometer vor der Ortseinfahrt von Yellowknife liegt der ***Fred Henne Territorial Park***, dessen Sandstrand am Long Lake beliebtes Ausflugsziel ist. Die Sommersonne erwärmt das Wasser des kleinen Sees auf badefreundliche Temperaturen. Schließlich verzeichnet Yellowknife mit 1.037 Stunden von Juni-August mehr Sonnenschein als alle anderen kanadischen Städte. Der attraktive ***Campground*** bietet trotz des nahen Flugfeldes relativ ruhige Übernachtungsplätze in Ortsnähe. Auf dem ***Prospector's Trail*** (4 km) kann man die geologischen Besonderheiten der Region studieren.

Hauptstadt

Yellowknife an der *Back Bay* der Slave-Lake-Nordküste beherbergt mit ca. **17.000 Einwohnern** mehr als 40% der Bevölkerung der Territories. Als Hauptstadt und Verwaltungszentrum verfügt sie über eine komplette Infrastruktur; auch der Anschluß ans nationale Flugnetz per Linienjet fehlt nicht.

Geschichte

Die nach den kupfernen Messern der *dort ansässigen* Indianer benannte Stadt existiert erst seit knapp 70 Jahren. Die Entdeckung von **Gold** hatte **1934** erstmals weiße Siedler in die Gegend nördlich des Great Slave Lake gebracht. Anders als etwa beim *Klondike Goldrush* ab 1898. kamen damals nicht Tausende, um in mühseliger Handarbeit *Pay Dirt* zu waschen, sondern die Goldgewinnung nahm relativ rasch industrielle Formen an. Bis heute sind **Goldminen** in Betrieb, darunter die riesige *Giant Mine* 5 km nördlich der Stadt.

Information

Der erste Weg in Yellowknife sollte zum sehr gut ausgestatteten ***Northern Frontier Visitors Centre*** führen in der 4807 49th St, © 1-877-881-4262. Dort erhält man den **Ortsplan** und alle erdenklichen Unterlagen. Information im **Internet** unter **www.northernfrontier.com**.

Museum

Unbedingt besuchen sollte man das ***Prince of Wales Northern Heritage Centre*** am *Frame Lake,* der sich von der Touristeninformation zu Fuß erreichen läßt. Das *Heritage Centre,* faktisch ein kombiniertes **Geschichts-, Naturkunde- und Kunstmuseum**, ist ausgesprochen informativ; es thematisiert u.a. die Geschichte sowie Flora und Fauna des Nordens. Auch Kunst und Kultur der Indianer und *Inuit* werden gewürdigt. Geöffnet Juni-August täglich 10.30-17.30 Uhr, sonst Mo-Fr 10.30-17 Uhr und Sa-So 12-17 Uhr; Eintritt frei.

Vom Museum führt ein kurzer Fußweg zum ***Legislative Assembly Building***. Das Parlament der Northwest Territories, ein moderner lichtdurchfluteter Kuppelbau, liegt ebenfalls am Frame Lake.

Überblick

Nicht nur durch seine Größe, sondern auch bezüglich der landschaftlichen Einbettung unterscheidet sich Yellowknife von anderen Orten in den Northwest Territories. Den besten Überblick über die Stadt, speziell die *Old Town* von 1934, hat man vom ***Pilot's Monument*** auf der dem heutigen Stadtzentrum östlich vorgelagerten Landzunge. An ***Back Bay*** und ***Yellowknife Bay*** liegen zahllose Hausboote und Wasserflugzeuge. Am *Government Dock* der ***Old Town*** legen Boote ab.

Abstecher

Von Yellowknife in absolute Einsamkeit führt der einst als Ostumgehung des *Great Slave Lake* projektierte ***Ingraham Trail*** (70 km in östliche Richtung bis zum Tibbitt Lake). Jede ***Picnic Area*** und die beiden ***Territorial Campgrounds*** am Wege eignen sich gut für Kanu- und Angeltouren. Kanuverleih bei ***Expeditions Plus*** in der Old Town, © (867) 920-7110, www.expeditionsplus.com.

Im ***Prelude Lake Territorial Park*** (prima *Campground,* 28 km östlich der Stadt) entstand mit viel Liebe zum Detail ein 3 km langer ***Nature Trail***. Auf dem Rundweg über die weiten Granithügel werden die Besonderheiten der Tier- und Pflanzenwelt der NWT unter den dort vorherrschenden klimatischen Verhältnissen erläutert .

6.3.3 Liard Highway

Verlauf

Der ***Liard Highway*** (390 km) führt durch eine einsame Waldlandschaft. Obwohl er die einzige direkte Verbindung zwischen den Northwest Territories und British Columbia darstellt, ist das Verkehrsaufkommen gering.

Geschichte und Qualität

Vorgänger des *Liard Highway* war eine »Winterroute« zwischen Fort Simpson und Fort Nelson/BC. Erst 1984 offiziell für den öffentlichen Verkehr freigegeben, ist die Straße heute relativ gut zu befahren. In BC ist die Trasse mittlerweile sogar voll asphaltiert. Unterwegs grasen immer wieder Bisons am Straßenrand, und manchmal legen die mächtigen Tiere mitten auf dem *Highway* eine verkehrsblockierende Siesta ein.

Blackstone Park

Der ***Blackstone Territorial Park*** am Ostufer des breiten Liard River ist nach gut 100 km der erste markante Punkt für einen Zwischenstopp. Jenseits des Flusses beginnen die Mackenzie Mountains. Vom ***Visitor Centre*** (geöffnet von Mitte Mai bis Mitte September) hat man einen herrlichen Fernblick auf den ***Nahanni Butte*** (1.396 m) am Zusammenfluß von South Nahanni und Liard River. Ein – lieblos instandgehaltener – ***Campground*** mit Duschen ist auch vorhanden.

Fort Liard

Fort Liard (530 Einwohner) liegt 6 km abseits des *Liard Highway*. Mitte der Stichstraße passiert man den kommunalen ***Hay Lake Campground*** (gratis) am gleichnamigen See. Der Ort selbst zeichnet sich nur durch seine Lage unmittelbar an der Einmündung des dunklen *Petitot River* in den breiten, helleren *Liard River* aus. **Kanus** können gemietet werden. Im Shop gibt es ***Indian Handicraft*** wie Mokassins, Körbe und andere Artikel aus Leder und Birkenrinde.

Letzte Kilometer

Etwa 40 km weiter westlich passiert der *Liard Highway* die Grenze zwischen den North West Territories (*Mountain Time*) und British Columbia (*Pacific Time*). Kurz darauf überquert man den **Petitot River**, einen für sein **warmes Wasser** bekannten Fluß. Im Sommer erreicht es bis zu 21°C; bei warmer Witterung eine gute Gelegenheit für ein Bad.

Die einspurige **Brücke** über den Fort Nelson River liefert ein letztes gutes Fotomotiv auf dem *Liard Highway*, bevor man 28 km nordwestlich von Fort Nelson den *Alaska Highway* erreicht, ⇨ Seite 385.

Per Motorhome die Northwest Territories zu bereisen, ist heute kein Problem mehr. Hier Fähre über den Mackenzie River (bald Historie, wenn 2006 die Brücke fertig sein wird).

Trans
Canada
von Toronto
nach Calgary

7. TRANS CANADA HIGHWAY VON TORONTO NACH CALGARY

Dieses Kapitel ist für alle diejenigen gedacht, die ihre Reise in und durch den Westen Canadas zunächst weiter östlich beginnen möchten. Es beschreibt die landschaftlich und kulturell interessanteste Route von Toronto bis Calgary.

Zur Route

Zum großen Teil entspricht die Strecke dem Verlauf des ***Trans Canada Highway*** (TCH, ➪ mehr zu dieser Straße auf Seite 209), zumal dazu teilweise keine Alternative existiert. Die hier vorgeschlagenen Abweichungen umgehen weniger aufregende TCH-Abschnitte bzw. führen über noch empfehlenswertere Routen.

Für die Fahrtrichtung **Ost-West** spricht vor allem, daß eine Reise durch den Westen, die mit einer Fahrt nach Osten abschließt, das Gros der *Highlights* an den Anfang stellt. Wer also zunächst im Westen unterwegs ist und dann transkontinental in östliche Richtung fährt, wird leicht vom letzten Teil der Reise enttäuscht sein. Umgekehrt steigert sich im Verlauf einer Ost-West-Reise die Attraktivität Canadas.

Start in Toronto

Als Start (oder Ziel) für eine solche Reise bietet sich **Toronto** insofern an, als die Stadt den am besten zu erreichenden internationalen Flughafen Canadas besitzt. Vergleichbar gute Verbindungen hat nur **Chicago**, gut 800 km südwestlich, ebenfalls ein bedenkenswerter Ausgangspunkt für Ost-West-Trips. Beide Cities mit Ontario und Niagara Falls bzw. einer Route von Chicago durch Michigan nach Sault Ste. Marie als Anfahrt zum TCH werden ausführlich im Reise Know-How Führer ***Canadas Osten/USA Nordosten*** behandelt, ➪ Seite 613.

Toronto ist Canadas größte Stadt. Ihre Skyline unterscheidet sich nicht von der US-amerikanischer Big Cities

7.1 Durchs westliche Ontario

7.1.1 Von Toronto nach Sault Ste. Marie

Verlauf des TCH

Naheliegend für eine Fahrt in Richtung Westen erscheint zunächst, dem ***Trans Canada Highway*** zu folgen, der indessen Toronto nicht berührt. Sein Hauptstrang verläuft weiter nördlich durch die Kawartha und Muskoka Lakes und erreicht bei Port Severn die *Georgian Bay* des Lake Huron. Von dort führt er nach Sudbury und folgt dann weitgehend der Uferlinie des *North Channel* (Lake Huron) und des Lake Superior.

Der Verlauf des TCH bis Sudbury und noch einiges darüberhinaus etwa bis Massey ist insgesamt weniger attraktiv als die im folgenden beschriebene Route über die Bruce Peninsula und Manitoulin Island.

Startroute

Für beide Alternativrouten verläßt man die Metropole zunächst nordwärts auf der **Autobahn #400** über Barrie am *Simcoe Lake in* Richtung Port Severn. Bei knapper Zeitvorgabe nimmt man im Rahmen der empfohlenen Route bereits ab Barrie die **Straße #26** nach Collingwood/Wasaga Beach. Wer aber 4-5 Extrastunden erübrigen kann, fährt die Autobahn bis zum Ende und auf der **#12** weiter in **Richtung Midland**.

Living Museum

Etwa 5 km östlich des Städtchens liegt das Freilichtmuseum ***Sainte-Marie among the Hurons***. 1639 errichteten dort französische Jesuiten eine weiße Siedlung und die erste **Missionsstation** im Gebiet der Huronen. Nach heftigen Angriffen der mit den Huronen verfeindeten Irokesen sahen sich die Geistlichen (⇨ unten) und die von ihnen bekehrten Indianer gezwungen, das Dorf aufzugeben, brannten es aber vorher bis auf die Grundmauern nieder.

Das nach historischem Vorbild wieder aufgebaute Dorf vermittelt dank liebevoller Detailrestaurierung und zeitgenössisch gekleideter »Bewohner« eindrucksvoll die Atmosphäre jener Zeit (geöffnet von Mitte Mai bis Mitte Oktober täglich 10-17 Uhr, Eintritt $11).

Matyr's Shrine

Gleich gegenüber von *Sainte-Marie* ragen die hellen Zwillingstürme des ***Martyr's Shrine*** empor. Sechs der als Missionare in *Sainte Marie* tätigen Jesuiten waren von den Irokesen ermordet und posthum zu Märtyrern und Heiligen erklärt worden. Den Schrein schuf man ihnen zu Ehren. Er ist heute Ziel von Pilgern wie Touristen gleichermaßen (Mitte Mai-Mitte Oktober tägl 8.30-21 Uhr; Eintritt $3). Große Bedeutung wird einem Papstbesuch im Jahr 1984 zugemessen – die damalige Visite von Johannes Paul II. ist ausführlichst dokumentiert.

Unweit der Kirche befindet sich ein **Aussichtspunkt**, von dem der Blick über den *Severn Sound* der Georgian Bay und die Umgebung fällt.

7

Penetanguishene

Einige Kilometer nördlich von Midland liegt **Penetanguishene**. Das Städtchen war seit dem späten 18. Jahrhundert ein englischer Marine-Stützpunkt und Werfthafen. Im ***Discovery Harbour*** (Juli-Anfang September, täglich 10-17 Uhr, Mitte Mai-Juni Mo-Fr 10-17 Uhr, Eintritt $7) liegen alte Segelschiffe vor Anker.

Zur Nottawasaga Bay

Von dort sind es nur wenige Kilometer hinüber zur ***Nottawasaga Bay***. Über die Küstenstraße hinter endlosen Sommerhaussiedlungen erreicht man Wasaga Beach und – nach einer guten Stunde Fahrt – die Straße #26 von Barrie nach Owen Sound, über die es auf die Tobermory Peninsula geht.

Wasaga Beach

Der ***Wasaga Beach Provincial Park*** ($10-$15 pro Auto) besitzt einen 14 km langen weißen Sandstrand, jedoch keinen Campingplatz. Seine Hauptattraktion ist – neben den *Beaches* – der ***Nancy Island Historic Site*** (Mitte Juni-Anfang September 10-18 Uhr, sonst Sa, So 11-17 Uhr). Im britisch-amerikanischen Krieg von 1812-14 wurde vor der Mündung des Nottawasaga River die kanadische *HMS Nancy* von US-Kriegsschiffen versenkt. Gestein und Sand, die sich um das Wrack sammelten, sorgten für die Bildung von Nancy Island. Auf dem zwischen Dünen und Fluß gelegenen ***Historic Site*** befinden sich heute Leuchtturm und Museum.

Craigleith

Die Region um Craigleith zieht das ganze Jahr über Touristen an. Im Sommer wird Wassersport, im Winter Skilauf betrieben. Denn dort erhebt sich der 300 m hohe ***Blue Mountain***, eine der höchsten Erhebungen des *Niagara Escarpment*.

Niagara Escarpment

Das ***Niagara Escarpment***, eine Kalksandstein-Abbruchkante, erstreckt sich auf einer Länge von 900 km von den Niagarafällen über die Ostseite der Bruce Peninsula bis nach Manitoulin Island. Der 700 km langer Fernwanderweg ***Bruce Trail*** von Queenston (bei Niagara Falls) bis Tobermory folgt dem Verlauf des *Escarpment*.

Der ***Craigleith Provincial Park*** direkt an der Straße besitzt einen komfortablen Campingplatz. Ein guter Badestrand fehlt, aber glasklares Wasser und der felsige Untergrund laden zum Schwimmen und Tauchen ein.

Nach Tobermory

Von Owen Sound geht es über die Hauptstraße #6 nach Tobermory. Den schönsten Abschnitt bilden die letzten Kilometer entlang der Ostküste der Bruce Peninsula. Die Westufer der Halbinsel am Lake Huron sind flach und streckenweise sumpfig. Sie verfügen aber auch über weitläufige Badestrände, z.B. im Bereich ***Sauble Beach***.

Abstecher

Weitere Abstecher von der #6 an die Westküste machen erst im Nationalpark Sinn (siehe unten). An die Ostküste führen dagegen mehrere lohnenswerte Stichstraßen. Eine davon, die #9A, endet in Lion`s Head an einem Sandstrand. Von dort aus sind es auf einem Teilstück des ***Bruce Trail*** nur wenige Kilometer zum exponierten Aussichtspunkt ***Lion's Head Point***.

Sudbury
North Bay
TCH-NORDROUTE
TCH-SÜDROUTE
Sault Ste. Marie
CHUTES PROV. PARK
Espanola
Massey
North Chanel
KILLARNEY PROV. PARK
Lake Nipissing
Gore Bay
Little Current
Killarney
Wikwemikong
Manitowaning
South Baymouth
Manitoulin Island
Thirty Thousand Islands
Georgian Bay
ALGONQUIN PROV. PARK
KILLBEAR PROV. PARK
Parry Sound
Huntsville
FATHOM FIVE NATIONAL MARINE PARK
Tobermory
OASTLER LAKE PROV. PARK
BRUCE PENINSULA NATIONAL PARK
SIX MILE LAKE PROV. PARK
Bracebridge
Gravenhurst
GEORGIAN BAY ISLANDS NAT. PARK
ONTARIO
MICHIGAN
Lake Huron
Nottawasaga Bay
Victoria Harbour
Midland
SAUBLE FALLS PROV. PARK
Sauble Beach
Owen Sound
CRAIGLEITH PROV. PARK
Sainte-Marie among the Hurons
Orillia
Lake Simcoe
Southampton
Port Elgin
Collingwood
Barrie
Lindsay
N
0 30 km
Ontarios Osten
Kincardine
Hanover
Newmarket
Mount Forest
Markham
Orangeville
Goderich
Listowel
Brampton
Toronto
Toronto Island
Guelph
Bayfield
Kitchener
Lake Ontario
CANADA
USA
Stratford
Cambridge
St. Catharines
Niagara-on-the-Lake
Niagara Falls
Woodstock
Hamilton
London
Brantford
Niagara Falls
Sarnia
Tillsonburg
Fort Erie
Buffalo
St. Thomas
ONTARIO
N.Y.
Wallaceburg
Chatham
Lake Erie
Detroit
Cleveland
17
637
11
69
522
6
60
35
12
26
7
10
89
9
400
401
21
23
402
3
40
90

7

Bruce Peninsula National Park

Das Gelände des ***Bruce Peninsula National Park*** liegt unterhalb der Nordspitze der Halbinsel beidseitig der Hauptstraße. Zur spektakulären Küste der *Georgian Bay* mit überhängenden Felsen, Höhlen und stillen Buchten geht es dort nur auf Schusters Rappen. Glasklares blaugrünes Wasser verführt zum Baden, wenn auch die Temperaturen niedrig sind und man sich vor unberechenbaren Strömungen in acht nehmen muß. Mehrere **Orchideenarten** gehören zur ungewöhnlichen Flora des Parks. Im Westteil, am Lake Huron, erstrecken sich Sümpfe, sandige Buchten und Dünen. Gut zugänglich sind die ***Singing Sands*** an der Dorcas Bay mit langem Badestrand.

Cyprus Lake

Ein ***Visitor Centre*** befindet sich am *Cyprus Lake*. Dort liegen auch die drei **Campingplätze** des Parks dicht beieinander, © 1-877-RESERVE, **www.pccamping.ca.** Der ruhige See eignet sich besser zum **Schwimmen** als die kalte *Georgian Bay*. Der *Loop Trail* (7 km) um den Cyprus Lake ist aber weniger attraktiv als der schon erwähnte *Bruce Trail*.

Wanderungen

Vom *Trailhead* am Cyprus Lake führen ***Horse Lake***, ***Georgian Bay*** und ***Marr Lake Trail*** (alle unter 2 km Länge) zum Uferpfad. Eine Kombination des *Horse Lake Trail* mit einem Teilstück des *Bruce Trail* und dem *Marr Lake Trail* ergibt eine der schönsten Rundwanderungen der Halbinsel (ca. 6 km): Entlang der felsigen Küste geht es zum ***Halfway Rock Point*** und anschließend über die ***Indian Head Cove*** zu einer etwas versteckt liegenden Grotte. Ein interessantes Phänomen ist der unterirdische Abfluß des Marr Lake, dessen Wasser 100 m weiter in Form vieler Quellen wieder an die Oberfläche tritt. Wer den Rücktransport organisiert, könnte auf dem ***Bruce Trail* bis Tobermory** laufen (ab Cyprus Lake etwa 16 km).

Tobermory

An der Spitze der Halbinsel liegt **Tobermory**. Dieser hübsche kleine Ort ist nicht nur Heimathafen der Fähre nach Manitoulin Island, sondern auch Ausgangspunkt für Bootsausflüge zu den Inseln des ***Fathom Five National Marine Park***. Das ***Visitor Centre*** am Hafen informiert über den *Marine* und den *Bruce Park*. Information für beide Parks unter:

Bruce Peninsula National Park
P.O. Box 189, Tobermory, Ontario N0H 2R0
© (519) 596-2233, Fax (519) 596-2298
Internet: www.pc.gc.ca/bruce

Fathom Five National Park

Zum *Fathom Five National Marine Park* gehören 19 Inseln in der *Georgian Bay* und ein Uferstreifen entlang der *Little Dunks Bay* östlich von Tobermory. Canadas erster **Unterwasserpark** ist ein Paradies für Taucher und Ziel täglicher Exkursionen mit **Glasbodenbooten**. Eine zweistündige Fahrt zu den über 20 **Schiffswracks** vor der Küste Tobermorys, die dank der großen Wassertransparenz von oben recht deutlich zu erkennen sind, kostet $22. Ende Juni-Anfang September,

Einer der beiden »Flowerpots« auf der gleichnamigen Insel

im Hochsommer 4x täglich. Die meisten von ihnen verfehlten Ende des 19. und Anfang des 20. Jahrhunderts bei schwerer See die Passage zwischen *Bruce Peninsula* und Manitoulin Island und gerieten in die Untiefen der Tobermory vorgelagerten Felsinseln. Die Kälte des Wassers hat sie konserviert.

Information wie *Bruce Peninsula NP*,
im Internet unter: **www.pc.gc.ca/fathomfive**

"Blumentopf" Insel

Die etwa 6 km vom Festland entfernte ***Flowerpot Island*** ist die bekannteste Insel im Nationalpark. Sie ist Teil des ***Niagara Escarpment***, das ab Tobermory unter Wasser verläuft und am Ostufer der Insel beeindruckende Kalksteinformationen bildet. Wind und Regen haben zwei markante Säulen modelliert, die 7 und 12 m hohen ***Flowerpots***. Ihre »Köpfe« bestehen aus festerem Fels und wölben sich wie Kappen über dem stark erodierten Schaft.

Boote zur Insel

Da die Fähre Tobermory-South Baymouth die Westseite der Insel in beträchtlicher Entfernung passiert, muß eine zweistündige **Exkursion mit den Glasbodenschiffen** buchen, wer die *Flowerpots* und die Inselflora mit ihren zahlreichen Orchideenarten näher kennenlernen möchte. Besucher können sich auf *Flowerpot Island* absetzen und von einem späteren Boot wieder abholen lassen ($24 täglich Mitte Mai-Mitte Oktober, ohne Landgang $20; Juli+August 6 Touren täglich, © (519) 596-2999, *Blue Heron Cruises*).

Trails

Zwei Wanderwege stehen zur Auswahl. Der schöne ***Flowerpot Loop Trail*** (ca. 3 km) läuft an der Küste entlang und führt an beiden *Flowerpots* vorbei zum Leuchtturm. Quer über die Insel geht es zum Ausgangspunkt zurück. Mit Taschenlampe, festem Schuhwerk und Helm kann man auch eine Reihe von Höhlen auf eigene Faust erforschen. Im Ostteil der Insel gibt es am Ufer sogar **6 Camping-Plattformen für Zelte**, die nach Reihenfolge der Ankunft vergeben werden.

Fähre nach Manitoulin Island

Die Fähre ***MS Chi-Cheemaun*** fährt Ende Juni bis Anfang September viermal täglich auf einem wunderbaren Kurs durch die *Flowerpot Islands* von Tobermory nach South Baymouth auf Manitoulin Island und zurück. Anfang Mai bis Ende Juni und Anfang September bis Mitte Oktober verkehrt sie nur zweimal täglich, freitags dreimal. Die Fahrtzeit beträgt rund 1 Std. 45 Min. Laut **Sommerfahrplan** erfolgt die erste Fahrt ab Tobermory um 7 Uhr morgens, die letzte um 20 Uhr.

Kosten und Reservierung

Pro Person kostet die einfache Fahrt $13. Für Fahrzeuge bis 2,60 m Höhe zahlt man $29, für höhere Fahrzeuge ab $61. Bei mehr als 20 Fuß (6,10 m) langen Wohnmobilen werden pro Fuß Überlänge $2,15 bzw. $4,20 Extragebühren fällig. **Reservierungen** sind beim ***Owen Sound Transportation Company*** über © **1-800-265-3163** möglich (Kreditkarte notwendig):

Information über Abfahrten, ggf. Verspätungen etc:
Tobermory: © (519) 596-2510
South Baymouth: © (705) 859-3161

Aktuelle Tarife und Fahrplan im
Internet unter: **www.chicheemaun.com**

Wartezeiten lassen sich gut durch einen kleinen Abstecher zum **Fotomotiv *Big Tub Lighthouse*** am Ende der Landzunge nordwestlich von Tobermory überbrücken (Front Street, vorm Fährterminal links ab).

Indianerjunge beim Wikwemikong Int'l PowWow (an jedem 1.Wochenende im August)

Manitoulin Island

Manitoulin Island (2.765 km²) gilt mit einer Länge von 180 km und einer Breite von 5-80 km als weltgrößte Insel in einem Süßwassersee. Sie beherbergt ihrerseits über hundert Seen, in denen wieder Inseln liegen. ***Manitoulin*** ist ein Wort aus der *Ojibwe*-Sprache und bedeutet soviel wie »**Heimat des Großen Geistes Manitou**«. Noch in den 70er-Jahren lag die Insel völlig abseits der Touristenströme. Der Ausbau von Straßen und Infrastruktur hat aber seither für mehr Besucher gesorgt, wiewohl Massentourismus mangels »Top-Attraktionen« auf Manitoulin Island nicht existiert.

South Baymouth

In South Baymouth, in der Südostecke von Manitoulin Island, legt seit Jahren unverändert die erste Fähre zur Hochsaison um 9 Uhr, die letzte um 22 Uhr ab.

Außer dem hundert Jahre alten ***Little Schoolhouse*** am Ortseingang (Mai-Oktober täglich 9.30-16.30 Uhr) gibt es dort nicht viel zu sehen. **Campen** kann man ca. 1 km außerhalb an der Hauptstraße #1 im *South Bay Resort* mit Stellplätzen unmittelbar am Wasser; © (705) 859-3106.

Manitowaning

Die Straße von South Baymouth nach Espanola bietet anfangs wenig fürs Auge. Etwa auf halber Strecke dorthin liegt Manitowaning und in seinem Hafen das ***Steam Ship Norisle***, letztes Dampfschiff auf dem Lake Huron. Unweit davon befindet sich in einem alten Gefängnisgebäude das ***Assiginack Museum*** mit Relikten der ersten Siedler. Schiff und Museum sind von Juni bis Oktober täglich 10-17 Uhr zu besichtigen; Eintritt $2.

Manitowaning spielt in der Geschichte der Insel eine gewisse Rolle. Als Anerkennung für im britisch-amerikanischen Krieg (1812-1814) geleistete Dienste verteilte die britische Kolonialverwaltung alljährlich Geschenke an die ehemals verbündeten Indianerstämme.

Aus der Zeremonie wurde ein ***Pow Wow***, ein Ereignis, das seit 1836 am Ort des späteren Manitowaning jährlich stattfand. Er entwickelte sich daher zu einem regelmäßig besuchten Treffpunkt nordamerikanischer Indianer.

Manitowaning Experiment

Wohl deshalb wurde Manitowaning für das sogenannte ***Manitowaning Experiment*** ausgewählt, dessen Ziel es war, die ***Ojibwe*-Indianer** mit europäischen Landwirtschafts- und Handelsformen vertraut zu machen. Bei der Unterweisung galt das besondere Augenmerk den Kindern. Denn ihre Eltern brachten ihnen nach alter Tradition lieber das Fischen und Jagen bei, anstatt sie zur Schule zu schicken.

Wikwemikong

Die ***Wikwemikong Indian Reserve*** mit 2.500 Einwohnern ist eines von fünf Reservaten auf Manitoulin Island. Schon ab dem 17. Jahrhundert hatten sich die *Wikwemikong*-Indianer zum katholischen Glauben bekehren lassen. Die Ruine der abgebrannten ersten ***Holy Cross Mission*** der Jesuiten ist ein bis heute sichtbarer Zeuge der Missionsgeschichte.

Indian Pow-Wow

Seit 1960 findet jedes Jahr am ersten Wochenende im August das dreitägige ***Wikwemikong Pow-Wow*** statt. An diesem Fest nehmen Besucher aus ganz Nordamerika teil.

Straße #6

Nördlich von Manitowaning passiert die Straße #6 im Ort High Falls Wasserfälle, die aber kleiner sind, als die Bezeichnung vermuten läßt. Attraktiver ist der etwas weiter im Norden liegende ***Ten Mile Point*** (mit indianischemSouvenirshop, © (705) 368-2377). Von dort hat man bei klarem Wetter eine schöne Aussicht auf die umliegenden Buchten und das Inselende im Norden.

Providence und Gore Bay

Als Route ins Inselinnere käme auch eine Fahrt auf der Straße #542A nach **Providence Bay** in Frage. Von Providence Bay, das den größten Sandstrand der Insel besitzt, führt die Straße #542 nach Gore Bay. In diesem Städtchen gibt es ein kleines Museum im ehemaligen Gefängnis, im auffällig rot bedachten Pavillon an der *Waterfront* ein ***Visitor Centre*** (#15 Water St.) und benachbart, in ebenso schöner Lage an der Marina, das gute ***Bayside Restauran***t (21 Water Street), © (705) 282-1279. Auf der *East Bluff Road* geht es zu einem **Aussichtsfelsen** östlich der gleichnamigen Bucht. Auf der Anhöhe findet man gleich zwei Picknickplätze.

Mississagi Strait

Die einsame Westecke der Insel erreicht man auf der Stichstraße #540. 75 km sind es von Gore Bay nach Meldrum Bay, von dort bis zum – heute stillgelegten – ***Mississagi Lighthouse*** von 1873 (Ende Mai-Mitte September tägl.10-18 Uhr, $2) am westlichen Ende der Insel noch einmal 10 km. Der Blick über die *Mississagi Strait,* Wanderwege entlang des felsigen Ufers und ein schön in Wald eingebetteter **Campingplatz** (mit Duschen), © (705) 282-7258, lohnen die weite Anfahrt.

Legenden ranken sich um Skelettfunde und das **Wrack der *Griffon***, die 1679 in der Passage zwischen Manitoulin und Cockburn Island mit Mann und Maus gesunken sein soll. Mit diesem Schiff hatte der Franzose ***La Salle*** bereits die unteren Großen Seen erforscht und wollte einen Weg quer durch Nordamerika nach Asien finden.

Trail

Rund 6 km östlich von West Bay beginnt der ***Cup and Saucer Trail*** (5 km), der **schönste Rundwanderweg der Insel**. Der Pfad erklimmt den bewaldeten Höhenzug des – sich hier fortsetzenden – *Niagara Escarpment*. Die Bezeichnung dieses Pfades spielt auf die Landschaftsform an, bei der Manitoulin Island an eine Untertasse und der Höhenzug des *Escarpment* an eine darauf stehende Tasse erinnern soll.

Little Current

Auf der Straße #540 fährt man nordwärts weiter nach **Little Current**, der größten Siedlung der Insel. Eine Meerenge, der *North Channel*, trennt Manitoulin Island vom Nachbarn, der **Great La Cloche Island**. An der Straße #6 erinnert ein *Historical Marker* an den ersten Europäer auf diesem Wasserweg, den

Franzosen ***Etienne Brûlé***, und die Pelzhändler, die ihm später mit ihren Transportkanus folgten.

Die Strecke bis Espanola verläuft abwechslungsreich durch eine attraktive Seen- und Insellandschaft.

Abstecher nach Sudbury

Sudbury Basin

Sudbury (155000 Einwohner), 80 km östlich von Espanola, liegt im gigantischen Krater des an Bodenschätzen reichen *Sudbury Basin* mit Eisen-, Gold-, Kupfer- und Silberlagerstätten und einem der weltgrößten Nickelvorkommen.

Erzlager

Bereits 1902 wurde in Sudbury der Bergbaukonzern INCO gegründet. Seither ist Wohl und Wehe der Stadt eng mit dem mittlerweile zweitgrößten Nickelproduzenten der Welt verknüpft. Derzeit betreibt INCO in Sudbury Canadas größte Erzförder- und verarbeitungsanlage (*Copper Cliff*) sowie die tiefste Nickelmine der Welt (*Creighton Deep*, 2.300 m).

Museen

Am westlichen Ende der Stadt befindet sich mit ***Science North/ Dynamic Earth*** einer der interessantesten Museumskomplexe Ontarios. Eine 9 m hohe Nachbildung der kanadischen 5-Cent-Münze aus Nickel vor der Museumsanlage gilt mittlerweile als Wahrzeichen von Sudbury.

In ***Dynamic Earth*** fahren Besucher nach einer tollen Videoshow mit Spezialeffekten im gläsernen Aufzug in die Tiefe und lernen während einer Untertageführung Fördertechniken verschiedener Bergbauepochen und manches mehr kennen.

Das auffällige in Form zweier Schneeflocken konstruierte Gebäude von ***Science North*** liegt am Ufer des Ramsey Lake (Ausflugsboot ab Museum, Uferweg, Picknickplätze). Auf vier Stockwerken vermitteln Demonstrationen und Do-it-yourself-Experimente Naturwissenschaft hautnah. Außerdem gibt es 3D-Filme und Lasershows, den Bewegungssimulator *Virtual Voyages* und einen tropischen Regenwald voller Schmetterlinge. Ein IMAX-Kino fehlt auch nicht.

Info

Ende Juni-Anfang September täglich 9-18 Uhr, sonst 9-17 Uhr, *Science North* $18, *Dynamic Earth* $16, IMAX-Kino $9, *Virtual Voyages* $7, Bootstour $10. Ermäßigte Kombitickets.

Sudbury Tourism Office, 200 Brady St., ✆ (705) 673-4161, ✆ 1-800-708-2505, **www.sudburytourism.ca**

Chutes Park

Der TCH von Espanola bis nach Sault Ste. Marie bietet mit Ausnahme des *Chutes Provincial Park* bei **Massey** keine Höhepunkte. Dieser Provinzpark wird auf ganzer Länge vom verzweigten ***Aux Sables River*** durchflossen. Am Nordende noch voller Stromschnellen und Wirbel, beruhigt er sich im weiteren Verlauf. Südlich der Wasserfälle gibt es einen **Sandstrand** – eine gute Gelegenheit zum Baden. Dem Verlauf des Flusses folgt ein hübscher ***Trail***. Von einer Aussichtsplattform überblickt man den Strand und den einstigen Standort der *Log Chute*: Bis Ende der 20er-Jahre wurden auf der Holzrutsche Baumstämme um die Fälle herumgeflößt. Der **Campingplatz** des Parks liegt wunderbar am Westufer des Flusses.

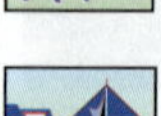

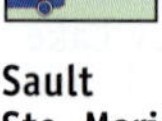

Sault Ste. Marie

Bemerkenswert an Sault Ste. Marie (75.000 Einwohner) ist die Lage zwischen Lake Huron und Lake Superior und die Existenz einer Schwesterstadt gleichen Namens im US-Staat Michigan jenseits der ***International Bridge***. Die beiden Sault Ste. Maries sind die letzten großen Orte bis Thunder Bay. Aus luftiger Höhe (der *International Bridge* bei Grenzübertritt) fällt der Blick über die Schleusenanlagen zwischen beiden Seen. Unübersehbar sind auch die Schlote der holzverarbeitenden Industrie.

Information: *Tourism Sault Ste. Marie, 99 Foster Drive*
© (705) 759-5432, 1-800-461-6020, Fax (705) 759-2185
Internet: www.sault-canada.com

Schleusen

Die alten Schleusen (***Locks***) des St. Mary's River stehen unter der Verwaltung von *Parks Canada*. Ein eigenes ***Visitor Centre*** informiert über ihre Funktionsweise. ***Lock Tours Canada*** bietet u.a. 2-stündige Touren durch die Schleusen auf amerikanischer und kanadischer Seite (Ende Mai-Mitte Okt.12.30 und 15 Uhr, Juli-August 10 und 18 Uhr, $25, © 1-877-226-3665.

Eisenbahn-Ausflug

Der ***Algoma Central Railway Terminal*** in der Bay Street unweit der Schleusen im kanadischen Sault Ste. Marie ist Ausgangspunkt für einen Tagestrip (8-17.30 Uhr) mit der Eisenbahn zum **Agawa Canyon** am Ostrand des ***Lake Superior Provincial Park***. Etwa 180 km sind es zum *Canyon* des Agawa River. Die Trasse führt über historische Brücken durch die Einsamkeit. Am Zielpunkt reichen die zwei Stunden Aufenthalt gerade aus für eine kleine Wanderung. Der – nur für Leute mit ein bißchen Extrazeit – empfehlenswerte Trip kostet $62, im Herbst zur Zeit des ***Indian Summer*** $81/Person. Tickets sollte man dann einen Tag im voraus beschaffen. Täglich Mitte Juni bis Mitte Oktober, © (705) 946-7300 oder © 1-800-242-9287.

7.1.2 Von Sault Ste. Marie bis Kenora/Lake of the Woods

TCH am Lake Superior

Mit Erreichen der **Batchawana Bay** des Lake Superior, etwa 40 km nördlich von Sault Ste. Marie, beginnt einer der attraktivsten Abschnitte des TCH in Ontario: Felsige Küsten und Sandstrände prägen seinen Verlauf bis in den ***Lake Superior Provincial Park*** hinein.

In der Nähe des ***Batchawana Provincial Park*** markiert eine Tafel am Chippewa River die rechnerische Mitte des TCH.

Pancake Bay Prov. Park

Dieser *Day Use Park* besitzt keinen Campingplatz. Im größeren ***Pancake Bay Provincial Park*** gibt es am sandigen Uferstreifen hübsche **Camping- und Picknickplätze** abseits des Verkehrs. Bis Anfang August hat sich das fast überall sonst eiskalte Wasser des Lake Superior in der geschützten »Pfannkuchen-Bucht« und in der *Batchawana Bay* soweit erwärmt, daß man dort ohne Kälteschockgefahr schwimmen kann.

Lake Superior Prov. Park

Der ***Lake Superior Provincial Park*** ist mit 1500 km^2 Ausdehnung einer der größten Provinzparks Ontarios. Über 100 km unerschlossene Küste und eine ausgedehnte Hügellandschaft voller Wälder und Gewässer (die typische Landschaftsform des Kanadischen Schildes) kennzeichnen sein Erscheinungsbild. Die flacheren Seen erreichen zumindest im Hochsommer halbwegs **badefreundliche Temperaturen**.

Das Klima der Region steht nichtsdestoweniger unter dem Einfluß der gewaltigen kalten Wassermasse des Lake Superior. Wanderer und Kanufahrer sollten daher auch im Sommer auf **Wetterstürze** gefaßt sein: Trockenen und sonnigen Tagen folgen unvermittelt kühle Perioden mit Wind und Regen.

Agawa Rock

Die Zufahrt zu den ***Agawa Indian Pictographs*** nördlich der *Agawa Bay* läßt sich nicht verfehlen. Vom TCH sind es nur wenige Kilometer bis zum Endpunkt der Stichstraße. Die indianischen Felsmalereien über der Brandung des Lake Superior gehören zwar zu den Hauptsehenswürdigkeiten des Parks, sind jedoch nicht übermäßig beeindruckend. Trotzdem lohnt sich der Abstecher: für den kurzen ***Trail*** durch enge Felsspalten zum ***Agawa Rock***.

Trails

Auch wer keinen längeren Aufenthalt plant, sollte erwägen, ein paar Stunden Zeit zu reservieren für zumindest eine der folgenden beiden **Kurzwanderungen**:

- Auf der ***Frater Road*** gelangt man von der *Agawa Bay* zum Startpunkt des *Towab Trail*. Der Pfad (6 km) führt zu den *Agawa Falls* im pittoresken *Agawa River Canyon*, die auch von der *Algoma Central Railway* passiert werden.
- Am Sand River, etwa 5 km nördlich des Abzweigs zum *Agawa Rock*, darf man den ***Pinguisibi Trail*** flußaufwärts einfach nicht auslassen. Der Abschnitt bis zu den ersten Stromschnellen ist der schönste. Auch die Fortsetzung bis zur zweiten Fallstufe lohnt. Ein hübscher Picknickplatz liegt am Fluß.

Camping

Von den drei Campingplätzen des Parks ist der ***Agawa Bay Campground*** im Süden des Parks mit einem 3 km langen Strand, Duschen und *Coin Laundry* der größte und komfortabelste. Ein ***Visitor Centre*** informiert dort über organisierte Aktivitäten, Flora und Fauna, Geologie und Geschichte des Parks. Ein Nachteil ist die Nähe der meisten Stellplätze zum Tag und Nacht stark befahrenen TCH. Der ***Crescent Lake Campground*** an der südlichen Parkgrenze bietet zwar weniger Komfort, liegt aber sehr ruhig im Wald am See. Er ist ein idealer Übernachtungsplatz. Als Ausgangspunkt für Wanderungen und Kanutouren in das Hinterland eignet sich am besten der ***Rabbit Blanket Lake Campground*** im Nordareal.

Nach Verlassen des Provinzparks entfernt sich der TCH vom Lake Superior und beschreibt einen 200 km langen Bogen durch das Landesinnere. Wawa und White River sind die einzigen nennenswerten Orte in diesem Bereich.

Wawa

Etwas abseits des TCH (Straße #101) liegt **Wawa** am gleichnamigen, glasklaren See. Am Ortseingang wird der Besucher von einer 9 m hohen **Kanadagans** aus Stahl begrüßt. Tausende der in der Ojibwe-Sprache ***Wawa*** genannten Gänse machen auf ihrem alljährlichen Flug in den Süden am Lake Wawa Zwischenstation.

White River

In White River, 95 km nördlich von Wawa, zeigt eine Eskimofigur mit einem **Riesen-Thermometer –58°C** (!), den absoluten Kälterekord der bewohnten Regionen Kanadas.

Pukaskwa Park

Der ***Pukaskwa National Park*** am Lake Superior stellt eines der schönsten Wildnisgebiete Ontarios unter Naturschutz. Der Abstecher vom TCH (12 km) lohnt auf jeden Fall, auch wenn die Stichstraße nur eben bis in dessen äußersten Nordwestzipfel führt. Die einzige erschlossene Region des Nationalparks (***Hattie Cove***) eignet sich sehr gut als Ausgangspunkt für Kanutouren und Wanderungen. An den Sandstränden kann man im flachen Wasser baden. Ein komfortabler **Campingplatz** liegt unweit des Seeufers im Wald.

Trails

Neben einer Reihe kurzer *Nature Trails* existieren diverse Möglichkeiten für mehrtägige *Backcountry Hikes*, etwa auf dem über 60 km langen ***Coastal Trail***. Er ist nach dem *Bruce Trail* (⇨ *Bruce Peninsula National Park*, Seite 506) der bekannteste Fernwanderweg Ontarios. Der Pfad beginnt am ***Hattie Cove Visitor Centre*** und läuft zum *North Swallow River*. Ein weiterer Ausbau ist im Gange. Für den Rückweg nach *Hattie Cove* kann einen Transport per Boot organisieren, wer den *Trail* nicht doppelt laufen möchte. An einem Tag zu bewältigen ist die Etappe bis zur Hängebrücke über den White River – hin und zurück etwa 16 km.

Rundwanderung

Einige ***Trails*** lassen sich leicht zu einer reizvollen Rundwanderung kombinieren: Etwa (ab ***Visitor Centre*** oder *Campground*) zunächst den ***Southern Headlands Trail***, dann ab Aussichtshügel in westliche Richtung zum Strand und von dort durch Dünenlandschaft über den Campingplatz zurück. Eine Wanderung um den Halfway Lake ließe sich anschließen.

Information: © (807) 229-0801, www.pc.gc.ca/pukaskwa

Hinter **Marathon** nähert sich der TCH wieder dem Lake Superior; sein Verlauf gewinnt dabei deutlich an Attraktivität.

Badbucht mit Strand im Pukaskwa National Park

Neys Park

Der ***Neys Provincial Park*** liegt auf der ***Coldwell Peninsula*** rund 20 km westlich von Marathon. ***Dune Trail*** (1 km) und ***Lookout Trail*** (2 km) sind Kurzbesuchern als Aktivität zu empfehlen. Auch der lange Strand lädt zu einem Spaziergang ein (Baden dort nur für Abgehärtete). Großartige Aussichten über Park-Halbinsel und Lake Superior bietet der ***Point Hiking Trail*** von der ***Prisoner Cove Picnic Area*** zu einer hochgelegenen Landzunge. Eine 2-Stunden-Wanderung zum ***CBC Lookout Tower*** mit schöner Rundsicht beginnt am Parkeingang. Drei Campingbereiche befinden sich in guter Lage an der ***Neys Beach***, ein vierter im Parknorden.

Rainbow Falls Park

Bei der Besichtigung der Wasserfälle im ***Rainbow Falls Provincial Park*** sollte es nicht bleiben. Die Halbstundenwanderung etwa über *Rainbow Falls* und Whitesand River hinaus zu einem Aussichtspunkt ist sehr empfehlenswert. Von dort aus kann man auf dem ***Voyageur Trail*** bis 50 km weit ins Hinterland vorstoßen. Eltern mit kleinen Kindern werden **Spielplatz** und Sandstrand am (im Sommer) angenehm warmen von bewaldeten Hügeln umgebenen **Whitesand Lake** zu schätzen wissen. Ein Campingplatz befindet sich ebenfalls am Whitesand Lake, ein weiterer, der ***Rossport Campground***, zwischen Lake Superior und TCH rund 5 km westlich des Hauptareals. Direkt am Wasser ist man dort aber Wind und Wetter stärker ausgesetzt als im Gelände nördlich des TCH.

Terry Fox Denkmal bei Thunderbay

Terry Fox

Von Nipigon bis hinter Thunder Bay trägt der TCH die Bezeichnung ***Terry Fox Courage Highway***. *Terry Fox* hatte mit 18 Jahren durch ein Krebsleiden ein Bein verloren und trug seitdem eine Prothese. Um Lebensmut zu demonstrieren und Geld für die Krebsforschung zu sammeln, startete er den ***Marathon of Hope***, der von St. John`s in Newfoundland über den gesamten *Trans Canada Highway* bis zu dessen Endpunkt auf Vancouver Island führen sollte. Er brach am 12.4.1980 auf; geplant waren Tagesetappen von etwa 40 km. Anfangs blieb das Unternehmen relativ unbeachtet, erst allmählich wurden die Medien auf *Terry Fox'* Lauf aufmerksam. An den Zielen seiner Tagesetappen kam es schließlich zu regelrechten Volksfesten, auf denen der tapfere junge Mann gefeiert wurde.

Dabei kamen $25 Mio Spenden für die Krebshilfe zusammen. ***Terry Fox*** mußte den Lauf nach 5.372 km abbrechen. Er wurde nur 22 Jahre alt, sein Leben später verfilmt. Bis heute finden in ganz Canada zahlreiche nach ihm benannte Läufe statt.

Ouimet Canyon

Etwa auf halber Strecke zwischen Nipigon und Thunder Bay zweigt die kurze Stichstraße zum beeindruckenden *Ouimet Canyon* ab, einem ***Day-Use Provincial Park*** ohne Campingplatz. Ein kurzer Fußweg führt vom Parkplatz zu Aussichtsplattformen über steilen Felswänden. Auf den Grund dieser 2,5 km langen, bis zu 150 m breiten und 100 m tiefen Schlucht fällt kaum Sonne. Deshalb herrscht dort ein besonders kühles, feuchtes Klima, in dem sich eine Flora entwickelte, wie sie sonst nur in der Arktis vorkommt. Zu ihrem Schutz sind Wanderungen in den Canyon hinein nicht möglich.

Sibley Peninsula

Ein etwas längerer Abstecher könnte dem ***Sleeping Giant Provincial Park*** gelten. Er bedeckt den größten Teil der Halbinsel (40 km lang, bis zu 11 km breit) mit dem Monolithen ***Sleeping Giant*** (304 m hoch). Deren Ufer sind auf der Ostseite relativ flach, im Westen dagegen ragen bis zu 250 m hohe Klippen vertikal aus dem Wasser. Am Ende der Straße #587 durch den Park liegt direkt am Lake Superior das kleine Touristennest **Silver Islet**.

Die Legende vom Sleeping Giant

Als die ersten Weißen in diese Gegend kamen, waren die Wälder am Lake Superior Heimat der *Ojibwe*-Indianer. Sie verehrten den Großen Geist *Nanibijou*, der sie auf ihren Reisen über den Lake Superior vor allen Gefahren schützte. *Nanabijou* – so glaubten sie – lebt auf dem Mount McKay südlich von Thunder Bay. Als sie sich dem Großen Geist besonders wohlgefällig gezeigt hatten, so die Legende, sollten die Indianer eine Belohnung erhalten. Allerdings war daran die Bedingung geknüpft, daß niemals ein weißer Mann davon erfahren dürfe, sonst würden der Große Geist versteinern und die Indianer zugrunde gehen. Dies sagten die Ojibwe zu, und *Nanabijou* wies ihnen den Weg zu einer Silbermine. Einer von ihnen aber brach sein Wort. Weiße Männer kamen daraufhin mit Kanus über den See, um das Silber zu suchen. Ein gewaltiger Sturm ließ zwar die Boote der Weißen kentern und die Besatzung spurlos verschwinden, aber am nächsten Morgen breitete sich in der Bucht eine große Halbinsel aus: der zu Stein gewordene *Nanabijou* in Gestalt eines schlafenden Riesen.

Kurz vor Thunder Bay steht am TCH ein *Terry Fox Memorial* mit Aussichtpunkt über die Stadt und *Sleeping Giant*.

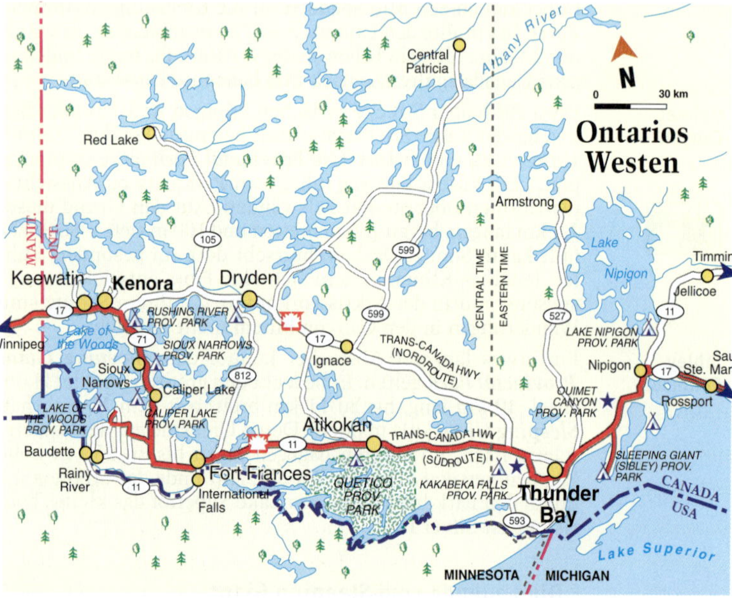

Trails

Über 80 km Wanderwege durchziehen die Halbinsel. Verschiedene Pfade führen auf den ***Sleeping Giant***. Fernsichten belohnen die Mühe des Aufstiegs. Die Mückenplage ist – nebenbei – in der Höhe weit weniger lästig als unten in den Wäldern. Auf der obersten Terrasse des Felsrückens liegt ein schöner ***Campground*** gleichen Namens am Badesee ***Lake Marie Louise.*** Vor allem auf einem der Stellplätze in Ufernähe kann man bei gutem Wetter herrliche Tage verbringen.

Thunder Bay

Thunder Bay (109.000 Einw.) existiert unter dieser Bezeichnung erst seit 1969. Der Zusammenschluß der Städte Port Arthur und Fort William ist die westliche **Endstation des *St. Lawrence Seaway*** und bedeutender Handels- und Umschlagplatz für das Getreide aus dem Westen Canadas. Unübersehbar sind die höchsten Getreidespeicher der Welt am Lake Superior.

Versorgung

Die Stadt als solche hat Touristen zwar nicht sonderlich viel zu bieten, ist aber eine wichtige »Versorgungsetappe«. Supermärkte und Einkaufszentren wie das ***Intercity Shopping Centre*** (mit 110 Läden die größte *Mall* der Stadt) auf der Fort William Road bieten reichlich Gelegenheit zum Einkauf.

Information: *Thunder Bay Chamber of Commerce*
✆ (807) 622-9642, ✆ 1-800-667-8386, Fax (807) 622-7752
Internet: www.visitthunderbay.com

Centennial Park

Erwähnenswert sind in und um Thunder Bay einige hübsche Parks. Zum 57 Hektar großen ***Centennial Park*** am Current River im Norden der Stadt gehören eine Farm mit Tieren und der Nachbau eines Holzfällercamps von 1910 samt Museum. Außerdem gibt es Naturlehrpfade, einen **Sandstrand** am Boulevard Lake und Picknickplätze. Der Park eignet sich gut für einen Zwischenstop, besonders mit Kindern.

Trowbridge Park

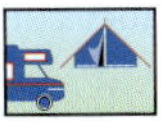

Das gilt ebenso für den *Trowbridge Park*, etwas weiter flußaufwärts nördlich des TCH. Die Zufahrt Copenhagen Road zweigt einen guten Kilometer westlich des ***Terry Fox Memorial*** ab. Über Stufen von schwarzem Schiefergestein hat der **Current River** die ***Trowbridge Falls*** gebildet. Sie eignen sich wunderbar zum **Baden und Planschen**. Nur Benutzer des Campingplatzes haben direkten Zugang zu den Wasserfällen, alle anderen Besucher müssen vom Parkplatz noch einige hundert Meter weit laufen.

Hillcrest Park

Mt. McKay

Vom *Hillcrest Park* im Norden der Doppelstadt lassen sich Hafen und Getreidesilos von Thunder Bay sehr gut mit der Kamera erfassen. Der Park liegt an der *High Street North* unweit der Red River Road. Einen schönen **Panoramablick** aus ganz anderer Perspektive bietet der Mt. McKay in der ***Ojibwe Indian Reserve***, die man über die Straße #61B erreicht.

Old Fort William

Die **größte Sehenswürdigkeit** der Region ist *Old Fort William*, eines der besten »lebenden« Museen Canadas. Den einstigen **Stützpunkt der *North West Company*** aus dem frühen 19. Jahrhundert hat man am Kaministiquia River originalgetreu wieder aufgebaut (Broadway Ave südwestlich der Stadt, dann ausgeschilderte Zufahrt). Das Fort diente den Pelztierjägern westlich und nördlich des Lake Superior als Treffpunkt und zentraler Umschlagplatz. Von hier aus wurden ihre Felle auf riesigen Last-Kanus nach Montréal weitertransportiert.

Die für diese Art von Museen typische Inszenierung der »guten alten Zeit« erreicht im *Old Fort William* einen hohen Grad an Perfektion. Das **Palisadenfort** selbst, die historischen Gebäude und seine in Bekleidung des vergangenen Jahrhunderts agierenden »Bewohner« vermitteln ein authentisches Bild von Leben und Alltag am Rande der Wildnis vor 150-200 Jahren. Mitte Juli findet alljährlich das ***Great Rendezvous*** statt, das Treffen der Pelzhändler mit den Trappern, bei dem kräftig gefeiert wird.

Ihren besonderen Reiz bezieht die Anlage aus der Geschlossenheit der Gesamtkonzeption. Die Neuzeit scheint in dem großen Waldstück am Fluß gänzlich ausgeblendet zu sein; nicht einmal die unvermeidlichen Parkplätze liegen im Blickfeld. Mitte Juni-Anf. Sept. täglich 10-18 Uhr, sonst ab Mitte Mai bzw. bis Mitte Oktober10-17 Uhr, © (807) 473-2344, **www.fwhp.ca**; Eintritt in der Hauptsaison $12, sonst $10.

Kakabeka Falls

Gute 30 km westlich von Thunder Bay passiert man auf dem TCH (hier mit Dopppelnumerierung #11/#17) die ***Kakabeka Falls***, laut lokaler Tourismuswerbung die »Niagara-Fälle des Nordens«. Der Vergleich ist reichlich übertrieben. Die Kontrolle der Wassermenge durch den lokalen Stromerzeuger bewirkt oft, daß über die 39 m hohen Felsen nur noch ein harmloser Bach strömt. In unmittelbarer Nachbarschaft der Fälle befindet sich immerhin der ***Kakabeka Provincial Park*** mit einem schönen und deshalb beliebten Campingplatz.

Voyageur Route des TCH

Der TCH teilt sich in **Shabaqua Corners**, 53 km westlich von Thunder Bay. Wegen der besonders schönen letzten Kilometer im Bereich des Lake of the Woods sollte man die südliche TCH-Alternative (Straße #11), die ***Voyageur Route*** über Fort Frances, vorziehen.

Quetico Park

Nur dort besteht Gelegenheit zu einem Abstecher in den ***Quetico Provincial Park***. Eine einzige Zufahrt bei Atikokan führt an diesen riesigen **Wildnispark** heran. Im ***Visitor Centre*** informiert man vorbildlich über Flora, Fauna und Siedlungsgeschichte der Quetico-Region. Jenseits der Grenze, im US-Staat Minnesota, schließt die ***Boundary Waters Canoe Area*** an den kanadischen Park an. Beide Gebiete schützen eine von der Zivilisation weitgehend unberührte Wasserwildnis.

Mit **1500 Routenkilometern** gilt der *Quetico Provincial Park* neben dem *Algonquin Park* im Osten als das **Eldorado Ontarios für Kanufahrer**.

Ein Abstecher vom Besucherzentrum zum hübschen Picknickplatz am French Lake lohnt sich auch für Nicht-Kanuten. Auf einer ufernahen Insel im See sind zahlreiche **Weißkopfseeadler** heimisch.

Wer über Nacht bleiben möchte, findet im Park neben vielen nur auf dem Wasserweg erreichbaren Zeltplätzen auch einen **Campingplatz** für Autofahrer.

Fort Frances

Über die Brücken des ***Noden Causeway*** – die Inselwelt des überquerten **Rainy Lake**, der mit den Gewässern des *Quetico Park* verbunden ist, bietet schöne Fotomotive – erreicht man **Fort Frances**. Einst Zentrum des Pelzhandels, erlebt man die Grenzstadt heute als touristisch eher uninteressanten Industriestandort. Im ***Pither's Point Park*** am Ortseingang von Fort Frances stehen der Nachbau eines Fort, ein Aussichtsturm und der restaurierte Holzschleppkahn ***Hallett***.

Wer wissen möchte, wie Holz in Papier verwandelt wird, kann im Zuge der ***Fort Frances Division Summer Mill Tours*** der *Abiti Consolidated* (427 Mowat Ave) an einstündigen Gratis-Führungen teilnehmen, Juni-August, Mo-Fr 10.30 und 13.30 Uhr, Reservierung unter © (807) 274-5311, ab 12 Jahre. Festes Schuhwerk wird verlangt; Schutzbrillen, Helme und Ohrenschützer werden gestellt.

Privates Wasserflugzeug am Lake of the Woods

Lake of the Woods Park

Ab Fort Frances führt der TCH bis Caliper Lake zunächst durch recht eintönige Landstriche. Lohnenswert ist erst wieder der Abstecher zum ***Lake of the Woods Provincial Park*** am amerikanisch-kanadischen See. Er umfaßt mehrere Inseln und ein Areal am Festlandufer nördlich von Bergland. Wegen seiner abseitigen Lage wird er von auswärtigen Besuchern kaum beachtet. Die Einheimischen schätzen den Park umso mehr. Beliebt ist er insbesondere wegen seiner Angelreviere und der idyllisch gelegenen **Campingplätze**. Weit verstreut, aber windgeschützt im Wald sind die Stellplätze des ***Birch Campground***. Im ***Aspen Campground*** liegen viele Plätzchen sehr schön am Seeufer. Ein empfehlenswerter **Wanderweg** (ca. 2 km), führt von *Aspen* am Wasser entlang zur *Picnic Area* im Norden des Parks. Die am Lake of the Woods heimischen **Pelikane** nisten überwiegend auf den Inseln, oft kann man sie aber auch vom Festland aus beobachten. Im Herbst fliegen sie zum Überwintern an den Golf von Mexico.

Weitere Provincial Parks

Die Strecke zwischen Caliper Lake und Kenora gehört zu den besten Abschnitten des TCH in Ontario. Die Straße führt durch eine malerische **Fels- und Waldlandschaft**, unterbrochen von zahlreichen Seen. **Drei hervorragende Provinzparks** - *Caliper Lake, Sioux Narrows* und *Rushing River* - bieten wunderbare **Campingplätze** und verführen zum Bleiben.

Caliper Lake Park

Der ***Caliper Lake Park*** ist vergleichsweise klein, der saubere und warme Caliper Lake aber zum **Baden** ideal. Insbesondere Familien mit Kindern werden den Spielplatz direkt am Sandstrand und die gepflegte ***Picnic Area*** mit großer Spielwiese zu schätzen wissen. Auf dem See landen und starten regelmäßig bunte Wasserflugzeuge. Der hübsche ***Campground*** liegt in einem Kiefernwald unweit des Ufers.

Sioux Narrows Park

Sioux Narrows gilt als **der attraktivste *Provincial Park*** der Region. Dank der Aussicht auf Regina Bay und die *Narrows* ist sein Picknickplatz überaus beliebt. Von den Stellplätzen des ***Campground*** am Hang fällt der Blick über das Wasser.

Rushing River Park

Der ***Rushing River Provincial Park***, Reservierung: © 1-888-ONT-PARK, und sein Campingplatz nördlich und südlich des Dogtooth Lake können kaum genug empfohlen werden. Wegen seiner großen Popularität sichert im Sommer nur zeitige Ankunft Unterkommen ohne Reservierung. Im warmen, flachen See kann man prima **baden** – es gibt sowohl **Sandstrand** als auch felsige Ufer. Eine Kurzwanderung führt an Stromschnellen entlang (***Lower Rapids Trail***). Bei niedrigem Wasserstand planschen jung und alt in den dann harmlosen *Rapids*.

Kenora

Kenora (16.000 Einwohner) ist das touristische Herz der Lake-of-the-Woods-Region. Während die Seeufer vielfach – wegen ausgedehnten Privatbesitzes – nur begrenzt zugänglich sind, gibt es im Stadtbereich einige Parks mit öffentlichen Stränden. Großer Beliebtheit erfreut sich der ***Coney Island Beach Park***, zu dem eine Fähre verkehrt. Kontakt ➪ Seite 35.

Bootstouren

Mehrmals täglich verläßt die *MS Kenora* die ***Harbourfront*** (täglich 12 Uhr, 15 Uhr, 18.30 Uhr,© (807) 468-9124) zu 2-stündigen Rundfahrten durch die Inselwelt des Lake of the Woods; $21/Person.

Rundflüge

Ab $45 kostet der Rundflug per Cessna, © (807) 468-9818, **www.kenoraair.ca.** Der **Hafen für Wasserflugzeuge** befindet sich unverfehlbar an der ***Harbourfront***. Kenora ist auch Ausgangspunkt für Charterflüge zu einsamen Blockhäusern in der Wildnis und für geführte Jagdausflüge.

Bootsvermietung

Alles, was das Herz für einen Urlaub auf dem Wasser begehrt, findet man in und um Kenora. Boote liegen zu Tausenden in den Marinas rund um den See. In vielen Orten gibt es Vermieter für alle Bootsarten. Segelboote sind dabei selten.

Hausboote

Wegen seiner ungezählten Buchten und nahezu **14.000 Inseln** eignet sich der See ganz besonders für **Hausbootferien**. Hausboote kann man tage- und wochenweise mieten. Die kleineren Typen kosten ab $1275 pro Wochenende (drei Nächte), © 1-800-2-KENORA, **www.houseboatadventures.com.**

Museum

An der South Main Street befindet sich das ***Lake of the Woods Museum***. Es besitzt eine Kollektion indianischer Kunstwerke und dokumentiert die Geschichte des Ortes, der früher **Rat Portage** hieß. Juli bis August täglich 10-17 Uhr, für den Rest des Jahres So+Mo geschlossen; Eintritt $2.

Keewatin Potholes

Nur wenige Kilometer westlich von Kenora befinden sich südlich des TCH die ***Keewatin Potholes*** (Zufahrt ausgeschildert), durch Erosion entstandene Löcher im Felsen. Sie fallen erst bei genauerem Hinsehen auf. Die kurze Anfahrt lohnt sich aber auf jeden Fall, denn vom ***Geological Site*** ist der Blick über den Lake of the Woods einmalig.

Weizenfelder in Manitoba

7.2 Durch Manitoba und Saskatchewan

7.2.1 Vom Lake of the Woods nach Winnipeg

Highway #1

Mit Erreichen Manitobas erhält der **TCH**, nachdem er bis dort Straßen unterschiedlichster Numerierung folgte, die **Ziffer 1** – wie auch schon zu Beginn seines Verlaufs auf Neufundland und Prince Edward Island. Dabei bleibt es bis zum Endpunkt in Victoria auf Vancouver Island.

Nach Manitoba

Der **TCH ist die einzige Straßenverbindung** zwischen Ontario und Manitoba. Gleich hinter der Provinzgrenze erwartet den Reisenden ein großes ***Tourist Information Centre***.

Verlauf des TCH

Nach kurzer Strecke durch den unmittelbar an der Grenze zu Ontario gelegenen *Whiteshell Provincial Park* verläßt er die Seenplatte des Kanadischen Schilds (➪ Seite 14) und läuft für über 1.450 km durch die Prärien im Süden Canadas. Diese bestehen – entgegen manchem Vorurteil – durchaus nicht nur aus ebenen Weideflächen und unendlichen Weizenfeldern, sondern werden von Hügellandschaften und Waldbeständen aufgelockert. Tatsächlich jedoch bietet eine Fahrt auf dem weitgehend vierspurig ausgebauten TCH nicht eben viel Abwechslung. Mit ein bißchen Extrazeit für Abstecher und Umwege läßt sich speziell in Manitoba eine Reise aber überraschend reizvoll gestalten.

Südliches Manitoba
N
0 50 km
Thompson
Churchill
Flin Flon
GRASS RIVER PROV. PARK
Wekusko Lake
Wabowden
Ponton
Cranberry Portage
The Pas
Prince Albert
Winnipeg
Cedar Lake
Grand Rapids
Island Lake
Lake Winnipeg
Lake Winnipegosis
PORCUPINE PROVINCIAL FOREST
Devils Lake
Swan River
DUCK MOUNTAIN PROV. PARK
Madge Lake
höchster Berg Manitobas Baldy Mountain 832 m
Dauphin Lake
Lake Manitoba
Yorkton
Roblin
Dauphin
RIDING MOUNTAIN NATIONAL PARK
Ste. Rose du Lac
Arborg
Gimli
Victoria Beach
WINNIPEG BEACH PROV. PARK
GRAND BEACH PROV. PARK
Patricia Beach
Lake Audy
Clear Lake
Norgate
Wasagaming
Sandy Lake
YELLOWHEAD HWY
Regina
Minnedosa
Selkirk
Lower Fort Garry
Oak Hammock Marsh
BIRDS HILL PROV. PARK
White Lake
WHITESHELL PROV. PARK
Rennie
Brandon
Portage la Prairie
TRANS-CANADA HWY
Assiniboine River
Winnipeg
Falcon Lake
Kenora
SPRUCE WOODS PROV. PARK
Steinbach
Souris River
Red River
Morris
Lake of the Woods
TURTLE MOUNTAIN PROV. PARK
49° nördl. Breite
CANADA
USA
SASKATCHEWAN
MANITOBA
NORTH DAKOTA
MINNESOTA
ONTARIO
Jamestown
Grand Forks

Da wäre vor allem bei heißem Sommerwetter zunächst ein »Schlenker« in nördliche Richtung zum angenehm temperierten Lake Winnipeg und seinen Badestränden zu erwägen, zumindest aber ein Stop im ***Whiteshell Provincial Park***.

Whiteshell Provincial Park

Unweit des TCH sind die kleinen Orte **West Hawk Lake** und **Falcon Lake** leicht erreichbare Anlaufpunkte mit ***Campgrounds*** und ausgebauter touristischer Infrastruktur (Strände, Hotels, Reitstall). Ruhiger wird es entlang der Straße #307 durch den zentralen Westen dieses ausgedehnten Parks. Einen Stopp wert ist (noch an der Straße #44 unweit westlich der Abzweigung der #307) das ***Alfred Hole Goose Sanctuary*** bei Rennie, Ende Mai-Anfang September täglich 10-18 Uhr, Do-So im September, frei. Im Sommer leben dort fast 100 der seltenen Canada Gänse. Ein ***Visitor Centre*** informiert über Eigenarten dieses Vogelschutzgebietes und vom Uferweg überblickt man die Nester im See.

Die #307 läuft an einer Kette hübscher Seen und an Flüssen mit Stromschnellen und Wasserfällen entlang, wo gut angelegte **Campingplätze** zum Bleiben einladen. Vom ***White Lake Campground*** bzw. dem benachbarten ***White Lake Resort*** (© 204-348-7605, deutsche Leitung) erreicht man die gerne gelobten, aber wenig aufregenden ***Rainbow Falls***. Ca. 10 km nordwestlich des White Lake zwischen **Betula Lake** und **Nutimik Lake** beginnt der 2 km lange ***Trail*** zu den pittoresken ***Pine Point Rapids***.

Lake Winnipeg

Am Winnipeg River verläßt die #307 den Park und stößt auf die Straße #11, die 90 km dem breiten Fluß zum Südostufer des riesigen Lake Winnipeg folgt, einem überaus populären Seebereich mit flachem, schnell erwärmtem Wasser, langen Sandstränden und Dünenstreifen. Das gilt besonders für den an Wochenenden stark besuchten ***Grand Beach Provincial Park*** mit hohen, weißen Sanddünen und **Campingplatz**, Reservierung © 1-888-482-2267. Einen kaum weniger attraktiven, im allgemeinen aber nicht so überlaufenen Strand für einen Badetag findet man in ***Patricia Beach***.

Außerhalb der offiziell öffentlich zugänglichen Strände befindet sich bis hinauf zum Sommerfrischeort Victoria Beach die Küste leider überwiegend in Privathand.

Whiteshell Provincial Park

Auch auf dem Südwestufer hat der Lake Winnipeg eine Reihe schöner Badestrände. Besonderer Beliebtheit bei Windsurfern erfreut sich der ***Winnipeg Beach Provincial Park***. Weiter nördlich sind die langen Sandstrände von Gimli, einer der größten isländischen Gemeinden außerhalb Islands, erwähnenswert. Kultur- und Siedlungsgeschichte der Region wird vom ***New Iceland Heritage Museum*** beleuchtet (94 1st Ave, Mo-Fr 9-17 Uhr, Sa+So 13-16 Uhr, $5).

Vogelreservat

Die Südufer des Sees sind wegen der verzweigten Mündung des Red River versumpft und bieten in der *Netley Marsh* einer artenreichen Vogelpopulation geschützten Lebensraum. Vom ***Breezy Point Observation Tower*** an der Mündung des Netley Creek (Ende Straße #320, etwa 16 km nördlich von Selkirk) überschaut man eines der größten Marschgebiete Manitobas.

Lower Fort Garry

Südlich Selkirk unweit der Kreuzung der Straßen #9 und #67 liegt das ***Lower Fort Garry*** (ab 1831), ein fast vollständig in seinem Originalzustand in der Mitte des 19. Jahrhunderts restaurierter Handelsposten der *Hudson's Bay Company* und heute ***National Historic Site***. Hinter dicken Steinmauern befindet sich das kleine *Visitor Centre*. Zeitgenössisch kostümiertes Personal erläutert Geschichte und Bedeutung des Forts.

Zwar kann *Fort Garry* nicht mit den herausragenden Museen dieser Art wie dem *Old Fort William* bei Thunder Bay mithalten, ist aber das beste lebende Museum in Manitoba. Geöffnet von Mitte Mai bis *Labour Day* täglich 9-17 Uhr, Eintritt $6.

Oak Hammock Marsh

Etwa 17 km westlich des Fort Garry zweigt bei Stonewall eine kurze Stichstraße Hwy #220 von der #67 zur ***Oak Hammock Marsh*** ab, ein weiteres ornithologisch interessantes Gebiet. Zugvögel nutzen es im Frühjahr und Herbst als »Etappe«. Das ***Interpretive Centre*** und das ausgezeichnete Netz von 30 km ***Trails*** über ***Boardwalks*** (Bohlenwege) und Deiche lohnen auch sommerliche Besuche. Das Besucherzentrum ist ganzjährig geöffnet, Mai-August täglich 10-20 Uhr, September+Oktober 8.30 Uhr bis Sonnenuntergang, sonst 10-16.30 Uhr; Eintritt $4.

Steinbach

Auf der direkten Route von Ontario nach Winnipeg liegt ein Abstecher nach Steinbach nahe, 19 km südlich des TCH (Straße #12). Noch vor der Stadt, deren Entstehung 1874 Mennoniten russischer Abstammung zu verdanken ist, stößt man auf das ***Mennonite Village Museum***. Dabei handelt es sich um ein nach alten Vorbildern errichtetes Mennonitendorf aus der Zeit um 1900. Die Anlage mit 20 Gebäuden und mennonitischem Restaurant vermittelt sicher ein realistisches Bild von den damaligen Verhältnissen, ist aber als solche nicht übermäßig interessant. Der Besuch lohnt sich in erster Linie wegen der aufschlußreichen Dokumentation zu den Mennonitenwanderungen von Holland über Norddeutschland und Rußland nach Canada. Mai, Juni, September Mo-Sa 10-19 Uhr, So 12-17 Uhr – Juli-August Mo-Sa 10-21 Uhr, So 12-18 Uhr; Eintritt $8.

Deutsche Ortsnamen

Neben Steinbach findet man noch eine ganze Reihe weiterer **Ortschaften mit typisch deutschen Namen** im südöstlichen Manitoba. Bezeichnungen wie Kleefeld, Altona, Gnadenthal, Reinland u.a.m. geben Aufschluß über die Herkunft der ersten Siedler. Touristisch lohnende Ziele sind diese Prärienester im allgemeinen nicht.

Deutschstämmige Minderheiten in Canada: Hutterer, Mennoniten und Amish

Die Mehrheit der deutschen Einwanderer paßte sich in Canada – wie auch andere kleinere Immigrationsgruppen – rasch der anglo-kanadischen Kultur an. Bereits die zweite Generation lernte Englisch als Muttersprache, und selbst die Familiennamen wurden oft von den Einwanderungsbehörden anglisiert oder – insbesondere während der beiden Weltkriege – nachträglich abgeändert. Dennoch haben sich einige deutsche Traditionen bis heute gehalten. Kitchener in Ontario beispielsweise, das bis zum 1. Weltkrieg Berlin hieß, veranstaltet das größte Oktoberfest in Nordamerika. Radiosendungen in deutscher Sprache, mit zumeist kirchlicher Ausrichtung, werden – außer im südlichen Ontario – auch in Manitoba, Saskatchewan und Alberta ausgestrahlt. **In Canada erscheinen über zehn deutschsprachige Zeitungen**, darunter (mit Auflage): Das Echo (monatlich, aus Quebec, 30.000), Deutsche Presse (wöchentlich, südliches Ontario, 35.000), Echo Germanica (monatlich, südliches Ontario, **www.echoworld.com**, 16.000), Deutsche Rundschau (monatlich, 16.000, **www.deutsche-rundschau.com**), Neue Welt (vierzehntägig, Ontario, **www.neueweltonline.com**, 32.000).

Darüber hinaus gibt es bis heute in relativer Abgeschiedenheit lebende deutschsprachige Gruppen. So sind die ***Hutterer*** eine in urchristlicher Gütergemeinschaft lebende Gemeinde. Sie hält in strenger Religiosität an überlieferten Gepflogenheiten fest. Namensgeber ist der 1533 in Mähren, zum ersten Bischof der Gemeinde gewählte *Jakob Hutter* (1536 in Innsbruck verbrannt). Sie praktizierten die Erwachsenentaufe und gerieten damit als sogenannte »Wiedertäufer« in Widerspruch zur Amtskirche (erste hutterische Glaubenstaufe 1525). Weil sie in Mähren verfolgt wurden, zogen sie zunächst nach Siebenbürgen; von dort ging es weiter in die Ukraine. Ab 1870 wanderte die Bruderschaft in die USA aus, von wo aus die meisten ab 1918 nach Canada übersiedelten.

Gegenwärtig leben ca. 70.000 Hutterer in Nordamerika. Mehrere Familien bewirtschaften jeweils gemeinsam einen »Bruderhof«. Nachwuchssorgen haben die Gemeinden dank ihres Kinderreichtums nicht.

Die Hutterertrachten haben sich in Jahrhunderten kaum verändert. Die Röcke und Schürzen der Frauen sind in gedeckten Farben gehalten und weisen dezente Muster auf, unerläßlich ist ein gepunktetes Kopftuch. Die »Mannsleut'« tragen schwarze Hosen mit Hosenträgern und einfache gestreifte oder karierte Hemden; immer haben sie einen Kinnbart. Die pazifistisch gesinnten Hutterer lehnen den Wehrdienst ab und verweigern vor Gericht den Eid.

Die Interessen des Individuums sind dem Gemeinwohl der »Kolonie« grundsätzlich nachgeordnet. Die herkömmliche Rollenverteilung zwischen den Geschlechtern blieb bis heute unangetastet: Die Frauen »regieren« in Haus und Hof, die Männer arbeiten auf Feld und Weide.

Trotz aller Bemühungen, die kulturelle Identität zu wahren, zeichnen sich in einigen Bereichen aber doch Veränderungen ab. Da diese bei den einzelnen Bruderhöfen unterschiedlich ausfallen, bieten die Hutterer heute kein homogenes Bild mehr. Es wird auch jetzt noch überwiegend Deutsch gesprochen (mit einem Dialekt der mährischen Urheimat).

Auch der technische Fortschritt ist nicht ganz aufzuhalten. Zwar lehnen die Hutterer immer noch Radio, Fernsehen und Computer ab, doch Maschinen zur Erhöhung der Arbeitseffektivität werden in zunehmendem Maße eingesetzt. Der hutterische Siedlungsbereich umfaßt heute die kanadischen Provinzen Alberta, Manitoba und Saskatchewan, sowie Montana, North und South Dakota in den USA.

Die ***Mennoniten***, ebenfalls »Wiedertäufer«, folgen den Glaubenslehren von *Menno Simons*, der ab 1537 ihr Bischof war. Sie waren ursprünglich in den Niederlanden und Norddeutschland beheimatet. Wie die Hutterer lebten sie lange Zeit in Rußland und emigrierten dann über die USA nach Canada, wo sie sich erstmals 1776 in Ontario ansiedelten. Die Traditionalisten *Old Order Mennonites* unter ihnen lehnen die Nutzung moderner Technik rigoros ab. Wie in alten Zeiten spannen sie z.B. in St. Jacobs/ Ontario Pferde vor den Pflug und fahren in der Kutsche zur Kirche, während die meisten Glaubensbrüder heute Auto fahren.

8.000 russische Einwandere gründeten 1874-84 die ersten Mennonitengemeinden Manitobas. Ihre traditionelle Lebensweise wird in Steinbach im *Mennonite Village Museum* erläutert.

Von den Mennoniten spalteten sich 1693 die ultrakonservativen ***Amish People*** – benannt nach ihrem Bischof *Jacob Amann* – ab. Sie ließen sich vor allem in den US-Bundesstaaten Ohio und Pennsylvania nieder. Die aus Europa nehezu vollständig vertriebenen Amish emigrierten um 1825 nach Canada. Ihr erstes und bislang einziges kanadisches Siedlungsgebiet war Ontario, wo sie in rund zehn Orten leben.

Hutterer-frauen in der für das 19. Jahrhundert typischen schlichten Tracht

7.2.2 Winnipeg

Lage

Winnipeg ist die einzige »echte« Großstadt zwischen Toronto (2.100 km) und Calgary/Edmonton (1.300 km) und wirtschaftliches und kulturelles Zentrum einer weit über die Provinzgrenzen hinausreichenden Region. Die Hauptstadt liegt in der südöstlichen »Ecke« von Manitoba, rund 150 km westlich von Ontario und 100 km nördlich der Grenze zu den USA.

Auf einer Fahrt durch Manitoba geht an Winnipeg kein Weg vorbei, denn alle wichtigen Straßen und auch die Eisenbahnlinien führen über die Provinzkapitale.

Klima und Geschichte

Klima

Das Klima Winnipegs entspricht weitgehend der auf Seite 581 zu findenden Kennzeichnung für die Provinz Manitoba. Die ungeschützte Lage nach Norden wie nach Süden sorgt für starke jahreszeitliche Gegensätze. Im Sommer – mit im Juli/August Tageshöchsttemperaturen um 27°C – darf man mit stabilen **Schönwetterperioden** rechnen; nur gelegentlich setzen Gewitter Straßen und Campingplätze unter Wasser. Im Winter beschert das wetterbestimmende kontinentale Hoch der Stadt nur geringen Schneefall und Temperaturen bis unter –20°C. Mit 358 Stunden verzeichnet Winnipeg von Dezember bis Februar den meisten Sonnenschein von allen kanadischen Städten, ➪ Seiten 22+24.

Geschichte

Der Zusammenfluß von Assiniboine und Red River war seit 4.000 v.Chr. ein wichtiger Treffpunkt der indianischen Urbevölkerung. Die Franzosen unter ***Pierre de la Vérendrye*** erkannten die strategisch günstige Position dieses Ortes und gründeten dort schon 1738 die Pelzhandelsstation *Fort Rouge*, von wo aus sie die Erschließung des kanadischen Nordwestens betrieben. An fast gleicher Stelle errichtete 1810 die *North West Company* das *Fort Gibraltar* und 1822 die *Hudson's Bay Company* das **Upper Fort Garry**, das nach Überflutung zerstört und 1835 ganz neu gebaut wurde.

Métis

Nachdem 1812 der ***Earl of Selkirk*** schottische Siedler an die fruchtbaren Ufer des Red River gebracht hatte, kam es zu ständigen Konfrontationen mit den bereits dort ansässigen *Métis*, Nachkommen französischer Trapper und indianischer Frauen. Denn mit der Abholzung von Waldland zur Ausdehnung der Landwirtschaft reduzierten sich die Jagdreviere der *Métis*. Die Auseinandersetzungen gipfelten unter Führung von ***Louis Riel*** in der ***Red River Rebellion*** von 1869, die zur Schaffung Manitobas und zur Anerkennung von Minderheitenrechten für die *Métis* führte.

Nach den ersten unruhigen Jahren verlief nun die weitere Geschichte der Siedlung, die sich um das ***Upper Fort Garry*** entwickelt hatte, weniger turbulent. Mit der Konstituierung

Manitobas (1870, ➪ Seite 581) wurde Winnipeg Verwaltungssitz, erhielt aber erst **1873 Stadtrechte** und seinen heutigen Namen, der aus der Sprache der *Cree*-Indianer stammt (*win nipee* = schlammiges Wasser).

Eisenbahn

Bereits mit dem Anschluß an das Eisenbahnnetz des Ostens (1878) gewann Winnipeg eine zentrale Position für den Weizentransport in die Bevölkerungszentren. Bereits 1887 war die *Winnipeg Commodity Exchange* gegründet worden, die bis heute den einzigen Agrar-Terminhandel Canadas abwickelt. Die Ankunft der ***Canadian Pacific Railway*** (CPR) und die Verkehrsanbindung an die Westküste 1885 sowie der Bau weiterer Bahnlinien, u.a. nach Churchill an der Hudson Bay (1929), machten Winnipeg zum Eisenbahnknotenpunkt und zur einzigen kanadischen Metropole im Umkreis von 1.300 km.

Bevölkerung

Winnipeg hatte zu Beginn des 1. Weltkrieges erst um die 150.000 Einwohner. Heute leben mit 685.000 Menschen im Großraum (620.000 in der Stadt) knapp 60% der Bevölkerung Manitobas in der Provinzhauptstadt.

Information, Orientierung und öffentliche Verkehrsmittel

Touristen Infomation

Tourism Winnipeg in *Downtown*
279 Portage Ave, Winnipeg, Manitoba R3B 2B4,
© (204) 943-1970 oder © 1-800-665-0204;
Internet: www.destinationwinnipeg.ca.

Explore Manitoba Centre in ***The Forks National Historic Site*** (➪ unten), 25 Forks Market Road, © 1-866-MANITOB. Großzügige Touristeninfo mit Ausstellungen über die Provinz sowie Nationalparkinfos im *Parks Canada Kiosk* (© 1-888-773-8888, täglich 10-18 Uhr.

Der ***Winnipeg International Airport*** (YWG), **Internet**: www.waa.ca, liegt 6 km westlich der Innenstadt. Airportzufahrt von *Downtown* (30 min) mit der Airport-Buslinie #15.

Zentrum

Das Stadtzentrum mit einer in den letzten Jahren dichter gewordenen Hochhauskulisse befindet sich nordwestlich der Einmündung des Assiniboine River in den Red River, ungefähr begrenzt durch Portage Ave, Broadway und Main Street. Am Ostufer des Red River liegt das alte Stadtviertel *Saint Boniface* mit französischsprachiger Bevölkerungsmehrheit.

Verkehrssituation

Der ***Trans Canada Highway*** führt mitten durch die City (Main St/Portage Ave, Straßennummer 1). Alternativen dazu sind zwei weiträumig die City umgehende Autobahnen (***Perimeter Highway #100*** im Süden bzw.***Perimeter Highway #101*** im Norden). Im großzügig angelegten Winnipeg bereitet Autofahren kein Kopfzerbrechen.

Nahverkehr

In *Downtown* Winnipeg fahren die 4 kostenlosen ***Downtown-Spirit-Buslinien*** Mo-Fr 7-19.30, Sa 11-19.30, So 12-17.30 Uhr auf einem Rundkurs um das Geschäftszentrum und weiter zu *The Forks* (siehe unten). Auf anderen Routen gilt für ***Winnipeg Transit* Busse** – unabhängig von der Fahrtstrecke – ein Einheitstarif von $1,85. Man benötigt in den Bussen abgezähltes Kleingeld. Für *Transit Information* wählt man © (204) 986-5700 oder schaut ins Internet: **www.winnipegtransit.com**

Unterkunft und Camping

Hotels/Motels

Übernachten ist in Winnipeg noch preisgünstig. Die Broschüre ***Winnipeg Accomodation Guide*** der *Visitor Information* enthält eine Liste aller Motels/Hotels in *Downtown* Winnipeg.

In *Downtown und Umgebung* findet man u.a. das relativ preiswerte ***Carlton Inn***, 220 Carlton St,© (204) 942-0881 oder © 1-877-717-2885 sowie das edle, 1913 erbaute ***Fort Garry Hotel***, 222 Broadway Ave, © (204) 942-8251 bzw. © 1-800-665-8088.

In den Außenbezirken liegen zahlreiche **Hotels und Motels** entlang der südlichen Zufahrtsstraße #42 (Pembina Hwy), an der westlichen Zufahrtsstraße #1/#85 (Portage Ave) sowie im Flughafenbereich. Ein gutes Preis-/Leistungs-Verhältnis haben ***Comfort Inn Winnipeg Airport***, 1770 Sargent Ave, © (204) 783-5627 oder © 1-800-4-CHOICE, ***Holiday Inn Airport West***, 2520 Portage Ave W, © (204) 885-4478 oder © 1-800-665-0352, ***Country Inns & Suites by Carlson***, 730 King Edward St, © (204) 783-6900 oder © 1-888-201-1746, ***Canada Inns Express Fort Garry***, 1792 Pembina Hwy, © (204) 269-6955 oder © 1-888-33-CANAD.

Preiswerte Unterkünfte

Die preiswerteste Übernachtung in Winnipeg bieten – wie auch anderswo – die ***Hostels:***

- ***Ivey House International Hostel (HI)***
  210 Maryland St, Winnipeg, Manitoba R3M 0P7;
  © (204) 772-3022, © 1-866-762-4122; $19, 38 Betten
- ***Guest House International***
  168 Maryland St, Winnipeg, Manitoba R3G 1L3
  © (204) 772-1272 oder © 1-800-743-4423; $20

Bed & Breakfast

Die folgende Agentur vermittelt im Stadtbereich Winnipeg zahlreiche Unterkünfte zu Preisen ab $40:

- ***Bed & Breakfast of Manitoba,*** 893 Dorchester Ave, Winnipeg, Manitoba R2K 0K6, © (204) 661-0300, **Internet**: www.bedandbreakfast.mb.ca; © 1-877-304-0300

Camping

Der stadtnächste, gute öffentliche Campingplatz (über 400 Stellplätze) befindet sich im ***Birds Hill Provincial Park***, © (204) 948-3333 oder © 1-888-482-CAMP, 25 km nordöstlich von *Downtown* Winnipeg an der Straße #59. Der Provinzpark verfügt über eine hervorragende Infrastruktur mit Reitstall, Badesee, Wander- und Fahrradwegen. Dem jährlichen ***Winnipeg Folk Festival*** dient er als Veranstaltungsort (⇨ Seite 540).

Unter mehreren kommerziellen Plätzen im Bereich des ***Perimeter Highway*** ist ***Traveller's RV Resort and Campground***, © (204) 256-2186, eine gute Wahl. Der Platz (Murdock Road neben *Fun Mountain Waterslide Park*) liegt 14 km östlich von *Downtown* Winnipeg am TCH, Kreuzung mit Hwy #100.

Stadtbesichtigung: Downtown

Situation

Eine Besichtigung von *Downtown* Winnipeg läßt sich gut zu Fuß machen. Zur Überwindung etwas größerer Distanzen kann man den ***Downtown Flyer*** in Anspruch nehmen, ⇨ Seite 530.

Die Beschreibung der Sehenswürdigkeiten Winnipegs beginnt an der **Main Street** knapp nördlich von Downtown:

Manitoba Museum

Das ***Manitoba Museum*** (190 Rupert Ave) mit Planetarium und interaktivem Wissenschaftsmuseum (⇨ unten) ist eine der herausragenden Attraktionen der Stadt. Die Natur- und Menschheitsgeschichte der Provinz wird über Dioramen, Filme und naturgetreue Modelle sehr anschaulich dargestellt. Die ***Earth History Gallery*** vermittelt einen Überblick über die geologischen Epochen der Region Manitoba; in der ***Arctic & Subarctic*** und der ***Boreal Forest Gallery*** geht es um das Leben der Ureinwohner des Nordens, und in der ***Grasslands Gallery*** um die Siedlungsgeschichte des südlichen Manitoba.

Die ***Hudson`s Bay Company Gallery*** thematisiert das Wirken der mächtigen Pelzhandelsgesellschaft. Ein originalgetreuer Nachbau (15 m) des Segelschiffs ***Nonsuch***, mit dem *Des Grosseilliers* 1668/69 in der Hudson Bay überwinterte, bildet einen der Höhepunkte der Ausstellung. Vor der Verbringung ins Museum mußte das Schiff 1970 anläßlich der 300-Jahr-Feier der *Hudson`s Bay Company*-Gründung die historische Seereise noch einmal absolvieren.

Eine weitere Attraktion sind in der ***Urban Gallery*** die Straßenzüge einer Kleinstadt, die Winnipeg um 1920 zeigen.

Planetarium und Science Centre

Im Planetarium sorgen 154 Projektoren, moderne Video- und Computertechnologie sowie eine kolossale Lautsprecheranlage für beeindruckende ***Multi Media Shows***. Vor allem virtuelle Reisen durchs Weltall fesseln die Besucher. In der ***Science Gallery*** garantieren verblüffende Effekte und Illusionen einen kurzweiligen Aufenthalt.

Geöffnet Ende Mai bis Anfang September täglich 10-18 Uhr, restliche Zeit des Jahres Di-So 10-17 Uhr, Eintritt $8, Pass für Museum, Planetarium und *Science Gallery* $18. *Planetarium* oder *Science Gallery* jeweils separat $7.

Centennial Concert Hall

Neben dem Manitoba *Museum* ist ein Kulturzentrum entstanden. Die *Centennial Concert Hall*, 555 Main St, bietet eine Bühne für *Manitoba Opera, Royal Winnipeg Ballet* und *Symphony Orchestra*. Im *Manitoba Theatre Centre*, 174 Market Ave, sieht man populäre Theaterproduktionen.

Exchange District

Das *Manitoba Museum* grenzt an ein über 20 Blocks umspannendes historisches Viertel. Das originale, kommerzielle und kulturelle Herz von Winnipeg heißt ***Exchange District***, was der *Winnipeg Commodity Exchange* an seinem Südende zu danken ist, der Warenbörse (360 Main Street). Im ***Commodity Exchange Tower*** werden im Computerhandel keine Aktien, sondern lediglich Getreideoptionen gehandelt.

Auf der gegenüberliegenden Straßenseite ragt das ***Toronto Dominion Centre*** (201 Portage Ave.) empor. Mit 128 m ist das ***TD Centre*** höchster Bau zwischen Toronto und Calgary.

Nachbau der »Nonsuch«, mit der Des Grosseilliers 1668/69 als erster auf dem Seeweg die Hudson Bay erreichte und dort überwinterte

Die Einkaufs- und Restaurant-Arkaden dieser Gegend locken zahlreiche Besucher an. Der **Kernbereich** liegt westlich der Main Street. Um den *Old Market Square* mit Eß- und Verkaufsständen sowie oftmals *Entertainment* verbergen sich hinter sorgfältig restaurierten Fassaden ehemalige Wohn-, Handels- und Lagerhäuser aus dem ausgehenden 19. Jahrhundert.

Chinatown

An den *Exchange District* schließt sich nördlich ***Chinatown*** an (Zentrum an der King St), das bereits im 19. Jhr. als Wohnstadt chinesischer Eisenbahnarbeiter entstand. Das Viertel ist kleiner als die *Chinatown* in Vancouver, aber für einen kurzen Abstecher durchaus erwägenswert. Sehenswert sind das in traditioneller Architektur um einen chinesischen Garten herum errichtete ***Dynasty Building*** (180 King St) mit Chinesischem Tor .

Ukrainisches Zentrum

Östlich der Chinatown besitzt die nach Briten und Deutschen drittgrößte ethnische Gruppe Manitobas mit dem ***Oseredok Ukrainian Cultural and Educational Centre***, 184 Alexander

Ave East, eines der größten Kulturzentren dieser Art außerhalb der Ukraine. Es präsentiert ukrainische Geschichte und Volkskunst wie handgemalte Ostereier (*Pysanky*), Keramik und Kunst (Mo-Sa 10-16 Uhr, Eintritt frei). Wer die Main Street (Hwy #52) ca. 2 km weiter in Richtung Norden fährt, kann die Kuppeltürme im ukrainischen Barockstil der ***Holy Trinity Ukrainian Orthodox Cathedral***, 1175 Main St, nicht verfehlen. Im Erdgeschoß ist das kleinere ***Ukrainian Museum of Canada*** untergebracht mit ähnlichen Exponaten wie im Kulturzentrum (Mo-Sa 10-16 Uhr, Eintritt $1).

City Center

Hauptgeschäftsstraße Winnipegs ist die ***Portage Ave*** zwischen Main Street und Memorial Blvd. Die großen Kaufhäuser und *Shopping*-Komplexe *(**Cityplace Mall; Portage Place; Winnipeg Square**)* konzentrieren sich dort und in unmittelbarer Nähe. Sie sind teilweise über verglaste Brücken oder unterirdisch miteinander verbunden. Das mit 140 Geschäften größte Einkaufszentrum ist ***Portage Place***, 393 Portage Ave. Es erstreckt sich über 3 Blocks und beherbergt u.a. ein ***IMAX Kino***.

Kunst Museum

Die ***Winnipeg Art Gallery***, 300 Memorial Blvd, ist zwischen Calgary und Toronto konkurrenzlos. Das gilt auch für die ungewöhnliche Architektur des Museumsgebäudes. Den dreieckigen Grundriß nimmt man im Inneren des Baus wegen der geschickten räumlichen Gestaltung aber kaum noch wahr. Unter den Kollektionen verschiedener Kunstrichtungen und Epochen sind insbesondere die Sammlung zur kanadischen Gegenwartskunst und Kanadas umfangreichste Ausstellung der ***Inuit-Art*** hervorhebenswert. Öffnungszeiten täglich 10-17 Uhr, Anfang September-Mitte Juni Di-So von 11-17 Uhr, aber Mi bis 21 Uhr, Eintritt $6. Ein ***Super Brunch*** gibt`s im Dachgeschoss im ***Brio Restaurant***, © (204) 948-0085.

Regierungs-gebäude

In einem eigenen Park zwischen Broadway/Assiniboine River und Osborne/Kennedy Streets steht das ***Legislative Building***, 450 Broadway, Sitz der Provinzregierung und des Parlaments von Manitoba. Auf der Kuppel des neoklassizistischen Bauwerks (1920) steht das Wahrzeichen Winnipegs, die Statue des ***Golden Boy***, eines rennenden Jünglings mit Weizengarbe im Arm und einer Fackel in der Hand. Mit 77 m war die Fackelspitze lange Zeit der höchste Punkt Winnipegs. Das Gebäude steht täglich zur Besichtigung offen (8-20 Uhr), Eintritt frei.

Osborne Village

Auf der anderen Seite des Flusses (Zugang über die *Osborne Bridge*, Hwy #62) gibt es zahlreiche kleine Geschäfte beiderseits der Osborne Street. Zusätzliche Attraktivität gewinnt das *Osborne Village* durch seine **Restaurants und Cafés**.

Dalnavert House

Amerikanische Besucher schwärmen für das mit über 100 Jahren »uralte« ***Dalnavert House*** in der 61 Carlton Street. Es verkörperte 1895 nicht nur äußerlich den Gipfel des Luxus, sondern war mit Zentralheizung, Heißwasserversorgung und Elektrizitätsanschluß auch technisch auf dem neuesten Stand.

In dem akribisch restaurierten Anwesen lebte *Sir Hugh John MacDonald*. Der Sohn des ersten kanadischen Ministerpräsidenten war 1899-1900 *Premierminister* Manitobas. Geöffnet März-Dezember Di-Do und Sa+So 12-16.30 Uhr; Eintritt $4.

Fort Garry

In einem kleinen Park an der Main Street zeugt nur der kleine Torbogen ***Upper Fort Garry Gate*** vom zweiten Fort der *Hudson's Bay Company* in Winnipeg (⇨ unter »Geschichte«). Das erste wurde nach einer Überflutung zerstört.

The Forks

Der Zugang zu ***The Forks***, einem zwischen der Bahnlinie östlich der Main St und dem Westufer des Red River gelegenen ehemaligen Rangierbahnhof erfolgt unmittelbar nördlich oder südlich der *VIA Rail Station*. Von der Innenstadt aus nimmt man alternativ die Water Ave (= Westzufahrt zur Provencher Bridge) und biegt vor dem Fluß rechts in den Pioneer Blvd ab. Das weitläufige Areal am Zusammenfluß von Red und Assiniboine River ist wegen seiner Rolle als (6.000 Jahre alter) indianischer Versammlungsort und Keimzelle Winnipegs zum ***National Historic Site*** deklariert worden.

In den letzten Jahren wurde das Gelände zu einem attraktiven **Freizeitpark** umgestaltet. In ihm befinden sich ***Tourist Information*** (im *Explore Manitoba Centre*), Hafen mit Leuchtturm (!) und Bootsverleih, das ***Manitoba Children's Museum*** (45 Forks Market Road, *Kinsmen Building* von 1889, täglich 9.30-16.30 Uhr, Fri+Sa. bis 20 Uhr, $6) und das *Johnston Terminal*, ein Lagerhaus von 1930 voller Läden und Bistros. *Festivals* und Veranstaltungen aller Art finden im *Market Plaza, Festival Park* und *Celebration Circle* statt.

Der ***The Forks Market*** ist in einem ehemaligen Eisenbahngebäude untergebracht (täglich ab 9.30 Uhr) und beherbergt eine bunte Vielfalt an Obst- und Gemüse-, Fleisch- und Fischständen, Restaurants und jede Menge Shops aller Art. Vom 6. Stock des voll verglasten Aussichtsturms überschaut man das Gelände von *The Forks* und die *Skyline* von Winnipeg.

Der ***Riverwalk*** zwischen *Legislative Building* und *Alexander Dock* lädt zu Spaziergängen mit Blick auf die *Skyline* ein. Ebenso gut ist die Sicht vom ***Wassertaxi***, Einfachfahrt $3. Der ***Splash Dash Water Bus,*** © (204) 783-6633, verbindet alle 10-15 min *The Forks* mit *Legislative Building, Exchange District, Osborne Village* und *Donald Dock, Hugo Dock, St. Boniface* täglich ab 11 Uhr bis Sonnenuntergang.

Ab *Alexander Dock* (Waterfront Drive am Westufer des Red River, Ecke Alexander Ave) starten die **Schaufelraddampfer** *Paddlewheel Princess, Paddlewheel Queen* und *River Rouge* zu Ausflügen auf Red und Assiniboine River (Mai-Oktober täglich 13+19 Uhr, Fr+Sa auch 22 Uhr; $15). Im Juli und August Mi, Do und Fr fährt 9-16.30 Uhr; $23 die *Paddlewheel Princess* bis zum *Lower Fort Garry*; © (204) 944-8000.

Forks Public Market Building und Aussichtsturm

Ziele außerhalb des Zentrums

St. Boniface

St. Boniface, der Stadtteil am Ostufer des Red River sozusagen gegenüber *Downtown* Winnipeg, beherbergt die größte französischsprachige Gemeinde Canadas westlich von Québec. Er entstand auf dem traditionellen Siedlungsraum der Métis. In *St. Boniface* wurde ***Louis Riel*** 1844 geboren (➪ Geschichte, Seiten 580+588). Während die Anglokanadier den später gehängten *Riel* als Aufrührer betrachten, sehen die Frankokanadier in ihm einen Vorkämpfer für ihre Rechte.

Louis Riel

Mit über hundert Jahren Abstand wird dem Métis-Führer neuerdings viel Ehre zuteil. In Saskatchewan z.B. trägt die Autobahn 11 zwischen Regina und Saskatoon den Namen ***Louis Riel Trail***. Sein Grab neben der Cathédrale de Saint-Boniface (190, Ave de la Cathédral) wird bis heute sorgfältig gepflegt. Die ersten drei römisch-katholischen Kirchen wurden in der ersten Hälfte des 19. Jahrhunderts erbaut, fielen aber wiederholt Neubauten und Bränden zum Opfer. Das letzte Großfeuer wütete 1968 und ließ allein die romanische Vorderfront und einige Wände stehen. Die heutige 6. Kirche stammt bis auf dieses Relikt aus dem Jahre 1972. In der Nachbarschaft befindet sich das ***Collège Universitaire de Saint-Boniface***, ein französischsprachiger Ableger der *University of Manitoba*.

7

Museum

Das ebenfalls benachbarte ***Musée de Saint-Boniface*** (494, Ave Taché) befindet sich in einem Eichen-Blockhaus, dem ältesten Gebäude Winnipegs, das 1846 ursprünglich als Kloster für die »Grauen Nonnen« errichtet wurde. Hauptthema des Museums ist der Beitrag der ***Métis*** zur Entwicklung Winnipegs. Mitte Mai bis September Mo-Fr 9-17 Uhr, Sa 10-17 Uhr, So 10-20 Uhr, restliches Jahr Mo-Fr 9-17 Uhr und So 12-16 Uhr; Eintritt $3.

Riel House

Der ***Riel House National Historic Site*** mit dem Wohnhaus der Mutter von *Louis Riel* liegt außerhalb des Viertels *St. Boniface* im Süden Winnipegs. *Riel* hat zwar dieses Holzhaus unweit das *Red River* nie bewohnt, er wurde aber nach seiner Hinrichtung 1885 dort aufgebahrt (330 River Rd, täglich 10-18 Uhr Mitte Mai bis *Labour Day*, Eintritt frei).

Canadian Mint

Der futuristisch anmutende Glasbau der ***Royal Canadian Mint*** (520 Lagimodiere Blvd = Hwy #59) liegt unübersehbar im Osten Winnipegs südlich der Kreuzung mit dem *Trans Canada Highway* #1, Ende Mai-Anfang September, Mo-Fr 9-17 Uhr, Sa 10-14 Uhr sonst Mo-Fr 10-17 Uhr; Eintritt $3.

Die ***Mint*** produziert Umlaufmünzen für Kanada und viele weitere Länder. Lediglich für die Prägung von Sammler- und Goldmünzen wie der kanadische ***Maple Leaf Dollar*** ist die Zentrale in Ottawa zuständig. Die Führung erfolgt auf einer Besuchergalerie oberhalb und im wesentlichen fernab der Maschinerie. Beeindruckend sind Einführungsfilm und Münzausstellung.

Assiniboine Park

In attraktiver Lage am Südufer des Assiniboine River westlich der Innenstadt befindet sich der ***Assiniboine Park***. Zufahrt am Fluß entlang der Wellington Crescent oder über Corydon Ave. Das große Parkgelände verfügt über Rad- und Wanderwege, ein Gewächshaus voll mit tropischen Pflanzen, englische und französische Gärten sowie den **Assiniboine Park Zoo**.

Prairie Museum und Park

Das ***Living Prairie Museum*** (2795 Ness Ave südwestlich des Flughafens) schützt Reste einer einst für den Süden Manitobas typischen Hochgras-Prärielandschaft. Im Besucherzentrum (kein Eintritt Juli-August, täglich 10-17 Uhr, April-Juni nur So) gibt es einen Videofilm. Ein Lehrpfad vermittelt das Gesehene in natura.

Flugzeugmuseum

Das ***Western Canada Aviation Museum*** (958 Ferry Rd, Südostseite des Flughafens, Mo-Sa 10-16 Uhr, So 12-17 Uhr, Eintritt $8) bezieht sich im wesentlichen auf die kanadische Luftfahrt von frühen Buschpiloten bis heute.

Neben 23 Flugzeugen gibt es im zweitgrößten kanadischen Luftfahrtmuseum Flugsimulatoren, eine Weltraumreise mit Landung auf dem Mars sowie viele Erinnerungsstücke und Videos.

Fort Whyte Centre

Im Freigelände des ***Fort Whyte Centre*** (1961 McCreary Road am Highway #155; Mo-Fr 9-17 Uhr, Sa+So 10-17 Uhr; Eintritt $5) durchziehen Wanderwege und Holzplankenstege 180 ha Sumpf, Feuchtbiotope und ein Bisonfreigehege. Diverse Schautafeln erläutern ökologisch bedeutsame Details.

Planschpark

Besonders an heißen Sommertagen kommt ein Abstecher zum ***Fun Mountain Waterslide Park*** mit 10 großen Wasserrutschen in Frage: am TCH östlich der City, Abzweig Murdock Road; täglich Mitte Juni-Anf. Sept. ab 10 Uhr; Eintritt $14.

Strände

Eine gute Autostunde entfernt befinden sich die **Sandstrände** des Lake Winnipeg (*Grand Beach*, ➪ Seite 525).

Saddle Bronc Riding (➪ *Seite 283)* *auf der Morris Stampede*

In Winnipegs Kalender sind drei Daten hervorzuheben:

Folk-Festivals

- an 4 Tagen Mitte Juli findet im *Birds Hill Provincial Park* das international besetzte ***Winnipeg Folk Festival*** statt, ✆ (204) 231-0096
- Anfang August beginnt die 2-wöchige ***Folklorama***. In zahlreichen über die Innenstadt verteilten Pavillons zeigen ethnische Gruppen aus aller Welt dreimal täglich Musikshows, nationaltypische Gerichte, Kunst- und Handwerksprodukte. Information unter ✆ (204) 982-6210, ✆ 1-800-665-0234.

Morris/ Stampede

- In der Region südlich von Winnipeg spielt nur Morris während der alljährlichen ***Manitoba Stampede & Exhibition*** eine touristisch bedeutsame Rolle. Im Anschluß an die *Calgary Stampede* (Daten und Kennzeichnung, ➪ Seite 282f.) findet dort Mitte Juli jeweils von Donnerstag bis Sonntag eine der größten Rodeoveranstaltungen Canadas statt.

  Sie verwandelt das ansonsten ruhige Städtchen am Zusammenfluß von Red und Morris River für 4 Tage in eine Art ***Boomtown***. Motels, Hotels und Campingplätze sind hoffnungslos überbelegt, und auf den Freiflächen um das Stampedegelände drängen sich Wohnmobile dicht an dicht. Eine Vielfaches der Einwohnerzahl fällt täglich nach Morris ein, um sich bei Jahrmarkt, Viehausstellung und dem Rodeo zu vergnügen. Alles, was unter dem Stichwort *Calgary Stampede* beschrieben wird, gilt auch für Morris, wiewohl in einem kleineren, überschaubareren Rahmen. Wer es einrichten kann, sollte die ***Manitoba Stampede*** nicht versäumen; sie ist eine der attraktivsten Veranstaltungen ihrer Art in Canada. Information unter ✆ (204) 746-2552.

7.2.3 Von Winnipeg nach Calgary

Auf dem TCH nach Westen

Etwa 80 km westlich von Winnipeg passiert der TCH **Portage la Prairie** (13.000 Einwohner). Der Ort ging aus einem Rastplatz der Felltransporteure (*Voyageurs)* hervor, die dort mit ihren beladenen Kanus nach einer beschwerlichen *Portage* (Tragen der Kanus über Land) vom Lake Manitoba den Assiniboine River erreichten. Verläßt man auf der Fahrt nach Westen den TCH in Richtung Stadt (Straße #1A), liegt das ***Fort la Reine Museum & Pioneer Village*** gleich rechterhand an der Einmündung der Straße #26. Der Nachbau einer Handelsniederlassung von 1738, von der aus ***Pierre de la Vérendrye*** seine Entdeckungsreisen durch die Prärien startete, beherbergt viele Relikte aus jenen Tagen. Geöffnet Mitte Mai bis Mitte September, täglich 9-18 Uhr; Eintritt $5.

Spruce Woods

Auf der Fahrt durch Manitoba erscheint lediglich eine Abweichung vom Verlauf des TCH sinnvoll: Der Abstecher in den ***Spruce Woods Provincial Park***, ein großes Wald- und Hügelgebiet südwestlich von Portage la Prairie. Die Besonderheit dieser Region ist ein wüstenähnliches, etwa 5 km^2 großes Areal (***Spirit Sands***) mit feinsandigen Wanderdünen und sogar Kakteenbewuchs. Die Ausgangspunkte für *Trails* in die Dünen wie auch für den nahen, sehr gut angelegten ***Kiche Manitou Campground*** liegen rund 30 km vom TCH entfernt (Straße #5); Reservierung unter © 1-888-482-2267.

Riding Mountain National Park

Der Verlauf des TCH im westlichen Manitoba bis weit nach Saskatchewan hinein bietet so gut wie keine Abwechslung und keine weiteren sinnvollen Abstecher. Der einzige echte landschaftliche Höhepunkt dieser Region, der ***Riding Mountain National Park***, liegt rund 90 km nördlich. Wenn die Zeit es irgend zuläßt, sollte man den Umweg dorthin und mindestens einen vollen Tag Aufenthalt einplanen.

Charakter des Parks

Der Bezeichnung ***Riding Mountain*** reflektiert die ungewöhnliche Position des 110 km langen Nationalparks. Seine Höhenzüge »reiten« quasi auf der bis über 500 m tiefer liegenden Umgebung. Flora und Fauna des von drei Landschaftsformen geprägten Nationalparks unterscheiden sich erheblich von Vegetation und Tierwelt der Prärie. Den Großteil von *Riding Mountain* nehmen in den Höhenlagen nordische Nadelwälder ein, die von Espenwald sowie im Westen auch von Prärien und Wiesen umschlossen werden. In den östlichen Tälern des Parks enden die letzten Ausläufer des ostkanadischen Laubwalds.

Flora & Fauna

Für einige Tier- und Pflanzenarten bietet *Riding Mountain* einen isolierten Lebensraum, der sie vor der Ausrottung bewahrte. Andere gefährdete Gattungen können sich dort erholen und eine stabile Existenzbasis zurückgewinnen. Mit etwas Glück sieht man **Bären** oder einen der rund **30 Wölfe**. **Biber** gibt es überreichlich; etwa 3.500 Biberkolonien mit je 4-7 Tieren bevölkern zur Zeit den Park.

Zufahrt

Die schönste Route in den Park hinein ist die (Schotter-)**Straße #19**, anzusteuern **über Norgate**, ca. 90 km nördlich des *Trans Canada Highway* auf der #5. Bei Schönwetter gibt es auf dieser Zufahrt keine Probleme, sie wird bei Regen aber schnell zur Schlammstrecke. An und nach Regentagen bleibt man daher besser auf der parallel verlaufenden Hauptstraße #10.

Information: *Riding Mountain National Park*
Wasagaming, Manitoba R0J 2H0
© (204) 848-7275, ©1-800-707-8480, Fax (204) 848-2596
Internet:www.pc.gc.ca/riding
Reservierung *Wasagaming Campground*
© 1-877-RESERVE, **www.pccamping.ca**

Osteinfahrt in den Riding Mountain National Park

Trails

Der Nationalpark verfügt über das beste Wanderwegenetz Manitobas. Ein *Park Trail*-Heft (erhältlich beim *Visitor Centre* in Wasagaming) beschreibt sowohl kurze Rundwanderungen als auch Mehrtagestouren. Bei 7 *Self-guided Trails* erklären Informationstafeln die Natur entlang der Wege.

Gleich eingangs des Parks am Highway #19 beginnt der ***Burls and Bittersweet Trail***, ein hübscher Rundweg von ca. 2 km Länge durch einen Laubwald, wie man ihn sonst nur im Osten Canadas findet. Im weiteren Verlauf dieser Straße passiert man zahlreiche Seen mit Biberburgen und -dämmen. Der kurze ***Rolling River Fire Trail*** führt durch eine 1980 verbrannte, in der Zwischenzeit längst wieder erholte Landschaft. Ebenfalls den Spuren früherer Waldbrände folgt der Rundwanderweg ***Brulé Trail*** (*Trailhead* an der #19 unweit östlich der #10) in Form einer langestreckten Acht (2 km / 4 km).

Clear Lake

Bei Anreise über die Straße #19 und Fortsetzung der Fahrt in den zentralen Bereich des Parks läßt man das mit perfekter touristischer Infrastruktur gesegnete Wasagaming am **Clear Lake** links liegen. An dessen Südende laden hübsche Strände und glasklares, im Juli und August erstaunlich warmes Wasser zum Baden ein.

Bisons im Freigehege Bison Enclosure

Bison Enclosure

Ein Besuch der ***Bison Enclosure*** gehört im *Riding Mountain Park* zum »Pflichtprogramm«. In dem umzäunten Areal lebt eine kleine **Bisonherde** von etwa 30 Tieren. Eine Aussichtsplattform hilft beim Entdecken der Bisons. Versteckt in den Waldstücken oder im hohem Gras sind die mächtigen Tiere zu den Mittagsstunden oft nicht zu sehen.

Lake Audy

Als Zubringer zur *Bison Enclosure* dient die ***Lake Audy Road***, an der sich der schönste **Campingplatz** des Parks befindet. Beim Lagerfeuer mit Blick auf den Sonnenuntergang über dem See vergißt man fast, daß sich dieses wunderbare Fleckchen Erde eigentlich mitten in der Prärie befindet.

Weiter nördlich lohnt sich ein kleiner Abstecher von der *Park Road #10* zum teilweise über Holzbohlen verlaufenden ***Boreal Island Trail***, einem Lehrpfad zu Pflanzen- und Tierwelt des nordischen Nadelwaldes. Unbedingt besteigen sollte man den Aussichtsturm ***Agassiz Tower*** unweit der nördlichen Parkeinfahrt. Von ihm hat man einen herrlichen Blick über die Prärie nach Dauphin und den Anstieg des *Riding Mountain* aus der Ebene.

Weiterfahrt

Nach Verlassen des Parks setzt man die Fahrt zunächst auf der Straße #5 fort, die in Saskatchewan die #10 annimmt.

Ukraina

Die Region rund um den *Riding Mountain Park* gehörte zu den Siedlungsschwerpunkten ukrainischer Einwanderer. Die markanten **Zwiebeltürme** russisch-orthodoxer Kirchen weisen in vielen Präriedörfern auf den Ursprung der Bewohner hin, z.B. südlich des Parks in Sandy Lake, nördlich in Dauphin und westlich in Wroxton (bereits Saskatchewan). In einem 10.000 Zuschauer fassenden Amphitheater in **Selo Ukraina** (»ukrainisches Dorf«), 12 km südlich von Dauphin, findet jährlich Ende Juli/Anfang August das große dreitägige ***Canada's National Ukrainian Festival*** statt; © 1-877-474-2683.

Yorkton

Mit 15.000 Einwohnern ist Yorkton die fünftgrößte Stadt Saskatchewans und Zentrale der Südostregion. Am westlichen Ortsausgang (#16) steht eines von 4 ***Western Development Museen*** Saskatchewans, ⇨ Seite 548, welche die Siedlungsgeschichte des kanadischen Westens beleuchten. Das Thema des relativ schwächsten Museums in Yorkton lautet ***Story of People***. Die Historie wird dem Besucher u.a. durch nachgestellte Szenen aus dem kargen Leben der ersten Einwanderer nahegebracht. Geöffnet Mai bis Anfang Sept. Mo-Fr 9-17 Uhr, Sa+So 12-17 Uhr, sonst Mo-Mi 14-17 Uhr; Eintritt $7.

Camping

Den landschaftlich besten Campingplatz der Region gibt es im 48 km (nordwestlich) entfernten ***Good Spirit Lake Provincial Park*** (© 306-792-4750), Zufahrt über Hwy #47. Herrliche Sanddünen und ein langer Strand sorgen für große Beliebtheit des Parks. Spätankömmlinge kommen auf *Overflow*-Plätzen unter.

Zurück auf den TCH/Fort Qu`Appelle

Ab Yorkton bleibt man weiter auf der #10, die bei Regina auf den TCH zurückführt. Für Abwechslung nach langer Fahrt eignen sich die östlich und westlich von ***Fort Qu`Appelle*** aufgestauten *Pasqua, Echo, Mission* und *Katepwa Lake*. Diese vier sog. **Fishing Lakes** sind beliebte Wassersport- und Angelreviere. Ihre Strände bieten an heißen Sommertagen Abkühlung. Über mehrere ***Campgrounds*** – am besten ist ***Lakeview*** – verfügt westlich von Fort Qu'Appelle der ***Echo Valley Provincial Park*** (Straße #210). Fort Qu'Appelle entstand aus einem Handelsposten der *Hudson`s Bay Company*, der heute ein kleines Museum beherbergt. Dort unterzeichneten 1874 die *Cree* und *Saulteaux*-Indianer die Verzichtserklärung auf einen Großteil ihrer früheren Stammesgebiete.

Regina

In einem großflächig ebenen, baumlosen Bereich der Prärie liegt Regina, das zunächst wegen der vielen in dieser Gegend von der Bisonjagd zurückgebliebenen Skelette bei den Indianern ***Wascana*** und bei den Siedlern ***Pile of Bones*** hieß (in beiden Fällen zu deutsch »Knochenhaufen«). Den Aufstieg in städtische Dimensionen verdankt das einstige Dorf dem Bau der ***Canadian Pacific Railway***. Als die transkontinentale Verbindung 1882 den Ort erreichte, entschied man sich, den unschönen Namen zu Ehren der *Queen Victoria* von England durch das vornehm lateinische *Regina* (= Königin) zu ersetzen. Derart geadelt erfüllte das Städtchen die Voraussetzung seiner Erhebung zur Verwaltungszentrale für das damalige *North West Territory*, das die heutigen Provinzen Saskatchewan, Alberta, große Teile Manitobas und den gesamten Norden Kanadas umfaßte. Mittlerweile ist aus Regina, das 1905 mit der Schaffung der Provinz Saskatchewan zu deren Hauptstadt avancierte, eine City mit 178.000 Einwohnern geworden.

Information

Tourism Regina, © 1-800-661-5099, © (306) 789-5099
Internet: www.tourismregina.com
Visitor Info am TCH östlich der Stadt/Ecke Tower Road

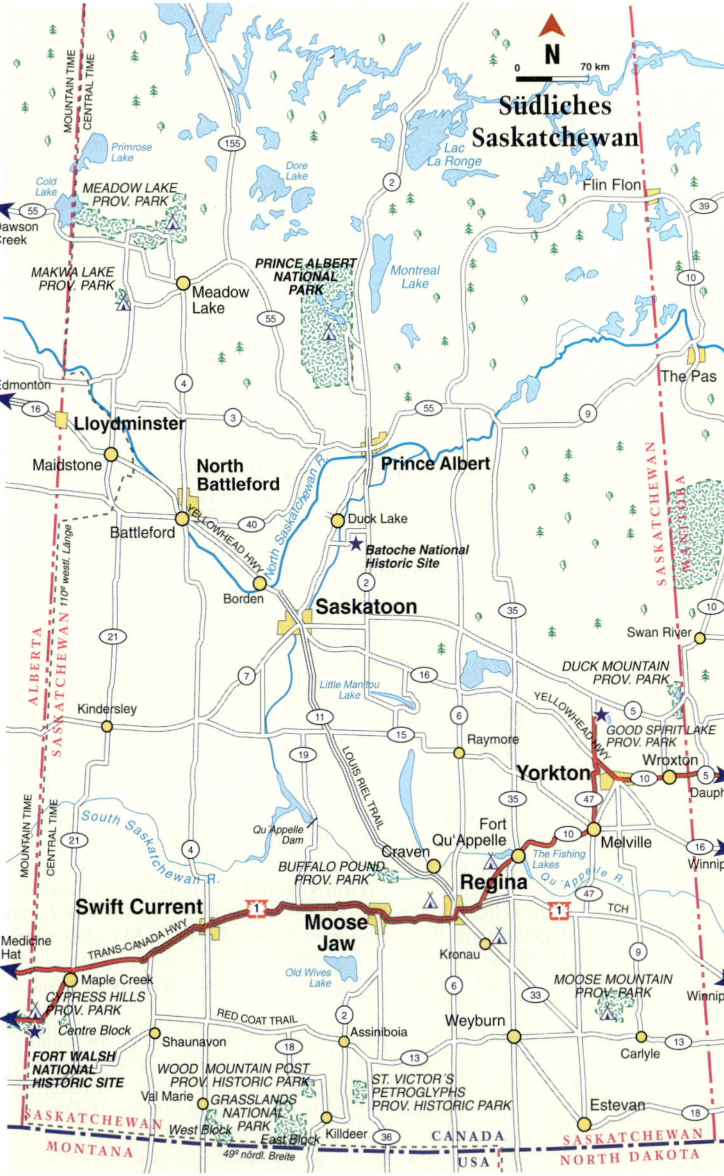
Südliches Saskatchewan
N
0 70 km
MOUNTAIN TIME
CENTRAL TIME
Primrose Lake
Cold Lake
MEADOW LAKE PROV. PARK
Dore Lake
Lac La Ronge
Flin Flon
Dawson Creek
MAKWA LAKE PROV. PARK
Meadow Lake
PRINCE ALBERT NATIONAL PARK
Montreal Lake
The Pas
Edmonton
Lloydminster
Maidstone
North Battleford
Prince Albert
Battleford
YELLOWHEAD HWY
North Saskatchewan R.
Duck Lake
Batoche National Historic Site
Borden
Saskatoon
110° westl. Länge
ALBERTA
SASKATCHEWAN
MANITOBA
Swan River
Little Manitou Lake
DUCK MOUNTAIN PROV. PARK
Kindersley
Raymore
GOOD SPIRIT LAKE PROV. PARK
LOUIS RIEL TRAIL
Yorkton
Wroxton
Dauphin
South Saskatchewan R.
Qu'Appelle Dam
Fort Qu'Appelle
Melville
Craven
The Fishing Lakes
Qu'Appelle R.
Winnipeg
BUFFALO POUND PROV. PARK
Regina
Swift Current
Moose Jaw
TCH
TRANS-CANADA HWY
Medicine Hat
Kronau
Maple Creek
Old Wives Lake
MOOSE MOUNTAIN PROV. PARK
CYPRESS HILLS PROV. PARK
RED COAT TRAIL
Weyburn
Centre Block
Shaunavon
Assiniboia
Carlyle
FORT WALSH NATIONAL HISTORIC SITE
WOOD MOUNTAIN POST PROV. HISTORIC PARK
ST. VICTOR'S PETROGLYPHS PROV. HISTORIC PARK
Val Marie
GRASSLANDS NATIONAL PARK
Estevan
West Block
East Block
Killdeer
CANADA
USA
MONTANA
NORTH DAKOTA
49° nördl. Breite
155 2 55 39 10 4 3 55 9 40 2 35 10 21 7 16 5 6 11 15 19 47 35 10 21 4 16 1 47 1 9 6 33 2 18 13 13 36 18

Mounties Sunset Retreat

Der ***Regina International Airport*** (YQR) befindet sich 3 km östlich der Innenstadt, Anfahrt nur per Taxi, **www.yqr.ca.**

Royal Mounties

Eng verbunden mit Regina ist die Geschichte der ***Mounties***, Canadas legendärer Polizeitruppe ***Royal Canadian Mounted Police***, ➪ 296. Sie besitzt am westlichen Stadtrand (#6101 Dewdney Ave West) ein wichtiges Ausbildungszentrum, zu dem auch das ***RCMP Centennial Museum*** gehört. Der Eintritt ist frei, Öffnungszeiten Ende Mai bis Anfang September täglich 8-19 Uhr, Rest des Jahres 10-17 Uhr.

Das Museum informiert ausführlich über Glanz und Gloria der Polizeitruppe von ihren Anfängen bis heute. Wer sich für die Siedlungsgeschichte des kanadischen Westens und alte Waffen interessiert, sollte den Besuch einplanen. Ende Mai bis Anfang September kann man die Rotröcke Mo-Fr um 12.45 Uhr bei ***Sergeant Major's Parade***, dazu Juli bis Mitte August dienstags um 18.30 Uhr bei der ***RCMP Sunset Retreat Ceremony*** bewundern, einer farbenfrohen Parade in historischen Uniformen.

Wascana Centre

Unmittelbar südlich des kleinen Geschäfts- und Bürozentrums von Regina erstreckt sich das ***Wascana Centre*** mit dem gleichnamigen, durch Aufstauen das *Wascana Creek* entstandenen Sees über eine Fläche von fast 10 km². Die hügelige Parklandschaft mit schönem Baumbestand und sogar mehreren Inseln im See wirkt nach einer Fahrt durch die Prärie besonders einladend. ***Willow Island*** ist ein beliebter Platz fürs sommerliche Picknick. Die Fähre hinüber vom ***Willow Island Overlook*** am Wascana Drive kostet $3 (Ende Mai-Anf. Sept., nur Mo-Fr 12-16 Uhr, ✆ (306) 522-3661). Einen Bootsverleih gibt es bei der nahegelegenen ***Wascana Rentals Marina,*** ✆ (306) 757-2628.

Sehenswertes

Royal Saskatchewan Museum

Rund ums *Wascana Centre* liegen fast alle Sehenswürdigkeiten. Besuchenswert ist das ***Royal Saskatchewan Museum*** (2445 Albert Street/College Ave, geöffnet Mai bis Anfang September 9-17.30 Uhr, sonst bis 16.30 Uhr, Eintritt $2). Die Ausstellung bezieht sich überwiegend auf Naturgeschichte und -kunde Saskatchewans und die Geschichte der Indianer.

Parlamentsgebäude

Das ***Legislative Building*** (täglich ab 8 Uhr, Eintritt frei) am Südufer des Sees, ist ein mächtiger neoklassizistischer Kuppelbau. Erwähnenswert im Inneren des Parlamentsgebäudes sind der Sitzungssaal mit Holzschnitzereien und Böden und Wände mit Marmorarten aus aller Welt.

Science Centre

Ebenfalls im *Wascana Centre* befindet sich in einem früheren Kraftwerk das ***Saskatchewan Science Centre*** (2903 Powerhouse Drive) mit dem einzigen IMAX-Kino der Provinz (© (306) 522-IMAX, täglich 12-21.30 Uhr, $7). Im ***Powerhouse of Discovery*** *gibt's* Naturwissenschaft zum Anfassen (Ende Mai bis Anfang Sept. Mo-Fr 9-18 Uhr, Sa-So 12-18 Uhr, sonst Di-Fr 9-17 Uhr, Sa-So 12-18 Uhr, $7, mit IMAX $12).

Unterkunft

Zur Übernachtung in Regina herrscht weder an den Ausfallstraßen noch in der City Mangel an Hotels/Motels. ***Regina Turgeon International HI-Hostel***, 2310 McIntyre St, © (306) 791-8165, 28 Betten, $19, liegt nahe dem *Wascana Centre*. **Kommerzielle Campingplätze** befinden sich östlich am TCH.

Ruhigere, gut angelegte *Campgrounds* bieten 40 km südöstlich der ***Oyama Regional Park*** bei Kronau (Straße #33) und der ***Buffalo Pound Provincial Park*** mit Campground und Badestrand am ***Buffalo Pound Lake*** des ***Qu'Appelle River Valley*** 30 km nördlich von Moose Jaw.

Rock Music Festival

Alljährlich **Mitte Juli** wird im ***Qu'Appelle Valley*** in Craven (34 km nordwestlich von Regina) ein bedeutendes ***Country Music Festival*** gefeiert. Das viertägige ***Craven Country Jamboree*** ist ein buntes Spektakel mit viel Musik und bekannten Namen. Neben dem Festgelände darf man campen; © 1-866-388-0007.

Moose Jaw

Moose Jaw (32.000 Einwohner) bedürfte keiner besonderen Erwähnung, befände sich nicht direkt am TCH eines der vier ***Western Development* Museen** der Provinz. Das Thema hier ist die Geschichte des Verkehrs. Alte Propellerflugzeuge, Auto-/Motorrad-Oldtimer und eine historische Dampflokomotive (fährt Ende Mai-Anfang September Sa+So) bilden eine sehenswerte Ausstellung; geöffnet täglich 9-17 Uhr, Eintritt $7. Weitere Museen zur Entwicklung des Westens gibt es in Saskatoon, Yorkton und North Battleford, ⇨ Seite 544 oben.

Snowbirds

Der Fluglärm um Moose Jaw stammt von einem der größten Militärflughäfen Canadas, wo auch die Kunstflugstaffel der ***Snowbirds*** beheimatet ist. Sie zeigt tollkühne Flugformationen bei der zweitägigen ***Saskatchewan Air Show*** Mitte Juli.

Red Coat Trail

Zu einer Abweichung vom TCH, etwa entlang des ***Red Coat Trail***, sollte sich in Saskatchewan nur entschließen, wer die TCH-Strecke schon einmal gefahren ist. Der *Dinosaur Provincial Park* und das Gebiet um Drumheller mit dem *Tyrrell Museum* (beides Alberta, ⇨ Seite 292f.) sind beeindruckender als Saskatchewans *Badlands* im Provinzsüden.

Grasslands National Park

Positiv auf die Bewertung des Südwestens von Saskatchewan könnte sich die Weiterentwicklung des bereits 1988 gegründeten ***Grasslands National Park*** auswirken, wo erstmals die Flora und Fauna der Prärien unter den Schutz von *Parks Canada* gestellt wurden. Zwischen **Val Marie** und **Killdeer** blieben dadurch von der Nutzung als Ackerland verschonte Prärieareale so erhalten, wie sie vor über 100 Jahren von den ersten Siedlern vorgefunden worden waren, einmal im *West Block* (*Frenchman River Valley*) und im *East Block* in den *Killdeer Badlands*. Bislang besitzt der Park bis auf einige Wanderwege aber nur wenig Infrastruktur. Den Westteil durchquert eine Schotterstraße (»Frenchman River Valley Ecotour«). Ein ***Visitor Centre*** existiert in Val Marie, **Information**: © (306) 298-2257. **Internet**: www.pc.gc.ca/grasslands.

Cypress Hills

Die **schönste Landschaft** im Süden der kanadischen Prärien und zudem den **höchsten Berg** (1468 m) zwischen Rocky Mountains und Labrador können die dichtbewaldeten ***Cypress Hills*** im Grenzgebiet von Saskatchewan und Alberta für sich reklamieren. Der gleichnamige ***Interprovincial Park*** beiderseits der Grenzlinie wird in Saskatchewan ergänzt durch ein kleineres davon abgetrenntes Areal (»***Centre Block***« genannt) an der Straße #21. In 37 km Entfernung vom TCH bietet letztgenannter Teil des Parks mit mehreren warmen Seen prima **Wassersportreviere**, Badefreuden und Angelvergnügen.

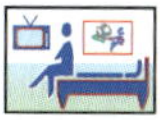

Dort sorgen das komfortable ***Cypress Park Resort Inn***, © (306) 662-4477, und **560 Campingplätze** aller Qualitätsstufen dafür, daß der *Centre Block* besonders bei Familienurlaubern beliebt und vor allem im Juli und August und an Wochenenden stark besucht sind. Auf den Hügeln ist das Klima im Sommer deutlich angenehmer als in den heißen Ebenen der Prärie.

Fort Walsh in den Cypress Hills

Fort Walsh

Vorrangiges Motiv für einen Abstecher in den grenzüberschreitenden Teil der *Cypress Hills* auf der Saskatchewan-Seite wäre das rekonstruierte ***Fort Walsh National Historic Site***; Ende Mai-Anfang September täglich 9.30-17.30 Uhr. Das Palisadenfort entspricht dem aus den Western bekannten Bild perfekt. Um diesen 1875 angelegten, aber schon 1883 wieder aufgegebenen Stützpunkt der NWMP entwickelte sich keine Ortschaft, so daß die idyllische landschaftliche Einbettung der Anlage auf einer Anhöhe erhalten blieb.

Ca. 3 km südlich vom Fort wird die Erinnerung an das ***Cypress Hills Massacre*** aufrechterhalten. Die Ermordung einer Indianergruppe durch Whiskeyschmuggler aus den nahen USA hatte 1873 wesentlichen Anteil an der Gründung der NWMP (➪ Seite 296). Zum Schauplatz des Gemetzels am rekonstruierten ***Farwell's Trading Post*** verkehrt ein Pendelbus, $8 inkl. Fort Walsh-Eintritt. Die 1872 gebaute Handelsniederlassung war nach dem Massaker niedergebrannt worden.

Verbindung der Cypress Hills Areale

Vom TCH bis zum Fort sind es immerhin über 60 km Stichstraße. Für eine direkte Weiterfahrt quer durch den Park zum Alberta-Areal der *Cypress Hills* nach Elkwater und Rückkehr auf den TCH bei Medicine Hat gibt es keine asphaltierte Straße sondern nur die ***Graburn Gap Road***.

Wohnmobilfahrern ist von dieser rauhen, wiewohl schön geführten und bei Trockenheit für Pkw, *Vans* oder *Truck Camper* noch befahrbaren Route abzuraten.

Cypress Hills/Alberta

Die einzige asphaltierte Zufahrt zum *Cypress Hills Provincial Park* in Alberta führt über die Straße #41 nach Elkwater. Im Vordergrund stehen dort, ähnlich wie im *Centre Block* in Saskatchewan, Familienurlaub und -freizeit. Am Elkwater Lake gibt es mehrere große, an Wochenenden stark genutzte Campingplätze. Nur eine Straße erschließt das Parkinnere, die ***Reesor Lake Road*** zum ***Campground*** am gleichnamigen See.

Der TCH in Alberta ist bis auf wenige Kilometer autobahnmäßig ausgebaut und in seinem Verlauf weiterhin monoton.

Medicine Hat

Rund 300 km östlich Calgary liegt Medicine Hat. Die 50.000 Einwohner Stadt besitzt außer dem ***Medicine Hat Museum and Art Gallery*** (im ***Esplanade Heritage & Arts Centre,*** Mo-Fr 9-17 Uhr, Sa+So 13-17 Uhr, Eintritt frei), einem Kunst- und Geschichtsmuseum, keine besonderen Sehenswürdigkeiten. An heißen Sommertagen bietet der ***Riverside Amusement Park*** mit 12 Wasserrutschen, Whirlpool etc. Abkühlung (Ecke TCH #1 und Powerhouse Road); Mitte Juni-Anfang September täglich 10-18 Uhr, $15. Schließlich ist Medicine Hat mit 271 Tagen ohne Niederschlag **die trockenste Stadt Canadas**.

Nach Calgary

Die Weiterfahrt nach Calgary erfolgt über den TCH mit einem eventuellen Abstecher zu Albertas ***Badlands*** (⇨ Seite 291ff.) im ***Dinosaur Provincial Park*** und bei Drumheller oder über die Straße #3 durch Südalberta und Abstecher zum ***Writing-on-Stone Provincial Park*** und/oder zum ***Waterton Lakes National Park*** (⇨ Seite 293 und 299).

Routen
durch
Canadas
Westen

8. ROUTENVORSCHLÄGE

Vorgaben

Die folgenden Vorschläge ergänzen die in den vorstehenden Kapiteln bereits großenteils als Rundfahrten angelegten Routenbeschreibungen. **Sie kombinieren in unterschiedlichen Abschnitten erläuterte Routen** so, daß möglichst viele der jeweils attraktivsten Ziele und Teilstrecken »mitgenommen« werden. Überwiegend beziehen sie sich auf Reisezeiten von 3-4 Wochen. Erweiterungen sind kein Problem. Auf einige Möglichkeiten wird hingewiesen. Sie ergeben sich aber auch aus der Lektüre der Reisekapitel.

Für kürzere Aufenthalte von 1-2 Wochen sind die Möglichkeiten in Abhängigkeit vom Startpunkt begrenzter. In Frage kommende Routen lassen sich z.B. mit Hilfe der Übersicht in der vorderen Umschlagklappe zusammenzustellen.

Kilometerleistung

Die **Kilometerangaben** beziehen sich auf die Summe der Entfernungen zwischen allen Punkten einer Route. **Die effektiv gefahrenen Kilometer** werden deutlich über dieser Zahl liegen, da Stadtverkehr, Unterkunfts- und/oder Campingplatzsuche, Fahrten innerhalb von Nationalparks und zum Einkauf/für Unternehmungen nicht berücksichtigt wurden. Dafür fallen leicht zusätzlich 15%-30% der Entfernungskilometer an.

Zeitbedarf

Die Angaben zum Zeitbedarf beinhalten keine Aufenthaltstage am Start-/Zielpunkt (Vancouver, Calgary, Edmonton, Whitehorse, Anchorage) und beziehen sich auf Rundfahrten ohne längere Zwischenaufenthalte. Zwar bleibt auf Basis der jeweiligen Wochenangaben durchaus Zeit für Aktivitäten wie kurze bis zu Halbtageswanderungen, für ein Entspannen in heißen Quellen und den Besuch eines Museums, auch für volle Tage etwa in Banff oder Jasper, aber nicht für ausgedehnteres, spontanes Verweilen etwa an einem einsamen See über mehrere Schönwettertage, einen längeren Trip per Kanu oder Pferd etc. Wer diese Art einer ruhigen und erholsamen Reise vorzieht, braucht für die vorgeschlagenen Routen 25%-50% mehr Zeit als hier vorkalkuliert oder muß sie abkürzen.

Route 1: Durchs südliche British Columbia und Alberta Rockies

Routenverlauf:

Vancouver – Whistler – Duffey Lake Road – Lillooet – 100 Mile House – Clearwater – Wells Gray Park –Mt. Robson Park – Jasper Nat`l Park – Abstecher Maligne Lake - Icefields Parkway – Abstecher Yoho NP/Takakkaw Falls – Lake Louise – Banff – Abstecher Calgary – Kootenay Nat`l Park – Radium Hot Springs – Fort Steele – Creston – Balfour – Kaslo – Nakusp Hot Springs – Vernon – Okanagan Valley – Osoyoos – Manning Park – Hope – Harrison Hot Springs – Vancouver.

Ausgangspunkte: Vancouver, Calgary, ggf.auch Edmonton

Streckenlänge: mit Abstechern knapp über 3.000 km. Ab und bis Edmonton verlängert sich die Tour um über 700 km.

Zeitbedarf: 3 Wochen

Empfohlener Reisebeginn:

Da der *Icefields Parkway* bis Mitte Juni noch und ab Mitte September wieder verschneit sein kann, nicht vor Juni und aus demselben Grund nicht später als Anfang September. Ideal wäre die zweite Augusthälfte, wenn der Reiseverkehr langsam abnimmt. Anfang September ist man dann im warmen Süden von British Columbia.

Bemerkungen:

Der Hauptakzent dieser Route liegt auf dem Besuch der *Rocky Mountain National Parks* mit viel Natur »am Wege«, auf heißen Quellen und Badeseen. Die Rundfahrt läßt sich bequem in drei Wochen bewältigen.

Erweiterungsmöglichkeiten:

Jede Reise durch British Columbia kann mit einem Abstecher nach Vancouver Island sehr schön abgerundet werden. Dabei sollte man zumindest Victoria und den *Pacific Rim National Park* ansteuern. Der minimale zusätzliche Zeitbedarf beträgt 5 Tage, die zusätzliche Streckenlänge über 600 km oder rund 750 km, wenn man sich zu einer Rundfahrt über die Sunshine Coast nördlich Vancouver entschließt.

Route 2: Vancouver Island und Rocky Mountain National Parks

Eckpunkte der Route:
Vancouver – Fähre Swartz Bay – Victoria – Nanaimo – Pacific Rim National Park – Port Hardy mit Fähre nach Prince Rupert – Abstecher Stewart/Hyder – Yellowhead Highway – Jasper – Maligne Lake – Icefields Parkway – Lake Louise – Abstecher Yoho National Park – Banff/Abstecher Calgary – Kootenay National Park – Glacier National Park – Mount Revelstoke National Park – Nakusp Hot Springs und weiter wie Route 1.

Ausgangspunkte: Vancouver oder **Calgary**, ggf. auch Edmonton

Streckenlänge:
Mit allen Abstechern etwa 4.400 km. Ab und bis Edmonton verlängert sich die Strecke um 700 km.

Zeitbedarf: 4 Wochen

Empfohlener Reisebeginn:
Mitte Juni bis Anfang September, siehe dazu Route 1

Bemerkungen:
Für diese äußerst abwechslungsreiche Rundstrecke muß man die Fähre Port Hardy-Prince Rupert unbedingt vorbuchen.

Erweiterungsmöglichkeiten:
Ab Prince George ließe sich der *Yellowhead Highway* #16 durch folgende Route umgehen: Prince George – Quesnel – Barkerville/Bowron Lake – 100 Mile House – Wells Gray Park – Tête Jaune Cache und dann weiter nach Jasper wie gehabt. Knapp 700 km und 3 Tage zusätzlich.

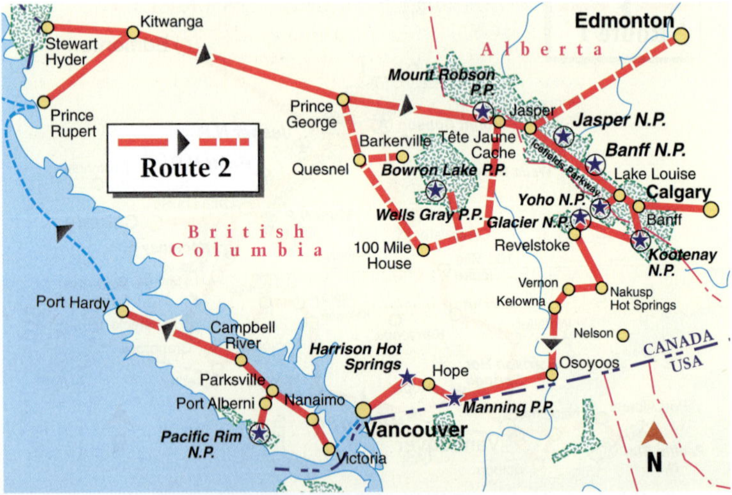

Route 3 Durchs Yukon Territory und zu den Alberta Rocky Mountains

Eckpunkte der Route:

Vancouver – Lillooet – Williams Lake – Abstecher nach Barkerville – Prince George – Fort St. John – Alaska Highway – Watson Lake – Whitehorse – Skagway/Haines (Fähre) – Alaska Highway bis Tetlin Junction/Alaska – Dawson City – Carmacks – Campbell Highway – Watson Lake – Cassiar Highway – Abstecher nach Stewart/Hyder – Kitwanga – Prince George – Jasper – Icefields Parkway – Lake Louise – Abstecher Banff und Calgary – Yoho National Park – Glacier National Park – Mount Revelstoke National Park – Vernon – Osoyoos – Hope – Vancouver.

Ausgangspunkte: Vancouver, Calgary oder **Edmonton**

Streckenlänge: (darunter jeweils 570 km Schotterstraße):

ab/bis Vancouver ca. 8.000 km, diese Tour kombiniert die Highlights des Nordens mit den Nationalparks des Südens

ab/bis Vancouver ca. 8.000 km, Anfahrt zunächst unter Auslassung der Strecke Lilloet–Prince George auf TCH »gegen den Strich« zu den Rocky Mountain Nat`l Parks und über Prince George weiter wie »Eckpunkte der Route«, Rückfahrt Prince George-Williams Lake-Hope.

ab/bis Vancouver ca. 7.000 km, Anfahrt unter Auslassung der Strecke Lilloet–Prince George auf TCH der Südroute #3 »gegen den Strich« zu den Rocky Mountain Nat`l Parks und über Prince George weiter wie »Eckpunkte der Route«, Rückfahrt Fähre Prince Rupert/Port Hardy über Vancover Island (langfristig reservieren), ebenfalls exzellente Alternative.

ab/bis Calgary ca. 6.500 km, Anfahrt Hinton-Grande Prairie-Fort St. John, Rückfahrt über Jasper, Hin- und Rückweg führen über den Icefields Parkway, aber der Süden von BC mit Vancouver wird ganz ausgelassen.

ab/bis Edmonton ca. 6.000 km, Anfahrt Dawson Creek-Fort St. John, Rückfahrt über Jasper und auf Icefields Parkway eventuell hin-und zurück oder via Calgary auf Autobahn #2.

Zeitbedarf:

4 Wochen ab Calgary/Edmonton, für 7.-8.000 km 5-6 Wochen

Empfohlener Reisebeginn:

Mitte Juni bis spätestens Mitte August.

Bemerkungen: Voraussetzung für diese Route(n) ist ein Fahrzeug, das für Fahrten in den Norden und am besten auch für Schotterstraßen zugelassen ist. Wenn *Gravel Roads* nicht befahren werden dürfen, besteht die Möglichkeit, *Campbell* und *Cassiar Highway* durch die **Fähre Skagway-Prince Rupert** zu »ersetzen«. Eine zeitsparende, aber auch teure und im voraus zu planende und zu reservierende Alternative.

Abkürzungen:

Die Streckenführung erlaubt diverse »Auslassungen«.

Wer die Fährkosten in seinem Urlaubsbudget einigermaßen verschmerzen kann, könnte bei knapper Zeit (4 Wochen) und »Auslassung« der Rocky Mountain Nat`l Parks ab Kitwanga auch über Prince Rupert und Vancouver Island nach Vancouver zurückfahren. Auch dafür muß rechtzeitig ein Platz auf der Fähre reserviert werden.

Route 4: Alaska und Yukon Territory

Eckpunkte der Route:
Anchorage – Portage – Abstecher nach Seward – Fähre Whittier-Valdez – Glennallen – Tok – Dawson City – Whitehorse – Skagway/Haines (Fähre) – Haines Junction – Alaska Highway – Fairbanks – Denali National Park – Anchorage.

Ausgangspunkte: Anchorage oder **Whitehorse**

Streckenlänge: einschließlich Abstecher ca. 3.400 km (davon ca. 70 km Schotterstraße zwischen Dawson City und Tok).

Zeitbedarf: inkl. Pausentage sehr gut machbar in 3 Wochen

Empfohlener Reisebeginn: ab Mitte Juni bis Mitte August

Bemerkungen:
Die Route entspricht der Alaska-Rundtour ergänzt um Teile der Yukon-Rundtour. Damit kombiniert sie die meisten Alaska *Highlights* mit den attraktivsten Strecken und interessantesten Zielen im Yukon Territory. Die **Fähre Whittier-Valdez** sollte, die **Fähre Seward-Valdez** muß vorgebucht werden. Auf der Strecke Skagway–Haines kommt man in der Regel auch kurzfristig unter; zur Not fährt man den landschaftlich wirklich »umwerfenden« *Klondike Highway* von Whitehorse nach Skagway hin und zurück.

Erweiterungsmöglichkeiten:
Mit ein bißchen Extrazeit könnte man noch zusätzlich Atlin, Keno oder Homer besuchen und von Skagway/Haines aus einen Abstecher zum *Glacier Bay National Park* machen.

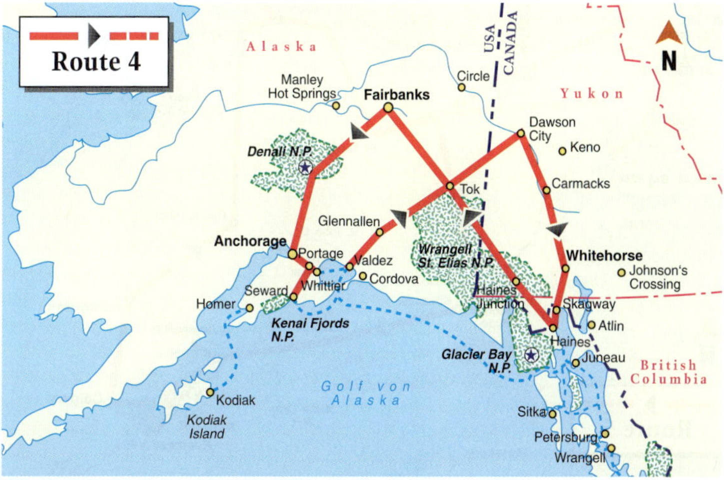

Route 5: Northwest Territories, Cassiar Highway und Rocky Mountains

Eckpunkte der Route:
Edmonton – Peace River – Mackenzie Hwy – Hay River – Abstecher nach Yellowknife – Liard Hwy – Alaska Hwy – Watson Lake – Cassiar Hwy – Abstecher nach Stewart/Hyder – Kitwanga – Prince George – Jasper – Maligne Lake – Icefields Parkway – Lake Louise – Yoho Nat'l Park – Golden – Radium Hot Springs – Kootenay Nat'l Park – Banff – Calgary – Edmonton.

Ausgangspunkte: Edmonton oder **Calgary**

Streckenlänge: inkl. Abstecher ca. 5.900 km, davon 470 km Schotterstraße

Zeitbedarf: 4 Wochen, ab/bis Edmonton machbar in 3 Wochen bei Verzicht auf den *Icefields Parkway* am Ende und direkter Rückfahrt nach Edmonton ab Jasper (ca. 5.200 km)

Empfohlener Reisebeginn: Mitte Juni bis Mitte August

Bemerkungen:
Die Route entspricht der beschriebenen Strecke durch die Northwest Territories in Kombination mit dem schönsten Teil des *Alaska Highway* von Fort Nelson nach Watson Lake sowie dem *Cassiar Highway* und dem *Icefields Parkway*. Eine schöne Erweiterung wäre eine Fahrt durch das Yukon Territory (nordwestlicher Teil Route 3: 2.500 km ab/bis Watson Lake), ggf. mit Fährstrecke Skagway – Prince Rupert.

Route 6: Transkontinentalreise von Toronto nach Vancouver

Eckpunkte der Route:

Toronto – Midland – Bruce Peninsula – Manitoulin Island – Sault Ste. Marie – Abstecher Sleeping Giant – Pukaskwa National Park – Thunder Bay – Fort Frances – Kenora – Winnipeg – Portage La Prairie – Riding Mountain National Park – Good Spirit Lake – Regina – Cypress Hills Provincial Park – Dinosaur Provincial Park – Calgary – Banff – Lake Louise – Abstecher Yoho National Park – Icefields Parkway – Jasper – Mount Robson Provincial Park – Wells Gray Provincial Park – Clearwater – 100 Mile House – Lillooet – Duffey Lake Road – Whistler – Vancouver

Ausgangspunkte: Toronto oder **Vancouver**

Streckenlänge: ca. 6.000 km einschließlich aller oben aufgeführten Abstecher

Zeitbedarf: 4 Wochen

Empfohlener Reisebeginn: Ab Ende Mai bis Mitte August; bei Start in Vancouver ab Mitte Juni bis Anfang September.

Bemerkungen:

Die Route entspricht weitgehend der beschriebenen Transkontinentalfahrt durch Ontario, Manitoba und Saskatchewan. Bis Calgary ist dies die reizvollste Strecke durch die Prärieprovinzen. Sie verläuft ab Toronto über die Bruce Peninsula und folgt anschließend dem *Trans Canada Highway* bis Winnipeg. Mit einem Schlenker über den *Riding Mountain National Park* geht es auf der Straße weiter bis Calgary. Von dort folgt man entweder den beschriebenen Richtungen der Route 1 oder 2 oder wendet sich nach Jasper und folgt der Route 1 in Gegenrichtung.

Alternative Routenführung:

Für den Fall, daß Ziele weiter nördlich reizen (*Saskatoon,* nördliches Saskatchewan und Alberta), könnte man westlich des *Riding Mountain Park* den *Yellowhead Highway* nehmen, statt über Fort Qu'Appelle und Regina zurück auf den *Trans Canada Highway* zu fahren. Von Edmonton ginge es dann nach Jasper, den *Icefields Parkway* nach Süden bis Lake Louise und Banff und weiter wie in Route 2 (5.800 km).

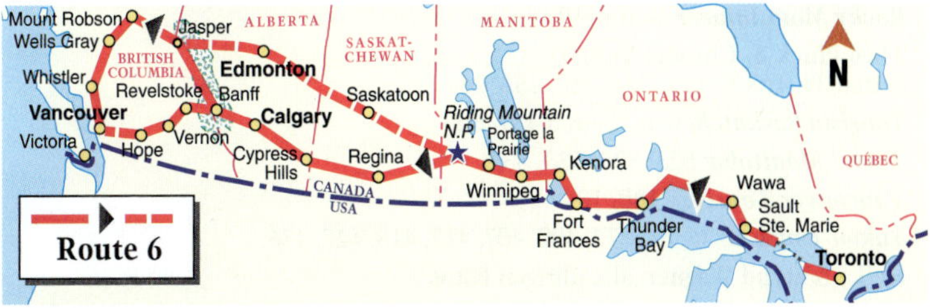

Fotonachweis

Alaska Dision of Tourism: Seiten 17, 430, 446, 467

Alberta Government Tourism/Travel Alberta: Titelfoto und Seiten 13, 21, 32, 33, 110, 172/3, 292, 298, 302, 306, 310, 314, 317, 560

BC Tourism:
Seiten 223, 225, 237, 359, 365, 370

CRD-Canada Reisedienst: Seite 109

Hans-R. Grundmann: Seiten 23, 30, 39, 54, 76, 89, 93, 107, 117, 119, 123, 124, 145, 146, 153, 154, 156, 175, 194, 195, 204, 205, 207, 210, 213, 214, 228, 229, 230, 234, 236, 243, 260, 276, 321, 323, 351, 353, 361, 363, 366, 368, 369, 371, 391, 395, 402, 463, 469

ISTC: Seiten 287, 549, 568

Edith Kölzer/Bielefeld: Eisskulptur Umschlagklappe hinten

Northwest Airlines: Seite 63

Northwest Territories Tourism: Seiten 489, 593

Ontario Government Tourism: Seiten 507, 508, 582

Parks Canada: Seiten 263, 273, 327, 328, 342, 345, 470, 481, 494

Rocky Mountaineer: Seite 112

Theo Plück & Christel Valdez:
Seiten 34, 168/9, 192, 244, 250, 251, 264

Tourism Saskatchewan: Seiten 489, 500

Travel Manitoba: 523, 525, 533, 537

Vancouver Tourism: 180, 184

Yukon Tourism: 36, 51, 373, 400, 407, 417, 418, 427, 476

Heike &Bernd Wagner: alle übrigen Fotos

ANHANG

*) Die allgemeinen Informationen zu den Provinzen sind identisch aufgebaut, die Gliederung ist hier nur einmal exemplarisch aufgeführt.

Der Staat Canada

Steckbrief

Unabhängigkeitsjahr	
de facto im *Britisch North America Act*:	1867
nominell im *Statute of Westminster:*	1931
eigene Verfassung im *Constitution Act*	1982
Staatsoberhaupt:	Queen Elizabeth II.
Staatsflagge:	Ahornblatt, seit 1965
Nationalfeiertag:	1. Juli, Canada Day
Fläche:	9.984.670 km² (einschl. 891.163 km² Binnengewässer)
Einwohner:	32.100.000
Bevölkerungsdichte:	3 Einwohner/km²
Bruttoinlandsprodukt je Einwohner :	can$ 38.495
Hauptstadt:	Ottawa (seit 1857)

Größte Städte: (jeweils Einzugsbereich)	Toronto	4,9 Mio. Einw.
	Montréal	3,5 Mio. Einw.
	Vancouver	2,1 Mio. Einw.
	Ottawa-Gatineau	1,1 Mio. Einw.
Provinzen (10):	Alberta, British Columbia, Manitoba, New Brunswick, Newfoundland, Nova Scotia, Ontario, Prince Edward Island, Québec und Saskatchewan	
Territorien (3):	Northwest Territories, Nunavut, Yukon Territory	
Amtssprachen:	Englisch und Französisch	
Höchste Berge:	Mount Logan	5.959 m
	Mount St. Elias	5.489 m
Längste Flüsse:	Mackenzie River	4.241 km
	Yukon River	3.185 km
Größte Insel:	Baffin Island	507.451 km²
Größter See:	Lake Superior	82.100 km²
Hauptexportländer:	USA 85%, EU 6%, Japan 3%	
Hauptimportländer:	USA 73%, EU 10%, Japan 3%	
Hauptexportprodukte:	Maschinen	24%
	Kraftfahrzeuge/teile	22%
	Andere Industriegüter	16%
Hauptimportprodukte:	Maschinen	32%
	Kraftfahrzeug/teile	21%
	Andere Industriegüter	22%

Bevölkerung

Verteilung

Mit 3 Einwohnern pro km^2 (zum Vergleich: 231 Einwohner pro km^2 in Deutschland) ist Canada eines der am dünnsten besiedelten Länder der Erde. Allerdings liefert hier die reine Statistik ein verfälschtes Bild der tatsächlichen Verhältnisse: Rund ein Drittel der Bevölkerung lebt im Einzugsbereich der 3 Metropolen Toronto, Montréal und Vancouver und ein weiteres Drittel in Städten über 10.000 Einwohnern. Weit über 90% aller Kanadier haben ihren Wohnsitz innerhalb eines 500 km breiten Streifens entlang der Grenze zu den USA. Die wenigen Bewohner außerhalb dieser Zone konzentrieren sich auf Siedlungen entlang einer Handvoll Straßen. Unglaublich ausgedehnte Gebiete im Norden sind völlig menschenleer.

Immigration

Zwar kontrollieren strenge Einwanderungsbeschränkungen Zahl und Zusammensetzung der kanadischen Bevölkerung, aber dennoch nahm das Land allein **seit 1970 über 5 Mio. Immigranten** auf, rund 17% der derzeitigen Einwohnerschaft. Zukünftige Kanadier müssen einer gesuchten Berufsgruppe angehören, ein gutes Finanzpolster mitbringen oder (erfolgreich) politisches Asyl beantragen, um Einlaß zu erhalten. Die reizvolle Idee, sich als Aussteiger in die Wildnis zurückzuziehen und am einsamen See ein Blockhaus zu bauen, können nur Kapitalkräftige realisieren.

Ethnische Gruppen

Kanadier britischer (40%) und französischer (27%) Abstammung stellen die größten Bevölkerungsanteile. Menschen anderer Herkunft (einschließlich der Ureinwohner, Indianer und *Inuit*), machten bei Gründung des *Dominion of Canada* 7% aus. Heute sind es 33%. Deutsche Einwanderer kamen regelmäßig ins Land, wobei die Dekade 1945-1955 nach dem 2. Weltkrieg eine besonders starke Immigrationswelle brachte. Insgesamt haben 5% der Kanadier deutsche Vorfahren. Nach 1945 gab es auch einen starken Zuzug aus Italien. Italiener ließen sich vor allem in den Großstädten des Ostens nieder. Ukrainer stellen die nächstgrößte Minderheit. Viele ihrer Vorfahren kamen Anfang des 20. Jahrhunderts und gründeten in den Prärien zahlreiche ukrainische Gemeinden.

Während früher die Einwanderer im wesentlichen aus Mittel- und Osteuropa kamen, sind in den letzten 30 Jahren Immigranten aus Asien mit 58% deutlich in der Mehrheit. Die Zahl Schwarzer blieb in Canada vergleichsweise niedrig.

Sprachen

Situation

Als Umgangssprache pflegen 68% der Kanadier Englisch und ca. 23% Französisch. Hinzu kommen Sprachen der ethnischen Minderheiten (Bedeutung in dieser Reihenfolge): chinesisch, italienisch, indisch, spanisch, portugiesisch, polnisch, deutsch sowie regional verschiedene Inuit- und Indianeridiome.

Offizielle Zweisprachigkeit

Canada tat mit dem ***Official Languages Act*** von 1969, der dem Land zwei Amtssprachen gab, einen wichtigen Schritt zur Beruhigung eines nichtsdestoweniger bis heute schwelenden Sprachenkonflikts. Jeder Bürger hat seither das Recht, bei Ämtern und Behörden in Englisch oder Französisch vorzusprechen und Formulare in der Sprache seiner Wahl zu verlangen. In der Realität jedoch ist Canada von einer echten Zweisprachigkeit weit entfernt. In der Provinz Québec wird fast ausschließlich Französisch, im Rest des Landes ganz überwiegend Englisch gesprochen. **In den Westprovinzen ist Englisch faktisch alleinige Umgangssprache**. Französisch hört man nur vereinzelt und in eng begrenzten Bezirken (z.B. St. Boniface in Winnipeg). Besuchern fällt die Zweisprachigkeit allenfalls an den in Französisch **und** Englisch gehaltenen Broschüren und Schildern der Nationalparks und Veröffentlichungen anderer regierungsoffizieller Organisationen und Stellen auf.

Trotz des *Languages Act* weigert sich die Provinz Québec hartnäckig, Englisch neben Französisch gleichberechtigt zuzulassen. Unter Mißachtung eines Urteils des obersten kanadischen Verfassungsgerichtshofes lehnt die Regierung in Québec die Errichtung zweisprachiger Hinweisschilder ab.

Im sogenannten ***Meech Lake Agreement*** sollte 1987 sogar eine eigenständige kulturelle Entwicklung der französischsprachigen Bevölkerungsgruppe verfassungsrechtlich festgeschrieben werden. Kritiker an dieser Regelung wendeten sich gegen Sonderbestimmungen für nur eine Bevölkerungsgruppe, die andere Minoritäten, wie z. B. Indianer und Inuit nicht berücksichtigten. 1990 wurde das *Meech Lake Agreement* dennoch in den meisten Provinzen ratifiziert, aber in Manitoba und Neufundland abgelehnt. Die Verfassungsänderung trat daher nicht in Kraft. Ergebnis war eine weitere Verstärkung separatistischer Bewegungen in Québec. 1995 sprach sich die Bevölkerung Québecs in einem Referendum mit der denkbar knappen Mehrheit von 50,6 % für den Verbleib in Canada und gegen eine eigenstaatliche Unabhängigkeit aus.

Politik

Verfassung

Mit dem ***British North America Act*** (auch: *Constitution Act*) gab Großbritannien seinen Provinzen New Brunswick, Nova Scotia, Ontario und Québec 1867 eine eigene Verfassung und einte sie im ***Dominion of Canada***. Nach wenigen Jahren schlossen sich Prince Edward Island, British Columbia und Manitoba dem Bund an, Anfang dieses Jahrhunderts Alberta und Saskatchewan, 1949 als letzte Provinz Newfoundland.

Die Konstitution unter britischer Oberhoheit sah eine Kompetenzenteilung zwischen Bund und Provinzen vor, die der Zentralregierung die bundesweite Verantwortung speziell für die Außen- und Verteidigungspolitik sowie Wirtschaft und Finanzen übertrug. Eine eigenständige, von der einstigen Kolonialmacht unabhängige **kanadische Verfassung** löste **erst 1982** den *Constitution Act* von 1867 ab.

Konstitutionelle Monarchie

Canada blieb auch unter der neuen Verfassung eine konstitutionelle Monarchie mit ***Queen Elizabeth II.*** von England als offiziellem Staatsoberhaupt. Die englische Krone wird durch einen vom kanadischen Premierminister vorgeschlagenen Generalgouverneur vertreten. Seine Befugnisse beschränken sich auf wenige formale Amtshandlungen; die Regierungsgewalt liegt beim Premierminister.

House of Commons und Senate

Die Legislative setzt sich aus dem ***House of Commons*** (Unterhaus) und dem ***Senate*** (Oberhaus) zusammen. Das *House of Commons* bestimmt die Gesetzgebung des Bundes. Seine 301 Mitglieder werden direkt in ebensovielen Wahlkreisen gewählt, wobei mindestens alle fünf Jahre eine Neuwahl abgehalten werden muß. Bedingt durch das Mehrheitswahlrecht ist ein Abgeordneter schon gewählt, wenn er die relative Mehrheit in seinem Wahlkreis erreicht hat. Die 104 Mitglieder im *Senate* werden nach einem regionalen Schlüssel auf Vorschlag des Premierministers durch den Generalgouverneur ernannt. Dadurch liegen die Mehrheitsverhältnisse in *Senate* manchmal anders als im *House of Commons*. Allerdings kann der *Senate* die Verabschiedung eines Gesetzes nur hinauszögern, nicht verhindern.

Situation in den 1990er Jahren

Bei **Wahlen 1993** vollzog sich eine erdrutschartige Umschichtung der Wählergruppen. Die bis dahin mit absoluter Mehrheit regierende *Progressive Conservative Party* fiel auf 16,1% zurück und mußte sich mit nur 2 (zuvor 169) Sitzen im Unterhaus begnügen. Nur die Liberalen konnten sich mit 41,6% der Stimmen als einzige überregionale Partei halten (177 Sitze, zuvor 83 Sitze). Dafür rückten zwei regionale Parteien ins Parlament ein. Der ausschließlich in der Provinz Québec angetretene separatistische ***Bloc Québécois*** erhielt in Québec 49,2%, landesweit umgerechnet 13,9% und damit 54 Sitze.

Die populistisch konservative ***Reform Party*** (18,1%, 52 Sitze) wurde in Alberta und British Columbia stärkste Kraft, während in allen anderen Provinzen (bis auf Québec) die Liberalen die Mehrheit erhielten.

Bei den **Wahlen 1997** konnte die ***Liberal Party*** unter Premierminister ***John Chrétien*** mit 155 Sitzen knapp ihre Mehrheit behaupten. Größte Oppositionsparteien sind wieder die *Reform Party* mit 60 Sitzen, die in British Columbia, Alberta und Saskatchewan die absolute Mehrheit gewann, und der *Bloc Québécois* (44 Sitze).

Wahlen 2000 Die Parlamentswahl von **2000** bescherte der *Liberal Party* unter *Jean Chrétien* und seinem Nachfolger *Paul Martin* mit 40,9% der Wählerstimmen und 172 von 301 Parlamentssitzen einen überwältigenden Erfolg. Wichtigste Oppositionspartei blieb weiterhin die aus der *Reform Party* hervorgegangene *Canadian Alliance* (66 Sitze, 25,5%) unter Führung von *Stephen Harper*. Weiterhin im Parlament saßen *Bloc Québécois* (38 Sitze, 10,7%), *New Democratic Party* (13 Sitze, 8,5%) und die *Progressive Conservative Party* (12 Sitze, 12,2%).

Wahlen 2004 Bei den Parlamentswahlen 2004 verloren die Liberalen mit 36,7% der Wählerstimmen (135 Sitze) ihre absolute Mehrheit. Es reichte für Premierminister Paul Martin nur zur Bildung einer Minderheitsregierung aus. Als größte Oppositionspartei steht ihr die neue *Conservative Party* gegenüber. Der Zusammenschluß aus *Conservative Party* und *Canadian Alliance* erreichte 29,6% (99 Sitze) Stimmenanteil, dahinter folgen *Bloc Québécois* (12,4%, 54 Sitze) und *New Democratic Party* (15,7%, 19 Sitze).

Die Territorien Die (seit 1999 drei) Territorien unterstehen direkt der Bundesregierung in Ottawa. Ein Beauftragter, der ***Commissioner***, verwaltet die Gebiete im Norden mit Hilfe eines direkt gewählten Territorialrates. Seit einigen Jahren wachsen in den Territorien die Bestrebungen nach mehr Selbständigkeit. Die Wähler in den Northwest Territories stimmten 1992 bereits für ein eigenes von den Inuit ab 1999 selbstverwaltetes **Territorium *Nunavut*** (»unser Land«), das für die rund 18.000 *Inuit* fast 2,1 Mio km² reservierte, eine Fläche, größer als die verbliebenen Northwest Territories, ➪ Seite 590.

Indianer und Inuit Weitere Diskussionspunkte in den Territorialparlamenten ergeben sich aus den Ansprüchen und Konflikten der unterschiedlichen Indianer- und Inuitverbände bei der militärischen und wirtschaftlichen Erschließung des Nordens. Sie geben sich nicht mehr allein mit Geldzuwendungen zufrieden, sondern setzen der Bevormundung aus dem Süden politischen Widerstand entgegen und fordern Mitbestimmung und Lizenzabgaben der kanadischen und ausländischen Firmen direkt an ihre Stämme.

Rechtswesen Das kanadische Rechtswesen geht – mit Ausnahme von Québec, welches den *Code Civil* Frankreichs adaptiert hat – zurück auf das britische *Common Law*. Von Ottawa erlassene Gesetze haben im ganzen Land Gültigkeit, die oberste Instanz für alle Rechtsfragen ist das ***Supreme Court of Canada***, vergleichbar unserem Bundesgerichtshof. Provinzgesetze gelten ausschließlich in der jeweiligen Provinz. Dadurch ergeben sich teilweise erhebliche Unterschiede in der Rechtsprechung benachbarter Provinzen.

Sozialstaat

Canada besitzt eine **provinzübergreifende Sozialgesetzgebung**, dessen Maschen wesentlich dichter geknüpft sind als etwa in den USA. Insbesondere bei der Krankenversicherung gibt es gravierende Unterschiede. Während schwere Erkrankungen für viele US-Bürger immer noch den finanziellen Ruin bedeuten können, wurde in Canada schon Ende der 50er-Jahre die allgemeine Krankenhausversicherung eingeführt, ein Jahrzehnt später die generelle Krankheitskostenversicherung. Der Grad der Absicherung ist mit dem in Deutschland vergleichbar. Auch Arbeitslosen- und Rentenversicherungsregelungen ähneln eher europäischen Normen als denen des Nachbarn.

Wirtschaft

Industrienation Canada

Bereits Ende des 19. Jahrhunderts begann die Entwicklung des zunächst weitgehend agrarisch orientierten Landes zu einer Industrienation; und schon in den 20er-Jahren lebte nur noch ein Drittel der Erwerbstätigen von der Landwirtschaft. Bis heute spielen aber Getreide und Fleisch der Prärieprovinzen für die Gesamtwirtschaft und den Export Canadas noch eine große Rolle. Angesichts der dort vorhandenen enormen Anbauflächen und Viehweiden überrascht, daß gegenwärtig nur noch 3% der Erwerbstätigen im Agrarsektor arbeiten. Auch in einstmals bedeutenden Wirtschaftszweigen wie Fischfang, Jagd und Holzfällerei sind insgesamt nicht mehr als 1% der Erwerbstätigen beschäftigt.

Canada steht bei der Gersteproduktion an dritter, bei der Haferproduktion an zweiter Stelle und beim Weizen – wozu allein Saskatchewan 68% beisteuert – an siebter Stelle der Weltrangliste. Bei Industrieholz besetzt Canada den dritten Weltrang, in der Papiererzeugung Rang vier. Die verarbeitende Industrie Canadas findet man vor allem im Süden Ontarios. Dort findet man zahlreiche Automobil- und Maschinenbauer.

Rohstoffreserven

Im Norden lagern noch überwiegend unangetastete Bodenschätze, darunter enorme Ölsandvorkommen. Canada bzw. die Provinz Alberta, deren Förderung über 90% der kanadischen Gesamtmenge ausmacht, steht auf der Rangliste der Erdöl produzierenden Länder auf Platz neun, in der Erdgasproduktion sogar auf Platz drei.

Canada ist einer der weltgrößten Exporteure von Mineralien und Metallen. In der Weltrangliste hält es bei Kalium, Uran Aluminium, Diamanten, Gips, Nickel, Platin, Titan den dritten Platz, Kadmium, Salz, Zink den vierten Platz, Asbest, Molybdän den fünften Platz, Blei, Gold den sechsten Rang, Kupfer, Silber den siebten Rang, Eisenerz den neunten Rang.

Trotz seiner geringen Einwohnerzahl ist Canada daher ein wesentlicher Faktor im internationalen Wirtschaftsgefüge und gehört zur Gruppe der acht wichtigsten Industriestaaten (G 8).

Struktur der Arbeitnehmer

Über 74% aller kanadischen Erwerbstätigen arbeiten heute im Dienstleistungssektor, davon ein Großteil im Tourismus und in davon abhängigen Branchen. Nur 22% sind in Produktionsbetrieben beschäftigt. Insbesondere im Norden zahlreiche Arbeitsplätze direkt oder indirekt vom Staat abhängig. Die früher sehr hohe **Arbeitslosenquote** ist mittlerweile auf unter 8% gesunken.

Außenhandel

Die Wirtschaftsstruktur Canadas ist eng mit Haupthandelspartner USA verwoben. 85% der kanadischen Exporte (überwiegend industrielle Halb- und Fertigfabrikate) gehen zum südlichen Nachbarn, 73% der Importe kommen von dort. Schwankungen der Wirtschaftsentwicklung in den USA übertragen sich daher strak auf die Wirtschaft Canadas – positiv wie negativ. In andere wichtige Industrieländer (Japan, Großbritannien und Deutschland) werden hauptsächlich Rohstoffe, Holz- und Landwirtschaftsprodukte exportiert.

Im Jahr 1994 trat das nordamerikanische Freihandelsabkommen (***North American Free Trade Agreement***, kurz **NAFTA**) zwischen Mexiko, USA und Canada in Kraft, das ähnlich wie in der EU die Grenzen für den gegenseitigen Warenaustausch weiter öffnet. Canada versprach sich davon zusätzliche Impulse, wie die zwischenzeitliche Entwicklung bereits bewies.

Umweltprobleme

Wenngleich Canada wegen seiner Geographie und der in weiten Landesteilen extremen Klimabedingungen nur regional industrialisiert werden konnte, blieben Umweltschäden auch dort nicht aus, z.B. verursacht durch die Abholzung der Westküsten-Regenwälder und damit einhergehender Wasser- und Luftverschmutzung dank riesiger ***Pulp Mills*** (Papiermühlen) in British Columbia. Aber auch durch »Sauren Regen« (überwiegend aus den USA), der auch in Gegenden abregnet, die fernab der industriellen Zentren liegen.

Im Pro-Kopf-Energieverbrauch bzw.der -verschwendung steht Canada zusammen mit den USA einsam an der Weltspitze.

Die Royal Mounted Canadian Police ist in ihren weltbekannt roten »Röcken« heute ein Imageträger für den Tourismus nach Canada

Provinzen und Territorien

Alberta

Geschichte, Geographie und Klima

19. Jahrhundert

Die **Indianer** auf dem Gebiet des heutigen Alberta (***Blackfeet, Assiniboine, Scarcee***) wurden bis Mitte des 19. Jahrhunderts kaum von den Weißen bedrängt. Nur die Pelzhandelsgesellschaften – *North West* und *Hudson's Bay Company* (➪ Seite 232) – hatten auf Indianerland bereits Stützpunkte angelegt.

Steckbrief

Konstituierung als Provinz:		1905
Einwohner:		3.210.000
Anteil an der kanadischen Bevölkerung:		9,9%
Bruttoinlandsprodukt je Einw.:		can$ 54.075
Fläche:		661.848 km²
Anteil an der kanadischen Fläche:		6,6%
Bevölkerungsdichte:		4,7 Einwohner pro km²
Hauptstadt:	Edmonton (seit 1905)	
Größte Städte:	Calgary:	879.000 Einw.
	im Großraum	972.000 Einw.
	Edmonton:	666.000 Einw.
	im Großraum	957.000 Einw.
	Lethbridge:	69.000 Einw.
	Red Deer:	68.000 Einw.
	Medicine Hat	50.000 Einw.
Provinzfeiertag:	*Heritage Day* am 1. Montag im August	
Höchster Berg:	Mount Columbia (Jasper National Park)	3.747 m
Niedrigster Punkt:	Salt River (Wood Buffalo NP an der Grenze zu den NWT)	170 m
Größter See:	Lake Athabasca	7.935 km²
Längste Flüsse:	Peace/Mackenzie River	4.241 km
	Bow/Saskatchewan/ Nelson River	2.575 km
Nationalparks:	Banff, Elk Island, Jasper, Waterton Lakes,Wood Buffalo	
Zeitzone:	Mountain Time, mit Sommerzeit	
Telefonvorwahl: (*Area Code*)	Süden	403
	Norden	780
Provincial Sales Tax:		keine

Eine nennenswerte Immigration begann erst nach Gründung des *Dominion of Canada* in 1869 und der Übernahme des bis dato von der HBC beanspruchten *Ruperts Land* durch den Staat. Trotz anfänglicher, großenteils durch illegalen Alkoholhandel verursachter Probleme blieben ernstere kriegerische Auseinandersetzungen zwischen Indianern und Neuankömmlingen wie in den USA aus. Im wesentlichen dank der eigens für die neuen Territorien im Westen geschaffenen berittenen Polizeitruppe ***North West Mounted Police***, Vorgängerin der »Rotröcke« (⇨ RCMP, Seiten 296+546).

District of Alberta

Nicht verhindern konnte oder wollte die Polizei jedoch die mit der Besiedelung einhergehende dramatische Dezimierung der Bisonbestände, der wichtigsten Lebensgrundlage der Indianer. In der Folge mußten sie wohl oder übel der Abtretung des Großteils ihrer leergejagten Prärien zur Nutzung als Acker- und Weideland durch die Einwanderer zustimmen. Bereits 1882 entstand ein ***Provisional District of Alberta***, so benannt nach der Frau des britischen Gouverneurs und Tochter der Königin, Prinzessin *Louise Caroline Alberta*.

Eisenbahn 1885

Drei Jahre später, im Jahr 1885, wurde die transkontinentale Eisenbahnlinie ***Canadian Pacific Railway*** vollendet. Sie verband Alberta sowohl mit der Westküste als auch mit dem Osten des Landes und sorgte für einen kontinuierlichen Strom neuer Siedler. Mit der verkehrsmäßigen Erschließung und dem Bevölkerungsanstieg prosperierte bald die zunächst auf Ackerbau und Viehzucht basierende Wirtschaft Albertas. Die Festlegung der seither unverändert gültigen Grenzen (siehe unten) und die Konstituierung des bis dato voll von der Zentralgewalt abhängigen provisorischen Distrikts Alberta als selbstverwaltete Provinz erfolgte im Jahre 1905.

Provinz Alberta

Öl und Erdgas

Ölfunde 1914 und – noch ergiebiger – 1947 verhalfen Alberta zu einem zusätzlichen wirtschaftlichen »Standbein«. Kohle, Öl und Erdgas spülen vor allem seit den Ölkrisen der 70er-Jahre so viel Abgaben in die öffentlichen Kassen, daß Alberta ohne die sonst übliche Umsatzsteuer (*sales tax*) auskommt und dennoch einen Haushaltsüberschuß erwirtschaftet. Zum Wohlstand Albertas, einer der reichsten Provinzen des Landes, tragen außerdem erhebliche **Fremdenverkehrseinnahmen** bei. Die *Rocky Mountain National Parks* ***Banff*** und ***Jasper*** zählen zu den beliebtesten Tourismusregionen Canadas, und die ***Calgary Stampede*** ist ein Besuchermagnet.

Tourismus

Geographie

Die Grenzen Albertas wurden im Süden und Norden entlang des 49. und 60. Breitengrades definiert und im Osten und Westen am 110. bzw. 120. Längengrad ausgerichtet. Lediglich in den Rocky Mountains verläuft die Grenze unregelmäßig auf der durch die Wasserscheide zwischen Atlantik und Pazifik (*Continental Divide*) vorgegebenen Linie. Auf jeder Seite besitzt Alberta nur einen Nachbarn: Saskatchewan im Osten, den US-Staat Montana im Süden, British Columbia im Westen und die Northwest Territories im Norden.

Waldgebiete

Da sich Albertas Tourismus-Werbung stark auf die erwähnten Nationalparks und die beiden Cities mitten in der Prärie konzentriert, entsteht leicht der Eindruck, die Provinz bestünde fast nur aus Weide- und Ackerland, begrenzt von den Bergen der Rockies im Westen. Tatsächlich bedecken **riesige, seenreiche Waldgebiete** etwa zwei Drittel der Fläche Albertas nördlich und westlich von Edmonton, wohingegen die **Prärien nur ein Drittel** ausmachen. Die Hochgebirgsregion spielt flächenmäßig kaum eine Rolle.

Prärie, Badlands und Berge

Die auch in Alberta nicht durchgängig ebenen Prärien steigen von etwa 600 m im Osten auf Höhenlagen bis 1.200 m im Westen. Dort enden sie an den Ausläufern der Rocky Mountains, im Bereich des ***Waterton Lakes National Park*** im äußersten Südwestzipfel der Provinz fast übergangslos vor dem Panorama des Hochgebirges. Ausgedehnte *Badlands* mit kargen Sandsteinformationen und tiefeingeschnittene Täler entlang des **Red Deer** und **Milk River** verhindern vor allem im Südosten die großflächige agrarische Nutzung der Prärie.

Die ergiebigsten **Fossilien-** und **Dinosaurierfundstellen** Nordamerikas (*Writing-on-Stone/Dinosaur Provincial Parks*, ➪ Seite 293) liegen in dieser Region nur wenig unter der Erdoberfläche, ebenso wie große Kohlevorkommen.

Neben den Badlands unterbrechen zahlreiche Flußläufe, Seen und kleinere Hügelgebiete die Landschaft – am markantesten die ***Cypress Hills*** an der Grenze zu Saskatchewan.

Bevölkerung

Der überwiegende Teil der Bevölkerung Albertas lebt entlang der Nord-Süd-Achse Lethbridge–Calgary–Red Deer–Edmonton. Sieht man ab von der Handvoll kleinerer Städte wie Medicine Hat, Fort McMurray und Grande Prairie und ihrem jeweiligen Umfeld ist der gesamte Rest der Provinz nur spärlich, der Norden so gut wie gar nicht besiedelt.

Klima

An den **Osthängen der Rocky Mountains** fallen etwa **600 mm Niederschlag** pro Jahr, was ungefähr deutschen Mittelwerten entspricht. Das Landesinnere dagegen ist mit nur noch der halben Regenmenge vergleichsweise trocken. In den Sommermonaten sind in der Prärie – einschließlich Calgary und Edmonton – Temperaturen von 25°C bis 30°C die Regel, aber am ***Icefields Parkway*** in den Nationalparks *Jasper* und *Banff* kommen selbst im Juli Frost und Schnee vor. Im an sich bitterkalten Winter sorgt gelegentlich der ***Chinook***, ein vom Pazifik über die Berge ins südliche Alberta steigender Föhn, innerhalb weniger Stunden für Temperaturwechsel von über 20°C. Der Rekord von 41°C Temperaturanstieg in nur einer Stunde wurde in Pincher Creek am *Crownsnest Highway* aufgestellt.

Informationen für Touristen

Besucherzentren

In den *Alberta Information Centres* an den Hauptstraßen werden Reisende mit Gratismaterial bestens bedient. Die Zentrale befindet sich in Edmonton:

Alberta Tourism
P.O. Box 2500
Edmonton, Alberta T5J 2Z4
✆ (780) 427-4321 und *toll-free* ✆ 1-800-ALBERTA
Fax (780) 427-0867
Internet: www.travelalberta.com

Informative Broschüren

- ***Alberta Accommodation Guide***, eine umfangreiche Liste von Hotels und Motels.
- ***Alberta Campground Guide***, eine – vor allem in Zusammenwirken mit der *Road Map* – äußerst hilfreiche Übersicht über die meisten Campingplätze der Provinz.
- ***Alberta Road Map***, eine ordentliche Straßenkarte im Maßstab 1:1.500.000. Grüne und schwarze Dreiecke markieren die geographische Lage der *Campgrounds*. Die Broschüre oben erläutert alle zugehörigen Details.
- ***Alberta Vacation Guide*** zu Attraktionen und Aktivitäten in der Natur und in Städten für alle Regionen Albertras

Camping Alberta

Grüne Dreiecke in den Straßenkarten kennzeichnen die Lage staatlicher Plätze in den *National Parks* (*Banff, Jasper, Elk Island, Waterton Lakes*), *Provincial Parks* und *Recreation Areas*. Zahlreiche ***Alberta Forest Campgrounds*** befinden sich in traumhafter Umgebung (⇨ *Forestry Trunk Road*, Seite 302ff.). Sie gehören zur Einfachkategorie, sind preiswert und bieten Wasserpumpe, »Plumpsklo« und Picknicktische, oft auch gratis grobe Holzscheite fürs Lagerfeuer.

Schwarze Dreiecke stehen für private und städtische Campingplätze. Bei weitem nicht alle privaten Plätze finden sich in dieser Karte bzw. im ***Alberta Campground Guide***.

Eine ziemlich komplette Liste aller in Frage kommenden Plätze entlang der hier beschriebenen Routen liefert das diesem Buch **beigefügte Camping-Verzeichnis Alberta & BC**.

Provinzparks

Informationen über die Provinzparks und *Recreation Areas* findet man im **Internet** unter www.cd.gov.ab.ca/parks. In vielen *Parks* kann man Stellplätze auf den *Campgrounds* reservieren. Dazu ruft man den Park direkt an, die Telefonnummern bekommt man bei ***Alberta Tourism*** ⇨ oben

British Columbia

Geschichte

Entdeckung Bereits 1579 soll der englische Freibeuter *Sir Francis Drake* bis nach Vancouver Island gelangt sein. Er war auf der Flucht vor spanischen Verfolgern nach Norden gesegelt in der Hoffnung, durch das Nordpolarmeer eine Passage nach Europa zu finden.

Steckbrief

Konstituierung als Provinz:		1871
Einwohner:		4.200.000
Anteil an der kanadischen Bevölkerung:		13,2%
Bruttoinlandsprodukt je Einw.:		can$ 35.041
Fläche:		944.735 km²
Anteil an der kanadischen Fläche:		9,5%
Bevölkerungsdichte:		4,4 Einwohner pro km²
Hauptstadt:	Victoria (seit 1871)	
Größte Städte:	Vancouver	580.000 Einw.
	Großraum Vancouver	2.110.000 Einw.
	Victoria	74.000 Einw.
	Großraum Victoria	318.000 Einw.
	Kelowna	96.000 Einw.
	Kamloops	77.000 Einw.
	Nanaimo	73.000 Einw.
	Prince George	72.000 Einw.
Provinzfeiertag	British Columbia Day 1. Montag im August	
Höchster Berg:	Fairweather Mountain (St. Elias Range/Grenze zu Alaska)	4.663 m
Niedrigster Punkt:	Meeresspiegel des Pazifik	
Größter See:	Williston Lake	1.761 km²
Längste Flüsse:	Peace/Mackenzie River	4.241 km
	Columbia River	2.000 km
	Fraser River	1.370 km
Größte Insel:	Vancouver Island	31.285 km²
Nationalparks:	Glacier, Gulf Islands, Gwaii Haanas (Queen Charlotte Islands), Kootenay, Mount Revelstoke, Pacific Rim (Vancouver Island), Yoho	
Zeitzonen:	Mountain Time / teils mit Sommerzeit (nur Rocky Mountains)	
	Pacific Time mit Sommerzeit	
Telefonvorwahl:	Südwest BC mit Vancouver	604 und 778
(*Area Code*)	Rest BC	250
Provincial Sales Tax:		7%

1592 glaubte dann der Spanier *Juan de Fuca*, die Nordwest-Passage entdeckt zu haben. Tatsächlich handelte es sich jedoch um die später nach ihm benannte Wasserstraße zwischen Vancouver Island und der Olympic-Halbinsel.

Inbesitznahme Nach diesen ersten Visiten vergingen fast zwei Jahrhunderte, bis sich die europäischen Mächte Spanien, England und Rußland für den nördlichen Abschnitt der amerikanischen Pazifikküste zu interessieren begannen. 1774 landeten ***Bodega Quadra*** und ***Juan José Pérez*** auf Vancouver und Queen Charlotte Island und reklamierten sogleich die gesamte Region für die spanische Krone. Vier Jahre später erhob der berühmte Seefahrer *James Cook* britische Besitzansprüche. Der Konflikt mit Spanien wurde von den Briten durch Kriegsdrohung gelöst: Die Spanier zogen sich zurück, und ***George Vancouver*** erklärte 1791 den Nordwesten des Kontinents zum Besitz Großbritanniens. Dabei wurden die indianischen Ureinwohner ebensowenig gefragt wie anderswo.

Pelzhändler Über Landrouten zum Pazifik drangen als erste Weiße die *Explorer* der Pelzhandelsgesellschaft ***North West Company*** vor: ***Alexander Mackenzie*** folgte dem Peace River flußaufwärts, überquerte die Rocky Mountains und erreichte 1793 beim heutigen Bella Coola das Meer. ***Simon Fraser*** befuhr 1808 den später nach ihm benannten Fluß bis zur Mündung, und ***David Thompson*** gelangte 1811 auf dem Columbia River (US-Bundesstaaten Washington und Oregon) zum Pazifik. In der Folge etablierten sich ***North West*** und ***Hudson's Bay Company*** (➪ Seite 232) mit Stützpunkten in ***New Caledonia***, was heute dem östlichen und zentralen Bereich von British Columbia entspricht, aber auch auf heutigem US-Gebiet.

Grenzziehung 1846 schlossen England und die USA den ***Oregon Treaty***. Dieser Vertrag legte den 49. Breitengrad, der – bis zu den Rocky Mountains – schon seit 1818 die britische Kolonie Canada und die westlichen Territorien der USA trennte, als offizielle Grenze bis zum Pazifik fest. Damit gerieten die heutigen US-Nordweststaaten aus englischem unter US-amerikanischen Einfluß. Vancouver Island, obwohl es über den 49. Breitengrad hinausreicht, wurde ganz Großbritannien überlassen. Nur die ***San Juan Islands*** blieben weiter umstritten. Als sich ein britisches Schwein um die Gebietsstreitigkeiten buchstäblich einen Dreck scherte und ein amerikanisches Kartoffelfeld durchwühlte, drohte die Kontroverse im sogenannten »**Schweinekrieg**« zu einem ernsthaften Konflikt auszuarten. Der als Vermittler eingesetzte deutsche Kaiser Wilhelm I. beendete 1872 den Streit, indem er die Inseln den USA zusprach.

Konstituierung In der Zwischenzeit war neben der ursprünglichen Kolonie Vancouver Island auf dem Festland das separate Territorium British Columbia entstanden.

Goldrausch

Gerade rechtzeitig, um während des ***Fraser River*** (1858/59) und ***Cariboo Goldrush*** (1861-64) einigermaßen Recht und Gesetz durchzusetzen (➪ Seite 229). Die Goldrauschzeit sorgte nicht nur für eine Zuwanderung in den bis dato menschenleeren Raum, sondern auch für die Anlage erster Straßen ins Landesinnere, namentlich des heute noch so bezeichneten *Cariboo Trail* von Yale (am TCH oberhalb Hope) nach Barkerville. Vancouver an der Mündung des Fraser River entstand ebenfalls in den Jahren des Goldrausches.

Als **Provinz** – bestehend aus den bis 1866 verwaltungstechnisch getrennten Vancouver Island und dem Festland westlich der Rockies – trat British Columbia dem *Dominion of Canada* **1871** bei. **Hauptstadt wurde Victoria**, damals einzige nennenswerte Stadt.

BC und Canada

Die Felsbarriere der *Rocky Mountains* und weiterer Gebirgszüge erschwerte lange Zeit die Kommunikation zwischen British Columbia und dem restlichen Canada. Haupthandelspartner war daher der südliche Nachbar. Sogar der Postweg von Vancouver nach Toronto lief über die USA. Die Situation änderte sich 1885 nach Fertigstellung der transkontinentalen ***Canadian Pacific Railway***.

BC heute

Bald florierte auch der Handel mit Asien. British Columbia stieg zur wirtschaftlich bedeutendsten Provinz des Westens auf und wurde zu einer Art kanadischem Kalifornien. Heute ist die Wirtschaft mehr denn je auf den pazifischen Raum ausgerichtet. Die **Region Vancouver** gilt als die reichste Canadas.

Geographie und Klima

Gebirge

Die Geographie der Provinz wird durch zahlreiche Gebirgszüge bestimmt, die überwiegend parallel und hintereinander in Südost-Nordwest-Richtung verlaufen. Im Osten sind dies die ***Rocky Mountains***. Im Westen reichen die ***Coast Mountains*** mit Gipfeln, welche die Höhe der BC-Rockies übertreffen *(Mount Waddington* 4.042 m), und Gletscherfeldern bis ans Meer. Dazwischen liegen u.a. die ***Cassiar Mountains*** im Norden und ***Columbia Mountains*** im Süden mit mehreren Teilgebirgen. Die höchsten von ihnen sind die ***Selkirk Mountains*** (mit *Glacier* und *Mount Revelstoke National Parks*) und die ***Cariboo Mountains*** (mit den Provinzparks *Wells Gray* und *Bowron Lake*) mit über 3.500 m hohen Gipfeln.

Rocky Mountains

Im Südosten markiert der Hauptkamm der *Rocky Mountains* den Grenzverlauf zwischen British Columbia und Alberta. Zugleich bildet er die Wasserscheide (*Continental Divide*) zwischen Atlantik und Pazifik. Mit dem ***Mount Robson*** steht unweit Jasper/Alberta, aber bereits auf BC-Gebiet, der höchste Berg der kanadischen Rockies (3.954 m). Lediglich vier Pässe erlauben die Überquerung der *Rockies*: der ***Crowsnest Pass***

(1.396 m) im Süden, der ***Vermilion Pass*** (1.651 m) zwischen den *National Parks Banff* und *Kootenay* (Straße #93), der ***Kikking Horse Pass***/TCH (1.647 m) und der ***Yellowhead Pass*** (1.146 m) des gleichnamigen *Highway*.

Ebenen

Zwischen den Gebirgen erstrecken sich bewaldete Ebenen, durchzogen von Seenplatten und Flüssen, darunter das riesige ***Interior Plateau*** zwischen *Coast* und *Columbia Mountains* und in etwa TCH (Kamloops-Cache Creek) und *Yellowhead Highway*. Im Nordosten ragt British Columbia mit einer »Ecke« in die *Lowlands* hinein, die den Norden der Prärieprovinzen kennzeichnen.

Flüsse

Viele Verkehrswege folgen dem Lauf großer Flüsse, wie z.B. der *Yellowhead Highway* dem oberen ***Fraser River*** und dem ***Skeena River*** oder der TCH dem ***Thompson*** und Unterlauf des ***Fraser River***. Der (erst in den USA) mächtige ***Columbia River*** und seine Nebenflüsse haben ihren Ursprung in British Columbia. Ihr Fluß in Nord-Süd Richtung wird durch zahlreiche Stauseen unterbrochen, allgemein beliebte Freizeitreviere. Das von mildem Klima begünstigte (siehe unten) Seengebiet im ***Okanagan Valley*** ist neben den Nationalparks die meistfrequentierte Touristenregion der Provinz.

Inseln

Vor der zerklüfteten Küste liegen fast **7.000 Inseln**, darunter mit Vancouver Island die größte Nordamerikas.

Fläche

British Columbia ist größer als Deutschland, Frankreich und die Schweiz zusammen und **außerordentlich dünn besiedelt**.

Bevölkerung

Im Provinznorden kann von einer Besiedelung nur entlang der *Highways John Hart, Alaska, Yellowhead* und *Cassiar* die Rede sein; die riesigen Gebiete dazwischen sind praktisch menschenleer. Dasselbe gilt für die Region zwischen Vancouver und dem *Yellowhead Highway* westlich der Achse Vancouver–Prince George. Die **Bevölkerung konzentriert sich auf den Süden der Provinz**, und auch dort im wesentlichen auf wenige Schwerpunkte. Zwei Drittel der Einwohner leben in den Großräumen Vancouver und Victoria und weitere 20% im Einzugsbereich des *Okanagan Valley* einschließlich Kamloops und in Orten am *Crowsnest Highway* entlang der US-Grenze.

Klima/ Regen

Höhe und Lage der Gebirgsketten sorgen für unterschiedlichste Klimazonen. Feuchte pazifische Winde bestimmen das **Wetter im äußersten Westen** der Provinz. Sie regnen sich an den Berghängen der *Coast Mountains* ab. Die uralten Regenwälder an der pazifischen Küste verzeichnen dabei ähnliche Niederschlagsmengen wie der tropische Amazonas-Urwald. Extreme Temperaturschwankungen, wie sie östlich der *Rockies* auftreten, sind dort unbekannt, die Sommer relativ kühl und die Winter mild. Viel Regen fällt auch an den Westhängen der **Gebirge im Inland** einschließlich der *Rocky Mountains* Region. Das ***Interior Plateau*** und die Täler bleiben dagegen recht trocken; im Sommer sind Regentage dort selten. Der

Nordosten unterliegt bereits arktischem Kontinentalklima mit kurzen kühlen und gelegentlich nassen Sommern und schneereichen, kalten Wintern.

Sommer/ Temperaturen

Milde Sommer mit gleichmäßig angenehmen Temperaturen um 20°C machen die Ostküsten von **Vancouver Island** im Bereich zwischen Nainamo und Courtenay zu einer beliebten Urlaubsregion. Länger als dort scheint in Canada die Sonne nur im südlichen Alberta und in Saskatchewan. Gleichzeitig sind die Winter so mild wie in keiner anderen Region. Auf der dem Pazifik zugewandten Seite dagegen herrscht Küstenklima mit Rekord-Regenmengen.

Heiß ist es während der Sommermonate oft in den breiten Tälern **im zentralen Süden der Provinz**, insbesondere entlang der Flußtäler des *Fraser* und *Thompson River* und im *Okanagan Valley*, das unmittelbar an die nördlichen Ausläufer des wüstenähnlichen *Columbia Plateau* (USA) anschließt. In dieser Region gibt es sogar Kakteen und Klapperschlangen.

Informationen für Touristen

BC Travel Info Centres

In British Columbia existiert ein dichtes Netz von ***Visitor Info Centres*** für Touristen. Dank ihrer großen Zahl in über 100 Orten und unübersehbaren Ausschilderung sind sie mühelos zu finden. Die Adresse der zentralen Touristeninformation ist

Tourism British Columbia
PO Box 9830, Victoria, BC, Canada V8W 9W5
✆ 1-800-HELLO-BC oder ✆ (250) 387-1642; Fax (250) 387-9406
Internet: www.hellobc.com

Unter der 800-Nummer lassen sich auch **Hotels reservieren**. Infos über die sechs Tourismusregionen von BC kann man unter den folgenden **Internetadressen** abfragen:

Vancouver Island	**www.islands.bc.ca**
Vancouver, Coast & Mountains	**www.coastandmountains.bc.ca**
Thompson/Okanagan	**www.thompsonokanagan.com**
Kootenay/Rockies	**www.kootenayrockies.com**
Cariboo Chilcotin Coast	**www.landwithoutlimits.com**
Northern BC	**www.nbctourism.com**

Unterlagen

In den ***Info Centres*** bzw. bei ***Tourism BC*** gibt es unter anderem die folgenden Unterlagen:

- die Straßenkarte ***BC Road Map and Parks Guide*** im Maßstab ca. 1:1.500.000. Sie enthält Übersichten für alle nennenswerten Städte und eine Liste der 420 *Provincial Parks* mit Details ihrer Ausstattung, vor allem ob mit/ohne Campingplatz. Im Norden und im zentralen Bereich der Provinz leistet die Karte ausreichende Dienste, im Süden – speziell Großraum Vancouver und Victoria – besitzt sie Detailkarten.

Für den Bereich Vancouver und Victoria sollte man sich dennoch Stadtpläne bei den *Visitor Info Centres* bzw. beim Automobilclub CAA beschaffen (➪ Seite 132).

- den ***BC Vacation Planner***, ein attraktiv gemachtes Heft, in dem die sechs touristischen Regionen der Provinz vorgestellt werden. Für jede von ihnen gibt es wiederum einen eigenen *Travel Guide*; die Qualität der Einzelausgaben ist indessen recht unterschiedlich.
- die Broschüre ***Outdoor Adventure***, in der zahlreiche Möglichkeiten zu Freizeitaktivitäten und Anschriften von Veranstaltern genannt werden.
- das Heft ***Approved Accommodation***, ein Hotel-, Motel-, *Bed & Breakfast*- und Campingplatzverzeichnis für British Columbia mit reisepraktischer Einleitung, der man außerdem weitere Informationen entnehmen kann.
- das Heft ***Super Camping***, einen Campingführer, der einen Teil der privat betriebenen Plätze und Provinzparks mit Campingplatz nennt.
- 169 ***Provincial Parks*** besitzen ***Campgrounds*** mit Auto-Stellplätzen ($9-$22 pro Nacht). Zu größeren Provinzparks gibt es ein gesondertes Faltblatt. Parkinfo im **Internet** unter: **www.bcparks.ca.** Dazu ist anzumerken, daß die Mehrheit von ihnen gut bis sehr gut angelegt ist, wenn auch im Sanitärbereich überwiegend einfach ausgestattet (Wasser und Toilette). Fast immer gibt es Feuerholz, wenn auch in groben Scheiten, die noch Nacharbeit mit der Axt erfordern.

  Campingplätze in 67 *Provincial Parks* können unter © 1-800-689-9025, © (604) 689-9025, 2 Tage bis 3 Monate im voraus reserviert werden, www.discovercamping.ca.
- BC verfügt über viele ***Forest Campgrounds***, von denen die meisten abseits der Hauptstraßen liegen. Karten der Forste mit Markierung dieser Plätze erhält man in den lokalen Büros des *Forest Service*. Auch die **Holzindustrie** hat in manchen Gebieten Campingplätze eingerichtet.

Straßenbau in British Columbia zu Beginn des 19. Jahrhunderts

Manitoba

Geschichte, Geographie und Klima

Die ersten Entdecker

Bereits 1610 entdeckte der Engländer ***Henry Hudson*** die mit dem Atlantik verbundene riesige Bucht im zentralen Nordosten Canadas. Aber es verstrich über ein halbes Jahrhundert, ehe die französischen Forscher ***Radisson*** und ***Des Groseilliers*** auf Überlandrouten an die James Bay gelangten und die große wirtschaftliche Bedeutung des »Binnenmeers« Hudson Bay erkannten. Von dort war der Weg zu den ertragreichen Pelztierjagdgebieten des kanadischen Nordens wesentlich kürzer auf der beschwerlichen Route über den St.-Lorenz-Strom und die Großen Seen.

Steckbrief

Konstituierung als Provinz:		1870
Einwohner:		1.170.000
Anteil an der kanadischen Bevölkerung:		3,7%
Bruttoinlandsprodukt je Einw.:		can$ 32.708
Fläche:		647.797 km²
Anteil an der kanadischen Fläche:		6,5%
Bevölkerungsdichte:		1,8 Einwohner pro km²
Hauptstadt:		Winnipeg (seit 1870)
Größte Städte:	Winnipeg	620.000 Einw.
	Großraum Winnipeg	685.000 Einw.
	Brandon	40.000 Einw.
	Thompson	13.000 Einw.
	Portage La Prairie	13.000 Einw.
Provinzfeiertag:	Civic Holiday am 1. Montag im August	
Höchster Berg:	Baldy Mountain im Duck Mountain Provincial Park	832 m
Niedrigster Punkt:	Meeresspiegel (Hudson Bay)	
Größter See:	Lake Winnipeg (größer als Hessen!)	24.387km²
Längster Fluß:	Bow/Saskatchewan/ Nelson River	2.575 km
	Churchill River	1.609 km
Nationalparks:	Riding Mountain	
	Wapusk	
Zeitzone:	Central Time mit Sommerzeit	
Telefonvorwahl (*Area Code*):		204
Provincial Sales Tax:		7%

Als sie von Frankreich abgewiesen wurden, wandten sich die beiden Franzosen mit dem Plan, eine Pelzhandelsstation an der Hudson Bay zu errichten, an die englische Krone. König *Charles II* ging auf den Vorschlag ein und beauftragte sie mit der Erforschung des Gebietes.

1668/69 überwinterte ***Des Groseilliers*** in der James Bay an Bord des Schoners ***Nonsuch*** (eine Nachbildung dieses bemerkenswerten Schiffes steht in Winnipeg im ***Museum of Man and Nature***, ⇨ Seite 533) und kehrte mit besten Winterpelzen beladen zurück.

Hudson's Bay Company

Aus dieser Reise resultierte die Gründung der ***Hudson's Bay Company***, die sich das Pelzhandelsmonopol in ***Rupert's Land*** sicherte, dem Einzugsbereich aller in die Hudson Bay mündenden Gewässer. **York Factory** im heutigen Manitoba zwischen den Mündungen von Nelson und Hayes River war das erste Handelsfort der Gesellschaft und wurde rasch zu ihrem wichtigsten Stützpunkt. Es erwirtschaftete nach kurzer Zeit glänzende Gewinne, da Trapper und Indianer des Nordwestens den kürzeren Weg an die Hudson Bay der langen Reise zu den Handelsposten am St. Lawrence River vorzogen.

Rupert's Land

Nun interessierten sich auch die Franzosen für die Hudson Bay. Bewaffnete Auseinandersetzungen ließen nicht lange auf sich warten. Mit dem Frieden zu Utrecht 1713 fanden jedoch die Streitigkeiten zwischen Franzosen und Engländern um die besten Handelsplätze an der Hudson Bay ein Ende. Denn *Rupert's Land* gelangte endgültig unter britische Kontrolle. Wohl vorsichtshalber wurde 1717 trotzdem noch das ***Fort Churchill*** gegründet und später zum mächtigen ***Fort Prince of Wales*** ausgebaut, das aber niemals in kriegerischen Auseinandersetzungen benötigt wurde.

Fort Rouge

Nach dem Verlust des Seeweges über die Hudson Bay setzten die Franzosen verstärkt auf die alten Pelzhandelsrouten und errichteten 1738 am Zusammenfluß von Red River und Assiniboine River das ***Fort Rouge***, die **Keimzelle Winnipegs**. Weitere Forts und Handelsposten der ***North West Company*** und der ***Hudson's Bay Company*** (⇨ Seite 232) entstanden in der Folge auf dem Gebiet des heutigen Manitoba.

Die Métis

1812 brachte *Lord Selkirk* die ersten schottischen Siedler an den Red River. Sie sollten ein protestantisches Gegengewicht zu den dort mittlerweile etablierten katholischen ***Métis*** bilden. Zwischen dieser besonderen Volksgruppe, die aus der Verbindung französischer Trapper mit Indianerfrauen entstanden war, und den Schotten gab es schon bald Reibereien. Und als die HBC 1869 *Rupert's Land* an das *Dominion of Canada* abtrat, kam es unter Führung eines ***Louis Riel*** über die Frage der Land- und Jagdrechte zum **Aufstand der *Métis***.

Provinz Manitoba

Nach Beilegung dieser sog. ***Red River Rebellion*** im Verhandlungswege erfolgte die Aufnahme Manitobas als **fünfte Provinz** in das *Dominion of Canada*. Das Wort ***Manito bau*** (»Stimme des großen Geistes«) aus der *Cree* Indianer-Sprache stand Pate bei der Namensgebung. Der von *Riel* formulierte Schutz für die französische Sprache und Kultur wurde in die Verfassung (*Manitoba Act of 1870*) aufgenommen. Die neue Provinz war mit 40.000 km^2 für kanadische Verhältnisse zunächst nur »briefmarkengroß«. Erst **1912** wurden die heutigen Grenzen festgelegt, die nun ein Gebiet von 647.797 km^2 umschließen.

Geographie der Prärieprovinzen

Der US-amerikanische Mittelwesten mit seinen unendlichen Weiden und Getreidefeldern setzt sich in Manitoba, Saskatchewan und Alberta nach Norden und Nordwesten fort. Aber nur das südliche Drittel der Flächen Manitobas und seiner Nachbarn besteht aus agrarisch genutztem Flach- und Hügelland. *Trans Canada* und *Yellowhead Highway* führen mitten hindurch. Im zentralen Teil der Provinz liegt die Tiefebene ***Manitoba Lowland*** zwischen Lake Winnipeg und der **Seenplatte Lakes Manitoba/Winnepegosis**, riesigen Überbleibseln des zu Urzeiten noch ausgedehnteren *Lake Agassiz*. Die restlichen zwei Drittel Manitobas bedeckt die bewaldete, fast menschenleere Seenlandschaft des »kanadischen Schilds« (⇨ Seite 14). Nur wenige Straßen und die Eisenbahnlinie nach Churchill an der Hudson Bay erschließen den Norden. Viele Ansiedlungen können nur per (Wasser-)Flugzeug oder Boot erreicht werden. So gesehen ist die Bezeichnung Prärie- und/ oder Weizenprovinzen für Manitoba, Saskatchewan und Alberta nur bedingt zutreffend.

Die Hügelkette des ***Manitoba Escarpment*** trennt das *Manitoba Lowland* von den Prärien Saskatchewans. Sie zieht sich von den Turtle Mountains an der US-Grenze über ***Riding Mountain*** und ***Duck Mountain Park*** zu den Porcupine Hills. Trotz ihrer vergleichsweise geringen Höhe (höchster Berg Manitobas ist mit 831 m der **Baldy Mountain** im *Duck Mountain Provincial Park*) stehen Landschaft und Vegetation dieser Regionen in erstaunlichem Kontrast zu ihrer relativ eintönigen Umgebung.

Klima

Das (kontinentale) Klima Manitobas ist durch **extreme jahreszeitliche Schwankungen** gekennzeichnet. Die Sommer sind im allgemeinen sehr warm und trocken. Im Juli und August überwiegen Tage mit Temperaturen über 25°C; Hitzewellen mit über 30°C sind keine Seltenheit. Tiefausläufer und kräftige Gewitter sorgen nur gelegentlich für Regen. Selbst in nördlichen Gefilden übertreffen die sommerlichen Tagestemperaturen oft noch 20°C. **Im Winter** dagegen gelten Temperaturen **unter minus 20°C** über längere Perioden selbst im Provinzsüden als normal. Eine lange Übergangszeit zwischen Sommer und Winter bleibt Manitoba nicht. Nur in Ausnahmejahren gibt es vier aufeinanderfolgende, völlig frostfreie Monate.

Informationen für Touristen

Karten/ Prospekte

Die zentrale Touristinformation befindet sich in Winnipeg:

Travel Manitoba
7-155 Carlton St
Winnipeg, Manitoba, R3C 3H8
✆ (204) 945-3777 und ✆ 1-800-665-0040; Fax (204) 945-2302
Internet: www.travelmanitoba.com

Bei *Travel Manitoba* erhält man gratis folgende Broschüren:

- ***Official Highway Map*** im Maßstab 1:1.300.000, für Touristen völlig ausreichend; die Provinzkarte verfügt auf der Rückseite über Innenstadtpläne größerer Städte sowie eine Liste der kanadisch-amerikanischen Grenzübergange mit Öffnungszeiten.
- ***Manitoba Vacation Guide***; enthält alle touristisch relevanten Informationen über die Provinz up-to-date.
- ***Accommodation & Campground Guide***; eine ziemlich vollständige Liste der Motels und Hotels Manitobas, sämtliche staatlichen und eine Auswahl privater Campingplätze jeweils mit Preisen.
- ***Events Guide***. Der jährlich neu aufgelegte Kalender listet chronologisch Daten und Orte aller wichtigen Veranstaltungen in Manitoba.

Provinzparks/ Camping

Die ***Provincial Parks*** kosten $5 Eintritt. Fürs Campen sind zusätzlich $7-$14 (einfacher Stellplatz), $11-$17 (Platz mit Elektro/Wasseranschluß) oder $18 (*Full Hook-up*) zu entrichten. Manitoba verfügt daneben über ein Netz überwiegend schön gelegener ***Wayside Parks***, einige mit Campingplatz, andere offiziell nicht als Übernachtungsplätze eingerichtet.

Informationen über die ***Provincial Parks*** kann man auch über das **Internet** abrufen: www.manitobaparks.com, **Campreservierung**: ✆ **1-888-4U2-CAMP** oder **www.reserveamerica.com**

Abendstimmung am Lake of the Woods auf der Grenze zwischen Manitoba und Ontario

Ontario

Steckbrief

Konstituierung als Provinz: (Gründungsprovinz des Staates)		1867
Einwohner:		12.440.000
Anteil an der kanadischen Bevölkerung:		38,4%
Bruttoinlandsprodukt je Einw.:		can$ 40.346
Fläche:		1.076.395 km²
Anteil an der kanadischen Fläche:		10,8%
Bevölkerungsdichte:		11,2 Einwohner pro km²
Hauptstadt:	Toronto (seit 1867)	
Größte Städte:	Toronto	2.481.000 Einw.
	Großraum Toronto	4.881.000 Einw.
	Ottawa	774.000 Einw.
	Großraum Ottawa	1.107.000 Einw.
Größere Städte West-Ontario:	Sudbury	155.000 Einw.
	Thunder Bay	109.000 Einw.
	Sault Ste. Marie	75.000 Einw.
Provinzfeiertag:	Simcoe Day	1. Montag im August
Höchster Punkt:	Ishpatina Ridge	693 m
Niedrigster Punkt:	Meeresspiegel (Hudson Bay)	
Größte Seen:	Lake Superior:	82.100 km²
	Lake Huron:	59.600 km²
	Lake Erie:	25.700 km²
	Lake Ontario:	18.960 km²
Längster Fluß:	St. Lawrence River	3.058 km
Nationalparks:	Bruce Peninsula, Fathom Five Marine Park, Georgian Bay Islands, Point Pelee, Pukaskwa, St. Lawrence Islands	
Zeitzonen:	Eastern Time mit Sommerzeit, Central Time im äußersten Westen mit Sommerzeit	
Telefonvorwahl (*Area Code*):	West-Ontario 807	Zentral-Ontario 705
Provincial Sales Tax:		8%

Geschichte, Geographie und Klima

Entdecker

Der Franzose ***Samuel de Champlain*** gelangte 1615 als erster Europäer an den Lake Huron. 1634 und 1639 gründeten die Jesuitenpater *Jean le Brébeuf* und *Jérôme Lalemont* mehrere Missionsstationen im Siedlungsgebiet der Huronen, darunter auch das spätere Sault Sainte Marie. Trotz großer Schwierigkeiten mit den **Irokesen,** die zur Zerstörung der ersten Missionen führten, erklärte **Frankreich 1669** das dünnbesiedelte

Gebiet nördlich von Ottawa River, Huron und Superior Lake zu seiner Kolonie. Die Franzosen unternahmen aber in der Folge wenig, um diesem Anspruch – etwa durch den Bau von Forts – entschieden Nachdruck zu verleihen.

18. Jahrhundert

Im selben Jahr wurden der kurz zuvor gegründeten ***Hudson's Bay Company*** von der englischen Krone die »Rechte« zur Ausbeutung von ***Rupert's Land*** übertragen (⇨ im Detail Seite 232). Damit geriet der Norden der von den Franzosen beanspruchten Region unter britischen Einfluß, was ständige Gebietsstreitigkeiten nach sich zog. Rund 100 Jahre später fiel das französische Territorium (*New France*) im Frieden von Paris 1763 an Großbritannien.

Lower and Upper Canada

In der Region zwischen Lake Erie, Ontario und Huron kam es darauf (im Anschluß an den nordamerikanischen Unabhängigkeitskrieg) zu einem Zustrom königstreuer Siedler *(British Loyalists)* und damit zu einer englischsprachigen Bevölkerungsmehrheit. Dies führte 1791 zu einer **Zweiteilung der Kolonie**, in das französischsprachige ***Lower Canada*** (Québec) und das britisch orientierte ***Upper Canada*** (Ontario). Niagara-on-the-Lake wurde Hauptstadt von *Upper Canada*, verlor diese Funktion aber schon wenige Jahre später an York, das heutige Toronto.

Provinz Ontario

Nach einer Übergangsperiode, in der Ontario unter der Bezeichnung ***Canada-West*** zur britischen Kolonie Canada gehörte, wurde 1867 im ***British North America Act*** die Gründung des vom Mutterland Großbritannien bereits relativ unabhängigen ***Dominion of Canada*** proklamiert. Es umfaßte zunächst die Provinzen **Ontario, Québec, New Brunswick und Nova Scotia**. Ontario entwickelte sich in der Folge zur bevölkerungsreichsten und auch wohlhabendsten Provinz des *Dominion of Canada* bzw. später des Staates Canada.

Geographie

Mit Ontario verbindet man zunächst einmal die Südostregion um Ottawa, Toronto und Hamilton, wo sich 85% der Provinzbevölkerung und die Industriestandorte befinden. Im Osten liegen auch die bekannteren Tourismusgebiete der Provinz wie *Niagara Falls* und der *Algonquin Park*. Über 80% der Fläche Ontarios erstrecken sich aber weiter westlich: zwischen der Georgian Bay des Huron Lake und dem Superior Lake einerseits sowie Hudson und James Bay andererseits. Ontario ist die (nach Québec) **zweitgrößte Provinz Canadas**. Ihre Ausdehnung entspricht der Fläche von Spanien und Frankreich. Die Länge des TCH durch Ontario – von Ottawa bis nach Kenora am Lake of the Woods – beträgt über 2.000 km.

Landschaftsformen

Die Landschaft der Provinz ist überwiegend flach oder leicht hügelig. Sie wird nur hier und dort durch **Erhebungen bis zu maximal 700 m** unterbrochen. In der – mit Ausnahme des Südostens – vom kanadischen Schild geprägten Geographie

Ontarios (➪ Seite 14) gibt es **zahllose Gewässer und weitverzweigte Seenplatten**. Vier der fünf Großen Seen (Ontario, Erie, Huron und Superior) mit ihren Verbindungen, der St. Lorenz Strom und der Rainy River zwischen Lake of the Woods und Superior Lake bilden eine natürliche Grenze zu den USA.

St. Lawrence Seaway

Sie entspricht ab Thunder Bay dem Verlauf des 1957 fertiggestellten ***Great Lakes-St. Lawrence Seaway***, einer 3.700 km langen, für Hochseeschiffe befahrbaren Wasserstraße vom tiefsten Binnenland zum Atlantik. Bemerkenswert ist auf dieser Route der schon 1824 zur Umgehung der Niagarafälle geschaffene und später weiter ausgebaute ***Welland Canal*** zwischen Ontario und Erie Lake. Seine Schleusen gleichen über 100 m Höhenunterschied aus.

Klima

Starke **Gegensätze** zwischen Nord- und Südregionen kennzeichnen das Klima Ontarios. Im Süden bewirkt die Nähe der Großen Seen feuchtwarme Sommer und milde Winter bei relativ hohen Niederschlägen. Unter dem Einfluß trockener Polarluft sind die Sommer im Norden kurz und meist recht warm, die Winter lang und kalt. Zu allen Jahreszeiten fallen weniger Niederschläge als im Süden.

Informationen für Touristen

Karten/ Prospekte

Die Adresse in der ***Ontario Tourist Information*** lautet:

Ontario Travel
900 Bay Street, 10th Floor, Toronto, Ontario, M7A 2E1
✆ (905) 282-1721 und ✆ 1-800-ONTARIO;
Internet: www.ontariotravel.net

Deutsches Büro: Ontario c/o News Plus
✆ 089/23662168; **www.news-plus.net**

Broschüren

Weitere *Ontario Travel Information Centres* befinden sich an den Hauptstraßen unweit der Provinzgrenzen. Sie sind in der ***Official Ontario Road Map*** (Maßstab 1:250.000 Ballungsräume, 1:700.000 Süden, 1:1.600.000 Norden) mit einem Fragezeichen markiert. Dort erhält man u.a. die folgenden nützlichen Broschüren:

- ***Adventure Guide*** mit Listen zahlreicher Veranstalter für Wildnis- und Abenteuertrips,
- den ***Summer Experience Guide***; er enthält einen ausführlichen Überblick, alles Wesentliche über Attraktionen sowie Routenvorschläge und Fakten,
- ***Resource Guide,*** Kontaktadressen für Attraktionen, Hotels, Camping, Tourismusbüros, Parks usw.
- ***Events***, den Veranstaltungskalender.

Herbstlaubfärbung

Unter ✆ 1-800-ONTARIO können sich Herbsturlauber informieren, wann und wo die ***Fall Foliage***, die spätherbstliche Laubfärbung, am ausgeprägtesten ist (Bandansage).

Provincial Parks/ Camping

Ontario besitzt **über 270 *Provincial Parks***. Viele verfügen neben *Picnic Areas* und *Nature Trails* auch über großzügig angelegte Campingplätze und Küchenhäuschen. Stellplätze können auf ca. 70 Provinzparks mit *Campgrounds* reserviert werden. Ein Teil der Kapazität wird nichtsdestoweniger nach *first-come-first-served* vergeben.

Die **Tarife** für Eintritt und Übernachtung betragen in den Provinzparks Ontarios $7-$15 für die Tageskarte, Jahrespaß $70 und – je nach Komfort – $21-$33 fürs Camping. Weitere Informationen unter © 1-800-ONTARIO und im **Internet**: www.ontarioparks.com. **Campingplatzreservierungen ($12 Gebühr)** unter © **1-888-ONT-PARK** oder unter **www.goingtocamp.com**.

Saskatchewan

Geschichte, Geographie und Klima

Erste Besiedelung

Pelztierjäger erreichten Gebiete im heutigen Saskatchewan bereits Ende des 17. Jahrhunderts, aber erst **Mitte des 18.Jahrhunderts** begannen *Hudson Bay* und *North West Company* mit dem Aufbau von Handelsposten. Als erste permanente Siedlung gilt Cumberland House, das ein *Samuel Hearne* 1774 im zentralen Osten der Provinz zwischen Saskatchewan River und Cumberland Lake gründete.

Métis und Indianer

Nach Übernahme Manitobas durch Canada zogen sich viele *Métis* und Indianer (➪ Seite 580) auf Territorien in Saskatchewan zurück. Kanadische Truppen und die ***North West Mounted Police*** (NWMP) rückten jedoch bald weiter nach Westen vor und errichteten an strategisch wichtigen Punkten militärische Befestigungsanlagen. Weiße Immigranten zogen nach und drängten allmählich *Métis* und Indianer zurück.

Im Gegensatz zu den USA, wo immense Einwandererströme weitgehend unkontrolliert das Indianerland besetzten und erst später die Staatsgewalt – nach damaligen Maßstäben – Recht und Ordnung herstellte, verhinderte in Canada eine »vorbeugende« Militärpräsenz zunächst größere bewaffnete Auseinandersetzungen zwischen Indianern und Siedlern.

Eisenbahnbau

Kritisch wurde die Situation mit dem Bau der Eisenbahn, die die Verbindung zwischen British Columbia und den Ostprovinzen herstellen sollte. Das Projekt brachte automatisch – und politisch beabsichtigt, um einer befürchteten US-Expansion entgegenzuwirken – einen verstärkten Zuzug weiterer Siedler. Nach Fertigstellung der ***Canadian Pacific Railway*** verschwand der bis dahin noch vorhandene Freiraum der *Métis* und Indianer vollends. Ungeschützt vom Staat – die NWMP vertrat in erster Linie die Interessen der Neusiedler –

Steckbrief Saskatchewan

Konstituierung als Provinz:		1905
Einwohner:		995.000
Anteil an der kanadischen Bevölkerung:		3,2%
Bruttoinlandsprodukt je Einw.:		can$ 36.749
Fläche:		651.036 km²
Anteil an der kanadischen Fläche		6,5%
Bevölkerungsdichte:		1,6 Einwohner pro km²
Hauptstadt:	Regina (seit 1905)	
Größte Städte:	Saskatoon	197.000 Einw.
	Regina:	178.000 Einw.
	Prince Albert	34.000 Einw.
	Moose Jaw	32.000 Einw.
	Yorkton	15.000 Einw.
Provinzfeiertag:	Saskatchewan Day, am 1. Montag im Aug.	
Höchster Berg:	Cypress Hills	1.392 m
Niedrigster Punkt:	Lake Athabasca	213 m
Größter See:	Lake Athabasca	7.935 km²
Längster Fluß: Bow/Saskatchewan/Nelson River		2.575 km
Nationalparks:	Grasslands	
	Prince Albert	
Zeitzone:	Central Time ohne Sommerzeit, Mountain Time mit Sommerzeit um die westliche Grenzstadt Lloydminster	
Telefonvorwahl (Area Code):		306
Provincial Sales Tax:		7%

wurden sie von den Immigranten förmlich überrannt. Endlich kam es 1885 zum Aufstand der *Métis*, der sogenannten ***Northwest Rebellion***.

Aufstand der Métis

Aber die schwache Koalition aus *Métis* und *Cree* Indianern unter ***Chief Big Bear*** (andere Stämme ließen sich nicht zur Teilnahme bewegen) war von vornherein chancenlos. Lediglich der erste Zusammenstoß im März 1885 war für die Rebellen erfolgreich: Nach der verlorenen ***Battle of Duck Lake*** mußte die NWMP den Rückzug antreten.

Dank Bahnlinie und telegrafischer Kommunikation schaffte die Regierung jedoch rasch Verstärkungen in den Westen, und einen Monat später gelang der *North West Field Force* in Batoche der entscheidende Sieg. Der militärische Führer der *Métis*, *Gabriel Dumont*, floh in die USA und trat später in Buffalo Bills berühmter Wildwest-Show auf.

Der politische Kopf, ***Louis Riel***, wurde gefangengesetzt. Während er nach der ***Red River Rebellion*** in Manitoba noch mit fünf Jahren Verbannung davongekommen war, kannte der Staat nun keine Gnade mehr für *Riel*. Im November 1885 endete er am Galgen.

Provinz Saskatchewan

1905 trat Saskatchewan gleichzeitig mit Alberta dem *Dominion of Canada* bei. Die bis dahin von Regina aus mitverwalteten Northwest Territories verblieben unter Bundeshoheit.

Weizen, Segen und Fluch der Prärien

In der Folge entwickelte sich Saskatchewan zur führenden Weizenprovinz Canadas. Die Technisierung der Landwirtschaft und ertragreiche Getreidearten sorgten zeitweise für Spitzenernten. Aber extrem trockene Jahre vor allem im Provinzsüden fielen zusammen mit Überproduktion in anderen-Regionen Nordamerikas und in Europa. Der damit einhergehende Preisverfall und Mißernten führten in den vergangenen Dekaden zu erheblichen **strukturellen Problemen**.

Einst wohlhabende Dörfer verloren einen Großteil ihrer Einwohnerschaft und sind heute sichtlich verkommen. Riesige Flächen liegen brach; die einst fruchtbare Erde wird davongeweht. An manchen Tagen **verdunkeln Sandstürme den Himmel über der Prärie**, ein Phänomen, mit dem auch die Agrarstaaten der USA zu kämpfen haben. Denn in den Blütezeiten der Getreidewirtschaft wurde beidseitig der Grenze auch noch der letzte, die Bearbeitung der Felder mit Großgeräten »störende« Baum gerodet.

Öl, Erdgas und Kali

Einen ökonomischen Ausgleich findet Saskatchewan in **Öl-, Erdgas**- und insbesondere in **Kalivorkommen**. Nichtsdestoweniger leistet der **Agrarsektor** mit 68% der kanadischen Weizenproduktion immer noch den höchsten Beitrag zur wirtschaftlichen Gesamtleistung der Provinz.

Geographie

Die Grenzen des nahezu rechteckig geschnittenen Saskatchewan verlaufen identisch mit dem 49. bzw. 60. Breitengrad sowie dem 110. und – in etwa – dem 102. Längengrad.

Süden

Die südlichen zwei Drittel der Provinz mit ihren endlosen Weizenfeldern und riesigen Getreidespeichern als einziger Abwechslung sind relativ eben und eintönig. Sie werden nur hin und wieder unterbrochen von Höhenzügen (***Moose Mountain*** im Osten und ***Cypress Hills*** an der Grenze zu Alberta), kargen Hügellandschaften mit bezeichnenden Namen wie ***Big Muddy Badlands*** oder ***Great Sand Hills*** und tiefeingeschnittenen, teilweise in Stauseen versunkenen Flußtälern (Qu'Appelle, North und South Saskatchewan River).

Norden

Der weitgehend unbewohnte und nur per Wasserflugzeug zugängliche Norden Saskatchewans zeigt das typische Landschaftsbild des kanadischen Schildes. Unendliche Nadelwälder, riesige, durch zahllose Wasserläufe miteinander verbundene Seenplatten und sumpfige Flußniederungen kennzeichnen dieses Gebiet. Es gilt als Geheimtip für Wildnisabenteuer mit Kanu und Angelroute. In völliger Einsamkeit existieren dort zahlreiche ***Fly-in Camps***, wo sich Urlauber absetzen lassen, um ungestörte Tage oder Wochen weitab der Zivilisation zu verbringen.

Klima

Die klimatischen Verhältnisse Saskatchewans stimmen im wesentlichen mit denen Manitobas überein. Es herrscht ein kontinentales Klima mit extremen jahreszeitlichen Schwankungen. Der touristisch in erster Linie interessante Sommer ist heiß und trocken. Das Städtchen Estevan im Südosten der Provinz nahe der Grenze zu den USA nimmt sogar für sich in Anspruch, mit 2.537 Stunden Sonnenschein im Jahr die sonnenreichste Stadt Canadas zu sein.

Informationen für Touristen

Karten/ Prospekte

Die zentrale Touristeninformation befindet sich in Regina:

Tourism Saskatchewan
1922 Park Street
Regina, Saskatchewan S4P 3V7
© (306) 787-9600 und © 1-877-2-ESCAPE; Fax (306) 787-0715
Internet: www.sasktourism.com

Tourism Saskatchewan gibt u.a. folgende **Broschüren** heraus:

- Die ***Official Road Map*** zeigt auch die Nebenrouten. Die Karte im Maßstab von ca. 1:1.600.000 enthält im allgemeinen Informationsteil neben üblichen Angaben eine Auflistung der Grenzübergänge zu den USA mit Öffnungszeiten, eine Übersicht über alle Fährverbindungen der Provinz sowie brauchbare Übersichtskarten für alle nennenswerten Ortschaften.
- ***The Saskatchewan Vacation Guide*** ist eine der besten offiziellen Veröffentlichung dieser Art in Canada. Darin wird die Provinz (Geographie, Geschichte, Tierwelt etc.) vorgestellt und die Vielfalt der Möglichkeiten für Freizeit- und Urlaubsgestaltung beschrieben.
- Der ***Saskatchewan Accommodation, Resort & Campground Guide*** listet nahezu alle Hotels und Motels der Provinz sowie sämtliche Campingplätze – staatlich und kommerziell – samt Gebühren, Ausstattung und Anfahrt.

Provincial Parks/ Camping

Saskatchewan Environment betreut **34 *Provincial Parks***. Der Eintritt beträgt $7 bei einmaligem Besuch, $25 für einen Wochenpass oder $50 für einen Jahrespass. Die Pässe gelten in allen Parks. Die Preise fürs Camping liegen in Abhängigkeit von der Ausstattung der Plätze zwischen $11 und $24. Im **Internet** sind die Provinzparks unter **www.saskparks.net** zu finden. Aktuelle Auskünfte erteilt *Saskatchewan Environment* gebührenfrei unter © **1-800-205-7070**.

Regional Parks

Neben den Provinzparks verfügt Saskatchewan über ein dichtes Netz von über 100 ***Regional Parks***. Selbst in an sich tristen Landstrichen liegen diese Parks manchmal in unerwartet hübschen Ecken an einem bewaldeten Flußbett, an in den Straßenkarten nicht verzeichneten kleinen Seen usw. Die Eintrittsgebühren für den *Day-Use* wie auch die Campingkosten sind durchweg sehr niedrig. Informationen im empfohlenen *Accommodation Guide*.

Die Northwest Territories

Geschichte, Geographie und Klima

Geschichte

Bereits 1789 durchquerte der Entdecker ***Alexander Mackenzie*** im Auftrag der ***North West Company*** (NWC) das Gebiet der North West Territories. Dabei folgte er als erster Mensch ab dem Great Slave Lake dem später nach ihm benannten Strom hinunter bis an seine Mündung. Ihm folgten Trapper und Pelzhändler; aber außerhalb der wenigen Handelsniederlassungen entstanden zunächst keine weiteren Siedlungen.

Faktisch lag der Nordwesten Kanadas fast vollständig im Einflußbereich der beiden Pelzhandelsgesellschaften *North West* und *Hudson`s Bay*, bevor Großbritannien 1870 diesen Teil Canadas zusammen mit dem ein Jahr zuvor für 300.000 britische Pfund von der HBC erworbenen ***Rupert's Land*** (➪ Seite 580) als **Northwest Territories** an das 1867 gegründete ***Dominion of Canada*** übertrug. Drei Jahrzehnte später wurden 1898 das Yukon Territory, 1905 die Provinzen Alberta und Saskatchewan und 1912 der Norden von Manitoba, Ontario und Québec abgetrennt. **Die nunmehr wohl endgültigen Grenzen sind erst 1999 neu definiert worden**: Seither existiert der größere **Ostteil der bisherigen Northwest Territories unter der Bezeichnung *Nunavut*** als eigenständige Einheit.

Verwaltungsgebiet

Selbst 50 Jahre nach der Eingliederung in das *Dominion of Canada* gab es in den riesigen Northwest Territories nur ganze 9 Polizeiwachen. Von dort übernahm zunächst die ***Royal Canadian Mounted Police*** auch administrative Aufgaben, die Kirche die schulische und medizinische Versorgung. Mit dem 2. Weltkrieg erwachte strategisch-militärisches Interesse am unerschlossenen Land im Norden, und die Bundesregierung begann, Flugplätze und Radarposten einzurichten.

Status heute

1967 verlegte sie die **Territorialverwaltung,** die bis dato in Ottawa erledigt worden war, nach **Yellowknife**. Das erste *Territorial Council*, eine Art Parlament mit eingeschränkten Befugnissen, wurde 1975 gewählt.

Geographie

Die Bezeichnung *Northwest* gibt die Position der Territorien heute nicht mehr recht wieder. Sie liegen zwar nördlich des 60. Breitengrades, aber als mittleres der drei Territorien zwischen

Steckbrief

Konstituierung als eigenständiges Territorium:		1870
Einwohner:		42.800
Anteil an der kanadischen Bevölkerung:		0,1%
Bruttoinlandsprodukt je Einwohner:		can$ 71.394
Fläche:		1.346.106 km²
Anteil an der kanadischen Fläche:		13,5%
Bevölkerungsdichte:		ein Einwohner auf 33 km²
Hauptstadt:		Yellowknife (seit 1967)
Größte Orte:	Yellowknife	16.600 Einw.
	Hay River	3.500 Einw.
	Inuvik	2.900 Einw.
	Fort Smith	2.200 Einw.
Territorialer Feiertag:	Civic Holiday am 1. Montag im August	
Höchster Berg:	Mount Nirvana (Mackenzie Mountains)	2.773 m
Niedrigster Punkt:	Meeresspiegel (Nordpolarmeer)	
Größte Seen:	Great Bear Lake	31.328 km²
	Great Slave Lake	28.568 km²
Längster Fluß:	Peace/Mackenzie River	4.241 km
Größte Insel:	Victoria Island	217.291 km²
Nationalparks:	Aulavik, Nahanni, Tuktut Nogait, Wood Buffalo	
Zeitzone:	Mountain Time, mit Sommerzeit	
Telefonvorwahl (*Area Code*):		867
Terrritorial Sales Tax:		keine

dem neugeschaffenen **Nunavut** im Osten und dem Yukon Territory im Westen. In diesem immer noch riesigen Gebiet (über 1,3 Mio km²) leben ganze 41.000 Menschen, womit rein rechnerisch auf jeden einzelnen eine Fläche von 33 km² kommt.

Lowlands

Das waldreiche ***Mackenzie Lowland***, Einzugsgebiet des Mackenzie River und nördliche Fortsetzung der *Great Plains* der Prärieprovinzen, bestimmt das Landschaftsbild der westlichen Northwest Territories.

Ein **Straßennetz** existiert nur im südwestlichen Bereich und damit auf die Ebene; lediglich der *Yellowknife Highway* führt in die Felslandschaft des Kanadischen Schildes, ➪ Seite 14.

Klima

Permafrost kennzeichnet den Großteil der Fläche. Die Seen füllen sich im (späten) Frühjahr mit Schmelzwasser aus den an der Oberfläche tauenden Böden, Schnee und Eis. Sie bleiben daher auch im Sommer sehr kalt und sorgen im allgemeinen für kühlfeuchte Luft, ➪ auch Themenkasten Seite 433.

Dennoch kann man in Orten wie Hay River oder Fort Simpson im Juli/August dank der langen Tage bei Sonnenschein mit angenehmen **Tagestemperaturen von über 20°C** rechnen. Sogar Höchsttemperaturen von über 30°C werden gemessen.

Die **Niederschläge** liegen in den *Lowlands* und in der arktischen Tundra im Jahresschnitt erstaunlicherweise noch niedriger als etwa im *Okanagan Valley* oder im trockenen südlichen Saskatchewan.

Informationen für Touristen

Folgende nützliche Unterlagen sind bei den *Information Centres* der Northwest Territories erhältlich:

- der ***Road & Campground Guide,*** kilometerweise Auflistung des Straßennetzes mit Campingplätzen und Attraktionen
- der ***Explorers' Guide***, ein Hochglanzprospekt mit umfassenden Informationen über Parks, Attraktionen, Quartiere etc.
- die ***Explorers' Map***, eine Karte im Maßstab 1:5.000.000 mit Detailkarten und Liste der *Territorial Camp & Picnic Areas*

Explorer's Guide und ***Map*** erhält man auch per Post bei:

Northwest Territories Tourism
PO Box 610, Yellowknife, NT X1A 2N5
✆ 1-800-661-0788 (die ***Arctic Hotline***), ✆ (867) 873-7200
Internet: www.nwttravel.nt.ca

Infos zu den 27 großzügigen ***Territorial Parks*** unter **www.nwtparks.com.** Campinggebühr $10-$20; Stellplätze mit Strom.

Eine weitere wichtige **Servicenummer** der *NWT*, besonders für Herbst- und Frühjahrsurlauber zum **Fährbetrieb und Straßenzustand,** ist ✆ 1-800-661-0750.

Die Inuit (Eskimos)

Inuit bedeutet »Mensch«, »Eskimo« stammt aus der Sprache der Déné-Indianer und heißt »Rohfleischesser«.

Die Ahnen der *Inuit* überquerten in mehreren Einwanderungswellen die Bering-Landbrücke nach Alaska. Vor ungefähr 1.000 Jahren kamen sie als ***Thule People*** in die Northwest Territories. Diese gelten als direkte Vorfahren der *Inuit*. Als Halbnomaden jagten sie Großwale. Nach deren Verschwinden im 18. Jahrhundert – vermutlich aufgrund von Klimaänderungen – verlegte man sich auf kleinere Beutetiere wie Seehund und Walroß. Caribous, eine weitere wichtige Nahrungsquelle, wurden ins Wasser getrieben und vom Kayak aus erlegt.

Kontakte mit weißen Forschern wie *Martin Frobisher* und *John Franklin* kamen gelegentlich vor, doch erst die Walfänger des frühen 19. Jahrhunderts veränderten das Leben der *Inuit*. Im *Keewatin District* an der Westküste der Hudson Bay tauschten sie Frischfleisch und Pelze gegen Waffen und Gerätschaften der Walfänger.

Zwischen 1900 und 1925 brachten Pelzhändler, Missionare und die RCMP weitere »Errungenschaften« der Zivilisation ins Land der *Inuit* und beendeten das überlieferte Jagdverhalten und damit die Lebensgewohnheiten. Aus den Selbstversorgern wurden nach und nach Handeltreibende. Die Missionare sorgten für Christentum und Schriftsprache, aber auch für medizinische Versorgung und Schulen.

Die *Inuit* sind kein einheitliches Volk, sondern umfassen unterschiedliche Gruppen. Heute existieren über 41.000 Angehörige dieser Ethnie, von denen etwa zwei Drittel in den Küstengebieten des neuen Territoriums **Nunavut** und der Northwest Territories leben – der Rest im arktischen Teil Québecs, in Nord-Ontario und in Labrador (Neufundland). Bedingt durch ihre abgelegenen Lebensräume hat sich bei ihnen die **alte Sprache**, das ***Inuktitut***, vollständiger erhalten als die Muttersprachen vieler Indianervölker.

Die kanadische Regierung kam erst mit dem 2. Weltkrieg in den Norden. Da etwa gleichzeitig der Pelzhandel zurückging und Jagd und Fischfang allein die *Inuit* nicht mehr ernähren konnten, kümmerte sich der Wohlfahrtstaat um die Ureinwohner. Gutgemeinte Sozialleistungen und Fertighaussiedlungen führten aber zu einer Auflösung der traditionellen Mehrfamilienverbände und – Folge der Ernährungsumstellung – einer Verschlechterung des Gesundheitszustands. Viele *Inuit* starben an Krankheiten, gegen die sie keine Abwehrkräfte besaßen. Um dem wirtschaftlichen und sozialen Verfall der *Inuit*-Siedlungen entgegenzuwirken, förderte die Regierung u.a. ein Programm zur kommerziellen Nutzung von Kunsthandwerk. Die traditionelle Fertigung von Gebrauchsgegenständen und Werkzeugen aus Stein und Knochen wurde als eine Möglichkeit zur Existenzsicherung erkannt. Heute arbeiten *Inuit* in regelrechten **Künstlerkolonien** wie Cape Dorset, Baker Lake, Rankin Inlet oder Spence Bay, die ihre Produkte über Kooperativen vermarkten. Eine davon ist die Ladenkette *Northern Images*.

Die in der heutigen Form erst in den letzten 40 Jahren entstandene »typische« Kunst der *Inuit* besitzt heute einen guten Ruf. Für die Objekte werden hohe Preise gezahlt, und bekannte Museen wie die *Winnipeg Art Gallery* besitzen große *Inuit Art*-Sammlungen.

Nomadisierende *Inuit* gibt es nur noch wenige. Und die verknüpfen beim Fischen und Jagen moderne Technik mit alten Traditionen. Im Winter gehört das Schneemobil zu ihrer Grundausstattung.

Gleichzeitig haben die *Inuit* auch insgesamt – so scheint es – die Zeit der Agonie überwunden. **Politische Verantwortung und Selbstverwaltung** übernahmen die *First Nations*, die kanadischen Ureinwohner, **in Nunavut**. Dieses Inuktitutwort bedeutet ***Unser Land***, und als solches existiert es seit April 1999 im ehemaligen Osten der Northwest Territories. Von der **Hauptstadt Iqaluit** (*Mehr als zwei Fische*), dem früheren Frobisher Bay, sind sie nun verantwortlich für fast 2,1 Mio. km^2, in denen sie 85% der 28.200 Einwohner stellen.

Der **Weg nach Nunavut** begann 1992, als die Einwohner der Northwest Territories für die Aufteilung ihres Territoriums in zwei Teile stimmten. Ein Jahr später waren mit der kanadischen Bundesregierung die Details der Territorialgründung geregelt. Das Einzigartige hieran ist die größte, friedliche Übertragung von Landrechten in Nordamerika, allerdings für eine nahezu unbewohnte Region mit bis dato geringem wirtschaftlichen Nutzwert im menschenabweisenden Nordostkanada.

Nunavut liegt vollständig nördlich der Baumgrenze zwischen der weiten, baumlosen Tundra auf dem Festland und unzähligen Inseln im Nordpolarmeer. Der Permafrostboden weicht im Sommer nur oberflächlich etwas auf. Abgesehen von Verwaltung, Militär, ein bißchen Erdölexploration und Kunstgewerbe sind Erwerbsquellen rar, aber der Tourismus dringt allmählich auch in diese Region.

Yukon Territory

Steckbrief

Konstituierung als eigenständiges Territorium:		1898
Einwohner:		31.200
Anteil an der kanadischen Bevölkerung:		0,1%
Bruttoinlandsprodukt je Einw.:		can$ 37.826
Fläche:		482.443 km²
Anteil an der kanadischen Fläche:		4,8%
Bevölkerungsdichte:		ein Einwohner auf 16 km²
Hauptstadt:		Whitehorse (seit 1953)
Größte Orte:	Whitehorse	20.700 Einw.
	Dawson City	2.100 Einw.
	Watson Lake	1.700 Einw.
Territorialer Feiertag:	Discovery Day, 3. Montag im August	
Höchste Berge:	Mount Logan (höchster Berg Canadas)	5.959 m
	Mount St. Elias	5.489 m
Niedrigster Punkt:	Meeresspiegel (Nordpolarmeer)	
Größter See:	Kluane Lake	409 km²
Längster Fluß:	Yukon River	3.185 km
Nationalparks	Ivvavik	
	Kluane	
	Vuntut	
Zeitzone	Pacific Time mit Sommerzeit	
Telefonvorwahl (*Area Code*):		867
Territorial Sales Tax:		keine

Geschichte, Geographie und Klima

Geschichte

Das Gebiet am Oberlauf des Yukon (»großer Fluß« in der Sprache der Ureinwohner) mit reichen Jagd- und Fischgründen war seit jeher nur äußerst dünn besiedelt. Kontakte zwischen Yukon-Indianern (*Kutchin, Tagish, Tlingit* u.a.) und Weißen ergaben sich erst im 19. Jahrhundert, als die Trapper der Pelzhandelsgesellschaften weit nach Norden vordrangen. Sie veranlaßten die **Indianer** zur verstärkten Jagd auf Pelztiere. Die Lebensgewohnheiten der ***Inuit***, Bewohner der Nordpolarmeer-Küstengebiete, wurden durch Walfangjäger verändert, die ihr Revier ebenfalls bis in den hohen Norden ausdehnten.

Zwei spektakuläre Ereignisse rückten das einsame Land am nordwestlichen Rand Canadas ins Bewußtsein der Öffentlichkeit: der ***Klondike Gold Rush*** zur Jahrhundertwende und der Bau des ***Alaska Highway*** 45 Jahre später.

Klondike Goldrausch

Zwar gab es bereits 1863 erste Berichte von Goldfunden im hohen Norden, aber erst Jahrzehnte später lösten spektakuläre Nachrichten zum Gold am ***Bonanza Creek***, einem Zufluß des Klondike und damit Yukon River, die *Stampede* von 1898 aus. Tausende von potentiellen Prospektoren machten sich auf den Weg. Die langwierige und gefahrvolle Anreise bis **Dawson City**, dem Zentrum des Goldfiebers, schreckte sie offenbar nicht. Die meisten kamen per Schiff von Seattle, Portland oder San Francisco nach Skagway und überquerten in entbehrungsreichen Fußmärschen den ***Chilkoot*** oder ***White Pass***, um ans Ufer des Lake Bennett zu gelangen (➪ Seite 403f). Von dort ging es auf dem Yukon River nach Dawson City.

Von 805 km Distanz wurden 740 km in Booten zurückgelegt, die in der Wildnis zusammengehauen worden waren. Nur wenige Menschen konnten sich die bequemere, aber weit längere Route an der Küste entlang bis zur Mündung des Yukon ins Beringmeer und dann per Raddampfer stromaufwärts zum 2.400 km entfernten **Dawson City** leisten.

Als Folge des Goldrausches spaltete sich 1898 das Yukon Territory von den Northwest Territories ab. Kurz vor dem Ende des 19. Jahrhunderts lebten in der zur Hauptstadt des neuen Territoriums avancierten ***Boom Town*** und ihrer Umgebung mehr Menschen als heute im ganzen Yukon Gebiet. Als der Rausch nach wenigen Jahren abflaute, kehrten die meisten Goldsucher – ärmer, als sie gekommen waren – dem Norden wieder den Rücken.

Alaska Highway

Der Bau des *Alaska Highway* brachte dem Yukon Territory die zweite »Invasion«. Zwar blieb der Bevölkerungszuwachs wiederum eine vorübergehende Erscheinung, die neue Straße förderte jedoch nachhaltig die Entwicklung der Region. **Whitehorse**, als Endpunkt der *White Pass & Yukon Railway Route* bis dahin eine eher unbedeutende Zwischenstation auf dem Weg nach Dawson City, löste dank seiner Lage das alte Goldgräberzentrum als Zentralort ab und übernahm 1953 auch die Hauptstadtfunktion.

Bevölkerung

Rund 80% der Bevölkerung des Yukon Territory leben im Einzugsbereich des *Alaska Highway*, und davon wieder die meisten in Whitehorse und Umgebung (➪ Steckbrief). Siedlungen wie Watson Lake (1.700 Einwohner), Teslin (450 Einw.) und Haines Junction (810 Einw.) sind die einzigen »größeren« Ortschaften an der Hauptverkehrsader. Nur ein abseits des *Alaska Highway* gelegener Ort besitzt nennenswerte Größe: **Dawson City** weist mit 2.100 Einwohnern zwar nur einen Bruchteil seiner Bevölkerung der Jahrhundertwende auf, entwickelt sich aber dank steigender Besucherzahlen seit einigen Jahren überdurchschnittlich.

Geographie

Die südliche Grenze des Yukon Territory entspricht exakt dem Verlauf des 60. Breitengrades, die westliche (zu Alaska) dem 141. Längengrad. Das **Mackenzie Massiv**, eine Teilformation der *Rocky Mountains*, trennt Yukon und Northwest Territories; die Grenze verläuft im Südosten streckenweise entlang der Wasserscheide zwischen Pazifik und Nordpolarmeer. Die Umrisse des Yukon Territory bilden damit ein fast geschlossenes Dreieck mit einer **Fläche**, die in etwa der von Deutschland, Österreich und der Schweiz zusammengenommen entspricht.

Die **landschaftliche Gliederung** ähnelt der des südlichen Nachbarn British Columbia: Im Westen und Osten begrenzen hohe Gebirge das Territorium, dazwischen erstrecken sich ausgedehnte Ebenen unterbrochen von weiteren Höhenzügen.

Die ***Coast Mountains*** und die vergletscherte ***St. Elias Range*** mit dem ***Mount Logan*** (5.959 m), dem höchsten Berg Canadas, schirmen das Yukon Territory weitgehend gegen pazifische Einflüsse ab und sorgen für ein Abregnen der vom Meer heranziehenden Wolken. Die Niederschlagsmenge im Inland ist daher vergleichsweise niedrig. Im Regenschatten der Berge liegt das durchschnittlich 800 m hohe ***Yukon Plateau***, durch dessen nordische Nadelwaldbestände *Alaska* und *Klondike Highway* führen. Der ***Yukon River***, mit knapp 3.200 km einer der längsten Flüsse Nordamerikas, durchschneidet die Hochebene über 1.200 km. Lange war er der einzige Transportweg zwischen Küste und Inland.

Klima

Das Yukon Territory liegt größtenteils im Wirkungsbereich des trockenen Kontinentalklimas. Die dafür typischen starken Temperaturunterschiede zwischen den Jahreszeiten werden durch die lange Sonnenscheindauer im Sommer und die ausgedehnten Winternächte verstärkt. Selbst am südlichsten Punkt des Yukon, in Watson Lake, scheint die Sonne im Juni/Juli bis zu 19 Stunden täglich, während sie sich an Wintertagen im Dezember und Januar höchstens 6 Stunden zeigt.

Obwohl die durchschnittliche Tiefsttemperatur dort –30°C beträgt, zeigt das Thermometer zwischen Juni und August im Tagesmaximum über 25°C an. Die höchste Temperatur im Yukon überhaupt wurde in Mayo mit 36°C gemessen, die niedrigste in Snag bei Beaver Creek mit –63°C. Beide Orte liegen fast auf derselben Breite.

Permafrost

Das Erdreich im nördlichen Teil des Yukon ist permanent gefroren. Im Sommer taut lediglich die Oberfläche auf. Permafrost erreicht am *Dempster Highway* eine Tiefe bis 300 m, aber auch weiter südlich dringt er noch bis zu 30 m tief in den Boden ein.

Regen/ Schnee

Im Südwesten des Yukon Territory sorgen feuchte Pazifikwinde für Niederschläge, speziell in den Küstengebirgen an der Grenze zu British Columbia und Alaska. Die ***Saint Elias Mountains*** verzeichnen im Winter bis zu 5 m Schneefall. In den nördlichen Regionen dagegen fällt kaum Regen und selten mehr als 50 cm Schnee.

Informationen für Touristen

Broschüren und Karten für das Yukon Territory gibt es bei den lokalen Touristenbüros und bei der Zentrale in Whitehorse.

Tourism Yukon
PO Box 2703, Whitehorse, Yukon Territory Y1A 2C6
✆ (867) 667-5036; ✆ 1-800-661-0494; **www.touryukon.com**

Deutsches Büro: Yukon Tourism c/o Bergold Promotions, Hochstr. 47, 60313 Frankfurt, ✆ 069/219367-0, Email: info@touryukon.de, **www.touryukon.de**

Das beste **Infozentrum** vor Ort existiert in Watson Lake in räumlicher Einheit mit dem ***Interpretive Centre*** zum Bau des *Alaska Highway* am *Signpost Forest* (➪ Seite 391). Weitere befinden sich am *Alaska Highway* in Whitehorse, Haines Junction und Beaver Creek. Am *Klondike Highway* gibt es Informationsbüros in Carcross und Dawson City.

Unbedingt beschaffen sollte man sich:

- die ***Highway Map*** im Maßstab 1:2.500.000
- den ***Yukon Vacation Guide***, der umfassende Reiseinformationen für alle Straßen liefert. Die Lage von *Campgrounds* und Sehenswürdigkeiten ist kilometergenau angegeben.
- **»Alaska-Yukon deutsches Reisemagazin«**, jährlich neu in Zeitungsform mit vielen aktuellen und nostalgischen Informationen und ebensoviel Werbung.

Autonummernschild im Yukon Territory: Traditionell mit Goldwäscher und goldfarbenem Sand in der Pfanne.

US-Bundesstaat Alaska

Steckbrief

Kauf durch die USA:		18.10.1867
Konstituierung als 49. Bundesstaat der USA:		3.1.1959
Einwohner:		635.000
Anteil an der US-Bevölkerung:		0,2%
Fläche:		1.700.138 km² (größter US-Bundesstaat)
Anteil an der Gesamtfläche der USA:		17,3 %
Bevölkerungsdichte:		1 Einwohner auf 3 km²
Hauptstadt:	Juneau (seit 1959)	
Städte:	Anchorage	264.900 Einw.
	Juneau	30.700 Einw.
	Fairbanks	30.200 Einw.
	Sitka	8.800 Einw.
	Ketchikan	7.900 Einw.
	Kenai	6.900 Einw.
	Kodiak	6.300 Einw.
Staatsfeiertag:	Alaska Day, 18. Oktober	
Höchste Berge:	Mount McKinley/Denali (höchster Berg Nordamerikas)	6.194 m
	Mount St. Elias	5.489 m
Niedrigster Punkt:	Meeresspiegel (Pazifik, Nordpolarmeer)	
Größter Gletscher:	Bering Glacier mit Bagley Icefield	5.200 km², 190 km lang
Größte Insel:	Kodiak Island	9.293 km²
Längster Fluß:	Yukon River	3.185 km
Nationalparks:	Denali, Gates of the Arctic, Glacier Bay, Katmai, Kenai Fjords, Kobuk Valley, Lake Clark, Wrangell-St. Elias	
Zeitzonen:	Alaska Time (–10 Stunden MEZ) Hawaii-Aleutian Time (–11 Std MEZ) auf den westlichen Alëuten jeweils mit Sommerzeit	
Wirtschaftszweige:	Erdöl, Erdgas, Tourismus, Fischfang, Bergbau	
Telefonvorwahl (*Area Code*):		907
State Sales Tax:		0%

Geschichte

Die Zeit vor Ankunft der Weißen in Alaska liegt im Dunkel. Von den Ureinwohnern ist wenig mehr überliefert als die Bezeichnung, die sie dem Festlandsausläufer gaben: *Alyeska*, ein Wort der Aleuten-Indianer für »mächtiges Land«.

Erste Entdecker

Europäische Forschungsreisende entdeckten Alaska relativ früh. Der Däne ***Vitus Bering***, von Peter dem Großen mit der Suche nach einer vermuteten Landbrücke von Sibirien nach Amerika beauftragt, mußte 1728 zunächst feststellen, daß Rußland und Amerika durch eine Meerenge, die später nach ihm benannte Beringstraße, getrennt sind. Eine zweite Großexpedition unter gleicher Leitung erreichte 1741 die Inselkette der Aleuten und nordamerikanisches Festland am Golf von Alaska vor den *St. Elias Mountains*. Bering nahm den Küstenstreifen für den Zaren »in Besitz«.

In den 70er-Jahren des 18. Jahrhunderts segelten im nördlichen Pazifik Spanier und der britische Kapitän ***James Cook***, der 1778 Alaskas Küste bis nördlich der Beringstraße kartografierte. Die erste Besiedlung Alaskas blieb jedoch (ab 1784) russischen Trappern und Pelzhändlern vorbehalten.

Rußland/ Verkauf an die USA

Das Interesse der Russen an Alaska beschränkte sich im wesentlichen auf die Pelztiere. Der Verkauf ihrer Felle versprach hohen Profit. Eine gnadenlose Jagd führte aber bald zur fast vollständigen Ausrottung der Seeotter und zu einer erheblichen Dezimierung anderer Arten. Da deshalb die Kolonie ab Mitte des 19. Jahrhunderts nicht nur keinen Ertrag mehr für die Zarenkrone abwarf, sondern sogar hohe Kosten verursachte, wurde Alaska zum Verkauf angeboten.

Der **US-Außenminister *Seward* unterschrieb im Jahr 1867 den Vertrag**: Alaska ging für die aus heutiger Sicht lächerliche Summe von **7,2 Mio. Dollar** (weniger als $5/km^2!) an die Vereinigten Staaten. Trotz des günstigen Preises spottete man in den USA zunächst über *Sewards* »Eiskasten«, aber nur 13 Jahre später sollte sich die öffentliche Meinung gründlich ändern.

Gold

1880 fand ***Joe Juneau*** Gold, wo heute die nach ihm benannte Hauptstadt steht. Weitere Goldvorkommen wurden anderswo entdeckt, und amerikanische Prospektoren strömten nach Alaska, das bis dahin (unter russischer Herrschaft) nur am schmalen Küstenstreifen dünn besiedelt war. 18 Jahre später folgte der legendäre *Klondike Gold Rush*. Zehntausende von Goldsuchern machten im Winter 1897/98 den kleinen Hafen Skagway zur größten Stadt Alaskas, als sie von dort ins benachbarte Yukon Territory strömten. Als 1898 auch in Nome Gold gefunden wurde, drängte es 30.000 Goldsucher sogar in den äußersten Westen Alaskas.

2. Weltkrieg

Die Jahre des Goldrausches blieben eine kurze Episode. Nach Ausbeutung der Lagerstätten und einem Abklingen der vom Gold verursachten Boom-Jahre verlor sich das öffentliche Interesse am Hohen Norden rasch. Erst im Jahr 1942 geriet Alaska wieder ins Blickfeld der Öffentlichkeit, als die Japaner die Alëuten besetzten. Man befürchtete nach den Erfahrungen von Pearl Harbour die Besetzung ganz Alaskas.

Das US-Militär reagierte auf die vermeintliche Bedrohung mit dem Bau neuer Stützpunkte und – in Kooperation mit Canada – des ***Alaska Highway***. Zwar kam es im hohen Norden letztlich zu keinen Kampfhandlungen, aber das Militär war nun präsent und gab wesentliche Anstöße auch für die Nachkriegsentwicklung.

US-Staat Alaska

Mit dem neuen »kalten« Kriegsfeind Sowjetunion jenseits der Beringstraße stieg Alaskas strategische Bedeutung. Seine Konstituierung als **49. US-Bundesstaat** war nur eine Frage der Zeit und erfolgte **1959**.

Erdbeben

Am 27. März 1964 machte Alaska wieder von sich reden. Das mit weit über 8 auf der Richterskala verzeichnete Karfreitagsbeben (***Good Friday Earthquake***) markierte das stärkste je gemessene Beben Nordamerikas. Hohe seismische Flutwellen zerstörten – ausgehend vom Meeresboden im Golf von Alaska – viele Ortschaften. Unter anderem wurden Valdez, Seward und Anchorage verheerend getroffen; Valdez mußte an anderer Stelle neu errichtet werden. Das in einigen Karten noch immer eingezeichnete Portage am Nordende der Kenai Halbinsel wurde ganz aufgegeben.

Öl

Das entscheidende Jahr für die weitere Entwicklung Alaskas war **1968**, als man in der ***Prudhoe Bay*** im Nordpolarmeer auf Öl stieß. Seit 1977 fließt es über die 1.285 km lange ***Trans-Alaska Pipeline*** quer durch Alaska zum eisfreien Hafen Valdez. Dank des »schwarzen Goldes« verzeichnete **Alaska bis 1986 das höchste Pro-Kopf-Einkommen aller US-Bundesstaaten**, allerdings auch das höchste Preisniveau. Zu Alaskas Boomzeit lag der Lebensmittelpreisindex von Anchorage bis zu 25% über dem von Seattle, in anderen Landesteilen noch erheblich darüber. Die in den 80er-Jahren sinkenden Ölpreise bremsten die Einkommensentwicklung und damit auch den Preisauftrieb: In den 90er-Jahren kosteten Lebensmittel in Anchorage sogar 6% weniger als in Washington State.

Preisniveau

Öl-katastrophe

Zuletzt geriet Alaskas Erdölindustrie 1989 durch die Havarie der ***Exxon Valdez*** in die Schlagzeilen der Weltpresse. Der *Prince William Sound* vor Valdez und die Küsten der *Kenai Peninsula*, von *Kodiak Island* und der sich weit nach Westen ziehenden Alaska-Halbinsel wurden vom Öl verseucht. Säuberungsaktionen und die Natur selbst haben dafür gesorgt, daß keine Spuren der Katastrophe mehr zu sehen sind.

Geographie

Lage

Mit Alaska verbindet man weitgehend zu Recht Vorstellungen von arktischer Kälte, langen schneereichen Wintern und nur kurzen Sommern. Nichtsdestoweniger entspricht Alaskas geographische Lage (auf der anderen Seite des Pols) alles in allem der Skandinaviens: Derselbe Breitengrad läuft durch Anchorage und Helsinki, und Fairbanks liegt auf der Höhe von Island, kaum nördlicher als das norwegische Trondheim. Selbst *Cape Barrow*, Alaskas nördlichster Punkt, teilt noch den Breitengrad mit dem skandinavischen Nordkap.

Fläche und Ausdehnung

Alaskas über **1,7 Millionen km^2** entsprechen einem Sechstel des gesamten US-Territoriums oder einer über vierfachen Größe Deutschlands. Auf drei Seiten ist diese enorme Fläche von Meer umgeben. Der kürzeste Abstand zwischen dem Festland Amerikas und Asiens beträgt über die Beringstraße von *Cape Prince of Wales* (Alaska) nach *Kap Deshneva* (Sibirien) nur 89 km.

Im Osten läuft auf exakt 141° westlicher Länge schnurgerade die Grenze zum Nachbarn Canada, sieht man ab vom sog. ***Panhandle*** an der Pazifikküste: Vom *Wrangell/St. Elias* Massiv ragt ein schmaler Streifen Land mitsamt der Inselwelt der ***Inside Passage*** pfannenstielartig 800 km tief hinunter nach Süden, so daß Alaska tatsächlich bereits wenig nördlich der kanadischen Stadt Prince Rupert beginnt, und nicht erst ganz hoch im Norden.

Topographie

Mehrere mächtige Gebirgsformationen prägen Alaskas Landschaftsbild. Die bogenförmige *Alaska Range* mit dem ***Mount McKinley/Denali*** (6.194 m), dem höchsten Berg Nordamerikas, trennt das südliche Alaska von den inneren Plateaus, die im Norden mit der *Brooks Range* enden. Hohe Berge liegen auch zwischen pazifischer Küste (Golf von Alaska) von der *Kenai Peninsula* bis nach Valdez und dem Hinterland. Sie gehen über in das *Wrangell/St. Elias*-Massiv.

Pipeline

Etwa ein Drittel Alaskas liegt nördlich des Polarkreises. In dieser Region befinden sich die Gebirge der ***Brooks Range*** mit dem größten Nationalpark der USA ***Gates of the Arctic***, und die ausgedehnte arktische Küstenebene, eine flache, baumlose Tundra. Als einzige Straße führt der ***Dalton Highway*** entlang der *Trans-Alaska Pipeline* in dieses Gebiet. Um den problematischen Permafrost-Boden zu meiden, wurde die *Pipeline* über weite Strecken oberirdisch auf Stelzen gebaut.

Erdbebenzone Alaska

Die Südwestküste Alaskas gehört zur aktiven **Erdbeben- und Vulkanzone** rings um den Pazifik (*Ring of Fire*) und erlebte in jüngster Vergangenheit mehrere größere Eruptionen. Der Ausbruch des *Novarupta* im *Katmai National Park* auf der Alaska Peninsula war 1912 – bezogen auf die Eruptionsmenge von 30 Kubikkilometern – der zweitgrößte der Neuzeit.

Nationalparks Das phantasievoll bezeichnete Gebiet des ***Valley of 10.000 Smokes*** mit dem in diesem Jahrhundert bereits viermal ausgebrochenen *Mount Trident* liegt ebenfalls im *Katmai National Park*. Im »benachbarten« ***Lake Clark National Park*** steht der *Mount Redoubt*, dessen Ausbrüche vor einigen Jahren den Flugverkehr in Anchorage lahmlegten und erst Anfang der 1990er-Jahre wieder für Aufsehen sorgten.

Klima

Pazifischer Einfluß Das Wettergeschehen wird wie im Westen Canadas vom Pazifik bestimmt. Der warme, nordwestwärts fließende Alaskastrom hält die Südküsten Alaskas eisfrei und versorgt die aus Westen heranziehenden Luftmassen mit Feuchtigkeit.

Auf der *Kenai Peninsula* und insbesondere **im *Panhandle*** bzw. i**m Bereich der *Inside Passage* regnet es ausgiebig**. In Ketchikan etwa beträgt der Niederschlag beachtliche 4 m im Jahr, östlich der Küstengebirge dagegen weniger als ein Zehntel davon. Während sich die Küste selbst im Sommer gerne unter Nebel und Regenwolken versteckt, verzeichnet das Inland oft lange Schönwetterperioden.

Temperaturen Die pazifischen Westwinde sorgen aber nicht nur für Regen, sondern verhindern auch extreme Temperaturschwankungen. In **Anchorage** kennt man kaum strenge Winterkälte und hat bereits im März die ersten frostfreien Tage. Auch an der ***Inside Passage*** liegen die Temperaturen im Winter überwiegend oberhalb der Frostgrenze.

Im Sommer mißt man im Küstenbereich andererseits selten höhere Tagestemperaturen als 18°C.

Inland Das **Landesinnere Alaskas** weist ein trockenes Kontinentalklima mit einem sehr ausgeprägten Jahreszeitenwechsel auf. In Fairbanks sind Wintertemperaturen von minus 30°C keine Seltenheit, während im Juli die lange Sonnenscheindauer oft für angenehme Temperaturen um 20°C und nicht selten deutlich mehr sorgt. Sogar die Seen in der Umgebung von Fairbanks erwärmen sich im Sommer auf badefreundliches Niveau. Die höchste jemals in Alaska gemessene Temperatur war **36°C am Polarkreis** (!) in Fort Yukon, die niedrigste **minus 62°C** am *Prospect Creek/Dalton Highway* auf gleicher Breite.

Arktik Die extrem trockene a**rktische Tundra** nördlich der *Brooks Range* erhält nur 100-200 mm Niederschlag im Jahr. Den größten Teil des Jahres (Oktober bis August) bedeckt Packeis die Küste an der *Beaufort Sea*, so daß der Erdöltransport aus der *Prudhoe Bay* nicht per Schiff erfolgen kann. Im langen Polarwinter sieht Barrow vom 18.11 bis zum 24.1 kein Sonnenlicht. Zum Ausgleich versinkt die Sonne vom 10.5. bis zum 2.8. insgesamt 84 Tage lang nicht hinter dem Horizont.

Informationen für Touristen

Informationen erhält man bei den folgenden Stellen:

Alaska c/o ESTM,
Schöne Aussicht 8c/2,
61348 Bad Homburg,
✆ 06172/92160-1, **E-Mail**: estm@compuserve.com

Alaska Travel Industry Association
2600 Cordova Street, Suite 201, Anchorage, AK 99503
✆ (907) 929-2842, Fax (909) 561-5727
Internet: www.travelalaska.com

Fairbanks c/o Best Choice PR
Landsberger Str. 155, 80687 München
✆ 089/552533-96
Internet: www.best-choice.net

Unterlagen

Folgende Gratis-Unterlagen kann man dort anfordern:

- den ***Official State Vacation Planner***, eine gute Informationsquelle, die detaillierte Angaben zu Orten, Parks und touristischen Attraktionen enthält und Hotels, Motels, *Bed & Breakfast*-Agenturen und Campingplätze listet.*)
- den **Alaska Reiseplaner** (deutsch); nur eine kurze Übersicht.
- die ***Official State Map*** (*and Campgrounds Guide*) im Maßstab von ca. 1:4,3 Millionen. Diese Karte ist für Autofahrer ebensowenig ausreichend**) wie die im *Rand Mc-Nally Road Atlas*, enthält aber eine Übersicht aller mit Fahrzeug zugänglichen öffentlichen Campingplätze in Alaska.

(**Hinweis**: Die **Karte des AAA/CAA** im Maßstab 1:4,0 Millionen – für Mitglieder europäischer Partnerclubs kostenlos – ist unterwegs erheblich brauchbarer. Sie besitzt detaillierte *Strip Maps* mit Angaben zu Tankstellen, Motels, *Campgrounds* und Läden).

Camping

Campen in Alaska ist besonders auf den rund **130** staatlichen, per Straße erreichbaren ***Campgrounds*** empfehlenswert. Sie zeichnen sich mehrheitlich durch eine schöne Lage aus. Darunter fallen etwa zur Hälfte Plätze in den ***Alaska State Parks:*** **www.alaskastateparks.org**. Gebührenpflichtige Plätze ($10-$15 pro Nacht) haben im allgemeinen Trinkwasser, häufig Feuerholz zur freien Bedienung, gehören aber generell zur sanitären Einfachkategorie. Es gilt generell: ***first-come-first-served***. Nur wenige können reserviert werden (*z.B. Eagle River*, ⇨ Seite 436).

In Alaska betreibt der ***US Fish and Wildlife Service*** (USFWS; www.r7.fws.gov) *Campgrounds* im *Tetlin National Wildlife Refuge* sowie im *Kenai National Wildlife Refuge* Plätze.

---

*) Es gibt nur noch 2 *HI-Hostels* in Alaska.

Camping und Hütten

Der ***US Forest Service*** (USFS) unterhält in Alaska (Internet: www.fs.fed.us/r10) Campgrounds im *Chugach National Forest* und im *Tongass National Forest.* Von diesen können einige über ***National Recreation Reservation Service***, reserviert werden: ✆ 1-877-444-NRRS, **Internet**: **www. reserveusa.com**. Ebenso kann man die Reservierung von über **200 Hütten** (*Remote Cabins*) des *Forest Service* im Hinterland arrangieren, die nur auf Wanderwegen, per Flugzeug oder Boot zu erreichen sind.

Die Büros des ***Alaska Public Lands Information Center*** in **Anchorage**, 605 West 4h Ave, Suite 105, ✆ (907) 271-2737; **Fairbanks**, 250 Cushman St, Suite 1A, ✆ (907) 456-0527, **Tok,** ✆ (907) 883-5667, **Ketchikan**, 50 Main St, ✆ (907) 228-6220, haben Infos für alle staatlichen Campingplätze, *Cabins* und Parks, darüberhinaus Ausstellungen, Videos und Filme zu Alaskas Naturschutzgebieten. **Internet: www.nps.gov/aplic.**

Die aktuellen **Reservierungsmodalitäten** für *Campgrounds* und den *Bus-Shuttle* im ***Denali National Park*** (⇨ Seite 468ff.) sollte man am besten schon bei der Ankunft in Alaska in den Informationszentren erfragen. Alaskas übrige Nationalparks besitzen keine Campgrounds mit Autostellplätzen.

Bären

Die **Beobachtung von Bären beim Lachsfang** ist eine von zahlreichen Alaska-Attraktionen. Während sich die Lachse mühsam flußaufwärts quälen, bedienen sich die Bären wie im Schlaraffenland. Sie lassen sich dabei von Menschen kaum stören, solange die ihnen nicht zu dicht auf den Pelz rücken.

Die beliebtesten Lachsfangplätze der Bären sind wohlbekannt. Problemlos an der Straße sind die Bären in Hyder (⇨ Seite 369) oder im Denali NP (⇨ Seite 472) zu beobachten. Um den Andrang der »Beobachter« andernorts zu kanalisieren, stellt die zuständige Behörde regelrechte ***Permits*** fürs ***Bear Watching*** aus. Ohne eine derartige Erlaubnis ist die gezielte Fotojagd in den Schutzgebieten nicht möglich. Das gilt teilweise auch für

- das ***McNeil River State Game Sanctuary*** nördlich des *Katmai National Park*, die beste Zeit ist von Anfang Juli bis Mitte August. Infos beim *Alaska Department of Fish and Game, McNeil River Sanctuary*, 333 Raspberry Rd, Anchorage AK 99518, ✆ (907) 267-2182, **www.wildlife.alaska.gov.**
- ***Brooks Falls*** im *Katmai National Park*; beste Zeit ist Mitte Juli und im September. Infos: *Katmai NP*, PO Box 7, King Salmon, AK 99613, ✆ (907) 246-3305, **www.nps.gov. katm.**
- den ***Pack Creek*** im *Admiralty Island National Monument*, Information beim *Forest Service* in Juneau, ⇨ Seite 483, **www.fs.fed.us/r10/ro/naturewatch**
- ***Anan Wildlife Observatory*** im *Tongass NF*, ⇨ Seite 479, **www.fs.fed.us/r10/ro/naturewatch**
- die ***Kodiak National Wildlife Refuge*** (⇨ Seite 446)

Adressenanhang

Unterlagenversand für deutschsprachige Länder:

Canadian Tourism Commission (CTC)
Eichenheege 1-5, 63477 Maintal
© (01805) 526232; Fax (06181)497558
www.travelcanada.ca

CTC Schweiz c/o Landair Touristik
Solothurnerstr. 81, 4702 Oensingen
© 062/3964151, Fax 062/3880819, **E-Email**: ctc-landair@bluewin.ch

Fremdenverkehrsbüros der einzelnen Provinzen

Travel Alberta
PO Box 2500
Edmonton, AB T5J 2Z4
© (780) 427-4321,© 1-800-ALBERTA
Fax (780) 427-0867
Internet: www.travelalberta.com

Tourism British Columbia
PO Box 9830
Victoria, BC V8W 9W5
© (250) 387-1642, © 1-800-HELLO-BC;
Fax (250) 387-9406
Internet: www.hellobc.com

Travel Manitoba
7th Floor, 155 Carlton St.
Winnipeg, MB R3C 3H8
© (204) 945-3777, © 1-800-665-0040
Fax (204) 945-2302
Internet: www.travelmanitoba.com

Northwest Territories
PO Box 610
Yellowknife, NT X1A 2N5
© (867) 873-7200, © 1-800-661-0788;
Fax (867) 873-4059
Internet: www.nwttravel.nt.ca

Nunavut
PO Box 1450
Iqaluit, NU X0A 0H0
© (867) 979-6551, © 1-866-NUNAVUT;
Fax (867) 979-1261
Internet: www.nunavuttourism.com

Ontario Travel
900 Bay St, 10th Floor
Toronto, ON M7A 2E1
© 1-800-ONTARIO, © (905) 282-1721
Fax (416) 314-7574
Internet: www.ontariotravel.net

... in Deutschland:
News Plus
Sonnenstr.9, 80331 München
© (089) 23662168
Fax (089) 23662199
Internet: www.news-plus.net

Tourism Saskatchewan
1922 Park Street
Regina, SK S4P 3V7
© (306) 787-9600, ©1-877-2-ESCAPE
Fax (306) 787-0715
Internet: www.sasktourism.com

Tourism Yukon
PO Box 2703
Whitehorse, YT, Y1A 2C6
© (867) 667-5036, © 1-800-661-0494
Fax (867) 667-3546
Internet: www.touryukon.com
... in Deutschland:
Hochstr. 47, 60313 Frankfurt
© (069) 219367-0
Fax (069) 219367-77
www.touryukon.de

Alaska Travel Industry Association
2600 Cordova Street, Suite 201
Anchorage, AK 99503
© (907) 929-2842, Fax (909) 561-5727
Internet: www.travelalaska.com

Fairbanks c/o Best Choice PR
Landsberger Str. 155
80687 München
© 089/55253396
Fax 089/54506844
Internet: www.best-choice.net

Kanadische Botschaften

Deutschland:
Friedrichstr. 95
10117 Berlin
✆ (030) 20312-0
Fax (030) 20312-590
Internet:
www.kanada.de

Schweiz:
Kirchenfeldstr. 88
CH-3005 Bern
✆ (031) 3573200
Fax (031) 3573210
Internet:
www.dfait-maeci.gc.ca/switzerland

Österreich:
Laurenzerberg 2
A-1010 Wien
✆ (01) 531383000
Fax (01) 531383911
Internet:
www.kanada.at

Botschaften der USA

Deutschland:
Neustädtische Kirchstr.4-5
10117 Berlin
✆ (030)8305-0
Fax (030) 8305-1215
Internet:
www.usembassy.de

Schweiz:
Jubiläumsstr. 93
CH- 3005 Bern
✆ (031) 3577011
Fax (031) 3577344
Internet:
http://bern.usembassy.gov

Österreich:
Boltzmanngasse 16
A-1090 Wien
✆ (01) 31339-0
Fax (01) 3100682
Internet:
vienna.usembassy.gov

Botschaften in Canada:

Deutsche Botschaft

Embassy of the Federal Republic of Germany
1 Waverley St
Ottawa, ON K2P 0T8
✆ (613) 232-1101; Fax (613) 594-9330
Internet: www.ottawa.diplo.de

Österreichische Botschaft

Austrian Embassy
445 Wilbrod Street
Ottawa, ON K1N 6M7
✆ (613) 789-1444; Fax (613) 789-3431
Internet: www.austro.org

Schweizer Botschaft

Embassy of Switzerland
5 Marlborough Ave.
Ottawa, ON K1N 8E6
✆ (613) 235-1837; Fax (613) 563-1394
Internet: www.eda.admin.ch/canada

Botschaften in den USA:

Deutsche Botschaft

Embassy of the Federal Republic of Germany
4645 Reservoir Road NW
Washington DC 20007
✆ (202) 298-4000; Fax (202) 298-4249
Internet: www.germany-info.org

Österreichische Botschaft

Austrian Embassy
3524 International Court NW
Washington DC 20008
✆ (202) 895-6700; Fax (202) 895-6750
Internet: www.austria.org

Schweizer Botschaft

Embassy of Switzerland
2900 Cathedral Ave NW
Washington DC 20008
✆ (202) 745-7900; Fax (202) 387-2564
Internet: www.swissemb.org

ALPHABETISCHES REGISTER – INDEX

Im Register finden sich alle Ortsnamen, Sehenswürdigkeiten und geographischen Bezeichnungen ebenso wie alle wichtigen Sachbegriffe. Egal, wonach man sucht, seien es Informationen zur Automiete, zu einer Stadt oder einem Nationalpark, alles ist unterschiedslos alphabetisch eingeordnet.

Abkürzungen: NHP=National Historic Park; **NP**=National Park; **PP**=Provincial Park; **SP**=State Park (Alaska)

Alle Reiseführer von Reise

Reisehandbücher
Urlaubshandbücher
Reisesachbücher
Rad & Bike

Afrika, Bike-Abenteuer
Afrika, Durch, 2 Bde.
Agadir, Marrak./Südmarok.
Ägypten individuell
Alaska ⇗ Canada
Algarve
Algerische Sahara
Amrum
Amsterdam
Andalusien
Äqua-Tour
Argentinien, Urug./Parag.
Athen
Äthiopien
Auf nach Asien!

Bahrain
Bali und Lombok
Bali, die Trauminsel
Bali: Ein Paradies ...
Bangkok
Barbados
Barcelona
Berlin
Borkum
Botswana
Bretagne
Budapest
Bulgarien
Burgund

Cabo Verde
Canada West, Alaska
Canada Ost, USA NO
Chile, Osterinseln
China Manual
Chinas Norden
Chinas Osten
Cornwall
Costa Blanca
Costa Brava
Costa de la Luz
Costa del Sol
Costa Dorada
Costa Rica
Cuba

Dalmatien
Dänemarks Nordseek.
Dominik. Republik
Dubai, Emirat

Ecuador, Galapagos
El Hierro
Elsass, Vogesen
England – Süden
Erste Hilfe unterwegs
Europa BikeBuch

Fahrrad-Weltführer
Fehmarn
Florida
Föhr
Fuerteventura

Gardasee
Golf v. Neapel,
Kampanien
Gomera
Gran Canaria
Großbritannien
Guatemala

Hamburg
Hawaii
Hollands Nordseeins.
Honduras
Hongkong, Macau,
Kanton

Ibiza, Formentera
Indien – Norden
Indien – Süden
Iran
Irland
Island
Israel, palästinens.
Gebiete, Ostsinai
Istrien, Velebit

Jemen
Jordanien
Juist

Kairo, Luxor, Assuan
Kalabrien, Basilikata
Kalifornien, USA SW
Kambodscha
Kamerun
Kanada ⇗ Canada
Kap-Provinz (Südafr.)
Kapverdische Inseln
Kenia
Kerala
Korfu, Ionische Inseln
Krakau, Warschau
Kreta
Kreuzfahrtführer

Ladakh, Zanskar
Langeoog
Lanzarote
La Palma
Laos
Lateinamerika BikeB.
Libyen
Ligurien
Litauen
Loire, Das Tal der
London

Madagaskar
Madeira
Madrid
Malaysia, Singap., Brunei
Mallorca
Mallorca, Leben/Arbeiten
Mallorca, Wandern auf
Malta
Marokko
Mecklenb./Brandenb.:
Wasserwandern
Mecklenburg-
Vorp. Binnenland
Mexiko
Mongolei
Motorradreisen
München
Myanmar

Namibia
Nepal
Neuseeland BikeBuch
New Orleans
New York City
Norderney
Nordfriesische Inseln
Nordseeküste NDS
Nordseeküste SLH
Nordseeinseln,
Deutsche
Nordspanien
Normandie

Oman
Ostfriesische Inseln
Ostseeküste MVP
Ostseeküste SLH
Outdoor-Praxis

Panama
Panamericana,
Rad-Abenteuer
Paris
Peru, Bolivien
Phuket
Polens Norden
Prag
Provence
Pyrenäen

Qatar

Rajasthan
Rhodos
Rom
Rügen, Hiddensee

Sächsische Schweiz
Salzburg
San Francisco
Sansibar
Sardinien
Schottland
Schwarzwald – Nord
Schwarzwald – Süd
Schweiz, Liechtenstein
Senegal, Gambia
Singapur
Sizilien
Skandinavien – Norden
Slowenien, Triest
Spaniens
Mittelmeerküste
Spiekeroog
Sporaden, Nördliche
Sri Lanka
St. Lucia, St. Vincent,
Grenada
Südafrika
Südnorwegen, Lofoten
Sydney

Know-How auf einen Blick

Sylt
Syrien

Taiwan
Tansania, Sansibar
Teneriffa
Thailand
Thailand – Tauch- und Strandführer
Thailands Süden
Thüringer Wald
Tokyo
Toscana
Transsib
Trinidad und Tobago
Tschechien
Tunesien
Tunesiens Küste

Uganda, Ruanda
Umbrien
USA/Canada
USA, Gastschüler
USA, Nordosten
USA – der Westen
USA – der Süden
USA – Südwesten, Natur u. Wandern
USA SW, Kalifornien, Baja California
Usedom

Venedig
Venezuela
Vereinigte Arabische Emirate
Vietnam

Westafrika – Sahel
Westafrika – Küste
Wien
Wo es keinen Arzt gibt

Edition RKH

Abenteuer Anden
Burma – Land der Pagoden
Durchgedreht
Finca auf Mallorca
Geschichten/Mallorca
Goldene Insel
Mallorca, Leib u. Seele
Mallorquinische Reise
Please wait to be seated!
Salzkarawane, Die
Schönen Urlaub!
Südwärts Lateinamerika
Traumstr. Panamerikana
Unlimited Mileage

Praxis

Aktiv Algarve
Aktiv frz. Atlantikküste
Aktiv Gran Canaria
Aktiv Marokko
Aktiv Polen
All Inclusive?
Als Frau allein unterwegs
Bordbuch Südeuropa
Canyoning
Clever buchen/fliegen
Clever kuren
Daoismus erleben
Drogen in Reiseländern
Dschungelwandern
Essbare Früchte Asiens
Fernreisen a. eigene Faust
Fernreisen, Fahrzeug
Fliegen ohne Angst
Fun u. Sport im Schnee
Geolog. Erscheinungen
GPS f. Auto, Motorrad
GPS Outdoor
Heilige Stätten Indiens
Hinduismus erleben
Höhlen erkunden
Inline-Skaten Bodensee
Inline Skating
Internet für die Reise
Islam erleben
Kanu-Handbuch
Kommunikation unterw.
Konfuzianismus erleben
Kreuzfahrt-Handbuch
Küstensegeln
Maya-Kultur erleben
Mountain Biking
Mushing/Hundeschlitten
Orientierung mit Kompass und GPS
Paragliding-Handbuch
Pferdetrekking
Reisefotografie
Reisefotografie digital
Reisen und Schreiben
Respektvoll reisen
Richtig Kartenlesen
Safari-Handbuch Afrika
Schutz v. Gewalt/Kriminalität
Schwanger reisen
Selbstdiagnose unterwegs
Sicherheit/Bärengeb.
Sicherheit/Meer
Sonne/Reisewetter
Sprachen lernen
Survival/Naturkatastrophen
Tauchen kalte Gewässer
Tauchen warme Gewässer
Transsib – Moskau-Peking
Trekking-Handbuch
Trekking/Amerika
Trekking/Asien Afrika
Tropenreisen
Unterkunft/Mietwagen
Verreisen mit Hund
Vulkane besteigen
Wandern im Watt
Wann wohin reisen?
Was kriecht u. krabbelt in den Tropen
Wein-Reiseführer Dtschl.
Wein-Reiseführer Italien
Wildnis-Ausrüstung
Wildnis-Backpacking
Wildnis-Küche
Winterwandern
Wohnmobil-Ausrüstung
Wohnmobil/Indien
Wohnmobil-Reisen
Wracktauchen weltweit

KulturSchock

Afghanistan
Ägypten
Brasilien
China, VR/Taiwan
Golf-Emirate, Oman
Indien
Iran
Islam
Japan
Jemen
Leben in fremden Kulturen
Marokko
Mexiko
Pakistan
Russland
Spanien
Thailand
Türkei
Vietnam

Wo man unsere Reiseliteratur bekommt:

Jede Buchhandlung der BRD, der Schweiz, Österreichs und der Benelux-Staaten kann unsere Bücher beziehen.
Wer sie dort nicht findet, kann alle Bücher über unsere Internet-Shops unter **www.reise-know-how.de** oder **www.reisebuch.de** bestellen.

reisebuch.de
Schnell. Direkt. Informativ.
Reisetipps
Hintergrundinformationen
Schnäppchenmarkt
Reiseführer
Spezielle Reiseziele
Sprachführer
persönliche Erfahrungen
Reiseführer zum Download
Novitäten
Service
Nützliche Links
„Mit rund 200 Titeln deckt Reise Know-How mehr Gebiete auf dem Globus ab als jede andere deutschsprachige Reiseführer-Reihe für Individualtouristen"
DURCHGEDREHT
Formentera
Teneriffa
Menorca
www.reisebuch.de

Hans-R. Grundmann

Mallorca

Handbuch für den optimalen Urlaub

bestens beurteilt von der Stiftung Warentest

16. Auflage 7/2005

ISBN 3-89662-214-5 · € 19,90

476 + 48 + 48 Seiten mit 55 eigens für dieses Buch angefertigten Farbkarten, davon 8 Wanderkarten, und über 250 Fotos. Unterkunftsempfehlungen für 48 Ferienorte mit aktuellen Kostenbeispielen 2003.

Separate Straßenkarte mit Stadtplan Palma und kulinarischem Lexikon. Mit 2 Beilegern - je 48 Seiten:

- **Wandern und Natur**
- **Optimal unterkommen auf Mallorca**

Marc Schichor, Kirsten Elsner

Wandern auf Mallorca

Tramuntana Gebirge – Gipfel, Schluchten und Täler

2. Auflage Juli 2005

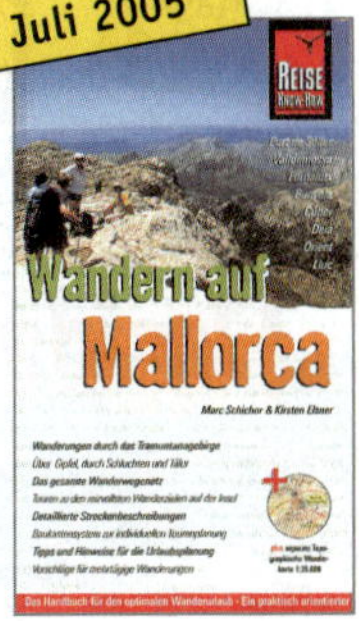

- 50 Tourenvorschläge in der zentralen Tramuntana
- die meisten Wege auch in Gegenrichtung
- alle Routen in Kurzfassung und en Detail
- Vorschläge für mehrtägige Wanderungen
- Genaue Karten von alle Orten in der Wanderregion
- Kleines Pflanzenlexikon mit zahlreichen Fotos
- Unterkunftsverzeichnis von der Berghütte bis ****Hotel

Der Clou des Buches ist die von den Autoren **für speziell diese Routen angefertigte separate Karte** mit Höhenlinien und -schichten im **Maßstab 1:35.000**, die keine Zweifel mehr über den richtigen Weg aufkommen lassen.

360 Seiten vierfarbig mit zahlreichen exakten Karten, Skizzen und über 400 Fotos, **ISBN 3-89662-216-1; € 22,50**

Ganz neu Herbst 2005

Hans-R. Grundmann, Hartmut Ihnenfeldt

Auf Mallorca leben und arbeiten

Ein Ratgeber für alle, die sich auf Mallorca zu Hause fühlen wollen

Wer spielte nicht gelegentlich mit dem Gedanken, auszusteigen, Routine und allzu Bekanntes hinter sich zu lassen? Um zum Beispiel auf Mallorca ein neues, anderes Leben zu beginnen?

Viele erfüllen sich diesen Traum, stellen aber fest, daß auch auf einer Ferieninsel der ganz normale Alltag gemeistert sein will. Dieses Buch liefert Know-How zur Bewältigung von Fragen und Problemen, mit denen Mallorca-Einsteiger unweigerlich konfrontiert werden.

Ca. 250 Seiten, ISBN 3-89662-193-9 · € 12,50 (D)

(Dieser Titel ist die 2. erweiterte und aktualisierte Auflage des RkH-Titels »Reif für Mallorca«)

Seit 1991 jedes Jahr neu; Abb. Auflage 6/2005

Hans-R. Grundmann

USA, der ganze Westen

Seit Erscheinen hat sich dieses Buch zu einem Standardwerk für alle entwickelt, die den US-Westen auf eigene Faust kennenlernen wollen. Die Kapitel zu Reiseplanung und -vorbereitung und zum »touristischen Alltag« unterwegs lassen keine Frage offen.

Der Reiseteil führt über ein dichtes Routennetz zu allen populären Zielen und unzähligen, auch weniger bekannten Kleinoden in allen elf Weststaaten.

Reise Know-How Bestseller

740 Seiten, 77 Karten, ca. 300 Farbfotos
Separate Straßenkarte Weststaaten der USA
mit 18 Detailkarten der wichtigsten Nationalparks
Auflage 2005: ISBN 3-89662-218-8 €23.50

2. Auflage Herbst 2005

Ute Ritzenhofen

Florida

Von Key West bis New Orleans

Florida auf neuestem Stand: Nicht nur Strände, High-Life, Disney- und Amusementparks, sondern auch Natur satt mit exotischer Flora und Fauna in Mangrovensümpfen, an glasklaren Quellflüssen und am sagenumwobenen Suwanee River. Dazu alte Historie, Multikulti, Architektur und Musentempel. Als Kontrapunkt Weltraum- und Militärtechnik hautnah.

Landeskunde und ausführlicher Serviceteil mit jeder Menge Unterkunfts- und Restauranttipps.

416 Seiten, 37 Karten, über 200 Farbfotos
ISBN 3-89662-221-8 € 19,90 (D)

P. Thomas, E. Berghahn, H-R. Grundmann

Kanadas Osten/ USA Nordosten

Dieser grenzüberschreitende Reiseführer behandelt auf kanadischer Seite Ontario, Québec, New Brunswick, Nova Scotia und Newfoundland, in den USA die Neu-England-Staaten mit Boston und New York und State City sowie Michigan mit Chicago und Detroit. Ideal für Reisen auf eigene Faust per Pkw oder Campmobil.

720 Seiten, 56 Karten, vierfarbig. Mit sep. Karte der Gesamtregion und New York City Extra (48 Seiten).
5. Auflage 7/2004 ISBN 3-89662-199-8 €23,50

2. Auflage Mai 2005

Heinz Staffelbach, Magda Rüegg

USA Südwesten Natur und Wandern

Ein Reiseführer für die schönsten Nationalparks zwischen Pazifik und Rocky Mountains (Arches, Bryce Canyon, Canyonlands, Grand Canyon, Grand Staircase-Escalante, Great Basin, Joshua Tree, Point Reyes, Redwoods, Rocky Mountain, Saguaro, die Weminuche Wilderness, Yosemite, Zion)

Intensivabhandlungen zu Geologie, Vegetation und Tierwelt, Ökologie, Biodiversität

Jetzt neu bearbeitet und vierfarbig in zweiter Auflage 2004 mit über 200 brillanten Fotos.

528 Seiten, über 50 Karten und Höhenprofile

ISBN 3-89662-202-1 € 23,50

Hans.-R. Grundmann, M. Brinke, P. Kränzle

USA, der große Süden

Ein Führer durch die klassischen Südstaaten

Die schönsten Routen durch Virginia, die Carolinas, Tennessee, Georgia, Mississippi, Louisiana, Alabama – und darüberhinaus durch Florida. Zusätzlich großes City-Kapitel Washington DC mit populären Zielen in Maryland und Pennsylvania. Geschichte, Kultur, Landschaften.

In diesem Buch erfährt der Leser auch alles zu Planung und Vorbereitung einer Reise auf eigene Faust durch den ganzen US-Süden mit Mietwagen & Motel-/Hotelunterkunft, Mietauto & Zelt oder per Campmobil. Ausgewählte Übernachtungstipps und viele Campingempfehlungen.

ca. 600 Seiten, 36 Karten, über 200 Farbfotos, separate Karte USA-Südstaaten.

ISBN 3-89662-175-0 €22,50 (D)

Neuerscheinung 2005

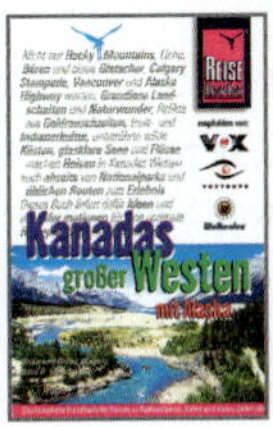

Stadt- und Umgebungspläne in Canada

Provinzen und Regionen

Icefields Parkway

Alaska Highway

Alaska

Sonstige Karten

Routenvorschläge 1 bis 6

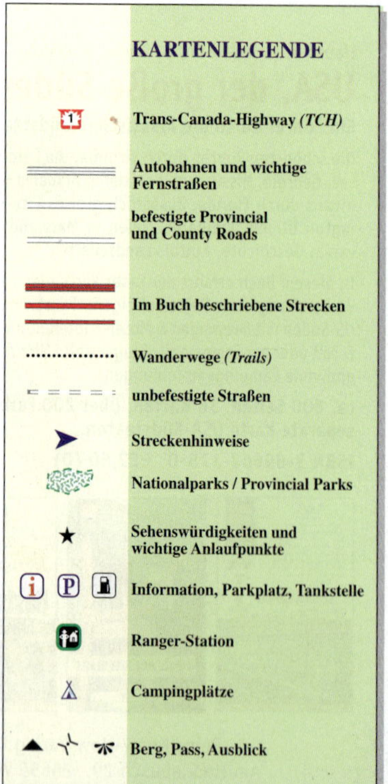